"十一五"国家重点图书出版规划项目

·经/济/科/学/译/丛·

Basic Econometrics
(Fifth Edition)

计量经济学基础 下册
(第五版)

达摩达尔·N·古扎拉蒂 （Damodar N. Gujarati）

唐·C·波特 （Dawn C. Porter） 著

费剑平 译

中国人民大学出版社

·北京·

简要目录

计量经济学基础（第五版）

目 录

第 3 篇

计量经济学专题

我们在**第1篇**介绍了经典线性回归模型及其全部假定，在**第2篇**详细分析了一个或多个假定不满足时所产生的后果，以及可能的处理方法。在**第3篇**里，我们转而有选择性地研究一些常用的计量经济学方法。具体而言，我们将讨论如下专题：（1）非线性于参数的回归模型，（2）定性响应回归模型，（3）面板数据回归模型，和（4）动态计量经济模型。

我们在第14章考虑了本质上非线性于参数的模型。利用容易获取的计量经济软件，估计此类模型不再是一个巨大的挑战。尽管所涉及的数学可能会吓倒一些读者，但是非线性于参数回归模型的基本思想还是可以得到直观上的解释。本章运用一些适当的例子来说明如何估计和解释此类模型。

我们在第15章考虑了因变量本质上是定性变量的回归模型，因此本章是对第9章的补充，我们在第9章中已经讨论过解释变量本质上是定性变量的回归模型。本章的基本目标是构造回归子属于"是"或"不是"一类的模型。因为OLS在估计此类模型时存在一些问题，所以几个替代方法就应运而生。我们在本章考虑了两个替代方法，即**logit**模型和**probit**模型。本章还讨论了定性响应模型的几个变化模型，即**Tobit**模型和**泊松回归模型**，并简单讨论了定性响应模型的几个扩展模型，例如**有序probit**、**有序logit**和**多项式logit**等。

我们在第16章讨论了**面板数据回归模型**。此类模型综合使用了时间序列和横截面观测。尽管通过综合利用这种观测而使我们增加了样本容量，但面板数据回归模型还是遇到了若干估计方面的挑战。本章仅仅考虑了此类模型的基本原理，并引导读者去查阅进一步研究所需要的适当资料。

在第17章中，我们考虑了含有解释变量的现期值和过去或滞后值的回归模型，还考虑了含有因变量的滞后值作为解释变量的模型。这两种模型分别被称为**分布滞后模型**和**自回归模型**。虽然这类模型在经验计量经济学中非常有用，但由于它们违背了经典回归模型的一个或多个假定，从而带来了一些特殊的估计问题。我们将在考伊克（Koyck）模型、适应性预期（AE）模型和局部调整模型的框架中来讨论这些特殊问题。我们还将提到理性预期（RE）学派的倡导者针对AE模型的批评。

第14章

非线性回归模型

本书重点研究线性回归模型，即线性于参数的模型和/或能够通过变换而使其线性于参数的模型。但是，有时由于理论或经验的原因，我们不得不考虑非线性于参数的模型。[①] 本章我们就来看一下此类模型，并研究它们的特性。

14.1 本质线性和本质非线性回归模型

在第 2 章开始讨论线性回归模型的时候，我们曾指出过，本书所关心的基本上都是线性于参数的模型。它们可以线性于变量，也可以非线性于变量。如果你回过头来看表 2—3，你将会发现，一个线性于参数和变量的模型是线性回归模型，而一个线性于参数但非线性于变量的模型也是线性回归模型。另一方面，如果一个模型非线性于参数，那么它就是非线性（于参数）回归模型，而不论该模型是不是线性于变量。

然而，这里必须小心，有些模型可能看起来非线性于参数，而**内在地**（inherently）或**本质上**（intrinsically）却是线性的，因为通过适当变换，它们可以被变换

---

① 我们在第 4 章曾提到，在误差项服从正态分布的假设条件下，OLS 估计量不仅是 BLUE 的，而且在所有的估计量（不论线性与否）中也是 BUE（最优无偏估计）的。但如果我们去掉正态分布的假设条件，那么，正如戴维森和麦金农所指出的那样，很可能得到非线性的和/或有偏的估计量，而这个估计量可能比 OLS 估计量具有更好的表现。参见 Russell Davidson and James G. MacKinnon, *Estimation and Inference in Econometrics*, Oxford University Press, New York, 1993, p. 161。

成线性于参数的回归模型。但是，如果此类模型不能变换成线性于参数的模型，则被称作**本质非线性回归模型**（intrinsically nonlinear regression models）。从现在起，当我们谈到非线性回归模型时，我们的意思是，它是本质非线性的。为简单起见，我们把它称为 **NLRM**。

为了弄清二者之间的区别，我们再来回顾一下习题 2.6 和 2.7。在习题 2.6 中，模型 a、b、c 和 e 都是线性回归模型，因为它们都线性于参数。模型 d 是一个混合物，因为 β_2 是线性的，而 $\ln\beta_1$ 是非线性的。但是如果我们令 $\alpha = \ln\beta_1$，则该模型线性于 α 和 β_2。

在习题 2.7 中，模型 d 和 e 是本质非线性的，因为没有一个简单的办法使之线性化。模型 c 显然是一个线性回归模型。至于模型 a 和 b 呢？把模型 a 的两边同时取对数，可以得到 $\ln Y_i = \beta_1 + \beta_2 X_i + u_i$，它是线性于参数的。因此，模型 a 本质上是线性回归模型。模型 b 是我们在第 15 章将要研究的**逻辑（概率）分布函数** ［logistic (probability) distribution function］。从表面上看，这好像是一个非线性回归模型，但一个简单的数学技巧就能把它变换成一个线性回归模型，即

$$\ln\left(\frac{1-Y_i}{Y_i}\right) = \beta_1 + \beta_2 X_i + u_i \tag{14.1.1}$$

因此，模型 b 本质上是线性的。我们在下一章将会看到诸如（14.1.1）这类模型的作用。

现在来考虑著名的**柯布-道格拉斯生产函数** ［(Cobb-Douglas (C—D) production function］。令 Y＝产出，X_2＝劳动投入，X_3＝资本投入，我们把该生产函数写成三种不同的形式：

$$Y_i = \beta_1 X_{2i}^{\beta_2} X_{3i}^{\beta_3} e^{u_i} \tag{14.1.2}$$

或者，

$$\ln Y_i = \alpha + \beta_2 \ln X_{2i} + \beta_3 \ln X_{3i} + u_i \tag{14.1.2a}$$

其中 $\alpha = \ln\beta_1$。因此这种形式的 C—D 函数在本质上是线性的。

现在来考虑如下形式的 C—D 函数：

$$Y_i = \beta_1 X_{2i}^{\beta_2} X_{3i}^{\beta_3} u_i \tag{14.1.3}$$

或者，

$$\ln Y_i = \alpha + \beta_2 \ln X_{2i} + \beta_2 \ln X_{3i} + \ln u_i \tag{14.1.3a}$$

其中 $\alpha = \ln\beta_1$。这个模型也是线性于参数的。

但是现在再来考虑如下形式的 C—D 函数：

$$Y_i = \beta_1 X_{2i}^{\beta_2} X_{3i}^{\beta_3} + u_i \tag{14.1.4}$$

正如我们刚才所提到的那样，（14.1.2a）和（14.1.3a）这两种形式的 C—D 函数在本质上都是线性（于参数）回归模型，但是无法将方程（14.1.4）进行变换使得变换后的模型线性于参数。[①] 因此，方程（14.1.4）本质上是非线性回归模型。

另外一个众所周知但在本质上是非线性函数的就是**常替代弹性**（constant elas-

---

① 如果你尝试对该模型进行对数变换，它将不再适用，因为 $\ln(A+B) \neq \ln A + \ln B$。

ticity of substitution，**CES**）生产函数，柯布-道格拉斯生产函数是它的一个特殊情形。CES 生产函数采用如下形式：

$$Y_i = A\left[\delta K_i^{-\beta} + (1-\delta)L_i^{-\beta}\right]^{-1/\beta} \tag{14.1.5}$$

其中 Y＝产出，K＝资本投入，L＝劳动投入，A＝规模参数，δ＝分布函数（$0<\delta<1$），β＝替代参数（$\beta\geqslant-1$）。[①] 无论你把该生产函数中的随机误差项变换为什么形式，都不可能使它变成线性（于参数）回归模型。它本质上是非线性回归模型。

14.2 线性和非线性回归模型的估计

为了弄清估计线性和非线性回归模型的区别，我们考虑以下两个模型：

$$Y_i = \beta_1 + \beta_2 X_i + u_i \tag{14.2.1}$$
$$Y_i = \beta_1 e^{\beta_2 X_i} + u_i \tag{14.2.2}$$

现在你已经知道了方程（14.2.1）是一个线性回归模型，而方程（14.2.2）是一个非线性回归模型。回归（14.2.2）被称为**指数回归模型**（exponential regression model），并且常常被用来测量变量的增长，如人口、GDP 或者货币供给。

假设我们考虑用 OLS 来估计这两个模型的参数。在 OLS 中，我们将最小化残差平方和（RSS），对于模型（14.2.1）来说，残差平方和为：

$$\sum \hat{u}_i^2 = \sum (Y_i - \hat{\beta}_1 - \hat{\beta}_2 X_i)^2 \tag{14.2.3}$$

这里按照惯例 $\hat{\beta}_1$ 和 $\hat{\beta}_2$ 是诸 β 真值的估计量。将上述表达式对这两个未知量进行微分，我们得到方程（3.1.4）和（3.1.5）所示的**正规方程**（normal equation）。联立求解这些方程，可以得到由方程（3.1.6）和（3.1.7）给出的 OLS 估计量。仔细观察你会发现，在这些方程中，未知量（诸 β）位于左侧而已知量（X 和 Y）位于右侧。因此，我们得到了这两个未知量用我们的数据表示的显示解。

现在来看如果我们最小化方程（14.2.2）中的 RSS 会发生什么。正如附录 14A 中 14A.1 节所示，对应于（3.1.4）和（3.1.5）的正规方程如下所示：

$$\sum Y_i e^{\hat{\beta}_2 X_i} = \hat{\beta}_1 e^{2\hat{\beta}_2 X_i} \tag{14.2.4}$$

$$\sum Y_i X_i e^{\hat{\beta}_2 X_i} = \hat{\beta}_1 \sum X_i e^{2\hat{\beta}_2 X_i} \tag{14.2.5}$$

与线性回归模型情形中的正规方程不同，非线性回归模型的正规方程的左侧和右侧都有未知量（β）。于是，根据已知量，未知量的显式解不能得出。换句话说，未知量要用它们本身和数据来表达。因此，尽管我们能用最小二乘法来估计非线性回归模型的参数，但仍然不能得到未知量的显式解。顺便指出，OLS 应用于非线性回归

---

① 关于 CES 生产函数的特性，参见 Michael D. Intriligator，Ronald Bodkin，and Cheng Hsiao，*Econometric Models，Techniques，and Applications*，2d ed.，Prentice Hall，1996，pp. 294-295。

模型被称为**非线性最小二乘法**（nonlinear least squares，NLLS）。那么，它的解是什么呢？我们接下来就回答这个问题。

14.3　估计非线性回归模型：试错法

首先让我们来考虑一个具体的例子。表 14—1 中的数据是美国一家重要的信托基金支付给其投资顾问管理其资产的费用。支付的费用取决于该基金的净资产价值。如你所见，基金的净资产价值越高，顾问费越低，这一点我们可以从图 14—1 清楚地看出。

表 14—1　　　　　　　　　　　　支付的顾问费和资产规模

	顾问费,%	资产*
1	0.520	0.5
2	0.508	5.0
3	0.484	10
4	0.46	15
5	0.439 8	20
6	0.423 8	25
7	0.411 5	30
8	0.402	35
9	0.394 4	40
10	0.388	45
11	0.382 5	55
12	0.373 8	60

注：* 资产代表净资产价值，以十亿美元为单位。

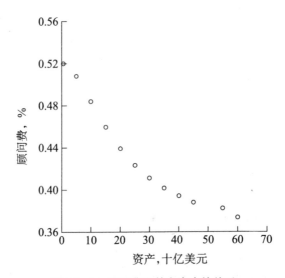

图 14—1　顾问费和基金资产的关系

为了弄清方程（14.2.2）中的指数回归模型对表 14—1 中的数据拟合得如何，我们可以用试错法来进行。假定最初 $\beta_1 = 0.45$ 和 $\beta_2 = 0.01$，这些数据纯粹是猜测的，有时候可以根据以往的经历或经验来猜测，而有时候仅仅通过拟合一个线性回归模型（尽管可能并不适当）而得到。暂时不要担心这些数值是如何得到的。

既然知道了 β_1 和 β_2 的值，我们就可以把方程（14.2.2）写成：

$$u_i = Y_i - \beta_1 e^{\beta_2 X_i} = Y_i - 0.45 e^{0.01 X_i} \tag{14.3.1}$$

因此，

$$\sum u_i^2 = \sum (Y_i - 0.45 e^{0.01 X_i})^2 \tag{14.3.2}$$

既然 Y、X、β_1 和 β_2 是已知的，那我们可以很容易地求出方程（14.3.2）中的误差平方和。[①]记住，在普通最小二乘法中，我们的目标是要找到使误差平方和尽可能小的未知参数值。如果从模型估计出来的 Y 值与实际 Y 值尽可能接近，我们就达到了目标。根据给定的数值，我们可以得出 $\sum u_i^2 = 0.304\,4$。但我们如何知道这是不是我们所能得到的尽可能小的误差平方和呢？如果选取 β_1 和 β_2 的值分别为 0.50 和 -0.01 会怎样呢？重复刚才所拟定的程序，我们发现现在又得到 $\sum u_i^2 = 0.007\,3$。显然，此时误差平方和比前面所得到的误差平方和 $0.304\,4$ 更小。但我们如何知道是否达到了尽可能小的误差平方和呢？因为一旦将诸 β 取另一组值，我们又将得到另一个误差平方和。

如你所见，这种试错法或者说**迭代**（iterative）过程很容易实施。如果一个人有无限的时间和耐心，试错法最终可以得出能保证误差平方和最小的 β_1 和 β_2 值。但是你可能会问，我们如何从（$\beta_1 = 0.45$；$\beta_2 = 0.01$）变换到（$\beta_1 = 0.50$；$\beta_2 = -0.01$）呢？显然，我们需要某种算法（algorithm），它能够在我们停止前告诉我们如何从未知量的一组值到另一组值。幸运的是，这种算法规则是存在的，我们将在下一节讨论。

14.4　估计非线性回归模型的方法

估计非线性回归模型有如下几种方法或算法：（1）直接搜索法或者试错法，（2）直接最优化法，以及（3）迭代线性化法。[②]

---

① 注意，我们称 $\sum u_i^2$ 为误差平方和，而不是通常的残差平方和，因为我们假定参数值为已知。

② 以下讨论主要参考了如下文献：Robert S. Pindyck and Daniel L. Rubinfeld, *Econometric Models and Economic Forecasts*, 4th ed., McGraw-Hill, 1998, Chapter 10; Norman R. Draper and Harry Smith, *Applied Regression Analysis*, 3d ed., John Wiley & Sons, 1998, Chapter 24; Arthur S. Goldberger, *A Course in Econometrics*, Harvard University Press, 1991, Chapter 29; Russell Davidson and James MacKinnon, op. cit., pp. 201-207; John Fox, *Applied Regression Analysis*, *Linear Models*, *and Related Methods*, Sage Publications, 1997, pp. 393-400; and Ronald Gallant, *Nonlinear Statistical Models*, John Wiley & Sons, 1987。

□ 直接搜索法或试错法或不用求导的方法

在上一节我们讲述了如何使用这种方法。尽管该方法因不像其他方法那样需要使用微积分而具有直觉上的吸引力，但它仍然不是很常用。首先，如果一个非线性回归模型涉及几个参数，那么这种方法就会变得很难处理，并且需要复杂的计算，而且成本高昂。举例来说，如果一个非线性回归模型包含 5 个参数，所考虑的每个参数有 25 个可选值，那么你必须计算 $25^5 = 9\ 765\ 625$ 次误差平方和。其次，你不能保证你所选取的最后一组参数能提供绝对最小的误差平方和。用微积分的术语来讲，你可以得到局部最小值，但不是绝对最小值。实际上，没有方法可以保证你能得到全局最小值。

□ 直接最优化

在直接最优化方法中，我们将误差平方和对每一个系数或参数进行微分，然后令得到的方程等于零，联立求解所得到的正规方程。在方程（14.2.4）和（14.2.5）中，我们已经可以看出这一点。但是，正如你从这些方程中所看到的那样，我们不能得出这些方程的显式解或解析解，因此就需要某种迭代方法。其中有种方法称作**最速下降法**（method of steepest descent）。我们不打算讨论该方法的技术细节，因为它有一定的难度，但读者可以从参考书中了解这些细节。像试错法一样，最速下降法也涉及选取未知参数的初始试验值的问题，但它要比漫无目的方法或试错法更有系统性。它的一个缺点是它可能会极其缓慢地收敛于参数的最终值。

□ 迭代线性化方法

在这种方法中，我们将关于参数初始值的非线性方程线性化，然后用 OLS 来估计线性化方程，并且调整最初选取的参数值。这些经过调整的参数值可用来再次线性化该模型，然后我们再一次用 OLS 进行估计，重新调整估计值。继续这个过程，直到从最后两次迭代所得到的估计值没有实质性变化为止。线性化非线性方程的主要技巧就是微积分中的**泰勒级数展开**（Taylor series expansion）。该方法的基本细节可参见附录 14A 中的 14A.2 节。用泰勒级数展开估计非线性回归模型分为两种算法，即**高斯-牛顿迭代法**（Gauss-Newton iterative method）和**牛顿-拉夫森迭代法**（Newton-Raphson iterative method）。由于现在有些计算机软件中已经包含了这些方法中的一种或两种，而且讨论它们的技术细节远远超出了本书的范围，因此这里不需要详细阐述。[①] 下一部分我们讨论使用这些方法的一些例子。

---

① 有一种有时会用到的方法（即马奎德方法），它是最速下降法和线性化（或泰勒级数）法的折中。至于这种方法的详细内容，感兴趣的读者可以查阅有关的参考文献。

14.5 说明性的例子

例 14.1		共同基金顾问费		

参照表 14—1 所给出的数据和非线性回归模型 (14.2.2)。利用 EViews 6 非线性回归方法 (它使用线性化方法)[①],我们得到如下回归结果;系数及其标准误和 t 值如下表所示:

变量	系数	标准误	t 值	p 值
截距	0.508 9	0.007 4	68.224 6	0.000 0
资产	−0.005 9	0.000 48	−12.315 0	0.000 0

$$R^2 = 0.938\ 5 \qquad d = 0.349\ 3$$

根据这些结果,我们可以把所估计的模型写成:

$$\widehat{Fee_i} = 0.508\ 9Asset^{-0.005\ 9} \tag{14.5.1}$$

在我们讨论这些结果以前,你或许注意到,在线性化过程中,你不必提供参数的初始值,EViews 可以自动完成这个工作。为了得到方程 (14.5.1) 所示的结果,需要 5 次 EViews 迭代。然而,你也可以从自己选择的初始值开始这个迭代过程。为说明起见,我们选取 β_1 和 β_2 的值分别为 $\beta_1 = 0.45$ 和 $\beta_2 = 0.01$。我们得到和方程 (14.5.1) 一样的结果,但它需要 8 次迭代。注意到这一点是很重要的,即如果你的初始值与最终值相差不远,那么需要的迭代次数就少一些。在某些例子中,你可以不顾模型的非线性形式而直接将回归子对回归元进行 OLS 回归来选取参数的初始值。例如,利用表 14—1 中的数据,如果你将顾问费对资产价值进行回归,则 β_1 和 β_2 的 OLS 估计值分别为 $\beta_1 = 0.502\ 8$ 和 $\beta_2 = -0.002$,它们更接近于方程 (14.5.1) 所给出的最终值。(技术性细节可参见附录 14A 的 14A.3 节。)

现在再来讨论非线性最小二乘 (NLLS) 估计量的性质。你可能记得,在误差项正态分布的线性回归模型中,无论样本容量是大是小,我们都能够用 t、F 或者 χ^2 检验来进行准确的推断 (即假设检验)。不幸的是,即使误差项正态分布,在非线性回归模型中也不能这么做。在有限样本或小样本情况下,非线性最小二乘估计量不是正态分布的,也不是无偏的,并且方差也不是最小的。因此,我们不能使用 t 检验 (来检验单个系数的显著性) 或者 F 检验 (来检验所估计回归的总体显著性),因为我们不能根据所估计的残差而求出误差方差 σ^2 的无偏估计值。而且,残差 (实际 Y 值和根据非线性回归模型估计得到的 Y 的估计值之差) 的总和不一定等于零,ESS 和 RSS 的和不一定等于 TSS,因此 $R^2 =$ ESS/TSS 对于这种模型来说可能并不是一个有意义的描述统计量。但是,我们可以把 R^2 计算为:

$$R^2 = 1 - \frac{\sum \hat{u}_i^2}{\sum (Y_i - \overline{Y})^2} \tag{14.5.2}$$

其中 $Y =$ 回归子,$\hat{u}_i = Y_i - \hat{Y}_i$,而 $\hat{Y}_i$ 是从 (拟合的) 非线性回归模型中得到的 Y 的估计值。

因此,对非线性回归中回归参数的推断通常都是以大样本理论为基础的。大样本理论告诉我们,当样本容量很大时,对于具有正态分布的误差项的非线性回归模型而言,最小二乘估计量和

---

① EViews 提供了三种选择:二次爬山法 (quadratic hill climbing),牛顿-拉夫森方法和 Berndt-Hall-Hall-Hausman 方法。默认选择是二次爬山法,它是牛顿-拉夫森方法的一种变型。

极大似然估计量都近似服从正态分布，几乎是无偏的，而且具有几乎最小的方差。当误差项不是正态分布时，也能运用大样本理论。[①]

于是简单来说，非线性回归模型中所有的推断程序都是大样本性质的或渐近性质的。再回到例 14.1，只有在大样本背景下，方程 (14.5.1) 中所给出的 t 统计量才是有意义的。从这种意义上来讲，我们可以说方程 (14.5.1) 中的估计系数是个别统计显著的。当然，本例中我们的样本是相当小的。

再回到方程 (14.5.1)，我们如何计算出 Y（顾问费）相对于 X（资产规模）的变化率呢？运用基本的求导法则，读者能看出 Y 相对 X 的变化率为：

$$\frac{\mathrm{d}Y}{\mathrm{d}X} = \beta_1 \beta_2 e^{\beta_2 X} = (-0.005\,9)(0.508\,9)e^{-0.005\,9X} \tag{14.5.3}$$

如你所见，顾问费的变化率取决于资产价值。例如，如果 $X=20$（百万），我们从方程 (14.5.3) 能够看出，收取顾问费的预期变化率大约是 $-0.003\,1\%$。当然，这个答案将因计算中所使用 X 值的不同而有所变化。根据从方程 (14.5.2) 计算出的 R^2 来判断，0.938 5 的 R^2 值表明，我们所选取的非线性回归模型与表 14—1 中的数据拟合得相当好。0.349 3 的德宾-沃森估计值表明，或许存在自相关性或者存在模型设定误差。尽管有程序可用来解决这些问题以及非线性回归模型中的异方差性问题，但这里我们就不再讨论这个专题了，感兴趣的读者可以查阅参考文献。

例 14.2	**墨西哥经济的柯布-道格拉斯生产函数**

参照习题 14.9（表 14—3）中给出的数据，即关于墨西哥在 1955—1974 年间的一些经济数据，我们可以看一下方程 (14.1.4) 所给出的非线性回归模型是否能够很好地拟合这些数据，注意 $Y=$ 产出（GDP），$X_2=$ 劳动投入和 $X_3=$ 资本投入。利用 EViews 6，经过 32 次迭代，我们得到如下回归结果。

变量	系数	标准误	t 值	p 值
截距	0.529 2	0.271 2	1.951 1	0.067 7
劳动投入	0.181 0	0.141 2	1.281 4	0.217 3
资本投入	0.882 7	0.070 8	12.465 8	0.000 0

$$R^2 = 0.994\,2 \qquad d = 0.289\,9$$

因此，估计的柯布-道格拉斯生产函数是：

$$\widehat{\mathrm{GDP}}_t = 0.529\,2\,\mathrm{Labor}_t^{0.181\,0}\,\mathrm{Capital}_t^{0.882\,7} \tag{14.5.4}$$

渐近地看，这个方程表明，该模型中仅有资本投入的系数是显著的。习题 14.9 将要求你把这些结果与根据方程 (14.1.2) 中给出的乘式柯布-道格拉斯生产函数得出的结果相比较。

例 14.3	**1970—2007 年美国人口增长**

习题 14.8 中的表给出了美国在 1970—2007 年间的总人口数据。如下类型的 **logistic 模型**（logistic model）常被用来度量某些人口、生物和细菌的增长：

[①] John Neter, Michael H. Kutner, Christopher J. Nachtsheim, and William Wasserman, *Applied Regression Analysis*, 3d ed., Irwin, 1996, pp. 548-549.

$$Y_t = \frac{\beta_1}{1 + e^{(\beta_2 + \beta_3 t)}} + u_t \qquad\qquad (14.5.5)$$

其中 Y＝人口，以百万计；t＝时间，按年月的顺序来度量；β 是参数。

这个模型是参数的非线性模型；没有一个简单的办法把它转换成参数的线性模型。于是我们就需要使用一种非线性估计方法来估计其中的参数。注意关于这个模型的一个有趣的特征：尽管模型中只有人口和时间这两个变量，却有三个未知参数，这就表明在非线性回归模型中参数可以比变量多。

用方程（14.5.5）拟合我们的数据不是很成功，因为所有的估计系数在统计上都不显著。如果我们将人口对时间绘制散点图，我们得到图14—2，那么拟合效果不太理想也就无足为奇了。

图14—2表明这两个变量之间几乎是线性关系。如果我们将人口的对数对时间描图，我们得到图14—3。

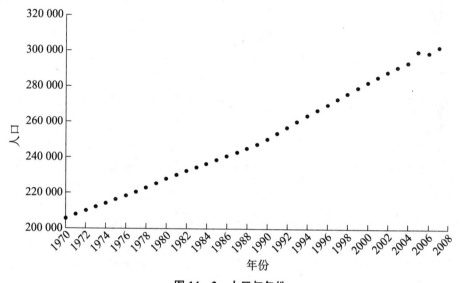

图 14—2　人口与年份

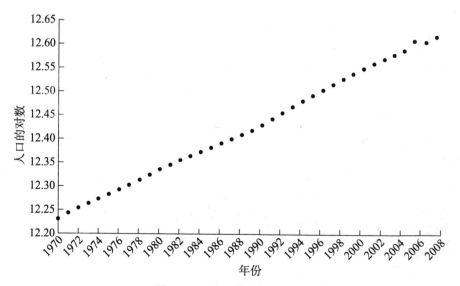

图 14—3　人口的对数与年份

图 14—3 的斜率系数（乘以 100）就是人口增长率。（为什么？）

事实上，如果我们将人口的对数对时间回归，我们得到如下结果：

```
Dependent Variable: LPOPULATION
Method: Least Squares
Sample: 1970-2007
Included observations: 38
```

	Coefficient	Std. Error	t-Statistic	Prob.
C	-8.710413	0.147737	-58.95892	0.0000
YEAR	0.010628	7.43E-05	143.0568	0.0000

R-squared	0.998244	Mean dependent var.	12.42405
Adjusted R-squared	0.998195	S.D. dependent var.	0.118217
S.E. of regression	0.005022	Akaike info criterion	-7.698713
Sum squared resid.	0.000908	Schwarz criterion	-7.612525
Log likelihood	148.2756	Hannan-Quinn criter.	-7.668048
F-statistic	20465.26	Durbin-Watson stat.	0.366006
Prob. (F-statistic)	0.000000		

此表表明，在 1970—2007 年间，美国人口以每年 1.06% 的速度增长。0.998 的 R^2 值说明这几乎是一个完美的拟合。

这个例子引出了一个重要观点，有时候（参数的）线性模型可能比（参数的）非线性模型更好。

例 14.4　博克斯-考克斯变换：1970—2007 年间的美国人口

在附录 6A.5 中，我们简要介绍了博克斯-考克斯变换（Box-Cox transformation）。让我们继续分析例 14.3，但假定如下模型

$$Population^\lambda = \beta_1 + \beta_2\, year + u$$

如附录 6A.5 中曾指出的那样，根据 λ 值的不同我们有如下可能性：

λ 值	模型
-1	$1/Population = \beta_1 + \beta_2\, Year + u$
0	$\ln Population = \beta_1 + \beta_2\, Year + u$
1	$Population = \beta_1 + \beta_2\, Year + u$

第一个是倒数模型，第二个是半对数模型（我们已经在例 14.3 中估计过这个模型），第三个是（变量的）线性模型。

这些模型中哪一个更适合美国的人口数据呢？STATA（第 10 版）中的博克斯-考克斯程序可用来回答这个问题：

检验 H_0:	约束对数似然值	LR 统计量 χ^2	p 值（Prob>χ^2）
$\theta = -1$	-444.424 75	0.14	0.707
$\theta = 0$	-444.388 13	0.07	0.794
$\theta = 1$	-444.756 84	0.81	0.369

计量经济学基础（第五版）

注：在我们使用的符号中，θ 与 λ 是一回事。此表表明，基于似然比（LR）检验，我们还不能拒绝任何一个 λ 值成为人口指数的可能；也就是说，在本例中，线性模型、倒数模型和半对数模型都同样可用来刻画美国人口在样本期 1970—2007 年间的表现。因此，我们给出这三个模型的结果如下：

因变量	截距	斜率	R^2
1/Population	0.000 089	$-4.28e-08$	0.998 6
	t (166.14)	($-1\ 568.10$)	
ln Population	$-8.710\ 4$	0.010 6	0.998 2
	t (-58.96)	(143.06)	
Population	$-5\ 042\ 627$	2 661.825	0.992 8
	t (-66.92)	(70.24)	

在所有模型中，估计系数都是高度统计显著的。但要注意，由于这三个模型使用的因变量不同，所以它们的 R^2 不能直接进行比较。

这一例子说明了非线性估计技术在具体情形中如何应用。

要点与结论

1. 尽管线性回归模型在理论和实践中占主导地位，但有时非线性回归模型还是有用的。

2. 线性回归模型中需要使用的数学是相当简单的，因为我们可以得到该模型系数的显示解或解析解。此类模型推断的小样本和大样本理论都很完善。

3. 相比之下，对于本质非线性回归模型，我们不能得到参数值的显式解，它们只能通过迭代程序等从数值上进行估计。

4. 有几种求非线性回归模型估计值的方法，如：（1）试错法，（2）非线性最小二乘法，和（3）运用泰勒级数展开来线性化。

5. 现在计算机软件中都已经装载了例行程序，例如高斯-牛顿，牛顿-拉夫森和马奎德。它们都是迭代程序。

6. 在有限样本中，非线性最小二乘估计量虽然不具有最优性，但是在大样本中，它们具有这种性质。因此，在小样本中，非线性最小二乘的结果必须小心地加以解释。

7. 自相关性、异方差性和模型设定问题可能会对非线性回归模型造成麻烦，就如同它们会对线性回归模型造成麻烦那样。

8. 我们用几个例子说明了非线性回归模型的估计。因为能利用非常容易使用的软件包，估计非线性回归模型不再神秘。因此，每当由于理论或实际的原因而需要使用它们时，读者不应当回避这种模型。实际上，如果你再来看习题 12.10，你将从方程（1）中看出，它是一个本质上非线性回归模型，因而需要使用非线性估计方法进行估计。

第 14 章

非线性回归模型

习　题

问答题

14.1　本质线性和本质非线性回归模型的含义是什么？举几个例子。

14.2　柯布-道格拉斯生产函数中的误差项可以乘积（multiplicatively）或者相加（additively）的形式进入，那么你认为在这两者之间该如何选择呢？

14.3　OLS 和非线性最小二乘估计之间的区别是什么？

14.4　饱和蒸汽中压强和温度之间的关系可以表示为[①]：

$$Y = \beta_1 (10)^{\beta_2 t/(\gamma+t)} + u_t$$

其中，$Y=$压强，$t=$温度。运用非线性最小二乘法求出这个模型的正规方程。

14.5　判断下面的陈述是对还是错，给出你的理由。

a. 即使假定误差项是正态分布的，非线性最小二乘回归中的统计推断也不能建立在通常的 t，F 和 χ^2 检验的基础之上。

b. 判定系数（R^2）在非线性回归模型中不是一个特别有意义的数字。

14.6　你如何线性化本章所讨论的 CES 生产函数？列出必要的步骤。

14.7　描述一个变量随着时间而变化的行为的模型被称为增长模型。此类模型可以用在很多不同的领域，如经济学、生物学、植物学、生态学和人口统计学。增长模型可以采取不同的形式，包括线性和非线性形式。考虑下面的模型，其中 Y 是我们想测量其增长的变量；t 是时间，按年月顺序度量；u_t 是随机误差项。

a. $Y_t = \beta_1 + \beta_2 X_t + u_t$。

b. $\ln Y_t = \beta_1 + \beta_2 X_t + u_t$。

c. Logistic 增长模型：$Y_t = \dfrac{\beta_1}{1 + \beta_2 e^{-\beta_3 t}} + u_t$。

d. 龚柏兹（Gompertz）增长模型：$Y_t = \beta_1 e^{-\beta_2 e^{-\beta_3 t}} + u_t$。

通过考虑 Y 相对于时间的增长来找出这些模型的特征。

实证分析题

14.8　表 14—2 给出了 1970—2007 年间的美国人口数据，单位为百万人。拟合习题 14.7 中给出的增长模型，并判断哪个模型拟合得更好，然后解释模型的参数。

表 14—2　　　　　　　　　　　　　　　美国人口　　　　　　　　　　　（单位：百万）

年份	人口	年份	人口	年份	人口	年份	人口
1970	205 052	1975	215 973	1980	227 726	1985	238 466
1971	207 661	1976	218 035	1981	229 966	1986	240 651
1972	209 896	1977	220 239	1982	232 188	1987	242 804
1973	211 909	1978	222 585	1983	234 307	1988	245 021
1974	213 854	1979	225 055	1984	236 348	1989	247 342

① 改编自 Draper and Smith, op. cit., p. 554。

计量经济学基础（第五版）

年份	人口	年份	人口	年份	人口	年份	人口
1990	250 132	1995	266 557	2000	282 407	2004	293 609
1991	253 493	1996	269 667	2001	285 339	2005	299 801
1992	256 894	1997	272 912	2002	288 189	2006	299 157
1993	260 255	1998	276 115	2003	290 941	2007	302 405
1994	263 436	1999	279 295						

资料来源：*Economic Report of the President*，2008.

14.9 表 14—3 给出了 1955—1974 年间墨西哥经济的真实 GDP、劳动力和资本数据。考察方程（14.1.2a）所给出的乘积形式柯布-道格拉斯生产函数是否与这些数据相吻合。将你的结果与从方程（14.1.4）中给出的相加形式柯布-道格拉斯生产函数的拟合结果相比较。哪一个拟合得更好？

表 14—3 墨西哥经济的生产函数数据

观测	GDP	劳动	资本	观测	GDP	劳动	资本
1955	114 043	8 310	182 113	1965	212 323	11 746	315 715
1956	120 410	8 529	193 749	1966	226 977	11 521	337 642
1957	129 187	8 738	205 192	1967	241 194	11 540	363 599
1958	134 705	8 952	215 130	1968	260 881	12 066	391 847
1959	139 960	9 171	225 021	1969	277 498	12 297	422 382
1960	150 511	9 569	237 026	1970	296 530	12 955	455 049
1961	157 897	9 527	248 897	1971	306 712	13 338	484 677
1962	165 286	9 662	260 661	1972	329 030	13 738	520 553
1963	178 491	10 334	275 466	1973	354 057	15 924	561 531
1964	199 457	10 981	295 378	1974	374 977	14 154	609 825

注：GDP 以 1960 年百万比索计，劳动以千人为单位，资本以 1960 年百万比索计。

资料来源：Victor J. Elias, *Sources of Growth：A Study of Seven Latin American Economies*，International Center for Economic Growth，ICS Press，San Francisco，1992，Tables E-5，E-12，E-14.

附录 14A

☐ 14A.1 方程 （14.2.4） 和 （14.2.5） 的推导

将方程（14.2.2）写成：

$$u_i = Y_i - \beta_1 e^{\beta_2 X_i} \tag{1}$$

因此，

$$\sum u_i^2 = \sum (Y_i - \beta_1 e^{\beta_2 X_i})^2 \tag{2}$$

既然 Y 和 X 的值是已知的，因而误差平方和是 β_1 和 β_2 的函数。因此，为了最小化误差平方和，我们必须将它对这两个未知数进行偏微分，即：

$$\frac{\partial \sum u_i^2}{\partial \beta_1} = 2\sum (Y_i - \beta_1 e^{\beta_2 X_i})(-e^{\beta_2 X_i}) \tag{3}$$

$$\frac{\partial \sum u_i^2}{\partial \beta_2} = 2\sum (Y_i - \beta_1 e^{\beta_2 X_i})(-\beta_1 e^{\beta_2 X_i} X_i) \tag{4}$$

根据最优化的一阶条件，令上面的方程等于 0，联立并求解。我们就可以得到方程（14.2.4）和（14.2.5）。注意，在将误差平方和进行微分时，我们使用了链式规则。

□ 14A.2 线性化方法

熟悉微积分的同学可能会记得**泰勒定理**（Taylor's theorem），该定理是指，任意一个连续且具有连续 n 阶导数的函数 $f(X)$，在 $X = X_0$ 附近都可以由一个多项式函数和一个余项来近似，即：

$$f(X) = \frac{f(X_0)}{0!} + \frac{f'(X_0)(X-X_0)}{1!} + \frac{f''(X_0)(X-X_0)^2}{2!} + \cdots$$
$$+ \frac{f^{(n)}(X_0)(X-X_0)^n}{n!} + R \tag{1}$$

其中 $f'(X_0)$ 是 $f(X)$ 的一阶导数在 $X = X_0$ 处的值，$f''(X_0)$ 是 $f(X)$ 的二阶导数在 $X = X_0$ 处的值，以此类推。$n!$（读作 n 的阶乘）代表 $n(n-1)(n-2)\cdots 1$，习惯上 $0! = 1$，并且 R 代表余项。如果取 $n=1$，我们将会得到一个线性近似值；取 $n = 2$，我们就会得到一个二次多项式近似。如你所料，多项式的次数越高，近似值就越接近原函数。方程（1）中所给出的级数被称为 **$f(X)$ 在点 $X=X_0$ 附近的泰勒级数展开**。举例来说，考虑如下函数：

$$Y = f(X) = \alpha_1 + \alpha_2 X + \alpha_3 X^2 + \alpha_4 X^3$$

假设我们想在 $X=0$ 处来近似它。我们便得到：

$$f(0) = \alpha_1 \qquad f'(0) = \alpha_2 \qquad f''(0) = 2\alpha_3 \qquad f'''(0) = 6\alpha_4$$

因此，我们可以得到如下近似：

一阶： $Y = \alpha_1 + \dfrac{f'(0)}{1!} = \alpha_1 + \alpha_2 X + $ 余项$(= \alpha_3 X^2 + \alpha_4 X^3)$

二阶： $Y = f(0) + \dfrac{f'(0)}{1!} X + \dfrac{f''(0)}{2!} X^2$
$= \alpha_1 + \alpha_2 X + \alpha_3 X^2 + $ 余项$(= \alpha_4 X^3)$

三阶： $Y = \alpha_1 + \alpha_2 X + \alpha_3 X^2 + \alpha_4 X^3$

三阶近似准确地重现了原方程。

泰勒级数近似的目标通常是选取一个次数更低的多项式，希望余项无关紧要。它通常是通过去掉高阶项而用一个线性函数来近似一个非线性函数。

泰勒级数近似值可以很容易地扩展为包含不止一个 X 的函数。例如，考虑下面的函数：

$$Y = f(X, Z) \tag{2}$$

并假设我们想在 $X=a$ 和 $Z=b$ 这一点附近将其展开。泰勒定理显示：

$$f(x,z) = f(a,b) + f_x(a,b)(x-a)$$
$$+ f_z(a,b)f(z-b) + \frac{1}{2!}[f_{xx}(a,b)(x-a)^2$$
$$- 2f_{xz}(a,b)(x-a)(z-b) + f_{zz}(a,b)(z-b)^2] + \cdots \tag{3}$$

其中 $f_x=$ 该函数对 x 的偏导，$f_{xx}=$ 该函数对 x 的二阶偏导，对于变量 z 来说与此类似。如果想得到该函数的线性近似，我们就可以使用方程（3）中的前两项，如果想得到一个二次多项式或者二次近似，我们就可以使用方程（3）中的前三项，以此类推。

□ 14A.3 对方程（14.2.2）中指数函数的线性近似

我们所考虑的函数是：

$$Y = f(\beta_1, \beta_2) = \beta_1 e^{\beta_2 X} \tag{1}$$

注：为方便起见，我们去掉了观测下标。

记住在这个函数中的未知数是 β 系数。我们在 $\beta_1 = \beta_1^*$ 和 $\beta_2 = \beta_2^*$ 处线性化该函数，这里加星号的是给定的固定值。为了将之线性化，我们按照如下方式进行：

$$Y = f(\beta_1, \beta_2) = f(\beta_1^*, \beta_2^*) + f_{\beta_1}(\beta_1^*, \beta_2^*)(\beta_1 - \beta_1^*) + f_{\beta_2}(\beta_1^*, \beta_2^*)(\beta_2 - \beta_2^*) \tag{2}$$

其中 f_{β_1} 和 f_{β_2} 是函数（1）关于这两个未知数的偏导，并且将其在（假定的）未知参数的星号值处取值。注意在上面的表达式中，我们只用了一阶偏导，因为我们在线性化该函数。现在假定 $\beta_1^* = 0.45$ 和 $\beta_2^* = 0.01$，这是真实系数的纯猜测估计值。现在，根据标准的微分规则，有

$$f(\beta_1^* = 0.45, \beta_2^* = 0.01) = 0.45 e^{0.01 X_i} \tag{3}$$

$$f_{\beta_1} = e^{\beta_2 X_i} \quad 和 \quad f_{\beta_2} = \beta_1 X_i e^{\beta_2 X_i}$$

计算出这些偏导数在给定值处的值并代入方程（2），我们得到：

$$Y_i = 0.45 e^{0.01 X_i} + e^{0.01 X_i}(\beta_1 - 0.45) + 0.45 X_i e^{0.01 X_i}(\beta_2 - 0.01) \tag{4}$$

我们可以将其写为：

$$(Y_i - 0.45 e^{0.01 X_i}) = e^{0.01 X_i} \alpha_1 + 0.45 X_i e^{0.01 X_i} \alpha_2 \tag{5}$$

其中

$$\alpha_1 = \beta_1 - 0.45 \quad 和 \quad \alpha_2 = \beta_2 - 0.01 \tag{6}$$

现在，令 $Y_i^* = Y_i - 0.45 e^{0.01 X_i}$，$X_{1i} = e^{0.01 X_i}$ 和 $X_{2i} = 0.45 X_i e^{0.01 X_i}$。利用这些定义并加上一个误差项，我们最终可把方程（5）写成

$$Y_i^* = \alpha_1 X_{1i} + \alpha_2 X_{2i} + u_i \tag{7}$$

你瞧，现在我们得到了一个线性回归模型。因为根据这些数据我们能轻易地算出 Y_i^*，X_{1i} 和 X_{2i} 的值，所以我们就能通过 OLS 来估计方程（7）并得出 α_1 和 α_2 的值。然后，根据方程（6），我们可以得到：

$$\beta_1 = \hat{\alpha}_1 + 0.45 \quad 和 \quad \beta_2 = \hat{\alpha}_2 + 0.01 \tag{8}$$

将这些值分别称为 β_1^{**} 和 β_2^{**}。利用这些（修正后的）参数值，我们可以开始进行方程（2）给出的迭代程序，从而得到另一组 β 系数值。按照这种方法继续进行迭代（或者说线性化），直至 β 系数的值没有明显变化为止。例 14.1 用了 5 次迭代，而墨西哥柯布-道格拉斯的例子（例 14.2）则用了 32 次迭代。这些迭代背后隐藏的逻辑恰恰是我们刚刚解释的程序。

对于 14.3 节中共同基金顾问费的例子来说，方程（6）给出的 Y^*，X_1 和 X_2 如表 14—4 所示；基础数据由表 14—1 给出。根据这些值，对应于方程（7）的回归结果是：

```
Dependent variable: Y*
Method: Least squares
```

Variable	Coefficient	Std. Error	t-Statistic	Prob.
X₁	0.022739	0.014126	1.609705	0.1385
X₂	-0.010693	0.000790	-13.52990	0.0000

$R^2 = 0.968324$ Durbin-Watson d statistic $= 0.308883$

现在利用方程（8），读者可以验证

$$\beta_1^* = 0.472\ 7 \quad \text{和} \quad \beta_2^* = -0.000\ 69 \tag{9}$$

表 14—4

Y^*	X_1	X_2
0.067 744	1.005 013	0.226 128
0.034 928	1.051 271	2.365 360
−0.013 327	1.105 171	4.973 269
−0.062 825	1.161 834	7.842 381
−0.109 831	1.221 403	10.992 62
−0.154 011	1.284 025	14.445 29
−0.195 936	1.349 859	18.223 09
−0.236 580	1.419 068	22.350 31
−0.276 921	1.491 825	26.852 84
−0.317 740	1.568 312	31.758 32
−0.397 464	1.733 253	42.898 01
−0.446 153	1.822 119	49.197 21

将这些数字与这两个参数的初始猜测值（分别为0.45和0.01）进行比较。运用方程（9）给出的新估计值，你可以再次开始迭代程序，直至其"收敛"，即最后一轮的估计值与前一轮的估计值相差不远。当然，如果你的初始猜测值与最终值比较接近，那么你将需要更少的迭代次数。也请注意，我们仅仅用了泰勒级数展开式中的线性项。如果你打算用展开式中的二次项或者更高次数项，也许你将更快地得到最终值。但许多应用表明，线性近似是相当好的。

第 15 章

定性响应回归模型

到目前为止，在我们考虑的所有回归模型中，都隐含地假定了回归子、因变量或响应变量（response variable）Y 是定量的，而解释变量是定量的、定性的（或虚拟的）或二者兼而有之。事实上，在关于虚拟变量的第 9 章中，我们看到了虚拟回归元是如何被引入到回归模型中的，以及它们在特定情况下所扮演的角色。

在本章我们将考虑的几个模型中，回归子本身就是定性的。尽管在社会科学和医学研究的各个领域中的应用与日俱增，但定性响应回归模型仍然带来了值得注意的估计和解释方面的问题。本章中我们仅仅接触这个领域的部分主题，要对该领域有更深入的了解，可以查阅一下更专业的书籍。①

15.1 定性响应模型的性质

假如我们想研究成年男子的劳动力参与（LFP）决策问题。因为一个成人或者在劳动力队伍中或者不在，所以 LFP 是一个是或者不是的决策。这样，响应变量或回归子只能取两个值，即如果这个人在劳动力队伍中，则取值 1；如果他或她不在其

---

① 在初级水平上，读者可能会发现以下资料非常有用。Daniel A. Powers and Yu Xie, *Statistical Methods for Categorical Data Analysis*, Academic Press, 2000；John H. Aldrich and Forrest Nelson, *Linear Probability, Logit, and Probit Models*, Sage Publications, 1984；and Tim Futing Liao, *Interpreting Probability Models：Logit, Probit and Other Generalized Linear Models*, Sage Publications, 1994。对这些文献非常全面的评论可参见 G. S. Maddala, *Limited-Dependent and Qualitative Variables in Econometrics*, Cambridge University Press, 1983。

中，则取值 0。换言之，回归子是一个**二值或二分变量**（binary or dichotomous variable）。劳动经济学研究表明，LFP 决策是失业率、平均工资率、教育和家庭收入等因素的函数。

另一个例子，考虑美国总统选举。假设有两个政党——民主党和共和党，这里的因变量是两个政党间的投票选举。假定若投票给民主党候选人，则 $Y=1$；若投票给共和党候选人，则 $Y=0$。耶鲁大学经济学家费尔（Ray Fair）和几个政治科学家[①]在这个专题上做了大量的研究。在投票选择中使用的一些变量包括 GDP 的增长率、失业率和通货膨胀率、候选人是否为争取连任而参与竞选等。这里重要的是回归子是一个定性变量。

我们可以举出定性回归子的其他例子。例如，一个家庭或者拥有一所住房或者不拥有，它有房屋保险或者没有，夫妻两人都在工作或者只一人在工作。类似地，某种药物在医治一种疾病中有效或无效，一厂商决定是否公告支付股利，一位参议员是否对减税提案投赞成票，美国总统是否对某个法案行使否决权，等等。

我们不必将响应变量仅仅限于是/否或二分类型。回到美国总统选举的例子中，假定这里有三个政党——民主党、共和党和独立党派，这里的响应变量是**三分**（trichotomous）的。一般地，我们可以拥有一个**多分响应变量**（polychotomous）或**多类型响应变量**（multiple-category）。

我们计划先考虑二分回归子，然后再分析这个基本模型的各种扩展。但是，在我们这样做之前，指出定性回归子模型和定量回归子模型之间的根本差别是很重要的。

在一个模型中，如果 Y 是定量的，那我们的目标是，给定回归元的值，估计回归子的期望值或均值。用第 2 章的话来说，我们所需要的是 $E(Y_i \mid X_{1i}, X_{2i}, \cdots, X_{ki})$，其中诸 X 是回归元，既有定量的，也有定性的。如果 Y 是定性的，在模型中，我们的目标是找出某种事情发生的概率，比如向民主党候选人投票、拥有一套住房、属于一个工会或参加一项运动等。因此，定性响应模型通常被称为**概率模型**（probability models）。

在本章的余下部分，我们将寻求以下问题的答案：

1. 我们怎样估计定性响应模型？能否简单地用平常的 OLS 方法进行估计？

2. 有特殊的推断问题吗？换言之，假设检验程序是否与我们已经学过的有所不同？

3. 若一个回归子是定性的，我们该如何度量这种模型的拟合优度？在这种模型中，计算惯用的 R^2 有什么价值吗？

4. 一旦超出二分回归子的情况，我们怎样估计和解释多分回归模型呢？还有，

[①] 例如，参见 Ray Fair, "Econometrics and Presidential Elections," *Journal of Economic Perspective*, Summer 1996, pp. 89-102, and Michael S. Lewis-Beck, *Economics and Election: The Major Western Democracies*, University of Michigan Press, Ann Arbor, 1980。

我们该怎样处理这样的模型：它的回归子是**顺序**（ordinal）的，也就是一个有序的类型变量，比如说读书年数（不到 8 年、8~11 年、12 年、13 年及以上）；或者它的回归子是**名义**（nominal）的，即没有内在的顺序，比如说人种（黑人、白人、拉美裔、亚裔和其他）？

5. 对于这些现象我们该如何建模：比如每年看病的次数、给定年份中一个厂商获得专利的个数、一年中大学教授所发表论文的篇数、五分钟内接到电话的次数或者五分钟内通过某个收费站的汽车数量？这些被称为**计数数据**（count data）或者**稀有事件**（rare event）数据的现象都是**泊松**（概率）过程的例子。

在本章中我们将仅在初级水平上为其中一些问题提供答案，有些专题相当高深，并且需要的数学和统计学背景知识超出了本书要求的程度。更多的细节可参见各有关注释所引用的参考文献。

开始学习定性响应模型之前，我们首先考虑**二值响应**（binary response）回归模型。这里有三种方法可以为二值响应变量建立一个概率模型：

1. **线性概率模型**（LPM）。

2. **logit** 模型。

3. **probit** 模型。

4. **tobit** 模型。

由于 LPM 相对简单而且能用 OLS 进行估计，因此我们将首先考虑 LPM，另外两个模型将在后面讨论。

15.2 线性概率模型

为了集中精力，考虑如下回归模型：

$$Y_i = \beta_1 + \beta_2 X_i + u_i \tag{15.2.1}$$

其中 X＝家庭收入。Y＝1，如果该家庭拥有住房；Y＝0，如果该家庭不拥有住房。

模型（15.2.1）看似一个典型的线性回归模型，但由于回归子是二值的，或二分的，因此这个模型被称为**线性概率模型**（linear probability model，LPM）。这是因为 Y_i 在给定 X_i 下的条件期望 $E(Y_i \mid X_i)$ 可解释为在给定 X_i 下事件（家庭拥有住房）发生的条件概率，即 $\Pr(Y_i = 1 \mid X_i)$。这样在我们这个例子里，$E(Y_i \mid X_i)$ 给出了一个家庭拥有自己的住房且其收入是某给定的数额 X_i 的概率。

把（15.2.1）这样的模型命名为 LPM 的理由，可从下面看出：假定 $E(u_i)=0$，如同平常那样（为了得到无偏估计量），我们得到：

$$E(Y_i \mid X_i) = \beta_1 + \beta_2 X_i \tag{15.2.2}$$

现在，令 $P_i=$ "$Y_i=1$"（即事件发生）的概率，而 $1-P_i=$ "$Y_i=0$"（即事件不发生）的概率，则变量 Y_i 有如下（概率）分布：

Y_i	概率
0	$1-P_i$
1	P_i
总和	1

即 Y_i 服从**贝努利概率分布**（Bernoulli probability distribution）。

现在，由数学期望的定义，我们有：

$$E(Y_i) = 0(1-P_i) + 1(P_i) = P_i \qquad (15.2.3)$$

比较方程（15.2.2）和方程（15.2.3），我们得到：

$$E(Y_i \mid X_i) = \beta_1 + \beta_2 X_i = P_i \qquad (15.2.4)$$

即模型（15.2.1）的条件期望事实上可以解释为 Y_i 的条件概率。通常，一个贝努利随机变量的期望就是该随机变量等于 1 的概率。顺便指出，如果有 n 次独立试验，每次成功的概率为 p，失败的概率为 $1-p$，而且 X 代表这些试验成功的次数，那么我们就称 X 服从**二项式分布**（binomial distribution）。二项式分布的均值为 np，方差为 $np(1-p)$。成功这个词已在行文中加以定义了。

既然概率 P_i 必须介于 0 和 1 之间，于是我们就有了一个约束条件

$$0 \leqslant E(Y_i \mid X_i) \leqslant 1 \qquad (15.2.5)$$

即条件期望（或条件概率）必须介于 0 和 1 之间。

从前面的讨论来看，OLS 似乎很容易就能扩展到二值因变量回归模型。那么，这里也就没有什么新颖之处了。不幸的是，情况并非如此，因为 LPM 提出了如下几个问题。

□ 干扰项 u_i 的非正态性

虽然 OLS 并不要求干扰项 u_i 一定是正态分布的，但为了统计推断的目的，我们仍然假定这些干扰项服从正态分布。[①] 然而，由于干扰项 u_i 和 Y_i 一样，在 LMP 中只取两个值，所以 u_i 的正态性假定便再不成立。为了看清这一点，我们把方程（15.2.1）写成：

$$u_i = Y_i - \beta_1 - \beta_2 X_i \qquad (15.2.6)$$

u_i 的概率分布为

	u_i	概率
当 $Y_i=1$ 时	$1-\beta_1-\beta_2 X_i$	P_i
当 $Y_i=0$ 时	$-\beta_1-\beta_2 X_i$	$1-P_i$

$(15.2.7)$

显然，我们不可能再假定 u_i 是正态分布的；它们服从贝努利分布。

---

① 记得我们已经建议应该用适当的正态检验来检查某个应用中的正态假定，例如雅克-贝拉检验。

但是不满足正态性假定也许并不像它看上去那么重要，因为我们知道 OLS 的点估计值仍然保持无偏性（记住，如果我们的目的是点估计，那么正态性假定就无关紧要）。此外，当样本无限增大时，统计理论表明，OLS 估计量一般都趋于正态分布。[1] 因此，在大样本中，LPM 的统计推断仍可沿用正态性假定下常用的 OLS 程序。

□ 干扰项的异方差性

即使 $E(u_i) = 0$ 和 $\text{cov}(u_i, u_j) = 0$（对 $i \neq j$，即无序列相关性），我们却不能认为 LPM 中的干扰项 u_i 是同方差的。然而，这并不令人吃惊。正如统计理论告诉我们的那样，对于一个贝努利分布，理论上的均值和方差分别为 p 和 $p(1-p)$，其中 p 是成功（即事件发生）的概率，从而表明方差是均值的函数。因此，误差一定是异方差的。

对于方程（15.2.7）中给出的误差项的分布，运用方差的定义，读者应该可以证明（见习题 15.10）：

$$\text{var}(u_i) = P_i(1 - P_i) \tag{15.2.8}$$

即 LPM 中误差项的方差是异方差的。既然 $P_i = E(Y_i \mid X_i) = \beta_1 + \beta_2 X_i$，$u_i$ 的方差最终依赖于 X 的值，从而就不是同方差的。

我们已经知道，当出现异方差时，OLS 估计虽然是无偏的，却不是有效的；也就是说，它不再具有最小方差。然而，正如非线性问题一样，异方差性的问题也不是一种不能克服的障碍。在第 11 章中，我们讨论过处理异方差问题的几种方法。由于 u_i 的方差依赖于 $E(Y_i \mid X_i)$，解决异方差性问题的方法之一就是进行数据变换，将模型（15.2.1）的两边同时除以

$$\sqrt{E(Y_i \mid X_i)\left[1 - E(Y_i \mid X_i)\right]} = \sqrt{P_i(1 - P_i)} = \text{say } \sqrt{w_i}$$

即

$$\frac{Y_i}{\sqrt{w_i}} = \frac{\beta_1}{\sqrt{w_i}} + \beta_2 \frac{X_i}{\sqrt{w_i}} + \frac{u_i}{\sqrt{w_i}} \tag{15.2.9}$$

你很容易就可以证明，方程（15.2.9）中变换后的误差项是同方差的。因此，在估计方程（15.2.1）之后，我们现在就可以用 OLS 对方程（15.2.9）进行估计了，这无非就是以 w_i 为权数的加权最小二乘（WLS）。

理论上，我们刚才的描述很完美。但在实践中，真实的 $E(Y_i \mid X_i)$ 是未知的，因此权重 w_i 也是未知的。为了估计 w_i，我们可以用如下两步法[2]：

---

[1] 证明的依据是中心极限定理，可参阅 E. Malinvaud, *Statistical Methods of Econometrics*, Rand McNally, Chicago, 1966, pp. 195-197. 如果回归元被认为是随机的并且是联合正态分布的，那么，即使干扰项是非正态分布的，F 和 t 检验仍可使用。而且记住，当样本大小无限增大时，二项分布收敛于正态分布。

[2] 至于使用这一程序的合理性，参见 Arthur S. Goldberger, *Econometric Theory*, John Wiley & Sons, New York, 1964, pp. 249-250. 它本质上是一个大样本方法，有关异方差的章节，我们在可行或估计的广义最小二乘法的标题下讨论过（见 11.6 节）。

步骤 1. 对方程（15.2.1）进行 OLS 回归，暂时撇开异方差性问题，于是得到 $\hat{Y}_i =$ 真实 $E(Y_i \mid X_i)$ 的估计值，再由此求出 w_i 的估计值 $\hat{w}_i = \hat{Y}_i(1 - \hat{Y}_i)$。

步骤 2. 用估计的 w_i 去做方程（15.2.9）所示的数据变换，并用 OLS（即加权最小二乘法）估计变换后的方程。

尽管我们稍后就用例子来说明这个程序，但仍有必要指出，如果样本足够大，我们也可以使用怀特的异方差校正标准误来处理异方差性。

就算我们对异方差性进行了校正，但我们首先还必须解决困扰 LPM 的另一个问题。

□ 不满足 $0 \leqslant E(Y_i \mid X_i) \leqslant 1$ 情形

由于线性概率模型中的 $E(Y_i \mid X_i)$ 度量着在给定 X 下事件 Y 发生的条件概率，所以它必须落在 0 与 1 之间。虽然先验上这是正确的，但无法保证 $E(Y_i \mid X_i)$ 的估计量 $\hat{Y}_i$ 一定能满足这一约束条件。这是用 OLS 估计 LPM 的真正问题所在。出现这个问题的原因，是 OLS 没有考虑 $0 \leqslant E(Y_i \mid X_i) \leqslant 1$ 的约束条件（这是一个不等式约束）。有两种方法可以帮助我们弄清楚估计的 $\hat{Y}_i$ 是否介于 0 与 1 之间。一是用平常的 OLS 方法估计 LPM，看估计的 $\hat{Y}_i$ 是否介于 0 与 1 之间，如果有些 $\hat{Y}_i$ 小于 0（即是负的），则取其为零。如果有些 $\hat{Y}_i$ 大于 1，则取其为 1。另一种方法是设计一种估计方法，以保证所估计的条件概率 $\hat{Y}_i$ 必定落在 0 与 1 之间，稍后讨论的 logit 和 probit 模型将能保证所估计的概率确实落在 0 到 1 这个逻辑界限之内。

□ 可疑的拟合优度：R^2 值

在二分响应模型中，惯常计算的 R^2 的价值是有限的。为看出其中道理，考虑图 15—1。对于给定的 X，Y 为 0 或 1。因此，所有的 Y 值必定要么落在 X 轴上，要么落在 $Y=1$ 的一条直线上。因此，一般地说，不能期望有任何 LPM 能很好地拟合这样的散点，不管是无约束（unconstrained）的 LPM（图 15—1a），抑或是断尾（truncated）或受约束（constrained）的 LPM（图 15—1b）。后者指用一种限制 Y 不超越逻辑界限 0 和 1 的方法去估计 LPM。因此，对这样的模型，按惯例算出的 R^2 很可能比 1 小很多。在大多数实际应用中，R^2 都介于 0.2 与 0.6 之间。对这种模型，只有当实际的散点非常密集地分布在点 A 和点 B 周围时（图 15—1c），R^2 才会高，比方说高于 0.8，因为这时容易通过 A 和 B 两点的联结而把直线的位置固定下来。这时，预测的 Y_i 值将非常靠近 0 或 1。

由于这些缘故，奥尔德里奇（John Aldrich）和纳尔逊（Forrest Nelson）争辩说："在有定性因变量的模型中应避免使用判定系数作为一种摘要统计量。"[1]

---

① Aldrich and Nelson, op. cit. , p. 15. 在含有虚拟回归子的模型中度量拟合优度的其他方法可参见 T. Amemiya, "Qualitative Response Models," *Journal of Economic Literature*, vol. 19, 1981, pp. 331-354.

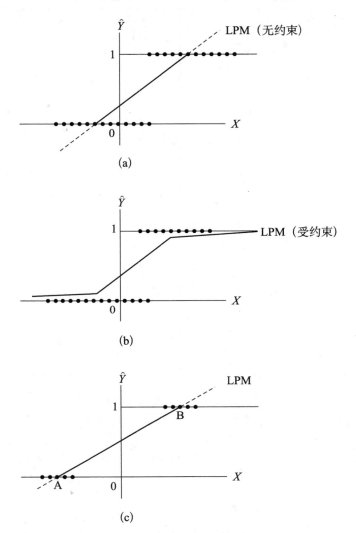

图 15—1　线性概率模型

例 15. 1	LPM：一个数值例子

　　我们用一个数值例子来说明本节中关于 LPM 的一些问题。表 15—1 给出 40 个家庭的住房所有权 Y（1＝拥有住房，0＝不拥有住房）和家庭收入 X（千美元）的虚构数据。根据这些数据，用 OLS 估计 LPM 如下：

$$\hat{Y}_i = -0.945\ 7 + 0.102\ 1X_i$$
$$(0.122\ 8)\quad(0.008\ 2) \tag{15.2.10}$$
$$t = (-7.698\ 4)\ (12.515)\qquad R^2 = 0.804\ 8$$

表 15—1　　拥有住房（如果拥有住房 $Y=1$，否则为 0）以及收入 X（千美元）的假想数据

家庭	Y	X	家庭	Y	X
1	0	8	21	1	22
2	1	16	22	1	16
3	1	18	23	0	12
4	0	11	24	0	11
5	0	12	25	1	16
6	1	19	26	0	11
7	1	20	27	1	20
8	0	13	28	1	18
9	0	9	29	0	11
10	0	10	30	0	10
11	1	17	31	1	17
12	1	18	32	0	13
13	0	14	33	1	21
14	1	20	34	1	20
15	0	6	35	0	11
16	1	19	36	0	8
17	1	16	37	1	17
18	0	10	38	1	16
19	0	8	39	0	7
20	1	18	40	1	17

　　首先我们来解释这一回归。截距值－0.945 7 给出零收入的家庭拥有自己住房的"概率"。由于此值是负的，而概率又不可能是负值，我们就把该值当作零看待，这样做在本例中是说得过去的。[①] 斜率值 0.102 1 意味着收入每增加 1 单位（本例中是 1 000 美元），平均地说，拥有住房的概率就增加 0.102 1 或约 10%。当然，对某一给定的收入水平，我们可从方程（15.2.10）估计出拥有住房的实际概率。例如，对于 $X=12$（即 12 000 美元），估计拥有住房的概率是

$$(\hat{Y}_i \mid X=12) = -0.945\,7 + 12 \times 0.102\,1 = 0.279\,5$$

就是说，收入为 12 000 美元的家庭拥有住房的概率约为 28%，表 15—2 给出了对应于表中所列各种收入水平的估计概率 $\hat{Y}_i$，该表中最值得注意的特点是，有 6 个估计值为负值，并有 6 个值大于 1。这清楚地说明了前面提到的一种观点，尽管 $E(Y_i \mid X_i)$ 为正且小于 1，而其估计值 $\hat{Y}_i$ 却不一定为正或小于 1。这就是为什么当因变量是二分变量时不宜使用 LPM 的原因。

表 15—2　　　　　　　住房所有权例子的实际 Y、估计 Y 以及权重 w_i

Y_i	$\hat{Y}_i$	$\hat{w}_i$	$\sqrt{\hat{w}_i}$	Y_i	$\hat{Y}_i$	$\hat{w}^\dagger$	$\sqrt{\hat{w}_i}$
0	-0.129^*			1	1.301^+		
1	0.688	0.214 6	0.463 3	1	0.688	0.214 7	0.463 3
1	0.893	0.095 6	0.309 1	0	0.280	0.201 6	0.499 0
0	0.178	0.146 3	0.382 5	0	0.178	0.146 3	0.382 5
0	0.280	0.201 6	0.449 0	1	0.688	0.214 7	0.463 3

---

① 不妨把较大的负值粗略地解释为，零收入的家庭拥有自己的住房近乎不可能。

Y_i	$\hat{Y}_i$	$w_i^\dagger$	$\sqrt{w_i}$	Y_i	$\hat{Y}_i$	$w_i^\dagger$	$\sqrt{w_i}$
1	0.995	0.004 98	0.070 5	0	0.178	0.146 3	0.382 5
1	1.098⁺			1	1.097⁺		
0	0.382	0.236 1	0.485 9	1	0.893	0.095 6	0.309 1
0	−0.026 5*			0	0.178	0.146 3	0.382 5
0	0.076	0.070 2	0.265 0	0	0.076	0.070 2	0.265 0
1	0.791	0.165 3	0.406 6	1	0.791	0.165 3	0.405 5
1	0.893	0.095 6	0.309 1	0	0.382	0.236 1	0.485 9
0	0.484	0.249 7	0.499 7	1	1.199⁺		
1	1.097⁺			1	1.097⁺		
0	−0.333*			0	0.178	0.146 3	0.382 5
1	0.995	0.004 98	0.070 5	0	−0.129*		
1	0.688	0.214 7	0.463 3	1	0.791	0.165 3	0.406 6
0	0.076	0.070 2	0.265 0	1	0.688	0.214 7	0.463 3
0	−0.129*			0	−0.231*		
1	0.893	0.0956	0.3091	1	0.791	0.1653	0.406 6

注：* 当作 0，以避免负概率。
  ⁺ 当作 1，以避免概率大于 1。
  †$\hat{Y}_i(1-\hat{Y}_i)$。

即使所估计的 Y_i 全部是正值且小于 1，LPM 仍受异方差性问题的困扰，这很容易从方程 (15.2.8) 看出来。于是，我们就不能信赖方程 (15.2.10) 所报告的估计标准误。（为什么？）但是我们可用先前讨论过的加权最小二乘（WLS）来求这些标准误更为有效的估计值。应用 WLS 时所必需的权重 w_i 也列在表 15—2 中。但注意，由于有些 Y_i 是负的，也有些 Y_i 大于 1，对于这些 Y_i 来说，w_i 将是负的。因此，我们在 WLS 中就不能使用这些观测值（为什么？），从而在本例中把观测值的个数从 40 个减少到 28 个。① 删去这些观测值的 WLS 回归将是：

$$\frac{\hat{Y}_i}{\sqrt{w_i}} = -1.245\,6\,\frac{1}{\sqrt{w_i}} + 0.119\,6\,\frac{X_i}{\sqrt{w_i}}$$
$$(0.120\,6) \qquad (0.006\,9) \tag{15.2.11}$$
$$t = (-10.332) \qquad (17.454) \qquad R^2 = 0.921\,4$$

这些结果表明，和方程 (15.2.10) 相比，估计的标准误变小了，从而估计的 t 比率（在绝对值上）变大了。然而，我们接受这一结果不免有些难处，因为在估计方程 (15.2.11) 时，我们被迫放弃了 12 个观测。而且，由于 w_i 是估计值，严格地说，通常的统计假设检验程序仅在大样本中有效（参看第 11 章）。

15.3 LPM 的应用

在有了方便的计算机软件包可用来估计（即将讨论的）logit 和 probit 模型之前，

---

① 为了避免自由度损失，当 Y_i 的估计值为负时，可令 $\hat{Y}_i = 0.01$；而当 Y_i 的估计值大于或等于 1 时，令 $\hat{Y}_i = 0.99$，参看习题 15.1。

LPM 由于它的简单性，曾相当广泛地被使用着。现在我们来说明它的一些应用。

例 15.2	科恩-雷-勒曼研究[①]

在为美国劳工部做的一项研究工作中，科恩（Cohen）、雷（Rea）和勒曼（Lerman）意欲把各类劳工的"劳动力参与"当作一些社会经济—人口统计变量的函数进行分析。在所有的回归中因变量都是一个虚拟变量：如果一个人参与劳动队伍，就取值1；如果他或她不参与劳动队伍，就取值0。在表15—3中我们复制了他们做的几个虚拟因变量回归中的一个。

表 15—3　　　　　　　　　　　　劳动力参与
居住在最大的 96 个标准大都市统计区（SMSA）的 22 岁及以上妇女的回归（因变量：1966 年参与或不参与劳动队伍）

解释变量	系数	t 比率
常数项	0.436 8	15.4
婚姻状况		
已婚，配偶存在	—	—
已婚，其他	0.152 3	13.8
未婚	0.291 5	22.0
年龄		
22～54 岁	—	—
55～64 岁	−0.059 4	−5.7
65 岁及以上	−0.275 3	−9.0
受教育年数		
0～4 年	—	—
5～8 年	0.125 5	5.8
9～11 年	0.170 4	7.9
12～15 年	0.223 1	10.6
16 年及以上	0.306 1	13.3
失业率（1966）		
低于 2.5%	—	—
2.5%～3.4%	−0.021 3	−1.6
3.5%～4.0%	−0.026 9	−2.0
4.1%～5.0%	−0.029 1	−2.2
5.1%及以上	−0.031 1	−2.4
就业变化（1965—1966 年）		
低于 3.5%	—	—
3.5%～6.49%	0.030 1	3.2
6.5%及以上	0.052 9	5.1

---

① Malcolm S. Cohen, Samuel A. Rea, Jr., and Robert I. Lerman, *A Micro Model of Labor Supply*, BLS Staff Paper 4, U. S. Department of Labor, 1970.

续前表

解释变量	系数	t 比率
相对就业机会		
低于 62%	—	—
62%～73.9%	0.038 1	3.2
74% 及以上	0.057 1	3.2
FILOW		
低于 1 500 美元及负值	—	—
1 500 美元～7 499 美元	−0.145 1	−15.4
7 500 美元及以上	−0.245 5	−24.4
交互作用（婚姻状况及年龄）		
婚姻状况　　　年龄		
其他　　　　　55～64 岁	−0.040 6	−2.1
其他　　　　　65 岁及以上	−0.139 1	−7.4
未婚　　　　　55～64 岁	−0.110 4	−3.3
未婚　　　　　65 岁及以上	−0.204 5	−6.4
交互作用（年龄与受教育年数）		
年龄　　　　　受教育年数		
65 岁及以上　5～8 年	−0.088 5	−2.8
65 岁及以上　9～11 年	−0.084 8	−2.4
65 岁及以上　12～15 年	−0.128 8	−4.0
65 岁及以上　16 年及以上	−0.162 8	−3.6

$$R^2 = 0.175$$

观测次数＝25 153

注：—表示基组或省略组。
FILOW 表示家庭收入减去本人工薪收入。
资料来源：Malcolm S. Cohen, Samuel A. Rea, Jr., and Robert I. Lerman, *A Micro Model of Labor Supply*, BLS Staff Paper 4, U. S. Department of Labor, 1970, Table F-6, pp. 212-213.

在解释计算结果之前，注意这些特点：上述回归是用 OLS 估计的。为了修正异方差性，作者们曾在他们的某些回归中使用前述的两步法，但他们发现这样得到的标准误和未经异方差校正的标准误没有实质性的区别。这也许纯粹由于样本较大（约为 25 000）的缘故所致。由于样本容量很大，即使误差项取的是二分值，所估计的 t 值仍可用于检验这个通常 OLS 程序中的统计显著性。R^2 的估计值 0.175 看来相当低，但鉴于样本容量很大，基于 F 检验，这个 R^2 仍是显著的（见 8.4 节）。最后，注意作者是怎样把定量和定性变量融合在一起，以及他们是怎样考虑交互作用的。

转到对所得结果的解释，我们看到每一斜率系数都给出对应于解释变量的一个给定单位变化，事件发生的条件概率的变化率。比如说，附着于变量"65 岁及以上"的系数 −0.275 3 表示，在保持其他因素不变情况下，该年龄组的妇女参与劳动队伍的概率（与年龄为 22～54 岁的基组妇女相比）要低出约 27%。类似地，附着于变量"受教育年数在 16 年及以上"的系数 0.306 1 表示，在保持其他因素不变的情况下，受这样多教育的妇女参与劳动队伍的概率（同受教育年数少于 5 年的基组妇女相比）要高出约 31%。

现在考虑婚姻状况和年龄的**交互作用项**（interaction term）。表中数据表明，未婚女性（与基组相比），其劳动力参与概率要高出差不多 29%，而年龄为 65 岁及以上的妇女（仍与基组相比），劳动力参与概率则要低约 28%。但未婚且年龄为 65 岁或以上的妇女参与概率和基组相比，却低出

20%。这意味着年龄为 65 岁及以上且未婚的女性很可能比 65 岁及以上而属于已婚或其他类别的妇女更多地参与劳动力。

仿照以上程序，读者不难解释表 15—3 中的其他系数。从给定的这些信息还容易求出各类人群的劳动力参与的条件概率。比方说，如果我们想求已婚（其他）、年龄为 22～54 岁、受教育年数为 12～15 年、失业率为 2.5%～3.4%、就业变化为 3.5%～6.49%、相对就业机会为 74% 及以上以及 FILOW 为 7 500 美元及以上人群的（参与）概率，便得到：

$$0.436\ 8+0.152\ 3+0.223\ 1-0.021\ 3+0.030\ 1+0.057\ 1-0.245\ 5=0.632\ 6$$

换句话说，有上述特征的妇女，其劳动力参与概率估计约为 63%。

例 15.3　　　　　　　对债券评级的预测

根据 1961—1966 年间 200 种 Aa（优质）和 Baa（中等质量）债券的时间序列与横截面混合数据，卡佩莱利（J. Cappelleri）估计了如下的债券评级预测模型。[1]

$$Y_i = \beta_1 + \beta_2 X_{2i}^2 + \beta_3 X_{3i} + \beta_4 X_{4i} + \beta_5 X_{5i} + u_i$$

其中 $Y_i = 1$，如果债券评级为 Aa（穆迪评级）；

$\qquad = 0$，如果债券评级为 Baa（穆迪评级）；

$X_2 =$ 负债资本比率，杠杆作用的一种衡量；

$\qquad = \dfrac{\text{长期债券的美元价值}}{\text{总资产的美元价值}} \times 100$；

$X_3 =$ 利润率；

$\qquad = \dfrac{\text{税后收入的美元价值}}{\text{净总资产的美元价值}} \times 100$；

$X_4 =$ 利润率的标准差，利润率变异性的一种度量；

$X_5 =$ 净总资产（千美元），规模的一种度量。

可以先验地预期 β_2 和 β_4 是负的（为什么？），而 β_3 和 β_5 是正的。

在对异方差性和一阶自相关加以修正之后，卡佩莱利得到以下结果[2]：

$$\hat{Y}_i = \ 0.686\ 0 - 0.017\ 9 X_{2i}^2 + 0.048\ 6 X_{3i} + 0.057\ 2 X_{4i} + 0.378(E-7) X_{5i}$$

$$\qquad (0.177\ 5) \quad (0.002\ 4) \qquad (0.048\ 6) \qquad (0.017\ 8) \qquad (0.039)(E-8) \qquad\qquad (15.3.1)$$

$$R_2 = 0.693\ 3$$

注：$0.378(E-7)$ 表示 $0.000\ 000\ 037\ 8$。

除 X_4 的系数外，所有系数都有正确的符号。为什么利润率的变异性有正的系数，我们让金融学专业的学生去寻觅其中的道理。因为人们预料，利润的变异性越大，其他条件不变，被穆迪评级为 Aa 的可能性就越小。

对回归的解释是直截了当的。例如，X_3 的系数 $0.048\ 6$ 表示，其他条件相同，利润率每增加一个百分点，平均而言，将导致债券获得 Aa 评级的概率增大约 0.05。类似地，杠杆比率的平方

---

① Joseph Cappelleri, "Predicting a Bond Rating," unpublished term paper, C. U. N. Y.。本书所用模型是对下文中所用模型的一个修改：Thomas F. Pogue and Robert M. Soldofsky, "What Is in a Bond Rating?" *Journal of Financial and Quantitative Analysis*, June 1969, pp. 201-228。

② 在进行异方差校正前，一些概率的估计值是负值或大于 1；这时，为便于计算权重 w_i，将这些估计值分别调整成 0.01 和 0.99。

每提高一个单位，债券被评为 Aa 级的概率将降低 0.02。

例 15.4	谁持有银行借记卡

与信用卡一样，借记卡现在也被消费者广泛使用。之所以喜欢使用借记卡，是因为在使用它的时候，付款金额直接从你的支票或其他指定账户中自动划走。为了弄清楚哪些因素影响了借记卡的使用，我们搜集了 60 个客户的数据并考虑如下模型[1]：

$$Y_i = \beta_1 + \beta_2 X_{2i} + \beta_3 X_{3i} + \beta_4 X_{4i} + u_i$$

其中 $Y=1$，如果持有借记卡，否则等于 0；$X_2=$账户余额，以美元为单位；$X_3=$在自动取款机（ATM）上交易的次数；$X_4=1$，如果该账户存款支付利息，否则等于 0。

由于线性概率模型（LPM）存在异方差性，所以我们以表格的形式给出通常的 OLS 结果以及对异方差校正之后的 OLS 结果。

变量	系数	系数*
常数项	0.363 1	0.363 1
	(0.179 6)**	(0.160 4)**
账户余额	0.000 28**	0.000 28**
	(0.000 15)	(0.000 14)
在 ATM 上交易的次数	−0.026 9	−0.026 9
	(0.208)	(0.020 2)
利率	−0.301 9**	−0.301 9**
	(0.144 8)	(0.135 3)
R^2	0.105 6	(0.105 6)

注：* 表示标准误经过异方差校正；** 表示在 5% 的显著性水平上是显著的。

这些结果表明，那些账户余额较高的人倾向于拥有一张借记卡。对账户余额支付的利息越高，持有借记卡的倾向就越低。尽管 ATM 变量不显著，但要注意它的符号是负的，这可能是因为 ATM 交易收费的原因所致。

异方差校正与否对估计标准误的影响不大。为节省篇幅，我们没有给出拟合值（即估计概率），但它们都处在 0 与 1 的界限之内。不过，我们不能保证在任何情况下都是这样。

15.4　LPM 以外的其他方法

我们已经看到，LPM 受到一些问题的困扰，比如（1）u_i 的非正态性，（2）u_i 的

---

[1]　分析中所用数据来自于 Douglas A. Lind, William G. Marchal, and Robert D. Mason, *Statistical Techniques in Business and Economics*，11th ed. , McGraw-Hill, 2002, Appendix N, pp. 775-776。我们没有使用作者所用的全部变量。

异方差性，（3）$\hat{Y}_i$ 落在 0 到 1 区域的范围之外，以及（4）R^2 值一般来说都比较低。但这些困难是可以克服的。例如，我们可用 WLS 去解决异方差性问题或增大样本含量以减轻非正态性问题。通过受约束最小二乘法或数学规划技术，还可迫使所估计的概率落入 0—1 区间之内。

　　但即使这样做了，LPM 的根本问题还在于，它在逻辑上不是一个很有吸引力的模型，因为它假定 $P_i = E(Y = 1 \mid X)$ 随 X 而线性增加，即 X 的边际或临界效应一直保持不变。例如，在住房所有权一例中，我们求出，X 每增加一单位（1 000 美元），拥有住房的概率一律增加 0.10，无论收入水平是 8 000 美元、10 000 美元、18 000美元还是 22 000 美元。这显然是不现实的。事实上，人们预料 P_i 与 X_i 之间存在非线性关系：收入很低的家庭将不会拥有一套住房，但收入充分高，比如说超过 X^* 的家庭很可能拥有自己的住房。超过 X^* 的任何收入增加将不会对拥有房子的概率有什么影响。因此，在收入分布的两端，X 的一个小小的增加实质上将不影响拥有住房的概率。

　　因此，我们所需要的是具有如下二分性质的一个（概率）模型：（1）随着 X_i 增加，$P_i = E(Y = 1 \mid X)$ 也增加，但永远不超出 0 到 1 这个区间；（2）P_i 和 X_i 之间的关系是非线性的，即"随着 X_i 逐渐变小，估计概率趋于零的速度越来越慢，而随着 X_i 逐渐变大，估计概率趋于 1 的速度也越来越慢"[1]。

　　从几何上看，我们所要的（概率）模型有点像图 15—2 那样。注意，在此模型中，概率位于 0 到 1 之间并且随着 X 的变大而非线性地变化。

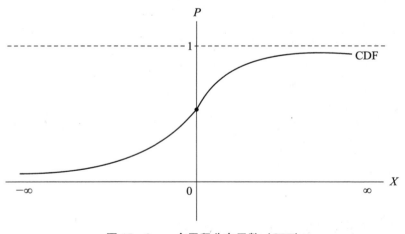

图 15—2　一个累积分布函数（CDF）

　　读者必将发觉图中的 S 形曲线很像是一个随机变量的**累积分布函数**（cumulative distribution function，CDF）[2]。因此，当回归中的响应变量是取 0 和 1 值的二分变

---

　　[1]　John Aldrich and Forrest Nelson，op. cit.，p. 26.
　　[2]　如同附录 A 中所讨论的，随机变量 X 的 CDF 是指它取值小于或等于 x_0 的概率，这里 x_0 是 X 的某个特定数值。简言之，X 的 CDF，记为 $F(X)$，是指 $F(X = x_0) = P(X \leqslant x_0)$。

量时，容易用 CDF 去建立回归模型。现在的实际问题是用哪一个 CDF？因为尽管所有的 CDF 都是 S 形的，但每个随机变量有唯一的 CDF。由于历史和实际两方面的原因，通常选择用以代表 0 和 1 响应模型的 CDF 是（1）logistic 和（2）normal，前者给出 **logit** 模型，而后者给出 **probit** 或 **normit** 模型。

虽然对 logit 或 probit 模型作详尽的讨论会超出本书的范围，但我们还是要非正式地说明怎样估计并解释这些模型。

■ 15.5 logit 模型

我们继续用住房所有权的例子来说明 logit 模型背后的基本思想。回顾在解释住房所有权与收入的关系时，LPM 曾是：

$$P_i = \beta_1 + \beta_2 X_i \tag{15.5.1}$$

其中 $X=$收入，而 $P_i = E(Y_i = 1 \mid X_i)$ 表示家庭拥有住房，但现在考虑住房所有权的如下表达式：

$$P_i = \frac{1}{1 + e^{-(\beta_1 + \beta_2 X_i)}} \tag{15.5.2}$$

为便于讲解，我们把方程（15.5.2）写成：

$$P_i = \frac{1}{1 + e^{-Z_i}} = \frac{e^{Z_i}}{1 + e^{Z_i}} \tag{15.5.3}$$

其中 $Z_i = \beta_1 + \beta_2 X_i$。

方程（15.5.3）就是所谓的 **logistic（累积）分布函数**（logistic distribution function）。[1]

容易证实，随着 Z_i 从$-\infty$变到$+\infty$，P_i 从 0 变到 1，而且 P_i 与 Z_i（从而与 X_i）存在非线性关系，这样就满足了上述两点要求。[2] 但看来满足了这些要求的同时，却造成了估计问题，因为从方程（15.5.2）可以清楚地看出，P_i 不仅是 X 的非线性函数，而且也是 β 的非线性函数。这就意味着我们不能用熟知的 OLS 程序去估计参数。[3] 不过就像后面我们将要看到的那样，由于方程（15.5.2）可以被线性化，所以这个问题与其说是真实存在的，毋宁说它是表面的。

---

　　[1]　logistic 模型曾被广泛应用于分析增长现象，诸如人口、GNP、货币供给等。关于 logit 模型与 probit 模型的理论和实践方面的详细情况，可参看 J. S. Kramer, *The Logit Model for Economists*, Edward Arnold Publishers, London, 1991；和 G. S. Maddala, op. cit. 。

　　[2]　注意，随着 $Z_i \to +\infty$，e^{-Z_i} 趋于零，而随着 $Z_i \to -\infty$，e^{-Z_i} 无限增大，其中 $e=2.718\,28$。

　　[3]　当然，还可使用第 14 章中讨论的非线性估计方法。亦可参见 15.8 节。

如果拥有住房的概率 P_i 由方程（15.5.3）给出，那么不拥有住房的概率（$1-P_i$）是：

$$1 - P_i = \frac{1}{1 + e^{Z_i}}$$

（15.5.4）

因此，我们可以得到：

$$\frac{P_i}{1 - P_i} = \frac{1 + e^{Z_i}}{1 + e^{-Z_i}} = e^{Z_i}$$

（15.5.5）

现在 $P_i/(1-P_i)$ 无非就是拥有住房的**机会比率**（odds ratio）——一个家庭拥有住房的概率与不拥有住房的概率之比。比方说，若 $P_i=0.8$，则这个家庭拥有住房的机会比率就是 4 比 1。

现在如果取方程（15.5.5）的自然对数，我们就得到一个非常有意思的结果，即：

$$L_i = \ln\left(\frac{P_i}{1 - P_i}\right) = Z_i = \beta_1 + \beta_2 X_i$$

（15.5.6）

即机会比率的对数 L_i 不仅是 X_i 的线性函数，而且（从估计的观点看）也是参数的线性函数。[①] L 被称为 **logit**，从而像方程（15.5.6）这样的模型被取名为 **logit 模型**。

注意 logit 模型的以下特点：

1. 随着 P 从 0 变到 1（即随着 Z 从 $-\infty$ 变到 $+\infty$），L 从 $-\infty$ 变到 $+\infty$。就是说，虽然概率（必定）落在 0 与 1 之间，但 logit 并不受此约束。

2. 虽然 L 是 X 的线性函数，但概率本身却不然。这一性质和概率随 X 而线性增加的 LPM 模型（15.5.1）形成了鲜明的对比。[②]

3. 虽然在上述模型中仅含有单个 X 变量或回归元，但是我们可以根据所依据的理论增加所需的回归元。

4. 若 L，即 logit 是正的，这就意味着当回归元的值增加时，回归子等于 1（意味着一些有利事件的发生）的机会也增大。若 L 为负，随着 X 值的增加，回归子等于 1 的机会将减小。换言之，当机会比率由 1 降低到 0 时，logit 会变负并且在幅度（即绝对值）上会越来越大；当机会比率由 1 增大至无穷时，logit 为正并且越来越大。[③]

5. 方程（15.5.6）中给出的 logit 模型较为正式的解释如下：斜率 β_2 给出 X 每单位变化导致 L 的变化，也就是说，它告知人们随着收入变化一个单位，比如 1 000 美元，有利于拥有住房的机会比率的对数值是怎样变化的。截距 β_1 是当收入为零时，有利于拥有住房的机会比率的对数值。像对大多数截距所作的解释那样，这种解释

---

① 记得 OLS 的线性假定并不要求 X 变量一定是线性的。这样，作为模型的回归元还可以有 X_2、X_3，等等。对于我们的目的，关键在于模型对参数而言是线性的。

② 利用微积分知识，可以证明 $dP/dX = \beta_2 P(1-P)$，这表明概率对 X 的变化率不仅取决于 β_2，还取决于用来测度概率变化的概率水平（15.7 节有更多的讨论）。顺便指出，当 $P=0.5$ 时 X_i 变化一单位对 P 的影响最大，而当 P 接近 0 或 1 时影响最小。

③ 这个论点是 David Garson 提出的。

不一定有什么实际意义。

6. 对给定的某个收入水平，比如 X^*，我们其实想估计的并不是有利于拥有住房的机会比率，而是拥有住房的概率本身。不过，一旦有了 β_1 和 β_2 的估计值，还是很容易直接从方程（15.5.3）求出这个概率的。但这又提出了一个最重要的问题：我们怎样估计 β_1 和 β_2 呢？答案将在下一节中给出。

7. 与 LPM 假定 P_i 和 X_i 存在线性关系一样，logit 模型假定机会比率的对数与 X_i 有线性关系。

15.6 logit 模型的估计

为达到估计目的，我们把方程（15.5.6）写成：

$$L_i = \ln\left(\frac{P_i}{1-P_i}\right) = \beta_1 + \beta_2 X_i + u_i \tag{15.6.1}$$

我们稍后将讨论随机干扰项 u_i 的性质。

为了估计方程（15.6.1），除 X_i 外我们还需要回归子（或 logit）L_i 的数值。这取决于我们用于分析的数据类型。我们要区分两种数据类型：（1）个体（或微观）层次上的数据，和（2）群组数据或重复观测数据。

☐ 个体层次上的数据

如果像表 15—1 中那样，我们拥有个体家庭的数据，那么方程（15.6.1）的 OLS 估计就是不可行的。这很容易明白。就表 15—1 中的数据而言，若某家庭拥有住房，$P_i=1$；若不拥有住房，$P_i=0$。但如果我们将这些值直接代入 L_i，就会得到：

$$L_i = \ln\left(\frac{1}{0}\right) \quad \text{若一个家庭拥有住房}$$

$$L_i = \ln\left(\frac{0}{1}\right) \quad \text{若一个家庭不拥有住房}$$

显然，这些表达式是没有意义的。因此，如果拥有微观或个体层次的数据，我们就无法运用标准的 OLS 程序。在这种情况下，我们可能不得不求助于**极大似然**（maximum-likelihood，ML）方法对参数进行估计。尽管我们在第 4 章的附录中讨论过这个方法的基本内容，但考虑到有些读者愿意对此有更多的了解，我们将在附录 15A 的 15A.1 节中对其在当前情况下的应用加以讨论。[①] 诸如 MICROFIT、EViews、LIMDEP、SHAZAM、PC-GIVE 和 MINITAB 这样的软件包本身就包含了估计个体

---

① 对 logit 模型中使用极大似然法比较简单的讨论，参看 John Aldrich and Forrest Nelson，op. cit.，pp. 49-54。还可参见 Alfred Demarsi，*Logit Modeling：Practical Applications*，Sage Publications，Newbury Park，Calif.，1992。

层次 logit 模型的程序。我们稍后将对 ML 方法的使用加以说明。

□ 群组或重复观测数据

现在考虑一下表 15—4 中所给出的数据。根据收入水平以及每个收入水平下拥有住房的家庭个数，表 15—4 给出了几个家庭的群组或重复观测数据。对应于每个收入水平 X_i 都有 N_i 个家庭，n_i 表示其中拥有住房的家庭个数（$n_i \leqslant N_i$）。因此，如果我们计算：

$$\hat{P}_i = \frac{n_i}{N_i} \tag{15.6.2}$$

表 15—4 关于 X_i（收入）、N_i（收入为 X_i 的家庭数）和 n_i（拥有住房的家庭数）的假想数据

X_i（千美元）	N_i	n_i
6	40	8
8	50	12
10	60	18
13	80	28
15	100	45
20	70	36
25	65	39
30	50	33
35	40	30
40	25	20

即相对频率（relative frequency），对于每个 X_i，我们可以把它用作真实 P_i 的一个估计值。如果 N_i 相当大，$\hat{P}_i$ 将是 P_i 相当好的估计值。[①] 利用 $\hat{P}_i$，可以得到估计的 logit 如下

$$\hat{L}_i = \ln\left(\frac{\hat{P}_i}{1 - \hat{P}_i}\right) = \hat{\beta}_1 + \hat{\beta}_2 X_i \tag{15.6.3}$$

如果在每一 X_i 处的观测个数 N_i 都足够大，那么这将是真实 logit 即 L_i 的一个相当好的估计值。

总之，给定像表 15—4 那样的群组或重复观测数据，就能获得用于估计模型（15.6.1）的因变量 logits 的数据。但这时能对方程（15.6.3）应用 OLS 并按平常的方式估计参数吗？答案还不能确定，因为我们还没有考虑随机干扰项的性质。可以证明，如果 N_i 相当大，而且在一个给定收入组 X_i 中的每一次观测独立地服从一个二值变量的分布，那么

$$u_i \sim N\left[0, \frac{1}{N_i P_i (1 - P_i)}\right] \tag{15.6.4}$$

---

① 记得初等统计学中讲过，一个事件的概率是其相对频率在样本容量无限增大时的极限。

也就是说，u_i 服从均值为零、方差为 $1/[N_iP_i(1-P_i)]$ 的正态分布。[1]

因此，如同线性概率模型，logit 模型的干扰项也是异方差性的。这样一来，我们必须使用加权最小二乘法（WLS）而不是普通最小二乘法（OLS）。但在经验研究中，我们用 $\hat{P}_i$ 代替未知的 P_i 并用下式作为 σ_2 的估计量：

$$\hat{\sigma}^2 = \frac{1}{N_i\hat{P}_i(1-\hat{P}_i)} \tag{15.6.5}$$

现在我们来叙述估计方程（15.6.1）中 logit 回归的各个步骤：

1. 对每一收入水平 X_i，计算拥有住房的估计概率 $\hat{P}_i = n_i/N_i$。

2. 对每一 X_i 求 logit 如下[2]：

$$\hat{L}_i = \ln[\hat{P}_i/(1-\hat{P}_i)]$$

3. 为解决异方差性的问题，将方程（15.6.1）变换为[3]：

$$\sqrt{w_i}L_i = \beta_1\sqrt{w_i} + \beta_2\sqrt{w_i}X_i + \sqrt{w_i}u_i \tag{15.6.6}$$

我们把它写为：

$$L_i^* = \beta_1\sqrt{w_i} + \beta_2X_i^* + v_i \tag{15.6.7}$$

其中权重 $w_i = N_i\hat{P}_i(1-\hat{P}_i)$；$L_i^*$ ＝变换后或加权的 L_i；X_i^* ＝变换后或加权的 X_i；v_i ＝变换后的误差项。记住原始的误差方差是 $\sigma_u^2 = 1/[N_iP_i(1-P_i)]$，容易验证变换后的误差项 v_i 是同方差的。

4. 用 OLS 去估计方程（15.6.6）——记得 WLS 就是对于变换后数据的 OLS。注意方程（15.6.6）没有明确引入截距项。（为什么？）因此还需用过原点回归程序估计方程（15.6.6）。

5. 按照平常的 OLS 框架构造置信区间和/或检验假设。但要牢记，严格地说，仅当样本足够大时，所得到的结论才是站得住脚的。（为什么？）因此，对于小样本如何解释估计的结果需谨慎从事。

15.7 logit 群组模型：一个数值例子

为了说明刚才讨论过的理论，我们将使用表 15—4 中给出的数据。既然表中的

----

[1] 初等概率论表明，成功（这里指拥有住房）的比例 $\hat{P}_i$ 遵循均值等于真实 P_i、方差等于 $P_i(1-P_i)/N_i$ 的二项式分布；并且随着 N_i 无限增大，二项式分布近似于正态分布。方程（15.6.4）所给 u_i 的分布性质来自这一基本理论。详细情况参见 Henry Theil, "On the Relationships Involving Qualitative Variables", *American Journal of Sociology*, vol. 76, July 1970, pp. 103-154.

[2] 因 $\hat{P}_i = n_i/N_i$，故 L_i 又可表达为 $\hat{L}_i = \ln n_i/(N_i-n_i)$。顺便指出，为避免 $\hat{P}_i$ 取值 0 或 1，实践中可把 $\hat{L}_i$ 计算为 $\hat{L}_i = \ln\left(n_i+\frac{1}{2}\right)/(N_i-n_i+1/2) = \ln(\hat{P}_i+1/2N_i)/(1-\hat{P}_i+1/2N_i)$。作为一种经验，我们建议对每一 X_i 值 N_i 不可小于 5，关于更多的细节，参见 D. R. Cox, *Analysis of Binary Data*, Methuen, London, 1970, p. 33.

[3] 如果我们估计方程（15.6.1）而不考虑异方差性，则由第 11 章可知，虽然估计量是无偏的，却不是有效的。

数据是群组数据，那么以这些数据为基础的 logit 模型便被称为 logit 群组模型（grouped logit model），简称 glogit。所需的原始数据以及应用 glogit 所必需的其他相关计算列在表 15—5 中。以表 15—5 中数据为基础的加权最小二乘回归（15.6.7）的结果如下：注意在方程（15.6.7）中没有截距项，因此在这里最好使用过原点回归的程序。

$$\hat{L}_i^* = \quad -1.594\,74\sqrt{w_i} + 0.078\,62X_i^*$$
$$\text{se} = \quad (0.110\,46) \quad\quad (0.005\,39) \tag{15.7.1}$$
$$t = (-14.436\,19) \quad\quad (14.566\,75) \quad\quad R_2 = 0.964\,2$$

R^2 是实测 L_i^* 和估计的 L_i^* 之间相关系数的平方。L_i^* 和 X_i^* 是加权的 L_i 和 X_i，如方程（15.6.6）所示。尽管出于教学目的，我们在表 15—5 中给出了 logit 群组模型的计算过程，但在 STATA 中，使用 **glogit** 命令，轻而易举就能完成。

表 15—5　　　　　　　　　　估计房屋所有权的 logit 模型的数据　　　　　　　（单位：千美元）

X 千美元 (1)	N_i (2)	n_i (3)	$\hat{P}_i$ (4)= (3)÷(2)	$1-\hat{P}_i$ (5)	$\frac{\hat{P}_i}{1-\hat{P}_i}$ (6)	$\hat{L}_i=$ $\ln\left(\frac{\hat{P}_i}{1-\hat{P}_i}\right)$ (7)	$N_i\hat{P}_i(1-\hat{P}_i)$ $=w_i$ (8)	$\sqrt{w_i}=$ $\sqrt{N_i\hat{P}_i(1-\hat{P}_i)}$ (9) = $\sqrt{(8)}$	$\hat{L}_i^*=$ $\hat{L}_i\sqrt{w_i}$ (10)= (7)(9)	$\hat{X}_i^*=$ $\hat{X}_i\sqrt{w_i}$ (11)= (1)(9)
6	40	8	0.20	0.80	0.25	−1.386 3	6.40	2.529 8	−3.507 1	15.178 8
8	50	12	0.24	0.76	0.32	−1.152 6	9.12	3.019 9	−3.480 7	24.159 2
10	60	18	0.30	0.70	0.43	−0.847 2	12.60	3.549 6	−3.007 2	35.496 0
13	80	28	0.35	0.65	0.54	−0.619 0	18.20	4.266 1	−2.640 7	55.459 3
15	100	45	0.45	0.55	0.82	−0.200 7	24.75	4.974 9	−0.998 5	74.623 5
20	70	36	0.51	0.49	1.04	0.057 0	17.49	4.181 6	0.167 3	83.650 6
25	65	39	0.60	0.40	1.50	0.405 4	15.60	3.949 7	1.601 2	98.742 5
30	50	33	0.66	0.34	1.94	0.663 3	11.20	3.349 6	2.221 8	100.488 0
35	40	30	0.75	0.25	3.0	1.098 6	7.50	2.738 6	3.008 6	95.840 5
40	25	20	0.80	0.20	4.0	1.386 3	4.00	2.000	2.772 6	80.000 0

□ **logit 模型估计值的解释**

我们该如何解释方程（15.7.1）呢？方法有很多，有些符合直觉，有些则不然。

logit 的解释。如方程（15.7.1）所示，估计的斜率系数表明，当加权收入增加一个单位（1 000 美元）时，拥有住房的机会比率的加权对数值会上升 0.08 个单位。然而，这种机械的解释是不会很有吸引力的。

机会比率的解释。记得 $L_i = \ln[P_i/(1-P_i)]$。因此，取 logit 估计值的反对数，我们便得到 $P_i/(1-P_i)$，即机会比率。这样，对方程（15.7.1）取反对数，我们便得到：

$$\frac{\hat{P}_i}{1-\hat{P}_i} = \mathrm{e}^{-1.594\,74\sqrt{w_i}+0.078\,62X_i^*}$$
$$= \mathrm{e}^{-1.594\,74\sqrt{w_i}} \cdot \mathrm{e}^{0.078\,62X_i^*} \tag{15.7.2}$$

使用计算机你能够容易地算出 $\mathrm{e}^{0.078\,62}=1.081\,7$。这意味着加权收入每增加一个单位，拥有住房的加权机会比率就增加 0.081 7 或者大约增加 8.17%。一般地说，如果你

取第 j 个斜率系数的反对数，再从中减去 1 并乘以 100，你将得到对应于第一个回归元每增加 1 单位的机会比率的百分比变化。

附带提一下，如果想对没有加权的 logit 进行分析，你所要做的就是将 $\hat{L}_i^*$ 除以 $\sqrt{w_i}$。表 15—6 给出了估计的加权和没有加权的 logit 的每个观测值和其他一些数据，稍候我们将进行讨论。

表 15—6　　　　　　　　L^*、X^*、概率和概率的变化[†]

L^*	X^*	$\hat{L}_i^*$	logit	概率，$\hat{P}$	概率的变化[+]
$-3.507\ 10$	$15.178\ 8$	$-2.840\ 96$	$-1.122\ 99$	$0.245\ 45$	$0.014\ 56$
$-3.480\ 70$	$24.159\ 20$	$-2.916\ 48$	$0.965\ 75$	$0.275\ 72$	$0.015\ 70$
$-3.480\ 70$	$35.496\ 00$	$-2.869\ 88$	$-0.808\ 50$	$0.308\ 21$	$0.016\ 76$
$-2.640\ 70$	$55.459\ 30$	$-2.442\ 93$	$-0.572\ 63$	$0.360\ 63$	$0.018\ 1\ 3$
$-0.998\ 50$	$74.623\ 50$	$-2.066\ 52$	$-0.415\ 38$	$0.397\ 62$	$0.018\ 83$
$0.167\ 30$	$83.650\ 60$	$-0.093\ 11$	$-0.022\ 26$	$0.494\ 43$	$0.019\ 65$
$1.601\ 20$	$98.742\ 50$	$1.464\ 72$	$0.379\ 84$	$0.591\ 66$	$0.018\ 99$
$2.221\ 18$	$100.488\ 00$	$2.558\ 96$	$0.763\ 96$	$0.682\ 21$	$0.017\ 04$
$3.008\ 60$	$95.840\ 50$	$3.167\ 94$	$1.156\ 77$	$0.760\ 74$	$0.014\ 31$
$2.772\ 60$	$80.000\ 00$	$3.100\ 38$	$1.550\ 19$	$0.824\ 94$	$0.011\ 35$

注：[†]L^* 和 X^* 来自表 15—5。$\hat{L}_i^*$ 表示估计的 L^*。logit 表示没有加权的 logit。概率是拥有住房的估计概率。概率的变化是收入每变化一单位导致这个概率的变化。

[+]由 $\hat{\beta}_2 \hat{P}(1-\hat{P}) = 0.078\ 62\hat{P}(1-\hat{P})$ 计算得到。

概率的计算。 由于有些人对 logit 和机会比率的语言不太熟悉，所以我们通常计算出某个收入水平下拥有住房的概率。假定我们要计算出 $X=20$（即 20 000 美元）时的这种概率。将 $X=20$ 代入方程（15.7.1）中，便得到 $\hat{L}_i^* = -0.093\ 11$，然后除以 $\sqrt{w_i} = 4.181\ 6$（见表 15—5），我们得到 $\hat{L}_i = -0.022\ 26$。因此，在收入水平为 20 000 美元时，有：

$$-0.021\ 99 = \ln\left(\frac{\hat{P}_i}{1-\hat{P}_i}\right)$$

因此，

$$\frac{\hat{P}_i}{1-\hat{P}_i} = e^{-0.021\ 99} = 0.978\ 25$$

解得

$$\hat{P}_i = \frac{e^{-0.021\ 99}}{1 + e^{-0.021\ 99}}$$

读者能够看出，这个概率的估计值为 0.494 5。也就是说，在收入为 20 000 美元的条件下，某个家庭拥有住房的概率大约为 49%。表 15—6 给出了在各种工资水平下计算出来的这一概率。如表 15—6 所示，拥有住房的概率随收入的增加而增加，但不是线性的，因为使用的不是 LPM 模型。

概率变化率的计算。 正如你从表 15—6 中看到的那样，拥有住房的概率取决于收入水平。我们怎样才能计算出收入变化引起的概率变化率呢？如第 554 页注释②

第 15 章

定性响应回归模型

559

指出的那样，这不仅取决于估计的斜率系数 β_2，还取决于测量概率变化时所处的概率水平，后者当然取决于计算概率时的收入水平。

举例而言，假定我们要度量收入水平为 20 000 美元时拥有住房概率的变化率。于是，依据第 554 页注释②，在收入水平为 20 000 美元时，收入每增加一个单位，概率的变化就是：$\hat{\beta}(1-\hat{P})\hat{P} = 0.078\,62 \times 0.505\,6 \times 0.494\,4 = 0.019\,65$。

当收入水平为 40 000 美元时，概率的变化为 0.011 35。这作为一个练习留给读者。表 15—6 给出了每个收入水平下拥有住房的概率变化，这些概率可见图 15—3。

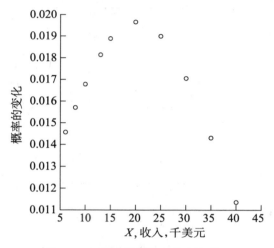

图 15—3　概率的变化与收入的关系

在结束对 glogit 模型的讨论之前，我们还给出住房所有权基于 OLS 或者未加权回归的结果：

$$\hat{L}_i = \quad -1.658\,7 \;+\; 0.079\,2X_i$$
$$\text{se} = \quad (0.095\,8) \quad (0.004\,1) \tag{15.7.3}$$
$$t = (-17.32) \quad (19.11) \quad r^2 = 0.978\,6$$

这个回归与方程 (15.7.1) 所给出的加权最小二乘回归之间的区别，我们留给读者完成。

15.8　非群组数据或个体数据的 logit 模型

为了做好准备，考虑表 15—7 中所给出的数据。若某学生中级微观经济学的期末成绩等级为 A，则 $Y=1$；如果成绩等级为 B 或 C，则 $Y=0$。斯佩克特（Spector）和马切奥（Mazzeo）使用平均成绩（GPA）、期初测试成绩（TUCE）和个性化教学系统（PSI）作为成绩的预测元。这里 logit 模型可以写成：

$$L_i = \ln\left(\frac{P_i}{1-P_i}\right) = \beta_1 + \beta_2\,\text{GPA}_i + \beta_3\,\text{TUCE}_i + \beta_4\,\text{PSI}_i + u_i \tag{15.8.1}$$

表 15—7　　　　　　　个性化教学体系（PSI）对课程成绩影响的数据

观测	GPA分数	TUCE分数	PSI	期末成绩 Y	成绩等级	观测	GPA分数	TUCE分数	PSI	期末成绩 Y	成绩等级
1	2.66	20	0	0	C	17	2.75	25	0	0	C
2	2.89	22	0	0	B	18	2.83	19	0	0	C
3	3.28	24	0	0	B	19	3.12	23	1	0	B
4	2.92	12	0	0	B	20	3.16	25	1	1	A
5	4.00	21	0	1	A	21	2.06	22	1	0	C
6	2.86	17	0	0	B	22	3.62	28	1	1	A
7	2.76	17	0	0	B	23	2.89	14	1	0	C
8	2.87	21	0	0	B	24	3.51	26	1	0	B
9	3.03	25	0	0	C	25	3.54	24	1	1	A
10	3.92	29	0	1	A	26	2.83	27	1	1	A
11	2.63	20	0	0	C	27	3.39	17	1	1	A
12	3.32	23	0	0	B	28	2.67	24	1	0	B
13	3.57	23	0	0	B	29	3.65	21	1	1	A
14	3.26	25	0	1	A	30	4.00	23	1	1	A
15	3.53	26	0	0	B	31	3.10	21	1	0	C
16	2.74	19	0	0	B	32	2.39	19	1	1	A

注：成绩 Y＝1，如果期末成绩等级为 A；
　　　　＝0，如果期末成绩等级为 B 或 C。
TUCE＝学期初为测试学生的宏观经济学知识而进行的一项考试的成绩（期初测试成绩）。
PSI＝1，如果采用新的教学方法；
　　＝0，如果不采用新的教学方法。
GPA＝开始学习中级微观经济学时的平均成绩。
资料来源：L. Spector and M. Mazzeo, "Probit Analysis and Economic Education," *Journal of Economic Education*, vol. 11, 1980, pp. 37-44.

　　如 15.6 节中所指出的那样，我们不能简单地说 P_i＝1（若家庭拥有住房）和 0（若家庭不拥有住房）。在这种情况下，OLS 和加权最小二乘法都无能为力。我们必须在非线性估计过程中使用极大似然方法。这个方法的细节将会在附录 15A 的 15A.1 节中给出。因为大多数现代统计软件包通常都可以估计非群组数据的 logit 模型，所以我们将使用表 15—7 中的数据直接给出模型（15.8.1）的结果，并说明如何解释这些结果。这些使用 EViews 6 得到的结果以表格形式在表 15—8 中给出。

表 15—8　　　　　　　　　　方程（15.8.1）的回归结果

```
Dependent Variable: Grade
Method: ML-Binary Logit
Convergence achieved after 5 iterations
```

Variable	Coefficient	Std. Error	Z Statistic	Probability
C	-13.0213	4.931	-2.6405	0.0082
GPA	2.8261	1.2629	2.2377	0.0252
TUCE	0.0951	0.1415	0.67223	0.5014
PSI	2.3786	1.0645	2.2345	0.0255

McFadden R^2＝0.3740　　LR statistic (3 df)＝15.40419

在解释这些结果之前，最好先指出一些一般性的观察。

1. 由于我们使用的是极大似然方法，它一般来说是一个大样本方法，因此估计的标准误是渐近的。

2. 于是，我们使用（标准正态）Z 统计量而不用 t 统计量来对系数的统计显著性进行评价，所以推断是以正态表为基础的。记住，如果样本非常大，t 分布收敛于正态分布。

3. 前面曾提到，对于二分回归子模型，常用的拟合优度指标 R^2 没有多大意义。类似 R^2 的所谓**伪 R^2**（pseudo R^2）有多种选择。[①] EViews 提供了一个这样的指标，即麦克法登 R^2（McFadden R^2），记作 R^2_{McF}。在我们的例子中，R^2_{McF} 的值为 0.374 0。[②] 和 R^2 一样，R^2_{McF} 也介于 0 和 1 之间。另一个相对简单的拟合优度指标是**计数 R^2**（count R^2），它被定义为：

$$\text{计数 } R^2 = \frac{\text{正确预测的次数}}{\text{总观测次数}} \tag{15.8.2}$$

由于 logit 模型中回归子取值为 1 或 0，如果预测概率大于 0.5，我们就把它归类为 1，但如果预测概率小于 0.5，则将其归类为 0。然后，我们数出正确预测次数并用方程（15.8.2）计算出 R^2。稍后我们将举例说明。

但是，需要注意的是，在二分回归子模型中，拟合优度是次重要的。回归系数的期望符号以及它们统计上和/或实际上的显著性才是首要的。

4. 为了检验所有斜率系数同时为零的虚拟假设，与线性回归模型中 F 统计量对应的是**似然比统计量**（likelihood ratio statistic，LR）。给定虚拟假设，LR 统计量服从自由度为解释变量个数的 χ^2 分布。本例中自由度为 3。（注：计算自由度时不包括截距项。）

现在我们来解释一下方程（15.8.1）中所给出的回归结果。这个方程中的每个斜率系数都是偏斜率系数，并度量了给定回归元的值变动 1 个单位导致 logit 估计值的变化（保持其他条件不变）。于是，GPA 的系数 2.826 1 意味着，其他变量保持不变，如果 GPA 增加 1 个单位，估计 logit 平均增加约 2.83 个单位，从而表明二者之间正相关。如你所见，其他所有回归元对 logit 均有正效应，只是 TUCE 的影响在统计上不太显著。不过，所有回归元一起对期末成绩有显著影响，因为 LR 统计量为 15.40，其 p 值相当小，大约是 0.001 5。

前面提到过，通过对各个斜率系数取反对数而得到的机会比率是一个更加有意义的解释。那么，如果对 PSI 的系数 2.378 6 取反对数，你将得到 10.789 7（$\approx$ $e^{2.378\,6}$）。这就表明，在其他条件不变的情况下，接受新教学方法的学生得到 A 的可

[①] 一个易于理解的讨论可参见 J. Scott Long，*Regression Models for Categorical and Limited Dependent Variables*，Sage Publications，Newbury Park，California，1997，pp. 102-113.

[②] 从技术上，这被定义为：$1 - (\text{LLF}_{\text{ur}} / \text{LLF}_{\text{r}})$，其中 LLF_{ur} 是模型中包含所有回归元的无约束对数似然函数；LLF_{r} 是模型中仅含有截距项的约束对数似然函数。概念上，LLF_{ur} 和 LLF_{r} 分别等价于线性回归模型中的 RSS 和 TSS。

能性比没有接受新教学方法的学生高出了 10 倍有余。

假如我们要计算某个学生获得 A 的实际概率，考虑表 15—7 中编号为 10 的学生。将这个学生的实际数据代入到表 15—8 所给出的估计的 logit 模型，读者可以验证，这个学生的估计 logit 值为 0.817 8。利用方程（15.5.2），读者可以很容易算出估计概率为 0.693 51。既然该生期末成绩实际上为 A，而且我们的 logit 模型对得到 A 的同学赋予的概率是 1，那么估计概率 0.693 51 虽然不正好等于 1，但也接近于 1。

回忆前面定义的计数 R^2。表 15—9 给出了我们说明性例子中回归子的实际值和估计值。我们从表 15—9 中可以看出，32 个观测中有 6 个不正确的预测（编号为 14、19、24、26、31 和 32 的学生）。因此，计数 R^2 的值为 26/32＝0.812 5，而麦克法登 R^2 的值为 0.374 0。尽管这两个值没有直接的可比性，但它们还是让我们对二者的大小关系有了一些认识。此外，在回归子为二分变量的模型中，不应过度强调拟合优度的重要性。

表 15—9   基于表 15—8 中回归的实际值和拟合值

观测	实际值	拟合值	残差	残差图
1	0	0.026 58	−0.026 58	
2	0	0.059 50	−0.059 50	
3	0	0.187 26	−0.187 26	
4	0	0.025 90	−0.025 90	
5	1	0.569 89	0.430 11	
6	0	0.034 86	−0.034 86	
7	0	0.026 50	−0.026 50	
8	0	0.051 56	−0.051 56	
9	0	0.111 13	−0.111 13	
10	1	0.693 51	0.306 49	
11	0	0.024 47	−0.024 47	
12	0	0.190 00	−0.190 00	
13	0	0.322 24	−0.322 24	
*14	1	0.193 21	0.806 79	
15	0	0.360 99	−0.360 99	
16	0	0.030 18	−0.030 18	
17	0	0.053 63	−0.053 63	
18	0	0.038 59	−0.038 59	
*19	0	0.589 87	−0.589 87	
20	1	0.660 79	0.339 21	
21	0	0.061 38	−0.061 38	
22	1	0.904 85	0.095 15	
23	0	0.241 77	−0.241 77	
*24	0	0.852 09	−0.852 09	
25	1	0.838 29	0.161 71	
*26	1	0.481 13	0.518 87	
27	1	0.635 42	0.364 58	
28	0	0.307 22	−0.307 22	
29	1	0.841 70	0.158 30	
30	1	0.945 34	0.054 66	
*31	0	0.529 12	−0.529 12	
*32	1	0.111 03	0.888 97	

注：* 不正确的预测。

　　我们前面已经看到了线性概率模型对银行借记卡数据的分析结果，现在让我们看一下 logit 模型是如何分析这些数据的。结果如下：

```
Dependent Variable: DEBIT
Method: ML-Binary Logit (Quadratic hill climbing)
Sample: 1-60
Included observations: 60
Convergence achieved after 4 iterations
Covariance matrix computed using second derivatives
```

Variable	Coefficient	Std. Error	z-Statistic	Prob.
C	-0.574900	0.785787	-0.731624	0.4644
Balance	0.001248	0.000697	1.789897	0.0735
ATM	-0.120225	0.093984	-1.279205	0.2008
Interest	-1.352086	0.680988	-1.985478	0.0471

McFadden R-squared	0.080471	Mean dependent var.	0.433333
S.D. dependent var.	0.499717	S.E. of regression	0.486274
Akaike info criterion	1.391675	Sum squared resid.	13.24192
Schwarz criterion	1.531298	Log likelihood	-37.75024
Hannan-Quinn criter.	1.446289	Restr. log likelihood	-41.05391
LR statistic	6.607325	Avg. log likelihood	-0.629171
Prob. (LR statistic)	0.085525		

Obs. with Dep = 0	34	Total obs.	60
Obs. with Dep = 1	26		

　　账户余额的正号及 ATM 和利率的负号与 LPM 的结果类似，尽管我们不能直接比较这两个回归结果。对 logit 模型系数的解释与 LPM 有所不同。比如，在这里，如果利率上升 1 个百分点，那么，在保持其他变量不变的情况下，logit 下降约 1.35。如果我们取 -1.352 086 的反对数，便得到 0.258 7。这就意味着，如果对账户余额支付利息，平均而言，仅约四分之一的客户可能会持有借记卡。

　　我们从估计的 LR 统计量可以看出，在约 8.5% 的显著性水平上，这三个变量是联合统计显著的。如果我们使用常用的 5% 显著性水平，那么这三个变量只是在显著的边缘上。

　　麦克法登 R^2 值相当低。利用这些数据，读者求出计数 R^2 值易如反掌。

　　前面曾指出，与 LPM 不同，这里的斜率系数不是回归元单位变化所导致的概率变化率。我们必须像表 15—6 中所给出的那样重新计算概率变化率。幸运的是，这项机械的任务并非必需，因为像 STATA 那样的统计软件会例行给出。对于本例，结果如下：

变量	dY/dX	标准误	Z	p>丨Z丨	[95% 置信区间]		X
账户余额	0.000 305	0.000 17	1.79	0.073	-0.000 029	0.000 639	1 499.87
利息*	-0.299 397 2	0.129 19	-2.32	0.020	-0.552 595	-0.046 199	0.266 667
ATM	-0.029 382 2	0.022 97	-1.28	0.201	-0.074 396	0.015 631	10.3

注：* 对于虚拟变量的离散变化，dY/dX 是从 0 到 1。

　　在使用 logit 估计之后，边际效应为

$$Y = Pr(debit)(预测) = 0.425 124 23$$

　　系数 0.000 305 表明，账户余额高 1 个单位的客户，拥有借记卡的概率高出 0.03%，但如果

利率提高 1 个百分点，拥有借记卡的概率便下降约 30%，ATM 的系数尽管在统计上不显著，但也表明，在 ATM 上交易次数上升 1 个单位，拥有借记卡的概率下降约 2.9%。

15.9 probit 模型

我们曾指出，为了解释二分因变量的行为，我们必须使用适当选择的累积分布函数（CDF）。logit 模型使用 logistic 累积分布函数，如方程（15.5.2）所示，但这并非唯一可用的 CDF。在某些应用中，人们发现正态 CDF 是有用的。使用正态 CDF[1] 估计的模型通常被称为 **probit 模型**（probit model），虽然有时也被称为 **normit 模型**（normit model）。原则上，我们可以用正态 CDF 代替方程（15.5.2）中的 logistic CDF，并按照 16.5 节介绍的过程进行估计。但我们将不再沿用这一思路，而是按照麦克法登[2]提出的方法，基于效用理论或理性选择行为的视角来介绍 probit 模型。

为了阐明使用 probit 模型的动机，假定在我们的住房所有权一例中，第 i 个家庭对是否拥有住房的决策取决于一种**不可观测**的**效用指标**（utility index）I_i，它也被称为**潜在变量**（latent variable）。即指数 I_i 的值越大，家庭拥有住房的概率就越大，而 I_i 又取决于一个或多个解释变量（比方说收入 X_i）。我们把指数 I_i 表示为：

$$I_i = \beta_1 + \beta_2 X_i \tag{15.9.1}$$

其中 X_i 表示第 i 个家庭的收入。

然而（不可观测的）I_i 是怎样同拥有住房的实际决策发生关系的呢？如前，如果一个家庭拥有住房，则令 $Y=1$，否则 $Y=0$。现在，一个合理的假定是，对每一个家庭都有这个指数的**临界水平**或**门槛水平**（critical or threshold level），并记为 I_i^*：如果 I_i 超过 I_i^*，该家庭将拥有住房，否则就不拥有住房。门槛值 I_i^* 和 I_i 一样是不可观测的，但如果我们假定每个 I_i 都是具有相同均值和方差的正态变量，就不但有可能估计方程（15.9.1）所给指数的参数，而且还有可能获得有关不可观测指标本身的某些信息。计算方法如下。

---

① 参见附录 A 中对正态 CDF 的讨论。简言之，如果一个变量 X 服从均值为 μ、方差为 σ^2 的正态分布，那么它的 PDF 为

$$f(X) = \frac{1}{\sqrt{2\sigma^2\pi}} e^{-(X-\mu)^2/2\sigma^2}$$

它的 CDF 为

$$F(X) = \int_{-\infty}^{X_0} \frac{1}{\sqrt{2\sigma^2\pi}} e^{-(X-\mu)^2/2\sigma^2}$$

其中 X_0 是 X 的一个特定值。

② D. McFadden, "Conditional Logit Analysis of Qualitative Choice Behavior," in P. Zarembka（ed.），*Frontier in Econometrics*，Academic Press，New York，1973.

给定正态性假定，$I_i^* \leqslant I_i$ 的概率可由标准化正态 CDF 算出[①]：

$$P_i = P(Y=1 \mid X) = P(I_i^* \leqslant I_i) = P(Z_i \leqslant \beta_1 + \beta_2 X_i) = F(\beta_1 + \beta_2 X_i)$$

(15.9.2)

其中 $P(Y=1 \mid X)$ 表示给定解释变量 X 值时一个事件发生的概率；$Z \sim N(0, \sigma^2)$，即 Z 是标准正态变量。F 是标准正态 CDF，在这里，它可以被明确地写成：

$$
\begin{aligned}
F(I_i) &= \frac{1}{\sqrt{2\pi}} \int_{-\infty}^{I_i} \mathrm{e}^{-z^2/2} \mathrm{d}z \\
&= \frac{1}{\sqrt{2\pi}} \int_{-\infty}^{\beta_1 + \beta_2 X_i} \mathrm{e}^{-z^2/2} \mathrm{d}z
\end{aligned}
$$

(15.9.3)

因为 P_i 代表事件发生的概率，在这里是拥有住房的概率，故可由标准正态曲线下 $-\infty$ 到 I_i 所围的面积来度量，如图 15—4a 所示。

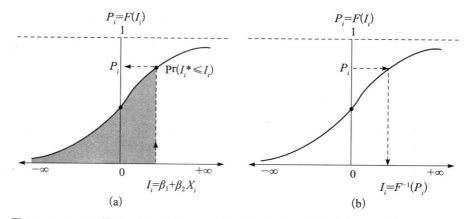

图 15—4 Probit 模型：(a) 给定 I_i，从纵坐标读取 P_i；(b) 给定 P_i，从横坐标读取 I_i

现在为了获得关于效用指标 I_i 以及 β_1 和 β_2 的信息，我们取方程（15.9.2）的反函数，得到：

$$
\begin{aligned}
I_i &= F^{-1}(I_i) \\
&= F^{-1}(P_i) = \beta_1 + \beta_2 X_i
\end{aligned}
$$

(15.9.4)

其中 F^{-1} 是正态 CDF 的反函数，其中所有含义均可从图 15—4 中得以明确。在此图 a 部分，我们在给定 $I_i^* \leqslant I_i$ 下从纵坐标读出拥有住房的（累积）概率，而在 b 部分，我们在给定 P_i 值下从横坐标读出 I_i 值，后者不过是前者的逆过程。

但是，实际上我们打算怎样在估计 β_1 和 β_2 的同时又求出指标 I_i 呢？如同在 logit 模型中一样，答案取决于我们拥有群组数据还是非群组数据。我们分别考虑这两种情况。

□ 使用群组数据的 probit 估计：gprobit 模型

我们将使用 glogit 曾使用过的同样数据，即表 15—4 中的数据。既然已经得到

---

① 拥有均值为零和单位（=1）方差的正态分布就是大家所熟知的标准或标准化正态分布（见附录 A）。

了各个收入水平下拥有住房的相对频率 $\hat{P}_i$（概率的经验度量），如表 15—5 所示，那么我们就能用它从正态 CDF 中求出 I_i，如表 15—10 或图 15—5 所示。

表 15—10　　　　　　　　　对标准正态 CDF 的指数 I_i 的估计

$\hat{P}_i$	$I_i = F^{-1}(\hat{P}_i)$
0.20	$-0.841\ 6$
0.24	$-0.706\ 3$
0.30	$-0.524\ 4$
0.35	$-0.385\ 3$
0.45	$-0.125\ 7$
0.51	$0.025\ 1$
0.60	$0.253\ 3$
0.66	$0.412\ 5$
0.75	$0.674\ 5$
0.80	$0.841\ 6$

注：（1）$\hat{P}_i$ 来自表 15—5；（2）I_i 是从标准正态 CDF 估计而来的。

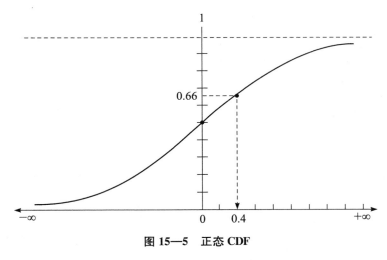

图 15—5　正态 CDF

一旦我们有了 I_i 的估计值，正如稍后我们将要指出的那样，对 β_1 和 β_2 的估计就相对简单了。顺便提一下，在 probit 分析的用语中，观测不到的效用指标 I_i 又被称为**正态等效利差**（normal equivalent deviate，n. e. d.），或简称 **normit**。由于只要 $P_i < 0.5$，n. e. d 或 I_i 就为负数，故实践中将 n. e. d. 加上 5 并将其结果称为一个 probit。

例 15.6　　　利用住房的例子来说明 gprobit

让我们继续使用住房的例子。对于这个例子，我们已经得到了 glogit 模型的结果。对于同样的数据，probit 群组模型（gprobit）结果如下：

使用表 15—10 中给出的 n. e. d.（$= I$），回归结果如表 15—11 所示[1]，基于 probits（$=$ n. e. d. $+$

---

[1]　这两个结果均未对异方差性进行纠正。关于纠正异方差的合适程序参见习题 15.12。

5) 的回归结果如表 15—12 所示。

表 15—11

Dependent Variable: I

Variable	Coefficient	Std. Error	t-Statistic	Probability
C	-1.0166	0.0572	-17.7473	1.0397E-07
Income	0.04846	0.00247	19.5585	4.8547E-08

$R^2 = 0.97951$ 　　Durbin-Watson statistic = 0.91384

表 15—12

Dependent Variable: Probit

Variable	Coefficient	Std. Error	t-Statistic	Probability
C	3.9833	0.05728	69.5336	2.03737E-12
Income	0.04846	0.00247	19.5585	4.8547E-08

$R^2 = 0.9795$ 　　Durbin-Watson statistic = 0.9138

注：这些结果没有对异方差性进行修正。

除了截距项，这些结果与前面表中所给出的完全相同。但这并不令人吃惊。（为什么？）

对表 15—11 中 probit 估计值的解释。 我们如何解释上述结果呢？假定我们想弄清楚 X（以千美元计的收入）的单位变动对 $Y=1$（即某家庭购买住房）的概率的影响。为此，回过头来看方程（15.9.2）。我们想将这个函数对 X（即概率相对收入的变化率）求导数。求导的结果是

$$\mathrm{d}P_i/\mathrm{d}X_i = f(\beta_1 + \beta_2 X_i)\beta_2 \qquad (15.9.5)[1]$$

其中 $f(\beta_1 + \beta_2 X_i)$ 是在 $\beta_1 + \beta_2 X_i$ 处的标准正态概率密度函数。如你将意识到的，这个值的计算将取决于 X 变量的特定值。我们从表 15—5 中取 X 的一个值，比如说，$X=6$（千美元）。使用表 15—11 中给出的参数估计值，这样我们就需要求正态密度函数值 $f(-1.016\,6 + 0.048\,46 \times 6) = f(-0.725\,48)$。参照正态分布表，你将发现对于 $Z = -0.725\,48$，正态密度约为 $0.306\,6$。[2] 现在将这个值乘以斜率系数的估计值 $0.048\,46$，我们得到 $0.014\,85$。这就意味着，从 $6\,000$ 美元的收入水平开始，如果收入上升 $1\,000$ 美元，一个家庭购买住房的可能性将上升约 1.4%。（将这个结果与表 15—6 中的结果进行比较。）

从上述讨论可以看出，与 LPM 和 logit 模型相比，使用 probit 模型计算概率的

计量经济学基础（第五版）

---

[1] 我们使用导数的链式法则：

$$\frac{\mathrm{d}P_i}{\mathrm{d}X_i} = \frac{\mathrm{d}F(t)}{\mathrm{d}t} \cdot \frac{\mathrm{d}t}{\mathrm{d}X}$$

其中 $t = \beta_1 + \beta_2 X_i$。

[2] 注意，标准正态变量 Z 能在 $-\infty$ 到 $+\infty$ 之间变动，但密度函数 $f(Z)$ 恒为正。

变化多少有点烦琐。

假定你想从拟合的 gprobit 模型中找出估计概率，而不去计算概率的变化，这很容易做到。利用表 15—11 中的数据并将表 15—5 中的 X 值代入，读者可以算出 n. e. d. 估计值如下所示（保留两位小数）：

X	6	8	10	13	15	20	25	30	35	40
n. e. d. 估计值	−0.72	−0.63	−0.53	−0.39	−0.29	−0.05	0.19	0.43	0.68	0.92

现在诸如 MINITAB 这样的统计软件可以很容易地计算出与各个 n. e. d. 相对应的（累积）概率。例如，对应于一个 −0.63 的 n. e. d. 值，估计概率为 0.264 7；对应于一个 0.43 的 n. e. d. 值，估计概率为 0.669 1。如果将这些估计值与表 15—5 中的实际值进行比较，你会发现二者相当接近，这表明拟合模型相当好。我们刚才所做的一切，已经在图 15—4 中表现出来。

□ 非群组或个体数据的 probit 模型

让我们再回到表 15—7。表中提供了 32 个学生中级微观经济学的期末成绩。其中成绩与变量 GPA、TUCE 和 PSI 有关。logit 回归的结果由表 15—8 给出。让我们看看 probit 结果如何。注意到如同个体数据的 logit 模型一样，我们不得不使用一个以极大似然法为基础的非线性估计过程。由 EViews 6 计算出的回归结果在表 15—13 中给出。

表 15—13

```
Dependent Variable: grade
Method: ML—Binary probit
Convergence achieved after 5 iterations
```

Variable	Coefficient	Std. Error	Z-Statistic	Probability
C	-7.4523	2.5424	-2.9311	0.0033
GPA	1.6258	0.6938	2.3430	0.0191
TUCE	0.0517	0.0838	0.6166	0.5374
PSI	1.4263	5950	2.3970	0.0165

LR statistic (3 df) = 15.5458　　McFadden R^2 = 0.3774
Probability (LR stat) = 0.0014

"定性地讲"，probit 模型的结果和 logit 模型的结果不相上下，因为 GPA 和 PSI 在两个模型中都是个别统计显著的。所有系数也是联合统计显著的，因为 LR 统计量为 15.545 8，其 p 值为 0.001 4。出于下节将讨论到的理由，我们不能对 logit 和 probit 回归系数直接进行比较。

为便于比较，我们在表 15—14 中基于线性概率模型（LPM）而给出成绩的估计结果。定性地看，LPM 的结果也与 logit 和 probit 模型的结果类似，因为 GPA 和 PSI 都是个别统计显著的，而 TUCE 不是统计显著的。而且，由于 F 值 6.645 6 的 p 值只有 0.001 5，所以它在统计上是显著的，故而所有解释变量一起对成绩有显著的影响。

表 15—14

Dependent Variable: grade			
Variable	Coefficient	Std. Error	t-Statistic	Probability
C	-1.4980	0.5238	-2.8594	0.0079
GPA	0.4638	0.1619	2.8640	0.0078
TUCE	0.0104	0.0194	0.5386	0.5943
PSI	0.3785	0.1391	2.7200	0.0110

$R^2 = 0.4159$ 　　 Durbin-Watson $d = 2.3464$ 　　 F-statistic $= 6.6456$

□ 在各种回归模型中解释变量值的单位变化的边际效应

在线性回归模型中，斜率系数度量的是，在所有其他变量都保持不变的情况下，一个回归元的单位变化所引起的回归子的平均变化。

在 LPM 中，斜率系数直接度量了在所有其他变量的影响保持不变的情况下，由回归元的单位变化而导致一个事件发生的概率的变化。

在 logit 模型中，变量的斜率系数给出了在保持所有其他变量不变的情况下，该变量的单位变化而导致的机会比率的对数变化。但正如前面曾指出的那样，对于 logit 模型来说，一个事件发生概率的变化率是由 $\beta_j P_i (1 - P_i)$ 给出的，其中 β_j 是指第 j 个回归元的（偏回归）系数。但在计算 P_i 时，包含在分析中的所有变量均须考虑。

正如我们前面看到的那样，在 probit 模型中，概率的变化率多少要复杂一些，而且由 $\beta_j f(Z_i)$ 给出，其中 $f(Z_i)$ 是标准正态变量的密度函数，而 $Z_i = \beta_1 + \beta_2 X_{2i} + \cdots + \beta_k X_{ki}$，即分析中所使用的回归模型。

因此，在 logit 和 probit 模型中，概率变化的计算涉及所有回归元，而在 LPM 中仅涉及第 j 个回归元。这种区别可能就是 LPM 模型在早期受欢迎的一个原因。现在，诸如 STATA 这样的统计软件使得计算 logit 和 probit 模型概率变化的难度大大降低，所以就没有必要因为 LPM 的简洁性而选择它。

15.10　logit 和 probit 模型

尽管定性地看，对于我们期末成绩的例子来说，LPM、logit 模型和 probit 模型都给出相似的结果，但由于前面曾提到的 LPM 的问题，我们仍然把注意力主要放在 logit 和 probit 模型上。在 logit 和 probit 之间，哪个模型更可取呢？在大多数应用中，这两个模型十分类似，主要的区别在于 logistic 分布的尾部稍微平坦一些，这一点从图 15—6 中可以看出。也就是说，与 probit 相比，在 logit 模型中，条件概率趋近于 0 或 1 的速度更慢一些，这一点从表 15—15 中可以清楚地看出。因此，没有一个令人信服的理由去选择一个模型而放弃另一个模型。实践中，由于 logit 模型使用相对简单的数学，因而许多研究者选择了它。

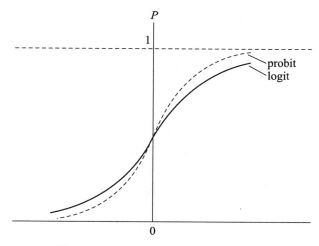

图 15—6　logit 和 probit 模型的累积分布

表 15—15 累积概率函数的值

Z	累积正态分布 $P_1(Z) = \dfrac{1}{\sqrt{2\pi}} \displaystyle\int_{-\infty}^{z} e^{-s^2/2}\, ds$	logistic 累积分布 $P_2(Z) = \dfrac{1}{1+e^{-z}}$
−3.0	0.001 3	0.047 4
−2.0	0.022 8	0.119 2
−1.5	0.066 8	0.182 4
−1.0	0.158 7	0.268 9
−0.5	0.308 5	0.377 5
0	0.500 0	0.500 0
0.5	0.691 5	0.622 5
1.0	0.841 3	0.731 1
1.5	0.933 2	0.817 6
2.0	0.977 2	0.880 8
3.0	0.998 7	0.952 6

尽管这两个模型很相似，但是在解释这两个模型的估计系数时必须小心。例如，对于我们期末成绩的例子来说，用 probit 模型得出的 GPA 系数 1.625 8（见表 15—13）和用 logit 模型得出的 GPA 系数 2.826 1（见表 15—8）并不能直接进行比较。原因在于，尽管标准 logistic 分布（logit 的基础）和标准正态分布（probit 的基础）的均值都等于 0，但它们的方差是不同的：对于标准正态分布来说，方差是 1（正如我们已知的），而对于 logistic 分布来说，方差是 $\pi^2/3$，其中 $\pi \approx 22/7$。因此，如果你把 probit 系数乘以大约 1.81（近似等于 $\pi/\sqrt{3}$），你就会近似得到 logit 系数。对于

我们的例子而言，GPA 的 probit 系数是 1.625 8，将它乘以 1.81 便得到 2.94，它很接近 logit 系数。相反，如果把 logit 系数乘以 0.55（＝1/1.81），你将会得到 probit 系数。但是雨宫建议将 logit 的估计值乘以 0.625 以得到 probit 估计值的一个更好的估计值。[①] 相反，将 probit 系数乘以 1.6（＝1/0.625）将给出相应的 logit 估计值。

顺便提一下，雨宫给出了 LPM 模型和 logit 模型的系数关系如下：

$$\beta_{LPM} = 0.25\beta_{logit} \qquad 除截距之外的其他系数$$

以及

$$\beta_{LPM} = 0.25\beta_{logit} + 0.5 \qquad 截距$$

对于我们的期末成绩的例子，这些近似值是否成立的问题留给读者进行验证。

我们再补充一个例子来结束我们对 LPM、logit 和 probit 模型的讨论。

例 15.7   **抽烟与否**

为了弄清楚哪些因素影响一个人是否是烟民，我们搜集了 1 196 个人的个人数据。[②] 对于其中每一个人，都有 1979 年此人受教育程度、年龄、收入和香烟价格的数据。因变量是烟民，1 表示是烟民，0 表示不是烟民。习题 15.20 将对此进行更深入的分析，数据在本书网站上的表 15—28 中可以找到，我们以表格的形式给出 LPM、logit 和 probit 模型的结果（见表 15—16）。这些结果得自于 STATA 第 10 版。

表 15—16

变量	LPM	logit	probit
常数项	1.123 0	2.745 0	1.701 9
	(5.96)	(3.31)	(3.33)
Age	−0.004 7	−0.020 8	−0.012 9
	(−5.70)	(−5.58)	(−5.66)
Education	−0.020 6	−0.090 9	−0.056 2
	(−4.47)	(−4.40)	(−4.45)
Income	1.03e−06	4.72e−06	2.72e−06
	(0.63)	(0.66)	(0.62)
Pcigs79	−0.0051	−0.0223	−0.0137
	(−1.80)	(−1.79)	(−1.79)
R^2	0.038 8	0.029 7	0.030 1

注：圆括号中的数字是 LPM 的 t 比率以及 logit 和 probit 的 z 比率。logit 和 probit 的 R^2 值是伪 R^2 值。

尽管这三个模型的系数不能直接进行比较，但定性地看，它们还是非常相似。因此，年龄、受教育程度和香烟价格对抽烟都具有负影响，而收入却具有正影响。从统计上看，收入效应为 0，而价格效应在约 8% 的显著性水平上是显著的。习题 15.20 要求你运用可变因素修正各种可比较

---

①   T. Amemiya, "Qualitative Response Model：A Survey," *Journal of Economic Literature*, vol. 19, 1981, pp. 481-536.

②   数据来自 Michael P. Murray, *Econometrics：A Modern Introduction*, Pearson/Addison-Wesley, Boston, 2006, 可从网站 www.aw-bc.com/murray 上下载。

系数。

我们在表 15—17 中还给出了每个模型中每个变量对抽烟概率的边际影响。

表 15—17

变量	LPM	logit	probit
Age	−0.004 7	−0.004 8	−0.004 9
Education	−0.020 6	−0.021 3	−0.021 3
Income	1.03e−06	1.11e−06	1.03e−06
Pcigs79	−0.005 1	−0.005 2	−0.005 2

注：除收入外，年龄和受教育程度的估计系数都是高度统计显著的，而香烟价格在约 8% 的显著性水平上是显著的。

如同你所认识到的那样，LPM 模型中一个变量对抽烟概率的边际影响可直接从估计的回归系数中得到，而对于 logit 和 probit 模型而言，这种边际影响还必须按照本章前面讨论的那样进行计算。

有意思的是，这三个模型的边际效应相当类似。比如，如果受教育程度上升，平均而言，一个人成为烟民的概率下降约 2%。

15.11 tobit 模型

probit 模型的一个扩展就是 **tobit 模型**（tobit model），它最先由诺贝尔经济学奖得主詹姆斯·托宾（James Tobin）提出。为了解释这个模型，我们继续使用住房所有权的例子。在 probit 模型中，我们所关心的是估计拥有一套住房所有权的概率，它是一些社会经济变量的函数。而在 tobit 模型中，我们的兴趣是弄清楚一个人或一个家庭在住房上的花费，它跟社会经济变量有关。现在我们就面临着一个困境，即如果消费者不买房，显然我们没有这类消费者在买房费用方面的数据；只有当消费者确实买了房，我们才有此类数据。

因此，消费者被分成两组，一组由 n_1 个消费者组成，我们有关于他们的回归元（比方说收入、按揭利率、家庭成员人数等）和回归子（住房支出）的信息，另一组由 n_2 个消费者组成，我们仅有他们关于回归元的信息而无回归子的信息。一个仅对某些观测有回归元的信息的样本叫做**截取样本**（censored sample）。[1] 因此，tobit 模型又被称为截取回归模型。由于这类模型对回归子的取值施加了限制，所以有些作者称之为**限值因变量回归模型**（limited dependent variable regression model）。

---

[1] 截取样本应该和**断尾样本**（truncated sample）区分开来，后者只有在回归子可以观测到的时候才可得到回归元的信息。这里我们不深究这一问题，但有兴趣的读者可以参考 William H. Greene, *Econometric Analysis*, Prentice Hall, 4th ed., Englewood Cliffs, NJ, Chapter 19。直观的讨论可以参见 Peter Kennedy, *A Guide to Econometrics*, The MIT Press, Cambridge, Mass., 4th ed., 1998, Chapter 16。

统计上，我们可以把 tobit 模型表达为：

$$Y_i = \beta_1 + \beta_2 X_i + u_i \qquad \text{如果 RHS} > 0 \tag{15.11.1}$$
$$= 0 \qquad\qquad \text{其他}$$

其中 RHS = 右手侧。注：这个模型很容易引入更多的变量 X。

能不能只用 n_1 个观测来估计回归（15.11.1）而不管其余 n_2 个观测呢？答案是否定的，因为从 n_1 个观测子集得到参数的 OLS 估计值是有偏误并且非一致的。也就是说，即使渐近地看，它们也是存在偏误的。[1]

为了看清楚这一点，考虑图 15—7。该图表明，如果 Y 观测不到（由于截取），则所有这些观测（= n_2）（用×标出）将全部落在水平轴上。如果 Y 被观测到，则观测点（= n_1）（用黑点标出）将落在 X—Y 象限内。直观上就能看清楚，如果仅根据 n_1 个观测来估计回归，所得到的截距和斜率系数与把全部 $n_1 + n_2$ 个观测都考虑进来而得到的结果有所不同。

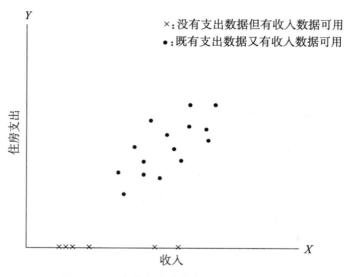

图 15—7　消费者的购房支出与收入描点图

那么要怎样去估计像方程（15.11.1）这样的 tobit（或截取）回归模型呢？实际估计过程要使用到极大似然方法，极大似然方法相当复杂并且超出了本书论述的范围，但读者能从参考书中获得更多关于 ML 的信息。[2]

赫克曼（James Heckman）提出了一个 ML 方法的替代方法，它相对来说要简单一些。[3] 该替代方法由一个两步骤的估计程序组成。第一步，我们首先估计消费者

① 如果我们只考虑 n_1 个观测而忽略其他观测就会产生偏误，也就不能保证 $E(u_i)$ 为所需的零。而且没有 $E(u_i) = 0$ 我们就不能保证 OLS 估计是无偏的。这种偏误可以很容易地从附录 3A 中的方程（4）和（5）中看到。

② 参见 Greene, op. cit. 。一个技术性不是很强的讨论可见 Richard Breen, *Regression Models：Censored, Sample Selected or Truncated Data*, Sage Publications, Newbury Park, California, 1996。

③ J. J. Heckman, "Sample Selection Bias as a Specification Error," *Econometrica*, vol. 47, pp. 153-161.

拥有住房的概率，这可以利用 probit 模型完成。第二步，通过增加一个由 probit 估计值推导出来的变量［被称为**逆米尔斯比**（inverse Mills ratio）或**风险率**（hazard rate）］来估计模型（15.11.1）。关于它的具体操作，可以参考赫克曼的论文。虽然赫克曼程序为方程（15.11.1）的参数给出了一致估计，但它们并不像 ML 估计那样有效。因为大多数现代统计软件都有 ML 方法的例行程序，所以应用这些软件比赫克曼两步程序更为可取。

□ tobit 模型的举例说明：雷·费尔关于婚外情的模型[①]

在一篇有趣且具有理论创新性的文章中，费尔收集了 601 个第一次结婚的男人和女人的样本，并分析了他们对一个关于婚外情问题的回答。[②] 该研究中的变量定义如下：

$Y=$在过去 0，1，2，3，4～10（记为 7）年中发生婚外情的次数

$Z_1=0$（对于女人），1（对于男人）

$Z_2=$年龄

$Z_3=$结婚年数

$Z_4=$孩子，如果没有孩子，则取值 0；如果有孩子，则取值 1

$Z_5=$宗教信仰，分 1～5 个等级，1 为不信教

$Z_6=$受教育年数：初中教育＝9；高中教育＝12；博士或更高＝20

$Z_7=$职业，按"Hollingshead"等级，1～7

$Z_8=$婚姻幸福程度的自我评价，1＝非常不幸，5＝非常幸福

在共 601 个调查对象中，451 人没有婚外情，150 人有 1 次或 1 次以上的婚外情。

类似于图 15—7，如果我们用纵轴表示发生婚外情的次数，并用横轴表示比方说受教育年数，则有 451 个观测点分布在横轴上。因此，我们将得到一个截取样本，并且 tobit 模型可以适用。（注：Y 的观测值是整数而它的估计值不一定是整数。）

表 15—18 给出了用（不适当的）OLS 和（适当的）ML 得出的上述模型的估计结果。如你所见，OLS 包括 451 个没有婚外情的人和 150 个有 1 次或 1 次以上婚外情的人。ML 对此进行了明确的考虑，而 OLS 法却没有，因此这两个估计值是有区别的。由于已经讨论过的原因，我们应该信赖 ML 而不是 OLS 估计结果。这两个模型的系数可以和其他任何回归模型的系数一样进行解释。Z_8（婚姻幸福程度的自我评价）的负系数意味着婚姻的幸福程度越高，则婚外情发生的几率越低，这也许不是什么惊人的发现。

① Ray Fair，"A Theory of Extramarital Affairs，"*Journal of Political Economy*，vol. 86，1978，pp. 45-61. 这篇文章和数据可以查看网址 http://fairmodel. econ. yale. edu/rayfair/pdf/1978DAT. ZIP.

② 1969 年，《今日心理学》（*Psychology Today*）发表了有关性的 101 个问题的调查，它要求读者将他们的答案寄来。在 1970 年第 7 期，以收集的约 2 000 个电子形式的回答为基础，对调查结果进行了讨论。费尔从这些调查对象中抽取了 601 个作为样本。

表 15—18   婚外情的 OLS 和 tobit 估计

解释变量	OLS 估计	tobit 估计
截距	5.872 0 (5.162 2)*	7.608 4 (1.947 9)+
Z_1	0.054 0 (0.179 9)	0.945 7 (0.889 8)
Z_2	−0.050 9 (−2.253 6)	−0.192 6 (−2.379 9)
Z_3	0.169 4 (4.110 9)	0.533 1 (3.636 8)
Z_4	−0.142 6 (−0.407 2)	1.019 1 (0.796 5)
Z_5	0.477 6 (−4.274 7)	−1.699 0 (−4.190 6)
Z_6	−0.013 7 (−0.214 3)	0.025 3 (0.111 3)
Z_7	0.104 9 (1.180 3)	0.212 9 (0.663 1)
Z_8	−0.711 8 (−5.931 9)	−2.273 2 (−5.472 4)
R^2	0.131 7	0.151 5

注：* 表示圆括号里的数字是 t 值。

+ 表示圆括号里的数字是 Z（标准正态）值。

总共有 601 个观测，其中有 451 个观测的因变量（婚外情的次数）值为零，其他 150 个为非零值。

附带提一下，注意到如果我们感兴趣的是婚外情发生的概率而不是婚外情发生的次数，则我们可以使用 probit 模型，规定 $Y=0$（对于没有婚外情的人）和 $Y=1$（对于有婚外情的人），结果如表 15—19 所示。运用 probit 建模的知识，读者应该可以自己解释此表给出的 probit 结果。

表 15—19

```
Dependent Variable: YSTAR
Method: ML-Binary probit
Sample: 1-601
Included observations: 601
Convergence achieved after 5 iterations
```

Variable	Coefficient	Std. Error	Z Statistic	Probability
C	0.779402	0.512549	1.520638	0.1284
Z_1	0.173457	0.137991	1.257015	0.2087
Z_2	-0.024584	0.010418	-2.359844	0.0183
Z_3	0.054343	0.018809	2.889278	0.0039
Z_4	0.216644	0.165168	1.311657	0.1896
Z_5	-0.185468	0.051626	-3.592551	0.0003
Z_6	0.011262	0.029517	0.381556	0.7028
Z_7	0.013669	0.041404	0.330129	0.7413
Z_8	-0.271791	0.053475	-5.082608	0.0000

Mean dependent var.	0.249584	S.D. dependent var.	0.433133
S.E. of regression	0.410279	Akaike info criterion	1.045584
Sum squared resid.	99.65088	Schwarz criterion	1.111453
Log likelihood	-305.1980	Hannan-Quinn criter.	1.071224
Restr. log likelihood	-337.6885	Avg. log likelihood	-0.507817
LR statistic (8 df)	64.98107	McFadden R-squared	0.096215
Probability (LR stat)	4.87E-11		

Obs. with Dep = 0	451	Total obs.	601
Obs. with Dep = 1	150		

15.12 对计数数据建模：泊松回归模型

在许多现象中回归子是**计数型**（count type）的，例如一个家庭每年外出度假的次数，一个企业每年取得的专利个数，每年看牙医或医生的次数，每周去杂货店的次数，每年收到的停车罚单或超速罚单数，在给定期间内住院的天数，在一段时间（如5分钟）内通过一个收费站的车辆数等。每个例子中潜在的变量都是离散的，只能取有限的数值。有时计数数据也可能是稀少或不经常发生的事件，例如1周内被闪电击中1次，2周内不止1次彩票中奖，或4周内有2次或2次以上心脏病发作等。对此类现象该如何建模呢？

正如贝努利分布被选择用来对线性概率模型中是/否的决策来建模一样，专门适合计数数据的概率分布就是**泊松**（Poisson）概率分布。泊松分布的 PDF 由下式给出[1]：

$$f(Y_i) = \frac{\mu^Y e^{-\mu}}{Y!} \qquad Y = 0, 1, 2, \cdots \tag{15.12.1}$$

其中 $f(Y)$ 指变量 Y 取非负整数值的概率，且 $Y!$（读作 Y 的阶乘）$= Y \times (Y-1) \times (Y-2) \times 2 \times 1$。可以证明

$$E(Y) = \mu \tag{15.12.2}$$
$$\text{var}(Y) = \mu \tag{15.12.3}$$

注意泊松分布的一个有趣的性质：它的方差和均值是一样的。

泊松分布模型可以被写成：

$$Y_i = E(Y_i) + u_i = \mu_i + u_i \tag{15.12.4}$$

其中 Y 如同均值为 μ_i 的泊松随机变量那样独立分布，而每个 μ_i 可表示成：

$$\mu_i = E(Y_i) = \beta_1 + \beta_2 X_{2i} + \beta_3 X_{3i} + \cdots + \beta_k X_{ki} \tag{15.12.5}$$

其中 X 是可能会影响均值的某些变量。例如，如果计数变量是在给定的一年内参观纽约大都会艺术博物馆的次数，则这个次数将取决于其他变量，如消费者的收入、门票价格、离博物馆的距离以及停车费等。

出于估计的目的，我们将模型写成：

$$Y_i = \frac{\mu^Y e^{-\mu}}{Y!} + u_i \tag{15.12.6}$$

这里用方程（15.12.5）代替了 μ_i。你很容易看出，由此得到的回归模型对于参数是非线性的，从而使得我们必须用到上一章所讨论的非线性回归估计。我们来考虑一个具体的例子，看看它是如何估计的。

---

[1] 对于这个分布的详细讨论可参见任何一本标准的统计学教材。

这里所使用的数据是由内特（Neter）等人收集的。[1] 它们是关于 65 岁或 65 岁以上的 100 个老人的数据。研究的目的是记录这群人的跌倒次数（$=Y$）与其性别（$X_2=0$，对于女性；$=1$，对于男性）、平衡能力（X_3）和力量指标（X_4）之间的关系。平衡能力越强，研究对象就越稳当，而且力量指标越高，研究对象就越强健。为了查明教育或教育加有氧运动是否对跌倒次数有影响，作者引入了一个附加变量（X_1），即所谓的干预变量（intervention variable）；若仅有教育，则 $X_1=0$，若在教育的基础上加上有氧运动，则 $X_1=1$。研究对象随机分配，进行这两种不同的干预。

利用 EViews 6，可得出表 15—20 的结果。

表 15—20

```
Dependent Variable: Y
Sample: 1-100
Convergence achieved after 7 iterations
Y=EXP(C(0)+C(1)*X1+C(2)*X2+C(3)*X3+C(4)*X4)
```

	Coefficient	Std. Error	t-Statistic	Probability
$C(0)$	0.37020	0.3459	1.0701	0.2873
$C(1)$	-1.10036	0.1705	-6.4525	0.0000
$C(2)$	-0.02194	0.1105	-0.1985	0.8430
$C(3)$	0.01066	0.0027	3.9483	0.0001
$C(4)$	0.00927	0.00414	2.2380	0.0275

$R^2 = 0.4857$ Adjusted $R^2 = 0.4640$
Log likelihood = -197.2096   Durbin-Watson statistic = 1.7358

注：$EXP(\ )$ 指以 e 为底的指数函数，其中括号内是指数。

对结果的解释。 记住，我们在表 15—20 中得到的结果是第 i 个人的估计均值 $\hat{\mu}_i$；也就是说，我们所估计的是：

$$\hat{\mu}_i = e^{0.370\ 2-1.100\ 366X_{1i}-0.021\ 94X_{2i}+0.010\ 6X_{3i}+0.009\ 27X_{4i}} \tag{15.12.7}$$

为了找出第 i 个研究对象的实际均值，我们需要将此人各个不同的 X 变量值代入。举例来说，第 99 个研究对象有这些变量值：$Y=4$，$X_1=0$，$X_2=1$，$X_3=50$ 和 $X_4=56$。将这些值代入方程 (15.12.7) 便得到第 99 个研究对象的估计均值为 $\hat{\mu}_{99} = 3.353\ 8$。该研究对象的实际 Y 值是 4。

现在如果想得到与第 99 个研究对象类似的某人每年跌倒少于 5 次的概率，那么我们可得到如下结果：

$$P(Y<5) = P(Y=0) + P(Y=1) + P(Y=2) + P(Y=3) + P(Y=4)$$

$$= \frac{(3.353\ 8)^0 e^{-3.353\ 8}}{0!} + \frac{(3.353\ 8)^1 e^{-3.353\ 8}}{1!} + \frac{(3.353\ 8)^2 e^{-3.353\ 8}}{2!}$$

$$+ \frac{(3.353\ 8)^3 e^{-3.353\ 8}}{3!} + \frac{(3.353\ 8)^4 e^{-3.353\ 8}}{4!}$$

$$= 0.749\ 1$$

---

[1] John Neter, Michael H. Kutner, Christopher J. Nachtsheim, and William Wasserman, *Applied Regression Models*, Irwin, 3d ed., Chicago, 1996. **数据**可以从书中所附的数据盘中得到，并可参考习题 14.28。

我们也能得到回归元对 Y 的均值的边际或偏效应如下。根据说明性的例子，假定我们想弄清楚力量指标（X_4）增加一单位对 Y 的均值的影响。既然

$$\mu = e^{C_0 + C_1 X_{1i} + C_2 X_{2i} + C_3 X_{3i} + C_4 X_{4i}} \tag{15.12.8}$$

我们需要求 $\partial \mu / \partial X_4$。利用微积分的链式法则，显然它等于

$$\frac{\partial \mu}{\partial X_4} = C_4 e^{C_0 + C_1 X_{1i} + C_2 X_{2i} + C_3 X_{3i} + C_4 X_{4i}} = C_4 \mu \tag{15.12.9}$$

也就是说，均值相对于回归元的变化率等于该回归元的系数乘以 Y 的均值。当然，均值 μ 取决于该模型中所有回归元的取值。这一点和我们前面讨论过的 logit 和 probit 模型类似，在这两个模型中变量的边际贡献也取决于该模型中所有变量的取值。

回到个别系数的统计显著性，可以看出截距和变量 X_2 个别地看是统计不显著的。但请注意表中所给出的标准误是渐近的，因此，t 值应渐近地加以解释。正如前面曾指出的那样，一般而言，所有的非线性迭代估计过程的结果仅仅在大样本中才是可靠的。

在结束对泊松回归模型的讨论之前，请注意该模型作了限制性假定，即泊松过程的均值和方差是相同的，而且在任一时点上事件发生的概率都相同。

15.13 定性响应回归模型的其他专题

正如在本章一开始所提到的那样，定性响应回归模型范围广泛。本章介绍的是这方面的一些基本模型。对于想进一步研究这个主题的读者，我们在下文中将简要讨论这个领域的一些其他模型。这里我们不深入探讨，因为这样做将远远超出本书的范围。

□ 顺序 logit 和顺序 probit 模型

在双变量 logit 和 probit 模型中，我们感兴趣的是为"是"或"否"的响应变量建模。但通常响应变量或回归子有多于两个结果，并且这些结果常常具有顺序（ordinal）的性质。也就是说，它们不能用一个等距尺度来度量。通常，在调查型研究中的回答是里克特形式（Likert-type）的态度度量，例如"坚决同意"、"某种程度上同意"或"坚决不同意"。或者在教育背景调查中的回答可能会是"低于高中教育"、"高中教育"、"大学"或"研究生水平"。这些回答常常被标号为 0（低于高中教育）、1（高中教育）、2（大学教育）、3（研究生教育）。这就是顺序度量，因为不同类别之间存在着明显的等级，但不能说 2（大学教育）是 1（高中教育）的 2 倍或者 3（研究生教育）是 1（高中教育）的 3 倍。

为了研究诸如上面所提到的现象，我们可以扩展双变量 logit 和双变量 probit 模型，从而把多个等级的类型考虑进去。当我们必须使用多阶段的正态概率分布和 logistic 概率分布函数来考虑各种等级类型时，所用到的数学就复杂起来。对于其背后的数学及其部分应用，读者可以查阅前面引用的格林和曼德拉的教材。在相对直观

的水平上，读者可以查阅廖福庭（Tim Futing Liao）的专著。[1] 诸如 LIMDEP，EViews，STATA 和 SHAZAM 等软件为顺序 logit 和顺序 probit 模型的估计提供了例行计算程序。

□ 多类别 logit 和多类别 probit 模型

在顺序 probit 和顺序 logit 模型中，响应变量有两个以上的有序或等级类型。但在有些情况下，回归子是无序的。例如上班所采用的交通方式的选择。选择可能会是自行车、摩托车、汽车、公共汽车或火车。尽管有不同类型的回答，但这里的回答没有等级或次序；就其性质而言，它们是不同的特征类别。再举一例，考虑职业的分类，如非熟练、半熟练和很熟练，这里仍然没有次序。与此类似，职业选择（如自我雇佣、为私人企业工作、为当地政府工作，以及为联邦政府工作等）从性质上讲也基本上只是不同的特征类别。

多类别 logit 和多类别 probit 模型的方法可用来研究这种类别响应，而且它用到的数学只是稍微复杂一些。前面引用的参考书提到了这些方法的要点。如果在某些特殊情况下需要用到此类模型，前面提到的统计软件也能用来估计这种模型。

□ 持续期限模型

考虑如下这些问题：（1）哪些因素决定了失业的持续期限？（2）哪些因素决定了白炽灯的寿命？（3）哪些因素决定了罢工的持续期限？（4）哪些因素决定了艾滋病毒呈阳性的病人的存活时间？

诸如此类的问题是持续期限模型的主题，它们被普遍称为**存活分析**（survival analysis）或**事件发生时间数据分析**（time-to-event data analysis）。在上面所引用的每个例子中，关键变量都是时间长度或期间长度，要把它作为一个随机变量而建模，其数学问题再次涉及适当概率分布的 CDF 和 PDF。尽管技术细节很烦琐，但是关于这个主题已有了一些容易理解的著作。[2] 诸如 STATA 和 LIMDEP 的统计软件可以容易地用于估计这种期限模型。这些软件还提供了一些演算好的例子来帮助使用此类模型的研究者。

■ 要点与结论

1. 定性响应回归模型是指，在该类模型中，响应变量或回归子不是定量的或者说不能用一个等距尺度来度量。

①   Tim Futing Liao, op. cit.

②   例如，参见 David W. Hosmer, Jr., and Stanley Lemeshow, *Applied Survival Analysis*, John Wiley & Sons, New York, 1999。

2. 最简单的定性响应回归模型是二值模型，在该类模型中，回归子为是/否或存在/不存在形式的。

3. 最简单的二值响应模型是线性概率模型（LPM），在该类模型中，二值响应变量通过利用标准的 OLS 方法来对相关解释变量进行回归。这里简洁算不上一个优点，因为 LPM 饱受几个估计问题的折磨。即使某些估计问题可以克服，但 LPM 最根本的缺陷是它假定某些事件发生的概率是随着回归元的水平而线性增加。如果我们使用 logit 和 probit 模型，则可以避免这个限制性很强的假定。

4. 在 logit 模型中，因变量是机会比率的对数，它是回归元的线性函数。logit 模型所使用的概率函数是 logistic 分布函数。如果有群组形式的数据，则可以用 OLS 来估计 logit 模型的参数，但要我们明确考虑误差项的异方差性，如果只有个体或微观层次的数据可用，则要求使用参数的非线性估计程序。

5. 如果我们选择正态分布作为合适的概率分布函数，则可以使用 probit 模型。该模型在数学上有点复杂，因为涉及积分。但出于实际考虑，logit 和 probit 模型都能得出类似的结果。因而实际上怎样选择就取决于计算的难易，但这并不是个难题，因为现在很容易得到一些成熟的统计软件来完成相应的计算。

6. 如果响应变量是计数型的，那么，在实际应用中经常使用的模型就是泊松回归模型，它建立在泊松概率分布的基础之上。

7. 与 probit 模型紧密相关的是 tobit 模型，它也被称作截取回归模型。在该模型中，响应变量仅仅在某些条件满足时才可观测到。例如，只有当一个人开始决定购买汽车时，购车费用的问题才是有意义的。但是，曼德拉指出，tobit 模型"仅当潜变量［即隐藏在现象背后的基本变量］原则上可取负值而且观测到的零值是截取和不可观测性所导致的结果时才可以使用"[1]。

8. 二值响应回归模型有许多扩展。包括顺序 probit 和顺序 logit 以及多类别 probit 和多类别 logit 模型。隐藏在这些模型背后的哲理和更简单的 logit 和 probit 模型一样，只是所用到的数学更加复杂。

9. 最后，我们简要考虑了所谓的持续期限模型，在该模型中，现象（如失业或生病）持续的期限取决于几个因素。在此类模型中，持续期限的长度成为研究者感兴趣的变量。

习　题

问答题

15.1　参照表 15—2 所给数据，若 $\hat{Y}_i$ 为负，则令它等于 0.01；若 $\hat{Y}_i$ 大于 1，则令它等于 0.99。重新计算权值 w_i 并用 WLS 估计 LPM。将你的结果同方程 （15.2.11） 所给的结果相比较，并加以评论。

15.2　对于表 15—1 中所给出的住房所有权数据，logit 模型的极大似然估计如下：

$$\hat{L}_i = \ln\left(\frac{\hat{P}_i}{1-\hat{P}_i}\right) = -493.54 \quad + \quad 32.96\text{income}$$
$$t = (-0.000\ 008) \quad (0.000\ 008)$$

---

① G. S. Maddala, *Introduction to Econometrics*, 2d ed., Macmillan, New York, 1992, p. 342.

评论这些结果，但注意所有高于 16（千美元）的收入都对应于 $Y=1$，而所有低于 16 的收入都对应于 $Y=0$。对于这种情形，先验地，你会有什么预期？

15.3 费雪（Janet. A. Fisher）[①] 把 762 个家庭对耐用品 Y 的购买（$Y=1$，若购买；$Y=0$，若不购买）当作若干变量的函数进行研究，得到如下结果：

解释变量	系数	标准误
常数项	0.141 1	—
1957 年可支配收入，X_1	0.025 1	0.011 8
（可支配收入＝X_1）^{2}，X_2	−0.000 4	0.000 4
支票存款，X_3	−0.005 1	0.010 8
储蓄存款，X_4	0.001 3	0.004 7
美国储蓄债券，X_5	−0.007 9	0.006 7
住房情况：租赁，X_6	−0.046 9	0.093 7
住房情况：拥有，X_7	0.013 6	0.071 2
每月租金，X_8	−0.754 0	1.098 3
按揭月供，X_9	−0.980 9	0.516 2
个人非分期债务，X_{10}	−0.036 7	0.032 6
年龄，X_{11}	0.004 6	0.008 4
年龄的平方，X_{12}	−0.000 1	0.000 1
婚姻状况，X_{13}（1＝已婚）	0.176 0	0.050 1
子女数，X_{14}	0.039 8	0.035 8
（子女数＝X_{14}）^{2}，X_{15}	−0.003 6	0.007 2
购买计划，X_{16}（1＝计划；0＝无计划）	0.176 0	0.038 4

$$R^2 = 0.133\ 6$$

注：所有金融变量均以千美元计。

  住房情况：租赁（若租赁则取值为 1；否则为 0）。

  住房情况：拥有（若拥有则取值为 1；否则为 0）。

资料来源：Janet A. Fisher, "An Analysis of Consumer Goods Expenditure," *The Review of Economics and Statistics*, vol. 64, no. 1, Table 1, 1962, p. 67.

a. 对方程的拟合作一般性评论。

b. 你会怎样解释支票存款变量的系数−0.005 1？你怎样说明该变量带有负号的合理性？

c. 引进年龄平方和子女数平方的理由是什么？为什么两者都带有负号？

d. 假定除收入变量外，其余变量都取零值，试求收入为 20 000 美元的家庭购买耐用品的条件概率。

e. 给定 X_1＝15 000 美元、X_3＝3 000 美元、X_4＝5 000 美元、X_6＝0、X_7＝1、X_8＝500 美元、X_9＝300 美元、X_{10}＝0、X_{11}＝35、X_{13}＝1、X_{14}＝2 和 X_{16}＝0，估计购置耐用品的条件概率。

① "An Analysis of Consumer Goods Expenditure," *The Review of Economics and Statistics*, vol. 64, no. 1, 1962, pp. 64-71.

15.4　表 15—3 给出的劳动力参与回归的 R^2 值 0.175 是相当低的一个数值。你能检验这个数值的统计显著性吗？你使用哪一种检验？为什么？试对这类模型的 R^2 值作一般性的评论。

15.5　对回归（15.7.1）中各个不同的收入水平估计拥有住房的概率。将这些概率对收入描图并对所得到的关系进行评论。

*15.6　证明表 15—11 中所给 probit 回归的截距等于 $-\mu_x/\sigma_x$，而斜率等于 $1/\sigma_x$，其中 μ_x 和 σ_x 是 X 的均值和标准差。

15.7　根据 54 个标准大都市统计地区（SMSA）的资料，狄马利斯（Demaris）估计出以下 logit 模型，以解释高谋杀率与低谋杀率的区别[①]：

$$\ln \hat{O}_i = 1.138\ 7 + 0.001\ 4 P_i + 0.056\ 1 C_i - 0.405\ 0 R_i$$
$$\text{se=}\qquad\quad (0.000\ 9)\quad (0.022\ 7)\quad (0.156\ 8)$$

其中 O=高谋杀率的机会，P=1980 年人口（以千人计），C=1970—1980 年的人口增长率，R=阅读智商，而 se 为渐近标准误。

　　a. 你怎样解释各个系数？

　　b. 哪些系数是个别统计显著的？

　　c. 阅读智商提高一个单位对出现较高谋杀率的机会有什么影响？

　　d. 人口增长率提高一个百分点，对出现较高谋杀率的机会有什么影响？

15.8　比较并评论方程（15.7.3）中的 OLS 回归和方程（15.7.1）中的 WLS 回归。

实证分析题

15.9　从荷兰中央统计局 1980 年对家庭预算的调查，克拉默（J. S. Cramer）得到了 2 820 个家庭样本的如下 logit 模型。（这个结果是使用极大似然方法经过三次迭代得到的。）[②] logit 模型的目的是将汽车拥有权作为（对数）收入的函数。汽车拥有权是一个二值变量：$Y=1$ 表示一个家庭拥有一辆汽车，否则 $Y=0$。

$$\hat{L}_i = \quad -2.772\ 31 + 0.347\ 582\ \ln\text{income}$$
$$t = (-3.35)\qquad (4.05)$$
$$\chi_2\ (1\text{df}) = 16.681\ (p\ \text{值}=0.000\ 0)$$

其中 $\hat{L}_i$=估计的 logit，ln income 是收入的对数。χ_2 度量模型的拟合优度。

　　a. 解释所估计的 logit 模型。

　　b. 你怎样从估计的 logit 模型中得到拥有汽车概率的表达式？

　　c. 一个收入为 20 000 美元的家庭拥有一辆汽车的概率是多少？收入为 25 000 美元呢？收入为 20 000 美元的情况下概率的变化率是多少？

　　d. 对估计的 logit 模型的统计显著性加以评论。

15.10　证明方程（15.2.8）。

15.11　Bowen 和 Bok 使用 logit 模型对所有高中生都能报考和只有黑人报考的高校进行了的一项关于毕业率的重要研究，得到了表 15—21 中的结果。[③]

---

　　① Demaris, op. cit., p. 46.

　　② J. S. Cramer, *An Introduction to the Logit Model for Economist*, 2d ed., published and distributed by Timberlake Consultants Ltd., 2001, p. 33. 这些结果是从 Timberlake Consultants 出版的统计软件包 PC-Give 10 的第 51 页复制的。

　　③ William G. Bowen and Derek Bok, *The Shape of the River: Long Term Consequences of Considering Race in College and University Admissions*, Princeton University Press, Princeton, NJ, 1998, p. 381.

表 15—21　　　　　　　　　预测毕业率的 logit 回归模型，1989 年入校的年级

变量	招收一切新生			只招收黑人		
	参数估计值	标准误	机会比率	参数估计值	标准误	机会比率
截距	0.957	0.052	—	0.455	0.112	—
女性	**0.280**	0.031	1.323	**0.265**	0.101	1.303
黑人	**−0.513**	0.056	0.599			
西班牙	**−0.350**	0.080	0.705			
亚裔	**0.122**	0.055	1.130			
其他人种	**−0.330**	0.104	0.719			
SAT>1 299	**0.331**	0.059	1.393	0.128	0.248	1.137
SAT 1 200～1 299	**0.253**	0.055	1.288	0.232	0.179	1.261
SAT 1 100～1 199	**0.350**	0.053	1.420	0.308	0.149	1.361
SAT 1 000～1 099	**0.192**	0.054	1.211	0.141	0.136	1.151
没有 SAT 分数	**−0.330**	0.127	0.719	0.048	0.349	1.050
高中排名居前 10%	**0.342**	0.036	1.407	**0.315**	0.117	1.370
没有高中排名数据	−0.065	0.046	0.937	−0.065	0.148	0.937
社会经济地位（SES）高	**0.283**	0.036	1.327	**0.557**	0.175	1.746
SES 低	**−0.385**	0.079	0.680	**−0.305**	0.143	0.737
没有 SES 数据	**0.110**	0.050	1.116	0.031	0.172	1.031
SEL—1	**1.092**	0.058	2.979	**0.712**	0.161	2.038
SEL—2	**0.193**	0.036	1.212	**0.280**	0.119	1.323
女子学院	**−0.299**	0.069	0.742	0.158	0.269	1.171
观测次数	32 524			2 354		
−2 对数似然值						
有约束的	31 553			2 667		
无约束的	30 160			2 569		
χ^2	1 393	自由度为 18		98	自由度为 14	

注：黑体系数在 0.05 水平上是显著的；其他系数则不是。模型中省略组别是白人、男性、SAT<1 000、高中排名居后 90%、中等 SES、SEL—3 以及兼收的大学。毕业率是六年内从首选学校毕业的比率，如本书附表 D—3 中注释里所定义。高校的选择性属性也如本书附表 D—3 中注释所定义。关于社会经济地位的定义参见附录 B。

　　SEL—1＝平均 SAT 得分在 1 300 以及以上的高校。
　　SEL—2＝平均 SAT 得分在 1 150～1 299 之间的高校。
　　SEL—3＝平均 SAT 得分低于 1 150 的高校。
　　资料来源：Bowen and Bok，op. cit.，p.381.

a. 对于招收各类新生和只招收黑人新生的高校，你得到有关毕业率的什么一般性结论？

b. 机会比率是两种机会之比。比较两组招收各类新生的情况，一组是 SAT 分数超过 1 299，另一组是 SAT 分数低于 1 000（基准组）。1.393 的机会比率意味着第一组学生的毕业几率比第二组高出 39%。表中列出的各种机会比率是否和先验预期一致？

c. 你对估计的参数统计显著性能说些什么？对估计模型的总体显著性又能说些什么？

15.12　在表 15—11 所给出的 logit 模型中干扰项 u_i 有如下方差：

$$\sigma_u^2 = \frac{P_i(1-P_i)}{N_i f_i^2}$$

其中 f_i 是标准密度函数在 $F^{-1}(P_i)$ 处的值。

a. 给定上述 u_i 的方差，为了使得变换后的误差项成为同方差的，你将怎样变换表 15—10 中

的模型呢?

　　b. 利用表 15—10 中的数据给出变换后的数据。

　　c. 基于变换后的数据估计 probit 模型,并与基于原始数据得到的回归结果进行比较。

　　15.13　由于作为拟合优度指标的 R^2 并不特别适合于二分因变量模型,所以有人建议使用如下 χ^2 检验统计量取而代之:

$$\chi^2 = \sum_{i=1}^{G} \frac{N_i \, (\hat{P}_i - P_i^*)^2}{P_i^* \, (1 - P_i^*)}$$

其中 N_i = 第 i 组中的观测数

　　$\hat{P}_i$ = 事件发生的实际概率($= n_i/N_i$)

　　P_i^* = 估计的概率

　　G = 组数(即所观测的 X_i 水平的个数,例如在表 15—4 中是 10)

　　可以证明:对于大样本, χ^2 将服从自由度为 $G-k$ 的 χ^2 分布,其中 k 是估计模型中的参数个数($k<G$)。

　　试用上述 χ^2 变量检验回归(15.7.1),并对这样得到的拟合优度进行评论,再将它与报告的 R^2 值进行比较。

　　15.14　表 15—22 给出对菊花蚜虫喷洒不同浓度的鱼藤酮得到的结果数据,每批处理约 50 个蚜虫。做出一个适当的模型,把死亡概率表达为 X 对数(即剂量的对数)的函数,并对所做的结果进行评论。然后计算习题 15.13 所讨论的 χ^2 检验。

表 15—22　　　　　　　　鱼藤酮对菊花蚜虫的毒性研究

浓度(毫克/升)		总　数	死亡数	$\hat{P}_i = n_i/N_i$
X	$\log(X)$	N_i	n_i	
2.6	0.415 0	50	6	0.120
3.8	0.579 7	48	16	0.333
5.1	0.707 6	46	24	0.522
7.7	0.886 5	49	42	0.857
10.2	1.008 6	50	44	0.880

　　资料来源:D. J. Fennet, *Probit Analysis*, Cambridge University Press, London, 1964.

　　15.15　要求攻读研究生学位的 13 名申请人有表 15—23 列出的如下 GRE 数学和词汇成绩。其中有 6 名学生获得入学资格。

表 15—23　　　　　　　　　　　　GRE 分数

学生编号	GRE 能力测试分数		准许入学
	数学,Q	词汇,V	(准许=1,不准许=0)
1	760	550	1
2	600	350	0
3	720	320	0
4	710	630	1
5	530	430	0
6	650	570	0
7	800	500	1
8	650	680	1
9	520	660	0

| 学生编号 | GRE 能力测试分数 | | 准许入学 |
	数学，Q	词汇，V	（准许＝1，不准许＝0）
10	800	250	0
11	670	480	0
12	670	520	1
13	780	710	1

资料来源：Donald F. Morrison, *Applied Linear Statistical Methods*, Prentice-Hall, Inc., Englewood Cliffs, NJ, 1983, p. 279 (adapted).

a. 根据 GRE 数学和词汇成绩，用 LPM 模型预测入学概率。

b. 这个模型能令人满意吗？如果不能，你建议使用什么样的模型？

15.16 为了研究对 6 瓶装软饮料赠送价格折扣券的效果，蒙哥马利（D. Montgomery）和佩克（E. Peck）收集了表 15—24 中的数据。一个 5 500 名消费者构成的样本被随机地划分到表中所示的 11 种不同折扣类别之中，每个类别有 500 人。响应变量是消费者是否在一个月内使用折扣券。

a. 把兑换率看作因变量，价格折扣看作解释变量，看 logit 模型是否拟合数据。

b. 看 probit 模型和 logit 模型是否拟合得一样好。

c. 如果价格折扣是 17 美分，预测的兑换率是多少？

d. 为使折扣券的兑换率达到 70%，价格折扣估计是多少？

表 15—24 　　　　　　　　　　使用折扣券的饮料价格

价格折扣，X（美分）	样本大小，N_i	兑换折扣券的人数，n_i
5	500	100
7	500	122
9	500	147
11	500	176
13	500	211
15	500	244
17	500	277
19	500	310
21	500	343
23	500	372
25	500	391

资料来源：Douglas C. Montgomery and Elizabeth A. Peck, *Introduction to Linear Regression Analysis*, John Wiley & Sons, New York, 1982, p. 243 (notation changed).

15.17 为了弄清楚哪些人有银行账户（支票账户、储蓄账户等），卡斯基（J. Caskey）和彼得森（A. Peterson）利用美国 1977 年和 1989 年的家庭数据估计了一个 probit 模型。结果在表 15—25 中给出。表中的斜率系数值度量了相应回归元的单位变化对拥有银行账户概率的潜在影响。这些边际影响是在模型所含回归元的均值处计算的。

a. 1977 年，婚姻情况对拥有银行账户的影响是什么？1989 年呢？这些结果有经济意义吗？

b. 为什么在 1977 年和 1989 年，代表少数族裔的变量都有负系数？

c. 你能对子女数变量系数带有负号作出合理的解释吗？

d. 表中所给的 χ_2 统计量说明了什么？（提示：习题 15.13。）

表 15—25   **因变量为拥有银行账户的 probit 回归**

	1977 年数据		1989 年数据	
	系数	暗含斜率	系数	暗含斜率
常数项	−1.06		−2.20	
	(3.3)*		(6.8)*	
收入（以 1991 年千美元计）	0.030	0.002	0.025	0.002
	(6.9)		(6.8)	
已婚	0.127	0.008	0.235	0.023
	(0.8)		(1.7)	
子女数	−0.131	−0.009	−0.084	−0.008
	(3.6)		(2.0)	
户主（HH）年龄	0.006	0.000 4	0.021	0.002
	(1.7)		(6.3)	
HH 的教育水平	0.121	0.008	0.128	0.012
	(7.4)		(7.7)	
男性 HH	−0.078	−0.005	−0.144	−0.011
	(0.5)		(0.9)	
少数族裔	−0.750	−0.050	−0.600	−0.058
	(6.8)		(6.5)	
有工作	0.186	0.012	0.402	0.039
	(1.6)		(3.6)	
住房所有者	0.520	0.035	0.522	0.051
	(4.7)		(5.3)	
对数似然值	−430.7		−526.0	
χ_2 统计量（H_0：除常数外所有系数都等于零）	480		602	
观测次数	2 025		2 091	
样本中正确预测的百分数	91		90	

注：* 括号中的数字是 t 统计量。

资料来源：John P. Caskey and Andrew Peterson, "Who Has a Bank Account and Who Doesn't: 1977 and 1989," Research Working Paper 93-10, Federal Reserve Bank of Kansas City, October 1993.

15.18 **蒙特卡罗研究。** 为了帮助理解 probit 模型，贝克（W. Becker）和瓦尔德曼（D. Waldman）假定以下的一个关系式[1]：

$$E(Y \mid X) = -1 + 3X$$

于是，令 $Y_i = -1 + 3X_i + \varepsilon_i$，其中假定 ε_i 为标准正态变量（即均值为 0，方差为 1），由此生成一个如表 15—26 所示含有 35 个观测的样本。

---

[1]   William E. Becker and Donald M. Waldman, "A Graphical Interpretation of Probit Coefficients," *Journal of Economic Education*, vol. 20, no. 4, Fall 1989, pp. 371-378.

表 15—26　　　　由模型 $Y=-1+3X+\varepsilon$ 和若 $Y>0$ 则 $Y^{*}=1$ 生成的假想数据集

Y	Y^{*}	X	Y	Y^{*}	X
−0.378 6	0	0.29	−0.375 3	0	0.56
1.197 4	1	0.59	1.970 1	1	0.61
−0.464 8	0	0.14	−0.405 4	0	0.17
1.140 0	1	0.81	2.441 6	1	0.89
0.318 8	1	0.35	0.815 0	1	0.65
2.201 3	1	1.00	−0.122 3	0	0.23
2.447 3	1	0.80	0.142 8	1	0.26
0.115 3	1	0.40	−0.668 1	0	0.64
0.411 0	1	0.07	1.828 6	1	0.67
2.695 0	1	0.87	−0.645 9	0	0.26
2.200 9	1	0.98	2.978 4	1	0.63
0.638 9	1	0.28	−2.332 6	0	0.09
4.319 2	1	0.99	0.805 6	1	0.54
−1.990 6	0	0.04	−0.898 3	0	0.74
−0.902 1	0	0.37	−0.235 5	0	0.17
0.943 3	1	0.94	1.142 9	1	0.57
−3.223 5	0	0.04	−0.296 5	0	0.18
0.169 0	1	0.07			

资料来源：William E. Becker and Donald M. Waldman, "A Graphical Interpretation of Probit Coefficients," *Journal of Economic Education*，Fall 1989，Table 1, p.373.

a. 由此表的 Y 和 X 数据，你能估计一个 LPM 吗？记住真模型是 $E(Y\mid X)=-1+3X$。

b. 给定 $X=0.48$，估计 $E(Y\mid X=0.48)$，并将此估计值与真实 $E(Y\mid X=0.48)$ 比较。注：$\overline{X}=0.48$。

c. 利用表 15—26 中给出的 Y^{*} 和 X 数据，估计一个 probit 模型。你可以利用任一统计软件。作者们所估计的 probit 模型如下：

$$\hat{Y}_i^{*}=-0.969+2.764X_i$$

试求 $P(Y^{*}=1\mid X=0.48)$，即 $P(Y_i>0\mid X=0.48)$。看你的答案是否和作者的答案 0.64 一致。

d. 表 15—26 所给 X 值的样本标准差是 0.31。如果 X 比 X 均值大一个标准差，预测的概率变化是多少？也就是说，$P(Y^{*}=1\mid X=0.79)$ 是什么？作者的答案是 0.25。

15.19　本书网站上的表 15—27 给出了有关 2 000 名妇女工作（1＝工作，0＝其他）、年龄、婚姻状况（1＝已婚，0＝其他）、子女数和受教育程度（读书年数）的数据。在这 2 000 名妇女中，有 657 人记录为无工资收入。

a. 利用这些数据，估计线性概率模型。

b. 利用同样数据估计一个 logit 模型，并求出各个变量的边际效应。

c. 用 probit 模型重做（b）部分的练习。

d. 你将选择哪个模型？为什么？

15.20　对于书中讨论的抽烟的例子（见 15.10 节），从本书网站下载表 15—28 中的数据。分析受教育程度与收入的乘积（即交互项）对成为烟民的概率是否有影响。

15.21 从本书网站上下载表 15—29 中的数据集 Benign。变量 cancer 是一个虚拟变量，1 表示患有乳腺癌，0 表示未患乳腺癌。[1] 利用变量 age（患者的年龄）、HIGD（最高学历）、CHK（若患者未进行正规的医疗检查则取值为 0，若患者进行过正规的医疗检查则取值 1）、AGPI（生育第一胎时的年龄）、miscarriages（流产次数）和 weight（患者的体重），做一个 logistic 回归，判断这些变量在统计上对预测一个妇女是否患乳腺癌有用处没有。

附录 15A

□ 15A.1 个体（非群组）数据的 logit 和 probit 模型的极大似然估计[2]

正文中假定我们对给定个人收入 X 的情况下估计一个人拥有住房的概率感兴趣。我们还假定这个概率可以由 logistic 函数（15.5.2）表示。为方便起见，复制如下：

$$P_i = \frac{1}{1 + e^{-(\beta_1 + \beta_2 X_i)}} \tag{1}$$

我们不能实际观测 P_i，只能观测到结果 $Y=1$（如果一个人拥有住房）和 $Y=0$（如果这个人不拥有住房）。

因为每个 P_i 都是一个贝努利随机变量，所以我们可以写成：

$$\Pr(Y_i = 1) = P_i \tag{2}$$
$$\Pr(Y_i = 0) = 1 - P_i \tag{3}$$

假定我们有一个 n 次观测的随机样本。令 $f_i(Y_i)$ 表示 $Y_i=1$ 或 0 的概率，观测到 n 个 Y 值的联合概率，即 $f(Y_1, Y_2, \cdots, Y_n)$ 为：

$$f(Y_1, Y_2, \cdots, Y_n) = \prod_1^n f_i(Y_i) = \prod_1^n P_i^{Y_i} (1 - P_i)^{1 - Y_i} \tag{4}$$

其中 $\prod$ 是乘积符号。注意，因为每个 Y_i 都是独立的，而且有着相同的 logistic 密度函数，所以我们可以将联合密度函数写成个别密度函数的乘积。等式（4）中的联合概率就是著名的**似然函数**（likelihood function，LF）。

方程（4）使用起来有些不太方便。但如果我们将它取自然对数，便得到所谓的**对数似然函数**（log likelihood function，LLF）：

$$\ln f(Y_1, Y_2, \cdots, Y_n) = \sum_1^n \left[Y_i \ln P_i + (1 - Y_i) \ln (1 - P_i) \right]$$
$$= \sum_1^n \left[Y_i \ln P_i - Y_i \ln (1 - P_i) + \ln (1 - P_i) \right] \tag{5}$$

---

[1] 数据包含 50 个被诊断患有良性乳腺疾病的妇女和 150 个年龄相仿的控制组，每个病人与控制组中三个人相对应。经过对调查对象进行培训，然后发放标准化格式的调查问卷，再从每个调查对象那里搜集相应的信息（参见 Pastides, et al., 1983 和 Pastides, et al., 1985）。

[2] 接下来的讨论在很大程度上依据于 John Neter, Michael H. Kutner, Christopher J. Nachsteim, and William Wasserman, *Applied Linear Statistical Models*, 4th ed., Irwin, 1996, pp. 573-574.

$$= \sum_1^n \left[Y_i \ln \left(\frac{P_i}{1-P_i} \right) \right] + \sum_1^n \ln (1 - P_i)$$

从方程（1）很容易证明

$$1 - P_i = \frac{1}{1 + e^{\beta_1 + \beta_2 X_i}} \tag{6}$$

以及

$$\ln \left(\frac{P_i}{1 - P_i} \right) = \beta_1 + \beta_2 X_i \tag{7}$$

利用方程（6）和（7），我们将 LLF（5）写成：

$$\ln f(Y_1, Y_2, \cdots, Y_n) = \sum_1^n Y_i (\beta_1 + \beta_2 X_i) - \sum_1^n \ln \left[1 + e^{\beta_1 + \beta_2 X_i} \right] \tag{8}$$

从方程（8）可以看出，因为 X_i 已知，所以对数似然函数是参数 β_1 和 β_2 的函数。

在 ML 中我们的目标是最大化 LF（或 LLF），即通过使观测到 Y 的概率尽可能大（最大），从而求出未知参数值。为此，我们就将方程（8）对每个未知数求偏微分，令其表达式为零，并求解这些表达式。然后应用最大化的二阶条件证明，事实上我们所得到的参数值最大化了 LF。

因此，你必须将方程（8）分别对 β_1 和 β_2 求微分，然后按上面所说的进行。你很快就会意识到，由此得到的一阶条件表达式对参数来说是高度非线性的，而且我们不能得到显式解。这就是为什么我们为了得到数值解而不得不使用前面章节所讨论的非线性估计方法的原因。一旦得到 β_1 和 β_2 的数值解，我们就很容易估计方程（1）。

除了在方程（1）中我们使用正态 CDF 而不是 logistic CDF 之外，probit 模型的 ML 程序与 logit 模型中的 ML 程序完全相似。所得到的一阶条件表达式变得相当复杂，但基本思想是一样的。在此不予深究。

第 16 章 面板数据回归模型

我们在第 1 章简要讨论了一般可用于经验分析的数据类型，即 **时间序列数据**（time series data）、**横截面数据**（cross section data）和 **面板数据**（panel data）。在时间序列数据中，我们观测一段时期内一个或多个变量的值（比如，几个季度或几年的 GDP）。在横截面数据中，一个或多个变量的值是在同一时点对几个样本单位或研究对象搜集而来的（比如，给定年份美国 50 个州的犯罪率数据）。而面板数据则是对同一横截面单位（比如家庭、企业或州）在不同时期进行多次调查而得到的数据。简言之，面板数据兼具空间和时间两个维度。

我们在表 1—1 中已经看到了这种数据类型的一个例子。表中列出了 1990 年和 1991 年美国 50 个州的鸡蛋产量和价格数据。对于任何给定年份，鸡蛋产量和价格数据都代表着一个横截面样本。对于任意一个给定的州，表中都给出了关于鸡蛋产量和价格的两个时间序列观测。这样，关于鸡蛋产量和价格我们总共有 100 个（混合）观测。

表 1—2 还给出了面板数据的另一个例子，它给出了 4 个公司在 1935—1954 年间投资额、企业价值和资本存量的数据。每个公司在 1935—1954 年间的数据都构成了时间序列数据，每个时间序列有 20 个观测；某个年度 4 个公司的数据又构成了横截面数据的例子，只有 4 个观测；所有年份所有公司的数据就是面板数据的一个例子，共有 80 个观测。

面板数据还有一些其他名称，诸如 **混合数据**（pooled data，时间序列和横截面观测值的混合）、**时间序列和横截面综合数据**（combination of time series and cross-section data）、**微观面板数据**（micropanel data）、**纵列数据**（longitudinal data，对一个变量或一组观测对象在一段时间内的研究）、**事件史分析**（event history analysis，比如，对观测物一段时间内一系列状态或条件下的运动进行研究）和 **批次分析**

（cohort analysis，例如，对某商学院 1 965 名毕业生就业路径的跟踪研究）。尽管这些名字有一些微妙的差别，但它们在本质上都包含了横截面单位在一段时期内的运动。因此，从一般的意义上而言，我们将使用面板数据这个术语去涵盖一个或多个这样的术语。而且，我们将基于这样的面板数据的回归模型称为**面板数据模型**（panel data regression model）。

现在面板数据正越来越多的在经济研究中使用。一些著名的面板数据集有：

1. **动态收入面板研究**（Panel Study of Income Dynamics，PSID）。由密歇根大学（University of Michigan）的社会研究所（Institute of Social Research）于 1968 年开始主持，研究所每年收集大约 5 000 个家庭的各种社会经济和人口统计变量。

2. **收入和参与项目调查**（Survey of Income and Program Participation，SIPP）。这个类似 PSID 的调查由美国商务部人口普查局主持，每年将对被访问者就其经济状况进行四次调查。

3. **德国社会经济面板**（German Socio-Economic Panel，GESOEP）。它在 1984—2002 年间，每年都同样对 1 761 人搜集出生年份、性别、生活满意度、婚姻状况、个人劳动收入和年工作小时数等信息。

还有各类政府机构主持的许多其他调查，比如：

澳大利亚家庭、收入和劳动动态调查（HILDA）；

英国家庭面板调查（BHPS）；

韩国劳动与收入面板调查（KLIPS）。

一开始先要给大家一个警告：面板数据回归的主题非常多，而且其中所涉及的数学和统计学知识十分复杂。我们只希望能够介绍面板数据回归模型的一些本质，至于详尽研究，读者可参阅相应的参考书。[①] 但是要事先提醒大家，其中一些参考书非常专业。幸运的是，诸如 LIMDEP、PC-GIVE、SAS、STATA 、SHAZAM、EViews 以及其他一些读者喜欢使用的统计软件，都能轻而易举地完成实际使用面板数据回归模型的任务。

16.1 为什么使用面板数据？

比起横截面数据或时间序列数据，面板数据有哪些优点呢？巴尔塔基（Baltagi）

---

① 一些参考书是 G. Chamberlain, "Panel Data", in *Handbook of Econometrics*, vol. II；Z. Griliches and M. D. Intriligator, eds., North-Holland Publishers, 1984, Chapter 22；C. Hsiao, *Analysis of Panel Data*, Cambridge University Press, 1986；G. G. Judge, R. C. Hill, W. E. Griffiths, H. Lutkepohl, and T. C. Lee, *Introduction to the Theory and Practice of Econometrics*, 2d ed., John Wiley & Sons, New York, 1985, Chapter 11；W. H. Greene, *Econometric Analysis*, 6th ed., Prentice-Hall, Englewood Cliffs, NJ, 2008, Chapter 9；Badi H. Baltagi, *Econometric Analysis of Panel Data*, John Wiley and Sons, New York, 1995；and J. M. Wooldridge, *Econometric Analysis of Cross Section and Panel Data*, MIT Press, Cambridge, Mass., 1999. 对于这个专题实证应用的详尽讨论，参见 Edward W. Frees, *Longitudinal and Panel Data：Analysis and Applications in the Social Sciences*, Cambridge University Press, New York, 2004.

将面板数据的优点列举如下[1]：

1. 既然面板数据与一定时期内的个人、企业、州、国家等有关，那么这些单位中一定存在着异质性（heterogeneity）。正如稍后我们将看到的那样，通过使用因调查对象的不同而不同的变量，面板数据估计方法能够明确考虑这种异质性。我们将在一般意义上使用**对象**（subject）这个词来表示诸如个人、企业、州、国家等微观单位。

2. 通过时间序列和横截面数据的混合，面板数据提供"更加有信息价值的数据，变量增加变异性，变量之间的共线性削弱了，并且提高了自由度和有效性"。

3. 通过对重复横截面数据的研究，面板数据更适用于对变化动态的研究。也就是说，失业期限、工作的转变以及劳动力的流动等更适于用面板数据进行研究。

4. 面板数据能够更好地检测和度量纯粹使用横截面数据或时间序列数据所无法观测到的影响。例如，如果我们引入联邦和/或州的最低工资的连续增长，那么就可以更好地研究最低工资法律对就业和收入的影响。

5. 面板数据能够使我们对更加复杂的行为模型进行研究。比如，比起纯粹的横截面数据或时间序列数据，面板数据能够更好的处理诸如规模经济和技术变迁之类的现象。

6. 通过使用数千个单位，面板数据能够将偏差降到最低，而这种偏差可能是由于我们将个人或企业情况加总成更大的总量数据而产生的。

简言之，面板数据能够在很多方面丰富经验分析，而这些是仅仅使用横截面或时间序列数据所无法做到的。但这并不表示面板数据模型就不存在任何问题，在学习一些理论和例子之后，我们将讨论这些问题。

16.2 面板数据：一个解释性的例子

首先，让我们考虑一个具体的例子。考虑本书网站上表 16—1 中给出的数据，这些数据最早由基姆（Moshe Kim）教授搜集，我们是从格林的书上借鉴过来的。[2]这些数据分析了 1970—1984 年间 6 家航空公司的成本问题，它是一个由 90 个观测构成的面板数据。

变量定义为：I 表示航空公司代码；Y 表示年度代码；Q 表示用客运里程营业收入度量的产出指标；C 表示以千美元计的总成本；PF 表示燃料价格；LF 表示座位利用率，用整个机组运输能力的平均利用率表示。

假设我们想弄清楚总成本（C）与产出（Q）、燃料价格（PF）和座位利用率

---

[1] Baltagi, op. cit., pp. 3-6.

[2] W. H. Greene, *Econometric Analysis*, 6th ed., Prentice-Hall, Englewood Cliffs, NJ, 2008，数据可在如下网站下载：http://pages.stern.nyu.edu/~wgreen/Text/econometricanalysis.htm。

（*LF*）之间的关系。简而言之，我们想估计一个航空成本函数。

我们打算如何估计这个函数呢？当然，我们可以利用 1970—1984 年间的数据（即时间序列数据）估计每个航空公司的成本函数。利用常用的普通最小二乘法（OLS）就能做到这一点。这样我们就会得到 6 个成本函数，每个航空公司一个。但这样的话，我们就忽略了在相同（管制）环境下的其他航空公司的信息。

我们也可以估计横截面成本函数（即横截面回归）。这样我们就会得到 15 个横截面回归，每年一个。但在目前的情况下，这很难讲得过去，因为我们每年只有 6 个观测，却使用 3 个解释变量（外加一个截距项）；欲使分析有意义，我们的自由度太低。更何况我们没有"利用"数据的面板性质。

顺便提一下，本例中的面板数据被称为**平衡面板**（balanced panel）；如果每个研究对象（企业、个人等）都有相同的观测次数，这样的面板就是平衡面板。如果有些对象具有不同的观测次数，我们得到的就是**非平衡面板**（unbalanced panel）。在本章的绝大部分内容中，我们都只讨论平衡面板。在面板数据的文献中，你还可能会遇到**短板**（short panel）和**长板**（long panel）的说法。短板指的是横截面单位的个数 N 大于时期数 T。而长板指的是时期数 T 大于 N。我们后面会发现，估计方法与我们使用的是长板还是短板有一定的关系。

那么，我们该怎么估计呢？有四种可能的估计方法：

1. **混合 OLS 模型**（pooled OLS model）。我们直接把所有 90 个观测混合在一起估计一个"大"回归，不管它是横截面数据还是时间序列数据。

2. **固定效应最小二乘虚拟变量**（fixed effects least squares dummy variable, LSDV）**模型**。我们还是把所有 90 个观测混合在一起，但让每个横截面单位（即每家航空公司）都有一个自己的（截距）虚拟变量。

3. **固定效应组内模型**（fixed effects within-group model）。我们再次把所有 90 个观测混合在一起，但对于每家航空公司，我们把每个变量都表示成它与均值*的离差，然后再对这种均值修正后的或"去均值"的变量进行 OLS 回归。

4. **随机效应模型**（random effects model，REM）。在固定效应最小二乘虚拟变量模型中，我们容许每家航空公司都有自己（固定）的截距，与此不同，在随机效应模型中，我们假定这些截距是从更大的这种航空公司的总体中随机抽取的。

现在，我们就利用表 16—1（见本书网站）中给出的数据来讨论上述方法。

16.3　混合 OLS 回归或常系数模型

考虑如下模型：

---

* 该变量在 6 家航空公司中取值的平均值。——译者注

$$C_{it} = \beta_1 + \beta_2 Q_{it} + \beta_3 PF_{it} + \beta_4 LF_{it} + u_{it}$$
$$i = 1, 2, \cdots, 6$$
$$t = 1, 2, \cdots, 15$$

(16.3.1)

其中变量定义我们前面已经给出，而 i 表示第 i 个横截面单位，t 表示时期。为便于说明，我们选择了线性成本函数，但在习题 16.10 中，要求你估计一个对数线性或双对数函数，此时斜率系数便具有弹性估计值的含义。

注意到，虽然我们把所有 90 个观测混合使用，但须注意，我们假定所有航空公司的回归系数都是相同的。也就是说，航空公司之间没有区别——每家航空公司都一样，这是一个很难成立的假定。

它又假定了解释变量是非随机的，即便是随机的，也与误差项不相关。有时甚至假定解释变量是**严格外生的**（strictly exogenous）。如果一个变量与误差项 u_{it} 的当前值、过去值和未来值都不相关，我们就称之为严格外生的。

它还假定误差项独立同分布于一个均值为 0 方差为常数的分布，即 $u_{it} \sim iid(0, \sigma_u^2)$。为便于假设检验，还可能假定误差项是正态分布的。注意，方程（16.3.1）中的双下标符号应该一看即知。

我们首先给出方程（16.3.1）的估计结果，然后再讨论这个模型存在的问题。表 16—2 给出了基于 EViews 6 而得到的回归结果。

表 16—2

Dependent Variable: TC
Method: Least Squares
Included observations: 90

	Coefficient	Std. Error	t Statistic	Prob.
C (intercept)	1158559.	360592.7	3.212930	0.0018
Q	2026114.	61806.95	32.78134	0.0000
PF	1.225348	0.103722	11.81380	0.0000
LF	-3065753.	696327.3	-4.402747	0.0000
R-squared	0.946093	Mean dependent var.	1122524.	
Adjusted R-squared	0.944213	S.D. dependent var.	1192075.	
S.E. of regression	281559.5	F-statistic	503.1176	
Sum squared resid.	6.82E+12	Prob. (F-statistic)	0.000000	
		Durbin-Watson	0.434162	

如果你使用常用的准则来分析这个**混合回归**（pooled regression）的结果，你会发现所有回归系数不仅高度统计显著，而且与先验预期相一致，R^2 值也很高。唯一美中不足的是估计的德宾-沃森统计量相当低，从而表明数据中可能存在自相关和/或空间相关。当然，我们知道，很低的德宾-沃森统计量也可能是因设定误差所致。

这个模型的主要问题在于，它既没有区分各家航空公司，也没有告诉我们是否所有航空公司的总成本在此期间对解释变量的反应都是一样的。换言之，通过把不同航空公司不同时期的数据混合在一起，我们掩盖了各个航空公司原本可能存在的

异质性（个性或独特性）。再换个说法，这就把每个航空公司的个性特征都放到了误差项 u_{it} 中去了。于是，误差项很可能与模型中包含的一些回归元相关。如果是这样，方程（16.3.1）中的估计系数就是偏误的和不一致的。回想经典线性回归模型的重要假定之一就是回归元与干扰项或误差项不相关。

为了看出误差项何以与回归元相关，让我们考虑模型（16.3.1）的如下修订形式：

$$C_{it} = \beta_1 + \beta_2 Q_{it} + \beta_3 PF_{it} + \beta_4 LF_{it} + \beta_5 M_{it} + u_{it} \qquad (16.3.2)^*$$

其中新增加的变量 M 表示管理哲学或管理质量。在方程（16.3.2）所包含的变量中，只有变量 M 是**不随时间的变化而变化的**（time-invariant or time-constant），因为虽然不同公司的管理哲学不同，但对同一个公司而言，不同时期的管理哲学却保持不变。

尽管变量 M 不随时间的变化而变化，但它也是不能直接观测到的，因此我们不能度量它对成本函数的贡献。不过，如果把方程（16.3.2）写成如下形式，我们还是可以间接地做到这一点：

$$C_{it} = \beta_1 + \beta_2 Q_{it} + \beta_3 PF_{it} + \beta_4 LF_{it} + \alpha_i + u_{it} \qquad (16.3.3)$$

其中 α_i 被称为**非观测效应**（unobserved effect）或**异质性效应**（heterogeneity effect），它反映了 M 对成本的影响。注意，为简单起见，我们只说明了 M 对成本的非观测效应，但现实中可能有很多这种非观测效应，比如所有权性质（私有还是国有）、公司所有者是不是少数族裔以及 CEO 的性别等。尽管这种变量在不同航空公司有所差异，但对于给定的一家航空公司，它们可能在样本期内保持不变。

既然不能直接观测到 α_i，何不认为它是随机的并把它包含在误差项 u_{it} 中进而考虑合成误差项 $v_{it} = \alpha_i + u_{it}$ 呢？现在，我们把方程（16.3.3）写成

$$C_{it} = \beta_1 + \beta_2 Q_{it} + \beta_3 PF_{it} + \beta_4 LF_{it} + v_{it} \qquad (16.3.4)$$

但如果误差项 v_{it} 中包含的 α_i 一项与方程（16.3.4）中的某个回归元相关，我们就违背了经典线性回归模型的一个关键假定——即误差项与回归元不相关的假定。我们知道，在这种情况下，OLS 估计值不仅存在偏误，而且还是不一致的。

无法观测的 α_i 与一个或多个回归元相关是有现实可能性的。比如，一家航空公司的管理可能足够精明，为了避免剧烈的价格波动带来的损失而购买燃料的远期合约，这将降低航空服务的成本。由于这种关系，可以证明，对于 $t \neq s, \mathrm{cov}(v_{it}, v_{is}) = \sigma_u^2$，即不等于 0，因此（无法观测的）异质性导致了自相关，我们必须对此加以注意。后面我们还将说明如何处理这个问题。

因此，问题是我们该如何解释非观测效应或异质性效应，以便得到我们感兴趣的主要变量参数的一致和/或有效估计值，在上述例子中，我们感兴趣的变量是产出、燃料价格和座位利用率。我们的主要兴趣可能不在于得到这些无法观测变量的影响，因为对于一个给定的研究对象而言，它总是保持不变。这就是那些非观测效应或异质性效应被称为**冗余参数**（nuisance parameters）的原因。那么，我们该怎

---

* 原书遗漏了产出变量。——译者注

计量经济学基础（第五版）

样估计这样的方程呢？我们下面就要转向这个问题。

16.4 固定效应最小二乘虚拟变量模型

通过让每个观测对象都有自己的截距值，最小二乘虚拟变量（least-squares dummy variable，LSDV）模型就容许观测对象之间存在着异质性，如模型（16.4.1）所示。我们还是使用航空公司的例子。

$$C_{it} = \beta_{1i} + \beta_2 Q_{it} + \beta_3 PF_{it} + \beta_4 LF_{it} + u_{it}$$

$$i = 1, 2, \cdots, 6$$

$$t = 1, 2, \cdots, 15 \qquad (16.4.1)$$

注意，为了表示 6 家航空公司的截距可能不同，我们已经在截距项上加了下标 i。这种差别可能来自每家航空公司在管理风格、管理哲学或所服务的市场类型等方面的特殊性。

在文献中，模型（16.4.1）被称为**固定效应回归模型**（fixed effects regression model，FEM），"固定效应"一词源于如下事实：尽管截距在不同研究对象（这里是 6 家航空公司）之间可能不同，但每个研究对象的截距却不会随着时间的改变而改变，即**不随时间的变化而变化**（time-invariant）。注意，如果我们把截距写成 β_{1it}，它就表示每个对象或单位的截距是**随着时间的变化而变化**（time-variant）。还要指出，方程（16.4.1）中给出的固定效应模型还假定回归元的（斜率）系数不会随着研究对象或时期的改变而改变。

在进一步研究之前，看一眼混合回归模型与 LSDV 模型之间的区别或许有帮助。为简单起见，假定我们想将总成本仅对产出进行回归。在图 16—1 中，我们给出了两家航空公司分别估计的成本函数以及将这两家公司的数据混合在一起估计的成本函数；这就等于忽略了固定效应的存在。[①] 从图 16—1 可以看清楚，混合回归何以导致斜率估计值出现偏误。

实际上我们如何做到让（固定效应）截距在不同航空公司之间存在变化呢？利用第 9 章学过的虚拟变量法，特别是不同**截距的虚拟变量法**（differential intercept dummy technique），轻而易举就能做到这一点。现在把方程（16.4.1）写成

$$C_{it} = \alpha_1 + \alpha_2 D_{2i} + \alpha_3 D_{3i} + \alpha_4 D_{4i} + \alpha_5 D_{5i}$$

$$+ \alpha_6 D_{6i} + \beta_2 Q_{it} + \beta_3 PF_{it} + \beta_4 LF_{it} + u_{it} \qquad (16.4.2)$$

其中 D_{2i} 对第 2 家航空公司取值为 1，对其他航空公司取值为 0；D_{3i} 对第 3 家航空公司取值为 1，对其他航空公司取值为 0；如此等等。既然我们有 6 家航空公司，为避免陷入**虚拟变量陷阱**（dummy-variable trap，即完全共线性情形），因而我们只能引

---

① 改编自艾伦·邓肯（Alan Duncan）未发表的讲义。

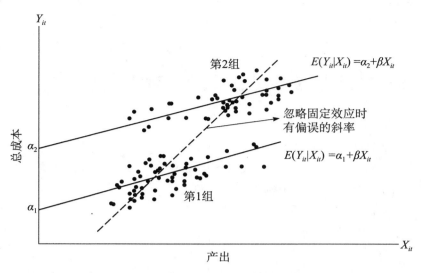

图 16—1　忽略固定效应导致的偏误

入 5 个虚拟变量。这里，我们把第 1 家航空公司视为基组或参照组。当然，你可以选择任何一家航空公司作为参照。于是，截距 α_1 就是第 1 家航空公司的截距，而其他 α 系数则表示对应航空公司的截距与第 1 家航空公司的截距之差。因此，α_2 表示第 2 家航空公司的截距值与 α_1 的差。$\alpha_1 + \alpha_2$ 则代表第 2 家航空公司的实际截距值。其他航空公司的截距值可类似计算。记住，如果你想为每家航空公司都引入一个虚拟变量，那你就必须去掉那个共同截距；否则，你就陷入了虚拟变量陷阱。

利用我们的数据，模型（16.4.2）的结果在表 16—3 中给出。

表 16—3

Dependent Variable: TC
Method: Least Squares
Sample: 1-90
Included observations: 90

	Coefficient	Std. Error	t Statistic	Prob.
C (=α_1)	-131236.0	350777.1	-0.374129	0.7093
Q	3319023.	171354.1	19.36939	0.0000
PF	0.773071	0.097319	7.943676	0.0000
LF	-3797368.	613773.1	-6.186924	0.0000
DUM2	601733.2	100895.7	5.963913	0.0000
DUM3	1337180.	186171.0	7.182538	0.0000
DUM4	1777592.	213162.9	8.339126	0.0000
DUM5	1828252.	231229.7	7.906651	0.0000
DUM6	1706474.	228300.9	7.474672	0.0000

R-squared	0.971642	Mean dependent var.	1122524.
Adjusted R-squared	0.968841	S.D. dependent var.	1192075.
S.E. of regression	210422.8	F-statistics	346.9188
Sum squared resid.	3.59E+12	Prob. (F-statistic)	0.000000
Log likelihood	-1226.082	Durbin-Watson stat.	0.693288

对于这些结论，首先注意到，个别地看，所有截距系数都是高度统计显著的，这就表明这 6 家航空公司可能是异质性的，因而表 16—2 中给出的混合回归结果值得怀疑。表 16—2 和表 16—3 中得到的斜率系数值也是不同的，再次让我们对表 16—2 中的结果产生某种疑虑。看来模型（16.4.1）比模型（16.3.1）更好。顺便指出，对固定效应模型使用 OLS 得到的估计量被称为**固定效应估计量**（fixed effect estimators）。

我们可以对这两个模型进行规范的检验。与模型（16.4.1）相比，模型（16.3.1）因对所有航空公司施加了截距相同的约束而成为一个约束模型。因此，我们可以利用第 8 章讨论过的**约束 F 检验**（restricted F test）。利用公式（8.6.10），读者很容易验证，这里的 F 值是

$$F = \frac{(0.971\ 642 - 0.946\ 093)/5}{(1 - 0.971\ 642)/81} \approx 14.99$$

注：约束 R^2 值和无约束 R^2 值分别来自表 16—1 和表 16—2，还要注意，约束数是 5 个。（为什么?）

这里的虚拟假设是，所有截距差异都等于 0。在分子自由度为 5 和分母自由度为 81 的情况下，计算出来的 F 值是高度统计显著的。因此，我们拒绝所有截距差异都等于 0 的虚拟假设。如果 F 值在统计上不显著，我们就认为这 6 家航空公司的截距没有差异。此时，我们就能像表 16—2 给出的混合回归那样，把所有 90 个观测混合在一起使用。

由于模型（16.4.1）仅容许不同航空公司的截距不同，所以又被称为**一维固定效应**（one-way fixed effects）**模型**。但如果我们相信成本函数因为技术进步、政府管制和/或税收政策的变化以及诸如此类的其他因素在不同时期发生了变化，我们也可以容许模型中出现**时期效应**（time effect）。如果我们引入时期虚拟变量，从 1970 年到 1984 年每年一个这样的虚拟变量，那么，很容易就能解释这种时期效应。既然我们有 15 年的数据，所以我们可以引入 14 个时期虚拟变量（为什么?），并通过增加这些变量而扩充模型（16.4.1）。如果这样做的话，由于我们同时容许观测对象效应和时期效应，所以这样形成的模型被称为**二维固定效应模型**（two-way fixed effects model）。

在本例中，如果我们增加时期虚拟变量，我们就有 23 个系数需要估计——1 个共同截距、5 个航空公司虚拟变量、14 个时期虚拟变量和 3 个斜率系数。如你所见，这将消耗一定的自由度。而且，如果我们还容许不同航空公司的斜率系数也存在差异，那么我们就要让这 5 个企业（航空公司）虚拟变量与 3 个解释变量中的每一个都相互影响，从而引入**不同斜率虚拟系数**（differential slope dummy coefficients）。这样，我们还要再估计 15 个系数（5 个虚拟变量与 3 个解释变量的交互项）。如果这还不够，我们还要引入 14 个时期虚拟变量与 3 个解释变量的交互项，我们又要多估计 42 个系数。你将看到，这样剩下的自由度就不多了。

□ 使用固定效应 LSDV 模型的警告

上述讨论表明，LSDV 模型有几个问题需要牢记。

首先，如果你引入太多的虚拟变量，那将遇到自由度的问题。也就是说，你将缺少足够的观测来做有意义的统计分析。

其次，模型中有太多的虚拟变量及其与解释变量的交互项，总有可能导致多重共线性，这将使得一个或多个参数的精确估计成为困难。

第三，在某些情形中，LSDV 或许不能识别那些不随时间而变化的变量的影响。假设我们想利用面板数据估计一组工人的工资函数。除工资外，工资函数可能还包括年龄、工作经历和教育程度等解释变量。假设我们还要在模型中增加性别、种族和宗教信仰等变量。既然对一个确定的调查对象而言，这些变量在不同时期不会发生变化，那么，LSDV 模型就不能识别这种不随时间而变化的变量对工资的影响。换言之，因研究对象不同而不同的截距吸收了因变量和解释变量中可能存在的所有异质性。顺便指出，这些不随时间而变化的变量有时被称为**冗余变量**或**潜在变量**（lurking variables）。

第四，我们必须小心地考虑误差项 u_{it}。我们在方程（16.3.1）和（16.4.1）中给出的结果都是建立在误差项遵从经典假设这一假定之上的，即 $u_{it} \sim N(0, \sigma^2)$。既然下标 i 和 t 分别表示横截面数据和时间序列数据，那么对于 u_{it} 的经典假设就必须做出修正。以下是几种可能性。

1. 我们可以假定对于所有横截面单位，误差项的方差是相同的，或假定误差项的方差是异方差的。[1]

2. 对于每个对象，我们可以假定不同时期之间没有自相关。于是，在我们说明性的例子中，我们可以假定第一家航空公司成本函数的误差项不存在自相关，或者我们也可以假定它是自相关的，比如 AR(1) 形式的自相关。

3. 对于某个给定的时间，第一家航空公司的误差项可能与第二家航空公司的误差项相关。[2] 或者，我们假定不存在这种相关性。

我们还能够想到误差项的其他一些排列和组合。正如你将很快意识到的那样，对于一个或者多个这种可能性的考虑将会使分析大大复杂化。（限于篇幅和数学上的限制，我们不能考虑所有这些可能性。本章第 592 页注释①中的参考文献对这些主题作了讨论。）不过，如果我们求助于下面两节将要讨论的方法，其中一些问题可能会得到缓解。

16.5　固定效应组内估计量

估计混合回归的方法之一，就是通过把每家航空公司因变量和自变量的取值表

---

① STATA 在面板数据回归模型中提供了异方差校正后的标准误。

② 这就导致所谓似无关回归（seemingly unrelated regression，SURE）**模型**，它最早由阿诺德·泽尔纳（Arnold Zellner）提出。参见 A. Zellner, "An Efficient Method of Estimating Seemingly Unrelated Regressions and Tests for Aggregation Bias," *Journal of the American Statistical Association*, vol. 57, 1962, pp. 348-368。

示成它们与其各自均值的离差，从而达到消除固定效应 β_{1i} 的目的。于是，对第一家航空公司，我们先求出 C、Q、PC 和 LF 的样本均值（分别是 $\overline{C}$、$\overline{Q}$、$\overline{PF}$ 和 $\overline{LF}$），然后将各个变量的取值都减去对应的均值。由此得到的变量值被称为"除均值"或经均值修正后的变量值。对每家航空公司都这样处理之后，再把所有 90 个经均值修正后的变量混合在一起并做 OLS 回归。

令 c_{it}、q_{it}、pf_{it} 和 lf_{it} 表示经均值修正后的变量值，我们现在做如下回归：

$$c_{it} = \beta_2 q_{it} + \beta_3 pf_{it} + \beta_4 lf_{it} + u_{it} \tag{16.5.1}$$

其中 $i=1, 2, 3, 4, 5, 6$ 和 $t=1, 2, \cdots, 15$。注意，方程（16.5.1）不含截距项。（为什么？）

回到我们的例子中来，我们便得到表 16—4 中的结论。注：前缀 DM 表示相应变量的取值是经过均值修正之后的变量值，或者说是用它们与其样本均值的离差表示的。

表 16—4

```
Dependent Variable: DMTC
Method: Least Squares
Sample: 1-90
Included observations: 90
```

	Coefficient	Std. Error	t Statistic	Prob.
DMQ	3319023.	165339.8	20.07396	0.0000
DMPF	0.773071	0.093903	8.232630	0.0000
DMLF	-3797368.	592230.5	-6.411976	0.0000
R-squared	0.929366		Mean dependent var.	2.59E-11
Adjusted R-squared	0.927743		S.D. dependent var.	755325.8
S.E. of regression	203037.2		Durbin-Watson stat.	0.693287
Sum squared resid.	3.59E+12			

注意到表 16—2 中给出的混合回归与表 16—4 中给出的混合回归结果有所不同。前者不顾 6 家航空公司之间的异质性，而后者对此有所考虑，但不是用虚拟变量的方法来考虑的，而是通过将样本观测值减去其样本均值来消除这种异质性的。如图 16—2 所示，二者之间的差别还是很明显的。

可以证明，这个组内（within-group，WG）估计量能够得到斜率系数的一致估计，而普通的混合回归却不能。不过，应该补充说明的是，尽管组内估计量是一致的，但与普通的混合回归结果相比，它却不是有效的（即具有更大的方差）。[①] 观察发现，表 16—3 和表 16—4 中 Q、PF 和 LF 的斜率系数相等。这是因为这两个模型在数学上是等价的。顺便指出，用 WG 方法估计的回归系数被称为 WG 估计量。

WG 估计量的一个不足之处，可通过如下工资回归模型加以解释：

---

① 其原因在于，当我们把变量表示成与其均值的离差时，这些经过均值修正后的变量值与原变量值相比，变异程度要小很多。在这种情况下，干扰项 u_{it} 的变异就相对变大，因此导致估计系数的标准误更大。

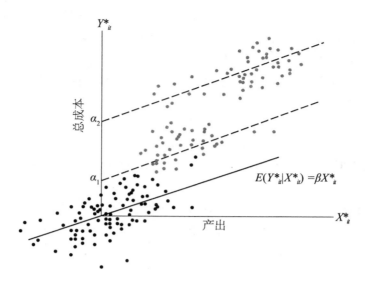

图 16—2　组内估计量

资料来源：Alan Duncan，"Cross-Section and Panel Data Econometrics," unpublished lecture notes（adapted）.

$$W_{it} = \beta_{1i} + \beta_2 \text{Experience}_{it} + \beta_3 \text{Age}_{it} + \beta_4 \text{Gender}_{it} + \beta_5 \text{Education}_{it}$$
$$+ \beta_6 \text{Race}_{it} + v_{it} \tag{16.5.2}$$

在这个工资函数中，诸如性别、受教育程度和种族变量都是不随时间的变化而变化的。如果我们使用 WG 估计量，这些不随时间而变化的变量都将（因差分而）从模型中消除掉。结果我们就不知道工资对这些不随时间而变化的变量如何做出反应。[1]但为了回避误差项（v_{it} 中包含的 α_i）与解释变量之间的相关性，这是我们必须付出的代价。

WG 估计量的另一个不足之处在于："……它可能扭曲了参数值并肯定消除了原本可能存在的任何长期影响。"[2] 一般而言，当我们将一个变量进行差分时，我们就消除了该变量中的长期成分。而剩下的只有该变量的短期影响。在本书后面讨论时间序列计量经济学时，我们会进一步讨论这个问题。

在使用 LSDV 时，我们得到了每家航空公司截距的直接估计值。利用 WG 方法，我们该如何求这些截距的估计值呢？对于航空公司的例子，截距可求解如下：

$$\hat{\alpha}_i = \overline{C}_i - \hat{\beta}_2 \overline{Q}_i - \hat{\beta}_3 \overline{PF}_i - \hat{\beta}_4 \overline{LF}_i \tag{16.5.3}$$

其中变量上面的短横线表示第 i 家航空公司该变量的样本均值。

也就是说，我们用因变量的均值减去第 i 家航空公司各个解释变量的均值与从 WG 估计量中得到的斜率系数估计值的乘积，就得到第 i 家航空公司的截距值。注意，就像表 16—4 那样，所有航空公司的斜率系数估计值都是一样的。或许应该指

---

①　LSDV 模型也是这样。

②　Dimitrios Asteriou and Stephen G. Hall，*Applied Econometrics*：*A Modern Approach*，Palgrave Macmillan，New York，2007，p. 347.

出，方程（16.5.3）中估计的截距类似于我们在标准线性回归模型中估计的截距，后者我们从方程（7.4.21）中可以看到。用上述方法求这 6 家航空公司的截距，并验证它们与从表 16—3 中推导出来的截距值相等（不考虑四舍五入的误差）的工作，就留给读者自己完成。

或许还要指出，每家航空公司的截距估计值都代表了这些航空公司的独特特征，但我们无法逐个识别这些特征。因此，第一家航空公司的截距 α_1 就代表了该公司的管理哲学、董事会构成、CEO 的人格和 CEO 的性别等。所有这些异质性特征都被并入截距值之中。我们稍后将会看到，这种特征可以包含在随机效应模型中。

顺便指出，我们注意到 WG 估计方法还有另一个替代方法，即**一阶差分法**（first-difference method）。在 WG 方法中，我们把每个变量都表示成其与该变量均值的离差。在一阶差分法中，我们对每个观测对象都取这些变量相邻的两个观测值之差。因此，对第一家航空公司而言，我们用 C 的第二次观测值减去其第一次观测值，用 C 的第三次观测值减去其第二次观测值，如此等等。对其余变量，我们也如法炮制，并且对余下 5 家航空公司也重复这一过程。经过这样的处理之后，每家航空公司都只剩下 14 个观测，因为第一次观测之前没有其他观测。于是，我们现在有84 个观测数据，而不是 90 个。然后，我们将 C 变量的一阶差分值对解释变量的一阶差分值进行如下回归：

$$\Delta C_{it} = \beta_2 \Delta Q_{it} + \beta_3 \Delta PF_{it} + \beta_4 \Delta LF_{it} + (u_{it} - u_{i,t-1})$$
$$i = 1, 2, \cdots, 6$$
$$t = 1, 2, \cdots, 84 \tag{16.5.4}$$

其中 $\Delta C_{it} = C_{it} - C_{i,t-1}$。正如在第 11 章曾指出的那样，$\Delta$ 被称为一阶差分算子。[1]

顺便指出，注意原来的误差项现在被误差项的现期值与前期值之差所取代。如果原来的误差项不是自相关的，那么如此变换后的干扰项就一定是自相关的，因此带来了我们在第 11 章讨论过的那种估计问题。不过，如果解释变量是**严格外生**（strictly exogenous）的，那么在给定解释变量值的前提下，这个一阶差分估计量就是无偏的。还注意到，对一个研究对象而言，那些不随时间而变化的解释变量在一阶差分的过程中也被消除了，因此一阶差分方法与 WG 方法具有相同的缺陷。

或许应该指出，在我们只有两期的时候，一阶差分估计量和固定效应估计量是相同的，但如果多于两期，这两个估计量就有所不同。这方面的原因非常复杂，感兴趣的读者可查阅参考文献。[2] 在我们的航空公司的例子中使用一阶差分方法，并将结论与其他固定效应估计量得到的结论进行比较，留给读者作为一个练习。

---

[1] 注意方程（16.5.3）没有截距项（为什么?），但如果原模型中含有趋势变量，我们就可以在其中包含一个截距项。

[2] 特别是参考 J. M. Wooldridge, *Econometric Analysis of Cross Section and Panel Data*, MIT Press, Cambridge, Mass., 2002, pp. 279-283。

16.6 随机效应模型

在评论固定效应或 LSDV 建模方法时，克曼塔写道[①]：

> 与共变异（即 LSDV）模型相联系的一个明显问题是，引入虚拟变量（并随之造成自由度数目的减少）是否确实必要。使用共变异模型背后的逻辑是，在设定这个回归模型时，模型内不能包含不随时间而变化的相关解释变量（以及某些可能是随时间变化而变化但对于所有横截面单位都取相同值的解释变量），而且使用虚拟变量是对我们的无知的一种掩饰。

如果虚拟变量确实反映了（真实）模型信息的缺乏，那为什么不通过干扰项来表达这种无知呢？这正是所谓**误差成分模型**（error components model，ECM）或**随机效应模型**（random effects model，REM）的推崇者建议使用的方法，我们现在用上述航空公司的成本函数来加以说明。

基本思想从方程（16.4.1）开始：

$$C_{it} = \beta_{1i} + \beta_2 Q_{it} + \beta_3 PF_{it} + \beta_4 LF_{it} + u_{it} \qquad (16.6.1)$$

我们假定 β_{1i} 是一个均值为 β_1（这里没有下标 i）的随机变量，而不再把它看成固定的。那么，一个公司的截距值就可以表示为：

$$\beta_{1i} = \beta_1 + \varepsilon_i \qquad (16.6.2)$$

其中 ε_i 是一个均值为零方差为 σ_ε^2 的随机误差项。

我们本质上说的是，本例中的 6 个公司是从更大的这种公司总体中抽取出来的，而这些公司的截距都有一个相同的均值（$=\beta_1$），并且每个公司截距值的个别差异都反映在误差项 ε_i 中。

将方程（16.6.2）代入方程（16.6.1）中，我们便得到：

$$\begin{aligned} C_{it} &= \beta_1 + \beta_2 Q_{it} + \beta_3 PF_{it} + \beta_4 LF_{it} + \varepsilon_i + u_{it} \\ &= \beta_1 + \beta_2 Q_{it} + \beta_3 PF_{it} + \beta_4 LF_{it} + w_{it} \end{aligned} \qquad (16.6.3)$$

其中

$$w_{it} = \varepsilon_i + u_{it} \qquad (16.6.4)$$

合成的误差项 w_{it} 包括 ε_i 和 u_{it} 两个部分。前者是特定横截面单位或特定研究对象的误差成分，后者则是时间序列误差成分和横截面误差成分的综合，因为后者既随着横截面单位（即研究对象）的变化而变化，又随着时间的变化而变化，所以有时又被称为**特异项**（idiosyncratic term）。由于合成误差项由两（或多）个误差成分构

---

① Jan Kmenta, *Elements of Econometrics*, 2d ed., Macmillan, New York, 1986, p. 633.

成，误差成分模型（error components model，ECM）因此得名。

ECM 通常的假定是：

$$\varepsilon_i \sim N(0, \sigma_\varepsilon^2)$$
$$u_{it} \sim N(0, \sigma_u^2)$$
$$E(\varepsilon_i u_{it}) = 0; E(\varepsilon_i \varepsilon_j) = 0 \ (i \neq j) \tag{16.6.5}$$
$$E(u_{it} u_{is}) = E(u_{ij} u_{ij}) = E(u_{it} u_{js}) = 0 \ (i \neq j; t \neq s)$$

即各个误差成分之间互不相关，并且在不同横截面单位和时间序列单元之间也没有自相关。注意到 w_{it} 与模型中所包含的任何一个解释变量都不相关也很重要。由于 ε_i 是 w_{it} 的一个组成部分，所以后者可能与解释变量相关。如果确实如此，误差成分模型将得到回归系数的非一致估计。稍后我们将讨论**豪斯曼检验**（Hausman test），它将告诉我们，在一个给定的应用中 w_{it} 与解释变量是否相关，也就是说，它将告诉我们 ECM 是不是一个合适的模型。

特别注意区分 FEM 和 ECM 之间的不同。在 FEM 中，每个横截面单位都有自己的（固定）截距值，N 个横截面单位就有 N 个这样的值。另一方面，在 ECM 中（共同的）截距代表所有（横截面单位）截距的平均值，而误差成分 ε_i 则表示每个横截面单位的截距对这个平均值的（随机）偏离。不过要记住，ε_i 不是直接可观测的，也就是所谓的**不可观测变量**（unobservable variable）或**潜变量**（latent variable）。

作为方程（16.6.5）中所做假定的结果，我们得到：

$$E(w_{it}) = 0 \tag{16.6.6}$$
$$\mathrm{var}(w_{it}) = \sigma_\varepsilon^2 + \sigma_u^2 \tag{16.6.7}$$

现在如果 $\sigma_\varepsilon^2 = 0$，那么模型（16.3.1）和（16.6.3）之间就没有不同了。在这种情况下，我们可以简单地将（横截面和时间序列）观测混合在一起，然后像我们在方程（16.3.1）中那样进行混合回归。由于此时要么不存在特定对象的影响，要么这种影响都能由解释变量加以解释，所以这样做是正确的。

如方程（16.6.7）所示，误差项 w_{it} 是同方差的。但是，可以证明 w_{it} 和 w_{is}（$t \neq s$）是相关的；也就是说，一个给定横截面单位的误差项在两个不同的时期是相关的。相关系数 $\mathrm{corr}(w_{it}, w_{is})$ 表示如下：

$$\rho = \mathrm{corr}(w_{it}, w_{is}) = \frac{\sigma_\varepsilon^2}{\sigma_\varepsilon^2 + \sigma_u^2}; t \neq s \tag{16.6.8}$$

注意上述相关系数有两个特征。第一，从方程（16.6.8）中可以清楚地看到，对于任意一个给定的横截面单位，两个不同时期的误差项的相关系数值保持不变，无论这两个时期相距有多远。这与我们在第 12 章中所讨论的一阶自相关〔AR(1)〕模式形成了强烈的对比。在一阶自相关模式中，我们发现不同时期之间的相关性随时间的推移而递减。第二，对于所有横截面单位，方程（16.6.8）所给出的相关性结构保持不变；即对于所有研究对象，它都是相同的。

如果我们不考虑这个相关性的结构，并且用 OLS 对方程（16.6.3）进行估计，得出的估计量将不是有效的。这里最合适的方法就是**广义最小二乘法**（generalized least squares，GLS)。

由于 GLS 在数学上的复杂性，我们在此对 GLS 的数学原理不予讨论。[①] 既然现在大多数的统计软件都能例行估计 ECM（和 FEM 一样），那么我们仅给出我们上述说明性例子的结果足矣。不过在这样做之前需要注意，我们轻而易举就能通过引入一个随机误差成分来扩展方程（16.4.2），从而考虑到不同时期的变异（见习题16.6）。

表 16—5 给出了航空公司成本函数的 ECM 估计结果。

表 16—5

```
Dependent Variable: TC
Method: Panel EGLS (Cross-section random effects)

Sample: 1-15
Periods included: 15
Cross-sections included: 6
Total panel (balanced) observations: 90
Swamy and Arora estimator of component variances
```

	Coefficient	Std. Error	t Statistic	Prob.
C	107429.3	303966.2	3.534251	0.0007
Q	2288588.	88172.77	25.95572	0.0000
PF	1.123591	0.083298	13.48877	0.0000
LF	-3084994.	584373.2	-5.279151	0.0000

Effects Specification			
		S.D.	Rho
Cross-section random		107411.2	0.2067
Idiosyncratic random		210422.8	0.7933

	Firm	Effect
1	1.000000	-270615.0
2	2.000000	-87061.32
3	3.000000	-21338.40
4	4.000000	187142.9
5	5.000000	134488.9
6	6.000000	57383.00

注意随机效应模型的这些特征。（平均）截距值是 107 429.3。这 6 家航空公司的（差异）截距值在回归结果的下面列出。比如对第一家航空公司，它的截距值就比共同截距值 107 429.3 小 270 615；这家航空公司的实际截距值就是 −163 185.7。另一方面，第 6 家航空公司的截距值比共同截距值高 57 383；所以这家航空公司的实际截距值就是 107 429.3＋57 383 或 164 812.3。其他航空公司的截距值可类似推导。不过要注意，如果你把所有这 6 家航空公司的（差异）截距值加起来，结果理所当然地是 0。（为什么？）

---

① 参见 Kmenta, op. cit., pp. 625-630。

如果你把固定效应回归和随机效应回归的结果进行对比，你会发现二者之间存在明显的差异。现在重要的问题是：哪个结论是可靠的？或换言之，我们应该选择这两个模型中的哪一个？我们可以使用豪斯曼检验来回答这个问题。

豪斯曼检验背后的虚拟假设是固定效应模型与随机效应模型的估计量不存在明显差异。豪斯曼提出的这个检验统计量渐近服从 χ^2 分布。如果虚拟假设被拒绝，结论就是随机效应模型不适当，因为随机效应可能与一个或多个回归元相关。此时，固定效应模型就优于随机效应模型。就我们的例子而言，豪斯曼检验的结果如表 16—6 所示。

表 16—6

```
Correlated Random Effects-Hausman Test
Equation: Untitled
Test cross-section random effects
```

Test Summary	Chi-Sq. Statistic	Chi-Sq. d.f.	Prob.
Cross-section random	49.619687	3	0.0000

```
Cross-section random effects test comparisons:
```

Variable	Fixed	Random	Var(Diff.)	Prob.
Q	3319023.28	2288587.95	21587779733.	0.0000
PF	0.773071	1.123591	0.002532	0.0000
LF	-3797367.59	-3084994.0	35225469544.	0.0001

既然在自由度为 3 时估计的 χ^2 值是高度显著的，所以豪斯曼检验明确地拒绝了虚拟假设；如果虚拟假设是正确的，得到一个高达 49.62 的 χ^2 值的概率几乎为 0。于是，我们可以拒绝误差成分模型（随机效应模型）而支持固定效应模型。顺便指出，表 16—6 的最后一部分比较了每个变量的固定效应系数和随机效应系数，如最后一列所示，在本例中，二者之间的差别是统计显著的。

□ 布罗施和帕甘的拉格朗日乘数检验[①]

除了豪斯曼检验之外，我们也可以使用布罗施-帕甘（BP）检验来检验不存在随机效应，即方程 (16.6.7) 中 $\sigma_u^2 = 0$ 的虚拟假设。诸如 STATA 等软件都包含这一检验。在虚拟假设下，BP 统计量服从自由度为 1 的 χ^2 分布；自由度之所以为 1，是因为我们只检验 $\sigma_u^2 = 0$ 这一个假设。由于它非常复杂，所以我们不再介绍这个检验的数学表达式。

转向我们航空公司的例子，使用 BP 检验得到的 χ^2 值为 0.61。在自由度为 1 的情况下，得到一个高达 0.61 的 χ^2 值的 p 值约为 43%。因此，我们不能拒绝这个虚拟假设。换言之，在本例中使用随机效应模型就不太合适。因此，BP 检验强化了豪斯曼检验的结果，因为它们都发现在航空公司的例子中使用随机效应模型是不合适的。

---

① T. Breusch and A. R. Pagan, "The Lagrange Multiplier Test and its Applications to Model Specification in Econometrics," *Review of Economic Studies*, vol. 47, 1980, pp. 239-253.

16.7 各个估计量的性质[①]

我们已经讨论了估计（线性）面板回归模型的几种方法，即（1）混合估计量；（2）包括最小二乘虚拟变量估计量、固定效应组内估计量和一阶差分估计量在内的固定效应估计量；以及（3）随机效应估计量。它们有哪些统计性质呢？由于面板数据通常会涉及大量观测，所以我们主要考虑这些估计量的一致性。

混合估计量。 它假定不同研究对象的斜率系数是相同的，如果方程（16.3.1）中的误差项与回归元不相关，混合估计量就是一致的。不过，前面曾指出，对于一个给定的研究对象，不同时期的误差项很可能相关。因此，在进行假设检验时，一定要使用**面板修正标准误**（panel-corrected standard errors）。一定要保证你使用的软件具有这项功能，否则计算出来的标准误就有可能被低估。应该指出，如果适合使用固定效应模型而我们使用了混合估计量，估计出来的系数将是不一致的。

固定效应估计量。 即便假定潜在模型是混合回归模型或随机效应模型，固定效应估计量也总是一致的。

随机效应估计量。 即便真实模型是混合回归模型，随机效应模型也是一致的。不过，如果真实模型是固定效应模型，随机效应模型就不再是一致的。

对这些性质的证明和进一步讨论，可参阅本章注释中引用的各种教材［Cameron and Trivedi（2005），Greene（2008），and Wooldridge（1999）］。

16.8 固定效应模型与随机效应模型的比较：一些要点

研究者所面临的挑战是，哪个模型更好，FEM 还是 ECM？这个问题的答案取决于对个体或特定横截面单位的误差成分 ε_i 和回归元 X 之间可能的相关性所做的假定。

若假定 ε_i 与 X 不相关，则 ECM 可能合适一些；若 ε_i 与 X 是相关的，则 FEM 可能更适用一些。

ECM 背后的假设是，ε_i 是一个从非常大的总体中抽取的随机变量。但是有时候情况并非如此。比如，假如我们想对美国 50 个州的犯罪率进行研究。显然，在这种情况下，50 个州是一个随机样本的假设是不合理的。

记住这两种方法之间的根本区别后，关于 FEM 和 ECM 之间的选择我们还有什

① 以下讨论取自 A. Colin Cameron and Pravin K. Trivedi，*Microeconometrics：Methods and Applications*，Cambridge University Press，Cambridge，New York，2005，Chapter 21。

么可以说的吗？这里，贾奇（Judge）等人的观察也许对我们是有帮助的[①]：

1. 若 T（时间序列数据的数目）较大而 N（横截面单位的数量）较小，那么通过 FEM 和 ECM 得到的参数估计值很可能就没有差别。于是，这里的选择主要是基于计算上的便利性。从这个理由来看，FEM 可能更加可取。

2. 当 N 较大而 T 较小时（即短板），两种方法的估计值会有显著的差异。回忆一下，在 ECM 中，$\beta_{1i} = \beta_1 + \varepsilon_i$，其中 ε_i 是横截面单位的随机部分，而在 FEM 中我们认为 ε_{1i} 固定不变而非随机变量。在后一种情形下，统计推断是以样本中观测到的横截面单位为条件的。如果我们坚信样本中的个体或横截面单位不是从一个更大的样本中随机抽取的，那么这种统计推断就是合适的。在这种情况下，FEM 是合适的。但如果样本中的横截面单位被看作随机抽取，那么 EMC 是合适的，因为在这种情况下统计推断是无条件的。

3. 如果研究对象的误差成分 ε_i 与一个或多个回归元相关，那么 ECM 估计量是有偏误的，而从 FEM 中获得的估计量则是无偏的。

4. 如果 N 较大而 T 较小，并且 ECM 的基本假设都成立，那么 ECM 估计量就比 FEM 估计量更有效。

5. 与 FEM 不同，ECM 可以估计那些不随时间变化而变化的变量的系数，比如性别和宗教信仰等。FEM 确实也能控制这种不随时间变化而变化的变量，但就像从 LSDV 或 WG 估计量模型中清楚地看到的那样，FEM 不能直接估计它们。另一方面，FEM 同时对所有不随时间变化而变化的变量加以控制（为什么？），而 ECM 却可以单独估计不随时间变化而变化的变量，因为它们被明确地引入到模型中去。

尽管我们可以使用豪斯曼检验，但牢记约翰逊（Johnston）和迪那多（DiNardo）提出的警告也很重要。在决定选择固定效应模型还是随机效应模型时，他们认为："……没有一个简单的规则，可以帮助研究者在固定效应这块岩礁与测量误差和动态选择这块暗礁之间顺利通过。尽管面板数据是对横截面数据的一种改善，但它们也不是解决计量经济学家所有问题的灵丹妙药。"[②]

16.9　面板数据回归：一些结论性的意见

正如本章一开始就提到的那样，面板数据建模的主题庞大而又复杂。我们仅仅只是触及它的皮毛。现列举部分我们没有讨论过的专题如下：

1. 使用面板数据进行假设检验。

2. ECM 中的异方差性和自相关性。

[①]　Judge et al., op. cit., pp. 489-491.

[②]　Jack Johnston and John DiNardo, *Econometric Methods*, 4th ed., McGraw-Hill, 1997, p. 403.

3. 非平衡面板数据。

4. 动态面板数据模型，其中回归子（Y_{it}）的滞后值作为解释变量而出现。

5. 涉及面板数据的联立方程。

6. 定性因变量和面板数据。

7. 面板数据中的单位根（有关单位根的讨论，参见第 21 章）。

这些专题的一个或多个能够在本章中所引用的参考书中找到，欲更多地了解这些专题，请读者查阅这些书籍。这些参考书还引用了经济学和管理学各个领域中使用面板数据回归模型进行的一些实证研究。建议初学者去读一些应用实例，以便对研究者在实际中如何运用这样的模型有一个感性的认识。[1]

16.10　一些说明性例子

例 16.1　生产力和公共投资

为了弄清楚生产力持续下滑而且公共投资又在其中起到什么作用，艾丽西亚·穆奈尔（Alicia Munnell）研究了 1970—1986 年共 17 年间美国 48 个州的生产力数据，共有 816 个观测。[2] 利用这些数据，我们估计了表 16—7 中的混合回归。注意，这一回归没有考虑数据的面板性质。

表 16—7

```
Dependent Variable: LGSP
Method: Panel Least Squares

Sample: 1970-1986
Periods included: 17
Cross-sections included: 48
Total panel (balanced) observations: 816
```

	Coefficient	Std. Error	t Statistic	Prob.
C	0.907604	0.091328	9.937854	0.0000
$LPRIVCAP$	0.376011	0.027753	13.54847	0.0000
$LPUBCAP$	0.351478	0.016162	21.74758	0.0000
$LWATER$	0.312959	0.018739	16.70062	0.0000
$LUNEMP$	-0.069886	0.015092	-4.630528	0.0000

R-squared	0.981624	Mean dependent var.	10.50885
Adjusted R-squared	0.981533	S.D. dependent var.	1.021132
S.E. of regression	0.138765	F-statistic.	10830.51
Sum squared resid.	15.61630	Prob. (F-statistic)	0.000000
Log likelihood	456.2346	Durbin-Watson stat.	0.063016

---

[1] 详细讨论和具体应用，参见 Paul D. Allison, *Fixed Effects Regression Methods for Longitudinal Data*, *Using SAS*, SAS Institute, Cary, North Carolina, 2005。

[2] 穆奈尔的数据可在如下网站找到：www.aw-bc.com/murray.

这个模型中的因变量是 GSP（州生产总值），而解释变量为 PRIVCAP（私人资本）、PUBCAP（公共资本）、WATER（自来水资本）和 UNEMP（失业率）。注意，L 表示自然对数。

如果经典线性回归模型的所有假定都成立，那么，所有变量都具有预期的符号，而且都是个别统计显著的，也是联合统计显著的。

为了考虑数据的面板维度，我们在表 16—8 中估计了一个固定效应模型，为避免落入虚拟变量陷阱，我们对 48 个州使用了 47 个虚拟变量。为节省篇幅，我们只给出了回归系数的估计结果，而没有给出各个虚拟变量系数的估计结果。但要补充说明的是，所有这 47 个虚拟变量都是高度统计显著的。

表 16—8

Dependent Variable: LGSP
Method: Panel Least Squares

Sample: 1970-1986
Periods included: 17
Cross-sections included: 48
Total panel (balanced) observations: 816

	Coefficient	Std. Error	t Statistic	Prob.
C	-0.033235	0.208648	-0.159286	0.8735
LPRIVCAP	0.267096	0.037015	7.215864	0.0000
LPUBCAP	0.714094	0.026520	26.92636	0.0000
LWATER	0.088272	0.021581	4.090291	0.0000
LUNEMP	-0.138854	0.007851	-17.68611	0.0000

Effects Specification				

Cross-section fixed (dummy variables)				
R-squared	0.997634	Mean dependent var.		10.50885
Adjusted R-squared	0.997476	S.D. dependent var.		1.021132
S.E. of regression	0.051303	F-statistic		6315.897
Sum squared resid.	2.010854	Prob. (F-statistic)		0.000000
Log likelihood	1292.535	Durbin-Watson stat.		0.520682

你可以看出，混合回归和固定效应回归之间有明显差别，这就让我们对混合回归的结果产生一定的疑虑。

为了看出随机效应模型在这种情况下是否更合适，我们还在表 16—9 中给出了随机效应回归模型的结果。

表 16—9

Dependent Variable: LGSP
Method: Panel EGLS (Cross-section random effects)

Sample: 1970-1986
Periods included: 17
Cross-sections included: 48
Total panel (balanced) observations: 816
Swamy and Arora estimator of component variances

	Coefficient	Std. Error	*t* Statistic	Prob.
C	-0.046176	0.161637	-0.285680	0.7752
LPRIVCAP	0.313980	0.029740	10.55760	0.0000
LPUBCAP	0.641926	0.023330	27.51514	0.0000
LWATER	0.130768	0.020281	6.447875	0.0000
LUNEMP	-0.139820	0.007442	-18.78669	0.0000

Effects Specification		
	S.D.	Rho
Cross-section random	0.130128	0.8655
Idiosyncratic random	0.051303	0.1345

为了在这两个模型之间做出选择，我们使用豪斯曼检验，表16—10中给出了豪斯曼检验的结果。

表 16—10

Test Summary	Chi-Sq. Statistic	Chi-Sq. d.f.	Prob.
Cross-section random	42.458353	4	0.0000

Cross-section random effects test comparisons:

Variable	Fixed	Random	Var (Diff.)	Prob.
LPRIVCAP	0.267096	0.313980	0.000486	0.0334
LPUBCAP	0.714094	0.641926	0.000159	0.0000
LWATER	0.088272	0.130768	0.000054	0.0000
LUNEMP	-0.138854	-0.139820	0.000006	0.6993

既然估计的 χ^2 值是高度统计显著的，所以我们就拒绝这两个模型的估计系数不存在明显差别的虚拟假设。看来误差项与一个或多个回归元之间存在着相关关系。因此，我们就拒绝随机效应模型而支持固定效应模型。不过还要注意，如表16—10的后半部分所示，这两个模型的系数并非都存在差异。比如，这两个模型中 *LUNEMP* 的系数值就没有统计显著的差别。

例 16.2   **美国电力需求**

曼德拉等人在他们的论文中考虑了1970—1990年间美国49个州的居民对电力和天然气的需求；分析中没有包括夏威夷。[1] 他们搜集了几个变量的数据；这些数据可以在本书网站上找到。在本例中，我们仅考虑居民对电力的需求。我们首先在表16—11中给出基于固定效应估计的结果，然后在表16—12中给出随机效应估计的结果，最后对两个模型进行比较，其中 Log（ESRCB-PC）=居民人均电力消费（用十亿英国热量单位为单位）的自然对数，Log(RESRCD)=1987年电力价格的自然对数，Log（YDPC）=1987年人均可支配收入的自然对数。

---

① G. S. Maddala, Robert P. Trost, Hongyi Li, and Frederick Joutz, "Estimation of Short-run and Long-run Elasticities of Demand from Panel Data Using Shrikdage Estimators," *Journal of Business and Economic Statistics*, vol. 15, no. 1, January 1997, pp. 90-100.

表 16—11

```
Dependent Variable: Log(ESRCBPC)
Method: Panel Least Squares

Sample: 1971-1990
Periods included: 20
Cross-sections included: 49
Total panel (balanced) observations: 980
```

	Coefficient	Std. Error	t Statistic	Prob.
C	-12.55760	0.363436	-34.55249	0.0000
Log(RESRCD)	-0.628967	0.029089	-21.62236	0.0000
Log(YDPC)	1.062439	0.040280	26.37663	0.0000

Effects Specification

Cross-section fixed (dummy variables)

R-squared	0.757600	Mean dependent var.	-4.536187
Adjusted R-squared	0.744553	S.D. dependent var.	0.316205
S.E. of regression	0.159816	Akaike info criterion	-0.778954
Sum squared resid.	23.72762	Schwarz criterion	-0.524602
Log likelihood	432.6876	Hannan-Quinn criter.	-0.682188
F-statistic	58.07007	Durbin-Watson stat.	0.404314
Prob. (F-statistic)	0.000000		

既然这是一个双对数模型，所以斜率系数估计值就表示弹性。因此，在保持其他条件不变的情况下，如果真实人均收入上升 1%，那么平均电力消费也上升约 1%。同样，在保持其他条件不变的情况下，如果电力的真实价格上升 1%，那么平均电力消费将下降约 0.6%。所有的弹性估计值都是统计显著的。

表 16—12 中给出了随机误差模型的结果。

表 16—12

```
Dependent Variable: Log(ESRCBPC)
Method: Panel EGLS (Cross-section random effects)

Sample: 1971-1990
Periods included: 20
Cross-sections included: 49
Total panel (balanced) observations: 980
Swamy and Arora estimator of component variances
```

	Coefficient	Std. Error	t Statistic	Prob.
C	-11.68536	0.353285	-33.07631	0.0000
Log(RESRCD)	-0.665570	0.028088	-23.69612	0.0000
Log(YDPC)	0.980877	0.039257	24.98617	0.0000

Effects Specification

	S.D.	Rho
Cross-section random	0.123560	0.3741
Idiosyncratic random	0.159816	0.6259

续前表

Weighted Statistics			
R-squared	0.462591	Mean dependent var.	-1.260296
Adjusted R-squared	0.461491	S.D. dependent var.	0.229066
S.E. of regression	0.168096	Sum squared resid.	27.60641
F-statistic	420.4906	Durbin-Watson stat.	0.345453
Prob. (F-statistic)	0.000000		
Unweighted Statistics			
R-squared	0.267681	Mean dependent var.	-4.536187
Sum squared resid.	71.68384	Durbin-Watson stat.	0.133039

这两个模型看上去没有多大差别。但我们可以使用豪斯曼检验来看是否的确如此。这个检验的结果在表 16—13 中给出。

表 16—13

Correlated Random Effects—Hausman Test
Equation: Untitled
Test cross-section random effects

Test Summary	Chi-Sq. Statistic	Chi-Sq. d.f.	Prob.
Cross-section random	105.865216	2	0.0000

Cross-section random effects test comparisons:

Variable	Fixed	Random	Var (Diff.)	Prob.
Log(RESRCD)	-0.628967	-0.665570	0.000057	0.0000
Log(YDPC)	1.062439	0.980877	0.000081	0.0000

尽管表 16—11 和表 16—12 中两个模型的系数看起来非常类似，但豪斯曼检验却表明并非如此。χ^2 值是高度统计显著的。因此，我们应该选择固定效应模型而非随机效应模型。本例为我们提供一个重要观点：在样本容量很大时，在我们的这个例子中是 980 个观测，即使两个模型的系数估计值看似很小的差异也可能是统计显著的。因此，在这两个模型中，变量 Log（RESRCD）的系数看似非常接近，但在统计上却是有差别的。

例 16.3　啤酒消费、收入与啤酒税

为了评价啤酒税对啤酒消费的影响，菲利普·库克（Philip Cook）在考虑了收入效应的同时，研究了二者之间的关系。[①] 他使用了 1975—2000 年间美国 50 个州和华盛顿特区的数据。在本例中，我们在州一级的层次上研究人均啤酒销售额与税率和收入之间的关系。我们在表 16—14 中以

---

① 这里所用的数据可从 Michael P. Murphy, *Econometrics：A Modern Introduction*，Pearson/Addison Wesley, Boston, 2006 一书的网站上获得，但原始数据是菲利普·库克在其如下著作中搜集的：Philip Cook, *Paying the Tab：The Costs and Benefits of Alcohol Control*，Princeton University Press, Princeton, New Jersey, 2007。

列表的形式给出混合 OLS 模型（OLS）、固定效应模型（FEM）和随机效应模型（REM）的结果。因变量是人均啤酒销售额。

表 16—14

变量	OLS	FEM	REM
常数项	1.419 2	1.761 7	1.754 2
	(24.37)	(52.23)	(39.22)
啤酒税	−0.006 7	−0.018 3	−0.018 1
	(−2.13)	(−9.67)	(−9.69)
收入	−3.54 (e^{-6})	−0.000 020	−0.000 019
	(−1.12)	(−9.17)	(−9.10)
R^2	0.006 2	0.005 2	0.005 2

注：圆括号中的数字是估计的 t 比率。

这些结论很有意思。根据经济理论，我们预期啤酒消费与啤酒税之间呈负相关关系，这三个模型都得到了这种关系。但啤酒消费的收入效应为负，这就表明啤酒是低劣商品（inferior good）。低劣商品就是需求随着消费者收入的增加而减少的商品。或许随着他们收入的增加，消费者更加喜欢香槟！

就我们的目的而言，我们感兴趣的是系数估计值的差别。显然，固定效应模型与随机效应模型的系数估计值没有多大差别。事实上，豪斯曼检验得到的 χ^2 值为 3.4，在只有 2 个自由度和显著性水平为 5% 的情况下并不显著；其 p 值为 0.178 3。

但基于 OLS 得到的结果却与它们存在巨大差异。啤酒税变量的系数在绝对值上远小于从固定效应模型和随机效应模型得到的结果。收入变量尽管符号也为负，但却不是统计显著的，而在另外两个模型中它是高度统计显著的。

本例生动地说明了如果我们忽视数据的面板结构并估计一个混合回归可能导致的结果。

要点与结论

1. 面板回归模型以面板数据为基础。面板数据由相同横截面或个体单位在几个时期的观测组成。

2. 使用面板数据有几个好处。第一，它们大大增加了样本容量。第二，通过研究重复抽取的横截面观测，面板数据更加适合研究变化的动态。第三，面板数据使我们能够研究更为复杂的行为模型。

3. 尽管有这些确实的优点，面板数据也带来了一些估计和推断的问题。由于数据涉及横截面和时间两个维度，因而困扰横截面数据（例如异方差性）和时间序列数据（例如自相关）的问题就需要解决。还有一些其他问题，比如说在同一时点上不同横截面单位之间的交叉相关。

4. 有几个估计方法能够解决这些问题中的一个或多个。两个最为著名的方法就是（1）固定效应模型（FEM）和（2）随机效应模型（REM）或误差成分模型（ECM）。

5. 在 FEM 中，回归模型的截距允许在不同的横截面单位之间存在差异，也就是说，承认每个个体或横截面单位有一些独特特征这一事实。为了考虑不同的截距，我们可以使用虚拟变量。使用虚拟变量的 FEM 就是著名的最小二乘虚拟变量（LSDV）模型。FEM 适用于彼此不同的截距与一个或多个回归元相关的情形。LSDV 的一个缺点就是，若横截面单位的数目 N 非常大，这种情况下我们将不得不引入 N 个虚拟变量（但去掉了共同截距项），从而消耗了许多自由度。

6. ECM 是 FEM 的一个替代方法。ECM 中假定横截面单位的截距是从一个有着不变均值的非常大的总体中随机抽取的。因此，每个横截面单位的截距都可以表示为对这个不变均值的偏离。ECM 相对 FEM 而言的一个优点就是节约了自由度，因为我们不必估计 N 个横截面单位的截距。我们只需估计截距的均值及其方差。ECM 适用于每个横截面单位的随机截距与回归元不相关的情形。ECM 的另一个优点是，我们可以引入诸如性别、宗教信仰和种族地位等变量，这些变量对一个给定的研究对象而言一般保持不变。在 FEM 中，由于所有这种变量与各自的截距是共线的，所以我们无法引入这些变量。而且，如果我们使用组内估计量或一阶差分估计量，所有这种不随时间的变化而变化的变量都将被消除掉。

7. 豪斯曼检验可用于在 FEM 和 ECM 之间做出选择。我们也可以使用布罗施-帕甘检验来看 ECM 是否合适。

8. 尽管面板数据回归在应用研究中越来越受欢迎，面板数据也越来越容易得到，但是它也不是适用于任何情形。在每种情况下都必须做出一些实际的判断。

9. 我们必须牢记使用面板数据的一些特殊问题。最严重的就是损耗问题，出于这样或那样的原因，面板研究的对象随着时间的推移而逐渐退出，以至在后来的调查中，最初的调查对象（或横截面单位）留下来的越来越少。即使不存在损耗问题，随着时间的推移，调查对象也可能会拒绝或不愿意回答某些问题。

习　题

问答题

16.1　a. 横截面数据，b. 时间序列数据，和 c. 面板数据的特点是什么？

16.2　固定效应模型表示什么意思？既然面板数据同时有时间和空间两个维度，那么 FEM 是怎样考虑这两个维度的？

16.3　误差成分模型表示什么意思？它与 FEM 有什么不同？什么时候 ECM 是适用的？什么时候 FEM 是适用的？

16.4　LSDV、组内估计量和一阶差分模型三者之间有区别吗？

16.5　什么时候面板数据回归模型是不适用的？举一些例子。

16.6　怎样扩展模型（16.4.2）以考虑一个时间误差部分？明确地写出模型。

16.7　考虑表 1—1 多给出的鸡蛋产量和价格数据。这里哪一个模型是适用的，FEM 还是 ECM？为什么？

16.8　对于表 1—2 中给出的投资数据，你会选择哪个模型——FEM 还是 REM？为什么？

16.9　基于密歇根收入动态调查，豪斯曼试图估计一个工资或收入模型。这个模型将 629 个高中毕业生作为一个样本，对这些毕业生做一个为期 6 年的调查，从而得到 3 774 个观测。这个研究中因变量是工资的对数，解释变量是年龄（分成几个年龄段）、前一年失业情况、前一年健康不佳情况、自我雇用情况、居住地的区位（对于来自南部的毕业生，South=1，其他为0），以及居住地的区域（对于来自农村的毕业生，Rural=1，其他为0）。豪斯曼同时使用了 FEM 和 ECM。表 16—15 中给出了结果（括号里是标准误）：

表 16—15   **工资方程（因变量：工资的对数）**

变量	固定效应	随机效应
1. 年龄段 1（20～35 岁）	0.055 7 （0.004 2）	0.039 3 （0.003 3）
2. 年龄段 2（35～45 岁）	0.035 1 （0.005 1）	0.009 2 （0.003 6）
3. 年龄段 3（45～55 岁）	0.020 9 （0.005 5）	−0.000 7 （0.004 2）
4. 年龄段 4（55～65 岁）	0.020 9 （0.007 8）	−0.009 7 （0.006 0）
5. 年龄段 5（65 岁及以上）	−0.017 1 （0.015 5）	−0.042 3 （0.012 1）
6. 前一年失业情况	−0.004 2 （0.015 3）	−0.027 7 （0.015 1）
7. 前一年健康不佳情况	−0.020 4 （0.022 1）	−0.025 0 （0.021 5）
8. 自我雇用情况	−0.219 0 （0.029 7）	−0.267 0 （0.026 3）
9. 南部	−0.156 9 （0.065 6）	−0.032 4 （0.033 3）
10. 农村	−0.010 1 （0.031 7）	−0.121 5 （0.023 7）
11. 常数	— —	0.849 9 （0.043 3）
S^2	0.056 7	0.069 4
自由度	3 135	3 763

资料来源：Reproduced from Cheng Hsiao, *Analysis of Panel Data*, Cambridge University Press, 1986, p. 42. Original source: J. A. Hausman, "Specification Tests in Econometrics," *Econometrica*, vol. 46, 1978, pp. 1251-1271.

a. 这些结果在经济学意义上讲得过去吗？

b. 两个模型得到的结果是否存在着巨大差异？如果有，导致这些差异的因素有哪些？

c. 基于表中所给出的数据，如果可能的话，你会选择哪个模型？

实证分析题

16.10　参照正文中讨论的航空公司的例子。不再使用方程（16.4.2）中给出的线性模型，而是估计一个线性到对数回归模型，并将你所得到的结论与表 16—2 中给出的结论进行比较。

16.11　参考表 1—1 中的数据。

a. 令 Y=鸡蛋产量（以百万个计）和 X=鸡蛋价格（美分/打）。分别针对 1990 年和 1991 年估计这个模型。

b. 混合这两年的观测值并估计混合回归模型。在混合数据时你要做什么样的假设？

c. 使用固定效应模型，将两年进行区分，求出回归结果。

d. 区分 50 个州后，你能够使用固定效应模型吗？为什么？

e. 将州效应和年度效应进行区分有意义吗？如果有，那么你将不得不引入多少个虚拟变量？

f. 误差成分模型是否适用于鸡蛋产量的建模？为什么？看看你是否能用比如说 EViews 对这样一个模型进行估计。

16.12　继续习题 16.11。在决定进行混合回归之前，你需要弄清数据是否"可以混合"。为此，你决定使用第 8 章中讨论过的邹至庄检验。给出必要的计算并判断混合回归是否讲得过去。

16.13　利用表 1—6 中给出的投资数据。

a. 分别针对每个公司估计格伦费尔德投资函数（Grunfeld investment function）。

b. 现在将所有公司的数据混合在一起，并用 OLS 估计格伦费尔德投资函数。

c. 利用 LSDV 估计这个投资函数，并将结论与 b 中的混合回归估计值进行比较。

d. 你将如何在混合回归与 LSDV 回归之间做出选择？给出必要的计算。

16.14 表16—16中给出了1980—2006年间加拿大、英国和美国的制造业以美元计的小时工资 Y（指数，1992年=100）和公民失业率 X（百分比）数据。考虑模型：

$$Y_{it} = \beta_1 + \beta_2 X_{it} + u_{it} \tag{1}$$

a. 先验地，期望 Y 与 X 之间是什么关系？为什么？

b. 对每个国家估计方程（1）给出的模型。

c. 混合所有81个观测后估计这个模型。

d. 估计固定效应模型。

e. 估计误差成分模型。

f. 哪个模型较好，FEM还是ECM？说出你的理由（提示：使用豪斯曼检验）。

表 16—16　　1980—2006年美国、加拿大以及英国的失业率和制造业小时工资

年份	COMP_U.S.	UN_U.S.	COMP_CAN	UN_CAN	COMP_UK	UN_UK
1980	55.9	7.1	49.0	7.3	47.1	6.9
1981	61.6	7.6	53.8	7.3	47.5	9.7
1982	67.2	9.7	60.1	10.7	45.1	10.8
1983	69.3	9.6	64.3	11.6	41.9	11.5
1984	71.6	7.5	65.0	10.9	39.8	11.8
1985	75.3	7.2	65.0	10.2	42.3	11.4
1986	78.8	7.0	64.9	9.3	52.0	11.4
1987	81.3	6.2	69.6	8.4	64.5	10.5
1988	84.1	5.5	78.5	7.4	74.8	8.6
1989	86.6	5.3	85.5	7.1	73.5	7.3
1990	90.5	5.6	92.4	7.7	89.6	7.1
1991	95.6	6.8	100.7	9.8	99.9	8.9
1992	100.0	7.5	100.0	10.6	100.0	10.0
1993	102.0	6.9	94.8	10.8	88.8	10.4
1994	105.3	6.1	92.1	9.6	92.8	8.7
1995	107.3	5.6	93.9	8.6	97.3	8.7
1996	109.3	5.4	95.9	8.8	96.0	8.1
1997	112.2	4.9	96.7	8.4	104.1	7.0
1998	118.7	4.5	94.9	7.7	113.8	6.3
1999	123.4	4.2	96.8	7.0	117.5	6.0
2000	134.7	4.0	100.0	6.1	114.8	5.5
2001	137.8	4.7	98.9	6.5	114.7	5.1
2002	147.8	5.8	101.0	7.0	126.8	5.2
2003	158.2	6.0	116.7	6.9	145.2	5.0
2004	161.5	5.5	127.1	6.4	171.4	4.8
2005	168.3	5.1	141.8	6.0	177.4	4.8
2006	172.4	4.6	155.5	5.5	192.3	5.5

注：UN=失业率,%。COMP=以美元计的小时工资指数，1992=100。CAN=加拿大。

资料来源：*Economic Report of the President*，2008，Table B-109.

16.15 巴尔塔吉（Baltagi）和格里芬（Griffin）考虑了如下汽油需求函数[①]：

$$\ln Y_{it} = \beta_1 + \beta_2 \ln X_{2it} + \beta_3 \ln X_{3it} + \beta_4 \ln X_{4it} + u_{it}$$

其中 Y＝平均每辆车的汽油消费量；X_2＝人均真实收入；X_3＝真实汽油价格；X_4＝人均拥有车辆数；i＝18 个 OECD 国家的国家代码；t＝年份（1960—1978 年间的年度观测）。注：表中的数值都已经取了对数。

　　a. 把所有 18 个国家的数据混合在一起（共有 342 个观测）估计上述需求函数。

　　b. 利用同样这些数据估计一个固定效应模型。

　　c. 利用同样这些数据估计一个随机效应模型。

　　d. 根据你的分析，哪个模型最好地描述了这 18 个 OECD 国家的汽油消费？给出你的理由。

16.16 参考论文 Subhayu Bandyopadhyay and Howard J. Wall，"The Determinants of Aid in the Post-Cold War Era," *Review*, Federal Reserve Bank of St. Louis, November/December 2007, vol. 89，number 6，pp. 533-547。该文利用面板数据估计了援助对受援国的经济和物资需要、公民/政治权利和政府有效性的反应敏感程度。数据是 135 个国家的 3 年数据。论文和数据可在如下网站找到：http://research.stlouisfed.org/publications/review/past/2007，November/December Vol. 89，No. 10 section。这些数据也可以在本书网站上表 16—18 中找到。利用一个随机效应估计量估计作者提出的模型（在他们论文的第 534 页给出）。将你的结论与作者在其论文中用表 2 给出的混合回归估计值和固定效应估计值进行比较。哪个模型更合适，固定效应模型还是随机效应模型？为什么？

16.17 参考正文中讨论的航空公司的例子。对每家航空公司估计一个时间序列对数成本函数。这些回归与本章讨论的固定效应模型和随机效应模型相比如何？你会估计 15 个横截面对数成本函数吗？为什么？

---

　　① B. H. Baltagi and J. M. Griffin, "Gasoline Demand in the OECD: An Application of Pooling and Testing Procedures," *European Economic Review*, vol. 22, 1983, pp. 117-137. 18 个 OECD 国家 1960—1978 年间的数据可从如下网站获得：http://www.wiley.com/legacy/wileychi/baltagi/supp/Gasoline.dat，也可从本书网站的表 16—17 中获得。

第 17 章

 动态计量经济模型：
自回归与分布滞后模型

在涉及时间序列数据的回归分析中，如果回归模型不仅含有解释变量（诸 X）的当前值，还含有它们的滞后（过去）值，就把它称为**分布滞后模型**（distributed-lag model）。如果模型在它的解释变量中包含因变量的一个或多个滞后值，就称它为**自回归模型**（autoregressive model）。因此

$$Y_t = \alpha + \beta_0 X_t + \beta_1 X_{t-1} + \beta_2 X_{t-2} + u_t$$

就代表一个分布滞后模型，而

$$Y_t = \alpha + \beta X_t + \gamma Y_{t-1} + u_t$$

则代表一个自回归模型。后者因描述了因变量相对其过去值的时间路径又被称为**动态模型**（dynamic models）。

自回归与分布滞后模型广泛地应用于计量经济分析之中。本章对这类模型作一周密的考察以明确如下问题：

1. 滞后在经济学中的作用是什么？

2. 滞后的理由是什么？

3. 在经验计量经济学中常用的滞后模型有什么理论上的依据？

4. 自回归与分布滞后模型之间有没有关系？如果有，又是什么关系？能从一个模型推导出另一个模型吗？

5. 在估计这类模型时会遇到一些什么样的统计问题？

6. 变量之间的领先—滞后关系意味着因果关系吗？如果是这样，你将如何度量它？

17.1 "时间"或"滞后"在经济学中的作用

在经济学中,变量 Y(因变量)对另一(些)变量 X(解释变量)的依赖很少是瞬时的。常见的情形是,Y 对 X 的响应有一个时间上的延迟,这种时间上的延迟就叫做滞后(lag)。为了说明滞后的性质,我们考虑几个例子。

例 17.1   消费函数

假定某人的年薪增加了 2 000 美元,并假定它是一种"永久性"增加,即这一薪金的增加将一直保持下去。那么,这种收入的增加将会对个人的年消费支出产生什么影响呢?

在得到收入的这种增加之后,人们通常并不急于把全部增加的收入马上花掉。比如说,受益者也许决定在收入增加后的第一年增加 800 美元的消费支出,第二年增加 600 美元,第三年增加 400 美元,而把剩余的部分用于储蓄。到第三年末,此人的年消费支出将增加 1 800 美元。于是我们可把消费函数写成:

$$Y_t = C + 0.4X_t + 0.3X_{t-1} + 0.2X_{t-2} + u_t \tag{17.1.1}$$

其中 C 是常数项,Y 是消费支出,而 X 是收入。

方程(17.1.1)表明,收入增加 2 000 美元,其影响散布或分布在一个 3 年的期间里。因此,像方程(17.1.1)这样的模型,由于某一原因(收入)而产生的影响分散在若干时期里,因而被称为**分布滞后模型**。分布滞后模型(17.1.1)的几何意义可由图 17—1 或图 17—2 看出。

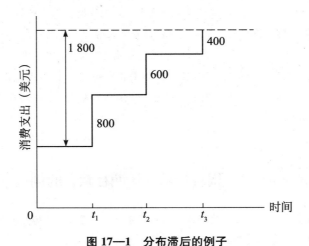

图 17—1   分布滞后的例子

更一般地,我们可写成:

$$Y_t = \alpha + \beta_0 X_t + \beta_1 X_{t-1} + \beta_2 X_{t-2} + \cdots + \beta_k X_{t-k} + u_t \tag{17.1.2}$$

这是带有 k 个时期有限滞后的一个分布滞后模型。系数 β_0 表示,在 X 变化一个单位之后 Y 的均值

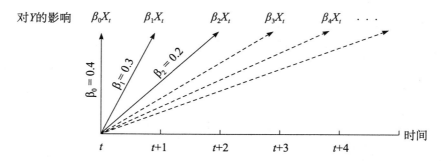

图 17—2 t 时期 X 的 1 单位变化在 t 期及以后各个时期对 Y 的影响

在同一时期的变化，故称**短期**或**即期乘数**（short-run or impact multiplier）。[1] 如果此后 X 的变化都保持在同一水平上，则 $\beta_0 + \beta_1$ 给出下一期 Y（的均值）的变化，$\beta_0 + \beta_1 + \beta_2$ 给出再下一期 Y 的变化，如此类推。这些局部求和的结果被称为**中期乘数**（interim or intermediate multiplier）。最后，经过 k 期之后，我们得到：

$$\sum_{i=0}^{k} \beta_i = \beta_0 + \beta_1 + \beta_2 + \cdots + \beta_k = \beta \tag{17.1.3}$$

则被称为**长期**或**总分布滞后乘数**（long-run or total distributed-lag multiplier），但这里需假定总和 β 存在（将在别处讨论）。

如果我们定义

$$\beta_i^* = \frac{\beta_i}{\sum \beta_i} = \frac{\beta_i}{\beta} \tag{17.1.4}$$

便得到"标准化" β_i。于是，标准化的 β 的"局部和"将给出在某一特定时期所感到的冲击占长期或总冲击（即总滞后乘数）的比例。

回到消费回归（17.1.1），我们看到短期乘数 0.4 不过是短期边际消费倾向，而长期乘数 0.4＋0.3＋0.2＝0.9 是长期边际消费倾向。也就是说，随着收入增加 1 美元，消费者将在收入增加的当年提高他或她的消费水平约 40 美分，在下一年里再提高 30 美分，第三年里又提高 20 美分，这样，收入的 1 美元增加的长期效应就是 90 美分。如果我们将每个 β_i 都除以 0.9，就分别是 0.44，0.33 和 0.23，这就表明 X 的单位变化的总效应有 44% 被立即感受到，一年以后有 77% 被感受到，而到第二年末达到 100%。

例 17.2　　**银行货币（活期存款）的创造**

假如美国联邦储备系统通过买进政府证券向银行系统倾注了 1 000 美元的新货币，最终将产生的银行货币或活期存款的总量是多少呢？

按照法定准备金制度，假定法律规定银行对它们创造的存款要持 20% 的准备金作为后盾，

---

① 技术上讲，β_0 是 Y 对 X_t 的偏导数，β_1 是 Y 对 X_{t-1} 的偏导数，β_2 是 Y 对 X_{t-2} 的偏导数，如此类推。笼统地讲，即 $\partial Y_t / \partial X_{t-k} = \beta_k$。

计量经济学基础（第五版）

那么，根据熟知的乘数过程，一共要产生的活期存款总额将等于 $1\,000\times[1/(1-0.8)]=5\,000$ 美元。当然，这 5 000 美元的活期存款不是一夜之间产生的，它有一个时间过程，图解如图 17—3 所示。

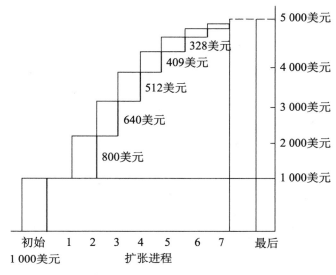

图 17—3　银行存款的累积扩张（初始准备金 1 000 美元及 20% 的法定准备金率）

例 17.3　货币与价格之间的联系

根据货币主义学派的观点，通货膨胀实质上是一种货币现象。其意义在于一般价格水平的连续上涨，是由于货币供给的膨胀率远远超过经济单位对货币的实际需求量所致。当然，通货膨胀和货币供给的变化之间的联系不是瞬时的。研究表明，两者之间的联系有一个介乎 3～20 个季度的滞后。表 17—1 给出一个这类研究的结果。[①] 我们从中可以看到，M1B 货币供给（＝现钞＋金融机构中的支票存款）1% 的变化在长达 20 个季度里都有所影响。货币供给 1% 的变化对通货膨胀的长期冲击约为 $1(=\sum m_i)$，它是统计显著的。尽管中期乘数一般看来都是显著的，但约为 0.04 的短期冲击则是不显著的。顺便指出，由于 P 和 M 均以百分比形式表示，所以 m_i（即我们通常用的符号 β_i）就给出了 P 对 M 的弹性，即当货币供给增加 1% 时价格在百分比变化上的响应。因此，$m_0=0.04$ 意味着对于货币供给增加 1%，短期价格弹性约为 0.04。长期弹性为 1.03，意味着长期而论，货币供给增加 1%，反映在价格上的百分比变化也正好相当。简单说来，从长远看，货币供给增加 1%，通货膨胀率也随之增加 1%。

[①]　Keith M. Carlson, "The Lag from Money to Prices," *Review*, Federal Reserve Bank of St. Louis, October 1980, Table 1, p. 4.

表 17—1　　　　　　　　货币—价格方程的估计：原始设定

样本期：1955 年 I 季度至 1969 年 IV 季度：$m_{21} = 0$

$$\dot{P} = -0.146 + \sum_{i=0}^{20} m_i \dot{M}_{-i}$$

(0.395)

	系数	$|t|$		系数	$|t|$		系数	$|t|$
m_0	0.041	1.276	m_8	0.048	3.249	m_{16}	0.069	3.943
m_1	0.034	1.538	m_9	0.054	3.783	m_{17}	0.062	3.712
m_2	0.030	1.903	m_{10}	0.059	4.305	m_{18}	0.053	3.511
m_3	0.029	2.171	m_{11}	0.065	4.673	m_{19}	0.039	3.338
m_4	0.030	2.235	m_{12}	0.069	4.795	m_{20}	0.022	3.191
m_5	0.033	2.294	m_{13}	0.072	4.694	$\sum m_i$	1.031	7.870
m_6	0.037	2.475	m_{14}	0.073	4.468	平均滞后	10.959	5.634
m_7	0.042	2.798	m_{15}	0.072	4.202			

$\bar{R}^2 = 0.525$　　　　　　se = 1.066　　　　　　D. W. = 2.00

注：$\dot{P}$＝GNP 价格缩减指数的年复合变化率；

　　$\dot{M}$＝M1B 的年复合变化率。

资料来源：Keith M. Carlson, "The Lag from Money to Price", *Review*, Federal Reserve Bank of St. Louis, October 1980, Table 1, p. 4.

例 17.4　　　　　　　　**R&D 支出与生产力之间的滞后**

　　研发投资支出决策与用生产力的提高表示的最终投资回报之间存在着相当长期的滞后，实际上是多期滞后，以至于"……资金投放与发明创造开始出现之间存在时间上的滞后，思想或方法上的发明创造与发展到商业应用阶段之间也存在时间上的滞后，以及扩散过程中存在的滞后：使得旧机器全部被较好的新机器替换之前需要一段时间"[1]。

例 17.5　　　　　　　　**国际经济学中的 J 曲线**

　　学习过国际经济学的学生应该对 J 曲线相当熟悉，该曲线显示了贸易余额和货币贬值的关系。假定其他条件不变，随着一个国家的货币贬值，起初贸易收支恶化，但最终会得到改善。该曲线如图 17—4 所示。

---

① Zvi Griliches, "Distributed Lags: A Survey," *Econometrica*, vol. 36, no. 1, January 1967, pp. 16-49.

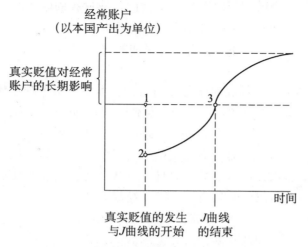

经常账户
（以本国产出为单位）

真实贬值对经常
账户的长期影响

时间

真实贬值的发生　　J 曲线
与 J 曲线的开始　　的结束

图 17—4　国际经济学中的 J 曲线

资料来源：Paul R. Krugman and Maurice Obstfeld，*International Economics*：*Theory and Practice*，3d ed.，Harper Collins，New York，1994，p. 465.

例 17.6　　　　　　　　　　**投资的加速模型**

投资理论的加速数原理最简单的形式，就是投资与产出的变化成比例。用公式表达为，

$$I_t = \beta(X_t - X_{t-1}) \qquad \beta > 0 \tag{17.1.5}$$

其中 I_t 是指 t 时期的投资，X_t 是指 t 时期的产出，X_{t-1} 是指 $t-1$ 期的产出。

17.2　滞后的原因[①]

虽然 17.1 节所引用的例子指出了滞后现象的性质，但并没有完全解释为什么会出现这些滞后。滞后的主要原因有三：

1. **心理上的原因。**作为一种习惯势力（惰性）的结果，人们在价格上升或收入增加之后，并不马上改变他们的消费习惯，也许因为改变的过程会带来一些直接的负效应。例如，由于彩票中奖瞬时变成百万富翁的人们也许不会改变他们已长期适应的生活方式，因为他们不知道怎样对这种意外之财立即作出反应。当然，给予合理的时间，他们也许能学会怎样使用他们新得到的巨款。再则，人们不一定知道某

---

① 本节大量取材于 Marc Nerlove，*Distributed Lags and Demand Analysis for Agricultural and Other Commodities*，Agricultural Handbook No. 141，U. S. Department of Agriculture，June 1958。

种变化是"永久"性的或"暂时"性的。因此，我对我的收入增加的反应要看这种增加是否永久而定：如果这是一种不会再有的增加，而且在以后的时期里我的收入将回到原来的水平，那么我也许会把全部增加的收入储蓄起来。但若别人是我的话，也许会"尽情地享受"。

2. **技术上的原因。**假使相对于劳动而言，资本的价格下跌致使用资本代替劳动较为经济。无疑，资本的添置需要时间（孕育时期）。此外，如果人们预期价格下跌是暂时现象，特别是在资本价格的暂时下跌之后会回升到原先的水平，厂商就不会匆忙用资本去代替劳动。有时，不完全信息也是滞后的原因。目前，各种性能和价格的计算机充斥着个人计算机市场，而且，自从 20 世纪 70 年代后期个人计算机面世以来，大多数计算机的价格均急剧下跌。结果，个人计算机的未来用户均等待观望各种竞争商品的性能与价格而在购买上迟疑不决。之所以迟疑不决，也许因为他们期待价格进一步下跌和技术创新的出现。

3. **制度上的原因。**这种原因也会造成滞后。例如，契约上的义务也许妨碍厂商从一个劳动或原料来源转换到另一个来源。作为另一个例子，一些人已将他们的奖金存放到有固定存期比如说一年、三年或七年的长期储蓄账户之中，那么，尽管货币市场情况表明资金有获得更高收益的可能性，可是收益已基本上被"锁定"了。同理，雇主常常让雇员在几个健康保险计划之中选择一个。但是一旦选定，雇员也就在一年之内不能从一个保险计划调换到另一个。虽然这种规定是为了行政管理上的便利而作出的，却把雇员锁定了一年之久。

由于上述原因，滞后在经济学中占有中心地位。这一点明显地反映在经济学的短期—长期方法论中。正是出于这种理由，我们说短期价格或收入弹性一般小于（从绝对值上看）相应的长期弹性，以及短期边际消费倾向一般小于长期边际消费倾向。

17.3 分布滞后模型的估计

既然分布滞后模型在经济学中扮演着一个高度有用的角色，我们怎样去估计这样的模型呢？具体地说，假如我们有一个解释变量的如下分布滞后模型[①]：

$$Y_t = \alpha + \beta_0 X_t + \beta_1 X_{t-1} + \beta_2 X_{t-2} + \cdots + u_t \qquad (17.3.1)$$

其中我们尚未规定滞后的长度，也就是说我们没有明确要回到多远的过去。这种模型叫做**无限（滞后）模型**［infinite（lag）model］，而像方程（17.1.2）中所示形式的模型，由于滞后长度 k 已设定而被称为**有限（滞后）分布滞后模型**［finite（lag）

---

① 如果模型中的解释变量不止一个，那么每一个变量都对 Y 有滞后影响，我们假定一个解释变量只是为了简单而已。

distributed-lag model）。但如我们将看到的那样，方程（17.3.1）因在数学上易于处理，所以我们将继续使用它。[1]

我们该如何估计方程（17.3.1）中的 α 和 β 呢？我们可以采用两种方法：（1）权宜估计法（ad hoc estimation）和（2）限定诸 β 遵从某种系统模式的先验约束法。本节将考虑权宜估计法，在 17.4 节中再考虑另一种方法。

□ 分布滞后模型的权宜估计法

因解释变量 X_t 被假定为非随机的（或至少是与干扰项 u_t 无关的），故 X_{t-1}，X_{t-2} 等也是非随机的。因此，原则上，普通最小二乘法可用于方程（17.3.1）的估计。这是阿尔特（Alt）[2] 和丁伯根（Tinbergen）[3] 所采取的方法。他们建议序贯地对方程（17.3.1）进行估计，即首先将 Y_t 对 X_t 回归，然后将 Y_t 对 X_t 和 X_{t-1} 回归，再将 Y_t 对 X_t，X_{t-1} 和 X_{t-2} 回归，如此类推。如果滞后变量的回归系数开始变成统计上不显著的，或至少有一个变量的系数改变符号（由正变负或由负变正）便终止这一序贯程序。按照这一规则，阿尔特曾求得燃油消费量 Y 对新订货量 X 的回归。他根据 1930—1939 年间的季度数据获得以下结果：

$$\hat{Y}_t = 8.37 + 0.171X_t$$
$$\hat{Y}_t = 8.27 + 0.111X_t + 0.064X_{t-1}$$
$$\hat{Y}_t = 8.27 + 0.109X_t + 0.071X_{t-1} - 0.055X_{t-2}$$
$$\hat{Y}_t = 8.32 + 0.108X_t + 0.063X_{t-1} + 0.022X_{t-2} - 0.020X_{t-3}$$

阿尔特选择第二个回归作为"最好"的方程，这是因为在最后的两个方程中，X_{t-2} 的符号表现不稳定，并且在最后一个方程中，X_{t-3} 的符号为负而难以从经济意义上做出解释。

权宜估计法虽然看起来简单明了，却有如下缺点：

1. 滞后的最大长度是多少没有任何先验指导。[4]

2. 在估计连续多阶滞后的过程中，剩下来的自由度越来越少，致使统计推断多少有点不可靠。通常经济学家没有那般幸运，能获得一个足够长的数据序列，使得他们能够持续不断地估计众多的滞后。

3. 更重要的是，在经济时间序列数据中，连续的（滞后）值一般都是高度相关的；因此多重共线性的阴影笼罩着整个估计问题。就像第 10 章曾指出的那样，多重共线性导致估计结果欠准确；也就是说，标准误相对于系数估计值来说有过大的倾向。结果，根据通常计算的 t 比率，我们就会倾向于（错误地）声称（诸）滞后系数在统计上是不显著的。

---

① 然而，实际上可以认为遥远的 X 值的系数对 Y 的影响是微弱的。

② F. F. Alt, "Distributed Lags," *Econometrica*, vol. 10, 1942, pp. 113-128.

③ J. Tinbergen, "Long-Term Foreign Trade Elasticities," *Metroeconomica*, vol. 1, 1949, pp. 174-185.

④ 如果滞后长度 k 的设定不正确，则还要考虑第 13 章中所讨论的设定偏误问题。另外，要牢记数据挖掘的警告。

4. 对滞后长度的序贯搜索，将使研究者受到**数据挖掘**的指控。而且，如我们在13.4 节中所看到的那样，在这种序贯搜索中，检验假设的名义和真实显著性水平将成为一个重要的争论问题［参见方程（13.4.2）］。

鉴于上述诸问题，权宜估计法没有什么值得我们推荐的。显然，如果我们要在估计的问题上取得进展，则必须对诸 β 作出某些先验性的或理论上的考虑。

17.4 分布滞后模型的考伊克方法

考伊克（Koyck）曾提出一种估计分布滞后模型的巧妙方法。假使我们从无限滞后的分布滞后模型（17.3.1）开始，假设全部 β 都有相同的符号，考伊克假定它们按如下几何级数衰减。[1]

$$\beta_k = \beta_0 \lambda^k \qquad k = 0,1,\cdots \tag{17.4.1}[2]$$

其中 λ（$0<\lambda<1$）被称为分布滞后下降或衰减的速度，而 $1-\lambda$ 被称为调整速度。

方程（17.4.1）所假设的是，每个后继的 β 系数在数值上都要小于前一个 β（由 $\lambda<1$ 推知），这就意味着当我们追溯到遥远的过去时，滞后变量对 Y_t 的影响就越小。这是一个相当合理的假定。毕竟，可以预料，当前和不久前的收入要比遥远过去的收入对当前消费的影响来得大。图 17—5 描绘了考伊克模式的几何意义。

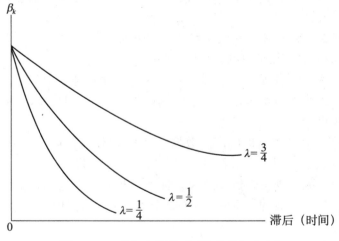

图 17—5 考伊克模式（下降的几何分布）

---

① L. M. Koyck, *Distributed Lags and Investment Analysis*, North Holland Publishing Company, Amsterdam, 1954.

② 由于第 629 页注释①所给的理由，有时又把它写成：$\beta_k = \beta_0(1-\lambda)\lambda^k \quad k = 0, 1, \cdots$

如图 17—5 所示，滞后系数 β_k 的值除了与公共的 β_0 有关外，还取决于 λ 值。λ 越接近 1，β_k 衰减的速度就越慢，而 λ 越接近零，β_k 衰减的速度就越快。在前一种情形中，X 的遥远过去值对 Y_t 仍有可观的影响，而在后一种情形中，这种影响很快就会消失。这种模式可清晰地从下面的数字中得到说明：

λ	β_0	β_1	β_2	β_3	β_4	β_5	$\cdots$	β_{10}
0.75	β_0	$0.75\beta_0$	$0.56\beta_0$	$0.42\beta_0$	$0.32\beta_0$	$0.24\beta_0$	$\cdots$	$0.06\beta_0$
0.25	β_0	$0.25\beta_0$	$0.06\beta_0$	$0.02\beta_0$	$0.004\beta_0$	$0.001\beta_0$	$\cdots$	0.0

注意考伊克模式的以下特点：（1）通过假定 λ 取非负值，考伊克从一开始就排除了 β 改变符号的可能性；（2）通过假定 $\lambda < 1$，他对遥远的 β 比对近期的 β 给予更小的权重；以及（3）确保长期乘数即 β 的总和是有限值，即

$$\sum_{k=0}^{\infty} \beta_k = \beta_0 \left(\frac{1}{1-\lambda} \right) \tag{17.4.2}①$$

根据方程（17.4.1），无限滞后模型（17.3.1）可写为：

$$Y_t = \alpha + \beta_0 X_t + \beta_0 \lambda X_{t-1} + \beta_0 \lambda^2 X_{t-2} + \cdots + u_t \tag{17.4.3}$$

从现在的情形看，由于大量的（字面上看是无限多的）参数有待估计，而且 λ 以高度非线性形式出现，故模型还是不容易估计：严格地说，（对参数而言）线性回归分析方法不适用于这类模型。然而考伊克提出了一个创造性的解决方法。他将方程（17.4.3）滞后一期就得到：

$$Y_{t-1} = \alpha + \beta_0 X_{t-1} + \beta_0 \lambda X_{t-2} + \beta_0 \lambda^2 X_{t-3} + \cdots + u_{t-1} \tag{17.4.4}$$

然后用 λ 乘以方程（17.4.4）便得到：

$$\lambda Y_{t-1} = \lambda \alpha + \lambda \beta_0 X_{t-1} + \beta_0 \lambda^2 X_{t-2} + \beta_0 \lambda^3 X_{t-3} + \cdots + \lambda u_{t-1} \tag{17.4.5}$$

将方程（17.4.3）与方程（17.4.5）相减又得到：

$$Y_t - \lambda Y_{t-1} = \alpha(1-\lambda) + \beta_0 X_{t-1} + (u_t - \lambda u_{t-1}) \tag{17.4.6}$$

经过整理即有：

$$Y_t = \alpha(1-\lambda) + \beta_0 X_t + \lambda Y_{t-1} + v_t \tag{17.4.7}$$

其中 $v_t = (u_t - \lambda u_{t-1})$ 为 u_t 和 u_{t-1} 的一个**移动平均**（moving average）。

刚才描述的程序被称为**考伊克变换**（Koyck transformation）。拿方程（17.4.7）同方程（17.3.1）相比，我们看出考伊克成功地获得了一个大大简化的结果。在此之前，我们必须估计 α 以及无限多个 β 值，而现在我们只需估计 3 个未知参数：α、β_0 和 λ。现在再没有预期出现多重共线性的理由。从某种意义上说，我们仅用一个变量 Y_{t-1} 代替 X_{t-1}，X_{t-2}，$\cdots$，就解决了多重共线性的问题。但注意考伊克变换的以下特点：

---

① 这是因为：$\sum \beta_k = \beta_0(1+\lambda+\lambda^2+\lambda^3+\cdots) = \beta_0/(1-\lambda)$。又因为 $0 < \lambda < 1$ 时，右边括号内的表达式是一个无穷几何级数，它的和为 $1/(1-\lambda)$。顺便指出，如果 β_k 的定义如第 628 页注释②中那样，则 $\sum \beta_k = \beta_0(1-\lambda)/(1-\lambda) = \beta_0$，从而保证了全部权重 $(1-\lambda)\lambda^k$ 之和为 1。

1. 由于Y_{t-1}为解释变量之一，我们从一个分布滞后模型开始，却最终得到一个自回归模型。这一变换就说明了我们是怎样把一个分布滞后模型"转化"成一个自回归模型的。

2. Y_{t-1}的出现很可能产生一些统计上的问题。Y_{t-1}和Y_t一样是随机的，意味着我们的模型包含一个随机的解释变量。回想经典最小二乘理论是在如下假定基础之上建立起来的：即解释变量要么是非随机的，要么，如果是随机的话，也是独立于随机干扰项分布的。因此，我们必须明确Y_{t-1}是否满足这一假定。（在17.8节中我们将回过头来讨论这个问题。）

3. 在原始模型（17.3.1）中，干扰项是u_t，而在转换后的模型中，干扰项却变成了$v_t = (u_t - \lambda u_{t-1})$。$v_t$的统计性质依赖于我们对$u_t$的统计性质所做的假定。以后我们将会证明，如果原来的u_t是序列无关的，v_t就是序列相关的。因此，除了随机解释变量Y_{t-1}之外，我们还要面对序列相关的问题。我们将在17.8节中处理这个问题。

4. 滞后Y的出现违背了使用德宾-沃森d检验的基本假定之一。因此，在出现Y的滞后值时，还有必要推导出检验序列相关的其他方法。方法之一就是**德宾h检验**（Durbin h test），将在17.10节中讨论。

如我们在方程（17.1.4）中所看到的那样，标准化β_i的"局部和"告诉我们，在一个特定时期感受到长期或总效应的比例。然而在实践中，通常是用**平均**或**中位滞后**（mean or median lag）来刻画一个分布滞后模型滞后结构的性质。

☐ 中位滞后

中位滞后是指在X发生一个单位的持续变化之后，Y的前一半变化达到其总变化的50%所需要的时间。对于考伊克模型，中位滞后公式如下所示（参见习题17.6）：

$$考伊克模型：中位滞后 = -\frac{\log 2}{\log \lambda} \qquad (17.4.8)$$

于是，若$\lambda = 0.2$，则中位滞后是0.430 6，但若$\lambda = 0.8$，则中位滞后是3.106 7。用文字来说，对于前一情形，Y的总变化的50%可在少于半个时期内完成，而对于后一情形则需要经过多于3个时期才能完成50%的变化。这一对比并不奇怪，因为我们知道，λ值越高，调整速度越慢，而λ值越低，调整速度越快。

☐ 平均滞后

假使所有β_k都是正的，则平均滞后的定义是

$$平均滞后 = \frac{\sum_0^\infty k\beta_k}{\sum_0^\infty \beta_k} \qquad (17.4.9)$$

它无非就是全部滞后以相应 β 系数为权重的加权平均。简言之，它是时期的一个**滞后加权平均**（lag-weighted average）。对于考伊克模型，平均滞后是（参见习题 17.7）：

$$\text{考伊克模型：平均滞后} = \frac{\lambda}{1-\lambda} \qquad\qquad (17.4.10)$$

因此，若 $\lambda = \frac{1}{2}$，则平均滞后是 1。

从以上讨论可清楚地看出，中位和平均滞后都是 Y 对 X 响应速度的一个概要度量。对表 17—1 所给的例子来说，平均滞后约为 11 个季度，表明平均而言要经过相当长的时间，货币供给变化对价格变化的影响才会被感受到。

例 17.7　人均个人消费支出（PPCE）和人均个人可支配收入（PPDI）

本例分析了 1959—2006 年间美国 PPCE 和 PPDI 之间的关系，所有数据均以 2000 年美元计算。为了说明考伊克模型，考虑表 17—2 中的数据。PPCE 对 PPDI 和滞后 PPCE 的回归结果在表 17—3 中给出。

表 17—2　　　　　　　　　　　1959—2006 年 PPCE 和 PPDI

年份	PPCE	PPDI	年份	PPCE	PPDI
1959	8 776	9 685	1983	15 656	17 828
1960	8 873	9 735	1984	16 343	19 011
1961	8 873	9 901	1985	17 040	19 476
1962	9 170	10 227	1986	17 570	19 906
1963	9 412	10 455	1987	17 994	20 072
1964	9 839	11 061	1988	18 554	20 740
1965	10 331	11 594	1989	18 898	21 120
1966	10 793	12 065	1990	19 067	21 281
1967	10 994	12 457	1991	18 848	21 109
1968	11 510	12 892	1992	19 208	21 548
1969	11 820	13 163	1993	19 593	21 493
1970	11 955	13 563	1994	20 082	21 812
1971	12 256	14 001	1995	20 382	22 153
1972	12 868	14 512	1996	20 835	22 546
1973	13 371	15 345	1997	21 365	23 065
1974	13 148	15 094	1998	22 183	24 131
1975	13 320	15 291	1999	23 050	24 564
1976	13 919	15 738	2000	23 860	25 469
1977	14 364	16 128	2001	24 205	25 687
1978	14 837	16 704	2002	24 612	26 217
1979	15 030	16 931	2003	25 043	26 535
1980	14 816	16 940	2004	25 711	27 232
1981	14 879	17 217	2005	26 277	27 436
1982	14 944	17 418	2006	26 828	28 005

注：PPCE＝人均个人消费支出，以 2000 年美元计算。
　　PPDI＝人均个人可支配收入，以 2000 年美元计算。
资料来源：*Economic Report of the President*，2007，Table B-31.

表 17—3

```
Dependent Variable: PPCE
Method: Least Squares
Sample (adjusted): 1960-2006
Included observations: 47 after adjustments
```

	Coefficient	Std. Error	t Statistic	Prob.
C	-252.9190	157.3517	-1.607348	0.1151
PPDI	0.213890	0.070617	3.028892	0.0041
PPCE(-1)	0.797146	0.073308	10.87389	0.0000

R-squared	0.998216	Mean dependent var.	16691.28
Adjusted R-squared	0.998134	S.D. dependent var.	5205.873
S.E. of regression	224.8504	Akaike info criterion	13.73045
Sum squared resid.	2224539.	Schwarz criterion	13.84854
Log likelihood	-319.6656	Hannan-Quinn criter.	13.77489
F-statistic	12306.99	Durbin-Watson stat.	0.961921
Prob. (F-statistic)	0.000000	Durbin h = 3.8269*	

注：*德宾 h 的计算将在 17.10 节讨论。

此表中的消费函数被称为短期消费函数。我们稍后还将推导长期消费函数。

利用 λ 的估计值，我们可以计算分布滞后系数。若 $\beta_0 \approx 0.2139$，则 $\beta_1 = 0.2139 \times 0.7971 \approx 0.1704$，$\beta_2 = 0.2139 \times (0.7971)^2 \approx 0.0231$，如此等等。这些就是短期或中期乘数。最后，利用方程（17.4.2），我们可以求出长期乘数，即在考虑所有滞后影响以后，收入变化对消费的总影响，在本例中就是

$$\sum_0^\infty \beta_k = \beta_0/(1-\lambda) = 0.2139/(1-0.7971) \approx 1.0537$$

用文字表述，PPDI 持续增加 1 美元将最终导致 PPCE 增加约 1.05 美元，而中期或短期影响只有约 21 美分。

长期消费函数现在可写成

$$\text{PPCE}_t = -1247.1351 + 1.0537\, \text{PPDI}_t$$

这个函数是通过将表 17—3 中给出的短期消费函数两边同时除以 0.2029 并去掉滞后的 PPDI 项而得到的。①

长期边际消费倾向（MPC）约为 1。这就意味着，当消费者有时间对 PPDI 增加 1 美元做出调整时，他们将提高他们的 PPCE 约 1 美元。但如表 17—3 所示，短期中，MPC 仅有约 21 美分。是什么原因导致短期 MPC 和长期 MPC 之间出现这一差别呢？

答案可通过中位滞后和平均滞后得到。给定 $\lambda = 0.7971$，中位滞后为

$$-\frac{\log(2)}{\log \lambda} = -\frac{\log(2)}{\log(0.7971)} = 3.0589$$

而平均滞后为

$$\frac{\lambda}{1-\lambda} = 3.9285$$

看来真实 PPCE 对真实 PPDI 的调整具有明显的滞后；记得 λ 值越大（介于 0 与 1 之间），要感受

---

① 均衡时，所有的 PPCE 值都相同。因此，$\text{PPCE}_t = \text{PPCE}_{t-1}$。进行这种替代便得到长期消费函数。

到解释变量值的变化对因变量的全部影响所需要的时间就越长。

17.5　考伊克模型合理性的理由之一：适应性预期模型

考伊克模型（17.4.7）虽然十分精美，但由于它只是纯代数演算的结果，不免有些特别；它缺少任何理论上的支撑。然而，如果我们从一个不同的视角开始思考，这一空隙就可以得到填补。假如我们构建如下模型：

$$Y_t = \beta_0 + \beta_1 X_t^* + u_t \tag{17.5.1}$$

其中$Y=$货币需求（剔除价格因素后的现金需求）；

　　$X^*=$均衡的、最优的、预期的长期或正常利率；

　　$u=$误差项。

方程（17.5.1）设想，货币需求是预期（即预测）利率的函数。

由于预期变量 X^* 不可直接观测，所以我们对预期的形成做如下假设：

$$X_t^* - X_{t-1}^* = \gamma(X_t - X_{t-1}^*) \tag{17.5.2}[1]$$

其中 γ 满足 $0 < \gamma \leqslant 1$，被称为**期望系数**（coefficient of expectation）。假设方程（17.5.2）被称为**适应性预期**（adaptive expectation，AE）或**累进式期望**（progressive expectation）或**误差学习**（error learning）假设，曾被卡甘[2]和弗里德曼[3]推广而得以普及。

方程（17.5.2）的含义是，"经济行为主体将根据过去的经验修正他们的预期，特别是要从错误中学习"[4]。更具体地说，方程（17.5.2）表明他们每期都按变量的现期值与上一期预期值之差的 γ 倍去修正预期值。拿我们的模型来说，这就意味着每期都按现期观测的利率与它的前期预测值之差的 γ 倍去修正利率的预期值。这种预期的另一种表述方法是把方程（17.5.2）写成：

$$X_t^* = \gamma X_t + (1-\gamma) X_{t-1}^* \tag{17.5.3}$$

这就说明 t 时期的利率预期值是 t 时期的真实利率与它在上一期的预期值分别以 γ 和

①　有时，这个模型又被表达为：$X_t^* - X_{t-1}^* = \gamma(X_{t-1} - X_{t-1}^*)$。

②　P. Cagan，"The Monetary Dynamics of Hyperinflation," in M. Friedman (ed.)，*Studies in the Quantity Theory of Money*，University of Chicago Press，Chicago，1956.

③　Milton Friedman，*A Theory of the Consumption Function*，National Bureau of Economic Research，Princeton University Press，Princeton，NJ，1957.

④　G. K. Shaw，*Rational Expectation：An Elementary Exposition*，St. Martin's Press，New York，1984，p. 25.

$1-\gamma$ 为权重的加权平均。如果 $\gamma=1$ 则 $X_t^*=X_t$，意谓预期是立即全部实现的。另一方面，如果 $\gamma=0$，则 $X_t^*=X_{t-1}^*$，意谓预期是静止的。即"今天出现的情况将在今后的一切时期里继续维持下去。预期的未来值将与现在值相重合"[①]。

将方程（17.5.3）代入方程（17.5.1），我们便得到：

$$Y_t = \beta_0 + \beta_1[\gamma X_t + (1-\gamma)X_{t-1}^*] + u_t$$
$$= \beta_0 + \beta_1\gamma X_t + \beta_1(1-\gamma)X_{t-1}^* + u_t \tag{17.5.4}$$

现将方程（17.5.1）滞后一期并乘以 $1-\gamma$，然后将此乘积从方程（17.5.4）中减去，经过简单运算便得到：

$$Y_t = \gamma\beta_0 + \gamma\beta_1 X_t + (1-\gamma)Y_{t-1} + u_t - (1-\gamma)u_{t-1}$$
$$= \gamma\beta_0 + \gamma\beta_1 X_t + (1-\gamma)Y_{t-1} + v_t \tag{17.5.5}$$

其中 $v_t = u_t - (1-\gamma)u_{t-1}$。

在继续往下讨论之前，让我们先来看看方程（17.5.1）和方程（17.5.5）的差别。前者中的 β_1 度量了 Y 对均衡的或长期的 X 值 X^* 的单位变化的平均响应。另一方面，在方程（17.5.5）中，$\gamma\beta_1$ 则度量了 Y 对 X 的实际值或观测值的单位变化的平均响应。当然，除非 $\gamma=1$，也就是 X 的现期值与长期值相同，否则这两种响应就是不相等的。在实践中，我们首先估计方程（17.5.5），一旦从滞后 Y 的系数中得到 γ 的一个估计值，只需将 X_t 的系数（$=\gamma\beta_1$）除以 γ，轻而易举就能计算出 β_1。

虽然适应性预期模型（17.5.5）和考伊克模型（17.4.7）的系数有不同的含义，但两个模型的相似性是很显然的。我们看到，和考伊克模型一样，适应性预期模型也是自回归的，并且它的误差项类似于考伊克模型中的误差项。在 17.8 节中，我们将讨论适应性预期模型的估计问题，并在 17.12 节中给出一些例子。现在我们已对适应性预期模型作了描述，但它究竟有多少真实性呢？无疑它要比纯数学的考伊克方法更有吸引力。但适应性预期假设的合理性如何？赞成适应性预期假说的人可以这样说：

> 它除了对经济行为主体的作用假设了一种富有意义的行为模式之外，同时也为经济理论中的预期形成提供了一个相当简单的建模手段。人们要从经验中学习的信念，与象征着静止预期论调的全然忘记过去的隐含假定相比，显然是一个更有意义的出发点。此外，断言更遥远的经验要比更新近的经验发挥更小的作用，这也符合常识，并且看来已被简单的观测有力地证实了。[②]

在理性预期（rational expectation，RE）假说出现之前，适应性预期假说在应用经济学中一直是很流行的。理性预期假说最先由穆斯（J. Muth）提出，之后由罗伯特·卢卡斯（Robert Lucas）和托马斯·萨金特（Thomas Sargent）推广。理性预期的支持者声称，适应性预期假设是不够的，因为它在期望的形成过程中只依靠一个

---

① Ibid.，pp. 19-20.

② Ibid.，p. 27.

变量的过去值[1]，而理性预期则假定："各个经济行为主体在形成他们的期望时，利用了当前可获得的有关的信息，并不仅仅依赖过去的经验。"[2] 简言之，理性预期假设认为，"预期之所以是理性的，那是因为这些预期在其形成时就已有效地容纳了所有能够得到的信息。"[3] 而不仅仅是过去的信息。

虽然理性预期假说本身也有许多批评者，但理性预期支持者针对适应性预期假设的批判是言之有理的。[4] 这里不是探讨这些激烈争辩的地方。也许我们可以妥协于斯蒂芬·麦克尼斯（Stephen McNees）的话："充其量，适应性预期假设只能当作一种'参考假设（working hypothesis）'，代表着一个更为复杂也许不断变化的预期形成机制。"[5]

例 17.8　　　　　　　　　再议例 17.7

既然考伊克变换能够成为适应性预期模型的基础，那么表 17—3 中给出的结论也能用方程（17.5.5）来表述。于是 $\hat{\gamma}\hat{\beta}_0 = -252.919\,0$；$\hat{\gamma}\hat{\beta}_1 = 0.213\,89$；以及 $1-\hat{\gamma} = 0.797\,146$。于是预期系数 $\hat{\gamma} \approx 0.202\,8$，而根据前面对适应性预期模型的讨论，我们可以说，实际 PPDI 与预期 PPDI 之间的差异在一年之内约消除 20%。

17.6　考伊克模型合理性的理由之二：存量调整或局部调整模型

适应性预期模型是考伊克模型合理性的理由之一，而马克·纳洛夫（Marc Nerlove）的所谓**存量调整**（stock adjustment）或**局部调整模型**（partial adjustment model，PAM）为该模型的合理性又提供了另一个理由。[6] 为了说明这个模型，考虑经济理论中的**灵活加速数模型**（flexible accelerator model）。该模型假定，在给定的技术状态、利率等条件下，为实现既定产量，我们需要一个均衡的、最优的、理想的或长

---

① 可以证明，像考伊克模型那样，在适应性预期假设下，一个变量的预期值是该变量过去值的一个指数加权平均。

② G. K. Shaw, op. cit., p. 47. 关于理性预期假设的更详细的讨论，参见 Steven M. Sheffrin, *Rational Expectations*, Cambridge University Press, New York, 1983。

③ Stephen K. McNees, "The Phillips Curve: Forward-or Backward-Looking?" *New England Economic Review*, July-August 1979, p. 50.

④ 关于理性预期假设的一个新近的严格评价，参见 Michael C. Lovell, "Test of the Rational Expectations Hypothesis," *American Economic Review*, March 1966, pp. 110-124。

⑤ Stephen K. McNees, op. cit., p. 50.

⑥ Marc Nerlove, *Distributed Lags and Demand Analysis for Agricultural and Other Commodities*, op. cit.

期的资本存量。为简单起见，假定理想的资本水平 Y_t^* 是产出 X 的如下线性函数：

$$Y_t^* = \beta_0 + \beta_1 X_t + u_t \tag{17.6.1}$$

由于理想的资本水平是不可直接观测的，所以纳洛夫提出以下所谓**局部调整**（partial adjustment）或**存量调整假设**（stock adjustment hypothesis）：

$$Y_t - Y_{t-1} = \delta(Y_t^* - Y_{t-1}) \tag{17.6.2}①$$

其中 δ 满足 $0 < \delta \leqslant 1$，被称为**调整系数**（coefficient of adjustment），而 $Y_t - Y_{t-1} =$ 实际变化，$Y_t^* - Y_{t-1} =$ 理想变化。

因为两个时期之间资本存量的变化 $Y_t - Y_{t-1}$ 就是投资，故方程（17.6.2）又可写为：

$$I_t = \delta(Y_t^* - Y_{t-1}) \tag{17.6.3}$$

其中 $I_t = t$ 时期的投资。

方程（17.6.2）假定，在任意给定时期 t，资本存量的实际变化（投资）是该时期的理想变化的某个比例 δ。如果 $\delta = 1$，则意味着实际资本存量等于理想存量；即实际存量瞬时（在同一时期内）调整到理想的水平。但若 $\delta = 0$，则意味着时期 t 的实际存量无异于前一时期所观测的存量，所以没有对资本存量进行任何调整。由于行为上的僵性、惰性和契约上的义务等，资本存量的调整往往是不完全的，因此，预期 δ 会落在这两个极端值之间，因此被命名为**局部调整模型**（partial adjustment model）。注意，调整机制（17.6.2）又可表述为另一方式：

$$Y_t = \delta Y_t^* + (1-\delta)Y_{t-1} \tag{17.6.4}$$

这就说明在 t 时期观测到的资本存量是该时期的理想资本存量与前一时期的实际资本存量的一个加权平均，权重分别是 δ 和 $1-\delta$。现将方程（17.6.1）代入方程（17.6.4）得到：

$$\begin{aligned} Y_t &= \delta(\beta_0 + \beta_1 X_t + u_t) + (1-\delta)Y_{t-1} \\ &= \delta\beta_0 + \delta\beta_1 X_t + (1-\delta)Y_{t-1} + \delta u_t \end{aligned} \tag{17.6.5}$$

此模型被称为局部调整模型。

既然方程（17.6.1）代表了对资本存量的长期或均衡需求，那么方程（17.6.5）就可被称为对资本存量的短期需求函数，因为短期中现有的资本存量不一定等于它的长期水平。一旦我们估计了短期函数（17.6.5）并得到调整系数 δ 的估计值（从 Y_{t-1} 的系数中得到），只要用 δ 去除 $\delta\beta_0$ 和 $\delta\beta_1$ 并略去 Y 的滞后项，很容易就能得到长期函数（17.6.1）。

---

① 一些作者在关系式（17.6.1）中不加入随机干扰项 u_t，而在这个关系中加入干扰项，他们认为如果前者真的是一个均衡关系式，就没有误差项的地位，而调整机制是不完善的，所以需要有误差项。顺便指出，方程（17.6.2）有时又写成 $Y_t - Y_{t-1} = \delta(Y_{t-1}^* - Y_{t-1})$。

从几何上看，局部调整模型可用图 17—6 来说明。[①] 图中 Y^* 是理想资本存量，而 Y_1 是当前实际资本存量。为便于说明，假定 $\delta=0.5$，这就意味着厂商计划每期填补实际和理想的资本存量之间差距的一半。这样，在第 1 期里，它把资本存量移至 Y_2，使得投资等于 Y_2-Y_1，也就是 Y^*-Y_1 的一半。在以后的每个时期里，都再填补该期期初的资本存量与理想存量 Y^* 之间差距的一半。

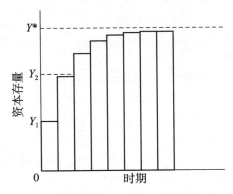

图 17—6　资本存量的逐渐调整

局部调整模型类似于考伊克和适应性预期模型，也是自回归的。但它的干扰项要简单得多：原来的干扰项乘以常数 δ。但应记住，适应性预期和局部调整模型虽然外表相似，在概念上却很不相同。前者以（对价格、利率等的未来走势）不确定性为依据，而后者则出于对技术或制度上的僵性、惰性以及调整成本等因素的考虑。不过，这两个模型在理论上都要比考伊克模型健全得多。

由于从表面上看适应性预期模型和局部调整模型难以区分，所以如果假定后者用于收入—支出一例（即认为理想的或期望的个人消费支出是当前的人均个人可支配收入的线性函数），则适应性预期模型的 γ 系数 0.202 8 也可解释为存量调整模型的 δ 系数。

由于考伊克、适应性预期和存量调整三个模型（暂不考虑误差项在形式上的差异）都得到同样的最终估计模型，所以研究者必须极其仔细地告知读者，他/她使用的是哪个模型，并且为什么。记住这一点非常重要。因而，研究者必须明确给出他们所用模型的理论基础。

＊17.7　适应性预期与局部调整模型的组合

考虑如下模型：

---

① 此图摘自 Rudiger Dornbusch and Stanley Fischer，*Macroeconomics*，3d ed.，McGraw-Hill，New York，1984，p. 216，Figure 7.4。

$$Y_t^* = \beta_0 + \beta_1 X_t^* + u_t \tag{17.7.1}$$

其中 Y_t^* =理想的资本存量，而 X_t^* =预期的产出水平。

由于无法直接观测 Y_t^* 和 X_t^*，所以对 Y_t^* 使用局部调整机制，并对 X_t^* 使用适应性预期模型，从而得到如下估计方程（参见习题 17.2）：

$$
\begin{aligned}
Y_t &= \beta_0\delta\gamma + \beta_1\delta\gamma X_t + [(1-\gamma)+(1-\delta)]Y_{t-1} \\
&\quad - (1-\delta)(1-\gamma)Y_{t-2} + [\delta u_t - \delta(1-\gamma)u_{t-1}] \\
&= \alpha_0 + \alpha_1 X_t + \alpha_2 Y_{t-1} + \alpha_3 Y_{t-2} + v_t
\end{aligned}
\tag{17.7.2}
$$

其中 $v_t = \delta[u_t - (1-\gamma)u_{t-1}]$，此模型也是自回归性质的。它同纯粹的适应性预期模型的唯一差别在于，Y_{t-2} 和 Y_{t-1} 作为自变量同时出现。和考伊克模型以及适应性预期模型一样，方程（17.7.2）中的误差项服从一个移动平均过程。这个模型的另一特点是，虽然该模型对 α 来说是线性的，但它对原来的参数而言则是非线性的。

方程（17.7.1）的一个著名应用就是弗里德曼的持久收入假说，即"持久"或长期消费是"持久"或长期收入的一个函数。[1]

因方程（17.7.2）和考伊克模型或适应性预期模型一样，都是带有类似误差结构的自回归模型，所以有着同样的估计问题。此外，方程（17.7.2）还涉及一些非线性估计问题，对此我们在习题 17.10 中给予简要考虑，但在本书中，我们将不予深究。

17.8 自回归模型的估计

讨论至此，我们有了以下三个模型：

考伊克模型

$$Y_t = \alpha(1-\lambda) + \beta_0 X_t + \lambda Y_{t-1} + v_t \tag{17.4.7}$$

适应性预期模型

$$Y_t = \gamma\beta_0 + \gamma\beta_1 X_t + (1-\gamma)Y_{t-1} + [u_t - (1-\gamma)u_{t-1}] \tag{17.5.5}$$

局部调整模型

$$Y_t = \delta\beta_0 + \delta\beta_1 X_t + (1-\delta)Y_{t-1} + \delta u_t \tag{17.6.5}$$

所有这些模型都有如下的共同形式：

$$Y_t = \alpha_0 + \alpha_1 X_t + \alpha_2 X_{t-1} + v_t \tag{17.8.1}$$

也就是说，它们在性质上都属于自回归模型。因此，经典最小二乘法未必对它们直接适用，而有必要考虑这类模型的估计问题。**理由有二：随机解释变量的出现以及**

① Milton Friedman, *A Theory of Consumption Function*, Princeton University Press, Princeton, N. J., 1957.

序列相关的可能性。

　　如前所见，现在要使用经典最小二乘理论，还必须证明随机解释变量 Y_{t-1} 的分布与干扰项 v_t 无关。为了明确这点是否属实，重要的是要知道 v_t 的性质。即使我们假定原始的干扰项 u_t 满足全部经典假设，诸如 $E(u_t)=0$，$\mathrm{var}(u_t)=\sigma^2$（同方差性假定）和当 $s\neq 0$ 时 $\mathrm{cov}(u_t,u_{t+s})=0$（无自相关假定），$v_t$ 也未必继承所有这些性质。例如，且看考伊克模型中的误差项 $v_t=u_t-\lambda u_{t-1}$。给定对 u_t 的假定，我们很容易就能证明：

$$E(v_t v_{t-1})=-\lambda\sigma^2 \tag{17.8.2}①$$

除非 λ 碰巧是零，否则它就不会等于 0，所以 v_t 是序列相关的。再由于 Y_{t-1} 作为一个解释变量而出现在考伊克模型中，所以它就必然和 v_t 相关（通过 u_{t-1} 的出现）。事实上，可以证明：

$$\mathrm{cov}[Y_{t-1},(u_t-\lambda u_{t-1})]=-\lambda\sigma^2 \tag{17.8.3}$$

这与方程（17.8.2）相同。读者可以验证，这些对适应性预期模型来说也是一样的。

　　在考伊克模型和适应性预期模型中，我们发现随机变量 Y_{t-1} 与误差项 v_t 相关，这意味着什么呢？正如前面曾指出的那样，**如果在一个回归模型中，解释变量与随机干扰项相关，则 OLS 估计量不仅是有偏误的，而且甚至是不一致的；也就是说，即使样本含量无限增大，估计量仍不渐近于其真实的总体值。**② 因此，用平常的 OLS 去估计考伊克和适应性预期模型，结果可能产生严重的误导。

　　然而，局部调整模型却不一样。在此模型中 $v_t=\delta u_t$，其中 $0<\delta\leqslant 1$。因此，若 u_t 满足前面关于经典线性回归模型的假定，则 δu_t 也能满足。于是，局部调整模型的 OLS 估计尽管（在有限或小样本中）有偏误的倾向，但仍是一致估计。③ 直觉上看，一致性的理由是，虽然 Y_{t-1} 依赖于 u_{t-1} 和此前的所有干扰项，但它却与当前的误差项 u_t 无关。因此，只要 u_t 是序列独立的，Y_{t-1} 也就独立于 u_t 或至少与它不相关，从而满足 OLS 的如下重要假定：即解释变量与随机干扰项无相关关系。

　　虽然存量或局部调整模型因其误差项结构简单而使得它的 OLS 估计是一致性的，但不要认为它比考伊克模型或适应性预期模型有更大的适用性。④ 读者切勿做这种削足适履的事情。模型的选择应基于强有力的理论思考，而不能仅仅考虑它在统计上易于估计。每一模型都应根据其自身的优点来考虑，适当注意其中出现的随机干扰项。如果遇到像考伊克或适应性预期模型那样的情形，OLS 不能直接应用，就

第 17 章 动态计量经济模型：自回归与分布滞后模型

---

　　① 因为根据假定，u_t 的协方差为零，所以

$$E(v_t v_{t-1})=E(u_t-\lambda u_{t-1})(u_{t-1}-\lambda u_{t-2})=-\lambda E(u_{t-1})^2=-\lambda\sigma^2$$

　　② 其证明超出了本书的范围，可参阅 Griliches, op. cit., pp. 36-38。但是，第 18 章在另一背景下给出了证明。也可参见 Asatoshi Maeshiro, "Teaching Regressions with a Lagged Dependent Variable and Autocorrelated Disturbances," *The Journal of Economic Education*, Winter 1996, vol. 27, no. 1, pp. 72-84。

　　③ 证明见 J. Johnson, *Econometric Methods*, 3d ed., McGraw-Hill, New York, 1984, pp. 360-362。亦见于 H. E. Doran and J. W. B. Guise, *Single Equation Methods in Econometrics: Applied Regression Analysis*, University of New England Teaching Monograph Series 3, Armidale, NSW, Australia, 1984, pp. 236-244。

　　④ 而且，如约翰逊所指出的（op. cit., p. 350），"调整的模式（如局部调整模型所建议的）……有时未必合理。"

需要设计出解决估计问题的方法。尽管计算起来比较烦琐，但现在还是有些方法可供利用，下节中我们将考虑这类方法中的一个。

17.9　工具变量法

OLS 之所以不能适用于考伊克或适应性预期模型，是因为解释变量 Y_{t-1} 势必与误差项 v_t 相关。如果能消除掉这种相关性，则如前所述，使用 OLS 就能得到一致估计。（注意，还将存在小样本偏误。）怎样能做到这一点呢？利维亚坦（Liviatan）曾提出以下方法。[1]

假使我们找到一个与 Y_{t-1} 高度相关但与 v_t 不相关的变量作为 Y_{t-1} 的代理，其中 v_t 是出现在考伊克或适应性预期模型中的误差项，这样的代理变量叫做**工具变量**（instrumental variable，IV）。[2] 利维亚坦建议用 X_{t-1} 作为 Y_{t-1} 的工具变量，并且还建议回归（17.8.1）的参数可由如下正规方程解得：

$$\sum Y_t = n\,\hat{a}_0 + \hat{a}_1 \sum X_t + \hat{a}_2 \sum Y_{t-1}$$

$$\sum Y_t X_t = \hat{a}_0 \sum X_t + \hat{a}_1 \sum X_t^2 + \hat{a}_2 \sum Y_{t-1} X_t \qquad (17.9.1)$$

$$\sum Y_t X_{t-1} = \hat{a}_0 \sum X_{t-1} + \hat{a}_1 \sum X_t X_{t-1} + \hat{a}_2 \sum Y_{t-1} X_{t-1}$$

注意，如果我们直接对方程（17.8.1）应用 OLS，平常的 OLS 正规方程将是（参见 7.4 节）：

$$\sum Y_t = n\,\hat{a}_0 + \hat{a}_1 \sum X_t + \hat{a}_2 \sum Y_{t-1}$$

$$\sum Y_t X_t = \hat{a}_0 \sum X_t + \hat{a}_1 \sum X_t^2 + \hat{a}_2 \sum Y_{t-1} X_t \qquad (17.9.2)$$

$$\sum Y_t Y_{t-1} = \hat{a}_0 \sum Y_{t-1} + \hat{a}_1 \sum X_t Y_{t-1} + \hat{a}_2 \sum Y_{t-1}^2$$

两组正规方程的差异应是很明显的。利维亚坦曾证明，从方程（17.9.1）估计出来的 α 是一致性的，而从方程（17.9.2）估计出来的则不是。这是因为 Y_{t-1} 和 v_t $[= u_t - \lambda u_{t-1}$ 或 $u_t - (1-\gamma)u_{t-1}]$ 可能相关，而 X_t 和 X_{t-1} 与 v_t 都不相关。（为什么？）

虽说利维亚坦技术在一旦找到适当的代理变量之后是容易应用的，但因进入正规方程（17.9.1）的 X_t 和 X_{t-1} 很可能是高度相关的（如在第 12 章所提到的，典型地说，大多数经济时间序列都在其相继值之间表现出高度的相关性），所以它不免受到多重共线性问题的困扰。这就意味着，虽然利维亚坦程序能得到一致估计值，但估计量很可能是非有效的。[3]

---

[1]　N. Liviatan, "Consistent Estimation of Distributed Lags," *International Economic Review*, vol. 4, January 1963, pp. 44-52.

[2]　在联立方程模型中常用到这类工具变量（见第 20 章）。

[3]　怎样才能改进这些估计量的效率，可参阅 Lawrence, R. Klien, *A Textbook of Econometrics*, 2d ed., Prentice-Hall, Englewood Cliffs, NJ, 1974, p. 99. 还可参见 William H. Greene, *Econometric Analysis*, Macmillan, 2d ed., New York, 1993, pp. 535-538。

在我们继续往下讲之前，一个明显的问题是：怎样为 Y_{t-1} 找到一个"好"的代理变量，使得它和 Y_{t-1} 虽然高度相关却与 v_t 不相关？文献中有一些建议，我们将通过习题的形式（参见习题 17.5）予以讨论。但必须声明，要找到好的代理变量并不总是很容易，这时工具变量方法就没有多少实用价值，而有必要借助于极大似然估计方法，但后者又超出了本书的范围。[1]

那么存在一种能用来查明你所选取的工具是否有效的检验吗？丹尼斯·萨甘（Dennis Sargan）因此提出了一种检验，即 **SARG 检验**（SARG test）。该检验在附录 17A 的 17A.1 节介绍。

17.10   侦察自回归模型中的自相关：德宾 h 检验

诚如所见，误差项 v_t 中可能的序列相关会使自回归模型的估计问题变得相当复杂。如果原始模型中的误差项 u_t 是序列无关的，则存量调整模型的误差项 v_t 就不会是（一阶）序列相关的。然而对于考伊克和适应性预期模型，即使 u_t 序列独立，v_t 仍可能序列相关。于是问题是，怎样知道自相关模型中的误差项是否序列相关呢？

如第 12 章所提到的，德宾-沃森 d 统计量不宜用于侦察自回归模型中的（一阶）自相关。这是因为在这类模型中，所计算的 d 通常都有偏向 2 的偏误，而 2 是纯随机序列的期望 d 值。这就是说，如果我们照例对这类模型计算 d 统计量，就会有一种妨碍我们发现（一阶）序列相关的内在偏误。尽管如此，许多研究者由于没有更好的方法仍然计算着 d。然而，最近，德宾本人提出了自回归模型一阶序列相关的一个大样本检验[2]，被称为 **h 统计量**（h statistic）。

在习题 12.36 中我们已经讨论过德宾 h 检验。为了方便，我们再次写出 h 统计量（符号上略有变化）：

$$h = \hat{\rho} \sqrt{\frac{n}{1 - n[\operatorname{var}(\hat{\alpha}_2)]}} \tag{17.10.1}$$

其中 $n=$ 样本容量，$\operatorname{var}(\hat{\alpha}_2)=$ 方程（17.8.1）中 Y_t 滞后项（即 Y_{t-1}）系数的方差，$\hat{\rho}=$ 以前在第 12 章讨论的一阶序列相关系数 ρ 的估计值。

正如在习题 12.36 中所提到的，在样本容量很大的情况下，德宾曾证明在 $\rho=0$ 的虚拟假设下，方程（17.10.1）中的 h 统计量服从标准正态分布，即：

$$h_{\text{asy}} \sim N(0,1) \tag{17.10.2}$$

其中 asy 的意思是渐近地。

---

① 关于 ML 方法的一个简明讨论，见 J. Johnston, op. cit., pp. 366-371 以及本书附录 4A 和附录 15A。

② J. Durbin, "Testing for Serial Correlation in Least-Squares Regression When Some of the Regressors Are Lagged Dependent Variables," *Econometrica*, vol. 38, 1970, pp. 410-421.

实际上，正如在第 12 章所提到的那样，ρ 可估计为：

$$\hat{\rho} \approx 1 - \frac{d}{2} \tag{17.10.3}$$

我们可以观察到一个有趣的现象：尽管我们不能用德宾 d 来检验自回归模型中的自相关性，但是在计算 h 统计量时可以将其作为一个输入量。

我们用例 17.7 来说明 h 统计量的使用。在这个例子中，$n = 47$，$\hat{\rho} \approx (1 - d/2) = 0.519\ 0$（注意，$d = 0.961\ 9$），而 $\text{var}(\hat{a}_2) = \text{var}(\text{PPCE}_{t-1}) = (0.073\ 3)^2 = 0.005\ 3$。将这些值代入方程（17.10.1），我们得到：

$$h = 0.519\ 0\sqrt{\frac{47}{1 - 47 \times 0.005\ 3}} = 4.106\ 1 \tag{17.10.4}$$

既然在虚拟假设下 h 值服从标准正态分布，所以得到如此高的 h 值的概率是很小的。记得一个标准正态变量超过数值 ± 3 的概率是非常小的。于是，在目前这个例子中，我们的推论是存在（正）自相关性。当然，要记住 h 渐近地服从标准正态分布。我们选取 47 个观测构成的样本可能足够大。

注意 h 统计量的如下特性：

1. 不管回归模型中含有多少个 X 变量或多少个 Y 的滞后项，它都可应用。计算 h 时只需考虑滞后项 Y_{t-1} 系数的方差。

2. 如果 $n\,\text{var}(\hat{a}_2)$ 超过 1，检验便不适用。（为什么?）不过，在实践中，这种情形不常发生。

3. 如因德尔（Inder）[1] 和基维埃（Kiviet）[2] 所证明的那样，由于该检验是一个大样本检验，所以严格地讲，它在小样本中的应用不是非常合理。曾有人提出，第 12 章中所讲的布罗施-戈弗雷（BG）检验，又称拉格朗日乘数检验，不仅在大样本中，而且在有限或小样本中，都有统计上更强的功效，因而优于 h 检验。[3]

基于 h 检验而得到我们的模型存在自相关性的结论，被方程（12.6.17）所示的布罗施-戈弗雷检验所证实。利用表 17—3 所示回归残差估计值的 7 阶滞后，方程（12.6.18）所示的 BG 检验得到一个大小为 15.386 9 的 χ^2 值。在自由度为 7（BG 检验中所用滞后残差的阶数）的情况下，得到一个大于或等于 15.38 的 χ^2 值的概率相当低，约为 3%。

出于这个原因，我们需要修正表 17—3 中所示的标准误，这可用第 12 章讨论的尼威-威斯特 HAC 程序来完成。结果如表 17—4 所示。看来，OLS 低估了回归系数的标准误。

---

① B. Inder, "An Approximation to the Null Distribution of the Durbin-Watson Statistic in Models Containing Lagged Dependent Variable," *Econometric Theory*, vol. 2, no. 3, 1986, pp. 413-428.

② J. F. Kiviet, "On the Vigour of Some Misspecification Tests for Modelling Dynamic Relationships," *Review of Economic Studies*, vol. 53, no. 173, 1986, pp. 241-262.

③ Gabor Korosi, Laszlo Matyas, and Istvan P. Szekely, *Practical Econometrics*, Ashgate Publishing Company, Brookfield, Vermont, 1992, p. 92.

表 17—4

```
Dependent Variable: PCE
Method: Least Squares
Sample (adjusted): 1960-2006
Included observations: 47 after adjustments
Newey-West HAC Standard Errors & Covariance (lag truncation = 3)
```

	Coefficient	Std. Error	t Statistic	Prob.
C	-252.9190	168.4610	-1.501350	0.1404
PPDI	0.213890	0.051245	4.173888	0.0001
PPCE(-1)	0.797146	0.051825	15.38148	0.0000

R-squared	0.998216	Mean dependent var.	16691.28
Adjusted R-squared	0.998134	S.D. dependent var.	5205.873
S.E. of regression	224.8504	Akaike info criterion	13.73045
Sum squared resid.	2224539.	Schwarz criterion	13.84854
Log likelihood	-319.6656	Hannan-Quinn criter.	13.77489
F-statistic	12306.99	Durbin-Watson stat.	0.961921
Prob.(F-statistic)	0.000000		

17. 11 一个数值例子：加拿大的货币需求，1979 年第 I 季度至 1988 年第 IV 季度

为了说明我们迄今为止所讨论过的模型的使用，考虑前面提到的一个经验应用，即货币需求（或者真实现金余额需求）。具体而言，就是考虑如下模型[①]：

$$M_t^* = \beta_0 R_t^{\beta_1} Y_t^{\beta_2} e^{u_t} \tag{17.11.1}$$

其中 M_t^* = 理想的或长期的货币需求（即真实现金余额）；

R_t = 长期利率，%；

Y_t = 真实国民总收入。

为便于统计估计，可将方程（17.11.1）方便地表达成对数形式：

$$\ln M_t^* = \ln \beta_0 + \beta_1 \ln R_t + \beta_2 \ln Y_t + u_t \tag{17.11.2}$$

由于理想需求变量不可直接观测，且假定存量调整假说，即：

$$\frac{M_t}{M_{t-1}} = \left(\frac{M_t^*}{M_{t-1}}\right)^\delta \qquad 0 < \delta \leqslant 1 \tag{17.11.3}$$

方程（17.11.3）表示，在任何一个给定时期（年），实际货币需求与理想货币需求之间的差距将会消除一个恒定的百分比。（为什么？）方程（17.11.3）又可用对数形

---

① 一个类似的模型，见 Gregory C. Chow, "On the Long-Run and Short-Run Demand for Money," *Journal of Political Economy*，vol. 74, no. 2, 1966, pp. 113-131. 注意，乘积式函数的一个优点是，变量的指数给出弹性的直接估计（参见第 6 章）。

式表达为：

$$\ln M_t - \ln M_{t-1} = \delta(\ln M_t^* - \ln M_{t-1}) \qquad (17.11.4)$$

将方程（17.11.2）中的 $\ln M_t^*$ 代入方程（17.11.4）并加以整理，得：

$$\ln M_t = \delta \ln \beta_0 + \beta_1 \delta \ln R_t + \beta_2 \delta \ln Y_t + (1-\delta)\ln M_{t-1} + \delta u_t \qquad (17.11.5)^{①}$$

此式可称为货币的短期需求函数。（为什么？）

为了说明真实现金余额的短期和长期需求，考虑表 17—5 中给出的数据。这些季度数据是加拿大 1979—1988 年间的实际数据。变量定义为：M［由货币供给 M1 定义，单位是百万加元（C$）］，$P$（隐含价格指数，1981＝100），GDP 以不变的 1981 年价格计算（百万加元）和 R（90 天主要公司利率，%）。[②] M1 经过价格指数 P 折算成真实货币需求的数据。我们的先验结论是，真实货币需求与 GDP 正相关（正的收入效应），与 R 负相关（利率越高，持有货币的机会成本就越高，因为即使 M1 货币需要支付利息，所支付的利息也会很低）。

表 17—5　　　　　加拿大货币、利率、价格指数和 GDP 数据

观测	M1	R	P	GDP
1979—1	22 175.00	11.133 33	0.779 47	334 800
1979—2	22 841.00	11.166 67	0.808 61	336 708
1979—3	23 461.00	11.800 00	0.826 49	340 096
1979—4	23 427.00	14.183 33	0.848 63	341 844
1980—1	23 811.00	14.383 33	0.866 93	342 776
1980—2	23 612.33	12.983 33	0.889 50	342 264
1980—3	24 543.00	10.716 67	0.915 53	340 716
1980—4	25 638.66	14.533 33	0.937 43	347 780
1981—1	25 316.00	17.133 33	0.965 23	354 836
1981—2	25 501.33	18.566 67	0.987 74	359 352
1981—3	25 382.33	21.016 66	1.013 14	356 152
1981—4	24 753.00	16.616 65	1.034 10	353 636
1982—1	25 094.33	15.350 00	1.057 43	349 568
1982—2	25 253.66	16.049 99	1.077 48	345 284
1982—3	24 936.66	14.316 67	1.096 66	343 028
1982—4	25 553.00	10.883 33	1.116 41	340 292
1983—1	26 755.33	9.616 670	1.123 03	346 072
1983—2	27 412.00	9.316 670	1.133 95	353 860
1983—3	28 403.33	9.333 330	1.147 21	359 544
1983—4	28 402.33	9.550 000	1.160 59	362 304
1984—1	28 715.66	10.083 33	1.171 17	368 280

---

① 顺便指出，此模型本质上是参数的非线性函数。因此，虽然 OLS 给出比方说 $\beta_1\delta$（合起来看）的一个无偏估计，却不见得给出 β_1 和 δ（个别地看）的无偏估计，特别是在小样本情形中。

② 这些数据来自于 B. Bhaskar Rao, ed., *Cointegration for the Applied Economist*, St. Martin's Press, New York, 1994, pp. 210-213。原始数据是从 1956 年第 I 季度到 1988 年第 IV 季度，但出于说明的目的，我们从 1979 年第一季度开始分析。

观测	M1	R	P	GDP
1984—2	28 996.33	11. 450 00	1. 174 06	376 768
1984—3	28 479.33	12. 450 00	1. 177 95	381 016
1984—4	28 669.00	10. 766 67	1. 184 38	385 396
1985—1	29 018.66	10. 516 67	1. 189 90	390 240
1985—2	29 398.66	9. 666 670	1. 206 25	391 580
1985—3	30 203.66	9. 033 330	1. 214 92	396 384
1985—4	31 059.33	9. 016 670	1. 218 05	405 308
1986—1	30 745.33	11. 033 33	1. 224 08	405 680
1986—2	30 477.66	8. 733 330	1. 228 56	408 116
1986—3	31 563.66	8. 466 670	1. 239 16	409 160
1986—4	32 800.66	8. 400 000	1. 253 68	409 616
1987—1	33 958.33	7. 250 000	1. 271 17	416 484
1987—2	35 795.66	8. 300 000	1. 284 29	422 916
1987—3	35 878.66	9. 300 000	1. 295 99	429 980
1987—4	36 336.00	8. 700 000	1. 310 01	436 264
1988—1	36 480.33	8. 616 670	1. 323 25	440 592
1988—2	37 108.66	9. 133 330	1. 332 19	446 680
1988—3	38 423.00	10. 050 00	1. 350 65	450 328
1988—4	38 480.66	10. 833 33	1. 366 48	453 516

注：M1 单位为百万加元；

P＝隐含价格指数（1981＝100）；

R＝90 天主要公司利率,%；

GDP 单位为百万加元（1981 年的价格）。

资料来源：Rao, op. cit. , pp. 210-213.

回归结果如下[①]：

$$\widehat{\ln M_t} = 0.856\ 1 - 0.063\ 4 \ln R_t - 0.023\ 7 \ln \text{GDP}_t + 0.960\ 7 \ln M_{t-1}$$
$$\text{se} = (0.510\ 1) \quad (0.013\ 1) \quad (0.036\ 6) \quad (0.041\ 4)$$
$$t = (1.678\ 2)\ (-4.813\ 4) \quad (-0.646\ 6) \quad (23.197\ 2)$$
$$R^2 = 0.948\ 2 \quad d = 2.458\ 2 \quad F = 213.723\ 4 \qquad (17.11.6)$$

所估计的短期需求函数表明，短期利率弹性有正确的符号，并且在统计上是显著的，因为它的 p 值几乎为零。让人惊奇的是，短期收入弹性为负，尽管在统计上它无异于零。调整系数为 $\delta = 1 - 0.960\ 7 = 0.039\ 3$，这意味着，理想的真实货币需求和实际的真实货币需求的差异，在一个季度里约减少 4％，这是一个十分缓慢的调节过程。

---

① 注意估计标准误的如下特征：比如说，$\ln R_t$ 的系数标准误指的是 $\beta_1\delta$ 的一个估计量 $\widehat{\beta_1\delta}$ 的标准误。要从 $\widehat{\beta_1\delta}$ 的标准误分别得到 β_1 和 δ 的标准误并无简单的方法，尤其是当样本较小时。但是，对于大样本，β_1 和 δ 各自的标准误可以渐近得到，但计算很复杂，可参见 Jan Kmenta, *Elements of Econometrics*, Macmillan, New York, 1971, p. 444。

要回到长期需求函数（17.11.2），只需将短期需求函数两边同时除以 δ（为什么？）并丢掉 $\ln M_{t-1}$ 一项。* 结果就是：

$$\widehat{\ln M_t^*} = 21.788\,8 - 1.613\,2\ln R_t - 0.603\,0\ln \text{GDP} \qquad (17.11.7)^{①}$$

可见，货币需求的长期利率弹性在绝对值上远远大于相应的短期弹性，对收入弹性来说同样如此，尽管在目前这个例子中它的经济和统计显著性有些含糊不清。

注意，所估计的德宾-沃森 d 为接近于 2 的 2.458 2，从而证实我们先前的评语：在自回归模型中，计算的 d 通常接近于 2，因此不能靠计算 d 来判断我们的数据是否有序列相关。本例中所选取的样本容量为 40，这对于应用 h 检验来说可能是相当大的。在本例中，读者可以证明估计的 h 值为 $-1.500\,8$，这在 5% 的水平上是不显著的，也许意味着误差项没有一阶自相关性。

17.12 说明性例子

在本节中，我们举几个例子来说明研究者如何在他们的经验研究工作中应用分布滞后模型。

例 17.9　　美国联邦储备银行与真实利率

为了评估 M1（现钞加支票存款）的增加对 Aaa 级债券真实利率变动的影响，桑通尼（G. J. Santoni）和斯通（Courtenay C. Stone）[②] 利用月度数据对美国估计了如下分布滞后模型：

$$r_t = C + \sum_{i=0}^{11} a_i \dot{M}_{t-i} + u_i \qquad (17.12.1)$$

其中 r_t＝穆迪 Aaa 级债券收益指数减去经季节调整的前 36 个月消费者价格指数的年平均变化率，以此作为真实利率的度量；而 $\dot{M}_t$＝月份的 M1 增长率；C 为常数项。

根据货币中性假说，诸如产出、就业、经济增长、实际利率等真实经济变量均不致永久地受货币增加的影响，从而基本上不受货币政策的影响……按照这种论调，美国联邦储备银行理应对真实利率无永久性的影响。[③]

若这种假说成立，则可以预期诸分布滞后系数 a_i 以及它们的总和在统计上都无异于零。为了判明情况是否如此，作者们对两个不同的时期估计了方程（17.12.1）。一个时期为 1951 年 2 月—1979 年 9 月，而另一个为 1979 年 10 月—1982 年 11 月。后一时期考虑到美国联邦储备银行的货币政策改变。自 1979 年 10 月以来，美国联邦储备银行改变先前主要注意利率变化的政策，更多地

＊　因为长期而言，方程（17.11.6）中的 $\ln M_{t-1}$ 无异于 $\ln M_t$，将二者合并即得一系数。可作为长期 $\ln M_t^*$ 的系数。——译者注

①　注意，由于第 647 页注释①中讨论过的原因，我们没有给出系数估计值的标准误。

②　"The Fed and the Real Rate of Interest," *Review*, Federal Reserve Bank of St. Louis, December 1982, pp. 8-18.

③　Ibid., p. 15.

计量经济学基础（第五版）

注意了货币供给的增长率。表 17—6 列出他们的回归结果。这些结果似乎支持了"货币中性理论"。因为 1951 年 2 月—1979 年 9 月，现期和滞后的货币增长对真实利率指标均无统计上显著的影响。而且，对于后一时期，由于 $\sum a_i$ 不显著地异于零，只有系数 a_1 是显著的，但它的符号却是错误的。（为什么？）所以货币中性理论也似乎是成立的。

表 17—6 M1 的月增长对 Aaa 级债券真实利率指标的影响：1951 年 2 月—1982 年 11 月

$$r = C + \sum_{i=0}^{11} a_i \dot{M}_{1_{t-1}}$$

	1951 年 2 月—1979 年 9 月		1979 年 10 月—1982 年 11 月	
	系数	$\|t\|^*$	系数	$\|t\|^*$
C	1.488 5†	2.068	1.036 0	0.801
a_0	−0.000 88	0.388	0.008 40	1.014
a_1	0.001 71	0.510	0.039 60†	3.419
a_2	0.001 70	0.423	0.031 12	2.003
a_3	0.002 33	0.542	0.027 19	1.502
a_4	−0.002 49	0.553	0.009 01	0.423
a_5	−0.001 60	0.348	0.019 40	0.863
a_6	0.002 92	0.631	0.024 11	1.056
a_7	0.002 53	0.556	0.014 46	0.666
a_8	0.000 00	0.001	−0.000 36	0.019
a_9	0.000 74	0.181	−0.004 99	0.301
a_{10}	0.000 16	0.045	−0.011 26	0.888
a_{11}	0.000 25	0.107	−0.001 78	0.211
$\sum a_i$	0.007 37	0.221	0.154 9	0.926
$\bar{R}^2$	0.982 6		0.866 2	
D-W	2.07		2.04	
RH01	1.27†	24.536	1.40†	9.838
RH02	−0.28†	5.410	−0.48†	3.373
NOB	344.		38.	
SER（=RSS）	0.154 8		0.389 9	

注：* $\|t\| = t$ 的绝对值。
† 在 0.05 的显著性水平上显著异于零。
资料来源：G. J. Santoni and Courtenay C. Stone, "The Fed and the Real Rate of Interest," *Review*, Federal Reserve Bank of St. Louis, December 1982, p.16.

例 17.10 1967—1993 年斯里兰卡短期与长期总消费

假定消费 C 和持久收入 X^* 有如下线性关系：

$$C_t = \beta_1 + \beta_2 X_t^* + u_t \tag{17.12.2}$$

由于 X_t^* 不可直接观测，有必要明确产生持久收入的机制。假如我们采用方程（17.5.2）中的适应性预期假说，利用方程（17.5.2）并化简，就得到如下估计方程 [与方程（17.5.5）进行比较]：

$$C_t = \alpha_1 + \alpha_2 X_t + \alpha_3 C_{t-1} + v_t \tag{17.12.3}$$

其中$\alpha_1 = \gamma\beta_1$；

$\alpha_2 = \gamma\beta_2$；

$\alpha_3 = 1 - \gamma$；

$v_t = u_t - (1 - \gamma) u_{t-1}$。

我们知道，β_2 给出消费对每增加（比如说）1 美元持久收入的平均响应，而 α_2 给出消费对每增加 1 美元现期收入的平均响应。

根据表 17—7 中给出的 1967—1993 年间的斯里兰卡年度数据，我们可以得到如下回归结果[①]：

$$\hat{C} = 1\,038.403 + 0.404\,3\,X_t + 0.500\,9\,C_{t-1}$$

$$\text{se} = (2\,501.455) \quad (0.091\,9) \quad (0.121\,3) \tag{17.12.4}$$

$$t = \quad\quad (0.415\,1) (4.397\,9) \quad (4.129\,3)$$

$$R^2 = 0.991\,2 \quad d = 1.416\,2 \quad F = 1\,298.466$$

其中 C＝私人消费支出，X＝GDP，二者均以不变价格计算。我们也可以把真实利率引入该模型，但它在统计上是不显著的。

表 17—7   **斯里兰卡的私人消费支出与 GDP**

观测	PCON	GDP	观测	PCON	GDP
1967	61 284	78 221	1981	120 477	152 846
1968	68 814	83 326	1982	133 868	164 318
1969	76 766	90 490	1983	148 004	172 414
1970	73 576	92 692	1984	149 735	178 433
1971	73 256	94 814	1985	155 200	185 753
1972	67 502	92 590	1986	154 165	192 059
1973	78 832	101 419	1987	155 445	191 288
1974	80 240	105 267	1988	157 199	196 055
1975	84 477	112 149	1989	158 576	202 477
1976	86 038	116 078	1990	169 238	223 225
1977	96 275	122 040	1991	179 001	233 231
1978	101 292	128 578	1992	183 687	242 762
1979	105 448	136 851	1993	198 273	259 555
1980	114 570	144 734			

注：PCON＝私人消费支出。

      GDP＝国内生产总值。

资料来源：数据来自于：Chandan Mukherjee, Howard White, and Marc Wuyts, *Econometrics and Data Analysis for Developing Countries*, Routledge, New York, 1998. 原始数据来自世界银行的世界表格。

此回归表明，短期边际消费倾向为 0.404 3，这意味着当前的或观测的真实收入（用真实 GDP 来计算）每增加 1 卢比，消费平均增加约 0.40 卢比。但若收入的这一增加一直持续下去，则这一持久收入的边际消费倾向最终将是 $\beta_2 = \gamma\beta_2/\gamma = 0.404\,3/0.499\,1 = 0.810\,0$ 或约为 0.81 卢比。换句话说，当消费者有足够的时间对收入变化 1 卢比做出响应时，他们的消费将增加约 0.81 卢比。

现假定我们的消费函数是：

$$C_t^* = \beta_1 + \beta_2 X_t + u_t \tag{17.12.5}$$

---

① 数据来自于：Chandan Mukherjee, Howard White, and Marc Wuyts, *Econometrics and Data Analysis for Developing Countries*, Routledge, New York, 1998. 原始数据来自世界银行的世界表格。

在这一构架中，持久或长期消费 C_t^* 是当前或观测收入的一个线性函数。由于 C_t^* 不可直接观测，不妨借助于局部调整模型 (17.6.2)。利用此模型，经过一些代数运算，我们得到：

$$C_t = \delta\beta_1 + \delta\beta_2 X_t + (1-\delta)C_{t-1} + \delta u_t$$
$$= \alpha_1 + \alpha_2 X_t + \alpha_3 C_{t-1} + v_t \tag{17.12.6}$$

从表面看，此模型和适应性预期模型 (17.12.3) 没有区别，因此方程 (17.12.4) 所给的回归结果在这里同样适用。然而，怎样解释这两个模型却大有区别，且不谈模型 (17.12.3) 为自回归模型且可能存在序列相关所带来的估计问题。模型 (17.12.5) 是长期或均衡消费函数，而模型 (17.12.6) 却是短期消费函数。β_2 衡量着长期 MPC，而 α_2（$=\delta\beta_2$）则给出短期 MPC；前者可以由后者除以调节系数 δ 得出。

回到模型 (17.12.4)，我们现在可以把 0.404 3 解释为短期 MPC。由于 $\delta=0.499\,1$，长期 MPC 是 0.81。注意，约为 0.50 的调节系数说明，在任何一个时期里，消费者都只消除他们的消费水平与理想或长期消费水平差距的一半。

本例提出一个关键性问题，即从外表看，适应性预期和局部调整模型，甚至考伊克模型如此相似，单从诸如 (17.12.4) 这样的回归估计看，将无从告知哪个模型是正确的设定。这正说明为什么在选择模型进行经验分析之前要先明确模型的理论基础，然后再适当地做下去是至关重要的。如果习惯或惯性刻画了消费行为，则局部调整模型是适宜的。另一方面，如果消费行为是前瞻性的，即以预期的未来收入为依据，则适应性预期模型是适宜的。如果属于后一情形，还必须密切注意估计方法，以求得一致估计量。而对于前一种情形，如果通常的 OLS 假定得到满足，OLS 将能够给出一致估计量。

17.13　分布滞后模型的阿尔蒙方法：阿尔蒙或多项式分布滞后[①]

虽然考伊克分布滞后模型在实践中广为应用，但它是建立在如下假定之上的：随着滞后的延长，β 系数呈几何方式下降（见图 17—5）。这一假定对某些情况来说未免过于苛求。例如，考虑图 17—7。

图 17—7a 假定 β 先增后减，而图 17—7c 假定这些 β 呈周期变化。显然，对于这些情形，分布滞后模型的考伊克模式将不适用。然而，在细察图 17—7a 和图 17—7c 之后，似可把 β_i 表达为滞后（时间）长度 i 的函数，并拟合适当的曲线以反映二者之间的函数关系，如图 17—7b 和图 17—7d 所示。这正是阿尔蒙（Shirley Almon）提出的方法。为了说明她的方法，让我们回到前面考虑过的有限分布滞后模型，即：

$$Y_t = \alpha + \beta_0 X_t + \beta_1 X_{t-1} + \beta_2 X_{t-2} + \cdots + \beta_k X_{t-k} + u_t \tag{17.1.2}$$

它又可简洁地写为：

---

① Shirley Almon, "The Distributed Lag between Capital Appropriations and Expenditures," *Econometrica*, vol. 33, January 1965, pp. 178-196.

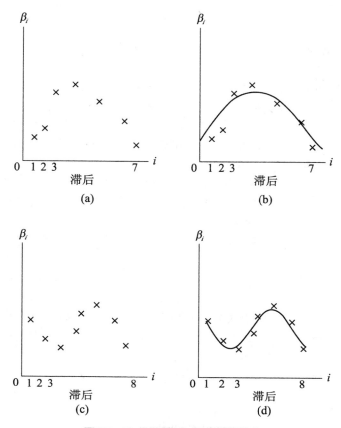

图 17—7　阿尔蒙多项式滞后模式

$$Y_t = \alpha + \sum_{i=0}^{k} \beta_i X_{t-i} + u_t \tag{17.13.1}$$

根据数学中的一个定理，即**魏尔斯特拉斯定理**（Weierstrass' theorem），阿尔蒙假定 β_i 可用滞后长度 i 的一个适当高次多项式来近似。[①] 例如，如果图 17—7a 所给出的滞后模式适用的话，就可写成：

$$\beta_i = a_0 + a_1 i + a_2 i^2 \tag{17.13.2}$$

这是 i 的一个二次多项式（见图 17—7b）。然而，如果 β 服从图 17—7c 的模式，则可写成：

$$\beta_i = a_0 + a_1 i + a_2 i^2 + a_3 i^3 \tag{17.13.3}$$

这是 i 的一个三次多项式（见图 17—7d）。更一般地，我们可写成：

$$\beta_i = a_0 + a_1 i + a_2 i^2 + \cdots + a_m i^m \tag{17.13.4}$$

这是 i 的一个 m 次多项式。这里假定 m（多数式的次数）小于 k（滞后的最大长度）。

为说明怎样使用阿尔蒙模式，且假定 β_i 符合图 17—7a 所展现的样式，从而用二次多项式逼近是合适的。将方程（17.13.2）代入方程（17.13.1），我们得到：

计量经济学基础（第五版）

---

① 粗略地说，该定理认为，在一有限闭区间里，任意连续函数都可由一适当次数的多项式来一致地近似。

$$Y_t = \alpha + \sum_{i=0}^{k} (a_0 + a_1 i + a_2 i^2) X_{t-i} + u_t$$

$$= \alpha + a_0 \sum_{i=0}^{k} X_{t-i} + a_1 \sum_{i=0}^{k} i X_{t-i} + a_2 \sum_{i=0}^{k} i^2 X_{t-i} + u_t \qquad (17.13.5)$$

定义

$$Z_{0t} = \sum_{i=0}^{k} X_{t-i}$$

$$Z_{1t} = \sum_{i=0}^{k} i X_{t-i} \qquad (17.13.6)$$

$$Z_{2t} = \sum_{i=0}^{k} i^2 X_{t-i}$$

从而可把方程（17.13.5）写成：

$$Y_t = \alpha + a_0 Z_{0t} + a_1 Z_{1t} + a_2 Z_{2t} + u_t \qquad (17.13.7)$$

在阿尔蒙模式中，Y 要对构造变量 Z 而非原始变量 X 做回归。应看到，方程（17.13.7）可用平常的 OLS 方法去估计。如果随机干扰项 u 满足经典线性回归模型假定，则这样得到的 α 和 a_i 的估计值将具有全部理想的统计性质。在这一方面，阿尔蒙方法与考伊克方法相比有明显的优点，因为我们已经看到，后者由于随机解释变量 Y_{t-1} 的出现而很可能与干扰项相关导致了严重的估计问题。

一旦从方程（17.13.7）估计出诸 α，即可从方程（17.13.2）[或更一般地还可从方程（17.13.4）]估计出原来的 β 系数如下：

$$\begin{aligned}
\hat{\beta}_0 &= \hat{a}_0 \\
\hat{\beta}_1 &= \hat{a}_0 + \hat{a}_1 + \hat{a}_2 \\
\hat{\beta}_2 &= \hat{a}_0 + 2\hat{a}_1 + 4\hat{a}_2 \qquad (17.13.8)\\
\hat{\beta}_3 &= \hat{a}_0 + 3\hat{a}_1 + 9\hat{a}_2 \\
& \cdots\cdots\cdots\cdots\cdots \\
\hat{\beta}_k &= \hat{a}_0 + k\hat{a}_1 + k^2\hat{a}_2
\end{aligned}$$

在应用阿尔蒙的方法之前，还必须解决以下实际问题。

1. 必须事先规定滞后的最大长度 k。这里也许可以采纳戴维森和麦金农的建议：

> 解决滞后长度问题的最好方法，也许是先从一个很大的 q 值 [滞后长度] 开始，而不对分布滞后的形状施加任何约束，然后看模型的拟合效果是否会随 q 的减小而显著恶化。[1]

记住，如果存在某个"真实"的滞后长度，那么，就像我们在第 13 章中看到的那样，选择过小的长度导致"遗漏有关变量的偏误"可能很严重；另一方面，选择过大的滞后长度又将导致"包含无关变量的偏误"，其后果不是那么严重；这时系数仍可由 OLS 给出一致估计，尽管系数的方差不是那么有效。

---

[1] Russell Davidson and James G. MacKinnon, *Estimation and Inference in Econometrics*, Oxford University Press, New York, 1993, pp. 675-676.

我们可以用第 13 章讨论的赤池或施瓦茨信息准则来选取合适的滞后长度。这些准则也可以用来讨论接下来即将讨论的多项式的次数选择问题。

2. 设定 k 后，还必须设定多项式的次数 m。一般地说，多项式的次数应至少比 β_i 和 i 的关系曲线转折点的个数大 1。因此，在图 17—7a 中只有一个转折点，从而一个二次多项式就能够很好地近似。在图 17—7c 中有两个转折点，因而一个三次多项式就能够很好地近似。然而，我们也许不能先验地知道转折点的个数，因而对 m 的选择大体上是主观的。然而，对某些情况而言，理论也许能提示我们一个具体的形状。在实践中，我们希望一个次数相当低（比如 $m=2$ 或 3）的多项式能得到较好的结果。在选定 m 的一个具体值后，如果我们想看看一个更高次的多项式是否会给出更好的结果，则可进行如下步骤。

假使我们必须在二次和三次多项式之间作出选择。对于二次多项式，估计方程由方程（17.13.7）给出，对于三次多项式，对应的方程是：

$$Y_t = \alpha + a_0 Z_{0t} + a_1 Z_{1t} + a_2 Z_{2t} + a_3 Z_{3t} + u_t \tag{17.13.9}$$

其中 $Z_{3t} = \sum_{i=0}^{k} i^3 X_{t-i}$。在做回归（17.13.9）后，如果我们发现 a_2 是统计显著的，而 a_3 不显著，就可认为二次多项式给出了很好的近似。

或者，如戴维森和麦金农所建议的，"在确定 q［滞后的长度］后，就可试图决定 d［多项式的次数］，再次从一个大数开始，然后把它减下来。"[1]

然而我们必须当心多重共线性的问题。因为如方程（17.13.6）［以及方程（17.13.10）］所示，Z 变量是从 X 变量构造出来的，故多重共线性的问题容易发生。如第 10 章所讨论的那样，当多重共线性的情形严重时，a_3 在统计上总是不显著，这并不是因为真的 a_3 为零，而只是因为手头上的样本不允许我们去估计出 Z_3 对 Y 的单独影响。因此，在上述解释中，在我们接受三次多项式不是正确的选择这一结论之前，我们必须先肯定多重共线性问题还不致严重到不能用第 10 章所讨论的方法去把它处理好。

3. 一旦确定了 m 和 k，就很容易构造出 Z。例如，若 $m=2$ 和 $k=5$，则 Z 是：

$$Z_{0t} = \sum_{i=0}^{5} X_{t-i} = X_t + X_{t-1} + X_{t-2} + X_{t-3} + X_{t-4} + X_{t-5}$$

$$Z_{1t} = \sum_{i=0}^{5} i X_{t-i} = X_{t-1} + 2X_{t-2} + 3X_{t-3} + 4X_{t-4} + 5X_{t-5} \tag{17.13.10}$$

$$Z_{2t} = \sum_{i=0}^{5} i^2 X_{t-i} = X_{t-1} + 4X_{t-2} + 9X_{t-3} + 16X_{t-4} + 25X_{t-5}$$

注意，Z 是原 X 变量的线性组合，还要注意 Z 为什么会表现多重共线性。

在开始讲解一个数值例子之前，先看看阿尔蒙方法有哪些优点。第一，它给出了一个涵盖各种滞后结构的灵活方法（参见习题 17.17）。而考伊克方法则拘泥于假定 β 系数是几何递减的。其次，与考伊克方法不同，在用阿尔蒙方法时，我们不必

---

[1] Ibid., pp. 675-676.

计量经济学基础（第五版）

担心滞后因变量作为解释变量出现在模型中并从而产生估计问题。最后，如果可以拟合一个足够低次的多项式，则待估计系数（指 α）的个数要比原系数（指 β）的个数少得多。

但让我们再次强调使用阿尔蒙方法的问题。第一，多项式次数以及滞后的最大期数基本上是一种主观臆断。其次，由于前述理由，Z 变量很可能存在多重共线性。因此，在方程（17.13.9）这样的模型中，a 的估计值带有很大的标准误（相对于那些系数估计值而言），从而使得一个或多个系数基于通常的 t 检验而成为统计上不显著的。但这并不一定意味着这些系数在统计上真的不显著。（关于这一命题的证明略微有些复杂，但在习题 17.18 中所有提示。）这样一来，多重共线性的问题也许没有人们所想象的那样严重。此外，我们知道，在多重共线性的情形中，即使无法准确估计单个系数，但我们可以更准确地估计这些系数的某种线性组合（**可估函数**，estimable function）。

例 17.11　　例解阿尔蒙分布滞后模型

为了解释阿尔蒙方法，表 17—8 给出了 1954—1999 年间美国制造业的存货 Y 和销售量 X 数据。

为便于说明，假定存货取决于当年和前 3 年的销售量如下：

$$Y_t = \alpha + \beta_0 X_t + \beta_1 X_{t-1} + \beta_2 X_{t-2} + \beta_3 X_{t-3} + u_t \tag{17.13.11}$$

此外再假定 β_i 可用一个二次多项式来近似，如方程（17.13.2）所示。于是，根据方程（17.13.7），我们可以把它写成：

$$Y_t = \alpha + a_0 Z_{0t} + a_1 Z_{1t} + a_2 Z_{2t} + u_t \tag{17.13.12}$$

其中：

$$Z_{0t} = \sum_{i=0}^{3} X_{t-i} = X_t + X_{t-1} + X_{t-2} + X_{t-3}$$

$$Z_{1t} = \sum_{i=0}^{3} i X_{t-i} = X_{t-1} + 2X_{t-2} + 3X_{t-3} \tag{17.13.13}$$

$$Z_{2t} = \sum_{i=0}^{3} i^2 X_{t-i} = X_{t-1} + 4X_{t-2} + 9X_{t-3}$$

如此构造出的 Z 变量，见表 17—8。利用 Y 和 Z 的数据，我们得到如下回归结果：

$$\hat{Y}_t = 25\,845.06 \quad + \quad 1.114\,9 Z_{0t} - 0.371\,3 Z_{1t} - 0.060\,0 Z_{2t}$$
$$\text{se} = (6\,596.998) \quad (0.538\,1) \quad (1.374\,3) \quad (0.454\,9) \tag{17.13.14}$$
$$t = \quad (3.917\,7) \quad (2.071\,8)\,(-0.270\,2)\,(-0.131\,9)$$
$$R^2 = 0.975\,5 \quad d = 0.164\,3 \quad F = 517.765\,6$$

注：因为我们假定一个 3 年滞后，故观测总个数从 46 减少到 43。

表 17—8　　美国制造业存货 Y、销售额 X 以及构造的 Z 数据

年份	存货	销售额	Z_0	Z_1	Z_2
1954	41 612	23 355	NA	NA	NA
1955	45 069	26 480	NA	NA	NA
1956	50 642	27 740	NA	NA	NA

年份	存货	销售额	Z_0	Z_1	Z_2
1957	51 871	28 736	106 311	150 765	343 855
1958	50 203	27 248	110 204	163 656	378 016
1959	52 913	30 286	114 010	167 940	391 852
1960	53 786	30 878	117 148	170 990	397 902
1961	54 871	30 922	119 334	173 194	397 254
1962	58 172	33 358	125 444	183 536	427 008
1963	60 029	35 058	130 216	187 836	434 948
1964	63 410	37 331	136 669	194 540	446 788
1965	68 207	40 995	146 742	207 521	477 785
1966	77 986	44 870	158 254	220 831	505 841
1967	84 646	46 486	169 682	238 853	544 829
1968	90 560	50 229	182 580	259 211	594 921
1969	98 145	53 501	195 086	277 811	640 003
1970	101 599	52 805	203 021	293 417	672 791
1971	102 567	55 906	212 441	310 494	718 870
1972	108 121	63 027	225 239	322 019	748 635
1973	124 499	72 931	244 669	333 254	761 896
1974	157 625	84 790	276 654	366 703	828 193
1975	159 708	86 589	307 337	419 733	943 757
1976	174 636	98 797	343 107	474 962	1 082 128
1977	188 378	113 201	383 377	526 345	1 208 263
1978	211 691	126 905	425 492	570 562	1 287 690
1979	242 157	143 936	482 839	649 698	1 468 882
1980	265 215	154 391	538 433	737 349	1 670 365
1981	283 413	168 129	593 361	822 978	1 872 280
1982	311 852	163 351	629 807	908 719	2 081 117
1983	312 379	172 547	658 418	962 782	2 225 386
1984	339 516	190 682	694 709	1 003 636	2 339 112
1985	334 749	194 538	721 118	1 025 829	2 351 029
1986	322 654	194 657	752 424	1 093 543	2 510 189
1987	338 109	206 326	786 203	1 155 779	2 688 947
1988	369 374	224 619	820 140	1 179 254	2 735 796
1989	391 212	236 698	862 300	1 221 242	2 801 836
1990	405 073	242 686	910 329	1 304 914	2 992 108
1991	390 905	239 847	943 850	1 389 939	3 211 049
1992	382 510	250 394	969 625	1 435 313	3 340 873
1993	384 039	260 635	993 562	1 458 146	3 393 956

年份	存货	销售额	Z_0	Z_1	Z_2
1994	404 877	279 002	1 029 878	1 480 964	3 420 834
1995	430 985	299 555	1 089 586	1 551 454	3 575 088
1996	436 729	309 622	1 148 814	1 639 464	3 761 278
1997	456 133	327 452	1 215 631	1 745 738	4 018 860
1998	466 798	337 687	1 274 316	1 845 361	4 261 935
1999	470 377	354 961	1 329 722	1 921 457	4 434 093

注：Y 和 X 经季节调整后以百万美元计。
资料来源：*Economic Report of the President*，2001，Table B-57，p. 340. Z 由方程（17.13.13）给出。

现在是对上述结果进行简短评论的时候了：在三个 Z 变量中，只有 Z_0 在 5% 的显著性水平上是个别统计显著的，而其他的两个则不是，但 F 值如此之高以至于我们可以拒绝所有的 Z 一起对 Y 没有影响的虚拟假设。如同你可能会怀疑的一样，这也许是因为多重共线性。同时，请注意计算的 d 值非常低。这并不一定意味着残差是自相关的。更可能的是，很低的 d 值意味着我们所用的模型设定可能是错误的。我们稍后还要对此加以评论。

根据方程（17.13.3）所给出的 a 系数估计值，我们可以轻易地估计出原来的 β，如方程（17.13.8）所示。在当前这个例子中，结果如下：

$$\hat{\beta}_0 = \hat{\alpha}_0 = 1.114\ 9$$
$$\hat{\beta}_1 = \hat{\alpha}_0 + \hat{\alpha}_1 + \hat{\alpha}_2 = 0.683\ 6$$
$$\hat{\beta}_2 = \hat{\alpha}_0 + 2\hat{\alpha}_1 + 4\hat{\alpha}_2 = 0.132\ 1 \tag{17.13.15}$$
$$\hat{\beta}_3 = \hat{\alpha}_0 + 3\hat{\alpha}_1 + 9\hat{\alpha}_2 = -0.539\ 4$$

于是，对应于方程（17.13.11），所估计的分布滞后模型为：

$$\hat{Y}_t = 25\ 845.0 + 1.114\ 9X_t + 0.683\ 6X_{t-1} + 0.132\ 1X_{t-2} - 0.539\ 4X_{t-3}$$
$$se = (6\ 596.99) \quad (0.538\ 1) \quad (0.467\ 2) \quad (0.465\ 6) \quad (0.565\ 6) \tag{17.13.16}$$
$$t = (3.917\ 7) \quad (2.071\ 8) \quad (1.463\ 0) \quad (0.283\ 7) \quad (-0.953\ 7)$$

β_i 估计值的几何图形如图 17—8 所示：

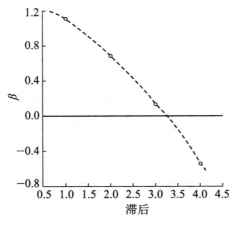

图 17—8　说明性例子的滞后结构

上述说明性例子或许可用来指出阿尔蒙程序的另外几个特点：

1. a 系数的标准误可从 OLS 回归（17.13.14）直接得到，但我们主要关心的某些 $\hat{\beta}$ 系数的标准误却不能如此获得。但这些标准误可通过统计学中的一个熟知公式，从所估计的 a 系数的标准误中计算出来，习题 17.18 中给出了这个公式。当然，没必要手工完成这个工作，因为大多数统计软件包能例行做到这一点。方程（17.13.16）中所给出的标准误可以用 EViews 6 来得到。

2. 方程（17.13.16）所求的 $\hat{\beta}$，因未受任何先验性约束而被称为无约束估计值。然而，在某些情况下，人们也许想通过假定 β_0 和 β_k（即现期和第 k 个滞后系数）为零而对 β 施加所谓**端点约束**（endpoint restrictions）。由于心理、制度或技术上的原因，解释变量在现期中也许还不会对因变量的现值有什么影响，从而说明 β_0 取值为零。同理，超过一定时期 k，自变量也许不再对因变量起作用，故可假定 β_k 为零。在存货这个例子（例 17.11）中，X_{t-3} 的系数为负值，这可能没有经济意义。因此，我们可以限定该系数为零。[①] 当然，你不必限制两端；你可以仅仅限制第一个系数（称为近端限制），或者只限制最后一个系数（称为远端限制）。关于存货这个例子，习题 17.28 进行了说明。有时我们在 β 的总和为 1 的限制条件下估计 β。但我们不能不经过仔细思索就加上这些限制条件，因为这些限制也会影响到其他（未受限制的）滞后系数值。

3. 因为滞后系数的个数选择和多项式的次数选择都取决于建模者的判断，所以试错法是不可避免的，尽管容易遭到数据挖掘的指控。这里可以使用第 13 章讨论的**赤池和施瓦茨信息准则**。

4. 因为我们用三期滞后和二次多项式来估计方程（17.13.16），所以它是一个约束最小二乘模型。假定我们决定用三期滞后，但不使用阿尔蒙多项式法。也就是说，我们用 OLS 来估计方程（17.13.11）。那么会出现什么情况呢？我们首先来看如下结果：

$$\hat{Y}_t = 26\,008.60 \quad + \quad 0.977\,1X_t + 1.013\,9X_{t-1} - 0.202\,2X_{t-2} - 0.393\,5X_{t-3}$$
$$\text{se} = (6\,691.12) \quad (0.682\,0) \quad (1.092\,0) \quad (1.102\,1) \quad (0.718\,6) \quad (17.13.17)$$
$$t = \quad (3.887\,0) \quad (1.432\,7) \quad (0.928\,4) \quad (-0.183\,5) \quad (-0.547\,6)$$
$$R^2 = 0.975\,5 \quad d = 0.157\,1 \quad F = 379.51$$

如果将这些结果与方程（17.13.16）所给出的结果进行比较，你将看出总的 R^2 实际上差不多是一样的，尽管方程（17.13.17）中的滞后模式表明它比方程（17.13.16）所给出的形状更加凸起。

正如该例所说明的那样，在使用阿尔蒙分布滞后方法时必须小心，因为结果可能对于多项式的次数和/或滞后系数的个数的选择比较敏感。

---

① 一个具体的应用，见 D. B. Batten and Daniel Thornton, "Polynomial Distributed Lags and the Estimation of the St. Louis Equation," *Review*, Federal Reserve Bank of St. Louis, April 1983，pp. 13-25。

17.14　经济学中的因果关系：格兰杰检验[①]

在 1.4 节中我们说过，虽然回归分析考虑一个变量对另一个变量的依赖关系，但这不一定意味着因果关系。换言之，变量间某种关系的存在不能够证明是因果关系或者影响的方向。但在涉及时间序列数据的回归中，情况可能有一点不同，因为正如一个作者所说的：

> ……时间不会倒退。即如果事件 A 在事件 B 之前发生，那么可能是 A 导致了 B。但不可能是 B 导致了 A。换言之，过去的事件能够导致今天事件的发生。未来的事件却不能。[②]

这基本上就是所谓格兰杰因果检验背后的思想。[③] 但是值得注意的是，因果问题对各种争议深入分析。一个极端是相信"万物导致万物"的人们，而另一个极端是否认任何因果关系存在的人们。[④] 计量经济学家爱德华·利莫尔（Edward Leamer）喜欢**先后关系**（precedence）这个术语甚于因果关系。弗朗西斯·代伯德（Francis Diebold）更喜欢用**预测因果关系**（predictive causality）这一术语。他写道：

> ……"y_i 导致 y_j"的说法，只是一种简单的表达方式，而另外一种更准确但也冗长的表达方式是："除了这个系统中其他变量的过去的历史之外，y_i 包含着预测 y_j 的有用的信息（从线性最小二乘的意义上讲）。"为了节省篇幅，我们简单地说 y_i 导致了 y_j。[⑤]

☐ 格兰杰检验

为了解释格兰杰检验，我们考虑在宏观经济学中经常会问到的问题：是 GDP "导致"货币供给 M（即 GDP→M）还是货币供给 M "导致" GDP（即 M→GDP）？这里箭头指出了因果关系的方向。格兰杰因果关系检验假定，有关 GDP

---

① 另有一种有时会使用到的所谓**西蒙斯因果关系检验**（Sims test of causality）。我们用习题的方式来讨论。

② Gary Koop, *Analysis of Economic Data*, John Wiley & Sons, New York, 2000, p.175.

③ C. W. J. Granger, "Investigating Causal Relations by Econometric Models and Cross-Spectral Methods," *Econometrica*, July 1969, pp. 424-438. 虽然通称格兰杰因果检验，但因为维纳（Wiener）更早提出此法，故宜称维纳-格兰杰因果检验。参见 N. Wiener, "The Theory of Prediction," in E. F. Beckenback, ed., *Modern Mathematics for Engineers*, McGraw-Hill, New York, 1956, pp. 165-190。

④ 关于这个专题的一个极好的讨论，参见 Arnold Zellner, "Causality and Econometrics," *Carnegie-Rochester Conference Series*, 10, K. Brunner and A. H. Meltzer, eds., North Holland Publishing Company, Amsterdam, 1979, pp. 9-50。

⑤ Francis X. Diebold, *Elements of Forecasting*, South Western Publishing, 2d ed., 2001, p.254.

或 M 变量的预测信息全部包含在这两个变量的时间序列之中。检验要求估计如下两个回归：

$$GDP_t = \sum_{i=1}^{n} \alpha_i M_{t-i} + \sum_{j=1}^{n} \beta_j GDP_{t-j} + u_{1t} \tag{17.14.1}$$

$$M_t = \sum_{i=1}^{n} \lambda_i M_{t-i} + \sum_{j=1}^{n} \delta_j GDP_{t-j} + u_{2t} \tag{17.14.2}$$

其中干扰项 u_{1t} 和 u_{2t} 假定为不相关的。顺便提一下，请注意因为有两个变量，所以我们现在讨论的是**双向因果关系**（bilateral causality）。在关于时间序列的章节中，我们将通过**向量自回归**（vector autoregression，VAR）的方法把上述分析扩展到多变量因果关系。

方程（17.14.1）假定当前 GDP 与 GDP 自身以及 M 的过去值有关，而方程（17.14.2）对 M 也做了类似假定。注意，这些回归还可被写成增长率的形式，$\dot{GDP}$ 和 $\dot{M}$，其中变量上方的圆点表示增长率。现在分四种情形讨论：

1. 若方程（17.14.1）中 M 的滞后系数估计值整体来看在统计上异于零，而方程（17.14.2）中的 GDP 滞后系数的估计值在统计上又不是异于零的，则就表明存在从 M 到 GDP 的单向因果关系。

2. 反之，若方程（17.14.1）中 M 的滞后系数集在统计上不是异于零的，而方程（17.14.2）中 GDP 的滞后系数集却是统计上异于零的，则存在从 GDP 到 M 的单向因果关系。

3. 若 M 和 GDP 的系数集在两个回归中都是统计上异于零的，则表示有反馈或双向因果关系。

4. 最后，若 M 和 GDP 的系数在两个回归中都不是统计显著的，则表示二者之间相互独立。

更一般地，由于将来不能预测过去，所以如果变量 X 是变量 Y 的（格兰杰）原因，则 X 的变化应先于 Y 的变化。因此，在做 Y 对其他变量（包括自身过去值）的回归时，如果把 X 的过去或滞后值包括进来能显著地改进对 Y 的预测，我们就可以说 X 是 Y 的（格兰杰）原因。类似地，定义 Y 是 X 的（格兰杰）原因。

做格兰杰因果关系检验的步骤如下，现通过方程（17.14.1）所给的国内生产总值—货币一例加以说明

1. 将当前的 GDP 对所有的 GDP 滞后项以及其他变量（如果有的话）做回归，但在这一回归中不要把 M 变量的滞后项包括进来。根据第 8 章，这是一个受约束的回归。然后从它得到受约束的残差平方和 RSS_R。

2. 现在做含有 M 变量的滞后项的回归，用第 8 章的语言，这是一个无约束的回归，由此回归得到无约束的残差平方和 RSS_{UR}。

3. 虚拟假设是 $H_0: \alpha_i = 0, i = 1, 2, \cdots, n$，即 M 的滞后项不属于此回归。

4. 为了检验此假设，我们利用方程（8.7.9）所给的 F 检验，即：

$$F = \frac{(RSS_R - RSS_{UR})/m}{RSS_{UR}/(n-k)} \tag{8.7.9}$$

它服从自由度为 m 和 $(n-k)$ 的 F 分布。在本例中 m 等于 M 的滞后阶数，而 k 是无约束回归中待估计的参数个数。

5. 如果在选定的显著性水平上计算的 F 值超过 F 临界值，则拒绝虚拟假设，这样 M 的滞后项就属于此回归。这是 M 导致 GDP 的另一种说法。

6. 为了检验模型 (17.14.2)，即检验 GDP 是否导致 M，可重复步骤 1 至 5。

在我们说明格兰杰因果关系检验之前，有几点必须引起注意：

1. 这两个变量（即 GDP 和 M）被假定为是平稳的。关于平稳性的概念，我们前面已经从直觉上加以讨论，而且在第 21 章我们还将对它进行更加正式的讨论。如果变量在水平值的形式上还不是平稳的，有时我们对变量进行一阶差分来使其平稳。

2. 在因果关系检验中引入的滞后阶数是一个重要的实际问题。就像在分布滞后模型中一样，我们可能不得不使用赤池或施瓦茨信息准则来作出选择。但必须补充说明一点：因果关系的方向可能严格依赖于所包含的滞后阶数。

3. 我们假定进入因果关系检验的误差项是不相关的。如果情况不是这样，那么就不得不采取适当的变换（正如第 12 章所讨论的那样）。[1]

4. 因为我们的兴趣在于检验因果关系，所以我们不必明确地给出模型 (17.14.1) 和 (17.14.2) 的估计系数（为了节省篇幅）；只需给出方程 (8.7.9) 中的 F 检验结果便足够了。

5. 我们还必须提防"谬误"因果关系。在国内生产总值—货币一例中，假设我们考虑利率，比如短期利率。很可能货币是利率的"格兰杰原因"，而利率又是 GDP 的"格兰杰原因"。因此，如果我们不考虑利率，而发现货币导致 GDP，那么，我们所观察到的 GDP 与货币之间的因果关系可能就是谬误的。[2] 正如前面曾指出的那样，处理这个问题的方法之一，就是考虑一个多元方程组，比如向量自回归，我们在第 22 章将更加详尽地讨论这个问题。

例 17.12 **货币和收入间的因果关系**

哈夫（R. W. Hafer）利用格兰杰检验来考察 1960 年第 I 季度至 1980 年第 IV 季度间美国的 GNP（而不是 GDP）与 M 之间究竟是怎样一种因果关系。他没有使用这些变量的总值，而是用这些变量的增长率（$\dot{GNP}$ 和 $\dot{M}$），并且在前面给出的两个回归中使用每个变量的四阶滞后。结果如下。[3] 每种情形中的虚拟假设都是：所考虑的变量不是另一变量的"格兰杰原因"。

---

[1] 详细情形参见 Wojciech W. Charemza and Derek F. Deadman, *New Directions in Econometric Practice*: *General to Specific Modelling*, *Cointegration and Vector Autoregression*, 3d ed., Edward Elgar Publishing, 1997, Chapter 6。

[2] 对此，可参见 J. H. Stock and M. W. Watson, "Interpreting the Evidence on Money-Income Causality," *Journal of Econometrics*, vol. 40, 1989, pp. 783-820。

[3] R. W. Hafer, "The Role of Fiscal Policy in the St. Louis Equation," *Review*, Federal Reserve Bank of St. Louis, January, 1982, pp. 17-22, 关于程序细节参阅此书的注释 12。

因果关系的方向	F 值	决定
$\dot{M} \rightarrow \dot{GNP}$	2.68	拒绝
$\dot{GNP} \rightarrow \dot{M}$	0.56	不拒绝

这些结果意味着因果关系的方向是从货币增长到 GNP 增长,因为这个 F 估计值在 5% 的显著性水平上是显著的;F 临界值是 2.50(自由度为 4 和 71)。另一方面,不存在"反向"的因果关系,即从 GNP 的增长到 M 的增长,因为 F 值在统计上不显著。

例 17.13　　加拿大货币和利率间的因果关系

参照表 17—5 给出的加拿大的数据。假定我们想查明加拿大 1979—1988 年间每季度货币供给和利率之间是否存在某种因果关系。为了表明格兰杰因果检验十分依赖于模型中引入的滞后阶数,我们提供了使用几个不同(季度)滞后的 F 检验结果。在每种情况下,虚拟假设为利率不是货币供给的(格兰杰)原因或反之。

因果关系的方向	滞后期的数量	F 值	决定
$R \rightarrow M$	2	12.92	拒绝
$M \rightarrow R$	2	3.22	拒绝
$R \rightarrow M$	4	5.59	拒绝
$M \rightarrow R$	4	2.45	拒绝(在 7% 水平)
$R \rightarrow M$	6	3.516 3	拒绝
$M \rightarrow R$	6	2.71	拒绝
$R \rightarrow M$	8	1.40	不拒绝
$M \rightarrow R$	8	1.62	不拒绝

注意上述 F 检验结果的如下特征:一直到 6 阶滞后,货币供给与利率之间都存在双向的因果关系。但是,在 8 阶滞后,这两个变量之间不存在统计上可辨别的关系。这就进一步强化了我们前面得出的观点:格兰杰检验的结果对于模型中引入的滞后阶数非常敏感。

例 17.14　9 个东亚国家(地区)GDP 增长率和总储蓄率之间的因果关系

一项 GDP 增长率(g)和总储蓄率(s)之间双向因果关系的研究,给出了如表 17—9 所示的结果。[1] 为了进行对比,该表也提供了美国的结果。表 17—9 所提供的结果大体上表明:对于大多数东亚国家(地区),因果关系是从 GDP 增长率到总储蓄率。与此相对照,美国经济在 1950—1988 年间直到 3 阶滞后,因果关系仍是双向的,但到了 4 阶和 5 阶滞后,因果关系是从 GDP 增长率到储蓄率,而不是相反的方向。

---

① 这些结果得自于 *The East Asian Miracle:Economic Growth and Public Policy*,published for the World Bank by Oxford University Press,1993,p. 244.

为了对格兰杰检验的讨论作出推断，请记住我们检验的问题是：当两个变量之间暂时存在先导和滞后关系时，人们是否能从统计上查明其因果关系。如果因果关系得到证实，则意味着人们可以用一个变量来更好地预测另一变量，这种预测比简单地根据那个变量过去的历史所做出的预测更加准确。在东亚经济的例子中，似乎我们能通过考虑GDP增长率的滞后项来更好地预测总储蓄率，这种预测比仅仅考虑总储蓄率的滞后项所做出的预测更准确。

表 17—9   真实人均 GDP 增长率和总储蓄率之间的双变量格兰杰因果关系检验

国家（地区），年份	滞后年数	等式右侧滞后变量 储蓄	增长	国家（地区），年份	滞后年数	等式右侧滞后变量 储蓄	增长
中国香港，1960—1988	1	Sig	Sig	菲律宾，1950—1988	1	NS	Sig
	2	Sig	Sig		2	NS	Sig
	3	Sig	Sig		3	NS	Sig
	4	Sig	Sig		4	NS	Sig
	5	Sig	Sig		5	NS	Sig
印度尼西亚，1965	1	Sig	Sig	新加坡，1960—1988	1	NS	NS
	2	NS	Sig		2	NS	NS
	3	NS	Sig		3	NS	NS
	4	NS	Sig		4	Sig	NS
	5	NS	Sig		5	Sig	NS
日本，1950—1988	1	NS	Sig	中国台湾，1950—1988	1	Sig	Sig
	2	NS	Sig		2	NS	Sig
	3	NS	Sig		3	NS	Sig
	4	NS	Sig		4	NS	Sig
	5	NS	Sig		5	NS	Sig
朝鲜人民共和国，1955—1988	1	Sig	Sig	泰国，1950—1988	1	NS	Sig
	2	NS	Sig		2	NS	Sig
	3	NS	Sig		3	NS	Sig
	4	NS	Sig		4	NS	Sig
	5	NS	Sig		5	NS	Sig
马来西亚，1955—1988	1	Sig	Sig	美国，1950—1988	1	Sig	Sig
	2	Sig	Sig		2	Sig	Sig
	3	NS	NS		3	Sig	Sig
	4	NS	NS		4	NS	Sig
	5	NS	Sig		5	NS	Sig

注：Sig：显著；NS：不显著。

增长率是以 1985 年的国际价格计算的真实人均 GDP 增长率。

资料来源：World Bank, *The East Asian Miracle: Economic Growth and Public Policy*, Oxford University Press, New York, 1993, p. 244, (Table A5-2). 原始资料来源于 Robert Summers and Alan Heston, "The Penn World Tables (Mark 5): An Expanded Set of International Comparisons, 1950-88," *Quarterly Journal of Economics*, vol. 105, no. 2, 1991.

□ * 关于因果关系和外生性的一个注解

当我们在本书的第4部分研究联立方程模型时，经济变量常常被划分成两大类，即**内生变量**（endogenous）和**外生变量**（exogenous）。粗略地讲，内生变量就等价于单方程回归模型中的因变量，而外生变量则等价于此类模型中的 X 变量或回归元，只要 X 变量和该方程的误差项不相关。①

现在会出现一个有趣的问题：假定在一个格兰杰因果关系检验中，我们发现 X 变量是 Y 变量的（格兰杰）原因，而后者不是前者的原因（即无双向因果关系）。那么能否把 X 变量当成外生变量呢？换句话说，我们能否用格兰杰因果关系（或非因果关系）来证明外生性呢？

为了回答这个问题，我们需要区分三种类型的外生性：（1）弱外生性，（2）强外生性，和（3）超外生性。为便于说明，假定我们只考虑两个变量 Y_t 和 X_t，并且进一步假定把 Y_t 对 X_t 进行回归。若 Y_t 不能解释 X_t，则称 X_t 是弱外生的。这时，以 X_t 的值为条件，就可以做回归模型的估计和检验。事实上，回到第2章，你将会意识到我们的回归模型的建立是以给定 X_t 变量为条件的。若 Y 的现期值和滞后值都不能解释 X_t（也就是没有反馈关系），则称 X_t 是强外生的。如果即使 X 值发生变化，Y 对 X 回归中的参数仍然不变，则称 X_t 是超外生的；也就是说，参数值不随 X 值的变化而变化。如果实际情况是这样的话，那么著名的"卢卡斯批判"（Lucas critique）就站不住脚。②

区分这三类外生性的原因在于："一般而言，弱外生性是估计和检验所必需的，强外生性对于预测是必要的，而超外生性对于政策分析是必要的。"③

回到格兰杰因果关系，如果变量 Y 不是另一变量 X 的原因，那么我们能否假设后者是外生的呢？不幸的是，答案不是直截了当的。如果我们正在谈论弱外生性，那么它将表明格兰杰因果关系对于证明外生性而言既不是必要的也不是充分的。另一方面，格兰杰因果关系对于强外生性来说是必要的（但不是充分的）。这些命题的证明超出了本书的范围。④ 对于我们而言，有必要把格兰杰因果关系和外生性的概念区别开来，并且将前者当作分析时间序列数据的一个有用的描述性工具。在第19章，我们将讨论一个检验，它能用于检验一个变量能否当作外生变量。

---

① 当然，如果解释变量包括内生变量的一个或一个以上滞后项，则可能没有满足这个要求。

② 诺贝尔经济学奖获得者罗伯特·卢卡斯（Robert Lucas）提出：当政策变化时，变量间存在的关系可能会发生变化，从而从模型中估计的参数对于预测来说没有什么价值。关于这一点，参见 Oliver Blanchard, *Macroeconomics*，Prentice Hall，1997，pp.371-372。

③ Keith Cuthbertson, Stephen G. Hall, and Mark P. Taylor, *Applied Econometric Techniques*，University of Michigan Press，1992，p.100。

④ 关于一个相当简单的讨论，见 G. S. Maddala, *Introduction to Econometrics*，2d ed.，Macmillan，New York，1992，pp.394-395，亦见 David F. Hendry, *Dynamic Econometrics*，Oxford University Press，New York，1995，Chapter 5。

计量经济学基础（第五版）

要点与结论

1. 出于心理上、技术上和制度上的原因，一个回归子对一（多）个回归元的响应会带有一定的时滞。考虑时间滞后的回归模型被称为**动态回归模型**或**滞后回归模型**。

2. 有两类滞后回归模型：**分布滞后模型**和**自回归模型**。在前一种情形中，回归元的当前值和滞后值作为解释变量而出现；而在后一种情形中，有回归子的滞后值作为解释变量而出现。

3. 一个纯粹的分布滞后模型可用 OLS 去估计，但这时由于一个回归元的相邻滞后值之间的相关倾向而会有多重共线性的问题。

4. 为此，人们设计了一些简单的方法，包括考伊克、适应性预期和局部调整等机制，前者纯粹是一个数学方法，而后两者则有经济原理作为依据。

5. 但**考伊克、适应性预期和局部调整模型**有一个独特的性质，就是它们全是自回归模型；回归子的滞后值都作为解释变量而出现。

6. 自回归过程给模型估计带来了挑战；如果滞后回归子和误差项相关，则这些模型的 OLS 估计量不仅是有偏误的，而且是不一致的。考伊克和适应性预期模型属于有偏误和不一致的情形；局部调整模型则有所不同，尽管其中也出现了滞后回归子，但仍可用 OLS 获得一致估计。

7. 为了得到考伊克和适应性预期模型的一致估计，最广为应用的方法是**工具变量法**。工具变量是滞后回归子的一个代理变量，但它具有与误差项无关的性质。

8. 取代方才讨论的滞后回归模型的另一方法，是**阿尔蒙多项式分布滞后模型**。它避免了自回归模型带来的估计问题。然而，阿尔蒙方法的主要问题是，使用者必须先验地规定滞后长度和多项式次数。解决滞后长度和多项式次数的选择问题，有正式的和非正式的两类方法。

9. 分布滞后和自回归模型由于明确地考虑了时间的作用，而把原本静态的经济理论变成了动态的，故在经验经济学中显得极为有用。尽管它们有估计上的困难，却是可以克服的。这些模型帮助我们区分了因变量相对于解释变量单位变化的短期响应和长期响应。例如，为了估计短期和长期的价格弹性、收入弹性、替代弹性及其他弹性，这些模型是非常有用的。[1]

10. 分布滞后和/或自回归模型由于涉及滞后而引发了经济变量中的因果关系的讨论。在应用研究中，**格兰杰因果**模型得到了广泛的关注。但因格兰杰方法对模型中所取的滞后长短异常敏感，故在应用中要保持高度警觉。

11. 即使变量 X 是另一个变量 Y 的"格兰杰原因"，这也并不意味着 X 就是外生的。我们区分了三种类型的外生性——弱外生性、强外生性和超外生性，并且指出了这种区分的重要性。

习　　题

问答题

17.1　用简单的理由说明以下的命题是正确的、错误的或不确定的：

---

[1]　关于这些模型的应用，参见 Arnold C. Harberger, ed., *The Demand for Durable Goods*, University of Chicago Press, Chicago, 1960。

a. 所有计量经济模型本质上都是动态的。

b. 如果有某些分布滞后系数是正的，而另一些是负的，那么考伊克模型就没有多大意义。

c. 如果用 OLS 估计考伊克和适应性预期模型，则估计量将是有偏误的，但却是一致性的。

d. 在局部调整模型中，OLS 估计量在有限样本中是有偏误的。

e. 在一（多）个随机回归元和一个自相关误差项同时出现时，工具变量法将得到无偏且一致的估计。

f. 当一个滞后回归子作为一个回归元出现时，用德宾-沃森 d 统计量去侦察自相关性实际上是无效的。

g. 德宾 h 检验在大样本和小样本中都是有效的。

h. 格兰杰检验与其说是因果关系检验，不如说是领先滞后检验。

17.2 证明方程（17.7.2）。

17.3 证明方程（17.8.3）

17.4 假定价格是按照如下适应性预期的假设形成的：

$$P_t^* = \gamma P_{t-1} + (1-\gamma)P_{t-1}^*$$

其中 P^* 是预期价格而 P 是真实价格。

假定 $\gamma=0.5$，试完成下表①：

时期	P^*	P
$t-3$	100	110
$t-2$		125
$t-1$		155
t		185
$t+1$		—

17.5 考虑模型：

$$Y_t = \alpha + \beta_1 X_{1t} + \beta_2 X_{2t} + \beta_3 Y_{t-1} + v_t$$

假定 Y_{t-1} 和 v_t 相关。为了消除这种相关，假定我们采取如下工具变量法：先求 Y_t 对 X_{1t} 和 X_{2t} 的回归，并从此回归得到估计值 $\hat{Y}_t$。然后做回归：

$$Y_t = \alpha + \beta_1 X_{1t} + \beta_2 X_{2t} + \beta_3 \hat{Y}_{t-1} + v_t$$

其中 $\hat{Y}_{t-1}$ 是从第一步回归估计出来的。

a. 这一方法何以消除了原模型中 Y_{t-1} 和 v_t 之间的相关性？

b. 和利维亚坦（Liviatan）的方法相比，以上建议的方法有什么优点？

*17.6 a. 证明方程（17.4.8）。

b. 对 $\lambda=0.2$，0.4，0.6，0.8 估计中位滞后。

c. λ 值与中位滞后值之间有何规律性的关系？

17.7 a. 证明对于考伊克模型平均滞后如方程（17.4.10）所示。

b. 如果 λ 比较大，这将意味着什么？

17.8 利用方程（17.4.9）所给的平均滞后公式，验证表 17—1 中给出的平均滞后为 10.959 个季度。

17.9 假令：

---

① 改编自 G. K. Shaw，op. cit.，p. 26。

$$M_t = \alpha + \beta_1 Y_t^* + \beta_2 R_t^* + u_t$$

其中 M＝真实货币需求，Y^*＝预期真实收入，R^*＝预期利率。假定预期值的形成方式如下：

$$Y_t^* = \gamma_1 Y_t + (1 - \gamma_1) Y_{t-1}^*$$

$$R_t^* = \gamma_2 R_t + (1 - \gamma_2) R_{t-1}^*$$

其中 γ_1 和 γ_2 是调整系数，均介于 0 与 1 之间。

a. 你怎样用可观测的数量来表达 M_t？

b. 你预见到什么估计问题？

*17.10 如果你用 OLS 估计方程（17.7.2），你能推导出原始参数的估计值吗？你预见到什么问题？[1]

17.11 **序列相关模型**。考虑如下模型：

$$Y_t = \alpha + \beta X_t + u_t$$

假定 u_t 服从第 12 章中所给的马尔可夫一阶自回归模式，即：

$$u_t = \rho u_{t-1} + \varepsilon_t$$

其中 ρ 是（一阶）自相关系数，而 ε_t 满足全部经典 OLS 假定。于是，如第 12 章所证明的那样，模型

$$Y_t = \alpha(1 - \rho) + \beta(X_t - \rho X_{t-1}) + \rho Y_{t-1} + \varepsilon_t$$

将有一序列无关的误差项，使得 OLS 估计成为可能。但这个所谓的**序列相关模型**（serial correlation model）非常像考伊克、适应性预期和局部调整模型。那么，你怎样会知道在某个给定情形中上述模型中的哪一个是适用的？[2]

17.12 考虑方程（17.4.7）所给的考伊克（或者适应性预期）模型，即：

$$Y_t = \alpha(1 - \lambda) + \beta_0 X_t + \lambda Y_{t-1} + (u_t - \lambda u_{t-1})$$

假定在原始模型中 u_t 服从一阶自回归模式 $u_t - \rho u_{t-1} = \varepsilon_t$，其中 ρ 是自相关系数，而 ε_t 满足全部经典 OLS 假定。

a. 如果 $\rho = \lambda$，那么能不能用 OLS 估计考伊克模型？

b. 这样得到的估计值将是无偏的？一致的？为什么或为什么不？

c. 假定 $\rho = \lambda$ 的合理性如何？

17.13 **三角形或算术分布滞后模型**。[3] 此模型假定刺激变量（解释变量）在当前时期发挥它的最大影响，然后随着时间的推移，影响按等差级数下降到零。从几何上看如图 17—9 所示。假使按照这种分布，我们做如下一连串回归：

$$Y_t = \alpha + \beta\left(\frac{2X_t + X_{t-1}}{3}\right)$$

$$Y_t = \alpha + \beta\left(\frac{3X_t + 2X_{t-1} + X_{t-2}}{6}\right)$$

$$Y_t = \alpha + \beta\left(\frac{4X_t + 3X_{t-1} + 2X_{t-2} + X_{t-3}}{10}\right)$$

……

① Roger N. Waud, "Misspecification in the 'Partial Adjustment' and 'Adaptive Expectations' Models," *International Economic Review*, vol. 9, no. 2, June 1968, pp. 204-217.

② 关于序列相关模型的一个讨论，参见 Zvi Griliches, "Distributed Lags: A Survey," *Econometrica*, vol. 35, no. 1, January 1967, p. 34。

③ 该模型由费希尔在下文中提出：Irving Fisher, "Note on a Short-Cut Method for Calculating Distributed Lags," *International Statistical Bulletin*, 1937, pp. 323-328。

并选择有最高 R^2 的回归作为"最好"的回归，对此策略加以评论。

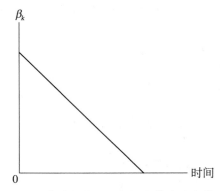

图 17—9　（费希尔的）三角形或算术分布滞后模式

17.14　根据 1950—1960 年间的季度数据，布列奇凌（F. P. R. Brechling）得到如下英国经济的劳动需求函数（括号中的数字是标准误）[1]：

$$\hat{\dot{E}}_t = 14.22 + 0.172\,Q_t - 0.028t - 0.000\,7t^2 - 0.297E_{t-1}$$
$$(2.61)\ (0.014)\quad (0.015)\ (0.000\,2)\quad (0.033)$$
$$\bar{R}^2 = 0.76\qquad d = 1.37$$

其中 $\dot{E}_t = E_t - E_{t-1}$；

　　$Q =$ 产出；

　　$t =$ 时间。

上述方程所依据的假定是：理想的就业水平 E_t^* 是产出、时间和时间平方的函数，而且 $E_t - E_{t-1} = \delta(E_t^* - E_{t-1})$，其中调整系数 δ 介于 0 与 1 之间。

　　a. 解释上述回归。

　　b. δ 值是多少？

　　c. 从所估计的短期需求函数推导出长期需求函数。

　　d. 你怎样检验上述模型中的序列相关性？

17.15　格里利切斯曾用以下模型研究了农场对拖拉机的需求[2]：

$$T_t^* = \alpha X_{1,t-1}^{\beta_1} X_{2,t-1}^{\beta_2}$$

其中 $T^* =$ 拖拉机的理想存量；

　　$X_1 =$ 拖拉机的相对价格；

　　$X_2 =$ 利率。

他利用存量调整模型和 1921—1957 年数据得到如下结果：

$$\widehat{\log T_t} = C - 0.218 \log X_{1,t-1} - 0.855 \log X_{2,t-1} + 0.864 \log T_{t-1}$$
$$(0.051)\qquad\qquad (0.170)\qquad\qquad (0.035)$$
$$R^2 = 0.987$$

———————————

①　F. P. R. Brechling, "The Relationship between Output and Employment in British Manufacturing Industries," *Review of Economic Studies*, vol. 32, July 1965.

②　Zvi Griliches, "The Demand for a Durable Input: Farm Tractors in the United States, 1921—1957," in Arnold C. Harberger, ed., *The Demand for Durable Goods*, University of Chicago Press, Chicago, 1960.

其中 C 为常数项，log 表示自然对数，括号内的数字是估计的标准误。

    a. 估计的调整系数是多少？

    b. 短期和长期价格弹性各为多少？

    c. 相应的利息弹性为多少？

    d. 在本模型中出现高或低的调整速度的理由是什么？

17.16   每当滞后因变量作为一个解释变量出现时，R^2 通常都要比它不出现时高许多。观察到这种现象的原因是什么？

17.17   考虑图 17—10 中的滞后模式，你会用几次多项式去拟合这些滞后结构，为什么？

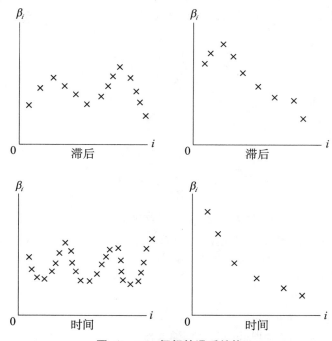

图 17—10   假想的滞后结构

17.18   考虑方程 (17.13.4)：

$$\beta_i = a_0 + a_1 i + a_2 i^2 + \cdots + a_m i^m$$

为了从 a_i 的方差得到 $\hat{\beta}_i$ 的方差，我们利用如下公式：

$$\text{var}(\hat{\beta}_i) = \text{var}(\hat{a}_0 + \hat{a}_1 i + \hat{a}_2 i^2 + \cdots + \hat{a}_m i^m)$$

$$= \sum_{j=0}^{m} i^{2j} \text{var}(\hat{a}_j) + 2 \sum_{j<p} i^{(j+p)} \text{cov}(\hat{a}_j \hat{a}_p)$$

a. 利用上述公式求出如下 $\hat{\beta}_i$ 表达式的方差：

$$\hat{\beta}_i = \hat{a}_0 + \hat{a}_1 i + \hat{a}_2 i^2$$

$$\hat{\beta}_i = \hat{a}_0 + \hat{a}_1 i + \hat{a}_2 i^2 + \hat{a}_3 i^3$$

b. 如果 a_i 的方差相对于它们本身较大，$\hat{\beta}_i$ 的方差也将较大吗？为什么？

17.19   考虑如下的分布滞后模型：

$$Y_t = \alpha + \beta_0 X_t + \beta_1 X_{t-1} + \beta_2 X_{t-2} + \beta_3 X_{t-3} + \beta_4 X_{t-4} + u_t$$

假定 β_i 可适当地用二次多项式表达如下：

$$\beta_i = a_0 + a_1 i + a_2 i^2$$

如果你想施加约束 $\beta_0 = \beta_4 = 0$，你将怎样估计这些 β?

17.20 倒 V 型分布滞后模型。 考虑 k 期有限分布滞后模型

$$Y_t = \alpha + \beta_0 X_t + \beta_1 X_{t-1} + \beta_2 X_{t-2} + \cdots + \beta_k X_{t-k} + u_t$$

狄利乌（F. DeLeeuw）曾提出像图 17—11 那样的 β 结构，即 β_i 呈倒 V 型变化。为简单起见，假定 k（滞后的最大长度）是偶数并假定 β_0 和 β_k 是零。狄利乌建议对诸 β 采用如下模式[①]：

$$\beta_i = i\beta \qquad 0 \leqslant i \leqslant \frac{k}{2}$$

$$= (k-i)\beta \qquad \frac{k}{2} \leqslant i \leqslant k$$

你将如何利用狄利乌模式去估计上述 k 期分布滞后模型?

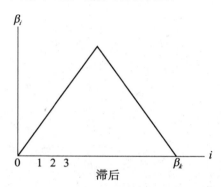

图 17—11 倒 V 型分布滞后模型

17.21 参照习题 12.15，既然那里显示的 d 值对（一阶）自相关的侦察没有什么用处（为什么?），对于这种情形，你会怎样检验自相关?

实证分析题

17.22 考虑如下模型：

$$Y_t^* = \alpha + \beta_0 X_t + u_t$$

其中 Y^* ＝新建厂房和设备方面理想的或长期企业支出，X＝销售量，t＝时间，利用存量调整模型和表 17—10 中的数据，估计出对新厂房和设备支出的长期和短期需求函数中的参数。

你怎样发现数据中是否有序列相关?

表 17—10 　　　1970—1991 年间美国制造业固定厂房和设备投资 Y 与销售量 X

（以十亿美元计，并经季节调整）

年份	厂房支出 Y	销售量 X	年份	厂房支出 Y	销售量 X
1970	36.99	52.805	1976	58.53	98.797
1971	33.60	55.906	1977	67.48	113.201
1972	35.42	63.027	1978	78.13	126.905
1973	42.35	72.931	1979	95.13	143.936
1974	52.48	84.790	1980	112.60	154.391
1975	53.66	86.589	1981	128.68	168.129

[①] 参见他的论文："The Demand for Capital Goods by Manufacturers：A Study of Quarterly Time Series," *Econometrica*，vol. 30，no. 3，July 1962，pp. 407-423。

年份	厂房支出 Y	销售量 X	年份	厂房支出 Y	销售量 X
1982	123.97	163.351	1987	141.06	206.326
1983	117.35	172.547	1988	163.45	223.541
1984	139.61	190.682	1989	183.80	232.724
1985	152.88	194.538	1990	192.61	239.459
1986	137.95	194.657	1991	182.81	235.142

资料来源：*Economic Report of the President*，1993. Y 的数据来自表 B-52，第 407 页；X 的数据来自表 B-53，第 408 页。

17.23　利用习题 17.22 中的数据，但考虑如下模型：

$$Y_t^* = \beta_0 \, X_t^{\beta_1} \, e^{u_t}$$

用存量调整模型（为什么？）估计新厂房和设备支出对销售量的短期和长期弹性。将你的结果同习题 17.22 的结果相比较，你会选择哪个模型，为什么？数据中是否有序列相关？你是怎样知道的？

17.24　利用习题 17.22 的数据，但假定：

$$Y_t = \alpha + \beta_0 X_t^* + u_t$$

其中 X_t^* 为理想销售量。估计此模型的参数，并将结果同习题 17.22 所得到的结果相比较。你怎样决定哪个模型是适当的模型？根据 h 统计量，你会得出数据中有序列相关的结论吗？

17.25　假如有人使你相信企业的新厂房和设备支出与销售量有如下的关系：

$$Y_t^* = \alpha + \beta_0 X_t^* + u_t$$

其中 Y^* 是理想的支出而 X^* 是理想的或预期的销售量。用习题 17.22 所给的数据去估计此模型，并评论你的结果。

17.26　利用习题 17.22 所给的数据，判断厂房支出是销售量的格兰杰原因，还是销售量是厂房支出的格兰杰原因？使用直至 6 阶滞后并评述你的结果。你从本题中得到什么重要结论？

17.27　假定习题 17.22 中的销售量对厂房和设备支出有一个分布滞后效应，试用一个阿尔蒙滞后模型拟合该数据。

17.28　对方程（17.13.16）施加（1）近端限制，（2）远端限制，和（3）两端限制后，重新进行估计，并将所得结果与方程（17.13.16）进行比较，你能得出什么一般性的结论？

17.29　表 17—11 给出了如下数据：在信息处理和设备上的私人固定投资 Y（十亿美元），制造业和贸易的总销售额 X_2（百万美元）以及利率 X_3（穆迪 Aaa 级公司债券利率，%）；Y 和 X_2 数据都经过季节调整。

a. 检验 Y 和 X_2 之间的双向因果关系，注意滞后长度。

b. 检验 Y 和 X_3 之间的双向因果关系，同样注意滞后长度。

c. 考虑到销售额对投资的分布滞后效应，假定你决定用阿尔蒙滞后法，列出估计模型，适当注意滞后长度和多项式的次数。

表 17—11　　　　　1960—1999 年间美国的投资、销售额和利率数据

年份	投资 Y	销售额 X_2	利率 X_3	年份	投资 Y	销售额 X_2	利率 X_3
1960	4.9	60 827	4.41	1965	8.5	80 283	4.49
1961	5.2	61 159	4.35	1966	10.6	87 187	5.13
1962	5.7	65 662	4.33	1967	11.2	90 820	5.51
1963	6.5	68 995	4.26	1968	11.9	96 685	6.18
1964	7.3	73 682	4.40	1969	14.6	105 690	7.03

续前表

年份	投资 Y	销售额 X_2	利率 X_3	年份	投资 Y	销售额 X_2	利率 X_3
1970	16.7	108 221	8.04	1985	130.8	422 583	11.37
1971	17.3	116 895	7.39	1986	137.6	430 419	9.02
1972	19.3	131 081	7.21	1987	141.9	457 735	9.38
1973	23.0	153 677	7.44	1988	155.9	497 157	9.71
1974	26.8	177 912	8.57	1989	173.0	527 039	9.26
1975	28.2	182 198	8.83	1990	176.1	545 909	9.32
1976	32.4	204 150	8.43	1991	181.4	542 815	8.77
1977	38.6	229 513	8.02	1992	197.5	567 176	8.14
1978	48.3	260 320	8.73	1993	215.0	595 628	7.22
1979	58.6	297 701	9.63	1994	233.7	639 163	7.96
1980	69.6	327 233	11.94	1995	262.0	684 982	7.59
1981	82.4	355 822	14.17	1996	287.3	718 113	7.37
1982	88.9	347 625	13.79	1997	325.2	753 445	7.26
1983	100.8	369 286	12.04	1998	367.4	779 413	6.53
1984	121.7	410 124	12.71	1999	433.0	833 079	7.04

注：投资＝在信息处理设备和软件上的私人固定投资，十亿美元，经季节调整。

　　销售额＝制造业和贸易总销售额，百万美元，经季节调整。

　　利率＝穆迪 Aaa 级公司债券利率，%。

资料来源：*Economic Report of the President*，2001，Tables B-18，B-57，and B-73.

17.30　表 17—12 给出了 1960—1999 年间美国经济商业部门真实小时工资指数（Y）和每小时产量指数（X_2）的数据，这两个指数均以 1992＝100 为基数，以及同期城镇失业率（X_3）数据。

表 17—12　　　　　　　　　　1960—1999 年间美国工资、生产率和失业率数据

年份	工资	生产率	失业率	年份	工资	生产率	失业率
1960	60.0	48.8	5.5	1980	89.5	80.4	7.1
1961	61.8	50.6	6.7	1981	89.5	82.0	7.6
1962	63.9	52.9	5.5	1982	90.9	81.7	9.7
1963	65.4	55.0	5.7	1983	91.0	84.6	9.6
1964	67.9	57.5	5.2	1984	91.3	87.0	7.5
1965	69.4	59.6	4.5	1985	92.7	88.7	7.2
1966	71.9	62.0	3.8	1986	95.8	91.4	7.0
1967	73.8	63.4	3.8	1987	96.3	91.9	6.2
1968	76.3	65.4	3.6	1988	97.3	93.0	5.5
1969	77.4	65.7	3.5	1989	95.9	93.9	5.3
1970	78.9	67.0	4.9	1990	96.5	95.2	5.6
1971	80.4	69.9	5.9	1991	97.5	96.3	6.8
1972	82.7	72.2	5.6	1992	100.0	100.0	7.5
1973	84.5	74.5	4.9	1993	99.9	100.5	6.9
1974	83.5	73.2	5.6	1994	99.7	101.9	6.1
1975	84.4	75.8	8.5	1995	99.3	102.6	5.6
1976	86.8	78.5	7.7	1996	99.7	105.4	5.4
1977	87.9	79.8	7.1	1997	100.4	107.6	4.9
1978	89.5	80.7	6.1	1998	104.3	110.5	4.5
1979	89.7	80.7	5.8	1999	107.3	114.0	4.2

注：工资表示真实小时工资指数，1992＝100。

　　生产率表示每小时产量指数，1992＝100。

　　失业率表示城镇失业率，%。

资料来源：*Economic Report of the President*，2001，Table B-49，p. 332.

a. 你如何判断是工资决定劳动生产率还是恰好相反？

b. 提出一个合适的模型来检验你在（a）中的推测，并提供有用的统计量。

c. 你认为失业率对工资有影响吗？如果有，你如何将之考虑进去？列出必要的统计分析。

17.31 在一个格兰杰因果关系检验中，西姆斯（Christopher Sims）利用了未来不能导致现在的事实。[1]为了判断变量 Y 是不是变量 X 的格兰杰原因，西姆斯建议估计如下两个方程：

$$Y_t = \alpha_1 + \sum_{i=1}^{n} \beta_i X_{t-i} + \sum_{i=1}^{m} \gamma_i Y_{t-i} + \sum_{i=1}^{p} \lambda_i X_{t+i} + u_{1t} \qquad (1)$$

$$X_t = \alpha_2 + \sum_{i=1}^{n} \delta_i X_{t-i} + \sum_{i=1}^{m} \theta_i Y_{t-i} + \sum_{i=1}^{p} \omega_i Y_{t+i} + u_{2t} \qquad (2)$$

这些回归包含了回归元的滞后值、当前值和未来或先导（lead）值；诸如 X_{t+1}、X_{t+2} 这样的项被称为先导项（lead terms）。

如果 Y 是 X 的格兰杰原因，则 Y 和 X 先导值或未来值之间一定存在某种关系。因此，不是检验 $\sum \beta_i = 0$，而是检验方程（1）中的 $\sum \lambda_i = 0$。如果我们拒绝这个假设，因果关系就应该是从 Y 到 X，而不是从 X 到 Y，因为未来不可能影响现在。类似逻辑也适用于方程（2）。

为了进行西姆斯检验，我们在不包含先导项的情况下估计方程（1）（称之为约束回归），在包含先导项的情况下再次估计方程（1）（称之为无约束回归）。然后，我们进行方程（8.7.9）所示的 F 检验。如果 F 统计量显著（比方说在 5% 的水平上），我们得到的结论就是，Y 是 X 的格兰杰原因。类似逻辑适用于方程（2）。

我们该选择哪个检验呢——格兰杰检验还是西姆斯检验？我们可以同时使用这两个检验。[2]支持格兰杰检验的因素之一是，它使用的自由度较少，因为它没有使用先导项。如果样本容量不是很大，我们使用西姆斯检验时必须慎重。

回到习题 12.34 中给出的数据。出于教学的目的，使用西姆斯因果检验来判断是销售额导致厂房支出还是反之。在你的分析中，利用未来四年的数据作为先导项。

17.32 表 17—13 给出了 1960—1995 年间希腊的部分宏观经济数据。

考虑如下消费函数：

$$\ln PC_t^* = \beta_1 + \beta_2 \ln PDI_t + \beta_3 LTI_t + u_t$$

其中 $PC_t^* = t$ 时期理想的真实私人消费支出；$PDI_t = t$ 时期真实私人可支配收入；$LTI_t = t$ 时期长期利率；$\ln$ 表示自然对数。

a. 根据表 17—13 中的数据，估计上述消费函数，明确指出你是如何度量理想的真实私人消费支出的。

b. 在估计上述消费函数时，你遇到了什么样的计量经济学问题？你是如何解决的？给出详尽的解释。

表 17—13　　　　　　　　**1960—1995 年间希腊的宏观经济数据**

年份	PC	PDI	Grossinv	GNP	LTI
1960	107 808	117 179	29 121	145 458	8
1961	115 147	127 599	31 476	161 802	8

---

[1]　C. A. Sims, "Money, Income, and Causality," *American Economic Review*, vol. 62, 1972, pp. 540-552.

[2]　格兰杰和西姆斯因果关系检验之间的选择尚不清楚。关于这些模型的进一步讨论，见 G. Chamberlain, "The General Equivalence of Granger and Sims Causality," *Econometrica*, vol. 50, 1982, pp. 569-582.

年份	PC	PDI	Grossinv	GNP	LTI
1962	120 050	135 007	34 128	164 674	8
1963	126 115	142 128	35 996	181 534	8.25
1964	137 192	159 649	43 445	196 586	9
1965	147 707	172 756	49 003	214 922	9
1966	157 687	182 366	50 567	228 040	9
1967	167 528	195 611	49 770	240 791	9
1968	179 025	204 470	60 397	257 226	8.75
1969	190 089	222 638	71 653	282 168	8
1970	206 813	246 819	70 663	304 420	8
1971	217 212	269 249	80 558	327 723	8
1972	232 312	297 266	92 977	356 886	8
1973	250 057	335 522	100 093	383 916	9
1974	251 650	310 231	74 500	369 325	11.83
1975	266 884	327 521	74 660	390 000	11.88
1976	281 066	350 427	79 750	415 491	11.5
1977	293 928	366 730	85 950	431 164	12
1978	310 640	390 189	91 100	458 675	13.46
1979	318 817	406 857	99 121	476 048	16.71
1980	319 341	401 942	92 705	485 108	21.25
1981	325 851	419 669	85 750	484 259	21.33
1982	338 507	421 716	84 100	483 879	20.5
1983	339 425	417 930	83 000	481 198	20.5
1984	345 194	434 696	78 300	490 881	20.5
1985	358 671	456 576	82 360	502 258	20.5
1986	361 026	439 654	77 234	507 199	20.5
1987	365 473	438 454	73 315	505 713	21.82
1988	378 488	476 345	79 831	529 460	22.89
1989	394 942	492 334	87 873	546 572	23.26
1990	403 194	495 939	96 139	546 982	27.62
1991	412 458	513 173	91 726	566 586	29.45
1992	420 028	502 520	93 140	568 582	28.71
1993	420 585	523 066	91 292	569 724	28.56
1994	426 893	520 728	93 073	579 846	27.44
1995	433 723	518 407	98 470	588 691	23.05

注：所有名义数据都以1970年不变市场价格表示，单位为百万德拉马克。个人可支配收入经过消费者价格指数调整。

资料来源：H. R. Seddighi, K. A. Lawler, and A. V. Katos, *Econometrics: A Practical Approach*, Routledge, London, 2000, p. 158.

17.33 利用表 17—13 中的数据，提出一个适当模型，来解释希腊经济中真实总投资（Gross-inv）在 1960—1995 年间的表现。对于投资的加速模型，可查阅任何一本宏观经济学教材。

附录 17A

17A.1 工具有效性的萨甘检验

假定我们用一个工具变量来代替与误差项相关的自变量。那么工具变量又会多有效呢？也就是说我们如何知道所选的工具变量与误差项是独立的呢？萨甘提出了一个统计量（即 SARG）来检验工具变量法中所使用的工具的有效性。[①] SARG 所涉及的步骤如下[②]：

1. 将回归方程中所包括的变量分成两组，一组是独立于误差项的变量（称为 X_1，X_2，$\cdots$，X_p），另一组是不独立于误差项的变量（称为 Z_1，Z_2，$\cdots$，Z_q）。

2. 选取 W_1，W_2，$\cdots$，W_s 为 1 中的 Z 的变量工具，其中 $s > q$。

3. 用 W 代替 Z 并估计原来的回归，也就是说，通过工具变量来估计原来的回归并得出残值 a。

4. 将 a 对一个常数项、所有的 X 变量和所有的 W 变量（但不包括 Z 变量）进行回归，从回归中得出 R^2。

5. 现在计算 SARG 统计量，它的定义为：

$$SARG = (n-k)R^2 \sim \chi^2_{s-q} \tag{17A.1}$$

其中 n＝观测次数，k＝原回归方程中的系数个数。在工具变量外生的虚拟假设下，萨甘证明了，SARG 检验渐近服从自由度为 $s-q$ 的 χ^2 分布，其中 s 指工具个数（即 W 变量的个数），而 q 指原回归方程中问题变量的个数。在一个具体应用中，如果计算出来的 χ^2 值统计显著，我们就拒绝工具的有效性。如果它在统计上不显著，我们就可以认为所选择的工具变量是靠得住的。应该强调指出 $s > q$，即工具变量的个数必须大于 q。否则（即 $s \leq q$），SARG 检验就是靠不住的。

6. 虚拟假设是所有的（W）工具变量都是有效的。如果计算出来的 χ^2 检验超过了 χ^2 检验的临界值，则拒绝虚拟假设，这意味着至少有一个工具是与误差项相关的，因而基于所选工具的工具变量估计值就是靠不住的。

---

① J. D. Sargan，"Wages and Prices in the United Kingdom：A Study in Econometric Methodology," in P. E. Hart，G. Mills，and J. K. Whitaker（eds.）*Econometric Analysis for National Economic Planning*，Butterworths，London，1964.

② 下面的讨论借鉴了如下文献：H. R. Seddighi，K. A. Lawler，and A. V. Katos，*Econometrics：A Practical Approach*，Routledge，New York，2000，pp. 155-156。

第 4 篇

联立方程模型与时间序列经济学

随便翻阅一下已经发表的有关管理学和经济学方面的经验研究，都将发现许多经济关系式都属于单方程类型的。这正说明为什么我们把本书的前三篇全用来讨论单方程回归模型。在这类模型中，一个变量（因变量 Y）被表达成一个或多个其他变量（解释变量 X）的一个线性函数。这类模型有一个隐含的假定，就是 Y 和 X 之间如果有因果关系的话，则这种关系是单向的：解释变量是原因，而因变量是结果。

然而，在许多情形中，经济变量之间的影响是双向的；即一个经济变量影响另一个（或多个）经济变量，而反过来又受另一个（或多个）变量的影响。例如，在货币 M 对利率 r 的回归中，单方程方法论隐含地假定利率是（比方说由联邦储备系统）固定的，并试图求出货币需求对于利率水平变化的反应。但如果利率依赖于货币需求，又会出现什么情况呢？因为这时 M 依赖于 r 而 r 又依赖于 M，所以本书至今为止所讲的条件回归分析就未必合适。这样一来，我们需要两个方程，一个把 M 与 r 相关联，另一个把 r 与 M 相联系，这就要求我们考虑联立方程模型。其中有不止一个回归方程，相互依赖的变量分别有一个这样的方程。

在第 4 篇中，我们对**联立方程模型**（simultaneous-equation models）这个复杂问题作一个非常粗浅的而且常常是直觉的介绍。详细的论述请见参考文献。

在第 18 章中，我们讲几个联立方程模型的例子，并说明为什么前面考虑的普通最小二乘法，一般地说不适用于估计这种模型中各个方程的参数。

在第 19 章中，我们考虑所谓**识别问题**（identification problem）。如果在一个含有两个或多个方程的联立方程组中，由于一些方程是观测上无区别的（observationally indistinguishable），或者是看上去过于相似，而无法有区别地获得每个方程中每个参数的估计值，我们就有了识别问题。例如，在数量 Q 对价格 P 的回归中，由于 Q 和 P 均进入需求和供给两函数，那么我们得到的回归方程是需求函数，还是供给函数呢？因此，如果我们除 Q 和 P 数据外而别无其他信息，要说它是需求或供给函数，即使不是不可能，也将非常困难。所以，在我们进行估计之前，必须先解决识别问题，否则我们还不知道我们估计的是什么，估计本身就毫无意义。

在第 20 章中，我们考虑专门为估计联立方程模型而设计的一些估计方法及其优越性和局限性。

在经验研究中，时间序列数据的使用已变得如此频繁、如此深入，致使计量经济学家最近已对这类数据倾注了大量的注意力。在第 1 章中我们既已注明，在涉及时间序列数据的回归分析的背后有一个隐含的假定，即这些数据是平稳的。如果不是这样的话，则通常基于 t、F、χ^2 等检验的假设检验程序将是可疑的。在第 21 章和第 22 章两章中，我们将对时间序列数据作更细致的观察。

在第 21 章中，我们首先定义一个平稳时间序列，然后给出判断一个时间序列是否平稳的一些检验。在这一问题上，我们介绍一些有关的概念，诸如**单位根**（unit root）、**随机游走**（random walk）和**单整时间序列**（integrated time series）。然后，我们区分**趋势平稳**（trend stationary，简记 TS）和**差分平稳**（difference stationary，DS）时间序列，并指出它们的实际含义。在涉及时间序列数据的回归中，一个常见的问题是**谬误回归**（spurious regression）现象，随即，我们讨论它的实际含义。然后，我们引进**协整**（cointegration）的概念并指出它在经验研究中的重要性。所有这些概念都将得到适当的说明。

在第 22 章中，我们把主要注意力放在用时间序列数据进行预测方面。假定时间序列是平稳的，或者通过适当的变换而成为平稳的，我们阐明由于博克斯和詹金斯的工作而得以普及的**自回归求积移动平均**（ARIMA）建模方法如何用于预测。在这一章中，我们还讨论以**向量自回归**（vector autoregression，VAR）为名的另一预测方法，及其相对于传统的联立方程计量经济预测模型的优点。我们通过适当的例题说明 ARIMA 和 VAR 实际上是怎样用于预测的。

这两章仅仅触及时间序列计量经济学的皮毛。这是最为活跃的计量经济研究领域之一。关于这一论题，已有多种专著。我们在这两章中的目的，只是抛砖引玉，把读者引入时间序列计量经济学这个诱人的天地。

第 18 章

联立方程模型

在本章和接下来的两章里，我们讨论联立方程模型。具体地说，我们讨论它们的特点、对它们的估计以及与它们有关的某些统计问题。

18.1 联立方程模型的性质

在本教材的第 1～3 篇里，我们仅考虑单方程模型，也就是有单一因变量 Y 和一个或多个解释变量 X 的模型。在这些模型中，重点是以固定的 X 变量值为条件来估计和/或预测 Y 的均值。因此，在这样的模型中因果关系是从 X 到 Y。

但在许多情形下这种单向因果关系是没有意义的。如果 Y 由 X 决定而某些 X 又反过来由 Y 决定，就会出现这种情形。简言之，Y 和（某些）X 之间有一双向或联立关系，致使因变量和解释变量之间的划分令人质疑。较好的方法是把一组变量合在一起，它们是能由另一组变量联合决定的——这正是联立方程模型所要做的。在这类模型中有不止一个方程，每个相互或彼此依赖的变量，或称**内生变量**（endogenous variables），都有一个方程。[1] 不像单方程模型那样，在联立方程模型中，我们在估计一个方程的参数时不得不考虑方程组中其他方程所提供的信息。

---

① 在联立方程模型的用语中，相互依赖的变量叫做**内生变量**。那些真正非随机或可看作非随机的变量叫做**外生**或**前定变量**。（更多细节见第 19 章。）

计量经济学基础（第五版）

比方说，如果用 OLS 去估计每个方程的参数而不考虑方程组中的其他方程，那么会出现什么情况呢？记得 OLS 的关键假定之一是，解释变量 X 是非随机的，或者，虽然是随机的，却独立于随机误差项而分布。如果两种情形都不满足，则如后所示，最小二乘估计量不但是有偏误的，而且是不一致的；也就是说，即使样本无限增大，估计量仍不收敛于它们的真（总体）值。例如，在下列假设的方程组中[①]：

$$Y_{1i} = \beta_{10} + \beta_{12} Y_{2i} + \gamma_{11} X_{1i} + u_{1i} \tag{18.1.1}$$

$$Y_{2i} = \beta_{20} + \beta_{21} Y_{1i} + \gamma_{21} X_{1i} + u_{2i} \tag{18.1.2}$$

其中 Y_1 和 Y_2 是相互依赖的两个变量或内生变量，而 X_1 是外生变量。u_1 和 u_2 是随机干扰项。变量 Y_1 和 Y_2 都是随机的。因此，除非能够证明方程 (18.1.1) 中的随机解释变量 Y_2 的分布独立于 u_1，并且方程 (18.1.2) 中的随机解释变量 Y_1 的分布独立于 u_2，否则对这些方程应用经典的 OLS 得到的估计将是不一致的。

在本章的其余部分，我们给出联立方程模型的几个例子，并说明对这类模型直接应用最小二乘方法而导致的偏误。在第 19 章讨论所谓的识别问题之后，我们在第 20 章将讨论一些用以处理联立方程模型的特殊方法。

18.2 联立方程模型举例

例 18.1　　需求与供给模型

众所周知，一个商品的价格 P 和它的销售量 Q 是由对该商品需求和供给曲线的交点来决定的。比如，为简单起见，假定需求和供给曲线是线性的，那么加上随机干扰项 u_1 和 u_2，我们就可写出实证的需求—供给函数：

需求函数：　　$Q_t^d = \alpha_0 + \alpha_1 P_t + u_{1t}$　　　$\alpha_1 < 0$　　(18.2.1)

供给函数：　　$Q_t^s = \beta_0 + \beta_1 P_t + u_{2t}$　　　$\beta_1 > 0$　　(18.2.2)

均衡条件：　　$Q_t^d = Q_t^s$

其中 Q^d = 需求量；

$\quad Q^s$ = 供给量；

$\quad t$ = 时间。

而 α 和 β 是参数。先验地，预期 α_1 为负（右下倾斜的需求曲线），而 β_1 为正（右上倾斜的供给曲线）。

现在不难看出 P 和 Q 是联合因变量。例如，方程 (18.2.1) 中的 u_{1t} 将随着影响 Q_t^d 的其他变量（诸如收入、财富和嗜好）的改变而改变。若 u_{1t} 是正的，则需求曲线将向上移动；若 u_{1t} 是负的，则需求曲线将向下移动。图 18—1 表明了这些移动。

---

① 这些简洁但不言自明的符号将在第 19 章中推广到多于两个方程的情形。

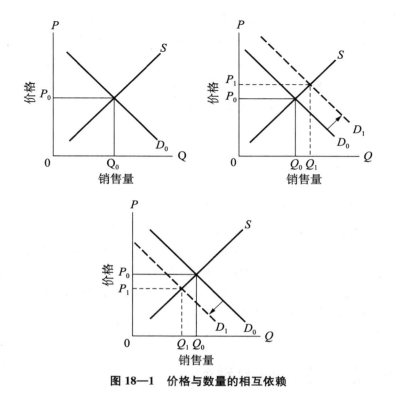

图 18—1　价格与数量的相互依赖

如图所示，需求曲线的移动同时改变了 P 和 Q。同理，u_{2t} 的改变（例如由于罢工、气候、进出口限制等）将使供给曲线移动，也会同时影响 P 和 Q。由于 Q 和 P 之间的这种相互依赖关系，所以方程（18.2.1）中的 u_{1t} 和 P_t 以及方程（18.2.2）中的 u_{2t} 和 P_t 就不可能是独立的。因此，像方程（18.2.1）那样 Q 对 P 的回归将破坏经典线性回归模型的一个重要假定，即解释变量与干扰项不相关的假定。

例 18.2	凯恩斯收入决定模型

考虑简单的凯恩斯收入决定模型：

　　消费函数：　$C_t = \beta_0 + \beta_1 Y_t + u_t$ 　　$0 < \beta_1 < 1$ 　　　　（18.2.3）

　　收入恒等式：$Y_t = C_t + I_t (= S_t)$ 　　　　　　　　　　　　　　（18.2.4）

其中 C＝消费支出；

　　Y＝收入；

　　I＝投资（假定为外生变量）；

　　S＝储蓄；

　　t＝时间；

　　u＝随机干扰项；

　　β_0 和 β_1＝参数。

参数 β_1 被称为边际消费倾向（收入增加 1 美元导致消费支出的增加量）。经济理论预期 β_1 介于 0 与 1 之间。方程（18.2.3）是个（随机）消费函数；而方程（18.2.4）是个国民收入恒等式，意味着总收入等于总消费加总投资，当然必须清楚总投资等于总储蓄。用图形表示，我们得到图18—2。

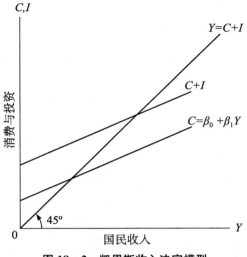

图 18—2　凯恩斯收入决定模型

从这个假设的消费函数和图 18—2 明显可以看出，C 和 Y 是相互依赖的，并且不能指望方程（18.2.3）中的 Y_t 会独立于干扰项。因为当 u_t 改变（由于误差项包含着种种因素）时，消费函数也随之改变，而消费的变动又反过来影响 Y。由此，再次表明经典最小二乘方法对方程（18.2.3）不再适用。如果要用，所得到的估计量也不是一致的，我们后面会证明这一点。

例 18.3　　　　　　**工资—价格模型**

考虑如下货币工资与价格决定的菲利普斯类型的模型：

$$\dot{W}_t = \alpha_0 + \alpha_1 \mathrm{UN}_t + \alpha_2 \dot{P}_t + u_{1t} \qquad (18.2.5)$$

$$\dot{P}_t = \beta_0 + \beta_1 \dot{W}_t + \beta_2 \dot{R}_t + \beta_3 \dot{M}_t + u_{2t} \qquad (18.2.6)$$

其中 $\dot{W}$ ＝货币工资变化率；

UN＝失业率，%；

$\dot{P}$ ＝价格变化率；

$\dot{R}$ ＝资本成本变化率；

$\dot{M}$ ＝进口原材料的价格变化率；

t ＝时间；

u_1，u_2 ＝随机干扰项。

由于价格变量 $\dot{P}$ 进入工资方程，并且工资变量 $\dot{W}$ 进入价格方程，所以这两个变量是相互依赖的。因此预期随机解释变量与有关的随机干扰是相关的，再次使经典 OLS 方法不适于用来对这两个方程逐个进行参数估计。

宏观经济学中著名的 IS 模型或产品市场均衡模型①的非随机形式可表达为：

消费函数：	$C_t = \beta_0 + \beta_1 Y_{dt}$ $\quad 0 < \beta_1 < 1$	(18.2.7)
税收函数：	$T_t = \alpha_0 + \alpha_1 Y_t$ $\quad 0 < \alpha_1 < 1$	(18.2.8)
投资函数：	$I_t = \gamma_0 + \gamma_1 r_t$	(18.2.9)
定义方程：	$Y_{dt} = Y_t - T_t$	(18.2.10)
政府支出：	$G_t = \bar{G}$	(18.2.11)
国民收入恒等式：	$Y_t = C_t + I_t + G_t$	(18.2.12)

其中 Y＝国民收入；

C＝消费支出；

I＝计划的或理想的净投资；

$\bar{G}$＝给定的政府支出水平；

T＝税收；

Y_d＝可支配收入；

r＝利率。

如果你把方程（18.2.10）和（18.2.8）代入方程（18.2.7），并将所得到的 C 方程以及方程（18.2.9）和（18.2.11）代入方程（18.2.12），便得到 IS 方程：

$$Y_t = \pi_0 + \pi_1 r_t \qquad\qquad (18.2.13)$$

其中

$$\pi_0 = \frac{\beta_0 - \alpha_0 \beta_1 + \gamma_0 + \bar{G}}{1 - \beta_1(1 - \alpha_1)} \qquad\qquad (18.2.14)$$

$$\pi_1 = \frac{1}{1 - \beta_1(1 - \alpha_1)}$$

方程（18.2.13）就是 IS 方程或产品市场均衡方程。也就是说，它给出了产品市场出清或均衡的那些利率与收入组合。IS 曲线的几何形状如图 18—3 所示。

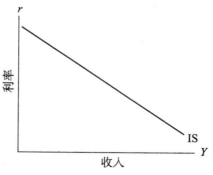

图 18—3　IS 曲线

---

① "产品市场均衡曲线或 IS 曲线给出计划开支等于收入的那些利率与产出水平的组合。"参见 Rudiger Dornbusch and Stanley Fischer, *Macroeconomics*，3d ed.，McGraw-Hill，New York，1984，p.102。注意，为简单起见，我们省去了外贸部门。

计量经济学基础（第五版）

比如说，我们若孤立地估计消费函数（18.2.7），会出现什么情况呢？我们能得到β_0和β_1的无偏和/或一致估计吗？这种结果是不大可能的。因为消费依赖于可支配收入，可支配收入又依赖于国民收入，而国民收入又依赖于r和$\bar{G}$以及进入π_0的其他参数。因此，除非我们把所有这些影响都考虑进来，一个C对Y_d的简单回归注定要给出β_0和β_1的有偏误且/或不一致的估计。

例 18.5　　　　　　　　　　　　　LM 模型

著名 IS—LM 范式的另一半是 LM 或货币市场均衡关系，它给出货币市场出清即货币供求相等的那些利率与收入组合，数学上该模型的非随机形式可表达为：

货币需求函数：$\qquad M_t^d = a + bY_t - cr_t$ $\hfill$ (18.2.15)

货币供给函数：$\qquad M_t^s = \bar{M}$ $\hfill$ (18.2.16)

均衡条件：$\qquad M_t^d = M_t^s$ $\hfill$ (18.2.17)

其中 $Y=$收入，$r=$利率及 $\bar{M}=$给定的货币量，比如由联邦储备银行决定的货币量。

令货币需求函数等于供给函数并加以化简，我们得到 LM 方程：

$$Y_t = \lambda_0 + \lambda_1 \bar{M} + \lambda_2 r_t \hfill (18.2.18)$$

其中 $\lambda_0 = -a/b$；

$\lambda_1 = 1/b$； $\hfill$ (18.2.19)

$\lambda_2 = c/b$。

给定 $M = \bar{M}$，代表关系式（18.2.18）的 LM 曲线如图 18—4 所示。

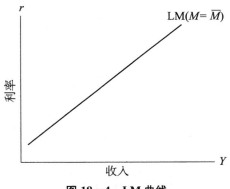

图 18—4　LM 曲线

IS 曲线和 LM 曲线分别表示与产品市场均衡和货币市场均衡相适应的整个利率组合。当然，只有一个利率和一个收入水平能同时适应于两个均衡。为了得到这个利率和这个收入水平，只需令方程（18.2.13）等于方程（18.2.18）。习题 18.4 要求你给出同时与商品市场和货币市场均衡相适应的利率和收入水平。

例 18.6　　　　　　　　　　　　　计量经济模型

一些计量经济学家在他们构造的计量经济模型中曾广泛地使用联立方程模型。该领域早期的一位先驱者是宾夕法尼亚大学沃顿商学院的克莱因（Lawrence Klein）教授。他的开创性模型，名为**克莱因模型 I**（Klein's model I），就是如下模型：

消费函数：　　　$C_t = \beta_0 + \beta_1 P_t + \beta_2 (W + W')_t + \beta_3 P_{t-1} + u_{1t}$

投资函数：　　　$I_t = \beta_4 + \beta_5 P_t + \beta_6 P_{t-1} + \beta_7 K_{t-1} + u_{2t}$

劳动需求：　　　$W_t = \beta_8 + \beta_9 (Y + T - W')_t + \beta_{10} (Y + T - W')_{t-1} + \beta_{11} t + u_{3t}$

恒等式：　　　　$Y_t + T_t = C_t + I_t + G_t$　　　　　　　　　　　　　　　（18.2.20）

恒等式：　　　　$Y_t = W'_t + W_t + P_t$

恒等式：　　　　$K_t = K_{t-1} + I_t$

其中 C＝消费支出；

　　I＝投资支出；

　　G＝政府支出；

　　P＝利润；

　　W＝私人工资收入；

　　W'＝政府工资收入；

　　K＝资本存量；

　　T＝税收；

　　Y＝税后收入；

　　t＝时间；

　　u_1，u_2，u_3＝随机干扰项[1]。

在上述模型中，变量 C，I，W，Y，P 和 K 被看作联合因变量或内生变量，而变量 P_{t-1}，K_{t-1} 和 Y_{t-1} 被看作前定变量。[2] 总共有 6 个方程（包括 3 个恒等式）用以研究 6 个内生变量的相互依赖关系。

在第 20 章中，我们将会看到怎样去估计这类计量经济模型。目前，只需注意由于内生变量之间的相互依赖性，一般地说，它们是不独立于随机干扰项的，因此，不适于用 OLS 逐个地估计方程组中的方程。如 18.3 节将要表明的，这样得到的估计量将是不一致的；即使样本很大，它们也不收敛于它们的真实总体值。

18.3　联立方程偏误：OLS 估计量的不一致性

如前所述，最小二乘法不适于用来估计包含在一个联立方程组中的单个方程，因为如果在该方程中有一个或多个解释变量与干扰项相关，这样得到的估计量就是不一致的。为了说明这一点，让我们回到例 18.2 所给的简单的凯恩斯收入决定模

---

① L. R. Klein, *Economic Fluctuations in the United States*, *1921—1941*, John Wiley & Sons, New York, 1950.

② 模型构造者必须指明一个模型中的哪些变量是内生的，哪些变量是前定的。K_{t-1} 和 Y_{t-1} 之所以是前定的，是因为在时刻 t 它们的值是已知的。（对此第 19 章中有更多的讨论。）

型。假使我们要估计消费函数（18.2.3）的参数。假定 $E(u_t) = 0$，$E(u_t^2) = \sigma^2$，$E(u_t u_{t+j}) = 0$（$j \neq 0$）和 $\mathrm{cov}(I_t, u_t) = 0$，也就是经典线性回归模型中的那些假定都成立，我们首先证明方程（18.2.3）中的 Y_t 和 u_t 相关，然后证明 $\hat{\beta}_1$ 是 β_1 的一个不一致估计量。

为了证明 Y_t 和 u_t 相关，我们进行如下计算。将方程（18.2.3）代入方程（18.2.4）得到：

$$Y_t = \beta_0 + \beta_1 Y_t + u_t + I_t$$

也即，

$$Y_t = \frac{\beta_0}{1-\beta_1} + \frac{1}{1-\beta_1} I_t + \frac{1}{1-\beta_1} u_t \tag{18.3.1}$$

现在：

$$E(Y_t) = \frac{\beta_0}{1-\beta_1} + \frac{1}{1-\beta_1} I_t \tag{18.3.2}$$

其中用到了 $E(u_t) = 0$ 这一假定，而既然 I_t 是外生的或前定的（因已事先给定），其期望值就是它本身。

因此，从方程（18.3.1）中减去方程（18.3.2），结果是：

$$Y_t - E(Y_t) = \frac{u_t}{1-\beta_1} \tag{18.3.3}$$

另外，

$$u_t - E(u_t) = u_t \qquad （为什么？） \tag{18.3.4}$$

由此得：

$$\begin{aligned}
\mathrm{cov}(Y_t, u_t) &= E[Y_t - E(Y_t)][u_t - E(u_t)] \\
&= \frac{E(u_t^2)}{1-\beta_1} \quad 利用方程（18.3.3）和（18.3.4） \tag{18.3.5} \\
&= \frac{\sigma^2}{1-\beta_1}
\end{aligned}$$

因为按假定知道 σ^2 是正的（为什么？），故方程（18.3.5）中 Y 和 u 的协方差必不为零。[1] 从而可以预料方程（18.2.3）中的 Y_t 和 u_t 是相关的，这就违反了经典线性回归模型的假定：干扰项与解释变量独立或至少不相关。前面曾指出，在这种情形中，OLS 估计量是不一致的。

为了证明由于 Y_t 和 u_t 之间的相关，因而 OLS 估计量 $\hat{\beta}_1$ 是 β_1 的一个不一致估计量，我们的过程如下：

$$\hat{\beta}_1 = \frac{\sum (C_t - \bar{C})(Y_t - \bar{Y})}{\sum (Y_t - \bar{Y})^2} = \frac{\sum c_t y_t}{\sum y_t^2} = \frac{\sum C_t y_t}{\sum y_t^2} \tag{18.3.6}$$

其中，和平常一样，小写字母表示对（样本）均值的离差。将方程（18.2.3）中的

---

① 只要 MPC 即 β_1 落在 0 与 1 之间，它就一定大于 0。但若 β_1 大于 1，它将是负的。当然，一个大于 1 的 MPC 值不会有多少经济意义，因此在现实中可以预期 Y_t 和 u_t 之间的协方差是正的。

C_t 代入便得到：

$$\hat{\beta}_1 = \frac{\sum (\beta_0 + \beta_1 Y_t + u_t) y_t}{\sum y_t^2} = \beta_1 + \frac{\sum y_t u_t}{\sum y_t^2} \tag{18.3.7}$$

其中最后一步用到了 $\sum y_t = 0$ 和 $(\sum Y_t y_t / \sum y_t^2) = 1$（为什么?）这两个关系式。

如果对方程（18.3.7）两边同时取期望值，则得到：

$$E(\hat{\beta}_1) = \beta_1 + E\left[\frac{\sum y_t u_t}{\sum y_t^2}\right] \tag{18.3.8}$$

可惜，由于期望运算子是一个线性运算子〔注：$E(A/B) \neq E(A)/E(B)$〕，所以我们不能计算 $E(\sum y_t u_t / \sum y_t^2)$。但直观上应明显看出，除非 $(\sum y_t u_t / \sum y_t^2)$ 等于零，否则 $\hat{\beta}_1$ 将是 β_1 的一个有偏误的估计量。但我们还没有证明方程（18.3.5）中 Y 和 u 之间的协方差不等于 0，因而 $\hat{\beta}_1$ 会不会是无偏的呢？答案是，还不确定。因为 $\mathrm{cov}(Y_t, u_t)$ 是一个总体概念，而 $\sum y_t u_t$ 是一个样本测度，虽然随着样本容量无限增大，后者趋向于前者，但二者终究不完全是一回事。但是，如果样本无限增大，我们可以求助于一致估计量的概念，去判明当样本容量 n 趋于无穷大时出现的情况。总之，当我们不能明确估算如同在方程（18.3.8）中这种估计量的期望值时，我们可以把注意力转到它的大样本性态上来。

我们说，如果一个估计量的**概率极限** plim（probability limit）[1] 等于它的真实（总体）值，它就是一致的。因此，为了证明方程（18.3.7）中的 $\hat{\beta}_1$ 不是一致的，我们必须证明它的 plim 不等于真实 β_1。对方程（18.3.7）应用概率极限法则，我们得到[2]：

$$\begin{aligned}
\mathrm{plim}\,(\hat{\beta}_1) &= \mathrm{plim}\,(\beta_1) + \mathrm{plim}\left[\frac{\sum y_t u_t}{\sum y_t^2}\right] \\
&= \mathrm{plim}\,(\beta_1) + \mathrm{plim}\left[\frac{\sum y_t u_t / n}{\sum y_t^2 / n}\right] \\
&= \beta_1 + \frac{\mathrm{plim}\,(\sum y_t u_t / n)}{\mathrm{plim}\,(\sum y_t^2 / n)}
\end{aligned} \tag{18.3.9}$$

其中第二步我们用样本中的总观测个数 n 分别地去除 $\sum y_t u_t$ 和 $\sum y_t^2$，以使括号中的量现在变为 Y 和 u 的样本协方差和 Y 的样本方差。

用语言表达，方程（18.3.9）是说，$\hat{\beta}_1$ 的概率极限等于真实 β_1 加上 Y 和 u 的样本协方差的概率极限与 Y 的样本方差的概率极限之比的和。现在，可以预期，随着

---

[1] 关于概率极限的定义，参见附录 A。

[2] 如在附录 A 中所述，常数（例如 β_1）的 plim 就是该常数，以及 plim$(A/B) =$ plim$(A)/$plim(B)。但注意，$E(A/B) \neq E(A)/E(B)$。

样本容量 n 无限增大，Y 和 u 的样本协方差将迫近其真实总体协方差 $E[Y_t - E(Y_t)][u_t - E(u_t)]$，而后者根据方程（18.3.5）等于 $[\sigma^2/(1-\beta_1)]$。类似地，随着 n 趋于无穷大，Y 的样本方差将迫近其总体方差，且记为 σ_Y^2。因此，方程（18.3.9）可写为：

$$\text{plim}\,(\hat{\beta}_1) = \beta_1 + \frac{\sigma^2/(1-\beta_1)}{\sigma_Y^2} = \beta_1 + \frac{1}{1-\beta_1}\left(\frac{\sigma^2}{\sigma_Y^2}\right) \tag{18.3.10}$$

由于 $0 < \beta_1 < 1$ 且 σ^2 和 σ_Y^2 都为正，显然由方程（18.3.10）知 $\text{plim}(\hat{\beta}_1)$ 总比 β_1 大；也就是说，$\hat{\beta}_1$ 将过高地估计真实 β_1。[1] 换句话说，$\hat{\beta}_1$ 是一个有偏误的估计量，并且这个偏误将不会消失，不管样本容量有多大。

18.4 联立方程偏误：一个数值例子

为了阐明上节中的某些观点，让我们回到例 18.2 所给的简单的凯恩斯收入决定模型，并完成以下**蒙特卡罗研究**。[2] 假定投资 I 的取值由表 18—1 的第（3）列给出。再假定：

$$E(u_t) = 0$$
$$E(u_t u_{t+j}) = 0 \quad (j \neq 0)$$
$$\text{var}(u_t) = \sigma^2 = 0.04$$
$$\text{cov}(u_t, I_t) = 0$$

根据这些假定，生成的 u_t 见第（4）列。

表 18—1

Y_t (1)	C_t (2)	I_t (3)	u_t (4)
18.156 97	16.156 97	2.0	$-0.368\ 605\ 5$
19.599 80	17.599 80	2.0	$-0.800\ 408\ 4E-01$
21.934 68	19.734 68	2.2	$0.186\ 935\ 7$
21.551 45	19.351 45	2.2	$0.110\ 290\ 6$
21.884 27	19.484 27	2.4	$-0.231\ 453\ 5E-01$
22.426 48	20.026 48	2.4	$0.852\ 954\ 4E-01$
23.409 40	22.809 40	2.6	$0.481\ 880\ 7$
22.695 23	20.095 23	2.6	$-0.609\ 548\ 1E-01$
24.364 65	21.564 65	2.8	$0.729\ 298\ 3E-01$
24.393 34	21.593 34	2.8	$0.786\ 681\ 9E-01$

---

① 然而，一般地说，偏误的方向将依赖于模型的具体结构和回归系数的真实值。

② 本研究节选自 Kenneth J. White，Nancy G. Horsman，and Justin B. Wyatt，*SHAZAM：Computer Handbook for Econometrics for Use with Basic Econometrics*，McGraw-Hill，New York，pp. 131-134.

| Y_t | C_t | I_t | u_t |
(1)	(2)	(3)	(4)
24. 092 15	21. 092 15	3. 0	$-0.181\ 570\ 3$
24. 874 50	21. 874 50	3. 0	$-0.250\ 990\ 0\text{E-}01$
25. 315 80	22. 115 80	3. 2	$-0.136\ 839\ 8$
26. 304 65	23. 104 65	3. 2	$0.609\ 294\ 6\text{E-}01$
25. 782 35	22. 382 35	3. 4	$-0.243\ 529\ 8$
26. 080 18	22. 680 18	3. 4	$-0.183\ 963\ 8$
27. 244 40	23. 644 40	3. 6	$-0.151\ 120\ 0$
28. 009 63	24. 409 63	3. 6	$0.192\ 673\ 9\text{E-}02$
30. 893 01	27. 093 01	3. 8	$0.378\ 601\ 5$
28. 987 06	25. 187 06	3. 8	$-0.258\ 885\ 2\text{E-}02$

资料来源：Kenneth J. White, Nancy G. Horsman, and Justin B. Wyatt, *SHAZAM: Computer Handbook for Econometrics for Use with Damodar Gujarati: Basic Econometrics*, September 1985, p. 132.

假定消费函数（18.2.3）中的真实参数值已知为 $\beta_0 = 2$ 和 $\beta_1 = 0.8$。

根据 β_0 和 β_1 的假定值以及已生成的 u_t 值，我们可从方程（18.3.1）中生成收入 Y_t 的数值，见表 18—1 的第（1）列。一旦 Y_t 已知，并且知道了 β_0、β_1 和 u_t，就很容易从方程（18.2.3）生成消费 C_t 的数值。把如此生成的 C 值列在表的第（2）列。

由于真实 β_0 和 β_1 为已知，再由于我们的样本误差正好是"真实"误差（因为我们设计蒙特卡罗研究的方法），所以如果 OLS 是无偏的话，我们用表 18—1 的数据做 C_t 对 Y_t 的回归应该得到 $\beta_0 = 2$ 和 $\beta_1 = 0.8$。但从方程（18.3.7）我们知道，如果回归元 Y_t 与干扰项 u_t 相关，就不是这种情形。现在从我们的数据不难验证，Y_t 与 u_t 的（样本）协方差是 $\sum y_t u_t = 3.8$，而 $\sum y_t^2 = 184$。于是，如方程（18.3.7）所示，我们应得到：

$$\hat{\beta}_1 = \beta_1 + \frac{\sum y_t u_t}{\sum y_t^2} = 0.8 + \frac{3.8}{184} = 0.820\ 65 \tag{18.4.1}$$

就是说 $\hat{\beta}_1$ 有 0.020 65 的过高偏误。

现在，让我们用表 18—1 中的数据做 C_t 对 Y_t 的回归。回归的结果是：

$$\hat{C}_t = 1.494\ 0 + 0.820\ 65 Y_t$$
$$\text{se} = (0.354\ 13)\ (0.014\ 34) \tag{18.4.2}$$
$$t = (4.218\ 8)\ (57.209) \qquad R^2 = 0.994\ 5$$

如同所料，所估计的 β_1 正是方程（18.4.1）所预测的 $\hat{\beta}_1$ 值。顺便指出，所估计的 β_0 也是有偏误的。

一般地说，$\hat{\beta}_1$ 中偏误的大小取决于 β_1、σ^2 和 $\text{var}(Y)$，而且特别依赖于 Y 与 u 之间协方差大小。[①] 如怀特（Kenneth White）等人所说："关于联立方程偏误不外就

---

① 参看方程（18.3.5）。

是这些。和单方程模型相比，我们不能再假定方程右边的变量与误差项是不相关的了。"[1] 要记住，即使在大样本中，这个偏误仍然存在。

鉴于在联立方程中应用 OLS 的潜在严重后果，是否有某种联立性检验能告诉我们，在某一给定的事例中有没有联立性的问题呢？为此，我们可以利用**豪斯曼设定检验**（Hausman specification test）来达到此目的，我们将在第 19 章里讨论它。

要点与结论

1. 与单方程模型对比，联立方程模型涉及多于一个因变量或内生变量，从而有多少个内生变量就需要有多少个方程。

2. 联立方程模型的一个特有性质是，一个方程中的内生变量（即回归子）作为解释变量而出现在方程组的另一个方程之中。

3. 结果是，这样的**内生解释变量**变成了随机的，而且常常和它作为解释变量所在方程中的误差项有相关关系。

4. 在这种情况下，经典 OLS 未必适用，因为这样得到的估计量是不一致的。就是说，不管样本容量有多大，这些估计量都不会收敛于其真实总体值。

5. 课文中介绍的蒙特卡罗例子，说明了当一个回归方程中的回归元与干扰项相关时（这正是联立方程模型的典型情况），用 OLS 去估计其参数会内在地导致偏误。

6. 因为联立方程模型是常常用得着的，特别是在计量经济模型中，所以不同作者曾研究出一些其他估计方法，这些方法将在第 20 章中讨论。但在这之前，先在第 19 章中考虑**识别问题**，这是逻辑上先于估计问题的一个专题。

习　　题

问答题

18.1　构造美国牙医供求的一个联立方程模型。明确模型中的内生变量和外生变量。

18.2　构造美国货币供求的一个简单模型，并将你的模型同布伦纳（K. Brunner）和梅尔泽（A. H Meltzer）[2] 以及蒂金（R. Tiegen）[3] 所提出的模型相比较。

18.3　a. 对例 18.1 的供求模型求 $\hat{\alpha}_1$ 的概率极限表达式。

b. 在什么条件下这个概率极限会等于真实 α_1？

---

[1]　Kenneth J. White，op. cit.，pp. 133-134.

[2]　"Some Further Evidence on Supply and Demand Functions for Money," *Journal of Finance*，vol. 19，May 1964，pp. 240-283.

[3]　"Demand and Supply Functions for Money in the United States," *Econometrica*，vol. 32，no. 4，October 1964，pp. 476-509.

18.4 对于课文中讨论的 IS—LM 模型，求出同时与商品市场及货币市场均衡相协调的利率和收入水平。

18.5 为了研究通货膨胀与普通股收益的关系，奥迭特（Bruno Oudet）[1] 使用以下的模型：

$$R_{bt} = \alpha_1 + \alpha_2 R_{st} + \alpha_3 R_{bt-1} + \alpha_4 L_t + \alpha_5 Y_t + \alpha_6 \text{NIS}_t + \alpha_7 I_t + u_{1t}$$

$$R_{st} = \beta_1 + \beta_2 R_{bt} + \beta_3 R_{bt-1} + \beta_4 L_t + \beta_5 Y_t + \beta_6 \text{NIS}_t + \beta_7 E_t + u_{2t}$$

其中 L＝真实人均基础货币；

Y＝真实人均资本收入；

I＝预期通货膨胀率；

NIS＝一种新发行股票变量；

E＝预期期末股票回报，由滞后股价比率作为代理变量；

R_{bt}＝债券收益；

R_{st}＝普通股收益。

a. 试从理论上说出此模型的道理。看看你的理解是否和奥迭特所理解的一致。

b. 模型中哪些是内生变量？哪些是外生变量？

c. 你怎样看待滞后 R_{bt}——内生还是外生？

18.6 法利（John U. Farley）和莱维特（Harold J. Levitt）在他们的论文"有注册商标的个人用品在牙买加的流通模型"（A Model of the Distribution of Branded Personal Products in Jamaica）[2] 中提出了如下模型（所考虑的产品是剃须膏、护肤霜、卫生纸和牙膏）：

$$Y_{1i} = \alpha_1 + \beta_1 Y_{2i} + \beta_2 Y_{3i} + \beta_3 Y_{4i} + u_{1i}$$

$$Y_{2i} = \alpha_2 + \beta_4 Y_{1i} + \beta_5 Y_{5i} + \gamma_1 X_{1i} + \gamma_2 X_{2i} + u_{2i}$$

$$Y_{3i} = \alpha_3 + \beta_6 Y_{2i} + \gamma_3 X_{3i} + u_{3i}$$

$$Y_{4i} = \alpha_4 + \beta_7 Y_{2i} + \gamma_4 X_{4i} + u_{4i}$$

$$Y_{5i} = \alpha_5 + \beta_8 Y_{2i} + \beta_9 Y_{3i} + \beta_{10} Y_{4i} + u_{5i}$$

其中 Y_1＝储存此产品的商店所占百分比；

Y_2＝每月销售单位数；

Y_3＝与产品进口商和制造商直接洽谈指数；

Y_4＝地区的批发活动指数；

Y_5＝储存产品的商标深度指数（指经营该类产品的商店存有产品的商标种类平均个数）；

X_1＝产品的目标人口总体；

X_2＝地区所在行政区域的人均收入；

X_3＝从人口中心到首都金斯敦的距离；

X_4＝从人口中心到最近一个批发城的距离。

a. 你能识别上述模型中的内生和外生变量吗？

b. 能用最小二乘法去估计模型中的一个或多个方程吗？为什么？

18.7 为了研究广告费与香烟销售量的关系，巴斯（Frank Bass）使用如下模型[3]：

① Bruno A. Oudet, "The Variation of the Return on Stocks in Periods of Inflation," *Journal of Financial and Quantitative Analysis*, vol. 8, no. 2, March 1973, pp. 247-258.

② *Journal of Marketing Research*, November 1968, pp. 362-368.

③ "A Simultaneous Equation Regression Study of Advertising and Sales of Cigarettes," *Journal of Marketing Research*, vol. 6, August 1969, pp. 291-300.

$$Y_{1t} = \alpha_1 + \beta_1 Y_{3t} + \beta_2 Y_{4t} + \gamma_1 X_{1t} + \gamma_2 X_{2t} + u_{1t}$$
$$Y_{2t} = \alpha_2 + \beta_3 Y_{3t} + \beta_4 Y_{4t} + \gamma_3 X_{1t} + \gamma_4 X_{2t} + u_{2t}$$
$$Y_{3t} = \alpha_3 + \beta_5 Y_{1t} + \beta_6 Y_{2t} + u_{3t}$$
$$Y_{4t} = \alpha_4 + \beta_7 Y_{1t} + \beta_8 Y_{2t} + u_{4t}$$

其中Y_1＝过滤嘴香烟销售量（香烟支数）与年龄 20 岁以上人口数的商的对数；

Y_2＝无过滤嘴香烟销售量（香烟支数）与年龄 20 岁以上人口数的商的对数；

Y_3＝过滤嘴香烟美元广告费与 20 岁以上人口数的商的对数再除以广告价格指数；

Y_4＝无过滤嘴香烟美元广告费与 20 岁以上人口数的商的对数再除以广告价格指数；

X_1＝个人可支配收入与 20 岁以上人口数的商的对数再除以消费者价格指数；

X_2＝无过滤嘴香烟每包价格与消费者价格指数的商的对数。

a. 在上述模型中 Y 是内生的，而 X 是外生的。为什么作者认为 X_2 是外生的呢？

b. 如果把 X_2 看作一个内生变量，你会怎样修改上述模型？

18.8 门杰斯（G. Menges）对联邦德国经济构造了如下的计量经济模型[①]：

$$Y_t = \beta_0 + \beta_1 Y_{t-1} + \beta_2 I_t + u_{1t}$$
$$I_t = \beta_3 + \beta_4 Y_t + \beta_5 Q_t + u_{2t}$$
$$C_t = \beta_6 + \beta_7 Y_t + \beta_8 C_{t-1} + \beta_9 P_t + u_{3t}$$
$$Q_t = \beta_{10} + \beta_{11} Q_{t-1} + \beta_{12} R_t + u_{4t}$$

其中Y＝国民收入；

I＝净资本形成；

C＝个人消费；

Q＝利润；

P＝生活费用指数；

R＝工业生产率；

t＝时间；

u＝随机干扰项。

a. 你认为哪些变量是内生的和哪些变量是外生的？

b. 方程组中有没有可以用单方程最小二乘法去估计的方程？

c. 把变量 P 包含在消费函数中的依据是什么？

18.9 加拉韦（L. E. Gallaway）和史密斯（P. E. Smith）对美国经济构造了如下的简单模型[②]：

$$Y_t = C_t + I_t + G_t$$
$$C_t = \beta_1 + \beta_2 YD_{t-1} + \beta_3 M_t + u_{1t}$$
$$I_t = \beta_4 + \beta_5 (Y_{t-1} - Y_{t-2}) + \beta_6 Z_{t-1} + u_{2t}$$
$$G_t = \beta_7 + \beta_8 G_{t-1} + u_{3t}$$

其中Y＝国民生产总值；

C＝个人消费支出；

I＝私人国内总投资；

[①] G. Menges, "Ein Ökonometriches Modell der Bundesrepublik Deutschland (Vier Strukturgleichungen)," I. F. O. Studien，vol. 5，1959，pp. 1-22.

[②] "A Quarterly Econometric Model of the United States," *Journal of American Statistical Association*，vol. 56，1961，pp. 379-383.

G＝政府支出加对外净投资；

YD＝可支配或税后收入；

M＝季初货币供给；

Z＝税前财产收入；

t＝时间；

u_1，u_2 和 u_3＝随机干扰项。

所有变量均以一阶差分形式度量。

根据 1948—1957 年的季度数据，作者们对每一方程逐个地应用最小二乘法并得到如下结果：

$$\hat{C}_t = 0.09 + 0.43 YD_{t-1} + 0.23 M_t \qquad R^2 = 0.23$$
$$\hat{I}_t = 0.08 + 0.43(Y_{t-1} - Y_{t-2}) + 0.48 Z_t \qquad R^2 = 0.40$$
$$\hat{G}_t = 0.13 + 0.67 G_{t-1} \qquad R^2 = 0.42$$

a. 你怎样为在本例中使用单方程最小二乘法进行辩护？

b. 为什么这些 R^2 值都相当低？

实证分析题

18.10 表 18—2 给出了美国 1970—2006 年间的 Y（国内生产总值）、C（个人消费支出）和 I（私人国内总投资）数据，均以 1996 年的十亿美元计。假定像例 18.2 中简单的凯恩斯收入决定模型那样，C 和 Y 的关系是线性的。求消费函数中参数的 OLS 估计值。保留你的计算结果，以便和用第 20 章介绍的方法处理同样这些数据所得到的结果进行比较。

表 18—2   1970—2006 年间美国个人消费支出、私人国内总投资和 GDP 数据

（单位：1996 年十亿美元）

观测	C	I	Y	观测	C	I	Y
1970	2 451.9	427.1	3 771.9	1989	4 675.0	926.2	6 981.4
1971	2 545.5	475.7	3 898.6	1990	4 770.3	895.1	7 112.5
1972	2 701.3	532.1	4 105.0	1991	4 778.4	822.2	7 100.5
1973	2 833.8	594.4	4 341.5	1992	4 934.8	889.0	7 336.6
1974	2 812.3	550.6	4 319.6	1993	5 099.8	968.3	7 532.7
1975	2 876.9	453.1	4 311.2	1994	5 290.7	1 099.6	7 835.5
1976	3 035.5	544.7	4 540.9	1995	5 433.5	1 134.0	8 031.7
1977	3 164.1	627.0	4 750.5	1996	5 619.4	1 234.3	8 328.9
1978	3 303.1	702.6	5 015.0	1997	5 831.8	1 387.7	8 703.5
1979	3 383.4	725.0	5 173.4	1998	6 125.8	1 524.1	9 066.9
1980	3 374.1	645.3	5 161.7	1999	6 438.6	1 642.6	9 470.3
1981	3 422.2	704.9	5 291.7	2000	6 739.4	1 735.5	9 817.0
1982	3 470.3	606.0	5 189.3	2001	6 910.4	1 598.4	9 890.7
1983	3 668.6	662.5	5 423.8	2002	7 099.3	1 557.1	10 048.8
1984	3 863.3	857.7	5 813.6	2003	7 295.3	1 613.1	10 301.0
1985	4 064.0	849.7	6 053.7	2004	7 561.4	1 770.2	10 675.8
1986	4 228.9	843.9	6 263.6	2005	7 803.6	1 869.3	11 003.4
1987	4 369.8	870.0	6 475.1	2006	8 044.1	1 919.5	11 319.4
1988	4 546.9	890.5	6 742.7				

注：C＝个人消费支出；

I＝私人国内总投资；

Y＝国内生产总值。

资料来源：*Economic Report of the President*，2008，Table B-2.

18.11　利用习题18.10中的数据，求国内总投资 I 对 GDP 的回归。保留计算结果以便下一章中进一步分析之用。

18.12　考虑宏观经济学恒等式：

$$C + I = Y \qquad (=\text{GDP})$$

和前面一样，假定：

$$C_t = \beta_0 + \beta_1 Y_t + u_t$$

并且按照宏观经济学的**加速数模型**（accelerator model），令：

$$I_t = \alpha_0 + \alpha_1 (Y_t - Y_{t-1}) + v_t$$

其中 u 和 v 是误差项。用习题18.10中的数据去估计加速数模型，并把计算结果留作进一步研究之用。

18.13　**汽油的供给与需求。** 本书网站中的表18—3给出了影响美国汽油供求的部分变量的1978年1月至2002年8月间的数据。[①] 这些变量是：pricegas（每加仑汽油的价格，单位是美分）；quantgas（每天消耗多少无铅汽油，单位是千桶）；persincome（个人收入，单位是十亿美元）；以及汽车销售量（每年销售的汽车数量，单位是百万辆）。

a. 为汽油消费提出一个适当的供求模型。

b. 模型（a）中哪些变量是内生的，哪些变量是外生的？

c. 如果你用OLS估计你所提出的供求函数，结论可靠吗？为什么？

d. 保留你的供求函数的OLS估计值，留待讨论了第20章之后再来考虑。

18.14　本书网站中的表18—4给出了1951年第I季度至2000年第IV季度期间美国几个宏观经济变量的季度数据。[②] 这些变量是：$Year$＝年份；Qtr＝季度；$Realgdp$＝真实GDP（十亿美元）；$Realcons$＝真实消费支出；$Realinvs$＝私人部门的真实投资；$Realgovt$＝真实政府支出；$Realdpi$＝真实个人可支配收入；CPI_U＝消费者价格指数；M1＝名义货币存量；$Tbilrate$＝90天国债月末利率的季度平均值；Pop＝人口（百万），利用不变的季度增长率对年末数字进行插值计算；$Infl$＝通货膨胀率（缺少首次观测数据）；$Realint$＝事后真实利率＝$Tbilrate - Infl$（缺少首次观测数据）。

利用这些数据，提出一个简单的美国宏观经济模型。在第20章会要求你估计这个模型。

---

① 数据取自如下教材的网站：Stephen J. Schmidt, *Econometrics*, McGraw-Hill, New York, 2005. 见www.mhhe.com/economics。

② 这些数据最初来自美国商务部经济分析局及网站 www.economagic.com，本书直接从如下教材中复制：William H. Greene, *Econometric Analysis*, 6th ed., 2008, Table F5.1, p.1083。

第 19 章

识别问题

在本章我们考虑识别问题的性质和意义。识别问题的症结在于：回顾 18.2 节介绍的供求模型。假使我们仅有 Q 和 P 的时间序列数据而没有更多的（诸如消费者收入，前期流行价格及气候）信息，那么识别问题就是要寻求下述问题的答案：仅仅给出 P 和 Q 的数据，我们怎样知道我们是在估计需求函数，还是在估计供给函数？或者问，如果我们期望我们是在拟合一个需求函数，我们又怎样保证我们所估计的确实是需求函数而不是其他函数呢？

稍加思索便知，在我们估计这个需求函数之前，必须先回答上述问题。本章中，我们将说明怎样解决识别问题。我们先引进一些符号和定义，再用几个例子阐明识别问题。然后，给出一些规则，用以判断联立方程模型中的一个方程是否可以识别。就是说，它确实是我们要估计的那个关系式，不管它是需求函数或供给函数，或别的什么函数。

■ 19.1 符号与定义

为便于讨论，我们引进如下符号和定义：

一般地，M 个内生或联合因变量的 M 个方程模型可写成方程组（19.1.1）：

$$Y_{1t} = \beta_{12}Y_{2t} + \beta_{13}Y_{3t} + \cdots + \beta_{1M}Y_{Mt} + \gamma_{11}X_{1t} + \gamma_{12}X_{2t} + \cdots + \gamma_{1K}X_{Kt} + u_{1t}$$

$$Y_{2t} = \beta_{21}Y_{1t} + \beta_{23}Y_{3t} + \cdots + \beta_{2M}Y_{Mt} + \gamma_{21}X_{1t} + \gamma_{22}X_{2t} + \cdots + \gamma_{2K}X_{Kt} + u_{2t}$$

$$Y_{3t} = \beta_{31}Y_{1t} + \beta_{32}Y_{2t} + \cdots + \beta_{3M}Y_{Mt} + \gamma_{31}X_{1t} + \gamma_{32}X_{2t} + \cdots + \gamma_{3K}X_{Kt} + u_{3t}$$

计量经济学基础（第五版）

......

$$Y_{MT} = \beta_{M1}Y_{1t} + \beta_{M2}Y_{2t} + \cdots + \beta_{M,M-1}Y_{M-1,t} + \gamma_{M1}X_{1t} + \gamma_{M2}X_{2t} + \cdots + \gamma_{MK}X_{Kt} + u_{Mt}$$

$$(19.1.1)$$

其中Y_1，Y_2，$\cdots$，$Y_M = M$个内生或联合因变量；

$\quad\quad X_1$，X_2，$\cdots$，$X_K = K$个前定变量（这些X变量之一可取值1，以使每个方程有
$\quad\quad\quad\quad\quad$一截距项）；

$\quad\quad u_1$，u_2，$\cdots$，$u_M = M$个随机干扰项；

$\quad\quad t = 1$，2，$\cdots$，$T = $总观测个数；

$\quad\quad \beta = $内生变量系数；

$\quad\quad \gamma = $前定变量系数。

顺便指出，并不需要每个变量都出现在每一方程之中。事实上，我们将在 19.2 节中看到，如果有一个方程可以识别，就一定不能出现这种情形。

如方程（19.1.1）所示，进入联立方程模型的变量可分为两类：**内生的**，指其值要从模型内部决定；和**前定的**，指其值由模型外部决定。内生变量被视为随机的，而前定变量则被视为非随机的。

前定变量又分为两类：**外生**变量，包括当前的或滞后的；以及**滞后内生**（lagged endogenous）变量。例如，X_{1t}是当前（现时）外生变量，而$X_{1,t-1}$是滞后一期的外生变量。$Y_{1,t-1}$是滞后一期的内生变量，但因在当前时期里$Y_{1,t-1}$值已知，故把它看作非随机的，由此认为是前定变量。[①] 总之，当前外生变量、滞后外生变量和滞后内生变量都被认为是前定的；在当前时期里，它们的值不是由模型决定的。

哪些变量是内生的，哪些是前定的，由模型构造者来裁定。虽然一些（非经济）变量如气温、降雨量等明显地是外生或前定的，但模型构造者在划分经济变量为内生变量或前定变量时必须倾注大量的注意力。他或她必须能在先验或理论的基础上为这个分类作出辩护。尽管如此，在本章的后一部分，我们将为外生性提供一种统计检验。

因为出现在方程（19.1.1）中的方程也许描述一个经济社会（经济模型）的结构，或者描述一个经济主体（如消费者或生产者）的行为，所以把这些方程称为**结构**（structural）或**行为**（behavioral）方程。β和γ则被称为**结构参数**（structural parameters）或**结构系数**（structural coefficients）。

从结构方程组可以解出M个内生变量并导出**约简型方程**（reduced-form equations）和相应的**约简型系数**（reduced-form coefficients）。所谓约简型方程，是指仅用前定变量和随机干扰项来表达一个内生变量的方程。为便于说明，考虑第 18 章讲的凯恩斯收入决定模型：

---

① 这里隐含地假定了随机干扰项u没有序列相关性。如果有的话，Y_{t-1}将与现期干扰项u_t相关，从而我们就不能把它看成前定变量。

消费函数：$C_t = \beta_0 + \beta_1 Y_t + u_t$ $0 < \beta_1 < 1$ (18.2.3)

收入恒等式：$Y_t = C_t + I_t$ (18.2.4)

在此模型中，C（消费）和 Y（收入）是内生变量，而 I（投资支出）被视为外生变量。这两个方程都是结构方程。方程（18.2.4）则是一个恒等式。我们照常假定 MPC 即 β_1 介于 0 与 1 之间。

如果把方程（18.2.3）代入方程（18.2.4），经过简单运算，就得到：

$$Y_t = \Pi_0 + \Pi_1 I_t + w_t \tag{19.1.2}$$

其中

$$\Pi_0 = \frac{\beta_0}{1 - \beta_1}$$

$$\Pi_1 = \frac{1}{1 - \beta_1} \tag{19.1.3}$$

$$w_t = \frac{u_t}{1 - \beta_1}$$

方程（19.1.2）是一个**约简型方程**，它把内生变量 Y 表达为仅仅是外生（或前定）变量 I 和随机干扰项 u 的函数。Π_0 和 Π_1 是相应的**约简型系数**。注意，这些约简型系数是结构系数的非线性组合。

将方程（19.1.2）中的 Y 值代入方程（18.2.3）中的 C，就得到另一约简型方程：

$$C_t = \Pi_2 + \Pi_3 I_t + w_t \tag{19.1.4}$$

其中

$$\Pi_2 = \frac{\beta_0}{1 - \beta_1}$$

$$\Pi_3 = \frac{\beta_1}{1 - \beta_1} \tag{19.1.5}$$

$$w_t = \frac{u_t}{1 - \beta_1}$$

约简型系数 Π_1 和 Π_3 度量着外生变量值的单位变化对内生变量的即期影响[①]，所以又被称为**冲击**（impact）或**短期乘数**（short-run multipliers）。比如说，在上述凯恩斯模型中，投资支出增加 1 美元，并假定 MPC 是 0.8，那么，由方程（19.1.3）我们得到 $\Pi_1 = 5$。这个结果是说，增加 1 美元的投资，将立即（在现期里）导致 5 美元的收入增加，也就是 5 倍的收入增加。同理，在这一假定条件下，方程（19.1.5）中的 $\Pi_3 = 4$ 表明，投资支出增加 1 美元，将立即导致消费支出增加 4 美元。

在计量经济模型的背景中，像方程（18.2.4）或 $Q_t^d = Q_t^s$（需求量等于供给量）这样的方程，均称均衡条件（equilibrium conditions）。恒等式（18.2.4）是说，总

---

① 在计量经济学中，外生变量扮演着重要的角色。这类变量常常被置于政府直接控制之下，例如个人与公司的税率、津贴、失业救济等。

收入 Y 必定等于总支出（即消费支出加投资支出）。均衡一旦实现，内生变量便取得它们的均衡值。[1]

注意约简型方程的一个有趣特点，由于前定变量和随机干扰项均出现在这些方程的右边，并且由于假定了前定变量与干扰项不相关，因此可用 OLS 方法估计约简型方程的系数 (Π_i)。以后将表明，我们也许能从所估计的约简型系数计算出结构系数 (β_i)。这种方法被称为**间接最小二乘**（indirect least squares，ILS），而所估计的结构系数称 ILS 估计量。

在第 20 章中，我们将详细研究 ILS 法。现在我们看到，既然约简型系数可由 OLS 来估计，并且这些系数又是结构系数的组合，这就存在着从约简型系数"恢复"结构系数本来面目的可能性，而正是结构系数的估计才是我们的最终兴趣所在。怎样从约简型系数复原到结构系数呢？答案见 19.2 节。这个答案表明了识别问题的症结所在。

19.2 识别问题

所谓**识别问题**（identification problem），是指能否从所估计的约简型系数求出一个结构方程参数的估计值。如果能够，就说该方程是可以识别的。如果不能，就说所考虑的方程是不可识别的或识别不足的。

一个可识别方程或者是恰好识别的（充分或刚好识别的），或者是过度识别的。恰好识别是指能够得到结构参数的唯一数值，过度识别是指可获得结构参数不止一个的值。在接下来的讨论中将分别给出以上两种情形。

由于不同的结构参数组合可能同样适用于同一个数据集，因此就产生了识别问题。换言之，一个约简型方程可能对不同的结构方程和不同的假设（模型）都是适用的，但它可能很难告诉我们研究的是哪一个具体的假设（模型）。我们在本节剩余部分就来考虑几个例子，以说明识别问题的本质。

□ 识别不足

再次考虑供求模型（18.2.1）和（18.2.2）以及供求相等的市场出清或均衡条件。由均衡条件我们得到：

$$\alpha_0 + \alpha_1 P_t + u_{1t} = \beta_0 + \beta_1 P_t + u_{2t} \tag{19.2.1}$$

解方程（19.2.1），我们得到均衡价格：

$$P_t = \Pi_0 + v_t \tag{19.2.2}$$

---

[1] 有关细节，参见 Jan Kmenta, *Elements of Econometrics*, 2d ed., Macmillan, New York, 1986, pp. 723-731.

其中

$$\Pi_0 = \frac{\beta_0 - \alpha_0}{\alpha_1 - \beta_1} \qquad (19.2.3)$$

$$v_t = \frac{u_{2t} - u_{1t}}{\alpha_1 - \beta_1} \qquad (19.2.4)$$

将方程（19.2.2）中的 P_t 代入方程（18.2.1）或方程（18.2.2），我们得到下面的均衡数量：

$$Q_t = \Pi_1 + w_t \qquad (19.2.5)$$

其中

$$\Pi_1 = \frac{\alpha_1\beta_0 - \alpha_0\beta_1}{\alpha_1 - \beta_1} \qquad (19.2.6)$$

$$w_t = \frac{\alpha_1 u_{2t} - \beta_1 u_{1t}}{\alpha_1 - \beta_1} \qquad (19.2.7)$$

顺便指出，误差项 v_t 和 w_t 是原误差项 u_1 和 u_2 的线性组合。

方程（19.2.2）和（19.2.5）为约简型方程。现在我们的供求模型含有 4 个结构系数 α_0、α_1、β_0 和 β_1，但我们没有估计它们的唯一方法。为什么？答案在于方程（19.2.3）和（19.2.6）所给的两个约简型系数。这些约简型系数含有全部 4 个结构系数，但没有方法仅从两个约简型系数估计出 4 个结构性未知数来。回忆中学代数便知，要估计 4 个未知数，我们必须有 4 个（独立）方程。并且，一般地说，要估计 k 个未知数，必须有 k 个（独立）方程。顺便指出，如果我们做约简型回归（19.2.2）和（19.2.5），那将仅有常数项而没有任何解释变量，并且这些常数项仅给出 P 和 Q 的均值。（为什么？）

所有这些都意味着，给定 P（价格）和 Q（数量）的时间序列数据而无任何其他信息，研究者将无法保证他所估计的是需求函数还是供给函数。就是说，一对给定的 P 和 Q，由于供求相等的均衡条件，仅代表适当的需求和供给曲线的交点。为了清楚地看到这个问题，考虑图 19—1 所示的散点图。

图 19—1a 给出几个联系着 Q 和 P 的散点，每一散点代表一条需求曲线和一条供给曲线的交点，如图 19—1b 所示。现在拿一个点来考虑，比如图 19—1c 中的那一点。我们无法肯定这个点是由图中整个（供求）曲线族中的哪对供求曲线产生的。为此，显然需要有关于供求曲线的性质的一些其他信息，比方说，如果由于收入、嗜好等等的变化，需求曲线随时间而移动，而供给曲线则保持相对稳定，如图 19—1d 那样，则散点将展现出一条供给曲线。在这种情况下，我们就说供给曲线是可识别的。同理，如果由于气候条件的变化（在考虑农产品时）或其他外部因素的变化，供给曲线随时间而移动，但需求曲线保持相对稳定，如图 19—1e 那样，则散点将展现出一条需求曲线，这时，我们就说需求曲线是可识别的。

看待识别问题，还有另一种也许是更有启发性的方法。假使我们将方程（18.2.1）的两边同时乘以 λ，其中 $0 \leqslant \lambda \leqslant 1$，同时将方程（18.2.2）的两边乘以 $(1-\lambda)$，便得到下列方程（注：我们省掉了 Q 的上标）：

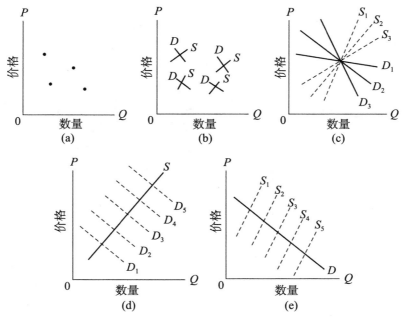

图 19—1 假想的供求函数与识别问题

$$\lambda Q_t = \lambda\alpha_0 + \lambda\alpha_1 P_t + \lambda u_{1t} \tag{19.2.8}$$
$$(1-\lambda)Q_t = (1-\lambda)\beta_0 + (1-\lambda)\beta_1 P_t + (1-\lambda)u_{2t} \tag{19.2.9}$$

将两方程相加得到原始供求方程的如下线性组合：

$$Q_t = \gamma_0 + \gamma_1 P_t + w_t \tag{19.2.10}$$

其中

$$\gamma_0 = \lambda\alpha_0 + (1-\lambda)\beta_0$$
$$\gamma_1 = \lambda\alpha_1 + (1-\lambda)\beta_1 \tag{19.2.11}$$
$$w_t = \lambda u_{1t} + (1-\lambda)u_{2t}$$

这个"伪造"的或"混杂"的方程（19.2.10）与方程（18.2.1）或（18.2.2）在观测上无区别；它们都是 Q 和 P 的回归。因此，如果我们只有 P 和 Q 的时间序列数据，则方程（18.2.1）、（18.2.2）或（19.2.10）中的任一个都会和同样的数据相吻合。换言之，同样的数据可以适合于"假设"（18.2.1）、（18.2.2）或（19.2.10），我们无法知道我们是在检验哪一个假设。

要使一个方程成为可识别的，也就是使它的参数能被估计，必须证明给定的数据集不会产生表面看来像是我们所要估计的方程那样的一个结构方程。如果我们打算估计需求函数，我们必须表明所给数据不适合于供给函数或某些混杂方程。

□ 恰好或恰可识别

上述需求函数或供给函数不能识别的理由是在两个函数中出现同样的变量 P 和 Q，而且再没有其他诸如图 19—1d 或图 19—1e 所表示的那种信息。然而，假使我们考虑下述需求与供给模型：

$$\text{需求函数：} Q_t = \alpha_0 + \alpha_1 P_t + \alpha_2 I_t + u_{1t} \qquad \alpha_1 < 0, \alpha_2 > 0 \qquad (19.2.12)$$

$$\text{供给函数：} Q_t = \beta_0 + \beta_1 P_t + u_{2t} \qquad \beta_1 > 0 \qquad (19.2.13)$$

其中 $I=$ 消费者收入，是一个外生变量，而其他变量定义如前。

注意，上述模型和我们原来的供求模型之间的唯一差别，是在需求函数中增加了一个收入变量。从需求的经济理论可知，收入常常是对大多数商品和服务需求的一个重要决定因素。因此，把它包含进需求函数中来，将给我们提供关于消费者行为的某些其他信息。对大多数商品来说，可以预料收入对消费有正的影响（$\alpha_2 > 0$）。

利用市场出清机制，即需求量＝供给量，我们有：

$$\alpha_0 + \alpha_1 P_t + \alpha_2 I_t + u_{1t} = \beta_0 + \beta_1 P_t + u_{2t} \qquad (19.2.14)$$

由此解出 P_t 的均衡值如下：

$$P_t = \Pi_0 + \Pi_1 I_t + v_t \qquad (19.2.15)$$

其中约简型系数是：

$$\Pi_0 = \frac{\beta_0 - \alpha_0}{\alpha_1 - \beta_1} \qquad (19.2.16)$$

$$\Pi_1 = -\frac{\alpha_2}{\alpha_1 - \beta_1}$$

以及

$$v_t = \frac{u_{2t} - u_{1t}}{\alpha_1 - \beta_1}$$

将 P_t 的均衡值代入上述需求或供给函数，我们得到如下均衡数量：

$$Q_t = \Pi_2 + \Pi_3 I_t + w_t \qquad (19.2.17)$$

其中

$$\Pi_2 = \frac{\alpha_1 \beta_0 - \alpha_0 \beta_1}{\alpha_1 - \beta_1} \qquad (19.2.18)$$

$$\Pi_3 = -\frac{\alpha_2 \beta_1}{\alpha_1 - \beta_1}$$

以及

$$w_t = \frac{\alpha_1 u_{2t} - \beta_1 u_{1t}}{\alpha_1 - \beta_1}$$

因为方程（19.2.15）和（19.2.17）都是约简型方程，故可用 OLS 估计它们的参数。现在供求模型（19.2.12）和（19.2.13）含有 5 个结构系数——α_0、α_1、α_2、β_0 和 β_1。但只有 4 个方程去估计它们，即方程（19.2.16）和（19.2.18）给出的 4 个约简型系数——Π_0、Π_1、Π_2 和 Π_3。因此，要得到全部结构系数的唯一解是不可能的。但容易看出，供给函数的参数是可识别的（可被估计的）。这是因为：

$$\beta_0 = \Pi_2 - \beta_1 \Pi_0$$

$$\beta_1 = \frac{\Pi_3}{\Pi_1} \qquad (19.2.19)$$

然而没有估计需求参数的唯一方法；因此需求函数仍不可识别。顺便指出，结构系

数 β_1 是约简型系数的一个非线性函数，如我们将在第 20 章中看到的那样，这会给估计 β_1 估计值的标准误带来一些问题。

为了验证需求函数（19.2.12）不可识别（不能估计），让我们用 λ（$0 \leqslant \lambda \leqslant 1$）去乘它，再用（$1-\lambda$）去乘方程（19.2.13），然后把它们加起来得到如下"混杂"方程：

$$Q_t = \gamma_0 + \gamma_1 P_t + \gamma_2 I_t + w_t \qquad (19.2.20)$$

其中

$$\begin{aligned} \gamma_0 &= \lambda\alpha_0 + (1-\lambda)\beta_0 \\ \gamma_1 &= \lambda\alpha_1 + (1-\lambda)\beta_1 \\ \gamma_2 &= \lambda\alpha_2 \end{aligned} \qquad (19.2.21)$$

以及

$$w_t = \lambda u_{1t} + (1-\lambda)u_{2t}$$

方程（19.2.20）虽然有别于不含解释变量 I 的供给函数（19.2.13），却与需求函数（19.2.12）在观测上无区别。因此需求函数仍是不可识别的。

注意一个有趣的事实：正是在需求函数中添加了一个变量，使得我们能识别供给函数！ 为什么？在需求方程中放进收入变量将对供给函数的变异提供一些额外信息，如图 19—1d 所示。该图表明，稳定的供给曲线与移动中的需求曲线的交点是怎样使我们去跟踪（识别）供给曲线的。如我们即将看到的那样，一个方程的可识别性常常依赖于它是否排除了包含在模型里其他方程中的一个或多个变量。

但若我们考虑如下供求模型：

需求函数：$Q_t = \alpha_0 + \alpha_1 P_t + \alpha_2 I_t + u_{1t} \qquad \alpha_1 < 0, \ \alpha_2 > 0 \qquad (19.2.12)$

供给函数：$Q_t = \beta_0 + \beta_1 P_t + \beta_2 P_{t-1} + u_{2t} \qquad \beta_1 > 0, \ \beta_2 > 0 \qquad (19.2.22)$

其中需求函数和前面一样，但供给函数包含另一解释变量即滞后一期的价格。该供给函数设想，一个商品的供给量依赖于它的当前价格和前期价格，这是常用来解释许多农产品供给的一个模型。注意，P_{t-1} 在时间 t 是已知的，所以是一个前定变量。

利用市场出清机制，我们有

$$\alpha_0 + \alpha_1 P_t + \alpha_2 I_t + u_{1t} = \beta_0 + \beta_1 P_t + \beta_2 P_{t-1} + u_{2t} \qquad (19.2.23)$$

解此方程得到如下均衡价格：

$$P_t = \Pi_0 + \Pi_1 I_t + \Pi_2 P_{t-1} + v_t \qquad (19.2.24)$$

其中

$$\Pi_0 = \frac{\beta_0 - \alpha_0}{\alpha_1 - \beta_1}$$

$$\Pi_1 = -\frac{\alpha_2}{\alpha_1 - \beta_1} \qquad (19.2.25)$$

$$\Pi_2 = \frac{\beta_2}{\alpha_1 - \beta_1}$$

$$v_t = \frac{u_{2t} - u_{1t}}{\alpha_1 - \beta_1}$$

将均衡价格代入需求或供给方程，便得到对应的均衡数量：

$$Q_t = \Pi_3 + \Pi_4 I_t + \Pi_5 P_{t-1} + w_t \qquad (19.2.26)$$

其中约简型系数是：

$$\Pi_3 = \frac{\alpha_1 \beta_0 - \alpha_0 \beta_1}{\alpha_1 - \beta_1}$$

$$\Pi_4 = -\frac{\alpha_2 \beta_1}{\alpha_1 - \beta_1} \qquad (19.2.27)$$

$$\Pi_5 = \frac{\alpha_1 \beta_2}{\alpha_1 - \beta_1}$$

以及

$$w_t = \frac{\alpha_1 u_{2t} - \beta_1 u_{1t}}{\alpha_1 - \beta_1}$$

方程（19.2.12）和（19.2.22）所给的供求模型共含 6 个结构系数——α_0、α_1、α_2、β_0、β_1 和 β_2，而用以估计它们的 6 个约简型系数——Π_0、Π_1、Π_2、Π_3、Π_4 和 Π_5。这样，我们就有含 6 个未知数的 6 个方程。在正常情况下，我们应能得到唯一的估计值。因此，需求方程和供给方程的参数都是可识别的，从而整个模型是可识别的。（习题 19.2 要求读者用前面所给的 6 个约简型系数把 6 个结构系数表达出来，以证明模型的唯一估计是可能的。）

为了核实上述供求函数是可识别的，仍可沿用"混合"的办法，即用 λ（$0 \leqslant \lambda \leqslant 1$）乘以需求方程（19.2.12），用（$1-\lambda$）乘以供给方程（19.2.22），将它们相加，得到一个混杂方程。这个混杂方程将含有 I_t 和 P_{t-1} 两个前定变量，从而它在观测上既有别于需求方程，又有别于供给方程。因为前者不含 P_{t-1}，而后者不含 I_t。

□ 过度识别

对某些商品和服务来说，消费者的收入和财富都同样是需求的重要决定因素。因此我们把需求函数（19.2.12）修改如下，但保持供给函数如前：

需求函数：$Q_t = \alpha_0 + \alpha_1 P_t + \alpha_2 I_t + \alpha_3 R_t + u_{1t}$ (19.2.28)

供给函数：$Q_t = \beta_0 + \beta_1 P_t + \beta_2 P_{t-1} + u_{2t}$ (19.2.22)

其中除了已定义的变量外，R 代表财富；对大多数商品和服务来说，财富和收入一样，预期会对消费产生正的影响。

令需求量等于供给量，便得到以下的均衡价格和数量：

$$P_t = \Pi_0 + \Pi_1 I_t + \Pi_2 R_t + \Pi_3 P_{t-1} + v_t \qquad (19.2.29)$$

$$Q_t = \Pi_4 + \Pi_5 I_t + \Pi_6 R_t + \Pi_7 P_{t-1} + w_t \qquad (19.2.30)$$

其中

$$\Pi_0 = \frac{\beta_0 - \alpha_0}{\alpha_1 - \beta_1} \qquad\qquad \Pi_1 = -\frac{\alpha_2}{\alpha_1 - \beta_1}$$

$$\Pi_2 = -\frac{\alpha_3}{\alpha_1 - \beta_1} \qquad \Pi_3 = \frac{\beta_2}{\alpha_1 - \beta_1}$$

$$\Pi_4 = \frac{\alpha_1 \beta_0 - \alpha_0 \beta_1}{\alpha_1 - \beta_1} \qquad \Pi_5 = -\frac{\alpha_2 \beta_1}{\alpha_1 - \beta_1} \qquad (19.2.31)$$

$$\Pi_6 = -\frac{\alpha_3 \beta_1}{\alpha_1 - \beta_1} \qquad \Pi_7 = \frac{\alpha_1 \beta_2}{\alpha_1 - \beta_1}$$

$$w_t = \frac{\alpha_1 u_{2t} - \beta_1 u_{1t}}{\alpha_1 - \beta_1} \qquad v_t = \frac{u_{2t} - u_{1t}}{\alpha_1 - \beta_1}$$

上述供求模型含有 7 个结构系数，但用以估计它们的有 8 个方程——方程 (19.2.31) 所给的 8 个约简型系数；就是说方程个数大于未知数个数。其结果是，要对我们这个模型的全部参数求唯一估计值是不可能的。这点是容易说明的。由上述约简型系数，我们能得到：

$$\beta_1 = \frac{\Pi_6}{\Pi_2} \qquad (19.2.32)$$

或者

$$\beta_1 = \frac{\Pi_5}{\Pi_1} \qquad (19.2.33)$$

就是说，对供给方程中的价格系数有两个估计值，但不能保证这两个估计值是相同的。① 此外，由于 β_1 出现在所有约简型系数的分母中，在 β_1 估计中的含糊性还会传递给其他估计值。

为什么在方程组 (19.2.12) 和 (19.2.22) 中供给函数是可识别的，而在方程组 (19.2.28) 和 (19.2.22) 中尽管供给函数仍是一样的，却又不能恰好识别呢？答案是为了识别供给曲线，我们有了"太多"的或**过于充分的信息**（oversufficiency of information）。这种情形和太少信息的识别不足情形恰好相反。信息的过于充分是由如下事实造成的：在由方程 (19.2.12) 和 (19.2.22) 构成的模型中，把收入变量从供给函数中排除出去便足以识别供给函数。但在由方程 (19.2.28) 和 (19.2.22) 构成的模型中，供给函数不仅排除收入变量，还排除了财富变量。换言之，在后一模型中，我们对供给函数施加了"过多"的约束，要求它排除多于识别它所必需的变量个数。然而，这种情况并不意味着过度识别一定是坏事。因为我们在第 20 章中将会看到，我们怎样能够处理好过多信息或过多约束的问题。

至此，我们已列举了所有情形，以上讨论表明，联立方程模型中的一个方程可以是识别不足的或可识别的（过度或恰好）。如果模型中的每一方程都是可识别的，就说整个模型是可识别的。为了判明识别问题，我们求助于约简型方程。但在 19.3 节中，我们将考虑判断联立方程模型中的一个方程是否可识别的另一种或许更省力的方法。

---

① 注意识别不足与过度识别之间的差异。对于前一情形，要得到结构参数的估计值是不可能的，而对于后一情形，则可能有一个或多个结构系数有不止一个估计值。

19.3 识别规则

19.2 节的例子表明，原则上可借助于约简型方程来判断联立方程组中的某一方程是否可以识别。但这些例子也表明，这个识别过程多么地耗时与费力。幸而这种程序并不是非用不可的。所谓**识别的阶条件**和**秩条件**（order and rank conditions of identification），由于提供了一种系统性的例行程序而减轻了这一任务。

为了理解阶条件和秩条件，我们引进以下符号：

$M=$ 模型中内生变量的个数

$m=$ 给定方程中内生变量的个数

$K=$ 模型中前定变量的个数（含截距项）

$k=$ 给定方程中前定变量的个数

□ 可识别性的阶条件[①]

可识别性的一个必要（但非充分）条件，称为**阶条件**（order condition），可用两种不同但等价的方式叙述如下（稍后即将介绍识别的必要条件和充分条件）：

> **定义 19.1** 在一个含有 M 个联立方程的模型中，一个方程能被识别，它必须排除至少 $M-1$ 个在模型中出现的（内生或前定）变量。如果它恰好排除 $M-1$ 个变量，则该方程是恰好识别的，如果它排除多于 $M-1$ 个变量，则它是过度识别的。

> **定义 19.2** 在一个含有 M 个联立方程的模型中，一个方程能被识别，该方程所排除的前定变量的个数必须不少于它所含有的内生变量的个数减 1，即：
> $$K-k \geqslant m-1 \tag{19.3.1}$$
> 如果 $K-k=m-1$，则方程是恰好识别的；但如果 $K-k>m-1$，则它是过度识别的。

习题 19.1 要求读者证明上述两个可识别性定义是等价的。

为了说明阶条件，让我们回到前面的例子。

例 19.1

需求函数：$Q_t^d = \alpha_0 + \alpha_1 P_t + u_{1t}$ （18.2.1）

[①] 名词**阶**指一个矩阵的阶，即出现在矩阵中的行和列的个数。参看附录 B。

供给函数：$Q_t^s = \beta_0 + \beta_1 P_t + u_{2t}$ (18.2.2)

此模型有两个内生变量 P 和 Q 而无前定变量。为了能被识别，每个方程至少要排除 $M-1=1$ 个变量。但情形并非如此，故没有哪个方程是可识别的。

例 19.2

需求函数：$Q_t^d = \alpha_0 + \alpha_1 P_t + \alpha_2 I_t + u_{1t}$ (19.2.12)

供给函数：$Q_t^s = \beta_0 + \beta_1 P_t + u_{2t}$ (19.2.13)

在此模型中，Q 和 P 是内生的，而 I 是外生的。应用方程（19.3.1）所给的阶条件，我们看到需求函数是不可识别的。另一方面，供给函数恰好排除 $M-1=1$ 个变量 I_t，所以是恰好识别的。

例 19.3

需求函数：$Q_t^d = \alpha_0 + \alpha_1 P_t + \alpha_2 I_t + u_{1t}$ (19.2.12)

供给函数：$Q_t^s = \beta_0 + \beta_1 P_t + \beta_2 P_{t-1} + u_{2t}$ (19.2.22)

给定 P_t 和 Q_t 为内生变量以及 I_t 和 P_{t-1} 为前定变量，方程（19.2.12）恰好排除 1 个变量 P_{t-1}，并且方程（19.2.22）也恰好排除 1 个变量 I_t，因此根据阶条件每个方程都是可识别的，从而整个模型是可识别的。

例 19.4

需求函数：$Q_t^d = \alpha_0 + \alpha_1 P_t + \alpha_2 I_t + \alpha_3 R_t + u_{1t}$ (19.2.28)

供给函数：$Q_t^s = \beta_0 + \beta_1 P_t + \beta_2 P_{t-1} + u_{2t}$ (19.2.22)

在此模型中 P_t 和 Q_t 为内生变量，而 I_t、R_t 和 P_{t-1} 为前定变量。需求函数恰好排除 1 个变量 P_{t-1}，所以按照阶条件它是恰好识别的。但供给函数排除了两个变量 I_t 和 R_t，因而是过度识别的。如前所见，在此情形，将存在两种估计价格变量系数 β_1 的方法。

注意这里的一个略为复杂的情况。由阶条件，需求函数是可识别的。但如果我们试图从方程（19.2.31）所给的约简型系数去估计此方程参数的话，则由于在计算中 β_1 的介入，估计值将不是唯一的。β_1 有两个值，我们还要决定哪一个值是适当的。不过，这一复杂性是可以避免的。如在第 20 章中将要说明的那样，遇到过度识别的情形，间接最小二乘法是不适宜的，而代之以其他方法，其中的一个方法就是我们将要在第 20 章里详细讨论的**两阶段最小二乘**（two-stage least squares）。

上述例子表明，如果在一个联立方程模型中，某个方程不含有在模型其他方程中包含的一个或多个变量，就有可能去识别这个方程。这种识别方法被称为（变量的）排除准则（exclusion criterion）或零约束准则（zero restrictions criterion）即方程中不出现的变量，可视其系数为零。这个准则是获得或确定一个方程可识别性的最常用方法。但注意，零约束准则是以某些变量不出现于某一方程的先验性或理论预期为依据的。它任由研究者去辨别为什么他/她预料某些变量出现于一些方程而不出现于另一些方程。

□ 可识别性的秩条件[①]

前面讨论的阶条件是识别的必要非充分条件；就是说，即使它得到满足，方程也会出现不能识别的情形。例如在例19.2中，供给方程排除了出现于需求函数中的收入变量 I_t，I_t 按照阶条件来说是可识别的。但是，识别的实现还需要需求函数中 I_t 的系数 α_2 确实不为零，也就是说，收入变量不仅仅有可能进入而且确实进入了需求函数。

更一般地，即使一个方程满足了阶条件 $K-k \geqslant m-1$，它仍会是不可识别的。因为该方程所排除的、出现于模型中的那些变量也许不是独立的，以致结构系数（β_i）与约简型系数（Π_i）之间没有一一对应关系。就是说，如同我们即将证明的那样，我们也许不能从约简型系数估计出结构系数来。因此，我们需要一个既必要而又充分的识别条件。识别的秩条件（rank condition）就是一个这样的条件，现陈述如下：

识别的秩条件

在一个含 M 个内生变量的 M 个方程的模型中，一个方程可识别的充分必要条件是，我们能从模型（其他方程）所含而该方程所不含的（内生或前定）变量系数矩阵中构造出至少一个 $(M-1) \times (M-1)$ 阶的非零行列式来。

作为对识别的秩条件的一个说明，考虑以下假想的联立方程组，其中 Y 变量为内生变量，而 X 变量为前定变量。[②]

$$Y_{1t} - \beta_{10} \qquad - \beta_{12} Y_{2t} - \beta_{13} Y_{3t} \qquad - \gamma_{11} X_{1t} \qquad = u_{1t} \qquad (19.3.2)$$

$$Y_{2t} - \beta_{20} \qquad - \beta_{23} Y_{3t} - \gamma_{21} X_{1t} - \gamma_{22} X_{2t} \qquad = u_{2t} \qquad (19.3.3)$$

$$Y_{3t} - \beta_{30} - \beta_{31} Y_{1t} \qquad - \gamma_{31} X_{1t} - \gamma_{32} X_{2t} \qquad = u_{3t} \qquad (19.3.4)$$

$$Y_{4t} - \beta_{40} - \beta_{41} Y_{1t} - \beta_{42} Y_{2t} \qquad - \gamma_{43} X_{3t} = u_{4t} \qquad (19.3.5)$$

为便于识别性判断，我们将上面的方程组写成不言而喻的表19—1。

表 19—1

方程编号	变量的系数							
	1	Y_1	Y_2	Y_3	Y_4	X_1	X_2	X_3
(19.3.2)	$-\beta_{10}$	1	$-\beta_{12}$	$-\beta_{13}$	0	$-\gamma_{11}$	0	0
(19.3.3)	$-\beta_{20}$	0	1	$-\beta_{23}$	0	$-\gamma_{21}$	$-\gamma_{22}$	0
(19.3.4)	$-\beta_{30}$	$-\beta_{31}$	0	1	0	$-\gamma_{31}$	$-\gamma_{32}$	0
(19.3.5)	$-\beta_{40}$	$-\beta_{41}$	$-\beta_{42}$	0	1	0	0	$-\gamma_{43}$

[①] 名词**秩**指一个矩阵的秩，它由（该矩阵所含）行列式不为零的最高阶方阵给出。或者，换一种说法，一个矩阵的秩是指该矩阵的线性独立的最大行或列数。参看附录B。

[②] 方程（19.1.1）中所给的联立方程组可用下面的另一种形式（表19—1）表现出来，以便于矩阵运算。

让我们首先使用识别的阶条件，如表 19—2 所示。根据阶条件，每个方程都是可以识别的。让我们再用秩条件来检查一遍。考虑第一个方程，它排除了变量 Y_4、X_2 与 X_3（在表 19—1 的第一行中用 0 表示）。欲识别这个方程，我们必须从该方程排除而其他方程没有排除的变量系数矩阵中，找到至少一个其行列式不等于 0 的 3×3 阶矩阵。为了得到这个行列式，我们首先求其他方程中所含变量 Y_4、X_2 与 X_3 的相关系数矩阵。在目前的情况下，只有一个这样的矩阵，记为 $\mathbf{A}$，它的定义如下：

$$\mathbf{A} = \begin{bmatrix} 0 & -\gamma_{22} & 0 \\ 0 & -\gamma_{32} & 0 \\ 1 & 0 & -\gamma_{43} \end{bmatrix} \qquad (19.3.6)$$

可以看出，这个矩阵的行列式等于 0：

$$\det \mathbf{A} = \begin{vmatrix} 0 & -\gamma_{22} & 0 \\ 0 & -\gamma_{32} & 0 \\ 1 & 0 & -\gamma_{43} \end{vmatrix} \qquad (19.3.7)$$

由于这个行列式等于 0，所以矩阵（19.3.6）的秩即 $\rho(\mathbf{A})$ 就小于 3。因此，方程（19.3.2）就不满足秩条件，因而不能识别。

表 19—2

方程编号	排除的前定变量数，$K-k$	包含的内生变量数减 1，$m-1$	识别结论
(19.3.2)	2	2	恰好识别
(19.3.3)	1	1	恰好识别
(19.3.4)	1	1	恰好识别
(19.3.5)	2	2	恰好识别

如前所述，秩条件是识别的充分必要条件。因此，尽管阶条件表明方程（19.3.2）可以识别，但秩条件却表明它不能识别。显然，方程（19.3.6）中矩阵 $\mathbf{A}$ 的行或列不是（线性）独立的，也就是说，变量 Y_4、X_2 与 X_3 之间有某种关系，致使我们没有足够的信息用以估计方程（19.3.2）中的参数；上述模型的约简型方程将表明不可能从约简型系数求出该方程的结构系数。读者应能验证，按照秩条件，方程（19.3.3）和（19.3.4）也是不可识别的，但方程（19.3.5）可以识别。

以上讨论表明，秩条件告诉我们所考虑的方程是否可识别，而阶条件告诉我们它是恰好识别还是过度识别。

为了应用秩条件，我们可按以下步骤进行：

1. 像表 19—1 那样，把方程组写成表格形式。

2. 划掉被考虑的方程所在行的系数。

3. 再划掉与步骤 2 中非零系数对应的列。

4. 表中余下的系数将构成方程组所含而未被待识别方程包含的变量的系数矩阵，从这一系数矩阵形成所有可能像 $\mathbf{A}$ 那样的 $M-1$ 阶方阵，并求出相应的行列式。如果能找到至少一个非退化的或非零的行列式，则所讨论的方程是（恰好或过度）可识别的。这时矩阵 **A** 的秩恰好是 $M-1$。如果所有可能的 $(M-1)\times(M-1)$ 行列式皆是零，则矩阵 **A** 的秩小于 $M-1$，从而所考虑的方程是不可识别的。

我们对可识别性的阶条件和秩条件的讨论，得到了关于在 M 个联立方程组中的一个结构方程的可识别性的一般原则如下：

1. 如果 $K-k>m-1$ 且 **A** 矩阵的秩是 $M-1$，则方程是过度识别的。
2. 如果 $K-k=m-1$ 且 **A** 矩阵的秩是 $M-1$，则方程是恰好识别的。
3. 如果 $K-k\geqslant m-1$ 而矩阵 **A** 的秩小于 $M-1$，则方程是不可识别的。
4. 如果 $K-k<m-1$，则结构方程是不可识别的。这时 **A** 矩阵的秩必定小于 $M-1$。（为什么？）

从此以后，凡是谈到识别问题，都指恰好识别或过度识别。考虑不可识别或识别不足的方程是没有意义的。因为这时无论数据有多广泛，结构方程都是不可估计的。而另一方面，如在第 20 章中将表明的那样，过度识别和恰好识别的方程中的参数都是能估计的。

在实践中，我们应该使用阶条件还是秩条件呢？对大型联立方程模型来说，秩条件的应用是一件令人生畏的任务。为此，哈维（Harvey）指出，

> 幸亏，阶条件通常已足以保证可识别性，虽然当心秩条件是重要的，但不去验证它，一般不会造成什么危害。[1]

*19.4 联立性检验[2]

如果没有联立方程或**联立性问题**（simultaneity problem），OLS 估计量将得到一致且有效的估计。而另一方面，如果存在联立性，则 OLS 估计量甚至不是一致性的。如在第 20 章中将表明的那样，当出现联立性时，**两阶段最小二乘**（two-stage least squares，2SLS）和**工具变量**（instrumental variables，IV）方法将给出一致且有效的估计量。说来有点奇怪，如果我们在没有联立性的情况下应用这些不同于 OLS 的方法，仍可得到一致但非有效（方差更小）的估计量。所有这些讨论表明，在我们摒弃 OLS 而倾向于用其他方法之前，应检验联立性问题是否存在。

前面曾经指出，联立性问题之所以出现，是因为一些回归元是内生的，并因而很可能与干扰项或误差项相关。因此，联立性检验在本质上是检验（一个内生）回归元是否与误差项相关。如果是，就有联立性问题，这时需要找出不同于 OLS 的估

① Andrew Harvey, *The Econometric Analysis of Time Series*, 2d ed., The MIT Press, Cambridge, Mass., 1990, p. 328.

② 以下讨论取自 Robert S. Pindyck and Daniel L. Rubinfeld, *Econometric Models and Economic Forecasts*, 3d ed., McGraw-Hill, New York, 1991, pp. 303-305.

计方法；如果不是，就可以使用 OLS。为在具体情形中判定到底是哪种情况，可采用豪斯曼的设定误差检验。

□ 豪斯曼设定检验

豪斯曼设定误差检验（Hausman specification error test）的一种形式可用于检验联立性问题。现解释如下[①]：

为了便于考虑，考虑如下两方程模型：

需求函数：$Q_t^d = \alpha_0 + \alpha_1 P_t + \alpha_2 I_t + \alpha_3 R_t + u_{1t}$ (19.4.1)

供给函数：$Q_t^s = \beta_0 + \beta_1 P_t + u_{2t}$ (19.4.2)

其中 P＝价格；

Q＝数量；

I＝收入；

R＝财富；

u＝误差项。

假定 I 和 R 为外生变量。当然，P 和 Q 是内生变量。

现考虑供给函数（19.4.2）。如果没有联立性问题（即 P 与 Q 相互独立），则 P_t 与 u_{2t} 应是不相关的。（为什么？）另一方面，如果有联立性，则 P_t 与 u_{2t} 将是相关的。要判明是哪一种情形，豪斯曼检验的程序如下：

首先，从方程（19.4.1）和（19.4.2）得到如下约简型方程：

$$P_t = \Pi_0 + \Pi_1 I_t + \Pi_2 R_t + v_t \tag{19.4.3}$$

$$Q_t = \Pi_3 + \Pi_4 I_t + \Pi_5 R_t + w_t \tag{19.4.4}$$

其中 v 和 w 为约简型误差项，用 OLS 估计方程（19.4.3）得到：

$$\hat{P}_t = \hat{\Pi}_0 + \hat{\Pi}_1 I_t + \hat{\Pi}_2 R_t \tag{19.4.5}$$

因此，

$$P_t = \hat{P}_t + \hat{v}_t \tag{19.4.6}$$

其中 $\hat{P}_t$ 代表估计的 P_t，而 $\hat{v}_t$ 为估计的残差项。现在考虑如下方程

$$Q_t = \beta_0 + \beta_1 \hat{P}_t + \beta_1 \hat{v}_t + u_{2t} \tag{19.4.7}$$

注：$\hat{P}_t$ 和 $\hat{v}_t$ 有相同的系数。这个方程与原供给方程的区别在于，它额外包含了变量 $\hat{v}_t$，即回归（19.4.3）得到的残差项。

现在，在无联立性即 P_t 不是内生变量的虚拟假设下，$\hat{v}_t$ 与 u_{2t} 之间的相关应在渐近意义上等于零。因此，如果我们做回归（19.4.7），并发现（19.4.7）中 v_t 的系数在统计上为零，就可得到不存在联立性问题的结论。当然，如果我们发现这个系数是统计显著的，就把结论反过来。顺便指出，豪斯曼联立性检验又被称为豪斯曼内生性检验（Hausman test of endogeneity）。在本例中，我们想弄清楚 P_t 是不是内生

---

① J. A. Hausman, "Specification Tests in Econometrics," *Econometrica*, vol. 46, November 1976, pp. 1251-1271. See also A. Nakamura and M. Nakamura, "On the Relationship among Several Specification Error Tests Presented by Durbin, Wu, and Hausman," *Econometrica*, vol. 49, November 1981, pp. 1583-1588.

的。如果是，我们就遇到联立性问题。

于是豪斯曼检验本质上包含如下两个步骤：

步骤 1 求 P_t 对 I_t 和 R_t 的回归并得到 $\hat{v}_t$ 。

步骤 2 求 Q_t 对 $\hat{P}_t$ 和 $\hat{v}_t$ 的回归并对 $\hat{v}_t$ 的系数做 t 检验。如果它是显著的，就不拒绝联立性假设；否则拒绝之。[①] 然而，为了更有效地估计，平狄克（Pindyck）和鲁宾费尔德（Rubinfeld）建议做 Q_t 对 P_t 和 $\hat{v}_t$ 的回归。[②]

使用豪斯曼检验还有其他方法，我们通过一个练习来加以说明。

例 19.5	平狄克-鲁宾费尔德公共支出模型[③]

为了研究美国州和地方政府的支出行为，两位作者提出如下联立方程模型：

$$EXP = \beta_1 + \beta_2 AID + \beta_3 INC + \beta_4 POP + u_i \tag{19.4.8}$$

$$AID = \delta_1 + \delta_2 EXP + \delta_3 PS + v_i \tag{19.4.9}$$

其中 EXP=州和地方政府的公共支出；

AID=联邦政府的拨款水平；

INC=州收入；

POP=州人口；

PS=中小学在校儿童人口；

u 和 v=误差项。

在此模型中，INC、POP 和 PS 被视为外生变量。

由于 EXP 和 AID 之间有联立性的可能，他们先求 AID 对 INC、POP 和 PS 的回归（即约简型回归）。令此回归的误差项为 w_i。由此回归求得残差项 $\hat{w}_i$。然后，作者求 EXP 对 AID、INC、POP 和 $\hat{w}_i$ 的回归而得到以下结果：

$$\widehat{EXP} = -89.41 + 4.50\,AID + 0.000\,13\,INC - 0.518\,POP - 1.39\,\hat{w}_i$$

$$t = (-1.04)\,(5.89)\qquad(3.06)\qquad\quad(-4.63)\qquad\quad(-1.73)\qquad\qquad(19.4.10)[④]$$

$$R^2 = 0.99$$

在 5% 显著性水平上 $\hat{w}_i$ 的系数不是统计上显著的，并因此在此水平上没有联立性问题。然而，在 10% 显著性水平上它却是统计上显著的，故存在联立性问题的可能性似仍可考虑。

顺便指出，方程（19.4.8）的 OLS 估计如下：

$$\widehat{EXP} = -46.81 + 3.24\,AID + 0.000\,19\,INC - 0.597\,POP$$

$$t = (-0.56)\,(13.64)\qquad(8.12)\qquad\quad(-5.71)\qquad\qquad(19.4.11)$$

$$R^2 = 0.993$$

注意，在方程（19.4.10）和（19.4.11）所给的结果中有一个有趣的现象：当我们明确地考虑联立性问题时，AID 变量的系数尽管在数值上变大了一些，但它的显著性反而减小了。

---

① 如果涉及多于一个内生回归元，我们将使用 F 检验。

② Pindyck and Rubinfeld, op. cit., p.304. 注：回归元是 P_t 而不是 $\hat{P}_t$ 。

③ Pindyck and Rubinfeld, op. cit., pp.176-177. 符号略有改动。

④ 根据本页注释②，作者们用 AID 而不用 $\widehat{AID}$ 作为回归元。

计量经济学基础（第五版）

*19.5　外生性检验

我们前面曾说过，明确哪些变量是内生的，哪些是外生的，责任在研究者。这将与研究者考虑的问题和拥有的先验信息有关。但能否给出一种像格兰杰因果关系检验那样的外生性检验呢？

19.4 节讨论的豪斯曼检验可用来回答这个问题。假使我们有一个三个内生变量 Y_1、Y_2 和 Y_3 的三方程模型，并假定有三个外生变量 X_1、X_2 和 X_3。再进一步假定模型的第一个方程是：

$$Y_{1i} = \beta_0 + \beta_2 Y_{2i} + \beta_3 Y_{3i} + \alpha_1 X_{1i} + u_{1i} \qquad (19.5.1)$$

如果 Y_2 和 Y_3 真的是内生变量，我们就不能用 OLS 去估计方程（19.5.1）。（为什么？）但我们如何知道？可进行如下检验：我们求 Y_2 和 Y_3 的约简型方程（注：约简型方程的右边将仅有前定变量）。由这些约简型方程我们分别得到 Y_{2i} 和 Y_{3i} 的预测值 $\hat{Y}_{2i}$ 和 $\hat{Y}_{3i}$。然后根据先前讨论的豪斯曼检验的思想，我们用 OLS 估计下述方程：

$$Y_{1i} = \beta_0 + \beta_2 Y_{2i} + \beta_3 Y_{3i} + \alpha_1 X_{1i} + \lambda_2 \hat{Y}_{2i} + \lambda_3 \hat{Y}_{3i} + u_{1i} \qquad (19.5.2)$$

可通过 F 检验来检验假设：$\lambda_2 = \lambda_3 = 0$。如果此假设被拒绝，则可认为 Y_2 和 Y_3 是内生的，但如果它不被拒绝，就可视同外生。一个具体的例子见习题 19.16。

要点与结论

1. 识别问题的考虑应先于估计问题。

2. 识别问题是问我们能否从约简型系数估计值求出结构系数的唯一数值估计值。

3. 如果能做到，就说联立方程组中的某个方程是可识别的。如果做不到，该方程就是不可识别或识别不足的。

4. 一个可识别的方程可以是恰好识别的或过度识别的。在前一种情形中，可以得到结构系数的唯一值；而在后一种情形中，也许一个或多个结构参数有不止一个估计值。

5. 识别问题之所以出现，是因为同样的数据集适合于不同的结构系数集，也就是适合于不同的模型。例如，在一个价格只对数量的回归中，很难说人们是在估计供给函数还是需求函数，因为价格和数量同样进入这两个方程。

6. 要判断一个结构方程的可识别性，我们可以应用**约简型方程**的技术，把一个内生变量表达为纯粹是前定变量的一个函数。

7. 然而，这种耗时的程序由于**阶条件**或**秩条件**的利用而得以避免。虽然阶条件易于应用，但它仅是可识别性的一个必要条件。另一方面，秩条件则是识别的充分必要条件。如果秩条件被满足，阶条件也一定被满足。但反过来未必真。尽管如此，在实践中，阶条件一般地说能较好地保

第 19 章

识别问题

711

证可识别性。

8. 当出现联立性问题时，如第 18 章中所表明的，OLS 一般而言是不适用的。但如果我们仍想用它，则必须明确地进行联立性检验，为此，可利用**豪斯曼设定检验**。

9. 虽然在实践中一个变量是内生或外生的，是凭判断而决定的，但我们可以用豪斯曼设定检验判定一个或一组变量是内生的还是外生的。

10. 因果关系和外生性虽属于同一类问题，但它们的概念却是不同的。其中一个概念并不蕴含另一个概念。在实践中，仍然是把这两个概念区分开来为好（见 17.14 节）。

习　题

问答题

19.1　证明可识别性的阶条件的两个定义是等价的。

19.2　从方程（19.2.25）和（19.2.27）所给的约简型系数推导出结构系数。

19.3　求出以下模型的约简型，从而判定每一种情形的结构方程是不可识别的、恰好识别的或过度识别的。

　　a. 第 18 章例 18.2。

　　b. 第 18 章例 18.3。

　　c. 第 18 章例 18.6。

19.4　同时用阶条件和秩条件检查习题 19.3 中的模型是否可识别。

19.5　在课文的模型（19.2.22）中，我们曾证明供给方程是过度识别的，能否对结构方程的参数作些约束使得此方程变为恰好识别的？说明这种约束的理由。

19.6　由模型

$$Y_{1t} = \beta_{10} + \beta_{12} Y_{2t} + \gamma_{11} X_{1t} + u_{1t}$$
$$Y_{2t} = \beta_{20} + \beta_{21} Y_{1t} + \gamma_{22} X_{2t} + u_{2t}$$

得到如下约简型方程：

$$Y_{1t} = \Pi_{10} + \Pi_{11} X_{1t} + \Pi_{12} X_{2t} + w_t$$
$$Y_{2t} = \Pi_{20} + \Pi_{21} X_{1t} + \Pi_{22} X_{2t} + v_t$$

　　a. 这些结构方程是可识别的吗？

　　b. 如果先验地知道 $\gamma_{11} = 0$，识别情况会有什么变化？

19.7　参照习题 19.6 估计如下的约简型方程：

$$Y_{1t} = 4 + 3 X_{1t} + 8 X_{2t}$$
$$Y_{2t} = 2 + 6 X_{1t} + 10 X_{2t}$$

　　a. 求结构参数的值。

　　b. 你会怎样检验虚拟假设 $\gamma_{11} = 0$？

19.8　由模型

$$Y_{1t} = \beta_{10} + \beta_{12} Y_{2t} + \gamma_{11} X_{1t} + u_{1t}$$
$$Y_{2t} = \beta_{20} + \beta_{21} Y_{1t} + u_{2t}$$

得到如下约简型方程：

$$Y_{1t} = 4 + 8X_{1t}$$
$$Y_{2t} = 2 + 12X_{1t}$$

a. 有没有哪些结构系数是能够从约简型系数估计出来的？说明你的见解。

b. 如果预先知道（1）$\beta_{12}=0$ 和（2）$\beta_{10}=0$，对（a）中的答案会有何变化？

19.9 习题 18.8 所给模型的结构方程是可识别的吗？

19.10 参照习题 18.7 并找出哪些结构方程是可识别的。

19.11 表 19—3 是一个包含 5 个内生变量 Y 和 4 个外生变量 X 的 5 方程模型：

表 19—3

方程编号	变量的系数								
	Y_1	Y_2	Y_3	Y_4	Y_5	X_1	X_2	X_3	X_4
1	1	β_{12}	0	β_{14}	0	γ_{11}	0	0	γ_{14}
2	0	1	β_{23}	β_{24}	0	0	γ_{22}	γ_{23}	0
3	β_{31}	0	1	β_{34}	β_{35}	0	0	γ_{33}	γ_{34}
4	0	β_{42}	0	1	0	γ_{41}	0	γ_{43}	0
5	β_{51}	0	0	β_{54}	1	0	γ_{52}	γ_{53}	0

借助于可识别性的阶条件和秩条件，判定每一方程的可识别性。

19.12 考虑以下扩展的凯恩斯收入决定模型：

消费函数：$C_t = \beta_1 + \beta_2 Y_t - \beta_3 T_t + u_{1t}$

投资函数：$I_t = \alpha_0 + \alpha_1 Y_{t-1} + u_{2t}$

税收函数：$T_t = \gamma_0 + \gamma_1 Y_t + u_{3t}$

收入恒等式：$Y_t = C_t + I_t + G_t$

其中 C＝消费支出；

Y＝收入；

I＝投资；

T＝税收；

u＝干扰项。

模型中的内生变量是 C、I、T 和 Y，而前定变量是 G（政府支出）和 Y_{t-1}。

用阶条件检查方程组中每一方程和整个方程组的可识别性，假定有一个作为外生变量的利率 r_t 出现在投资函数的右侧，将会出现什么情况？

19.13 参照第 18 章表 18—1 所给的数据。利用这些数据估计约简型方程（19.1.2）和（19.1.4），你能估计 β_0 和 β_1 吗？说明你的计算。模型是可识别的吗？为什么？

19.14 假使我们提出可识别性的阶条件的另一个定义：

$$K \geqslant m + k - 1$$

就是说，方程组中的前定变量的个数不可少于待识别的方程中所含未知系数的个数。说明此定义和课本中所给阶条件的另外两个定义是等价的。

19.15 休茨（Suits）的西瓜市场模型的一个简化形式如下[①]：

需求方程：$P_t = \alpha_0 + \alpha_1(Q_t/N_t) + \alpha_2(Y_t/N_t) + \alpha_3 F_t + u_{1t}$

[①] D. B. Suits, "An Econometric Model of the Watermelon Market," *Journal of Farm Economics*, vol. 37, 1955，pp. 237-251.

作物供给函数：$Q_t = \beta_0 + \beta_1(P_t/W_t) + \beta_2 P_{t-1} + \beta_3 C_{t-1} + \beta_4 T_{t-1} + u_{2t}$

其中 P＝价格；

(Q/N)＝人均需求量；

(Y/N)＝人均收入；

F_t＝运费；

(P/W)＝相对于农业工资的价格；

C＝棉花价格；

T＝其他蔬菜价格；

N＝人口。

P 和 Q 为内生变量。

a. 求出约简型方程。

b. 判定需求函数、供给函数，或两者是否均可识别？

实证分析题

19.16 考虑如下货币供求模型：

货币需求：$M_t^d = \beta_0 + \beta_1 Y_t + \beta_2 R_t + \beta_3 P_t + u_{1t}$

货币供给：$M_t^s = \alpha_0 + \alpha_1 Y_t + u_{2t}$

其中 M＝货币；

Y＝收入；

R＝利率；

P＝价格；

u＝误差项。

假定 R 和 P 是外生的，而 M 和 Y 是内生的。表 19—4 给出 1970—2006 年美国的 M（由 M2 定义）、Y（GDP）、R（3 月期国债利率）和 P（消费者价格指数）数据。

a. 需求函数可识别吗？

b. 供给函数可识别吗？

c. 求出 M 和 Y 的约简型方程的表达式。

d. 对供给函数作联立性检验。

e. 我们怎样知道货币供给函数中的 Y 确实是内生的？

表 19—4　　　**1970—2006 年间美国货币、GDP、利率和消费者价格指数数据**

观测	M2	GDP	TBRATE	CPI
1970	626.5	3 771.9	6.458	38.8
1971	710.3	3 898.6	4.348	40.5
1972	802.3	4 105.0	4.071	41.8
1973	855.5	4 341.5	7.041	44.4
1974	902.1	4 319.6	7.886	49.3
1975	1 016.2	4 311.2	5.836	53.8
1976	1 152.0	4 540.9	4.989	56.9
1977	1 270.3	4 750.5	5.265	60.6
1978	1 366.0	5 015.0	7.221	65.2
1979	1 473.7	5 173.4	10.041	72.6

观测	M2	GDP	TBRATE	CPI
1980	1 599.8	5 161.7	11.506	82.4
1981	1 755.5	5 291.7	14.029	90.9
1982	1 910.1	5 189.3	10.686	96.5
1983	2 126.4	5 423.8	8.63	99.6
1984	2 309.8	5 813.6	9.58	103.9
1985	2 495.5	6 053.7	7.48	107.6
1986	2 732.2	6 263.6	5.98	109.6
1987	2 831.3	6 475.1	5.82	113.6
1988	2 994.3	6 742.7	6.69	118.3
1989	3 158.3	6 981.4	8.12	124.0
1990	3 277.7	7 112.5	7.51	130.7
1991	3 378.3	7 100.5	5.42	136.2
1992	3 431.8	7 336.6	3.45	140.3
1993	3 482.5	7 532.7	3.02	144.5
1994	3 498.5	7 835.5	4.29	148.2
1995	3 641.7	8 031.7	5.51	152.4
1996	3 820.5	8 328.9	5.02	156.9
1997	4 035.0	8 703.5	5.07	160.5
1998	4 381.8	9 066.9	4.81	163.0
1999	4 639.2	9 470.3	4.66	166.6
2000	4 921.7	9 817.0	5.85	172.2
2001	5 433.5	9 890.7	3.45	177.1
2002	5 779.2	10 048.8	1.62	179.9
2003	6 071.2	10 301.0	1.02	184.0
2004	6 421.6	10 675.8	1.38	188.9
2005	6 691.7	11 003.4	3.16	195.3
2006	7 035.5	11 319.4	4.73	201.6

注：M2＝M2 货币供给，十亿美元计。

GDP＝国内生产总值，十亿美元计。

TBRATE＝3 月期国债利率，％。

CPI＝消费者价格指数（1982—1984＝100）。

资料来源：*Economic Report of the President*，2007，Tables B-2，B-60，B-69，B-73。

19.17　正文中讨论的豪斯曼检验也可以如下方式进行。考虑方程（19.4.7）：

$$Q_t = \beta_0 + \beta_1 P_t + \beta_1 v_t + u_{2t}$$

a. 由于 P_t 和 v_t 具有相同的系数，在一个具体的应用研究中，你如何检验确实是这种情况？其含义是什么？

b. 根据模型设计，P_t 与 u_{2t} 不相关（为什么？），弄清楚 P_t 是否外生的方式之一，就是看 v_t 是否与 u_{2t} 相关。你如何对此进行检验？你用什么检验方法？［提示：将方程（19.4.6）中的 P_t 代入方程（19.4.7）。］

第 **20** 章

联立方程方法

我们已经在前两章中讨论过联立方程模型的性质，本章转向这类模型的参数估计问题。首先让我们指出，由于存在着有不同统计性质的许多估计方法，所以估计问题相当复杂。像本书这种初级教材，我们将只考虑少数的估计方法。我们的讨论是简单而又有启发性的，一些细致的问题则留给阅读参考文献解决。

20.1 估计的方法

考虑方程（19.1.1）所给的一般含 M 个内生变量 M 个方程的模型。为了估计结构方程，可采取两种方法，即单方程法，又称**有限信息法**（limited information methods），和方程组法（或系统法），又称**完全信息法**（full information methods）。在即将考虑的单方程法中，我们逐个估计（联立）方程组中的每一个方程，仅考虑对该方程的约束（如对某些变量的排除）而不考虑对其他方程的约束[①]，由此得名有限信息法。而另一方面，在方程组法中，我们同时估计模型中的全部方程，适当考虑了因某些变量被排除而对方程组造成的全部约束（回想一下，这些约束对识别来说是关键性的），由此得名完全信息法。

---

① 然而，为便于识别，有必要考虑其他方程所提供的信息。如第 19 章所说的，只有对（恰好或过度）识别的情形，方程的估计才是可能的。在本章中，我们假定识别问题已通过第 19 章的方法得到了解决。

计量经济学基础（第五版）

作为一个例子，考虑如下的四方程模型：

$$Y_{1t} = \beta_{10} \qquad\qquad + \beta_{12}Y_{2t} + \beta_{13}Y_{3t} \qquad\qquad + \gamma_{11}X_{1t} \qquad\qquad + u_{1t}$$
$$Y_{2t} = \beta_{20} + \qquad\qquad \beta_{23}Y_{3t} \qquad + \gamma_{21}X_{1t} + \gamma_{22}X_{2t} \qquad\qquad + u_{2t}$$
$$Y_{3t} = \beta_{30} + \beta_{31}Y_{1t} \qquad\qquad + \beta_{34}Y_{4t} + \gamma_{31}X_{1t} + \gamma_{32}X_{2t} \qquad + u_{3t}$$
$$Y_{4t} = \beta_{40} \qquad\qquad + \beta_{42}Y_{2t} \qquad\qquad\qquad\qquad\qquad + \gamma_{43}X_{3t} + u_{4t}$$

$$(20.1.1)$$

其中 Y 为内生变量，而 X 为外生变量。比如说，如果我们旨在估计第三个方程，则单方程法将仅考虑此方程，即仅注意变量 Y_2 和 X_3 被排除在此方程之外。而另一方面，在方程组法中，我们要同时估计全部四个方程，把对方程组中多个方程的全部约束都考虑进来。

为了保持联立方程模型的品质，最理想的应是使用方程组法，比如**完全信息极大似然**（full information maximum likelihood，FIML）法。[1] 然而实际上，由于多种原因，这类方法并不常用。第一，计算上的负担太大。例如，1955 年克莱因-戈德伯格（Klein-Goldberger）构造的比较小的（20 个方程）美国经济模型就有 151 个非零系数。作者们用时间序列数据仅估计其中的 51 个系数。布鲁金斯社会科学研究院（Brookings-Social Science Research Council，SSRC）于 1965 年出版的美国经济计量模型刚开始含有 150 个方程。[2] 尽管这些精心制作的模型能对各个经济部门作出详细描述，但计算工作量之大即使在高速计算机时代的今天也是惊人的，更不必说成本上的耗费。第二，像 FIML 这样的系统方法常常导致参数的高度非线性解，以致难以确定。第三，如果方程组中的一个或多个方程有设定误差（比如说，一个错误的函数形式或漏掉有关变量），则误差将传递至其余方程。其结果是，方程组法变得对设定误差非常敏感。

因此，在实践中常常使用单一方程法。如克莱因所说的，

> 在联立方程组的构架中，单方程法在下述意义上也许对设定误差不那么敏感，即方程组的正确设定部分受另一部分的设定误差的影响也许不是很大。[3]

在本章的其余部分，我们将仅讨论单方程法。具体地说，我们将讨论如下的单方程方法：

1. 普通最小二乘法（ordinary least squares，OLS）。
2. 间接最小二乘法（indirect least squares，ILS）。
3. 两阶段最小二乘法（two-stage least squares，2SLS）。

① 对这种方法的一个简单论述，参看 Carl F. Christ，*Econometric Models and Methods*，John Wiley & Sons，New York，1966，pp. 395-401。

② James S. Duesenberry，Gary Fromm，Lawrence R. Klein，and Edwin Kuh，eds.，*A Quarterly Model of the United States Economy*，Rand McNally，Chicago，1965。

③ Lawrence R. Klein，*A Textbook of Econometrics*，2d ed.，Prentice Hall，Englewood Cliffs，NJ，1974，p. 150。

第 20 章

联立方程方法

20.2　递归模型与普通最小二乘法

我们在第 18 章中看到，因为随机干扰项和内生解释变量之间的相互依赖性，所以 OLS 不适宜用来估计联立方程组中的方程。如果错误地应用，那么，如我们在 18.3 节所看到的那样，估计量不但是有偏误的（在小样本中），而且是不一致的，即不管样本容量有多大，偏误也不会消失。然而，有一种情形，即使在联立方程的构架中，OLS 也是适用的。这就是**递归**（recursive）、**三角形**（triangular）或**因果性**（causal）模型的情形。为了看清楚这种模型的性质，考虑以下的三方程组：

$$
\begin{aligned}
Y_{1t} &= \beta_{10} && + \gamma_{11}X_{1t} + \gamma_{12}X_{2t} + u_{1t} \\
Y_{2t} &= \beta_{20} + \beta_{21}Y_{1t} && + \gamma_{21}X_{1t} + \gamma_{22}X_{2t} + u_{2t} && \text{(20.2.1)} \\
Y_{3t} &= \beta_{30} + \beta_{31}Y_{1t} + \beta_{32}Y_{2t} + \gamma_{31}X_{1t} + \gamma_{32}X_{2t} + u_{3t}
\end{aligned}
$$

其中 Y 和 X 如前面一样分别是内生变量和外生变量。干扰项有如下性质：

$$
\text{cov}(u_{1t},u_{2t}) = \text{cov}(u_{1t},u_{3t}) = \text{cov}(u_{2t},u_{3t}) = 0
$$

也就是说，不同方程中的同期干扰项是不相关的〔用专门术语说，这是一种**零同期相关**（zero contemporaneous correlation）假定〕。

现考虑（20.2.1）中的第一个方程。因为它的右边仅含有外生变量，又因为按假定外生变量与干扰项 u_{1t} 不相关，所以此方程满足经典 OLS 解释变量与干扰项不相关的基本假定。因而 OLS 可直接应用于此方程的估计。再考虑（20.2.1）中的第二个方程。它不但含有非随机的 X，还含有 Y_1 作为解释变量。那么，如果 Y_{1t} 和 u_{2t} 不相关的话，OLS 就可应用于此方程。如果不是这种情形呢？因为影响 Y_1 的 u_1 按假定是和 u_2 不相关的，所以答案是肯定的。因此，为了一切的实际目的，在考虑 Y_2 的形成中就可把 Y_1 看作前定的，从而我们可以用 OLS 估计第二个方程。把这种推理再推进一步，由于 Y_1 和 Y_2 都与 u_3 不相关，我们又可对（20.2.1）中的第三个方程应用 OLS。

于是，在递归系统中，OLS 可分别应用于每个方程。其实在这种情况下，我们并没有联立方程的问题。从这种系统的结构看，显然不存在内生变量之间的相互依赖性。比方说，Y_1 影响 Y_2，但 Y_2 不影响 Y_1。类似地，Y_1 和 Y_2 影响 Y_3，而反过来并不受 Y_3 的影响。换言之，每个方程都展现一种单向的因果依赖关系，由此得名因果性模型。[①] 对此，图 20—1 给出一个图解。

---

① 另外一个名称"三角形模型"的来源基于如下事实：若将方程（20.2.1）中内生变量的系数排成矩阵形式，我们就会得到以下的三角形矩阵：

$$
\begin{array}{c}
\\
\text{方程 1} \\
\text{方程 2} \\
\text{方程 3}
\end{array}
\begin{array}{ccc}
Y_1 & Y_2 & Y_3 \\
\end{array}
\begin{bmatrix}
1 & 0 & 0 \\
\beta_{21} & 1 & 0 \\
\beta_{31} & \beta_{32} & 1
\end{bmatrix}
$$

注意，主对角线上方的元素都是零。（为什么？）

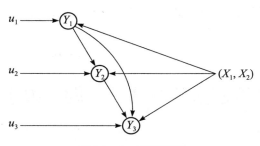

图 20—1 递归模型

作为递归系统的一个例子，不妨设想工资与价格决定的如下模型：

价格方程：$\dot{P}_t = \beta_{10} + \beta_{11}\dot{W}_{t-1} + \beta_{12}\dot{R}_t + \beta_{13}\dot{M}_t + \beta_{14}\dot{L}_t + u_{1t}$

工资方程：$\dot{W}_t = \beta_{20} + \beta_{21}\,UN_t + \beta_{32}\dot{P}_t + u_{2t}$ (20.2.2)

其中 $\dot{P}$ = 单位产品的价格变化率；

$\dot{W}$ = 每个雇员的工资变化率；

$\dot{R}$ = 资本的价格变化率；

$\dot{M}$ = 进口价格变化率；

$\dot{L}$ = 劳动生产率变化率；

UN = 失业率，% [1]。

价格方程假定当前价格变化率是资本和原料价格变化率、劳动生产率变化率以及前期工资变化率等的函数。工资方程则表示当前工资变化率取决于当前价格变化率和失业率。显然，因果关系的方向是 $\dot{W}_{t-1} \rightarrow \dot{P}_t \rightarrow \dot{W}_t$，因此，OLS 可分别用于估计这两个方程的参数。

虽然递归模型是有用处的，但大多数联立方程模型并没有表现出这种单向因果关系。因此，一般地说，在联立方程模型中，用 OLS 去估计其中的每个方程是不适宜的。[2]

有些人称辩，虽然 OLS 一般地说不适用于联立方程模型，但如果只是为了提供一种比较的标准或规范，则还是可以使用的，就是说，我们可以用 OLS 去估计一个结构方程，尽管这种估计带有偏误、不一致等性质。然后，用专门为对付联立性问题而设计的其他方法去估计同样的方程，再比较（至少定性地比较）这两种方法所得的结果。如我们后面将要看到的，在许多应用中，用不适当的 OLS 估计的结果和用更复杂的方法得到的结果可能相差不大。原则上，只要同时给出为联立方程模型而设计的其他方法的估计结果，我们就不应过多地反对列出基于 OLS 的估计结果。

---

① 圆点表示"对时间求导数"，例如，$\dot{P} = dP/dt$。对于离散时间序列，有时用 $\Delta P/\Delta t$ 来近似 dP/dt，其中 Δ 是我们最初在第 12 章中介绍过的一阶差分算子。

② 重要的是，需记住，我们假定不同方程之间的干扰项无同期相关。不然的话，我们也许有必要求助于泽尔纳（Zellner）的似无关回归（seemingly unrelated regressions）估计方法，以估计递归系统中的参数。参看 A. Zellner, "An Efficient Method of Estimating Seemingly Unrelated Regressions and Tests for Aggregation Bias," *Journal of the American Statistical Association*, vol. 57, 1962, pp. 348-368。

事实上，采取这种策略能使我们意识到，当 OLS 被不适当地使用时，它的表现会有多坏。[1]

20.3 恰好识别方程的估计：间接最小二乘法

对一个恰好识别的结构方程，从约简型系数的 OLS 估计值获得结构系数估计值的方法叫做**间接最小二乘法**（method of indirect least squares，ILS），而如此得到的估计值称间接最小二乘估计值。ILS 包含以下三个步骤：

步骤 1　先求约简型方程。如第 19 章曾指出的那样，从结构方程组解出约简型方程，使得在每个方程的因变量都成为唯一的内生变量，并且仅仅是前定（外生或滞后内生）变量和随机误差项的函数。

步骤 2　对约简型方程逐个应用 OLS。因为这些方程中的解释变量是前定的并因而与随机干扰项不相关，所以这种做法是合适的，由此得到的估计值是一致的。[2]

步骤 3　从步骤 2 得到的约简型系数的估计值求原始结构系数的估计值。如第 19 章所表明的，若方程恰可识别，则结构与约简型系数之间有一一对应关系；就是说可以从后者导出前者的唯一估计值。

上述三步法表明，结构系数（对大多数情形来说是问题研究的主要目的）是从约简型系数的估计值间接求出的，因此取名 ILS。

□ 一个说明性例子

考虑 19.2 节中引进的供求模型，为方便起见再次给出，符号稍有变化：

需求函数：$\qquad Q_t = \alpha_0 + \alpha_1 P_t + \alpha_2 X_t + u_{1t}$ (20.3.1)

供给函数：$\qquad Q_t = \beta_0 + \beta_1 P_t + u_{2t}$ (20.3.2)

其中 Q＝数量；

P＝价格；

X＝收入或支出。

假定 X 是外生的。如前所示，供给函数是恰可识别的，而需求函数是不可识别的。

与上述结构方程组相对应的约简型方程是

---

① 还应注意，在小样本中，其他估计量和 OLS 估计量一样，也是有偏误的，但 OLS 估计量有这样的"优点"，即它和其他估计量相比，有最小方差。然而，这仅对小样本而言是对的。

② 除一致性外，估计值"还会是最优无偏的和/或渐近有效的，这将分别视（ⅰ）z［＝X］是否不仅是前定的而且是外生的［即不含内生变量的滞后值］，和/或（ⅱ）干扰项是否是正态分布的"而定。参见 W. C. Hood and Tjalling C. Koopmans, *Studies in Econometric Method*, John Wiley & Sons, New York, 1953, p. 133。

$$P_t = \Pi_0 + \Pi_1 X_t + w_t \qquad (20.3.3)$$

$$Q_t = \Pi_2 + \Pi_3 X_t + v_t \qquad (20.3.4)$$

其中 Π 是约简型系数，而且，如方程（19.2.16）和（19.2.18）所示，Π 是结构系数的（非线性）组合，但是，其中的 w 和 v 则是结构型干扰项 u_1 和 u_2 的线性组合。

注意到每个约简型方程仅含一个内生变量，即方程的因变量，并且它仅仅是外生变量 X（收入）和随机干扰项的函数，由此可知上述约简型方程可由 OLS 来估计。这些估计量是：

$$\hat{\Pi}_1 = \frac{\sum p_t x_t}{\sum x_t^2} \qquad (20.3.5)$$

$$\hat{\Pi}_0 = \bar{P} - \hat{\Pi}_1 \bar{X} \qquad (20.3.6)$$

$$\hat{\Pi}_3 = \frac{\sum q_t x_t}{\sum x_t^2} \qquad (20.3.7)$$

$$\hat{\Pi}_2 = \bar{Q} - \hat{\Pi}_3 \bar{X} \qquad (20.3.8)$$

其中，和平常一样，小写字母表示对样本均值的离差，而 $\bar{Q}$ 和 $\bar{P}$ 是 Q 和 P 的样本均值。如前所述，$\hat{\Pi}_i$ 是一致估计量并在适当假定下还是方差最小、无偏或渐近有效的（参看上页注释②）。

由于我们的主要目的是确定结构系数，让我们看看能否从约简型系数把它们估计出来。现在如 19.2 节所示，供给函数是恰好识别的。因此，它的参数可从约简型系数唯一地估计如下：

$$\beta_0 = \Pi_2 - \beta_1 \Pi_0 \qquad \beta_1 = \frac{\Pi_3}{\Pi_1}$$

由此知这些参数的估计量可从约简型系数的估计量计算如下：

$$\hat{\beta}_0 = \hat{\Pi}_2 - \hat{\beta}_1 \hat{\Pi}_0 \qquad (20.3.9)$$

$$\hat{\beta}_1 = \frac{\hat{\Pi}_3}{\hat{\Pi}_1} \qquad (20.3.10)$$

这些就是 ILS 估计量。注意，需求函数的参数不能这样得到（参看习题 20.13）。

为了给出一些数值结果，我们得到表 20—1 所示的数据。首先我们将价格和数量分别对人均实际消费支出求回归，结果如下：

$$\hat{P}_t = 90.960\,1 + 0.000\,7 X_t \qquad (20.3.11)$$

$$se = (4.051\,7)(0.000\,2)$$

$$t = (22.449\,9)(3.006\,0) \qquad R^2 = 0.244\,0$$

$$\hat{Q}_t = 59.761\,8 + 0.002\,0 X_t \qquad (20.3.12)$$

$$se = (1.560\,0) \quad (0.000\,09)$$

$$t = (38.308\,0)(20.927\,3) \qquad R^2 = 0.939\,9$$

利用方程（20.3.9）和（20.3.10）我们得到这些 ILS 估计值：

$$\hat{\beta}_0 = -183.704\,3 \qquad (20.3.13)$$

$$\hat{\beta}_1 = 2.676\,6 \qquad (20.3.14)$$

表 20—1   **1975—2004 年美国作物产量、作物价格与人均个人消费支出数据**

年份	作物产量指数，Q （1996＝100）	农民收到的 作物价格指数，P （1990—1992＝100）	真实人均个人 消费支出，X （以 2007 年美元为基准）
1975	66	88	4 789
1976	67	87	5 282
1977	71	83	5 804
1978	73	89	6 417
1979	78	98	7 073
1980	75	107	7 716
1981	81	111	8 439
1982	82	98	8 945
1983	71	108	9 775
1984	81	111	10 589
1985	85	98	11 406
1986	82	87	12 048
1987	84	86	12 766
1988	80	104	13 685
1989	86	109	14 546
1990	90	103	15 349
1991	90	101	15 722
1992	96	101	16 485
1993	91	102	17 204
1994	101	105	18 004
1995	96	112	18 665
1996	100	127	19 490
1997	104	115	20 323
1998	105	107	21 291
1999	108	97	22 491
2000	108	96	23 862
2001	108	99	24 722
2002	107	105	25 501
2003	108	111	26 463
2004	112	117	27 937

资料来源：*Economic Report of the President*，2007. 数据 Q 来自表 B-99，数据 P 来自表 B-101，数据 X 来自表 B-31。

因此，所估计的 ILS 回归是[①]：

---

① 我们没有给出所估结构系数的标准误。原因是，如前所述，这些系数一般来说都是约简型系数的非线性函数，因而没有从约简型系数标准误推出结构系数标准误的简单估计方法。然而，对于大样本，结构系数的标准误却可以近似得到。关于细节，参见 Jan Kmenta, *Elements of Econometrics*，Macmillan，New York，1971，p. 444。

计量经济学基础（第五版）

$$\hat{Q}_t = -183.704\ 3 + 2.676\ 6P_t \qquad (20.3.15)$$

为便于比较，我们给出 Q 对 P 的 OLS（不适当地使用）回归结果：

$$\hat{Q}_t = 20.89 + 0.673P_t \qquad (20.3.16)$$
$$\text{se} = (23.04)\ (0.224\ 6)$$
$$t = (0.91)\ (2.99) \qquad R^2 = 0.243\ 0$$

这些结果表明，当 OLS 不适当地被应用时，"真相"何以被歪曲。

□ ILS 估计量的性质

我们已经看到，约简型系数的估计量是一致的，并且在适当的假定下还是最优无偏的或渐近有效的（见第 720 页注释②）。这些性质会传递到 ILS 估计量上吗？可以证明，ILS 估计量继承了约简型估计量的全部渐近性质，诸如一致性和渐近有效性。但像无偏性这样的（小样本）性质一般来说不再成立。在附录 20A 第 20A.1 节中，我们证明了上述供给函数的 $\hat{\beta}_0$ 和 $\hat{\beta}_1$ 是有偏误的，但这一偏误将随着样本容量的无限增大而消失（即这些估计量是一致的）。①

20.4 过度识别方程的估计：两阶段最小二乘法

考虑如下模型：

收入函数： $\quad Y_{1t} = \beta_{10} \qquad\quad + \beta_{11}Y_{2t} + \gamma_{11}X_{1t} + \gamma_{12}X_{2t} + u_{1t} \quad (20.4.1)$

货币供给函数： $Y_{2t} = \beta_{20} + \beta_{21}Y_{1t} \qquad\qquad\qquad\qquad\quad + u_{2t} \quad (20.4.2)$

其中 $Y_1 =$ 收入；

$Y_2 =$ 货币存量；

$X_1 =$ 投资支出；

$X_2 =$ 政府对商品和服务的支出。

变量 X_1 和 X_2 是外生的。

收入方程，收入决定的数量理论与凯恩斯方法的一个混合物，说明收入由货币供给、投资支出和政府支出来决定。货币供给函数则设想（美国的）货币存量是（美联储）在收入水平的基础上决定的。显然，我们有了一个联立方程的问题，这可由第 19 章中讨论的联立性检验加以验证。

应用可识别性的阶条件，可以看出收入方程是不可识别的，而货币供给方程则是过度识别的。关于收入方程，如果不改变模型的设定，便无计可施。而过度识别

---

① 这个问题可从直观上分析如下：若 $E(\hat{\Pi}_3/\hat{\Pi}_1) = (\Pi_3/\Pi_1)$，则 $E(\hat{\beta}_1) = \beta_1$。但现在即使 $E(\hat{\Pi}_3) = \Pi_3$ 和 $E(\hat{\Pi}_1) = \Pi_1$，也可以证明 $E(\hat{\Pi}_3/\hat{\Pi}_1) \neq E(\hat{\Pi}_3)/E(\hat{\Pi}_1)$；就是说，两个变量的比率的期望值不等于这两个变量的期望值的比率。然而，如附录 20A.1 中所证明的那样，由于 $\hat{\Pi}_3$ 和 $\hat{\Pi}_1$ 是一致估计量，所以 $\text{plim}(\hat{\Pi}_3/\hat{\Pi}_1) = \text{plim}(\hat{\Pi}_3)/\text{plim}(\hat{\Pi}_1) = \Pi_3/\Pi_1$。

的货币供给函数由于存在 β_{21} 的两个 ILS 估计值（读者应能通过约简型系数加以证实），也不能用 ILS 去估计它。

从实际考虑，人们也许想用 OLS 去估计货币供给方程，但这样得到的估计量由于随机解释变量 Y_1 和随机干扰项 u_2 之间可能存在的相关关系而是不一致的。然而，假令我们能找到随机解释变量 Y_1 的这样一个"代理变量"：它和 Y_1 相像（意思是它和 Y_1 高度相关），而又与 u_2 不相关。这样的代理变量又称**工具变量**（见第 17 章）。如果能找到这样的一个代理变量，OLS 就可直接用于估计货币供给函数。但怎样能得到这样的一个工具变量呢？由瑟尔[①]和巴斯曼（Robert Basmann）[②] 各自独立发现的**两阶段最小二乘**（two-stage least squares，2SLS）给出了这一问题的答案。此法顾名思义，涉及 OLS 的两次连续使用。过程如下：

阶段 1 为摆脱 Y_1 和 u_2 之间可能的相关性。先求 Y_1 对整个方程组（不仅仅是所考虑的方程中）的全部前定变量的回归。在本例中，这意味着求 Y_1 对 X_1 和 X_2 的如下回归：

$$Y_{1t} = \hat{\Pi}_0 + \hat{\Pi}_1 X_{1t} + \hat{\Pi}_2 X_{2t} + \hat{u}_t \tag{20.4.3}$$

其中 $\hat{u}_t$ 是平常的 OLS 残差。由方程（20.4.3）我们得到：

$$\hat{Y}_{1t} = \hat{\Pi}_0 + \hat{\Pi}_1 X_{1t} + \hat{\Pi}_2 X_{2t} \tag{20.4.4}$$

其中 $\hat{Y}_{1t}$ 是以固定 X 值为条件的 Y 均值的一个估计值。注意，方程（20.4.3）的右边仅出现外生或前定变量，所以它不外是一个约简型回归。

现在，方程（20.4.3）可表达为：

$$Y_{1t} = \hat{Y}_{1t} + \hat{u}_t \tag{20.4.5}$$

表明随机的 Y_1 由两部分构成：作为非随机 X 的一个线性组合的 $\hat{Y}_{1t}$ 和随机成分 $\hat{u}_t$。按照 OLS 理论，$\hat{Y}_{1t}$ 和 $\hat{u}_t$ 是不相关的。（为什么？）

阶段 2 现在，过度识别的货币供给方程可写为：

$$\begin{aligned} Y_{2t} &= \beta_{20} + \beta_{21}(\hat{Y}_{1t} + \hat{u}_t) + u_{2t} \\ &= \beta_{20} + \beta_{21}\hat{Y}_{1t} + (u_{2t} + \beta_{21}\hat{u}_t) \\ &= \beta_{20} + \beta_{21}\hat{Y}_{1t} + u_t^* \end{aligned} \tag{20.4.6}$$

其中 $u_t^* = u_{2t} + \beta_{21}\hat{u}_t$。

比较方程（20.4.6）和（20.4.2），我们看到它们外表上非常相似，唯一的差别是 Y_1 被 $\hat{Y}_1$ 所代替。方程（20.4.6）有什么优点？可以证明，虽然原始货币供给方程中的 Y_1 和干扰项 u_2 很可能是相关的（从而使 OLS 不适用），但方程（20.4.6）中的 $\hat{Y}_{1t}$ 却渐近地即在大样本中（或说得更准确，随着样本含量无限增大时）与 u_t^* 不相关。这样一来，OLS 可应用于方程（20.4.6），以得出货币供给函

---

① Henri Theil，"Repeated Least-Squares Applied to Complete Equation Systems," The Hague：The Central Planning Bureau, The Netherlands, 1953（mimeographed）.

② Robert L. Basmann，"A Generalized Classical Method of Linear Estimation of Coefficients in a Structural Equation," *Econometrica*，vol. 25, 1957, pp. 77-83.

数的参数的一致估计。[①]

这个两阶段程序表明，2SLS 的基本思想是，从随机解释变量 Y_1 中把随机干扰项 u_2 的影响"清除"掉，即通过求 Y_1 对方程组中全部前定变量的约简型回归（阶段1），得到估计值 $\hat{Y}_{1t}$，再用 $\hat{Y}_{1t}$ 代替原方程中的 Y_{1t}，然后对如此变换而得到的方程应用 OLS（阶段2），就达到了这一目的。这样得到的估计量是一致的，即随着样本的无限增大，这些估计量收敛于其真值。

为了进一步说明 2SLS，现将收入—货币供给模型修改如下：

$$Y_{1t} = \beta_{10} + \beta_{12}Y_{2t} + \gamma_{11}X_{1t} + \gamma_{12}X_{2t} \qquad\qquad + u_{1t} \qquad (20.4.7)$$

$$Y_{2t} = \beta_{20} + \beta_{21}Y_{1t} \qquad\qquad + \gamma_{23}X_{3t} + \gamma_{24}X_{4t} + u_{2t} \qquad (20.4.8)$$

其中，除已定义的变量外，X_3＝前一时期的收入，而 X_4＝前一时期的货币供给。X_3 和 X_4 都是前定的。

容易验证，方程（20.4.7）和（20.4.8）都是过度识别的。为了应用 2SLS，我们进行如下：在阶段1中，我们求内生变量对方程组中全部前定变量的回归，即：

$$Y_{1t} = \hat{\Pi}_{10} + \hat{\Pi}_{11}X_{1t} + \hat{\Pi}_{12}X_{2t} + \hat{\Pi}_{13}X_{3t} + \hat{\Pi}_{14}X_{4t} + \hat{u}_{1t} \qquad (20.4.9)$$

$$Y_{2t} = \hat{\Pi}_{20} + \hat{\Pi}_{21}X_{1t} + \hat{\Pi}_{22}X_{2t} + \hat{\Pi}_{23}X_{3t} + \hat{\Pi}_{24}X_{4t} + \hat{u}_{2t} \qquad (20.4.10)$$

在阶段2中，将原（结构）方程中的 Y_1 和 Y_2 代以它们从上述两个回归中得到的估计值，然后做如下 OLS 回归：

$$Y_{1t} = \beta_{10} + \beta_{12}\hat{Y}_{2t} + \gamma_{11}X_{1t} + \gamma_{12}X_{2t} + u_{1t}^* \qquad (20.4.11)$$

$$Y_{2t} = \beta_{20} + \beta_{21}\hat{Y}_{1t} + \gamma_{23}X_{3t} + \gamma_{24}X_{4t} + u_{2t}^* \qquad (20.4.12)$$

其中 $u_{1t}^* = u_{1t} + \beta_{12}\hat{u}_{2t}$ 和 $u_{2t}^* = u_{2t} + \beta_{21}\hat{u}_{1t}$。这样得到的估计值将是一致的。

注意 2SLS 的如下特点：

1. 它可以应用于方程组中的某个方程而无需考虑方程组中的其他方程。因此，在求解涉及大量方程的计量经济模型时，2SLS 提供了一个经济适用的方法。由于这一原因，此法在实际中被广泛应用。

2. 相对于 ILS 为过度识别的方程提供参数的多个估计值，而 2SLS 对每个参数只提供一个估计值。

3. 它只需知道方程组中一共有多少个外生或前定变量，而无需知道方程组中的任何其他变量，故易于应用。

4. 此法虽然专为过度识别的方程而设计，但同样适用于恰好识别的方程。但这时 ILS 和 2SLS 将给出相同的估计。（为什么？）

5. 如果约简型回归（即阶段1的回归）的 R^2 值很高，比如说高于 0.8，则经典

---

① 但要注意，在小样本中 $\hat{Y}_1$ 很可能与 u^* 相关。理由如下：由方程（20.4.4）我们看到 $\hat{Y}_1$ 是前定变量 X_i 以 $\hat{\Pi}$ 为权重的加权线性组合。那么，即使前定变量确实是非随机的，而作为估计量的 $\hat{\Pi}$ 却是随机的。因此 $\hat{Y}_{1t}$ 仍是随机的。于是，根据我们对约简型方程和间接最小二乘估计的讨论，显然约简系数 $\hat{\Pi}$ 是随机干扰项如 u_2 的函数。既然 $\hat{Y}_{1t}$ 依赖于 $\hat{\Pi}$，所以 $\hat{Y}_{1t}$ 很可能与 u_2 相关。而 u_2 是 u^* 的一部分，因此预料 $\hat{Y}_{1t}$ 与 u^* 相关。但如前所述，随着样本无限增大，这一相关将消失。所有这些话的要点在于，在小样本中，2SLS 程序可能导致偏误估计。

OLS 估计和 2SLS 估计将相差无几。但这不应有什么可奇怪的，因为如果第一阶段的 R^2 值很高，就意味着内生变量的估计值和它们的真实值非常接近，从而知道后者和原方程中的随机干扰项有较小的相关。（为什么？）[①] 然而，如果 R^2 在阶段 1 回归中很低，则表明 2SLS 估计实际上是无意义的，因为我们将要在阶段 2 回归中用阶段 1 估计得的 $\hat{Y}$ 代替原来的 Y，而 $\hat{Y}$ 在很大程度上代表阶段 1 回归中的干扰项。换句话说，这时 $\hat{Y}$ 是原来 Y 的很糟糕的代理变量。

6. 注意，在报告方程（20.3.15）中的 ILS 回归时，我们没有给出所估系数的标准误（理由已在第 722 页注释①中陈述）。但我们能对 2SLS 估计值给出这个标准误。这是因为这时结构系数是直接从阶段 2（OLS）回归估计出来的。但要当心一个问题，如我们从方程（20.4.6）看到的那样，误差项 u_t^* 事实上是原误差项 u_{2t} 加上 $\beta_{21}\hat{u}_t$，因此阶段 2 回归中所估计的标准误还需要修改。即 u_t^* 的方差还不正好等于原来 u_{2t} 的方差。然而，所需要的修改是容易通过附录 20A 中第 20A.2 节所给的公式得以实现的。

7. 在使用 2SLS 时，应注意瑟尔的如下评论：

> 2SLS 的统计合理性是属于大样本类型的。在没有滞后内生变量情况下，……如果外生变量在重复样本中保持不变，并且〔出现在各个行为或结构方程中的〕干扰项是有零均值和有限方差的独立同分布变量，则 2SLS 系数估计量是一致的……如果上述两条件得到满足，则 2SLS 系数估计量的抽样分布对大样本来说将是近似于正态的……

> 当方程组含有滞后内生变量时，2SLS 系数估计量的一致性和大样本正态性还需要有另一条件，……随着样本的增大，每一滞后内生变量取值的均平方依概率收敛于一个正的极限……

> 如果出现在各个结构方程中的干扰项不是独立分布的，则滞后内生变量就不独立于方程组的当前操作……，这意味着这些变量并非真正前定的。如果在 2SLS 的实施过程中仍把这些变量看作前定的，结果得到的估计量就不是一致的。[②]

20.5　2SLS：一个数值例子

为了说明 2SLS 法，考虑前面由方程（20.4.1）和（20.4.2）给出的收入—货币供给模型。前面已经说明，货币供给方程是过度识别的。为了估计该方程的参数，我们求助于二阶段最小二乘法。分析中所需要的数据见表 20—2。表中还给出了回答习题中的一些问题所需要的数据。

---

① 在极端情形中，如果在第 1 阶段的回归中 $R^2 = 1$，则原（过度识别的）方程中的内生变量实际上将是非随机的。（为什么？）

② Henri Theil，*Introduction to Econometrics*，Prentice Hall，Englewood Cliffs，NJ，1978，pp. 341-342.

表 20—2 **1970—2005 年美国 GDP、M2、FEDEXP 和 TB6 数据**

年份	GDP（Y_1）	M2（Y_2）	GPDI（X_1）	FEDEXP（X_2）	TB6（X_3）
1970	3 771.9	626.5	427.1	201.1	6.562
1971	3 898.6	710.3	475.7	220.0	4.511
1972	4 105.0	802.3	532.1	244.4	4.466
1973	4 341.5	855.5	594.4	261.7	7.178
1974	4 319.6	902.1	550.6	293.3	7.926
1975	4 311.2	1 016.2	453.1	346.2	6.122
1976	4 540.9	1 152.0	544.7	374.3	5.266
1977	4 750.5	1 270.3	627.0	407.5	5.510
1978	5 015.0	1 366.0	702.6	450.0	7.572
1979	5 173.4	1 473.7	725.0	497.5	10.017
1980	5 161.7	1 599.8	645.3	585.7	11.374
1981	5 291.7	1 755.4	704.9	672.7	13.776
1982	5 189.3	1 910.3	606.0	748.5	11.084
1983	5 423.8	2 126.5	662.5	815.4	8.75
1984	5 813.6	2 310.0	857.7	877.1	9.80
1985	6 053.7	2 495.7	849.7	948.2	7.66
1986	6 263.6	2 732.4	843.9	1 006.0	6.03
1987	6 475.1	2 831.4	870.0	1 041.6	6.05
1988	6 742.7	2 994.5	890.5	1 092.7	6.92
1989	6 981.4	3 158.5	926.2	1 167.5	8.04
1990	7 112.5	3 278.6	895.1	1 253.5	7.47
1991	7 100.5	3 379.1	822.2	1 315.0	5.49
1992	7 366.6	3 432.5	889.0	1 444.6	3.57
1993	7 532.7	3 484.0	968.3	1 496.0	3.14
1994	7 835.5	3 497.5	1 099.6	1 533.1	4.66
1995	8 031.7	3 640.4	1 134.0	1 603.5	5.59
1996	8 328.9	3 815.1	1 234.3	1 665.8	5.09
1997	8 703.5	4 031.6	1 387.7	1 708.9	5.18
1998	9 066.9	4 379.0	1 524.1	1 734.9	4.85
1999	9 470.3	4 641.1	1 642.6	1 787.6	4.76
2000	9 817.0	4 920.9	1 735.5	1 864.4	5.92
2001	9 890.7	5 430.3	1 598.4	1 969.5	3.39
2002	10 048.8	5 774.1	1 557.1	2 101.1	1.69
2003	10 301.0	6 062.0	1 613.1	2 252.1	1.06
2004	10 703.5	6 411.7	1 770.6	2 383.0	1.58
2005	11 048.6	6 669.4	1 866.3	2 555.9	3.40

注：Y_1＝GDP＝国内生产总值，2000 年十亿美元。

Y_2＝M2＝M2 货币供给，十亿美元。

X_1＝GPDI＝私人国内总投资，2000 年十亿美元。

X_2＝FEDEXP＝联邦政府支出，十亿美元。

X_3＝TB6＝6 个月国债利率，％。

资料来源：*Economic Report of the President*，2007，Tables B-2，B-69，B-73，and B-84.

第 20 章

联立方程方法

阶段 1 的回归。我们首先求代表 GDP 的随机解释变量即收入 Y_1 对前定变量私人投资 X_1 和政府支出 X_2 的回归，得到如下结果：

$$\hat{Y}_{1t} = 2\,689.848 \quad + \quad 1.870\,0X_{1t} + 2.034\,3X_{2t}$$
$$\text{se} = \quad (67.987\,4) \quad\quad (0.171\,7) \quad\quad (0.107\,5) \quad\quad\quad\quad (20.5.1)$$
$$t = \quad (39.563\,9)\,(10.893\,8) \quad\quad (18.929\,5) \quad\quad R^2 = 0.996\,4$$

阶段 2 的回归。我们现在估计货币供给函数（20.4.2），用得自方程（20.5.1）的 Y_1 估计值（$= \hat{Y}_1$）代替内生的 Y_1。结果如下：

$$\hat{Y}_{2t} = -2\,440.180 \quad + \quad 0.792\,0\,\hat{Y}_{1t}$$
$$\text{se} = \quad (127.372\,0) \quad\quad (0.017\,8) \quad\quad\quad\quad\quad (20.5.2)$$
$$t = \quad (-19.157\,9) \quad\quad (44.524\,6) \quad\quad R^2 = 0.983\,1$$

我们前面曾指出，方程（20.5.2）中估计的标准误需要按照附录 20A 中第 20A.2 节所建议的方法加以校正。经过这一校正（现在大多数标准计量经济软件都例行给出），我们得到如下结果：

$$\hat{Y}_{2t} = -2\,440.180 \quad + \quad 0.792\,0\,\hat{Y}_{1t}$$
$$\text{se} = \quad (126.959\,8) \quad\quad (0.021\,2) \quad\quad\quad\quad\quad (20.5.3)$$
$$t = \quad (-17.314\,9) \quad\quad (37.305\,7) \quad\quad R^2 = 0.980\,3$$

如在附录 20A 第 20A.2 中所指出的，由于阶段 1 回归中的 R^2 很高，方程（20.5.3）给出的标准误和方程（20.5.2）给出的标准误相差无几。

OLS 回归。为便于比较，我们给出由方程（20.4.2）表示的货币存量对收入的回归，而不去"清除"随机变量 Y_{1t} 中受干扰项影响的成分：

$$\hat{Y}_{2t} = -2\,195.468 \quad + \quad 0.791\,1Y_{1t}$$
$$\text{se} = \quad (126.646\,0) \quad\quad (0.021\,1) \quad\quad\quad\quad\quad (20.5.4)$$
$$t = \quad (-17.335\,4) \quad\quad (37.381\,2) \quad\quad R^2 = 0.980\,3$$

将此"不适当"的 OLS 结果同阶段 2 的回归进行比较，我们看到这两个回归基本上是一样的。这是否说 2SLS 程序是不值得做的呢？完全不是这样。在本例中，如前所述，由于在阶段 1 中的 R^2 值很高，致使估计值 $\hat{Y}_{1t}$ 和实测值 Y_{1t} 基本相同，因而两个结果也基本一致，这是没有什么可奇怪的。因此，在本例中，OLS 和第 2 阶段回归将是多少有些相似的。但这并不能保证在每一次使用中都是这样。由此引出一个含义：在过度识别的方程中，我们不可以不经过阶段 2 回归的核对就接受经典 OLS 程序。

GDP 和货币供给的联立性。让我们看看 GDP（Y_1）和货币供给（Y_2）是否相互依赖。为此，我们应用第 19 章中所讨论的豪斯曼联立性检验。

首先，我们求 GDP 对方程组中的外生变量 X_1（投资支出）和 X_2（政府支出）的回归（也就是，我们估计约简型回归）。由此回归我们得到估计的 GDP 和残差 $\hat{v}_t$，如方程（19.4.7）所示。然后求货币供给对 GDP 估计值和 v_t 估计值的回归，结果如下：

$$\hat{Y}_{2t} = -2\,198.297 \quad + \quad 0.791\,5\hat{Y}_{1t} + 0.698\,4\,\hat{v}_t$$
$$\text{se} = \quad (129.054\,8) \quad\quad (0.021\,5) \quad\quad (0.297\,0) \quad\quad (20.5.5)$$
$$t = \quad (-17.033\,8) \quad\quad (36.700\,16) \quad\quad (2.351\,1)$$

由于 $\hat{v}_t$ 的 t 值是统计显著的（其 p 值是 0.026 3），所以我们不能拒绝货币供给和 GDP 之间的联立性假设，这是没有什么可奇怪的。（注：严格地说，这一结论仅在大样本中，或用专门术语来说，随着样本无限增大时才是恰当的。）

假设检验。 假如我们要检验收入对货币需求无影响这一假设。能不能用通常从所估回归（20.5.2）得到的 t 比率来检验此假设呢？是的，如果样本是大样本并且我们对方程（20.5.3）中的标准误作了如同在方程（20.5.3）中那样的校正，我们就能用 t 检验去检验每个系数的显著性，并用公式（8.4.7）中的 F 检验去检验两个或多个系数的联合显著性。[1]

如果一个结构方程中的误差项是自相关的，或者它同方程组中的另一结构方程中的误差项有相关关系，又会出现什么情况呢？要对此问题作出全面答复，将超出本书的讨论范围，还是留给读者去阅读参考文献为好。（参看第 719 页注释[2]中的参考文献。）不管怎样，用以处理这种复杂性的估计方法（如泽尔纳的 SURE 技术）是存在的。

作为这个数值例子的结束，或许应该指出，如今在使用 2SLS 时，像 STATA 和 EViews 这样的软件都例行给出各个步骤。只是出于数学的目的，我们才在此给出 2SLS 的具体过程。参见习题 20.15。

20.6 说明性例子

本节中我们讨论联立方程方法的一些应用。

例 20.1	广告费、集中度与价差

为了研究广告费、集中度（由集中比率来衡量）和价格—成本加成之间的相互关系，斯特里克兰（Allyn D. Strickland）和韦斯（Leonard W. Weiss）构造了如下三方程模型。[2]

广告深度函数：
$$\mathrm{Ad}/S = a_0 + a_1 M + a_2 (\mathrm{CD}/S) + a_3 C + a_4 C^2 + a_5 \mathrm{Gr} + a_6 \mathrm{Dur} \qquad (20.6.1)$$

集中度函数：
$$C = b_0 + b_1 (\mathrm{Ad}/S) + b_2 (\mathrm{MES}/S) \qquad (20.6.2)$$

价格—成本加成函数：

---

[1] 但要当心一个问题：分子中的受限制和无限制 RSS 必须用预测的 Y 值去计算（像在 2SLS 的第 2 阶段中那样）。而分母中的 RSS 则用回归元的实际值而不是预测值去计算。关于这个问题，一个简易易懂的讨论可参见 T. Dudley Wallace and J. Lew Silver, *Econometrics: An Introduction*, Addison-Wesley, Reading, Mass., 1988, Sec. 8.5。

[2] 参看他们的论文："Advertising, Concentration and Price-Cost Margins," *Journal of Political Economy*, vol. 84, no. 5, 1976, pp. 1109-1121。

$$M = c_0 + c_1(K/S) + c_2 \text{Gr} + c_3 C + c_4 \text{GD} + c_5(\text{Ad}/S) + c_6(\text{MES}/S) \qquad (20.6.3)$$

其中 Ad＝广告费用；

  S＝发货价值；

  C＝四厂集中比率；

  CD＝消费者需求；

  MES＝最小有效规模；

  M＝价格/成本加成；

  Gr＝工业生产的年增长率；

  Dur＝耐用品工业虚拟变量；

  K＝资本存量；

  GD＝产品的地区分散性度量指标。

由识别的阶条件可知，方程（20.6.2）是过度识别的，而方程（20.6.1）和（20.6.3）是恰好识别的。

用于分析的数据基本上来自1963年制造业普查资料，包括417个4位数字制造工业中的408个。作者们先用 OLS 估计这三个方程，得到了表20—3中的结果。为了校正联立方程偏误，再用2SLS重新估计模型，随之又得到表20—4中的结果。我们把它留给读者去比较这两种结果。

表 20—3   **三个方程的 OLS 估计（括号中为 t 比率）**

	因变量		
	Ad/S	C	M
	方程（20.6.1）	方程（20.6.2）	方程（20.6.3）
常数	−0.031 4（−7.45）	0.263 8（25.93）	0.168 2（17.15）
C	0.055 4（3.56）	—	0.062 9（2.89）
C^2	−0.056 8（−3.38）	—	—
M	0.112 3（9.84）	—	—
CD/S	0.025 7（8.94）	—	—
Gr	0.038 7（1.64）	—	0.225 5（2.61）
Dur	−0.002 1（−1.11）	—	—
Ad/S	—	1.161 3（3.3）	1.653 6（11.00）
MES/S	—	4.185 2（18.99）	0.068 6（0.54）
K/S	—	—	0.112 3（8.03）
GD	—	—	−0.000 3（−2.90）
R^2	0.374	0.485	0.402
df	401	405	401

表 20—4   **三个方程的二阶段最小二乘估计（括号中为 t 比率）**

	因变量		
	Ad/S	C	M
	方程（20.6.1）	方程（20.6.2）	方程（20.6.3）
常数	−0.024 5（−3.86）	0.259 1（21.30）	0.173 6（14.66）
C	0.073 7（2.84）	—	0.037 7（0.93）
C^2	−0.064 3（−2.64）	—	—

计量经济学基础（第五版）

续前表

	因变量		
	Ad/S 方程（20.6.1）	C 方程（20.6.2）	M 方程（20.6.3）
M	0.054 4 (2.01)	—	—
CD/S	0.026 9 (8.96)	—	—
Gr	0.053 9 (2.09)	—	0.233 6 (2.61)
Dur	−0.001 8 (−0.93)	—	—
Ad/S	—	1.534 7 (2.42)	1.625 6 (5.52)
MES/S	—	4.169 (18.84)	0.172 0 (0.92)
K/S	—	—	0.116 5 (7.30)
GD	—	—	−0.000 3 (−2.79)

例 20.2　　克莱因的模型 I

　　在例 18.6 中，我们曾扼要地讨论过克莱因的开创性模型。最初，此模型曾对 1920—1941 年数据进行估计。所依据的数据见表 20—5；其 OLS、约简型及 2SLS 估计均列于表 20—6 中。我们留给读者去解释这些结果。

表 20—5　　　　　　　　　　　　克莱因模型 I 所依据的数据

年份	C^*	P	W	I	K_{-1}	X	W′	G	T
1920	39.8	12.7	28.8	2.7	180.1	44.9	2.2	2.4	3.4
1921	41.9	12.4	25.5	−0.2	182.8	45.6	2.7	3.9	7.7
1922	45.0	16.9	29.3	1.9	182.6	50.1	2.9	3.2	3.9
1923	49.2	18.4	34.1	5.2	184.5	57.2	2.9	2.8	4.7
1924	50.6	19.4	33.9	3.0	189.7	57.1	3.1	3.5	3.8
1925	52.6	20.1	35.4	5.1	192.7	61.0	3.2	3.3	5.5
1926	55.1	19.6	37.4	5.6	197.8	64.0	3.3	3.3	7.0
1927	56.2	19.8	37.9	4.2	203.4	64.4	3.6	4.0	6.7
1928	57.3	21.1	39.2	3.0	207.6	64.5	3.7	4.2	4.2
1929	57.8	21.7	41.3	5.1	210.6	67.0	4.0	4.1	4.0
1930	55.0	15.6	37.9	1.0	215.7	61.2	4.2	5.2	7.7
1931	50.9	11.4	34.5	−3.4	216.7	53.4	4.8	5.9	7.5
1932	45.6	7.0	29.0	−6.2	213.3	44.3	5.3	4.9	8.3
1933	46.5	11.2	28.5	−5.1	207.1	45.1	5.6	3.7	5.4
1934	48.7	12.3	30.6	−3.0	202.0	49.7	6.0	4.0	6.8
1935	51.3	14.0	33.2	−1.3	199.0	54.4	6.1	4.4	7.2

续前表

年份	C*	P	W	I	K_{-1}	X	W'	G	T
1936	57.7	17.6	36.8	2.1	197.7	62.7	7.4	2.9	8.3
1937	58.7	17.3	41.0	2.0	199.8	65.0	6.7	4.3	6.7
1938	57.5	15.3	38.2	−1.9	201.8	60.9	7.7	5.3	7.4
1939	61.6	19.0	41.6	1.3	199.9	69.5	7.8	6.6	8.9
1940	65.0	21.1	45.0	3.3	201.2	75.7	8.0	7.4	9.6
1941	69.7	23.5	53.3	4.9	204.5	88.4	8.5	13.8	11.6

注：* 各列标题的含义已在例 18.6 中列出。

资料来源：数据摘自 G. S. Maddala, *Econometrics*, McGraw-Hill, New York, 1977, p.238。

表 20—6*   **克莱因模型 I 的 OLS、约简型和 2SLS 估计**

OLS：

$$\hat{C} = 16.237 + 0.193P + 0.796(W+W') + 0.089P_{-1} \qquad \bar{R}^2 = 0.978 \quad DW = 1.367$$
$$\quad(1.203) \quad (0.091) \quad (0.040) \qquad\qquad (0.090)$$

$$\hat{I} = 10.125 + 0.479P + 0.333P_{-1} - 0.112K_{-1} \qquad \bar{R}^2 = 0.919 \quad DW = 1.810$$
$$\quad(5.465) \quad (0.097) \quad (0.100) \qquad (0.026)$$

$$\hat{W} = 0.064 + 0.439X + 0.146X_{-1} + 0.130t \qquad \bar{R}^2 = 0.985 \quad DW = 1.958$$
$$\quad(1.151) \quad (0.032) \quad (0.037) \qquad (0.031)$$

约简型：

$$\hat{P} = 46.383 + 0.813P_{-1} - 0.213K_{-1} + 0.015X_{-1} + 0.297t - 0.926T + 0.443G$$
$$\quad(10.870) \quad (0.444) \qquad (0.067) \qquad (0.252) \qquad (0.154) \quad (0.385) \quad (0.373)$$
$$\bar{R}^2 = 0.753 \quad DW = 1.854$$

$$\widehat{W+W'} = 40.278 + 0.823P_{-1} - 0.144K_{-1} + 0.115X_{-1} + 0.881t - 0.567T + 0.859G$$
$$\quad(8.787) \quad (0.359) \qquad (0.054) \qquad (0.204) \qquad (0.124) \quad (0.311) \quad (0.302)$$
$$\bar{R}^2 = 0.949 \quad DW = 2.395$$

$$\hat{X} = 78.281 + 1.724P_{-1} - 0.319K_{-1} + 0.094X_{-1} + 0.878t - 0.565T + 1.317G$$
$$\quad(18.860) \quad (0.771) \qquad (0.110) \qquad (0.438) \qquad (0.267) \quad (0.669) \quad (0.648)$$
$$\bar{R}^2 = 0.882 \quad DW = 2.049$$

2SLS：

$$\hat{C} = 16.543 + 0.019P + 0.810(W+W') + 0.214P_{-1} \qquad \bar{R}^2 = 0.9726$$
$$\quad(1.464) \quad (0.130) \quad (0.044) \qquad\qquad (0.118)$$

$$\hat{I} = 20.284 + 0.149P + 0.616P_{-1} - 0.157K_{-1} \qquad \bar{R}^2 = 0.8643$$
$$\quad(8.361) \quad (0.191) \quad (0.180) \qquad (0.040)$$

$$\hat{W} = 0.065 + 0.438X + 0.146X_{-1} + 0.130t \qquad \bar{R}^2 = 0.9852$$
$$\quad(1.894) \quad (0.065) \quad (0.070) \qquad (0.053)$$

注：* 变量的含义已在习题 18.6 中列出（括号内为标准误）。

资料来源：G. S. Maddala, *Econometrics*, McGraw-Hill, New York, 1977, p.242.

李（Cheng F. Lee）和劳埃德（W. P. Lloyd）[1] 在一项颇不平凡的递归联立方程建模的应用中，估计了如下的石油工业模型：

$$R_{1t} = \alpha_1 \hspace{8em} + \gamma_1 M_t + u_{1t}$$

$$R_{2t} = \alpha_2 + \beta_{21} R_{1t} \hspace{5em} + \gamma_2 M_t + u_{2t}$$

$$R_{3t} = \alpha_3 + \beta_{31} R_{1t} + \beta_{32} R_{2t} \hspace{3em} + \gamma_3 M_t + u_{3t}$$

$$R_{4t} = \alpha_4 + \beta_{41} R_{1t} + \beta_{42} R_{2t} + \beta_{43} R_{3t} \hspace{1em} + \gamma_4 M_t + u_{4t}$$

$$R_{5t} = \alpha_5 + \beta_{51} R_{1t} + \beta_{52} R_{2t} + \beta_{53} R_{3t} + \beta_{54} R_{4t} + \gamma_5 M_t + u_{5t}$$

$$R_{6t} = \alpha_6 + \beta_{61} R_{1t} + \beta_{62} R_{2t} + \beta_{63} R_{3t} + \beta_{64} R_{4t} + \beta_{65} R_{5t} + \gamma_6 M_t + u_{6t}$$

$$R_{7t} = \alpha_7 + \beta_{71} R_{1t} + \beta_{72} R_{2t} + \beta_{73} R_{3t} + \beta_{74} R_{4t} + \beta_{75} R_{5t} + \beta_{76} R_{6t} + \gamma_7 M_t + u_{7t}$$

其中 R_1 ＝证券 1（＝帝国石油）的回报率；

$\quad R_2$ ＝证券 2（＝太阳石油）的回报率；

$\quad\vdots$

$\quad R_7$ ＝证券 7（＝印第安纳标准石油）的回报率；

$\quad M_t$ ＝市场回报率指数；

$\quad u_{it}$ ＝干扰项（$i=1, 2, \cdots, 7$）。

在我们介绍这个结果之前，一个显然的问题是：我们怎样选择哪一种证券作为证券 1，哪一种证券作为证券 2，等等？李和劳埃德纯粹凭经验回答了这个问题。他们求证券 i 的回报率对其余 6 种证券的回报率的回归并观察所得的 R^2。于是有 7 个这样的回归。然后将所估计的 R^2 从低到高排序。把有最低 R^2 的证券算做证券 1，而有最高 R^2 的证券算做证券 7。这样做的思想背景在直觉上很简单。比方说，如果帝国石油的回报率对其余 6 种证券来说，R^2 是最低的，这就告知我们，这一证券受其他证券回报率变动的影响最小。因此，如果有因果顺序的话，它就是从这一证券奔向其他证券的，而没有从其他证券反馈回来的作用。

虽然我们可以对这种因果顺序的纯经验方法提出异议，仍不妨把他们的经验结果列出来，如表 20—7 所示。

表 20—7　　　　　　　　石油产业的递归方程组估计

	线性因变量						
	印第安纳标准石油	壳牌石油	菲利普斯石油	联合石油	俄亥俄标准石油	太阳石油	帝国石油
印第安纳标准石油							
壳牌石油	0.210 0* (2.859)						
菲利普斯石油	0.229 3* (2.176)	0.079 1 (1.065)					
联合石油	0.175 4* (2.472)	0.217 1* (3.177)	0.222 5* (2.337)				

---

[1] "The Capital Asset Pricing Model Expressed as a Recursive System: An Empirical Investigation," *Journal of Financial and Quantitative Analysis*, June 1976, pp. 237-249.

	线性因变量						
	印第安纳标准石油	壳牌石油	菲利普斯石油	联合石油	俄亥俄标准石油	太阳石油	帝国石油
俄亥俄标准石油	−0.079 4	0.014 7	0.424 8*	0.146 8*			
	(−1.294)	(0.235)	(5.501)	(1.735)			
太阳石油	0.124 9	0.171 0*	0.047 2	0.133 9	0.049 9		
	(1.343)	(1.843)	(0.355)	(0.908)	(0.271)		
帝国石油	−0.107 7	0.052 6	0.035 4	0.158 0	−0.254 1*	0.082 8	
	(−1.412)	(0.680 4)	(0.319)	(1.290)	(−1.691)	(0.971)	
常数	0.086 8	−0.038 4	−0.012 7	−0.203 4	0.300 9	0.201 3	0.371 0*
	(0.681)	(1.296)	(−0.068)	(0.986)	(1.204)	(1.399)	(2.161)
市场指数	0.368 1*	0.499 7*	0.288 4	0.760 9*	0.908 9*	0.716 1*	0.643 2*
	(2.165)	(3.039)	(1.232)	(3.069)	(3.094)	(4.783)	(3.774)
R^2	0.502 0	0.465 8	0.410 6	0.253 2	0.098 5	0.240 4	0.124 7
DW	2.108 3	2.471 4	2.230 6	2.346 8	2.218 1	2.310 9	1.959 2

注：系数下方括号内为 t 值。

* 指在双侧检验中的 0.10 或更好的水平上显著。

资料来源：Cheng F. Lee and W. P. Lloyd, op. cit, Table 3b.

在习题 5.5 中，我们曾介绍过现代投资理论的特征线，它不外是证券 i 的回报率对市场回报率的回归。以 β 系数为名的斜率系数度量着该证券回报的波动性。李-劳埃德回归结果表明，除了由市场组合证券代表的共同的市场影响外，还有证券与证券之间的回报率的显著产业内关系需要考虑。例如"印第安纳标准石油"的回报率不仅依赖于市场回报率，还依赖于壳牌石油、菲利普斯石油和联合石油的回报率。换句话说，如果除了市场回报率外，我们还考虑壳牌石油、菲利普斯石油和联合石油所经历的回报率的话，那么"印第安纳标准石油"的回报率的变动就会得到更好的解释。

例 20.4　　圣路易斯模型的修订版本[①]

著名的、常有争议的圣路易斯模型最初于 20 世纪 60 年代后期问世，其后曾经多次修改。其中的一个修订版本如表 20—8 所示。根据该修订版得到的经验结果见表 20—9。（注：变量上方有圆点表示该变量的增长率。）模型基本上由表 20—8 中的方程（1）、（2）、（4）和（5）构成，其他方程代表各种定义。方程（1）曾由 OLS 估计，方程（1）、（2）和（4）均用带（端点）约束的阿尔蒙分布滞后方法估计。在认为合适时，方程还对一阶（ρ_1）和/或二阶（ρ_2）序列相关加以修正。

表 20—8　　　　　　　　　　　　圣路易斯模型

$$(1) \quad \dot{Y}_t = C1 + \sum_{i=0}^{4} CM_i(\dot{M}_{t-i}) + \sum_{i=0}^{4} CE(\dot{E}_{t-i}) + \varepsilon 1_t$$

$$(2) \quad \dot{P}_t = C2 + \sum_{i=1}^{4} CPE_i(P\dot{E}_{t-i}) + \sum_{i=1}^{5} CD_i(\dot{X}_{t-i} - \dot{XF}^*_{t-i1})$$
$$+ CPA(\dot{PA}_t) + CDUM1(DUM1) + CDUM2(DUM2) + \varepsilon 2_t$$

[①] Federal Reserve Bank of St. Louis, *Review*, May 1982, p. 14.

$$(3) \quad \dot{\mathrm{PA}}_t = \sum_{i=1}^{21} C\,\mathrm{PRL}_i(\dot{P}_{t-i})$$

$$(4) \quad \mathrm{RL}_t = C3 + \sum_{i=0}^{20} C\,\mathrm{PRL}_i(\dot{P}_{t-i}) + \varepsilon 3_t$$

$$(5) \quad U_t - \mathrm{UF}_t = C\,G(\mathrm{GAP}_t) + C\,G1(\mathrm{GAP}_{t-1}) + \varepsilon 4_t$$

$$(6) \quad Y_t = (P_t/100)(X_t)$$

$$(7) \quad \dot{Y}_t = [(Y_t/Y_{t-i})^4 - 1]100$$

$$(8) \quad \dot{X}_t = [(X_t/X_{t-i})^4 - 1]100$$

$$(9) \quad \dot{P}_t = [(P_t/P_{t-i})^4 - 1]100$$

$$(10) \quad \mathrm{GAP}_t = [(\mathrm{XF}_t/X_t)/\mathrm{XF}_t]100$$

$$(11) \quad \dot{\mathrm{XF}}_t^* = [(\mathrm{XF}_t/X_{t-1})^4 - 1]100$$

注：Y＝名义 GNP；　　　　　　　　XF＝潜在产出（由 Rasche/Tatom 定义）；
M＝货币存量(M1)；　　　　　　　RL＝公司债券利率；
E＝高就业支出；　　　　　　　　　U＝失业率；
P＝GNP 缩减指数(1972＝100)；　　UF＝充分就业时的失业率；
PE＝能源相对价格；　　　　　　　DUM1＝虚拟变量(1971 年第Ⅲ季度至 1973 年第Ⅰ季度＝1；其他时期为 0)；
X＝1972 年产出美元数；　　　　　DUM2＝虚拟变量(1973 年第Ⅱ季度至 1975 年第Ⅰ季度＝1；其他时期为 0)。
资料来源：Federal Reserve Bank of St. Loius, *Review*, May 1982, p. 14.

　　从结果看，我们注意到决定（名义）GNP 增长率的主要因素是货币供给的增长率，而不是为提高就业而增加支出的增长率。M 系数的总和是 1.06，表示随着货币供给（持续）增加 1%，平均而言导致名义 GNP 约增加 1.06%。另一方面，E 系数的总和约为 0.05，表明政府为提高就业而导致支出的变化对名义 GNP 没有什么影响。表 20—9 中报告的其他回归结果留给读者去解释。

表 20—9　　样本期内估计：1960 年第Ⅰ季度至 1980 年第Ⅳ季度（括号内为 t 统计量的绝对值）

(1) $\hat{Y}_t = 2.44 + 0.40\dot{M}_t + 0.39\dot{M}_{t-1} + 0.22\dot{M}_{t-2} + 0.06\dot{M}_{t-3} - 0.01\dot{M}_{t-4}$

　　　　　(2.15)　(3.38)　　(5.06)　　　(2.18)　　　(0.82)　　　(0.11)

　　　$+ 0.06\dot{E}_t + 0.02\dot{E}_{t-1} - 0.02\dot{E}_{t-2} - 0.02\dot{E}_{t-3} + 0.01\dot{E}_{t-4}$

　　　　(1.46)　　(0.63)　　(0.57)　　　(0.52)　　　(0.34)

　　　　　　　　　　　　　　　　$R^2 = 0.39$　se=3.50　DW=2.02

(2) $\hat{P}_t = 0.96 + 0.01\dot{\mathrm{PE}}_{t-1} + 0.04\dot{\mathrm{PE}}_{t-2} - 0.01\dot{\mathrm{PE}}_{t-3} + 0.02\dot{\mathrm{PE}}_{t-4}$

　　　　(2.53)　(0.75)　　　(1.96)　　　(0.73)　　　(1.38)

　　　$-0.00(\dot{X}_t - \dot{\mathrm{XF}}_t^*) + 0.01(\dot{X}_{t-1} - \dot{\mathrm{XF}}_{t-1}^*) + 0.02(\dot{X}_{t-2} - \dot{\mathrm{XF}}_{t-2}^*)$

　　　　(0.18)　　　　　　(1.43)　　　　　　　　(4.63)

　　　$+0.02(\dot{X}_{t-3} - \dot{\mathrm{XF}}_{t-3}^*) + 0.02(\dot{X}_{t-4} - \dot{\mathrm{XF}}_{t-4}^*) + 0.01(\dot{X}_{t-5} - \dot{\mathrm{XF}}_{t-5}^*)$

　　　　(3.00)　　　　　　　(2.42)　　　　　　　　(2.16)

　　　$+1.03(\dot{\mathrm{PA}}_t) - 0.61(\mathrm{DUM1}_t) + 1.65(\mathrm{DUM2}_t)$

　　　　(10.49)　　　　(1.02)　　　　　(2.71)

　　　　　　　　　　　　$R^2 = 0.80$　se=1.28　DW=1.97　$\hat{\rho} = 0.12$

第 20 章

联立方程方法

$$(4) \quad \widehat{RL_t} = 2.97 + 0.96 \sum_{i=0}^{20} P_{t-i}$$

$$(3.12) \quad (5.22)$$

$$R^2 = 0.32 \quad se = 0.33 \quad DW = 1.76 \quad \hat{\rho} = 0.94$$

$$(5) \quad \widehat{U_t - UF_t} = 0.28 \, (GAP_t) + 0.14 \, (GAP_{t-1})$$

$$(11.89) \quad (6.31)$$

$$R^2 = 0.63 \quad se = 0.17 \quad DW = 1.95 \quad \hat{\rho}_1 = 1.43 \quad \hat{\rho}_2 = 0.52$$

资料来源：Federal Reserve Bank of St. Louis, *Review*, May 1982, p. 14.

要点与结论

1. 假定在联立方程模型中的一个方程是可识别的（恰好或过度），我们有几种估计它的方法。

2. 这些方法分为两大类：**单方程方法和方程组（或系统）方法**。

3. 出于经济上的考虑并考虑到设定误差等原因，单方程法的使用至今仍是最流行的。这些方法的一个独特性质是，我们可以估计在一个多方程模型中的单个方程，而不必过多地顾虑方程组中的其他方程。（注：为了可识别性，系统中的其他方程是相关的。）

4. 三个常用的单方程方法是 **OLS**、**ILS** 和 **2SLS**。

5. 虽然一般来说，在联立方程模型的构架中 OLS 是不适宜的，但它可用于内生变量之间有确定的、单向因果关系的所谓**递归模型**。

6. ILS 法适用于恰好识别的方程。在用这个方法时，先将 OLS 应用于约简型方程，然后从约简型系数估计原结构系数。

7. 2SLS 法虽然也可用于恰好识别方程，却是专门为过度识别方程而设计的。当方程是恰好识别时，2SLS 和 ILS 有相同结果。2SLS 的基本思想是将（随机）内生解释变量代之以模型中前定变量的一个线性组合，并用该组合代替原始的内生变量。因此，2SLS 法类似于**工具变量方法**，它使用前定变量的线性组合作为内生回归元的工具或代理变量。

8. ILS 和 2SLS 都有一个值得注意的特点，就是所得到的估计值是一致的，就是说，随着样本无限增大，估计值收敛于其真实总体值。这些估计值未必满足诸如无偏性和最小方差性等小样本性质。因此，对在小样本中使用这些方法而得到的结果作（统计）推断时，要谨慎地加以解释。

习 题

问答题

20.1 判断以下的每一陈述是正确的或错误的：

a. OLS 不适宜估计联立方程模型中的结构方程。

b. 若一个方程不可识别，则 2SLS 是不适用的。

c. 在一个递归联立方程模型中不会有联立性问题。

d. 联立性问题和外生性问题是一回事。

e. 估计结构方程的 2SLS 和其他方法只在大样本中才有优良的统计性质。

f. 并不存在一个对整个联立方程模型而言的 R^2。

* g. 如果联立方程组中的方程误差是自相关的，或者在不同方程之间是相关的，则 2SLS 和其他方法将不适宜用来估计结构方程。

h. 如果一个方程是恰好识别的，则 ILS 和 2SLS 将给出相同的结果。

20.2 为什么没有必要用两阶段最小二乘法去估计恰好识别方程？

20.3 考虑以下修改的凯恩斯收入决定模型：

$$C_t = \beta_{10} + \beta_{11} Y_t + u_{1t}$$

$$I_t = \beta_{20} + \beta_{21} Y_t + \beta_{22} Y_{t-1} + u_{2t}$$

$$Y_t = C_t + I_t + G_t$$

其中 C＝消费支出；

I＝投资支出；

Y＝收入；

G＝政府支出。

假定 G_t 和 Y_{t-1} 是前定的。

a. 求约简型方程并判定上述方程中哪些是可识别的（恰好或过度）。

b. 你将用什么方法估计过度识别方程和恰好识别方程中的参数？说明理由。

20.4 考虑如下结果[①]：

OLS：$\hat{W}_t = 0.276 + 0.258\, \dot{P}_t + 0.046\, \dot{P}_{t-1} + 4.959 V_t$ $R^2 = 0.924$

OLS：$\hat{P}_t = 2.693 + 0.232\, \dot{W}_t - 0.544\, \dot{X}_t + 0.247\, \dot{M}_t + 0.064\, \dot{M}_{t-1}$ $R^2 = 0.982$

2SLS：$\hat{W}_t = 0.272 + 0.257\, \dot{P}_t + 0.046 \dot{P}_{t-1} + 4.966 V_t$ $R^2 = 0.920$

2SLS：$\hat{P}_t = 2.686 + 0.233\dot{W}_t - 0.544\dot{X}_t + 0.246\dot{M}_t + 0.046\dot{M}_{t-1}$ $R^2 = 0.981$

其中 $\dot{W}_t$、$\dot{P}_t$、$\dot{M}_t$ 和 $\dot{X}_t$ 分别是收益、价格、进口价格以及劳动生产率的百分比变化（所有百分比变化均相对于上一年而言），而 V_t 代表未填补的职位空缺率（相对于职工总人数的百分比）。

"由于 OLS 和 2SLS 结果基本相同，故 2SLS 是无意义的。" 试加以评论。

* 20.5 假定生产可由柯布-道格拉斯生产函数来刻画：

$$Q_i = A K_i^\alpha L_i^\beta$$

其中 Q＝产出；

K＝资本投入；

L＝劳动投入；

A，α 和 β＝参数；

i＝第 i 个厂家。

给定最终产品价格 P、劳动价格 W 和资本价格 R，并假定利润最大化，我们得出以下经验生产模型：

---

① 资料来源：*Prices and Earnings in 1951—1969*：*An Econometric Assessment*，Department of Employment，United Kingdom，Her Majesty's Stationery Office，London，1971，p. 30.

生产函数：$\ln Q_i = \ln A + \alpha \ln K_i + \beta \ln L_i + \ln u_{1i}$ (1)

劳动的边际生产函数：$\ln Q_i = -\ln \beta + \ln L_i + \ln (W/P) + \ln u_{2i}$ (2)

资本的边际生产函数：$\ln Q_i = -\ln \alpha + \ln K_i + \ln (R/P) + \ln u_{3i}$ (3)

其中 u_1，u_2 和 u_3 是随机干扰项。

在上述模型中有三个内生变量 Q、L 和 K 的三个方程。P、R 和 W 是外生的。

a. 如果 $\alpha + \beta = 1$ 即规模报酬不变，你在估计模型时会遇到什么问题？

b. 即使 $\alpha + \beta \neq 1$，你能估计这些方程吗？通过考虑方程组的可识别性作出回答。

c. 如果方程组不可识别，怎样能使它可以识别？

注：方程（2）和（3）的推导如下：将 Q 对劳动和资本分别求导并令它们等于 W/P 和 R/P，再把所得到的表达式转换成对数并加上误差项（的对数）。

20.6 考虑如下货币供求模型：

货币需求：$M_t^d = \beta_0 + \beta_1 Y_t + \beta_2 R_t + \beta_3 P_t + u_{1t}$

货币供给：$M_t^s = \alpha_0 + \alpha_1 Y_t + u_{2t}$

其中 M＝货币；

Y＝收入；

R＝利率；

P＝价格。

假定 R 和 P 是前定的。

a. 需求函数可识别吗？

b. 供给函数可识别吗？

c. 使用什么方法去估计可识别方程中的参数？为什么？

d. 假使我们把供给函数加以修改，多加进两个解释变量 Y_{t-1} 和 M_{t-1}，会出现什么识别问题？你还会用你在（c）中用的方法吗？为什么？

20.7 参照习题 18.10。求出那里两个方程的约简型方程并估计其参数。估计消费对收入的间接最小二乘回归，再将你的结果同 OLS 回归做比较。

实证分析题

20.8 考虑以下模型：

$$R_t = \beta_0 + \beta_1 M_t + \beta_2 Y_t + u_{1t}$$

$$Y_t = \alpha_0 + \alpha_1 R_t + u_{2t}$$

其中 M_t（货币供给）是外生的，R_t 是利率，而 Y_t 是 GDP。

a. 此模型的合理性何在？

b. 这些方程可识别吗？

c. 利用表 20—2 中给出的数据估计可识别方程，说明你所用方法的理由。

20.9 假使我们把习题 20.8 中的模型修改如下：

$$R_t = \beta_0 + \beta_1 M_t + \beta_2 Y_t + \beta_3 Y_{t-1} + u_{1t}$$

$$Y_t = \alpha_0 + \alpha_1 R_t + u_{2t}$$

a. 判明此方程组是否可识别。

b. 利用表 20—2 中给出的数据，估计可识别方程的参数。

20.10 考虑以下模型：

$$R_t = \beta_0 + \beta_1 M_t + \beta_2 Y_t + u_{1t}$$

$$Y_t = \alpha_0 + \alpha_1 R_t + \alpha_2 I_t + u_{2t}$$

计量经济学基础（第五版）

其中变量定义如习题 20.8。把 I（国内投资）和 M 看作外生的，判定此方程组的可识别性。用表 20—2 中给出的数据估计可识别方程的参数。

20.11 假使我们将习题 20.10 的模型改变如下：

$$R_t = \beta_0 + \beta_1 M_t + \beta_2 Y_t + u_{1t}$$

$$Y_t = \alpha_0 + \alpha_1 R_t + \alpha_2 I_t + u_{2t}$$

$$I_t = \gamma_0 + \gamma_1 R_t + u_{3t}$$

假定 M 是由外部决定的。

a. 判别哪个方程是可识别的。

b. 用表 20—2 所给数据估计可识别方程的参数。说明你所用方法的理由。

20.12 验证方程（20.5.3）中报告的标准误。

20.13 回到方程（20.3.1）和（20.3.2）所给的供求模型。假使供给函数修改为：

$$Q_t = \beta_0 + \beta_1 P_{t-1} + u_{2t}$$

其中 P_{t-1} 是前一时期流行的价格。

a. 如果 X（支出）和 P_{t-1} 是前定的，是否就没有联立性问题。

b. 如果是的话，那么供求函数都是可识别的吗？如果的确如此，求出它们的约简型方程并用表 20—1 中的数据去估计它们。

c. 你能从约简型系数导出结构系数吗？说明必要的计算。

20.14 **课堂练习**：考虑 1960—1999 年间美国经济的如下简单宏观经济模型[1]：

私人消费函数：

$$C_t = \alpha_0 + \alpha_1 Y_t + \alpha_2 C_{t-1} + u_{1t} \qquad \alpha_1 > 0, 0 < \alpha_2 < 1$$

私人总投资函数：

$$I_t = \beta_0 + \beta_1 Y_t + \beta_2 R_t + \beta_3 I_{t-1} + u_{2t} \qquad \beta_1 > 0, \beta_2 < 0, 0 < \beta_3 < 1$$

货币需求函数：

$$R_t = \lambda_0 + \lambda_1 Y_t + \lambda_2 M_{t-1} + \lambda_3 P_t + \lambda_4 R_{t-1} + u_{3t} \qquad \lambda_1 > 0, \lambda_2 < 0, \lambda_3 > 0, 0 < \lambda_4 < 1$$

收入恒等式：

$$Y_t = C_t + I_t + G_t$$

其中 C＝真实私人消费；I＝真实私人总投资；G＝真实政府支出，Y＝真实 GDP，M＝在当期价格水平上 M2 的货币供给，R＝长期利率（%），P＝消费者价格指数。内生变量为 C，I，R 和 Y。前置变量为 C_{t-1}，I_{t-1}，M_{t-1}，P_t，R_{t-1} 和 G_t 及截距项。u 表示误差项。

a. 利用识别的阶条件，判定这四个方程是可以识别，恰好识别还是过度识别的？

b. 你用什么方法估计可识别的方程？

c. 从政府或私人部门获得适当的数据来估计这个模型，并对你的结果进行评论。

20.15 在本题中，我们分析 1985 年人口普查（CPS）得到的 534 个工人数据。这些数据在本书网站上的表 20—10 中找到。[2] 此表中变量定义如下：

W＝小时美元工资；occup＝职业；sector＝1 表示制造业，＝2 表示建筑业，＝0 表示其他行业；union＝1 表示工会会员，＝0 表示不是工会会员；educ＝受教育年数；exper＝工作年数；age＝年龄；sex＝1 表示女性；婚姻状况＝1 表示已婚；race＝2 表示拉美裔，＝3 表示白人，＝1 表示其他

---

[1] 节选自 H. R. Seddighi, K. A. Lawler, and A. V. Katos, *Econometrics: A Practical Approach*, Routledge, New York, 2000, p. 204。

[2] 数据可从以下网站获取：http://lib.stat.cmu.edu/datasets/cps_85_wages。

种族；region=1 表示居住在美国南部。

考虑如下简单工资决定模型：

$$\ln W = \beta_1 + \beta_2 \ln \text{Educ} + \beta_3 \text{Exper} + \beta_4 \text{Exper}^2 + u_i \tag{1}$$

a. 假设受教育程度与工资一样是内生的。你将如何弄清楚方程（1）中的受教育程度变量是否内生？分析使用表中所给数据。

b. 豪斯曼检验支持你在（a）中的分析吗？详细加以解释。

20.16　**课堂练习**：考虑商业银行对企业贷款的如下供求模型：

$$\text{需求}：Q_t^d = \alpha_1 + \alpha_2 R_t + \alpha_3 \text{RD}_t + \alpha_4 \text{IPI}_t + u_{1t}$$

$$\text{供给}：Q_t^s = \beta_1 + \beta_2 R_t + \beta_3 \text{RS}_t + \beta_4 \text{TBD}_t + u_{2t}$$

其中 Q=商业银行贷款总额（十亿美元）；R=平均基准利率；RS=3 月期国债利率；RD=AAA级公司债券利率；IPI=工业生产指数；TBD=银行贷款总额。

a. 从圣路易斯联邦储备银行的网站 www.economagic.com 及其他来源，搜集 1980—2007 年间这些变量的数据。

b. 上述需求函数和供给函数可以识别吗？列出内生变量和外生变量。

c. 你打算怎样估计上述需求函数和供给函数？给出必要的计算。

d. 模型中为何同时包含 R 和 RS？IPI 在模型中起何作用？

附录 20A

□ 20A. 1　间接最小二乘估计量的偏误

ILS 估计量虽然是一致性的，却是有偏误的。我们利用方程（20.3.1）和（20.3.2）所给的供求模型来证明这一点。由方程（20.3.10）我们得到：

$$\hat{\beta} = \frac{\hat{\Pi}_3}{\hat{\Pi}_1}$$

现在有：

$$\hat{\Pi}_3 = \frac{\sum q_t x_t}{\sum x_t^2} \qquad \text{利用方程（20.3.7）}$$

以及

$$\hat{\Pi}_1 = \frac{\sum p_t x_t}{\sum x_t^2} \qquad \text{利用方程（20.3.5）}$$

经代入，我们得到：

$$\hat{\beta}_1 = \frac{\sum q_t x_t}{\sum p_t x_t} \tag{1}$$

利用方程（20.3.3）和（20.3.4），我们得到：

$$p_t = \Pi_1 x_t + (w_t - \overline{w}) \tag{2}$$

$$q_t = \Pi_3 x_t + (v_t - \overline{v}) \tag{3}$$

其中 $\overline{w}$ 和 $\overline{v}$ 分别是 w_t 和 v_t 的均值。

把方程（2）和（3）代入方程（1），我们得到：

$$\hat{\beta}_1 = \frac{\Pi_3 \sum x_t^2 + \sum (v_t - \bar{v})x_t}{\Pi_1 \sum x_t^2 + \sum (w_t - \bar{w})x_t}$$

$$= \frac{\Pi_3 + \sum (v_t - \bar{v})x_t / \sum x_t^2}{\Pi_1 + \sum (w_t - \bar{w})x_t / \sum x_t^2} \tag{4}$$

虽然一般来说显然有 $\hat{\beta}_1 \neq (\Pi_3/\Pi_1)$（为什么？），但由于期望值算子 E 是一个线性算子，所以我们不能对方程（4）直接取期望。

但随着样本容量趋于无穷大，我们可以得到：

$$\text{plim}\,(\hat{\beta}_1) = \frac{\text{plim}\,\Pi_3 + \text{plim} \sum (v_t - \bar{v})x_t / \sum x_t^2}{\text{plim}\,\Pi_1 + \text{plim} \sum (w_t - \bar{w})x_t / \sum x_t^2} \tag{5}$$

这里利用了 plim 的如下性质：

$$\text{plim}(A + B) = \text{plim}A + \text{plim}B \quad \text{和} \quad \text{plim}\left(\frac{A}{B}\right) = \frac{\text{plim}\,A}{\text{plim}\,B}$$

现在，随着样本容量无限增大，方程（5）的分子和分母中的第二项均趋于零（为什么？），从而给出：

$$\text{plim}\,(\hat{\beta}_1) = \frac{\Pi_3}{\Pi_1} \tag{6}$$

这就证明了 $\hat{\beta}_1$ 虽有偏误，却是 β_1 的一个一致估计量。

□ 20A.2　2SLS 估计量的标准误的估计

本附录的目的是要表明，用适合于 OLS 估计的公式去估计 2SLS 程序中阶段 2 回归的估计值的标准误，将不是对"真实"标准误的"恰当"估计。我们利用方程（20.4.1）和（20.4.2）所给的收入—货币供给模型来说明这个问题。且考虑从阶段 2 回归：

$$Y_{2t} = \beta_{20} + \beta_{21}\hat{Y}_{1t} + u_t^* \tag{20.4.6}$$

其中

$$u_t^* = u_{2t} + \beta_{21}\hat{u}_t \tag{7}$$

估计过度识别的供给函数中的参数 $\hat{\beta}_{21}$。现在，当我们做回归（20.4.6）时，$\hat{\beta}_{21}$ 的标准误是用以下表达式计算的：

$$\text{var}\,(\hat{\beta}_{21}) = \frac{\hat{\sigma}_{u^*}^2}{\sum \hat{y}_{1t}^2} \tag{8}$$

其中

$$\hat{\sigma}_{u^*}^2 = \frac{\sum (a_t^*)^2}{n-2} = \frac{\sum (Y_{2t} - \hat{\beta}_{20} - \hat{\beta}_{21}\hat{Y}_{1t})^2}{n-2} \tag{9}$$

但 $\sigma_{u^*}^2$ 不等于 $\sigma_{u_2}^2$，后者是 u_2 的真实方差的一个无偏估计。这一差别容易从方程（7）得到证实。为了求出（如前所定义的）真实 $\hat{\sigma}_{u_2}^2$，我们进行如下计算：

$$\hat{u}_{2t} = Y_{2t} - \hat{\beta}_{20} - \hat{\beta}_{21}Y_{1t}$$

其中 $\hat{\beta}_{20}$ 和 $\hat{\beta}_{21}$ 是得自阶段 2 回归的估计值。因此，

$$\hat{\sigma}_{u_2}^2 = \frac{\sum (Y_{2t} - \hat{\beta}_{20} - \hat{\beta}_{21}Y_{1t})^2}{n-2} \tag{10}$$

注意方程（9）和（10）之间的差异：在（10）中我们用实际的 Y_1 而不是用从阶段 1 回归得到的

估计值 $\hat{Y}_1$。

一旦估计出方程（10），校正阶段 2 回归所估计的系数的标准误，最容易的方法是用 $\hat{\sigma}_{u_2}/\hat{\sigma}_u^*$ 乘每一个系数的标准误。注意，如果 Y_{1t} 和 $\hat{Y}_{1t}$ 非常相近，即阶段 1 回归中的 R^2 非常之高，则校正因子 $\hat{\sigma}_{u_2}/\hat{\sigma}_u^*$ 将非常接近 1。在这种情况下，就不妨把阶段 2 回归估计的标准误当作它的真实估计值。在其他情况下，我们将有必要使用上述校正因子。

第21章　时间序列计量经济学：一些基本概念

在第 1 章中我们便已注意到，经济分析中所用的几类重要数据之一便是**时间序列数据**。因为这类数据向计量经济学家和计量经济方法的应用者提出了若干挑战，所以我们要在本章和下一章中对它们作进一步的审视。

第一，以时间序列数据为依据的经验研究都假定有关的时间序列是**平稳的**（stationary）。虽然我们在第 1 章中已经从直觉上介绍了平稳性的概念，但本章将对它作更充分的讨论。说得更具体些，我们力图明确平稳性究竟有什么重要意义，为什么要担心一个时间序列会是不平稳的。

第二，我们在有关自相关的第 12 章中曾讨论了导致自相关的几个原因。有时候，原本非平稳的时间序列也能导致自相关。

第三，在用一个时间序列变量对另一个或一些时间序列变量做回归时，甚至两者之间并无任何有意义的关系，也常会得到一个很高的 R^2 值（超过 0.9）。有时候我们预计两个变量之间没有关系，但一个变量对另一个变量的回归通常表现出一种显著关系。这种情况就暴露了**谬误或无谓回归**（spurious or nonsense regression）的问题，其性质稍后解释。因此，判明经济变量之间的关系是真实的还是谬误的，就非常重要。本章中，我们将会看到，如果时间序列不是平稳的话，谬误回归会怎样产生。

第四，诸如股票价格之类的某些金融时间序列表现出所谓的**随机游走现象**（random walk phenomenon）。这就意味着，对一支股票（比如 IBM）明天价格的最佳预测，就等于今天的价格加上一个纯粹随机的冲击（或误差项）。若果真如此，预测资产价格将是一件徒劳无益的事情。

第五，涉及时间序列数据的回归模型常常被用于预测。鉴于以上讨论，我们会想知道，如果所依据的时间序列不是平稳的，这种预测是否仍然有效。

第六，我们在第 17 章讨论的格兰杰和西姆斯因果性检验，都假定分析中所涉及的时间序列是平稳的。因此，平稳性检验应先于因果性检验。

作为开始，首先要做一个声明。由于时间序列分析专题如此广泛而又深入，而且时间序列各种方法背后的数学又如此复杂，所以在我们这样一本初级教材中，充其量只能让读者粗略地了解时间序列分析中的一些基本概念。对那些欲进一步深入钻研这一专题的读者，我们提供一些参考文献。[①]

21.1 选看美国经济的一些时间序列

为便于以后的分析，并让读者对本章中要讨论的时间序列分析中的一些难以理解的概念有所认识，考虑一下我们通常关心的美国经济中的某些时间序列会很有好处。我们所考虑的时间序列包括：

DPI＝真实个人可支配收入（以十亿美元为单位）

GDP＝国内生产总值（以十亿美元为单位）

PCE＝真实个人消费支出（以十亿美元为单位）

CP＝公司利润（以十亿美元为单位）

Dividend＝公司净红利（以十亿美元为单位）

时期跨度从 1947 年第 Ⅰ 季度至 2007 年第 Ⅳ 季度，共 244 个季度，所有数据都按照年率经过季节调整。所有数据都是从圣路易斯联邦储备银行的经济网站 FRED 上搜集来的。GDP、DPI 和 PCE 都是以 2000 年不变美元价值度量的。CP 和 Dividend 是

① 在初级层次上，如下参考资料对你有所帮助：Gary Koop, *Analysis of Economic Data*, John Wiley & Sons, New York, 2000; Jeff B. Cromwell, Walter C. Labys, and Michel Terraza, *Univariate Tests for Time Series Models*, Sage Publications, California, Ansbury Park, 1994; Jeff B. Cromwell, Michael H. Hannan, Walter C. Labys, and Michel Terraza, *Multivariate Tests for Time Series Models*, Sage Publications, California, Ansbury Park, 1994; and H. R. Seddighi, K. A. Lawler, and A. V. Katos, *Econometrics: A Practical Approach*, Routledge, New York, 2000。在中级层次上，可参见 Walter Enders, *Applied Econometric Time Series*, John Wiley & Sons, New York, 1995; Kerry Patterson, *An Introduction to Applied Econometrics: A Time Series Approach*, St. Martin's Press, New York, 2000; T. C. Mills, *The Econometric Modelling of Financial Time Series*, 2d ed., Cambridge University Press, New York, 1999; Marno Verbeek, *A Guide to Modern Econometrics*, John Wiley & Sons, New York, 2000; Wojciech W. Charemza and Derek F. Deadman, *New Directions in Econometric Practice: General to Specific Modelling and Vector Autoregression*, 2d ed., Edward Elgar Publisher, New York, 1997。在高级层次上，可参见 J. D. Hamilton, *Time Series Analysis*, Princeton University Press, Princeton, NJ, 1994; and G. S. Maddala and In-Moo Kim, *Unit Roots, Cointegration, and Structural Change*, Cambridge University Press, 1998。在应用层次上，可参见 B. Bhaskara Rao, ed., *Cointegration for the Applied Economist*, St. Martin's Press, New York, 1994; Chandan Mukherjee, Howard White, and Marc Wuyts, *Econometrics and Data Analysis for Developing Countries*, Routledge, New York, 1998。

计量经济学基础（第五版）

用名义美元价值度量的。

为节约篇幅，原始数据张贴在本书的网站上。但为了对这些数据有所认识，我们还是把它们绘制在如下两个图中。图 21—1 是 GDP、DPI 和 PCE 的对数描点图，而图 21—2 则表示另外两个时间序列（CP 和 Dividend）的对数描点图。为了对一个时间序列的增长率有所认识，常用的做法就是绘制其对数的描点图。画数据的直观描点图通常是时间序列分析的第一步。在这些图中，字母 L 表示自然对数。

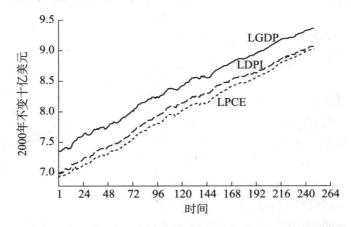

图 21—1　1947—2007 年美国真实 GDP、DPI 和 PCE 的对数（季度数据，以十亿美元为单位）
注：图中字母 L 表示自然对数。

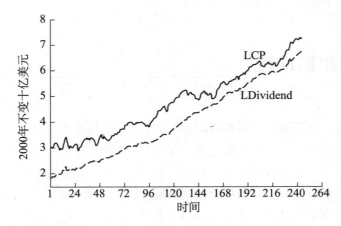

图 21—2　1947—2007 年美国公司利润（CP）和股息的对数（季度数据，以十亿美元为单位）
注：图中字母 L 表示自然对数。

我们从图 21—1 和图 21—2 所示时间序列得到的第一印象是，尽管有所波动，但它们看来都有一个上升的"趋势"。假设我们想知道这些曲线在样本期间之外（比如说 2008 年每一季度）的形状。[①] 如果我们知道生成这些曲线的统计或随机机制，或者说**数据生成过程**（data generating process，DGP），那我们就有可能做到。但这

---

① 当然，我们现在已经有了这一期间的实际数据，并将实际数据与基于前一期间的"预测"数据相比较。

个机制是什么呢？为了回答这个问题及相关问题，我们需要研究一些由时间序列分析家所提出的新"词汇"，我们现在就立即转到这个方面。

21.2 主要概念[①]

这些词汇是什么呢？它包括如下概念：

1. 随机过程；
2. 平稳过程；
3. 纯随机过程；
4. 非平稳过程；
5. 单积（单整）变量；
6. 随机游走模型；
7. 协整；
8. 确定性和随机性趋势；
9. 单位根检验。

接下来我们将对每个概念分别加以讨论。我们的讨论通常是探索性的，只要有可能或有用处，我们都会举出适当的例子。

21.3 随机过程

一个随机过程就是随机变量按时间编排的集合。[②] 如果我们令 Y 表示一个随机变量，而且它是连续的，那么我们就记之为 $Y(t)$，但若它是离散的，则记之为 Y_t。前者之一例是心电图，后者的例子有 GDP、DPI 等。由于大多数经济数据都是在离散的时点上搜集的，所以我们总是用符号 Y_t 而非 $Y(t)$。若我们用 Y 表示 GDP，对我们的数据而言，则有 $Y_1，Y_2，Y_3，\cdots，Y_{242}，Y_{243}，Y_{244}$，其中下标 1 表示第一次观测（即 1947 年第 I 季度的 GDP），下标 244 表示最后一次观测（即 2007 年第 IV 季度的 GDP）。记住，这些 Y 中的每一个都是一个随机变量。

我们在何种意义上能说 GDP 是一个随机过程呢？比如考虑 1970 年第 I 季度的

---

① 如下讨论基于 Maddala et al.，op. cit.，和 Charemza et al.，op. cit.，以及 Carol Alexander，*Market Models：A Guide to Financial Data Analysis*，John Wiley & Sons，New York，2001。

② "随机"一语源自希腊语"stokhos"一词，意思是靶子或靶心。如果你曾经在一个圆靶上玩过掷飞镖游戏并试图击中靶心的话，你能击中靶心的机会有多大？在扔 100 次飞镖中，你可能有幸中几次靶心；其他时候，飞镖将随机地散布在靶心周围。

GDP 是 37 599.97 亿美元。理论上讲，1970 年第 I 季度的 GDP 数字可能是任何一个数字，取决于当时的政治与经济环境。数字 37 599.97 只是所有这些可能性中的一个特定的**实现**（realization）。[1] 因此，我们可以说，GDP 是一个随机过程，而我们在 1947 年第 I 季度至 2007 年第 IV 季度期间所观测到的实际值只是这个过程的一个特定实现（即样本）。随机过程及其实现之间的区别恰似横截面数据中总体与样本之间的区别。与我们利用样本数据对总体进行推断一样，在时间序列中，我们利用这些实现对其背后的随机过程加以推断。

□ 平稳随机过程

受到时间序列分析家大量注意和细致考察的一类随机过程就是所谓的**平稳随机过程**（stationary stochastic process）。广泛地讲，若一个随机过程的均值和方差在时间过程上保持常数，并且在任何两时期之间的协方差值仅依赖于该两时期间的距离或滞后，而不依赖于计算这个协方差的实际时间，则称之为平稳随机过程。在时间序列文献中，这种随机过程被称为**弱平稳**（weakly stationary）、**协方差平稳**（covariance stationary）、**二阶平稳**（second-order stationary）或**广义**（wide sense）**随机过程**（stochastic process）。就本章的论述而言，以及在多数实践中，考虑这种类型的平稳性足矣。[2]

为了解释弱平稳性，令随机时间序列 Y_t 有如下性质：

均值：$E(Y_t) = \mu$ （21.3.1）

方差：$\mathrm{var}(Y_t) = E(Y_t - \mu)^2 = \sigma^2$ （21.3.2）

协方差：$\gamma_k = E[(Y_t - \mu)(Y_{t+k} - \mu)]$ （21.3.3）

其中 γ_k 即滞后 k 期的协方差［或自（身）协方差］，是 Y_t 和 Y_{t+k}，也就是相隔 k 期的两个 Y 值之间的协方差。如果 $k=0$ 就得到 γ_0，这无非就是 Y 的方差（$=\sigma^2$）；如果 $k=1$，γ_1 就是 Y 的两相邻值之间的协方差，这是我们在第 12 章讨论自相关时遇到过的一类协方差（回想马尔可夫一阶自回归模式）。

假使我们把 Y 的原点从 Y_t 移到 Y_{t+m}（比方，对我们的 GDP 数据而言，从 1947 年第一季度移到 1952 年第一季度）。那么若 Y_t 是平稳的，则 Y_{t+m} 的均值、方差和自协方差必须和 Y_t 的一样。简言之，如果一个时间序列是平稳的，就不管在什么时间测量，它的均值、方差和（各种滞后的）自协方差都保持不变；即它们都不随时间而变化。这种时间序列有回到其均值的趋势［即**均值复原**（mean reversion）］，而且围绕其均值的波动具有大致恒定的振幅。[3] 换言之，由于一个平稳时间过程的方差是有限的，所

---

① 你可以把 37 599.97 亿美元看成 1970 年第一季度 GDP 所有可能值的均值。

② 如果一个时间序列概率分布的所有阶矩［而不仅仅是一阶矩和二阶矩（即均值和方差）］都不随时间变化，那么它就是严格平稳的。但如果这个平稳过程是正态的，那么弱平稳过程也是严格平稳的，因为正态的随机过程完全可由其均值和方差这两个矩来确定。

③ 这一论点见 Keith Cuthbertson, Stephen G. Hall, and Mark P. Taylor, *Applied Econometric Techniques*, The University of Michigan Press, 1995, p. 130。

以它的漂移不会太远离其均值。应该指出，一个平稳过程均值复原的速度取决于其自协方差；我们后面将会看到，自协方差小，速度就快，自协方差大，速度就慢。

如果一个时间序列按上述定义不是平稳的，则称之为**非平稳时间序列**（nonstationary time series）（记住我们只是在讨论弱平稳性）。换言之，一个非平稳时间序列指要么均值随时间而变化，要么方差随时间而变化，或者二者同时发生变化。

为什么平稳时间序列如此重要呢？因为若一个时间序列是非平稳的，则我们只能研究其在研究期间的行为。因此，每个时间序列数据集都是特定的一幕。结果，无法把它推广到其他期间。因此，从预测角度看，这种（非平稳）时间序列没有什么太大的实际价值。

我们怎么知道某个特定的时间序列是平稳的呢？具体而言，图 21—1 和图 21—2 所示的时间序列是平稳的吗？我们会在 21.8 节和 21.9 节讨论这个问题，在那里，我们会考虑几个平稳性检验。但若依赖直觉，图 21—1 和图 21—2 所示的时间序列看起来像是非平稳的，至少均值在变化。以后我们会更详细地考虑这个问题。

在继续讨论下去之前，我们先强调一种特殊类型的随机过程，即**纯随机**（purely random）**或白噪音过程**（white noise process）。若一个随机过程的均值为 0，不变方差为 σ^2，而且不存在序列相关，那我们就称之为纯随机（时间序列）。[1] 你或许记得，我们在本书第 1 篇中讨论经典正态线性回归模型时，假定引入的误差项 u_t 为白噪音过程，并记为 $u_t \sim \text{IIDN}(0, \sigma^2)$；即 u_t 是独立同分布的，而且服从 0 均值和常方差的正态分布。

□ 非平稳随机过程

尽管我们感兴趣的是平稳时间序列，但也经常会遇到一些非平稳的时间序列，经典的例子就是**随机游走模型**（random walk model，RWM）。[2] 通常认为诸如股票价格和汇率之类的资产价格服从随机游走；即是非平稳的。我们把随机游走分为两类：(1) 带漂移的随机游走（即不存在常数项或截距项）和 (2) 不带漂移的随机游走（即出现常数项）。

不带漂移的随机游走。假设 u_t 是均值为 0 和方差为 σ^2 的白噪音误差项。若

$$Y_t = Y_{t-1} + u_t \tag{21.3.4}$$

则称 Y_t 序列为随机游走。在如方程（21.3.4）所示的随机游走模型中，Y 在 t 时期的值等于其在 $(t-1)$ 期的值加上一个随机冲击；因此，按照第 12 和 17 章的说法，它是一个 AR(1) 模型。我们可以把方程（21.3.4）看成第 t 期的 Y 对其一期滞后值的回归。**有效资本市场假说**（efficient capital market hypothesis）的信仰者认为，股票价格本质上是随机的，因此股市上不存在有利可图的投机空间：如果一个人能基于股票今天的价格预期明天的价格，那我们早就都是百万富翁了。

---

① 如果它还是独立的，则这种过程可称为**严格白噪音**（strictly white noise）。
② 随机游走常比作一个醉汉的游走。醉汉离开酒吧后在时刻 t 移动一个随机的距离 u_t，如果他无限制地继续游走下去，他将最终漂移到离酒吧越来越远的地方。股票的价格也是这样，今天的股价等于昨天的股价加上一个随机冲击。

现在，我们从方程（21.3.4）可以写出

$$Y_1 = Y_0 + u_1$$
$$Y_2 = Y_1 + u_2 = Y_0 + u_1 + u_2$$
$$Y_3 = Y_2 + u_3 = Y_0 + u_1 + u_2 + u_3$$

一般地，若这个过程从第 0 期的 Y_0 开始，我们就有

$$Y_t = Y_0 + \sum u_t \tag{21.3.5}$$

因此，

$$E(Y_t) = E(Y_0 + \sum u_t) = Y_0 \quad （为什么？） \tag{21.3.6}$$

同理，可以证明

$$\text{var}(Y_t) = t\sigma^2 \tag{21.3.7}$$

上式表明，Y 的均值等于其初始或起始值（一个常数），但随着 t 的增加，其方差无限增大，因此违背了平稳性条件。简言之，不带漂移的随机游走模型是一个非平稳的随机过程。实践中通常设定 Y_0 为 0，此时 $E(Y_t)=0$。

随机游走模型的一个有趣特征是，随机冲击（即随机误差项）的持久性，从方程（21.3.5）中明显可见：Y_t 等于初始的 Y_0 加上各期随机冲击项之和。结果是，一个特定的冲击永远也不会消失。比如，若 $u_2=2$ 而非 $u_2=0$，则从 Y_2 开始所有的 Y_t 都将提高两个单位，而且这个冲击的影响永远也不会消失。这正是为什么说随机游走具有无限记忆的原因。如佩特森（Kerry Patterson）所指出的那样，随机游走会永远记住每次冲击[①]；即具有无限记忆。和式 $\sum u_t$ 又被称为**随机趋势**（stochastic trend），我们稍后详加论述。

有趣的是，若将方程（21.3.4）写成

$$Y_t - Y_{t-1} = \Delta Y_t = u_t \tag{21.3.8}$$

其中 Δ 为我们在第 12 章讨论过的一阶差分算子。容易证明，尽管 Y_t 是非平稳的，但其一阶差分却是平稳的。换言之，一个随机游走时间序列的一阶差分是平稳的。但我们以后还要详细谈这个问题。

带漂移的随机游走。 让我们把方程（21.3.4）改写成

$$Y_t = \delta + Y_{t-1} + u_t \tag{21.3.9}$$

其中 δ 被称为**漂移参数**（drift parameter）。"漂移"一词得自如下事实：若将上述方程写成

$$Y_t - Y_{t-1} = \Delta Y_t = \delta + u_t \tag{21.3.10}$$

则表明 Y_t 根据 δ 为正或负而向上或向下漂移。注意，模型（21.3.9）也是一个 AR(1) 模型。

根据讨论不带漂移随机游走的程序，可以证明，对于带漂移的随机游走模型（21.3.9），有：

$$E(Y_t) = Y_{t-1} + t \cdot \delta \tag{21.3.11}$$

---

① Kerry Patterson，op. cit.，Chapter 6.

$$\text{var}(Y_t) = t\sigma^2 \qquad\qquad (21.3.12)$$

如你所见，带漂移的随机游走模型的均值和方差都随着时间而递增，同样违背了（弱）平稳性条件。简言之，无论是带漂移的还是不带漂移的随机游走模型，都是非平稳时间序列。

为了看一下带漂移和不带漂移的随机游走，我们进行如下两个模拟：

$$Y_t = Y_{t-1} + u_t \qquad\qquad (21.3.13)$$

其中 u_t 为满足 $u_t \sim N(0, 1)$ 的白噪音误差项；即每个 u_t 都服从标准正态分布。我们从一个随机数字生成器中得到 u 的 500 次观测值，并如方程（21.3.13）中那样生成 Y_t。我们假定 $Y_0 = 0$。因此，方程（21.3.13）是一个不带漂移的随机游走模型。

现在考虑一个带漂移的随机游走模型

$$Y_t = \delta + Y_{t-1} + u_t \qquad\qquad (21.3.14)$$

我们假定 u_t 和 Y_{t-1} 都如方程（21.3.13）中所示，并假定 $\delta = 2$。

图 21—3 和图 21—4 分别是模型（21.3.13）和（21.3.14）的图示。读者可以根据我们对带漂移和不带漂移随机游走模型的讨论，对这两个图进行比较。

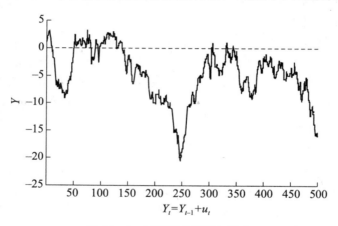

图 21—3　不带漂移的随机游走

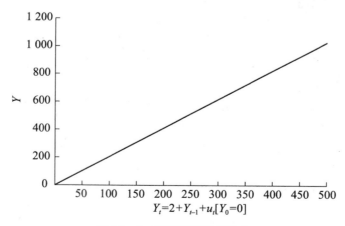

图 21—4　带漂移的随机游走

随机游走模型是文献中所谓**单位根过程**（unit root process）之一例。由于"单位根"一词在时间序列文献中极为通用，所以我们现在来解释什么是单位根过程。

21.4　单位根随机过程

让我们把随机游走方程（21.3.4）写成

$$Y_t = \rho Y_{t-1} + u_t \qquad -1 \leqslant \rho \leqslant 1 \tag{21.4.1}$$

此模型与我们在自相关一章中所讨论的马尔可夫一阶自回归模型很相似。若 $\rho=1$，则方程（21.4.1）就成为一个（不带漂移的）随机游走模型。若 ρ 事实上为 1，则我们面临着所谓**单位根问题**（unit root problem），即非平稳性情况；我们已经知道，Y_t 的方差此时不是平稳的。单位根的名称正是源于 $\rho=1$ 这个事实。[1] 因此，非平稳性、随机游走和单位根这三个术语可以看成是同义词。

但若 $|\rho| < 1$，即 ρ 的绝对值小于 1，则可以证明，时间序列 Y_t 在我们所定义的意义上是平稳的。[2]

于是，实践中，弄清楚一个时间序列是否具有一个单位根很重要。[3] 我们在 21.9 节讨论了几个单位根检验，即几个平稳性检验。我们在那一节还会判定图 21—1 和图 21—2 中所示的时间序列是否平稳。或许读者猜测它们不平稳，但我们到那时将会明白。

21.5　趋势平稳和差分平稳随机过程

平稳和非平稳随机过程（或时间序列）之间的区别，对图 21—3 和图 21—4 中构造的时间序列或图 21—1 和图 21—2 中的实际经济时间序列所表现出的趋势（所考虑的时间序列缓慢的长期演化结果）是**确定性的**（deterministic）还是**随机性的**（stochastic）具有关键意义。大致说来，若一个时间序列的趋势完全可以预测而且不变，我们则称之为确定性趋势；而若不能预测，则称之为随机性趋势。为了使定义更加规范，考虑时间序列的如下模型

---

　① 一个技术性注释：若 $\rho=1$，则我们可把方程（21.4.1）写成 $Y_t - Y_{t-1} = u_t$。现在利用**滞后算子**（lag operator）L，所以 $LY_t = Y_{t-1}$，$L^2 Y_t = Y_{t-2}$，如此等等，我们可以把方程（21.4.1）写成 $(1-L)Y_t = u_t$。"单位根"一词指的是滞后算子多项式的根。若你令 $(1-L)=0$，则得到 $L=1$，由此得名单位根。

　② 若在方程（21.4.1）中假定：Y 的初始值（$=Y_0$）为 0，$|\rho| \leqslant 1$，而且 u_t 是白噪音并服从零均值和单位方差的正态分布，则得到 $E(Y_t)=0$ 和 $\mathrm{var}(Y_t)=1/(1-\rho^2)$。由于它们都是常数，所以根据弱平稳性的定义，$Y_t$ 就是平稳的。另一方面，如我们前面所见，若 $\rho=1$，则 Y_t 是一个随机游走或非平稳序列。

　③ 一个时间序列可能包含不止一个单位根。但我们在本章后面再讨论这种情况。

$$Y_t = \beta_1 + \beta_2 t + \beta_3 Y_{t-1} + u_t \tag{21.5.1}$$

其中 u_t 为白噪音误差项，t 为按年月顺序度量的时间。现在，我们有如下可能性：

纯随机游走。 若在方程（21.5.1）中 $\beta_1 = 0$，$\beta_2 = 0$ 和 $\beta_3 = 1$，则我们得到

$$Y_t = Y_{t-1} + u_t \tag{21.5.2}$$

它无非就是一个不带漂移的随机游走模型，并因此是非平稳的。但注意，若我们把方程（21.5.2）写成

$$\Delta Y_t = (Y_t - Y_{t-1}) = u_t \tag{21.3.8}$$

前面曾指出，这就变成平稳的随机过程。因此，一个不带漂移的随机游走模型就是一个**差分平稳过程**（difference stationary process，DSP）。

带漂移的随机游走。 若在方程（21.5.1）中 $\beta_1 \neq 0$，$\beta_2 = 0$ 和 $\beta_3 = 1$，则我们得到

$$Y_t = \beta_1 + Y_{t-1} + u_t \tag{21.5.3}$$

它是一个带漂移的随机游走并因此是非平稳的。若我们把它写成

$$(Y_t - Y_{t-1}) = \Delta Y_t = \beta_1 + u_t \tag{21.5.3a}$$

这就意味着 Y_t 将表现出一个正的（$\beta_1 > 0$）或负的（$\beta_1 < 0$）趋势（见图 21—4）。这种趋势被称为**随机趋势**（stochastic trend）。由于通过对时间序列取一阶差分便可消除 Y_t 中的非平稳性，所以方程（21.5.3a）是一个差分平稳过程。记住，方程（21.5.3a）中的 u_t 是一个白噪音误差项。

确定性趋势。 若在方程（21.5.1）中 $\beta_1 \neq 0$，$\beta_2 \neq 0$ 和 $\beta_3 = 0$，则我们得到

$$Y_t = \beta_1 + \beta_2 t + u_t \tag{21.5.4}$$

即所谓**趋势平稳过程**（trend stationary process，TSP）。尽管 Y_t 的均值 $\beta_1 + \beta_2 t$ 不是常数，但其方差（$= \sigma^2$）是常数。一旦知道了 β_1 和 β_2 的值，就完全能预测其均值。因此，如果我们从 Y_t 中减去其均值，所得到的序列将是平稳的，因而得名**趋势平稳**（trend stationary）。这种去除确定性趋势的过程被称为**除趋势**（detrending）。

带漂移和确定性趋势的随机游走。 若在方程（21.5.1）中 $\beta_1 \neq 0$，$\beta_2 \neq 0$ 和 $\beta_3 = 1$，则我们得到

$$Y_t = \beta_1 + \beta_2 t + Y_{t-1} + u_t \tag{21.5.5}$$

即同时带有漂移和确定性趋势的随机游走，若将此方程写成

$$\Delta Y_t = \beta_1 + \beta_2 t + u_t \tag{21.5.5a}$$

这就意味着 Y_t 是非平稳的。

含平稳 AR(1) 成分的确定性趋势。 若在方程（21.5.1）中 $\beta_1 \neq 0$，$\beta_2 \neq 0$ 和 $\beta_3 < 1$，则我们得到

$$Y_t = \beta_1 + \beta_2 t + \beta_3 Y_{t-1} + u_t \tag{21.5.6}$$

它在确定性趋势周围是平稳的。

为了看出确定性和随机性趋势的区别，考虑图 21—5。[①] 此图中名曰"随机性"的序列由带漂移的随机游走模型：$Y_t = 0.5 + Y_{t-1} + u_t$ 生成，其中 u_t 的 500 个值由一

---

① 以下讨论都基于 Wojciech W. Charemza et al.，op. cit.，pp. 89-91。

个标准正态分布生成，Y 的初始值设定为 1。名曰"确定性"的序列由 $Y_t=0.5t+u_t$ 生成，其中 u_t 生成如上，而 t 则是按年月顺序度量的时间。

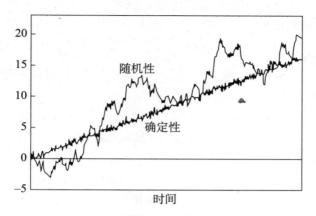

图 21—5　确定性与随机性趋势

资料来源：Charemza et al., op. cit., p. 91.

　　如你从图 21—5 所见，在确定性趋势的情况下，对趋势线（代表着非平稳的均值）的偏离是纯随机的，并很快就会消逝；它们对时间序列由趋势成分 $0.5t$ 所决定的长期发展没有影响。而另一方面，在随机性趋势的情况下，随机成分 u_t 影响着序列 Y_t 的长期进展。

21.6　单积随机过程

　　随机游走模型无非只是一类被称为**单积过程**（integrated processes）的随机过程的特殊情形。回忆一下，不带漂移的随机游走模型是非平稳的，但其一阶差分是平稳的，如方程（21.3.8）所示。因此，我们称不带漂移的随机游走模型为**一阶单积**（integrated of order 1）序列，记为 $I(1)$。类似地，若使一个时间序列变成平稳序列需对其进行两次差分（即对一阶差分再取一阶差分），则称之为**二 阶 单 积**（integrated of order 2）序列。[①] 一般地，若一个（非平稳的）时间序列只有经过 d 次差分才能变成平稳序列，则称之为 **d 阶单积**（integrated of order d）序列。时间序列 Y_t 是 d 阶单积的，记为 $Y_t \sim I(d)$。若一个时间序列 Y_t 一开始就是平稳的（即不需要进行任何差分），则称之为 0 阶单积序列，并记为 $Y_t \sim I(0)$。因此，我们使用术语"平稳时间序列"和"0 阶单积时间序列"时表示的是同一个意思。

　　大多数经济时间序列通常都是 $I(1)$；即只需取一阶差分便变成平稳序列。图

---

　　① 例如，若 Y_t 是 $I(2)$，则 $\Delta\Delta Y_t = \Delta(Y_t - Y_{t-1}) = \Delta Y_t - \Delta Y_{t-1} = Y_t - 2Y_{t-1} + Y_{t-2}$ 就变成平稳的了。但注意 $\Delta\Delta Y_t = \Delta^2 Y_t \neq Y_t - Y_{t-2}$。

21—1 和图 21—2 中所示的时间序列是 $I(1)$ 或者更高阶单积序列吗？我们在 21.8 节和 21.9 节将考察这一点。

□ 单积序列的性质

单积时间序列有如下性质值得注意：令 X_t、Y_t 和 Z_t 为三个时间序列。

1. 若 $X_t \sim I(0)$ 和 $Y_t \sim I(1)$，则 $Z_t = (X_t + Y_t) \sim I(1)$；即平稳和非平稳时间序列的线性组合或之和是非平稳的。

2. 若 $X_t \sim I(d)$，则 $Z_t = (a + bX_t) \sim I(d)$，其中 a 和 b 为常数。即一个 $I(d)$ 序列的线性函数仍是 $I(d)$。因此，若 $X_t \sim I(0)$，则 $Z_t = (a + bX_t) \sim I(0)$。

3. 若 $X_t \sim I(d_1)$ 和 $Y_t \sim I(d_2)$，其中 $d_1 < d_2$，则 $Z_t = (aX_t + bY_t) \sim I(d_2)$。

4. 若 $X_t \sim I(d)$ 和 $Y_t \sim I(d)$，则 $Z_t = (aX_t + bY_t) \sim I(d^*)$；$d^*$ 通常都等于 d，但在某些情况下 $d^* < d$（参见 21.11 节中对协整这一专题的探讨）。

如你从以上命题中所见，在合并两个或多个不同阶单积时间序列时必须小心。

为了看出这一点为什么重要，考虑在第 3 章中讨论过的双变量回归模型，即 $Y_t = \beta_1 + \beta_2 X_t + u_t$。在经典 OLS 假定之下，我们知道

$$\hat{\beta}_2 = \frac{\sum x_t y_t}{\sum x_t^2} \tag{21.6.1}$$

其中小写字母如平常一样表示对均值的离差。假设 Y_t 为 $I(0)$，但 X_t 为 $I(1)$；即前者是平稳的，而后者是非平稳的。由于 X_t 是非平稳的，所以其方差无限增大，因而方程（21.6.1）中的分母支配着它的分子项，导致 $\hat{\beta}_2$ 渐近地（即在大样本中）收敛于 0，甚至没有一个渐近的分布。[①]

21.7　谬误回归现象

为了说明平稳时间序列为什么如此重要，考虑如下两个随机游走模型：

$$Y_t = Y_{t-1} + u_t \tag{21.7.1}$$
$$X_t = X_{t-1} + v_t \tag{21.7.2}$$

其中我们从 $u_t \sim N(0, 1)$ 中生成了 u_t 的 500 次观测，从 $v_t \sim N(0, 1)$ 中生成了 v_t 的 500 次观测，并假定 Y 和 X 的初始值都为零。我们还假定 u_t 和 v_t 都不存在序列相关，而且彼此间也不存在相关关系。就你目前所知，这两个时间序列都是非平稳的；即它们都是 $I(1)$ 或表现出随机趋势。

假设我们将 Y_t 对 X_t 回归。由于 Y_t 和 X_t 是不相关的 $I(1)$ 过程，所以 Y 对 X 的回归中所得到的 R^2 应该趋于 0；即这两个变量之间不应该有任何关系。但请你先

---

① 这一点源于 Maddala et al., op. cit., p.26。

看一下回归结果：

Variable	Coefficient	Std. Error	t Statistic
C	-13.2556	0.6203	-21.36856
X	0.3376	0.0443	7.61223
	$R^2 = 0.1044$	$d = 0.0121$	

如你所见，X 的系数是高度统计显著的，尽管 R^2 值有些低，但它在统计上显著异于零。基于这些结论，你可能得出 Y 和 X 之间存在显著统计关系的结论，尽管先验假定它们之间没有任何关系。这就是对尤尔（Yule）首次发现的**谬误或无谓回归现象**（phenomenon of spurious or nonsense regression）的简单概括。[①] 尤尔指出，即便在样本很大时，（谬误）相关在非平稳时间序列中也可能持续存在。极低的德宾-沃森 d 值表明存在着很强的一阶自相关，从而暗示着上述回归有些问题。根据格兰杰和纽博尔德的分析，$R^2 > d$ 就是怀疑所估计的回归是谬误回归的一个很好的经验法则，上例正是如此。还要指出，从这样一个谬误回归中得到的 R^2 和 t 统计量是有误导性的，t 统计量不服从（学生）t 分布，因而不能用于对参数的假设检验。

通过将 Y_t 的一阶差分（$= \Delta Y_t$）对 X_t 的一阶差分（$= \Delta X_t$）进行回归很容易看出，以上给出的回归结果是没有什么意义的；记住，尽管 Y_t 和 X_t 是非平稳的，但其一阶差分却是平稳的。在这样一个回归中你会发现，本该为 0 的 R^2 实际上正是 0，德宾-沃森 d 约为 2。在习题 21.24 中，要求你做这个回归并验证刚刚得到的命题。

尽管富于戏剧性，但这个例子还是强烈地提醒我们，基于表现出随机趋势的时间序列做回归分析时应该高度警惕。因此，在阅读大量基于 $I(1)$ 变量所得到的回归结果时也要极为谨慎。作为一个例子，参见习题 21.26。在某种程度上，对确定性趋势的时间序列也是如此，习题 21.25 就给出了这样的一个例子。

21.8 平稳性的检验

到目前为止，读者可能对平稳随机过程及其重要性有了很好的了解。实践中，我们面临两个重要问题：（1）我们如何发现一个给定的时间序列是否平稳？（2）如果我们发现一个给定的时间序列不是平稳的，有什么办法使之变成平稳的呢？我们在本节讨论第一个问题，并在 21.10 节讨论第二个问题。

在讲下去之前，记住我们主要考虑的是弱平稳性或协方差平稳性。

---

① G. U. Yule, "Why Do We Sometimes Get Nonsense Correlations Between Time Series? A Study in Sampling and the Nature of Time Series," *Journal of the Royal Statistical Society*, vol. 89, 1926, pp. 1-64. 至于谬误回归方面大量的蒙特卡罗模拟，参见 C. W. J. Granger and P. Newbold, "Spurious Regressions in Econometrics," *Journal of Econometrics*, vol. 2, 1974, pp. 111-120。

尽管有几种平稳性检验的方法,但我们在本节只讨论在文献中广泛讨论的两种:(1)图示分析,和(2)相关图检验。由于单位根检验在最近时期尤为重要,所以我们在下一节讨论它。我们以适当的例子来解释这些检验。

□ 1. 图形分析

　　前面曾指出,在进行规范的检验之前,像我们对本书网站中的美国经济的某些时间序列数据描点成图 21—1 和图 21—2 一样,将所研究的时间序列描点总是明智之举。这种描点图对时间序列的可能性质给出初步线索。以图 21—1 中所示的 GDP 时间序列为例。你将看到,GDP 的对数在研究期中不断增加,表现出上升趋势,从而表明 GDP 的对数的均值在发生变化。这可能说明,GDP 的对数序列不是平稳的。图 21—2 中所示的其他美国经济时间序列多少也有些类似情况。这种直观感受是更规范的平稳性检验的起点。

□ 2. 自相关函数(ACF)和相关图

　　有一种平稳性检验,它基于所谓的**自相关函数**(autocorrelation function,ACF)。记滞后 k 阶的 ACF 为 ρ_k,其定义是

$$\rho_k = \frac{\gamma_k}{\gamma_0} = \frac{k\, \text{阶滞后的协方差}}{\text{方差}} \tag{21.8.1}$$

其中 k 阶滞后的协方差和从前的定义一样。注:若 $k=0$,则 $\rho_0 = 1$。(为什么?)

　　由于协方差和方差都以相同的度量单位度量,所以 ρ_k 是没有度量单位的数字,或者说是纯数字。和任何一个相关系数一样,它介于 -1 和 $+1$ 之间。若将 ρ_k 对 k 描点,则所得到的图被称为**总体相关图**(population correlogram)。

　　由于实际上我们只有随机过程的一个实现(即样本),所以我们只能计算出**样本自相关函数**(sample autocorrelation function,SAFC)$\hat{\rho}_k$。为了计算它,我们必须首先计算 k 阶滞后的**样本协方差**(sample covariance)$\hat{\gamma}_k$ 和**样本方差**(sample variance)$\hat{\gamma}_0$,其定义分别为[①]:

$$\hat{\gamma}_k = \frac{\sum (Y_t - \overline{Y})(Y_{t+k} - \overline{Y})}{n} \tag{21.8.2}$$

$$\hat{\gamma}_0 = \frac{\sum (Y_t - \overline{Y})^2}{n} \tag{21.8.3}$$

其中 n 为样本容量,$\overline{Y}$ 为样本均值。

　　因此,k 阶样本自相关函数就是

$$\hat{\rho}_k = \frac{\hat{\gamma}_k}{\hat{\gamma}_0} \tag{21.8.4}$$

它无非就是 k 阶样本协方差与样本方差之比。将 $\hat{\rho}_k$ 对 k 描点则称为**样本相关图**

---

　　① 严格地讲,我们应该将滞后 k 阶的样本协方差除以 $(n-k)$,并将样本方差除以 $(n-1)$ 而不是 n(为什么?),其中 n 为样本容量。

（sample correlogram）。

    一个样本相关图如何能使我们发现一个特定的时间序列是否平稳呢？为此，我们首先给出一个纯粹白噪音随机过程和一个随机游走过程的样本相关图。回想不带漂移的随机游走模型（21.3.13）。在那里，我们从标准正态分布中生成了 μ 的 500 个误差项的一个样本。图 21—6 中给出了这 500 个纯随机误差项的相关图；我们只给出了 30 阶滞后。稍后我们会就如何选择滞后长度进行评论。

样本：2 500
所包含观测：499

自相关	偏相关		AC	PAC	Q-Stat	Prob
		1	−0.022	−0.022	0.233 5	0.629
		2	−0.019	−0.020	0.424 7	0.809
		3	−0.009	−0.010	0.464 0	0.927
		4	−0.031	−0.031	0.937 2	0.919
		5	−0.070	−0.072	3.418 6	0.636
		6	−0.008	−0.013	3.449 3	0.751
		7	0.048	0.045	4.641 1	0.704
		8	−0.069	−0.070	7.038 5	0.532
		9	0.022	0.017	7.295 6	0.606
		10	−0.004	−0.011	7.305 9	0.696
		11	0.024	0.025	7.610 2	0.748
		12	0.024	0.027	7.899 3	0.793
		13	0.026	0.021	8.250 2	0.827
		14	−0.047	−0.046	9.372 6	0.806
		15	−0.037	−0.030	10.074	0.815
		16	−0.026	−0.031	10.429	0.843
		17	−0.029	−0.024	10.865	0.863
		18	−0.043	−0.050	11.807	0.857
		19	0.038	0.028	12.575	0.860
		20	0.099	0.093	17.739	0.605
		21	0.001	0.007	17.739	0.665
		22	0.065	0.060	19.923	0.588
		23	0.053	0.055	21.404	0.556
		24	−0.017	−0.004	21.553	0.606
		25	−0.024	−0.005	21.850	0.644
		26	−0.008	−0.008	21.885	0.695
		27	−0.036	−0.027	22.587	0.707
		28	0.053	0.072	24.068	0.678
		29	−0.004	−0.011	24.077	0.725
		30	−0.026	−0.025	24.445	0.752

图 21—6　白噪音误差项 u 的相关图

注：AC＝自相关，PAC＝偏自相关（见第 22 章），Q-Stat＝Q 统计量，Prob＝概率。

    现在，只看 AC 列中的样本自相关函数和左边第一个标为自相关的图。图中的实线表示零轴；此线以右的观测为正值，以左为负值。从此图中清晰可见，纯白噪音过程的各阶自相关都在零附近徘徊。这就是平稳时间序列相关图的图形。因此，如果一个实际（经济）时间序列的相关图与白噪音时间序列的相关图很相像，那我们就能说，这个时间序列很可能是平稳的。

再来看一下由（比方说）方程（21.3.13）生成的随机游走序列的相关图，如图21—7所示。此相关图最显著的特征是，各阶滞后的自相关系数都很高，甚至到33个季度的滞后仍居高不下。事实上，如果我们考虑60个季度的滞后，自相关系数仍相当高；在60阶滞后的系数约为0.7。图21—7是典型的非平稳时间序列相关图：自相关系数从一个很高的值开始，随着滞后长度的增加而缓慢向零下降。

样本：2 500
所包含观测：499

自相关	偏相关		AC	PAC	Q-Stat	Prob
		1	0.992	0.992	493.86	0.000
		2	0.984	0.000	980.68	0.000
		3	0.976	0.030	1 461.1	0.000
		4	0.969	0.005	1 935.1	0.000
		5	0.961	−0.059	2 402.0	0.000
		6	0.953	0.050	2 862.7	0.000
		7	0.946	0.004	3 317.3	0.000
		8	0.939	0.040	3 766.4	0.000
		9	0.932	−0.009	4 210.1	0.000
		10	0.927	0.055	4 649.1	0.000
		11	0.921	0.018	5 083.9	0.000
		12	0.916	0.039	5 514.9	0.000
		13	0.912	0.002	5 942.4	0.000
		14	0.908	0.056	6 367.0	0.000
		15	0.905	0.061	6 789.8	0.000
		16	0.902	0.000	7 210.6	0.000
		17	0.899	0.006	7 629.4	0.000
		18	0.896	0.030	8 046.7	0.000
		19	0.894	0.053	8 463.1	0.000
		20	0.892	0.013	8 878.7	0.000
		21	0.890	−0.041	9 292.6	0.000
		22	0.886	−0.040	9 704.1	0.000
		23	0.882	−0.044	10 113	0.000
		24	0.878	−0.012	10 518	0.000
		25	0.873	−0.023	10 920	0.000
		26	0.867	−0.041	11 317	0.000
		27	0.860	−0.055	11 709	0.000
		28	0.853	−0.045	12 095	0.000
		29	0.846	−0.010	12 476	0.000
		30	0.839	0.008	12 851	0.000
		31	0.832	−0.006	13 221	0.000
		32	0.825	0.003	13 586	0.000
		33	0.819	−0.006	13 946	0.000

图 21—7　一个随机游走时间序列的相关图

注：变量定义见图21—6。

现在，让我们考虑一个具体的经济例子。我们考察一下前面 21.1 节中所提及的本书网站上的美国经济的时间序列数据中所得到的 LGDP 时间序列的相关图。图 21—8 中给出了直至 36 阶滞后的相关图。这 36 阶滞后的 LGDP 相关图的表现，与图 21—7 中随机游走模型的相关图很相似。自相关系数从 1 阶滞后的很高值（0.977）开始，并极其缓慢地下降。由此看来，LGDP 时间序列是非平稳的。你若将图 21—1 和图 21—2 中所示的美国其他经济时间序列都描出相关图，那你会看到类似形态，从而得到所有这些时间序列都非平稳的结论；它们的均值或方差或二者都是非平稳的。

样本：1947 年第 I 季度—2007 年第 IV 季度
所包含观测：244

自相关	偏相关		AC	PAC	Q-Stat	Prob
		1	0.977	0.977	235.73	0.000
		2	0.954	−0.009	461.43	0.000
		3	0.931	−0.010	677.31	0.000
		4	0.908	−0.006	883.67	0.000
		5	0.886	−0.003	1 080.9	0.000
		6	0.864	−0.001	1 269.3	0.000
		7	0.843	−0.006	1 449.3	0.000
		8	0.822	−0.006	1 621.0	0.000
		9	0.801	−0.010	1 784.6	0.000
		10	0.780	−0.004	1 940.6	0.000
		11	0.759	−0.007	2 089.0	0.000
		12	0.738	−0.013	2 230.0	0.000
		13	0.718	0.003	2 364.1	0.000
		14	0.699	−0.005	2 491.5	0.000
		15	0.679	−0.001	2 612.4	0.000
		16	0.660	−0.004	2 727.2	0.000
		17	0.642	−0.002	2 836.2	0.000
		18	0.624	0.002	2 939.6	0.000
		19	0.607	0.003	3 037.8	0.000
		20	0.590	−0.003	3 130.9	0.000
		21	0.573	−0.003	3 219.3	0.000
		22	0.557	−0.003	3 303.1	0.000
		23	0.541	−0.001	3 382.5	0.000
		24	0.526	0.007	3 457.9	0.000
		25	0.511	0.002	3 529.4	0.000
		26	0.496	−0.005	3 597.6	0.000
		27	0.482	−0.011	3 661.4	0.000
		28	0.467	−0.009	3 722.0	0.000
		29	0.453	−0.005	3 779.2	0.000
		30	0.438	−0.006	3 833.1	0.000
		31	0.424	−0.005	3 883.9	0.000
		32	0.411	0.004	3 931.6	0.000
		33	0.398	0.004	3 976.7	0.000
		34	0.385	−0.001	4 019.1	0.000
		35	0.373	−0.009	4 058.9	0.000
		36	0.360	−0.010	4 096.3	0.000

图 21—8　1947 年第 I 季度至 2007 年第 IV 季度美国 LGDP 相关图

注：变量定义见图 21—6。

这里可能要提出两个实际问题。首先，我们如何选择滞后长度来计算 ACF？其次，你如何判定一个相关系数在特定滞后长度下是否统计显著？答案如下。

滞后长度的选择。 这基本上是个经验问题。一个经验法则是，计算 ACF 通常要用到时间序列 1/3 到 1/4 长度的滞后。对我们的经济数据而言，共有 244 个季度的观测，根据这个法则应选择 61～81 个季度的滞后。为节省篇幅，仅在图 21—8 所示的 ACF 图中给出了 36 阶滞后。最佳的实际建议是，从足够大的滞后开始，然后利用某种统计准则（如我们在第 13 章中讨论过的赤池或施瓦茨信息准则）使之减小。否则，可以利用如下统计检验。

□ 自相关系数的统计显著性

比如，考虑图 21—8 中所给 LGDP 时间序列的相关图。我们如何判定 10 季度滞后的相关系数 0.780 是否统计显著呢？任何一个 $\hat{\rho}_k$ 的统计显著性都可由其标准误来判断。巴特利（Bartlett）已经证明，若一个时间序列是纯随机的，即表现出白噪音性状（见图 21—6），则样本自相关系数 $\hat{\rho}_k$ 近似服从如下分布[①]：

$$\hat{\rho}_k \sim N(0, 1/n) \qquad (21.8.5)$$

即在大样本中，样本自相关系数服从均值等于 0 和方差等于样本容量之倒数的正态分布。既然我们有 244 个观测，所以方差就是 $1/244 \approx 0.004\ 1$，其标准误就是 $\sqrt{0.004\ 1} \approx 0.064\ 0$。然后根据标准正态分布的性质，任何一个（总体）$\rho_k$ 的 95% 的置信区间就是

$$\hat{\rho}_k \pm 1.96 \times 0.064\ 0 = \hat{\rho}_k \pm 0.125\ 4 \qquad (21.8.6)$$

换言之，

$$\text{Prob}(\hat{\rho}_k - 0.125\ 4 \leqslant \rho_k \leqslant \hat{\rho}_k + 0.125\ 4) = 0.95 \qquad (21.8.7)$$

若上述区间包括了零值，则我们不能拒绝真实 ρ_k 为零的假设，但若这个区间没有包括 0，则我们就拒绝真实 ρ_k 为零的假设。应用于 $\hat{\rho}_{10} = 0.873$，读者可以验证真实 ρ_{10} 的 95% 置信区间为（0.873±0.125 4）即（0.747 6，0.998 4）。[②] 显然，0 并不包含其中，这就表明，我们有 95% 的把握认为真实的 ρ_{10} 显著异于 0。[③] 你可以验证，即便在 20 阶滞后的情况下，估计的 ρ_{20} 在 5% 的显著性水平上也是统计显著的。

不用检验某一个别自相关系数的统计显著性，我们可以检验所有 ρ_k（至某个滞后）同时为 0 的联合假设。这可利用由博克斯和皮尔斯提出的 **Q 统计量**（*Q statistic*）来进行，其定义为[④]：

---

① M. S. Bartlett, "On the Theoretical Specification of Sampling Properties of Autocorrelated Time Series," *Journal of the Royal Statistical Society*, Series B, vol. 27, 1946, pp. 27-41.

② 我们的样本容量是 244 次观测，就使用正态近似而言足够大了。

③ 换言之，若你将任何一个 ρ_k 的估计值除以标准误（$\sqrt{1/n}$），对充分大的 n，你会得到标准的 Z 值，其概率很容易从正态分布表中查到。因此，对估计的 $\rho_{10} = 0.780$，Z 值为 0.780/0.106 6 = 7.32（近似）。若真实的 ρ_{10} 实际上为 0，则得到一个不小于 7.32 的 Z 值的概率就很小，因此拒绝 ρ_{10} 为 0 的虚拟假设。

④ G. E. P. Box and D. A. Pierce, "Distribution of Residual Autocorrelations in Autoregressive Integrated Moving Average Time Series Models," *Journal of the American Statistical Association*, vol. 65, 1970, pp. 1509-1526.

$$Q = n \sum_{k=1}^{m} \hat{\rho}_k^2 \qquad (21.8.8)$$

其中 n 为样本容量，m 为滞后长度。Q 统计量通常用于检验一个时间序列是否为白噪音。在大样本中，它近似服从自由度为 m 的 χ^2 分布。在实际应用中，若计算出来的 Q 大于在选定显著性水平下从 χ^2 分布表中查出的 Q 临界值，则拒绝所有（真实的）ρ_k 都为 0 的虚拟假设；至少它们中有某些一定非零。

博克斯-皮尔斯 Q 统计量的一个变形就是**龙格-博克斯统计量**（Ljung-Box Statistic，LB），其定义为[①]：

$$\text{LB} = n(n+2) \sum_{k=1}^{m} \left(\frac{\hat{\rho}_k^2}{n-k} \right) \sim \chi_m^2 \qquad (21.8.9)$$

尽管在大样本中，Q 和 LB 统计量都服从自由度为 m 的 χ^2 分布，但我们已经发现，LB 统计量比 Q 统计量具有更好的小样本性质（即在统计意义上更有效）。[②]

回到图 21—8 中给出的 LGDP 例子中来，直至 36 阶滞后的 LB 统计量的值约为 4 096。在 36 个估计自相关系数的平方和为 0 的虚拟假设下，得到这样一个 LB 值的概率实际上为 0，如图中最后一列所示。因此，结论是 LGDP 时间序列是非平稳的，从而加强了我们从图 21—1 中对 LGDP 序列非平稳性的预感。在习题 21.16 中，要求你证实其他四个美国经济的时间序列也都是非平稳的。

21.9 单位根检验

在过去几年变得广受欢迎的一种平稳性（或非平稳性）检验是**单位根检验**。我们首先解释其概念，然后阐述其步骤，最后考虑其某些局限。

首先从我们在 21.4 节中讨论的单位根（随机）过程开始：

$$Y_t = \rho Y_{t-1} + u_t \qquad -1 \leqslant \rho \leqslant 1 \qquad (21.4.1)$$

其中 u_t 为白噪音误差项。

我们知道，若 $\rho = 1$，即在单位根情形下，则方程（21.4.1）就变成一个不带漂移的随机游走模型，我们知道这种模型是非平稳的随机过程。因此，为什么不简单地将 Y_t 对其（一期）滞后值 Y_{t-1} 回归，并搞清楚所估计的 ρ 在统计上是否等于 1？若是，则 Y_t 是非平稳的。这正是平稳性的单位根检验背后的一般思想。

不过，我们不能用 OLS 估计方程（21.4.1），而且由于在出现单位根的情况下，t 检验存在严重偏误，所以我们不能用通常的 t 检验来检验 $\rho = 1$ 的假设。因此，我们对方程（21.4.1）做如下变化：从方程（21.4.1）的两边同时减去 Y_{t-1} 得到

① G. M. Ljung and G. E. P. Box, "On a Measure of Lack of Fit in Time Series Models," *Biometrika*, vol. 66, 1978, pp. 66-72.

② Q 和 LB 统计量并不是在每种情况下都适当。一种批评意见可参见 Maddala et al., op. cit., p. 19。

$$Y_t - Y_{t-1} = \rho Y_{t-1} - Y_{t-1} + u_t = (\rho - 1)Y_{t-1} + u_t \qquad (21.9.1)$$

进而可写成：

$$\Delta Y_t = \delta Y_{t-1} + u_t \qquad (21.9.2)$$

其中 $\delta = \rho - 1$，而 Δ 和平常一样表示一阶差分算子。

因此，在实践中，不用估计方程（21.4.1），我们估计方程（21.9.2）并检验 $\delta = 0$ 的虚拟假设。若 $\delta = 0$，则 $\rho = 1$，即存在单位根，从而意味着所检验的时间序列是非平稳的。

在继续估计方程（21.9.2）之前，注意到，若 $\delta = 0$，则方程（21.9.2）变成

$$\Delta Y_t = Y_t - Y_{t-1} = u_t \qquad (21.9.3)$$

由于 u_t 是白噪音误差项，所以它是平稳的，这意味着一个随机游走时间序列的一阶差分是平稳的，我们以前已经得到过这一结论。

现在转向对方程（21.9.2）的估计。这个估计十分简单；我们所要做的就是取 Y_t 的一阶差分，并将它们对 Y_{t-1} 回归，看回归中估计的斜率系数（$= \delta$）是否为零。若为零，则断定 Y_t 是非平稳的，但若为负，则断定 Y_t 是平稳的。[①] 唯一的问题在于，在判断方程（21.9.2）中 Y_{t-1} 的估计系数是否为零时该采用哪种检验。你可能禁不住认为，为什么不用通常的 t 检验呢？不幸的是，在虚拟假设 $\delta = 0$（即 $\rho = 1$）下，Y_{t-1} 估计系数的 t 值即便在大样本下也不服从 t 分布；即它不具有渐近正态分布。

还有什么方法可用呢？迪基和富勒已经证明，在虚拟假设 $\delta = 0$ 下，方程（21.9.2）中 Y_{t-1} 系数的估计 t 值服从 **τ 统计量**（τ statistic）。[②]这些作者已经基于蒙特卡罗模拟运算计算出了 τ 统计量的临界值。附录 D 的表 D—7 中给出了这些临界值的一个样本。这个表很有限，但麦金农已经准备了一些更全面的表，现在几个计量经济软件包中都包含了这些表。[③] 在文献中，为了纪念其发现者，**τ 统计量**或**检验**又被称为迪基-富勒检验（Dickey-Fuller test，DF）。有趣的是，若假设 $\delta = 0$ 被拒绝（即时间序列是平稳的），我们就可以使用通常的 t 检验。记住，由于迪基-富勒检验中的对立假设是 $\delta < 0$（或 $\rho < 1$），所以它是一个单侧检验。

实施 DF 检验的实际程序涉及几个决策。在 21.4 节和 21.5 节讨论单位根过程的性质时，我们曾指出，一个随机游走过程或不含漂移或含有漂移，或者同时具有确定性和随机性趋势。为容许各种可能性，DF 检验在三种不同的形式即三种不同的虚拟假设下进行估计。

Y_t 是一个随机游走： $\qquad\qquad\qquad\qquad \Delta Y_t = \delta Y_{t-1} + u_t \qquad (21.9.2)$

Y_t 是一个带漂移的随机游走： $\qquad\qquad\quad \Delta Y_t = \beta_1 + \delta Y_{t-1} + u_t \qquad (21.9.4)$

Y_t 是一个带漂移和确定性趋势的随机游走：$\Delta Y_t = \beta_1 + \beta_2 t + \delta Y_{t-1} + u_t \qquad (21.9.5)$

---

① 由于 $\delta = \rho - 1$，所以平稳性要求 ρ 必须小于 1。若然，则 δ 一定为负。

② D. A. Dickey and W. A. Fuller, "Distribution of the Estimators for Autoregressive Time Series with a Unit Root," *Journal of the American Statistical Association*, vol. 74, 1979, pp. 427-431。还参看 W. A. Fuller, *Introduction to Statistical Time Series*, John Wiley & Sons, New York, 1976。

③ J. G. MacKinnon, "Critical Values of Cointegration Tests," in R. E. Engle and C. W. J. Granger, eds., *Long-Run Economic Relationships*：*Readings in Cointegration*, Chapter 13, Oxford University Press, New York，1991.

其中 t 为时间或趋势变量。在每种情形中：

虚拟假设都是 H_0：$\delta=0$；即存在一个单位根，或者说时间序列是非平稳的，或者说这个时间序列具有随机趋势。

对立假设都是 H_1：$\delta<0$；即时间序列是平稳的，或许具有一个确定性的趋势。[①]

若虚拟假设被拒绝，在方程（21.9.2）的情况下意味着 Y_t 是一个平稳时间序列，并且有 0 均值；在方程（21.9.4）的情况下意味着 Y_t 是一个平稳时间序列，但是没有 0 均值。在方程（21.9.5）的情况下，我们可以利用 F 检验并利用迪基和富勒编制的临界值表，同时检验 $\delta<0$（即不存在随机趋势）和 $\alpha\neq0$（即存在一个确定性趋势）。或许应该指出，一个时间序列可能既包含一个随机趋势，又包含一个确定性趋势。

检验假设 $\delta=0$ 的 τ 检验与上述 DF 检验的三种设定都不同，注意到这一点极为重要，从附录 D 的表 D—7 明显可以看出来。而且，比方说，若方程（21.9.4）是正确的，但我们估计了方程（21.9.2），那我们就遇到设定误差的问题，我们在第 13 章已经知道了其后果。若正确的模型是方程（21.9.5），但我们估计了方程（21.9.4），也会出现同样的情况。当然，没有办法一开始就知道哪个设定是正确的，所以尽管会遇到数据挖掘的问题，但在一定程度上应用试错法总不可避免。

实际的估计程序如下：用 OLS 估计方程（21.9.2）或方程（21.9.4）或方程（21.9.5）；将每种情况下得到的 Y_{t-1} 的估计系数除以其标准误来计算 τ 统计量；参考 DF 表（或任何一个统计软件）。若计算出来的 τ 统计量的绝对值（$|\tau|$）超过了 DF 绝对值或麦金农的 τ 临界值，则拒绝 $\delta=0$ 的虚拟假设，此时时间序列是平稳的。另一方面，若计算的 $|\tau|$ 没有超过 τ 临界值，则不能拒绝虚拟假设，此时时间序列就是非平稳的。确定你使用了适当的 τ 临界值。在大多数应用中 τ 值都为负。因此，我们可以换句话说，如果计算出来的 τ 值小于 τ 临界值（即负得更多），我们就拒绝虚拟假设（即时间序列是平稳的），否则，我们就不能拒绝它（即时间序列是非平稳的）。

让我们回到美国 GDP 时间序列。对此序列，方程（21.9.2）、（21.9.4）和（21.9.5）三个回归的结果如下：在每种情况下的因变量都是 $\Delta Y_t=\Delta\text{LGDP}_t$，其中 LGDP 是真实 GDP 的对数：

$$\widehat{\Delta\text{LGDP}}_t = 0.000\,968\ \text{LGDP}_{t-1}$$
$$t=(12.927\,0)\qquad R^2=0.014\,7\qquad d=1.319\,4 \qquad\qquad (21.9.6)$$

$$\widehat{\Delta\text{LGDP}}_t = 0.021\,1 - 0.001\,65\ \text{LGDP}_{t-1}$$
$$t=(2.434\,2)\,(-1.529\,4)\qquad R^2=0.009\,6\qquad d=1.348\,4$$
$$(21.9.7)$$

$$\widehat{\Delta\text{LGDP}}_t = 0.209\,2 + 0.000\,2t - 0.026\,9\ \text{LGDP}_{t-1}$$
$$t=(1.899\,1)\ (1.704\,0)\ (-1.810\,2)\qquad R^2=0.021\,5\qquad d=1.330\,8$$
$$(21.9.8)$$

---

① 我们排除了 $\delta>0$ 的可能性，因为在那种情况下有 $\rho>1$，此时的时间序列将急剧扩大。

我们在所有这些回归中主要感兴趣的是，$LGDP_{t-1}$ 系数的 t（$=\tau$）值。如果你查阅附录 D 中的表 D—7，你会看到，在样本容量为 250（与我们 244 个观测的样本最接近的样本容量），显著性为 5% 的 τ 临界值分别是 -1.95（没有截距，没有趋势）、-2.88（有截距但没有趋势）和 -3.43（既有截距又有趋势）。EViews 和其他统计软件会针对分析中所用到的样本容量给出这些临界值。

在我们考察结论之前，必须决定这三个模型中哪一个合适。我们应该排除模型（21.9.6），因为 $LGDP_{t-1}$ 的系数 δ 为正。但因为 $\delta = \rho - 1$，正的 δ 就意味着 $\rho > 1$。尽管在理论上有这种可能性，但我们还是把这种情况排除掉，因为在这种情况下，LGDP 时间序列将急剧扩大。[①] 于是只剩下模型（21.9.7）和（21.9.8）。在这两种情况下，所估计的 δ 系数都为负，意味着所估计的 ρ 小于 1。对这两个模型而言，所估计的 ρ 分别为 0.998 4 和 0.973 1。现在唯一的问题是，这些值在统计上是否显著低于 1，使我们能宣布 LGDP 时间序列是平稳的。

模型（21.9.7）所估计的 τ 值为 $-1.529\ 4$，而前面提到，显著性为 5% 的 τ 临界值为 -2.88。既然前者在绝对值上低于后者，那我们的结论就是 LGDP 时间序列不是平稳的。[②]

模型（21.9.8）的情况也是一样。所计算出来的 τ 值 $-1.810\ 2$，在绝对值上低于显著性水平为 5% 的 τ 临界值 -3.43。

因此，基于图示法、相关图和迪基-富勒检验，在 1947—2007 年按照季度划分的期间，美国 LGDP 时间序列是非平稳的；即它包含一个单位根或具有随机趋势。

□ 增广迪基-富勒（ADF）检验

在进行方程（21.9.2）、（21.9.4）或（21.9.5）中的 DF 检验时，假定误差项 u_t 是不相关的。但在 u_t 相关时，迪基和富勒又提出了一个被称为**增广迪基-富勒检验**（augmented Dickey-Fuller test，ADF）的方法。这一检验通过在上述三个方程中增加因变量 ΔY_t 的滞后值来进行。具体而言，假设我们使用方程（21.9.5）。这里的 ADF 检验由估计如下回归构成：

$$\Delta Y_t = \beta_1 + \beta_2 t + \delta Y_{t-1} + \sum_{i=1}^{m} \alpha_i \, \Delta Y_{t-i} + \varepsilon_t \qquad (21.9.9)$$

其中 ε_t 为纯粹白噪音误差项，而 $\Delta Y_{t-1} = Y_{t-1} - Y_{t-2}$，$\Delta Y_{t-2} = Y_{t-2} - Y_{t-3}$，等等。所包含滞后差分项的数目通常由实证研究决定，包含足够多的滞后项就是使方程（21.9.9）中的误差项序列不相关，以便我们得到滞后项 Y_{t-1} 的系数 δ 的无偏估计。EViews 6 能够基于赤池或施瓦茨或其他信息准则自动选择滞后长度。在 ADF 中，我们仍检验 $\delta = 0$，而且 ADF 检验服从与 DF 统计量一样的渐近分布，所以可以使用

---

① 更技术性地讲，由于方程（21.9.2）是一阶差分方程，所以所谓的稳定性条件就要求 $|\rho| < 1$。

② 对此的另一种陈述方法是，计算出来的 τ 值应该比 τ 临界值负得更多，这里不是这种情况。因此结论成立。由于一般预期 δ 为负，所以估计的 τ 统计量具有负号。因此，一个绝对值很大的负 τ 值通常是平稳性的一个迹象。

相同的临界值。

为了对此程序有粗略的了解，我们对 LGDP 序列估计方程（21.9.9）。由于我们有季度数据，所以使用四阶滞后。这个 ADF 回归的结果如下[①]：

$$\widehat{\Delta\text{LGDP}_t} = 0.267\,7 + 0.000\,3t - 0.035\,2\,\text{LGDP}_{t-1} + 0.299\,0\,\Delta\text{LGDP}_{t-1}$$
$$t = (2.413\,0) \quad (2.256\,1) \quad (-2.344\,3) \qquad\qquad (4.625\,5)$$
$$+ 0.145\,1\,\Delta\text{LGDP}_{t-2} - 0.062\,1\Delta\text{LGDP}_{t-3} - 0.087\,6\Delta\text{LGDP}_t$$
$$(2.157\,5) \qquad\qquad (-0.920\,5) \qquad\qquad (-1.343\,8)$$
$$R^2 = 0.161\,7 \qquad d = 2.007\,5 \tag{21.9.10}$$

LGDP_{t-1} 系数（$=\delta$）的 t（$=\tau$）值为 $-2.344\,3$，但这个值在绝对值上甚至远低于显著性水平为 10％时的 τ 临界值 $-3.137\,8$，这就再次表明，即便考虑了误差项中可能出现的自相关，LGDP 序列仍是非平稳的。（注：EViews 中的 @trend 命令自动生成时间或趋势变量。）

这有可能是我们仅选择 ΔLGDP 的四个滞后值所导致的结果吗？我们利用使用了 ΔLGDP 的 14 个滞后值的施瓦茨准则来判断，所得到的 τ 值在 10％的显著性水平仍是不显著的（此时的临界值是 $-3.137\,6$）。看来，GDP 的对数的确是非平稳的。

□ 对不止一个系数的显著性进行检验：*F* 检验

假设我们估计模型（21.9.5）并检验假设 $\beta_1 = \beta_2 = 0$，即此模型是不带漂移和趋势的随机游走模型。为了检验这个联合假设，我们可以使用第 8 章中讨论过的约束 *F* 检验。即先估计方程（21.9.5）（无约束回归），再估计去掉截距项和趋势项的方程（21.9.5）。于是我们就使用方程（8.6.9）中所示的约束 *F* 检验，只是我们不能通过惯常使用的 *F* 表得到 *F* 临界值。和 τ 统计量一样，迪基和富勒已经给出了此情形下的 *F* 临界值，附录 D 的表 D—7 给出了一个样本。习题 21.27 给出了一个例子。

□ 菲利普斯–佩龙单位根检验[②]

DF 检验的一个重要假定是误差项独立同分布。ADF 检验则通过增加回归子差分项的滞后值使 DF 检验考虑了误差项中可能的序列相关。菲利普斯（Phillips）和佩龙（Perron）在考虑误差项的序列相关时，没有添加回归子的滞后差分项，而是使用了非参数统计方法（nonparametric statistical methods）。由于 PP 检验的渐近分布与 ADF 检验统计量的渐近分布相同，所以我们在此就不深究这个问题了。

□ 对结构变迁的检验

21.1 节介绍的宏观经济数据（实际数据参见本书网站）是 1947—2007 共 61 年

[①] 更高阶滞后差分也考虑过，但它们都不显著。

[②] P. C. B. Phillips and P. Perron, "Testing for a Unit Root in Time Series Regression," *Biometrika*, vol. 75，1988，pp. 335-346. 如今有几个软件包已经包含了 PP 检验。

间的数据。在此期间，美国经济经历了几次或长或短的经济周期。经济周期的特征是包含衰退期和扩张期。不同的经济周期很可能存在着差别，这可能反映了**结构变化**（structural breaks）或**结构变迁**（structural changes）。

比如以 1973 年的第一次石油禁运为例。这次石油禁运导致石油价格翻两番。在 1979 年第二次石油禁运之后，石油价格再次明显提高。很自然，这些冲击会影响经济行为。因此，如果我们将个人消费支出对个人可支配收入进行回归，截距、斜率或二者都可能随着经济周期的不同而不同（回忆结构变化的邹至庄检验）。这就是结构变迁的含义。

比如佩龙就指出，在出现结构变迁的情况下，对单位根假设的标准检验就不太可靠。也有一些对结构变迁进行检验和解释的方法。[①] 最简单的方法就是使用虚拟变量。但对结构变迁各种检验的讨论离题太远，读者最好还是直接参阅参考文献。[②] 不过，习题 21.28 也会有一定的启发。

□ 对单位根检验的批评[③]

我们已经讨论了几个单位根检验，而且其他还有几个。问题是，为什么有这么多的单位根检验？答案在于这些检验的**尺度**（size）与**功效**（power）。一个检验的尺度指的是显著性水平（即犯第 I 类错误的概率），而一个检验的功效则指虚拟假设是错误的情况下拒绝它的概率。检验功效的计算是用 1 减去犯第 II 类错误的概率，后者指接受一个错误虚拟假设的概率。最大的功效就是 1。大多数单位根检验都是基于所研究时间序列有一个单位根（即是非平稳的）的虚拟假设而做出的。对立假设是，这个时间序列是平稳的。

检验的尺度。 记得在第 13 章中，我们对名义显著性水平和真实显著性水平做了区分。DF 检验对其进行的方式很敏感。记住，我们讨论了 DF 检验的三种变化形式：（1）纯粹的随机游走，（2）带漂移的随机游走，和（3）带漂移和趋势的随机游走。比如，若真实模型是（1），而我们估计了（2），并断言在 5% 的显著性水平上，这个时间序列是平稳的。但由于这种情况下真实的显著性水平远大于 5%，所以，这个结论可能是错误的。[④] 从模型中排除掉移动平均（MA）成分也可能导致尺度扭曲（关于移动平均，参见第 22 章）。

检验的功效。 大多数 DF 类型的检验的功效都很低；即它们倾向于比所能保证的概率更频繁地接受存在单位根的虚拟假设。就是说，这些检验可能声称发现了单位根而实际上并不存在。这有几个方面的原因。第一，检验功效不仅仅取决于样本容

---

① P. Perron, "The Great Crash, the Oil Price Shock and the Unit Root Hypothesis," *Econometrica*, vol. 57, 1989, pp. 1361-1401.

② 一般性的讨论，可参见 James H. Stock and Mark W. Watson, *Introduction to Econometrics*, 2d ed., Pearson/Addison-Wesley, Boston, 2007, pp. 565-571. 更深入的讨论，可参见 G. S. Maddala and In-Moo Kim, *Unit Roots, Cointegration, and Structural Change*, Cambridge University Press, New York, 1998。

③ 详细讨论参见 Terrence C. Mills, op. cit., pp. 87-88。

④ 对此的一个蒙特卡罗实验，参见 Charemza et al., op. cit., p. 114。

量，还取决于数据的（时间）跨度。对给定样本容量 n，时间跨度大的话，功效也更大。因此，基于 30 年中 30 次观测的单位根检验可能比基于 100 天内 100 次观测进行检验的功效更大。第二，若 $\rho \approx 1$ 但不等于 1，则单位根检验会宣布这种时间序列是非平稳的。第三，这些检验都假定了唯一单位根：即假定给定时间序列是 $I(1)$。但若一个时间序列整合了更高阶［比方说 $I(2)$］的成分，则可能有不止一个单位根。在后面这种情形下，你或许可以使用**迪基-潘图拉检验**（Dickey-Pantula test）。[1] 第四，若一个时间序列中因 OPEC 的石油禁运等原因而出现了结构性转折（见关于虚拟变量的章节），则单位根检验不能捕捉这些转折。

因此，在应用单位根检验时，应该牢记这些检验的局限性。当然，佩龙和恩（Ng）、艾略特（Elliot）、罗森伯格（Rothenberg）和斯托克（Stock）、富勒及列邦（Leybounre）等人也对这些检验做过一些修改。[2] 正因为如此，曼德拉和基姆才提议，应该放弃传统的 DF、ADF 和 PP 检验。随着计量经济软件包中越来越多地包含这些新检验，以新代旧的情况很可能会发生，但应该补充说明一点，到目前为止，对单位根假设仍没有一个一贯有效的检验。

21.10 对非平稳时间序列进行变换

现在我们知道了与非平稳时间序列相关的问题之后，一个实际问题就是，我们该怎么办？为了避免将一个非平稳时间序列对一个或多个非平稳时间序列回归所导致的谬误回归问题，我们必须对非平稳时间序列进行变换，使之变成平稳序列。变换的方法取决于这个时间序列是差分平稳过程还是趋势平稳过程。我们依次对每种方法展开讨论。

□ 差分平稳过程

若一个时间序列具有一个单位根，则这种时间序列的一阶差分就是平稳的。[3] 因此，这里的解决办法就是对时间序列取一阶差分。

回到我们考虑的美国 LGDP 时间序列中，我们已经看到，它具有一个单位根。现在我们看对 LGDP 序列取一阶差分会怎么样。

令 $\Delta \text{LGDP}_t = (\text{LGDP}_t - \text{LGDP}_{t-1})$。为方便起见，记 $D_t = \Delta \text{LGDP}_t$。现在考虑如下回归：

---

① D. A. Dickey and S. Pantula, "Determining the Order of Differencing in Autoregressive Processes," *Journal of Business and Economic Statistics*, vol. 5, 1987, pp. 455-461.

② 对这些检验的讨论可见 Maddala et al., op. cit., Chapter 4。

③ 若一个时间序列是 $I(2)$，则它将包含两个单位根，此时我们必须对它两次差分。若它是 $I(d)$，则必须对它 d 次差分，其中 d 为任意整数。

$$\widehat{\Delta D_t} = 0.005\ 57 \quad - \quad 0.671\ 1 D_{t-1}$$
$$t = (7.140\ 7)\ (-11.020\ 4) \tag{21.10.1}$$
$$R^2 = 0.336\ 0 \quad d = 2.054\ 2$$

在显著性水平为 1% 时，DF 的 τ 临界值是 $-3.457\ 4$。由于计算出来的 $\tau(=t)$ 值比这个临界值负得更多，所以我们断定一阶差分后的 LGDP 是平稳的；即 $I(0)$。如图 21—9 所示，若将此图与图 21—1 相比，你会看出二者之间明显的差别。

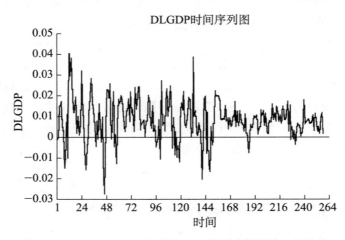

图 21—9　1947—2007 年美国 GDP 的季度数据的一阶差分

□ 趋势平稳过程

如我们在图 21—5 中所见，一个 TSP 是沿着其趋势线平稳的。因此，使这种时间序列变平稳的最简单办法就是将它对时间做回归，从此回归中所得到的残差将是平稳的。换言之，做如下回归

$$Y_t = \beta_1 + \beta_2 t + u_t \tag{21.10.2}$$

其中 Y_t 为所考虑的时间序列，t 为按年月度量的趋势变量。

现在

$$\hat{u}_t = Y_t - \hat{\beta}_1 - \hat{\beta}_2 t \tag{21.10.3}$$

将是平稳的。$\hat{u}_t$ 被称为（线性）**除趋势时间序列**（detrended time series）。

很有必要指出，趋势有可能是非线性的。比如，它可能是

$$Y_t = \beta_1 + \beta_2 t + \beta_3 t^2 + u_t \tag{21.10.4}$$

这是一个二次趋势序列。若果真如此，则从方程（21.10.4）得到的残差现在就是（二次）除趋势时间序列。

应该指出，若一个时间序列是差分平稳过程而我们把它当作趋势平稳过程来处理，这种情况被称为**差分不足**（underdifferencing）。另一方面，若一个时间序列是趋势平稳过程而我们把它当作差分平稳过程处理，则称之为**过度差分**（overdifferencing）。这种类型的设定误差所造成的后果可能很严重，取决于我们如何处理由此

带来的误差项序列相关的性质。[①]

为了看清楚如果我们把一个趋势平稳过程序列与一个差分平稳过程序列相混淆的影响，图 21—10 给出了 LGDP 的一阶差分数据，以及趋势平稳过程回归（21.10.2）中估计得到的 LGDP 的残差：

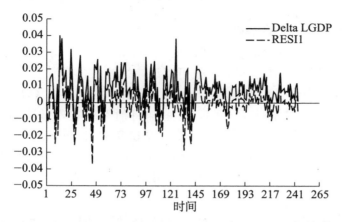

图 21—10　1947—2007 年间（季度数据）LGDP 的一阶差分及其与趋势的残差（RESI1）

粗略地看一下这个图就会发现，真实 LGDP 的一阶差分是平稳的［就像回归（21.10.1）所印证的那样］，而 LGDP 与其趋势线的残差（RESI1）却不是平稳的。

总之，"……如果数据还不是平稳的，那么对数据进行正确的平稳变换就非常重要。金融市场上的绝大多数价格、回报率和收益数据都因为具有随机趋势而非确定性趋势而成为非平稳数据。对这些数据拟合一条趋势线并取离差，通常很难成为除趋势的适当方法。相反，通常应该对价格的对数或回报率数据求一阶差分来达到除趋势的目的，因为这样变换后的平稳数据才能够与市场回报率相对应。"[②]

▉ 21.11　协整：将一个单位根时间序列对另一个单位根时间序列进行回归

我们已经警告过，将一个非平稳时间序列对另一个非平稳时间序列进行回归可能导致谬误回归。假设我们考虑的是 21.1 节中所提及（本书的网站中有具体的数据）的 LPCE 和 LDPI 时间序列。对这些时间序列单个地进行单位根分析，你会发现它们都是 $I(1)$；即它们都包含一个单位根。很有可能两个时间序列具有相同的趋势，所以将一个时间序列对另一个时间序列做回归的做法貌似很有道理。

具体来说，我们利用美国经济的时间序列数据（见本书 21.1 节和本书的网站）

---

① 对此的详细讨论参见 Maddala et al.，op. cit.，Section 2.7。

② Carol Alexander，op. cit.，p. 324.

将 LPCE 对 LDPI 做如下回归：
$$\text{LPCE}_t = \beta_1 + \beta_2 \text{LDPI}_t + u_t \tag{21.11.1}$$
其中 L 表示对数，β_2 是真实个人消费支出（PCE）对真实个人可支配收入（DPI）的弹性。为了解释方便，我们把它称为消费弹性。让我们把它写成：
$$u_t = \text{LPCE}_t - \beta_1 - \beta_2 \text{LDPI}_t \tag{21.11.2}$$
假设我们现在对 u_t 做单位根分析，并发现它是平稳的；即它是 $I(0)$。这是一个有意思的情况，尽管 LPCE_t 和 LDPI_t 分别都是 $I(1)$，即它们都具有随机趋势，但它们的线性组合（21.11.2）却是 $I(0)$。也可以说，线性组合抵消了两个时间序列中的随机趋势。若你认为消费和收入是两个 $I(1)$ 变量，则定义为（收入－消费）的储蓄将是 $I(0)$。因此，如方程（21.11.1）一样将消费对收入做回归将是有意义的（不是谬误回归）。此时我们就说这两个变量是**协整的**（cointegrated）。从经济学上讲，若两个变量之间具有长期或均衡关系，那它们可能会是协整的。经济理论通常用均衡加以表述，比如费雪的货币数量论或购买力平价理论（PPP）等，这里只列出几个。

简言之，若我们验证了从方程（21.11.1）这种回归中所得到的残差是 $I(0)$ 或平稳序列，则我们曾全面考虑过的传统回归方法论（包括 t 和 F 检验）对涉及（非平稳）时间序列的数据仍可适用。单位根、协整等概念的价值所在，是迫使我们弄清楚回归的残差是否平稳。格兰杰指出："对协整的检验可看成为避免'谬误回归'情形而进行的预检验。"[①]

用协整理论的语言来说，一个像（21.11.1）这样的回归可称为**协整回归**（cointegrating regression），斜率参数 β_2 可称为**协整参数**（cointegrating parameter）。协整的概念可推广至含有 k 个回归元的回归模型，此时我们便有 k 个协整参数。

□ 对协整的检验

文献中已经给出几种协整检验的方法。我们这里只考虑两种相对简单的方法，即对从协整回归中估计出来的残差进行 DF 或 ADF 单位根检验。[②]

恩格尔-格兰杰（EG）或增广恩格尔-格兰杰（AEG）检验。我们已经知道如何进行 DF 或 ADF 单位根检验。我们所要做的就是，估计一个像方程（21.11.1）这样的回归，得到残差，并用 DF 或 ADF 检验。[③] 但要给一个警告。由于所估计的 u_t 以所估计的协整参数 β_2 为基础，所以 DF 和 ADF 的临界显著值就不是很合适。恩格

---

① C. W. J. Granger, "Developments in the Study of Co-Integrated Economic Variables," *Oxford Bulletin of Economics and Statistics*, vol. 48, 1986, p. 226.

② 单位根检验与协整检验之间有这种差别。如 David A. Dickey, Dennis W. Jansen, and Daniel I. Thornton 观察到："单位根检验是针对单变量（唯一）时间序列，而相比之下，协整处理的是一组变量之间的关系，其中（无条件地）每个变量都有一个单位根。"参见他们的论文："A Primer on Cointegration with an Application to Money and Income," *Economic Review*, Federal Reserve Bank of St. Louis, March-April 1991, p. 59. 顾名思义，这篇文章是对协整检验的精彩介绍。

③ 若 PCE 和 DPI 不是协整的，则它们的任意线性组合都将是非平稳的，u_t 也因此是非平稳的。

尔和格兰杰已经计算了这些值，在参考文献中可以见到。[1] 因此，目前所进行的 DF 和 ADF 检验又被称为**恩格尔-格兰杰检验**（Engle-Granger test）和**增广恩格尔-格兰杰检验**（augmented Engle-Granger test）。然而，现在有几个软件包已经一起给出这些临界值与其他结果。

现在让我们来阐释这些检验。利用 21.1 节中所提及在本书网站中有具体数据的时间序列数据，我们首先将 LPCE 对 LDPI 回归，并得到如下回归结果：

$$\widehat{LPCE}_t = -0.194\,2 \quad + \quad 1.011\,4\,LDPI_t$$
$$t=(-8.232\,8) \quad (348.542\,9) \quad R^2=0.998\,0 \quad d=0.155\,8$$
$$(21.11.3)$$

由于 LPCE 和 LDPI 个别地看都是非平稳序列，因此这个回归有可能是谬误回归。但当我们对从方程（21.11.3）中得到的残差进行单位根检验时，又得到如下结果：

$$\widehat{\Delta \hat{u}_t} = -0.076\,4\,\hat{u}_{t-1}$$
$$t=(-3.045\,8) \quad R^2=0.036\,9 \quad d=2.538\,9 \qquad (21.11.4)$$

恩格尔-格兰杰渐近 5% 和 10% 的 τ 临界值分别约为 -3.34 和 -3.04。因此，这个回归的残差在 5% 的显著性水平上不是平稳的。由于经济理论认为 PCE 和 DPI 之间应该存在着一种稳定的关系，所以这个结果让人难以接受。

让我们在包含趋势变量的情况下重新估计方程（21.11.3），并看这个回归的残差是否平稳。我们首先给出估计结果，然后再来讨论是怎么回事。

$$\widehat{LPCE}_t = 2.813\,0 + 0.003\,7t + 0.584\,4\,LDPI_t$$
$$t=(21.349\,1)\,(22.939\,4)\,(31.275\,4) \qquad (21.11.3a)$$
$$R^2=0.999\,4 \quad d=0.295\,6$$

为了看出这个回归的残差是否平稳，我们得到如下结论［与方程（21.11.4）进行比较］：

$$\widehat{\Delta u_t} = -0.149\,8\,\hat{u}_{t-1}$$
$$t=(-4.454\,5) \quad R^2=0.075\,8 \quad d=2.393\,1 \qquad (21.11.4a)$$

注：$\hat{u}_t$ 是从方程（21.11.3a）中得到的残差。

现在的 DF 检验表明，这些残差都是平稳的。即使我们使用含有几个滞后项的 ADF 检验，这些残差仍是平稳的。

这里到底是怎么回事呢？尽管回归（21.11.4a）的残差是平稳的，也就是说它们是 $I(0)$ 序列，但它们也是围绕着一个确定的时间趋势而平稳，这里的趋势是线性的。也就是说，残差是 $I(0)$ 加上一个线性趋势。正如前面曾提到的那样，一个时间序列可能同时包含确定性趋势和随机趋势。

在进一步讨论这个问题之前，我们应该指出，我们的时间序列数据包含一个很

① R. F. Engle and C. W. Granger, "Co-integration and Error Correction: Representation, Estimation and Testing," *Econometrica*, vol. 55, 1987, pp. 251-276.

长的时期（61 年）。很有可能是因为美国经济在此期间发生了结构性变化，我们的结果和结论才出现这种不同。习题 21.28 要求你来检查这种可能性。

□ 协整与误差纠正机制（ECM）

知道有（线性）趋势，我们刚刚证明了 LPCE 和 LDPI 是协整的；即二者之间有一种长期或均衡的关系。当然，在短期中，有可能会偏离均衡。因此，你可以把方程（21.11.2）中的误差项视为"均衡误差"。而我们也可以利用这个误差项把 PCE 的短期行为与其长期值联系起来。

$$u_t = \text{LPCE}_t - \beta_1 - \beta_2 \text{LDPI}_t - \beta_3 t \qquad (21.11.5)$$

最早由萨根提出[①]并经恩格尔和格兰杰加以推广的**误差纠正机制**（error correction mechanism，ECM）就是对失衡状况进行纠正。一个被称为**格兰杰表述定理**（Granger representation theorem）的重要定理表明，若两个变量 Y 和 X 是协整的，则二者之间的关系可由 ECM 表述。为了看出其含义，让我们回到我们的 PCE—DPI 例子中。现在考虑如下模型：

$$\Delta \text{LPCE}_t = \alpha_0 + \alpha_1 \Delta \text{LDPI}_t + \alpha_2 u_{t-1} + \varepsilon_t \qquad (21.11.6)$$

其中 ε_t 为白噪音误差项，u_{t-1} 是方程（21.11.5）中得到的误差项的一期滞后值。

ECM 方程（21.11.5）表明，ΔLPCE 取决于 ΔLDPI 和均衡误差项。[②] 若后者非零，则模型就偏离了均衡。假设 ΔLDPI 为零而 u_{t-1} 为正。这意味着 LPCE_{t-1} 太高而失衡，即 LPCE_{t-1} 高于其均衡值（$\alpha_0 + \alpha_1 \text{LDPI}_{t-1}$）。由于预期 α_2 为负，所以 $\alpha_2 u_{t-1}$ 这一项就为负，因此为了恢复均衡，ΔLPCE_t 就必须为负。也就是说，若 LPCE_t 高于其均衡值，那么它在下一期就开始下降以纠正均衡误差；由此得名 ECM。同理，若 u_{t-1} 为负（即 LPCE 低于其均衡值），则 $\alpha_2 u_{t-1}$ 将为正，使得 ΔLPCE_t 为正，从而导致 LPCE_t 在第 t 期上升。因此，α_2 的绝对值决定了均衡恢复的速度有多快。实践中，我们是用 $\hat{u}_{t-1} = \text{LPCE}_t - \hat{\beta}_1 - \hat{\beta}_2 \text{LDPI}_t - \hat{\beta}_3 t$ 来估计 u_{t-1}。记住，预期误差纠正系数取负号。（为什么？）

回到我们说明性的例子，方程（21.11.6）的实证结果为：

$$\widehat{\Delta \text{LPCE}_t} = 0.006\,1 + 0.296\,7 \Delta \text{LDPI}_t - 0.122\,3\,\hat{u}_{t-1}$$
$$t = (9.675\,3) \quad (6.228\,2) \qquad (-3.846\,1) \qquad (21.11.7)$$
$$R^2 = 0.165\,8 \quad d = 2.149\,6$$

从统计上讲，ECM 项是显著的，这就表明 PCE 的调整相对 DPI 的调整存在一定的滞后，长期 PCE 与短期 PCE 之间的不一致在一个季度之内仅有约 12% 得到了修正。

我们从回归（21.11.7）中看出，短期消费弹性约为 0.29，长期消费弹性约为 0.58，这从方程（21.11.3a）中也能看出。

---

① J. D. Sargan, "Wages and Prices in the United Kingdom: A Study in Econometric Methodology," in K. F. Wallis and D. F. Hendry, eds., *Quantitative Economics and Econometric Analysis*, Basil Blackwell, Oxford, U. K., 1984.

② 以下讨论基于 Gary Koop, op. cit., pp. 159-160 和 Kerry Peterson, op. cit., Section 8.5。

在本节结束之前，值得提请注意霍尔（S. G. Hall）作出的一些警告：

> 虽然协整概念是误差纠正模型的重要理论基础，但在实际应用方面仍有许多问题。对很大范围内的模型来说，许多检验的临界值和小样本表现都是未知的，所以通过相关图的检验而获得信息依然是一种重要的手段。[1]

21.12　在经济学中的一些应用

我们以一些简明的例子来结束本章。

| 例 21.1 | 美国 M1 货币供给的月度数据：1959 年 1 月—2008 年 3 月 |

图 21—11 给出了美国从 1959 年 1 月—2008 年 3 月 M1 货币供给的月度数据。就我们对平稳性的知识而言，M1 货币供给时间序列看起来是非平稳的，用单位根分析可以确定。（注：为节省篇幅，我们没有给出实际数据，但从美国联邦储备委员会或美国圣路易斯联邦储备银行可以得到这些数据。）

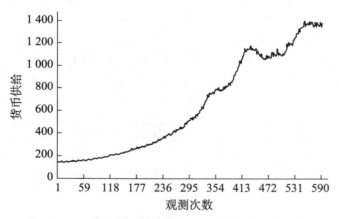

图 21—11　美国货币供给：1959 年 1 月—2008 年 3 月

$$\Delta \hat{M}_t = \quad -0.134\ 7 + 0.029\ 3t - 0.010\ 2\ M_{t-1}$$

$$t = (-0.14) \quad (2.62) \quad (-2.30) \qquad R^2 = 0.013\ 0 \quad d = 2.232\ 5 \qquad (21.12.1)$$

由于 1%、5% 和 10% 的 τ 临界值分别为 −3.981 1，−3.421 0 和 −3.132 9，而 t 值 −2.30 在绝对值上比这三个临界值中的任何一个都小，所以结论就是，M1 时间序列是非平稳的；即它包含一个

---

① S. G. Hall, "An Application of the Granger and Engle Two-Step Estimation Procedure to the United Kingdom Aggregate Wage Data," *Oxford Bulletin of Economics and Statistics*, vol. 48, no. 3, August 1986, p. 238. See also John Y. Campbell and Pierre Perron, "Pitfalls and Opportunities: What Macroeconomists Should Know about Unit Roots," NBER (National Bureau of Economic Research) *Macroeconomics Annual 1991*, pp. 141-219.

单位根或是 $I(1)$。即便（按照 ADF 的方式）引入 ΔM_t 的几个滞后值，结论也没有什么变化。另一方面，我们发现 M1 货币供给的一阶差分是平稳的（请验证）。

例 21.2 美国和英国货币的汇率：1971 年 1 月—2008 年 4 月

图 21—12 给出了 1971 年 1 月—2008 年 4 月（美元/英镑）汇率走势图，共 286 个观测。到现在，你应该能辨认出这个时间序列是非平稳的了吧。通过进行单位根检验，我们得到如下 τ 统计量：—0.82（既无截距又无趋势）、—1.96（有截距无趋势）和—1.33（既有截距又有趋势）。这些统计量中的每一个在绝对值上都比相应 DF 表中的 τ 临界值小，因而肯定了我们从图上得出美国和英国汇率时间序列非平稳的印象。

图 21—12 美英汇率：1971 年 1 月—2008 年 4 月

例 21.3 美国消费者价格指数（CPI）：1947 年 1 月—2008 年 3 月

图 21—13 给出了 1947 年 1 月—2008 年 3 月美国 CPI 共 733 个观测数据。CPI 序列与前面考虑过的 M1 序列一样，表现出上扬的趋势。单位根检验给出如下结果：

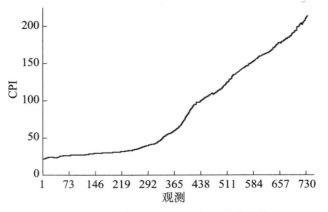

图 21—13 1947 年 1 月—2008 年 3 月美国的 CPI

$$\widehat{\Delta CPI}_t = -0.010\ 82 + 0.000\ 68t - 0.000\ 96CPI_{t-1} + 0.406\ 69\Delta CPI_{t-1}$$

$$t = (-0.54) \qquad (4.27) \qquad (-1.77) \qquad (12.03) \qquad\qquad (21.12.2)$$

$$R^2 = 0.357\ 0 \qquad d = 1.929\ 5$$

CPI_{t-1} 的 t（$=\tau$）值为 -1.77。10% 的临界值为 $-3.131\ 7$。由于计算出来的 τ 值在绝对值上比 τ 临界值还小，所以我们的结论是，CPI 不是一个平稳时间序列。我们可以用随机趋势来刻画它。（为什么？）但你若对 CPI 序列取一阶差分，你将发现它们是平稳的。因此，CPI 是一个差分平稳的时间序列。

例 21.4	三月期和六月期国债利率协整吗？

图 21—14 绘制了 1982 年 1 月—2008 年 3 月美国三月期和六月期（固定期）国债的利率，共 315 个观测。此图能显示这两个利率是协整的吗？即二者之间存在一种均衡关系吗？从金融理论来看，我们预期会是这样，否则套利者将利用短期与长期利率差异来获利。首先，让我们看这两个时间序列是否平稳。

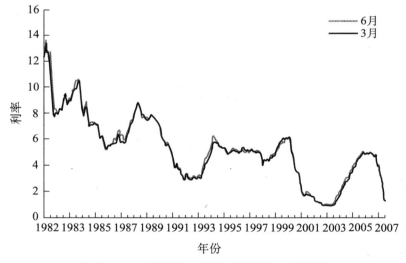

图 21—14 三月期和六月期（固定期）国债利率

基于随机游走模型（即既无截距又无趋势），这两个利率都是平稳的。包含截距、趋势和滞后差分，结果则表明这两个利率可能是趋势平稳的；在这两种情况下，趋势系数都为负，并在约 7% 的显著性水平上显著。所以，基于这些结论，我们接受这两个利率要么平稳要么趋势平稳的结论。

将六月期国债利率对三月期国债利率回归，我们得到如下回归结果：

$$\widehat{TB6}_t = 0.084\ 2 + 1.007\ 8\ TB3_t$$

$$t = (3.65) \qquad (252.39)$$

$$R^2 = 0.995 \qquad d = 0.403\ 5 \qquad\qquad (21.12.3)$$

对上述回归的残差应用单位根检验，我们发现残差是平稳的，这就表明三月期和六月期国债利率是协整的。利用这些信息，我们得到如下误差纠正模型（ECM）：

$$\widehat{\Delta TB6_t} = -0.004\ 7 + 0.899\ 2\ \Delta TB3_t - 0.185\ 5\ \hat{u}_{t-1}$$
$$t = (-0.82)\quad (47.77)\quad\quad (-5.69)\quad\quad\quad\quad (21.12.4)$$
$$R^2 = 0.880\quad d = 1.537\ 6$$

其中 $\hat{u}_{t-1}$ 为上一期误差纠正项的滞后值。如这些结论所示，这两个利率上个月的差异中，有 19% 在这个月消除掉了。[①] 此外，三月期国债利率的短期变化很快就能反映在六月期国债上，因为二者之间的斜率系数为 0.899 2。鉴于美国货币市场的有效性，这一结论无足为奇。

■ 要点与结论

1. 依据时间序列数据的回归分析，隐含地假定了所依据的时间序列是平稳的。经典的 t 检验、F 检验等等均以此假定作为依据。

2. 实践中大多数经济时间序列都是非平稳的。

3. 如果一个随机过程的均值、方差和自协方差在时间上是恒定的［即它们是不随着时间的变化而变化的］，那它就是**弱平稳**的。

4. 在一个非正式的（判别）水准上，弱平稳性可通过时间序列的**相关图**即各种滞后的自相关图形来检验。对于平稳时间序列来说，相关图很快会变平，而对非平稳时间序列来说，它则消失得很缓慢。对于一个纯随机序列，所有滞后 1 以上的自相关均为零。

5. 在一个正式的（判别）水准上，平稳性可通过时间序列是否含有单位根来检查。为此可利用**迪基-富勒**或**增广迪基-富勒**检验。

6. 一个经济时间序列可以是**趋势平稳**或**差分平稳**的。一个趋势平稳时间序列有一确定的趋向，而一个差分平稳时间序列则有着可变的或随机的趋向。通常在回归模型中引进一个时间或趋势变量的做法，仅对趋势平稳时间序列是合理的。DF 和 ADF 检验可用于判定一个时间序列是趋势平稳还是差分平稳。

7. 一个时间序列变量对另一个或多个时间序列变量做回归，常常会引出无意义的或谬误的结果。这种现象被称为**谬误回归**，提防它的一个方法是判明这些时间序列是否有协整关系。

8. **协整**是指，尽管两个或多个时间序列个别而论是非平稳的，但它们的线性组合则可以是平稳的。**恩格尔-格兰杰检验和增广恩格尔-格兰杰**检验可用来判明两个或多个时间序列是否有协整关系。

9. 两个（或多个）时间序列的协整（关系）表明它们之间有一种长期或均衡关系。

10. 由恩格尔和格兰杰研究出来的**误差纠正机制**是协调经济变量短期行为及其长期行为的一种手段。

11. 时间序列计量经济学领域正在扩展中，已建立的一些结果和检验在某些情形中仍是尝试

---

① 由于两个国债的利率都以百分比形式表示，这就表明，若六月期国债利率比三月期国债利率之差高于上个月先验预期的大小，则这个月里未预期到的利率差别将会减少 19 个百分点以恢复二者之间的长期关系。至于短期与长期利率关系的基础理论，可参见任何一本货币银行教材，或研读利率的期限结构理论。

性的，还有许多工作要做。一个需要回答的重要问题是，为什么一些经济时间序列是平稳的，而另一些又是非平稳的。

习　题

问答题

21.1　什么是弱平稳性？

21.2　什么是单积时间序列？

21.3　单位根的意义何在？

21.4　如果时间序列是 $I(3)$，你要对它取多少次差分才能使它变为平稳的？

21.5　什么是 DF 和 ADF 检验？

21.6　什么是 EG 和 AEG 检验？

21.7　协整的意义何在？

21.8　单位根检验与协整检验之间是否有差别，如果有，差别何在？

21.9　什么是谬误回归？

21.10　协整与谬误回归之间有何联系？

21.11　确定性趋势与随机性趋势之间的差别何在？

21.12　什么是趋势平稳过程？什么是差分平稳过程？

21.13　什么是随机游走（模型)？

21.14　"对随机游走式的随机过程来说，方差是无限大的。"你同意吗？为什么？

21.15　什么是误差纠正机制？它和协整有什么关系？

实证分析题

21.16　利用本书网站上的美国经济时间序列数据，作出时间序列 LPCE、LDPI、LCP（利润）和 LDIVIDENDS 直至 36 阶滞后的样本相关图，你看到了什么一般性的模式？凭直觉，哪些时间序列像是平稳的？

21.17　对习题 21.16 中的每一时间序列用 DF 检验去判明这些序列是否含有单位根，如果存在单位根，你又将怎样刻画这样一个时间序列？

21.18　继续习题 21.17。你怎样决定 ADF 检验是否比 DF 检验更合适？

21.19　考虑本书网站上的美国经济中的股息和利润时间序列。由于股息依赖于利润，故考虑以下的简单模型：

$$\text{LDIVIDENDS}_t = \beta_1 + \beta_2\,\text{LCP}_t + u_t$$

a. 你预料此回归会受谬误回归现象的影响吗？为什么？

b. 股息和利润两时间序列是不是协整的？你怎样对此作出明显的检验？如果经过检验你发现它们是协整的，你会改变你对（a）的回答吗？

c. 利用误差纠正机制去研究股息与利润的关系中的短期和长期行为。

d. 如果你个别地分析 LDIVIDENDS 与 LCP 序列，它们呈现随机性的抑或确定性的趋势？你使用什么检验？

*e. 假定 LDIVIDENDS 与 LCP 是协整的，那么，你用利润对股息的回归代替股息对利润的回归，这样的回归是否有效？

21.20 对本书网站上的美国经济时间序列数据取一阶差分，并绘制成图。再对每一时间序列作出直至滞后 36 期的相关图。这些相关图有些什么可引起你注意的地方吗？

21.21 假设你不去做 LDIVIDENDS 对 LCP 的水平形式的回归，而代之以 LDIVIDENDS 的一阶差分对 LCP 的一阶差分的回归。你会在这个回归中引进截距项吗？为什么？说明你的计算。

21.22 继续上题。你会怎样检验一阶差分回归的平稳性呢？在本题中，你会有什么样的先验预期而又为什么呢？说明全部计算。

21.23 根据 1948—1984 年期间英国私有部门的私房动工数（X），米勒斯（Terence Mills）得到如下回归结果[1]：

$$\widehat{\Delta X_t} = 31.03 - 0.188X_{t-1}$$
$$\text{se} = (12.50) \quad (0.080)$$
$$(t = \tau) \quad (-2.35)$$

注：5% 的 τ 临界值是 -2.95 和 10% 的 τ 临界值是 -2.60。

a. 根据这些结果，新房动工时间序列是平稳的还是非平稳的？或者，在此时间序列中有没有单位根？你是怎样知道的？

b. 如果你用了平常的 t 检验，那么所测的 t 值是不是统计上显著的？根据这一点，你会作出结论说此时间序列是平稳的吗？

c. 现在考虑如下回归结果：

$$\widehat{\Delta^2 X_t} = 4.76 - 1.39\Delta X_{t-1} + 0.313\Delta^2 X_{t-1}$$
$$\text{se} = (5.06)(0.236) \quad (0.163)$$
$$(t = \tau) \quad (-5.89)$$

其中 Δ^2 是二阶差分运算子，也就是一阶差分的一阶差分。现在所估 τ 值是统计上显著的。那么你能对所考虑的时间序列的平稳性说些什么？

注：上述回归的目的是为了找出该时间序列是否有**第二个单位根**。

21.24 如方程（21.7.1）和（21.7.2）所示，生成两个随机游走序列，并将一个对另一个回归。用它们的一阶差分重做这个练习，并验证此回归中的 R^2 约为 0，而德宾-沃森 d 接近于 2。

21.25 为了说明均含有确定性趋势的两个变量可能导致谬误回归，查伦扎（Charemza）等人基于 30 次观测得到如下回归[2]：

$$\hat{Y}_t = 5.92 + 0.030 X_t$$
$$t = (9.9) \quad (21.2)$$

$$R^2 = 0.92 \quad d = 0.06$$

其中 $Y_1 = 1, Y_2 = 2, \cdots, Y_n = n$ 和 $X_1 = 1, X_2 = 4, \cdots, X_n = n^2$。

a. Y 表现出什么趋势？X 又表现出什么趋势？

b. 描出这两个变量并画出回归线。从描点图中你能得到什么一般性结论？

---

[1] Terence C. Mills, op. cit., p. 127. 符号略有改变。
[2] Charemza et al., op. cit., p. 93.

21.26 利用加拿大 1971 年第 I 季度至 1988 年第 IV 季度期间的数据，得到如下回归结果：

1.
$$\widehat{\ln M1}_t = -10.257\,1 + 1.597\,5 \ln GDP_t$$
$$t = (-12.942\,2)\,(25.886\,5)$$
$$R^2 = 0.946\,3 \qquad d = 0.325\,4$$

2.
$$\widehat{\Delta \ln M1}_t = 0.009\,5 + 0.583\,3 \Delta \ln GDP_t$$
$$t = (2.495\,7)\ (1.895\,8)$$
$$R^2 = 0.088\,5 \qquad d = 1.739\,9$$

3.
$$\Delta \hat{u}_t = \qquad -0.195\,8 \Delta \hat{u}_{t-1}$$
$$(t = \tau)\,(-2.252\,1)$$
$$R^2 = 0.111\,8 \qquad d = 1.476\,7$$

其中 M1＝M1 货币供给，GDP＝国内生产总值，均以十亿加元度量，ln 为自然对数，而 $\hat{u}_t$ 表示从回归 1 中得到的残差。

a. 解释回归 1 和 2。

b. 你怀疑回归 1 是谬误回归吗？为什么？

c. 回归 2 是谬误回归吗？你如何知道？

d. 利用回归 3 的结果，你会改变你在（b）中的结论吗？为什么？

e. 现在考虑如下回归：

$$\widehat{\Delta \ln M1}_t = 0.008\,4 + 0.734\,0 \Delta \ln GDP_t - 0.081\,1\,\hat{u}_{t-1}$$
$$t = (2.049\,6)\ (2.063\,6) \qquad\quad (-0.853\,7)$$
$$R^2 = 0.106\,6 \qquad d = 1.669\,7$$

此回归告诉你什么信息？它能帮助你决定回归 1 是否是谬误回归吗？

21.27 如下回归是基于美国 1960—2007 年期间共 48 个年度观测的 CPI 数据而得出的：

1.
$$\widehat{\Delta CPI}_t = 0.033\,4\, CPI_{t-1}$$
$$t = (12.37)$$
$$R^2 = 0.070\,3 \qquad d = 0.366\,3 \qquad RSS = 206.65$$

2.
$$\widehat{\Delta CPI}_t = 1.866\,2 + 0.019\,2\, CPI_{t-1}$$
$$t = (3.27)\ (3.86)$$
$$R^2 = 0.249 \qquad d = 0.446\,2 \qquad RSS = 166.921$$

3.
$$\widehat{\Delta CPI}_t = 1.161\,1 + 0.534\,4t - 0.107\,7\, CPI_{t-1}$$
$$t = (2.37)\ (4.80)\ (-4.02)$$
$$R^2 = 0.507 \qquad d = 0.607\,1 \qquad RSS = 109.608$$

其中 RSS＝残差平方和。

a. 考察上述回归，你对 CPI 时间序列的平稳性有何看法？

b. 你如何在这三个模型中做出选择？

c. 回归 1 比回归 3 少截距项和趋势项。为了判定回归 1 所隐含的约束是否成立，你将使用哪个检验？（提示：利用迪基-富勒 t 和 F 检验，并使用附录 D 中表 D—7 所给出的近似值。）

21.28 正文中曾指出，21.1 节中介绍的美国经济时间序列数据集可能存在一些结构变化。虚拟变量是考虑数据中这些变化的好办法。

a. 利用虚拟变量，根据 1973 年和 1979 年的石油禁运确定三个不同的时期，将个人消费支出的对数（LPCE）对个人可支配收入的对数（LDPI）进行回归。结论有所变化吗？现在，你对单位根假设有何看法？

b. 有几个网站列出了可能影响 21.1 节中讨论的美国经济时间序列数据的官方经济周期。比如参见 http://www.nber.org/cycles/cyclesmain.html。这里利用这些信息，创造几个表示某些主要经济周期的虚拟变量，并检查 LPCE 对 LDPI 进行回归的结果。这些结果有所变化吗？

第 22 章　时间序列计量经济学：预测

　　我们在引言中曾指出，预测是计量经济分析的重要部分，对某些人来说可能是最重要的部分。我们如何预测诸如 GDP、通货膨胀、汇率、股票价格、失业率及其他各种各样的经济变量呢？本章将讨论已经相当流行的两种预测方法：（1）**自回归求积移动平均法**（autoregressive integrated moving average，ARIMA），普遍称为博克斯-詹金斯（Box-Jenkins）方法论。[①]（2）**向量自回归**（vector autoregression，VAR）。

　　我们在本章还要讨论与预测金融资产价格（比如股票价格和汇率等）相关的一些特殊问题。这些资产价格可用**群集波动**（volatility clustering）的现象来刻画，即在相当长的时期内表现出急剧波动，而在接下来的一段时期内却又相对平静。你只需看一下近来的道琼斯指数（Dow Jones Index）就明白了。所谓的**自回归条件异方差**（autoregressive conditional heteroscedasticity，ARCH）或**广义自回归条件异方差**（generalized autoregressive conditional heteroscedasticity，GARCH）模型就能刻画这种群集波动。

　　经济预测的主题十分广泛，已有一些这方面的专著出版。本章的目标只是给读者留下这方面的粗略印象。感兴趣的读者可查阅参考文献以做进一步研究。幸运的是，为了方便使用者，大多数现代计量软件包都对本章所讨论的几个方法加以介绍。

　　本章与前一章的联系在于，以下讨论的预测方法都假定所用的时间序列是平稳的，或者可以通过适当变换而使之平稳。随着本章的推进，你将看到我们在上一章

---

　　① G. P. E. Box and G. M. Jenkins，*Time Series Analysis：Forecasting and Control*，revised ed.，Holden Day，San Francisco，1978.

引入的几个概念的用处。

22.1 经济预测方法

宽泛地说，依据时间序列数据进行经济预测的方法有五种：（1）指数平滑法，（2）单一方程回归模型，（3）联立方程回归模型，（4）自回归求积移动平均（ARIMA）模型，及（5）向量自回归（VAR）模型。

□ 指数平滑法[1]

它们都是一些针对给定时间序列的历史数据拟合出一条适当曲线的基本方法。有一系列这种方法，如单指数平滑法（single exponential smoothing）、霍尔特线性法（Holt's linear method）、霍尔特-温特斯方法（Holt-Winters' method）及其各种变形。尽管它们在商业和经济预测等领域仍在使用，但现在被前面提到的其他四种方法所补充（取代？）。为了不离题太远，我们在本章就不再讨论它们。

□ 单方程回归模型

本书的绝大部分都在讨论单方程回归模型。作为单方程回归模型的一个例子，且考虑对汽车的需求函数。根据经济理论，我们假定汽车需求是汽车价格、广告费用、消费者收入、利率（作为借款成本的一个衡量）以及其他有关变量（如家庭规模、到工作地点的距离）的函数。我们从时间序列数据估计一个适当的汽车需求模型（或者线性，或者线性到对数，或者非线性），以期能用于预测将来对汽车的需求。当然，如第 5 章所指出的，如果我们眺望过于遥远的将来，预测误差会迅速增加。

□ 联立方程回归模型[2]

在第 18、19 和 20 章里，我们曾考虑过联立方程模型。在这种模型全盛时期的20 世纪六七十年代里，基于它而精心制作的美国经济模型曾支配着经济预测的整个领域。但近年来，由于 1973 年和 1979 年的油价冲击（因为 OPEC 的石油禁运），也由于**卢卡斯批判**（Lucas critique）[3]，联立方程预测的昔日辉煌已转入低潮。卢卡斯

---

① 至于对这些方法相对简单的说明，参见 Spyros Makridakis, Steven C. Wheelwright, and Rob J. Hyndman, *Forecasting Methods and Applications*, 3d ed., John Wiley & Sons, New York, 1998。

② 作为联立方程模型用于预测的教材，参见 Robert S. Pindyck and Daniel L. Rubinfeld, *Econometric Models & Economic Forecasts*, 4th ed., McGraw-Hill, New York, 1998, Part Ⅲ。

③ Robert E. Lucas, "Econometric Policy Evaluation: A Critique," in Carnegie-Rochester Conference Series, *The Phillips Curve*, North-Holland, Amsterdam, 1976, pp. 19-46. 此文与其他论文一起使卢卡斯获得诺贝尔经济学奖。

批判的锋芒在于：所估计的计量经济模型的参数仍依赖于模型被估时所奉行的政策。若政策有所改变，参数亦将随之改变。简言之，当政策改变时，所估参数并非不变。

例如，1979 年 10 月美联储突然改变其货币政策，宣布今后政策不再瞄准利率，而是监控货币供给的增长率。随着这种明显的变化，根据以前数据估计的计量经济模型在新的制度下就不会有什么预测价值。现如今，美联储又把重点从控制货币供给转向控制短期利率（联邦基金利率）。

☐ ARIMA 模型

博克斯与詹金斯所著《时间序列分析：预测与控制》（*Time Series Analysis*：*Forecasting and Control*）一书的问世，带来了新一代的预测工具。这种普遍被称为博克斯-詹金斯方法论或被技术性地称为 ARIMA 方法论的新预测方法，在"让数据自己说话"的哲理的指引下，着重分析经济时间序列本身的概率或随机性质，而不在意构造单一方程抑或联立方程模型。在博克斯-詹金斯时间序列模型中，Y_t 可由其自身的过去或滞后值以及随机误差项来解释，而不像回归模型那样，用 k 个回归元 X_1，X_2，$\cdots$，X_k 去解释 Y_t。正因为这样，ARIMA 模型不是从任何经济理论推演出来的，所以有时被称为乏理论（atheoretic）模型，另一方面，联立方程模型却常常以经济理论为其基础。

顺便提一句，注意到，我们在本章中强调单变量 ARIMA 模型，即只包含一个时间序列的 ARIMA 模型。但这一分析可推广到多变量 ARIMA 模型。

☐ VAR 模型

VAR 方法论同时考虑几个内生变量，就此而言，它看起来类似于联立方程模型。但是，在 VAR 模型中，每一内生变量都由它的滞后或过去值以及模型中所有的其他内生变量的滞后或过去值来解释。通常，模型中没有任何外生变量。

在本章的其余部分里，我们讨论经济预测的博克斯-詹金斯以及 VAR 方法的基本内容。我们的讨论是初等的和直觉的。想进一步探讨这些问题的读者，建议他们阅读参考文献。[①]

22.2 时间序列数据的 AR、MA 和 ARIMA 建模_____

我们通过上一章中 21.1 节提及数据（在本书网站上有实际数据）的美国

---

① 参见 Pindyck and Rubinfeld, op. cit., Part 3；Alan Pankratz, *Forecasting with Dynamic Regression Models*，John Wiley & Sons，New York，1991（这是一本应用方面的书）；以及 Andrew Harvey，*The Econometric Analysis of Time Series*，The MIT Press, 2d ed.，Cambridge, Mass.，1990（这是一本较高深的书）。一本讨论透彻然而易读的读物还见 Terence C. Mills，*Time Series Techniques for Economists*，Cambridge University Press，New York，1990。

GDP 时间序列数据介绍几个概念。其中有一些是旧的，而另一些则是新的。该时间序列的图形已由图 21—1（未经差分的 LGDP）和图 21—9（一阶差分后的 LGDP）给出；记得水平值形式的 LGDP 是非平稳的，但其（一阶）差分形式则是平稳的。

如果一个时间序列是平稳的，则有多种方法建立它的模型。

□ 自回归过程

令 Y_t 代表时期 t 的 LGDP。如果我们把 Y_t 的模型写为：

$$Y_t - \delta = \alpha_1(Y_{t-1} - \delta) + u_t \tag{22.2.1}$$

其中 δ 是 Y 的均值，而 u_t 是有零均值和恒定方差 σ^2 的不相关随机误差项（即 u_t 是白噪音），则我们说 Y_t 遵循一个**一阶自回归**（first-order autoregressive）或 **AR(1)** 随机过程。这个过程我们曾在第 12 章里遇见过。这里，Y 在时期 t 的值依赖于它在前一时期的值和一个随机项，并且将 Y 值表示为对其均值的离差。换句话说，此模型表明 Y 在 t 时期的预测值，不外是它在 $t-1$ 期的值的一个比例部分加上在 t 时期的一个随机冲击或干扰；Y 仍然被表示为对其均值的离差。

但如果我们考虑这样的模型：

$$Y_t - \delta = \alpha_1(Y_{t-1} - \delta) + \alpha_2(Y_{t-2} - \delta) + u_t \tag{22.2.2}$$

我们就说 Y_t 遵循一个**二阶自回归**（second-order autoregressive）或 **AR(2)** 过程。就是说，t 时期的 Y 值依赖于它在先前两个时期的值，Y 仍被表示为对其均值 δ 的离差。

一般地，我们有：

$$Y_t - \delta = \alpha_1(Y_{t-1} - \delta) + \alpha_2(Y_{t-2} - \delta) + \cdots + \alpha_p(Y_{t-p} - \delta) + u_t \tag{22.2.3}$$

这时 Y_t 是一个 **p 阶自回归**（pth-order autoregressive）或 **AR(p)** 过程。

注意，所有上述模型仅涉及现期和前期的 Y 值，再没有其他回归元。在这个意义上，我们说"让数据自己说话"。它们是我们讨论联立方程模型时遇到过的一种约简型模型。

□ 移动平均过程

刚才讨论的 AR 过程并非产生 Y 的唯一可能的机制。假令我们把 Y 的模型描述为：

$$Y_t = \mu + \beta_0 u_t + \beta_1 u_{t-1} \tag{22.2.4}$$

其中 μ 是常数，并且 u 和前面一样，是白噪音随机误差项。t 时期的 Y 等于一个常数加上现在和过去误差项的一个移动平均值。因此，像这种情形，我们就说 Y 遵循一个**一阶移动平均**（first-order moving average）或 **MA(1)** 过程。

但如果 Y 的表达式为：

$$Y_t = \mu + \beta_0 u_t + \beta_1 u_{t-1} + \beta_2 u_{t-2} \tag{22.2.5}$$

则它是一个 **MA(2)** 过程，更一般地

$$Y_t = \mu + \beta_0 u_t + \beta_1 u_{t-1} + \beta_2 u_{t-2} + \cdots + \beta_q u_{t-q} \qquad (22.2.6)$$

是一个 **MA(q)** 过程。总之，移动平均过程不外是一些白噪音误差项的一个线性组合。

☐ 自回归移动平均过程

当然，Y 很可能兼有 AR 和 MA 的特性，从而它是 ARMA。比如说，如果 Y_t 可以写为：

$$Y_t = \theta + \alpha_1 Y_{t-1} + \beta_0 u_t + \beta_1 u_{t-1} \qquad (22.2.7)$$

其中有一自回归项和一移动平均项，那么它就是一个 **ARMA(1，1)** 过程。方程 (22.2.7) 中的 θ 代表一个常数项。

一般地，在一个 **ARMA(p,q)** 过程中将有 p 个自回归和 q 个移动平均项。

☐ 自回归求积移动平均过程

以上所讨论的时间序列模型建立在如下假定的基础上：所考虑的时间序列是在第 21 章的定义下（弱）平稳的。简单地说，一个弱平稳时间序列的均值和方差都是常数，并且它的协方差有时间上的不变性。但是我们知道许多经济时间序列是非平稳的，即它们是单积的；例如，上一章 21.1 节中提及的经济时间序列就是单积的。

但我们也在第 21 章中看到，如果一个时间序列是 1 阶单积的〔即它是 $I(1)$〕，那么它的一阶差分就是 $I(0)$，即平稳的。类似地，如果一个时间序列是 $I(2)$，则它的 2 阶差分就是 $I(0)$。一般地，如果一个时间序列是 $I(d)$，那么将它差分 d 次就得到一个 $I(0)$ 序列。

因此，如果我们必须将一个时间序列差分 d 次，把它变为平稳的，然后用 ARMA(p,q) 作为它的模型，那么，我们就说那个原始的时间序列是 **ARIMA(p,d,q)**，也就是说它是一个**自回归求积移动平均**时间序列。其中 p 指自回归项数，d 指序列成为平稳之前必须取其差分的次数，而 q 指移动平均项数。例如，一个 ARIMA(2,1,2) 时间序列在它成为平稳序列之前必先差分一次（$d=1$），然后方可用一个 ARMA(2,2) 过程作为这个（一阶差分）平稳时间序列的模型，使它有 2 个 AR 和 2 个 MA 项。当然，如果 $d=0$（即开始便有一个平稳序列），则有 ARIMA($p,d=0,q$)=ARMA(p,q)。注意，一个 ARIMA($p,0,0$) 过程意味着一个纯 AR(p) 平稳过程；一个 ARIMA($0,0,q$) 则意味着一个纯 MA(q) 平稳过程。给定 p、d 和 q 的值，我们就能说出模型是怎样一个过程。

应用博克斯-詹金斯方法论时，要注意的一个重要问题是，我们必须有一平稳的时间序列，或者是经过一次或多次差分而变为平稳的时间序列。假定平稳性的原因，可解释如下：

博克斯-詹金斯的目的，是要辨别并估计一个可解释为产生现有样本数据的统计模型。如果现在要把所估计的模型用于预测，我们必须假定该模型的特征在不同时期里特别是在将来的时期里保持不变。因此，要求有平稳的数据的简单理由是，从这些数据推测出来的任何模型本身就可解释为平稳的或稳定的，从而为预测奠定有效的基础。[1]

22.3　博克斯-詹金斯方法论

一个一问值万金的显然问题是：面对一个时间序列，例如图 21—1 中的美国 LGDP 序列，我们怎样知道它是遵循纯 AR 过程（若然，p 取什么值）、纯 MA 过程（若然，q 又取什么值）、ARMA 过程（若然，p 和 q 各取什么值）还是 ARIMA 过程（这时我们必须知道 p、d 和 q 的值）？在回答上述问题时，博克斯-詹金斯方法论是迟早要用到的。此方法有四个步骤：

步骤 1　识别（identification）。就是找出适当的 p、d 和 q 值。我们即将说明**相关图**和**偏相关图**怎样能用来帮助解决此问题。

步骤 2　估计（estimation）。一旦辨识适当的 p 和 q 值，下一步便是估计模型中所含自回归和移动平均项的参数。有时可用简单的最小二乘法完成这一计算，但有时则有必要寻求（对参数）非线性估计方法。由于当今的一些统计软件包都能按例行程序做好这一工作，我们就不必为估计中所遇到的数学而烦恼，有兴趣的读者可查询有关参考文献。

步骤 3　诊断（diagnostic checking）。选定 ARIMA 模型并估计其参数之后，下一步就要看所选的模型对数据拟合得是否足够好，因为有可能另外一个 ARIMA 模型也会做得同样好。这就是为什么博克斯-詹金斯 ARIMA 建模方法与其说是一门科学，毋宁说是一门艺术；为了选取正确的 ARIMA 模型，需要有高度的技巧。对所选模型的一个简单的检验，是看从该模型估计出来的残差是不是白噪音；如果是，就可接受这个具体的拟合；如果不是，我们必须重新再做。**由此可见，博克斯-詹金斯方法论是一个反复过程**（见图 22—1）。

步骤 4　预测（forecasting）。ARIMA 建模方法之所以得以普及，理由之一是它在预测方面的成功。有许多事例用这个方法作出的预测比用传统的计量经济建模方法作出的预测更为可靠，特别是在短期预测方面。当然，每一事例都必须加以核实。

有了这些一般性讨论在前，我们再来看每一步骤中的一些细节。我们仍将利用 21.1 节提及（在本书网站上有实际数据）的 GDP 时间序列数据去说明种种问题。

---

[1]　Michael Pokorny，*An Introduction to Econometrics*，Basil Blackwell，New York，1987，p. 343.

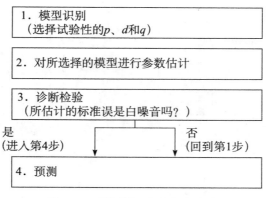

图 22—1　博克斯-詹金斯方法论

22.4　识　　别

识别的主要工具是**自相关函数**（autocorrelation function，ACF），**偏自相关函数**（partial autocorrelation function，PACF）以及由此而得的**相关图**。后者只不过是将 ACF 和 PACF 相对于滞后长度描图而已。

在前一章中，我们曾定义（总体）ACF（ρ_k）和样本 ACF（$\hat{\rho}_k$）。偏自相关的概念可类比于偏回归系数的概念。在 k 变量多回归模型中，第 k 个回归系数 β_k 度量着当所有其他回归元的影响保持不变时第 k 个回归元 X_k 的每单位变化所引起的回归子的平均变化率。

类似地，**偏自相关** ρ_{kk} 度量着在控制对滞后小于 k 的相关下，相隔 k 个时期的（时间序列）观测值之间的相关。换言之，偏相关就是 Y_t 和 Y_{t-k} 之间的、除去居中的诸 Y（即 Y_{t-1}，Y_{t-2}，$\cdots$，Y_{t-k+1}）的影响后的相关。[①] 在 7.11 节中，我们曾在回归的论述中介绍过偏相关的概念，并且表明了它与简单相关的关系。现在大多数统计软件包都把这种偏相关作为一种例行程序来计算。

在图 22—2 中，我们给出了 LGDP 序列的相关图（a 图）和偏相关图（b 图）。该图有两个明显的事实：第一，ACF 非常缓慢地下降；如图 21—8 所示，ACF 直至 22 期滞后都是各自统计显著异于零的；因为它们都处在 95％ 的置信区间之外。第二，PACF 在 2 阶滞后之后便急剧下降，而且，可能除了第 13 阶滞后之外，在 2 阶滞后之后的全部 PACF 在统计上都是不显著的。

由于美国 LGDP 时间序列不是平稳的，故在我们应用博克斯-詹金斯方法之前，

---

① 对时间序列数据来说，Y_t 和 Y_{t-k} 之间的相关大部分是由于它们和介于 t 和 $t-k$ 之间的滞后值 Y_{t-1}，Y_{t-2}，$\cdots$，Y_{t-k+1} 的相关。偏相关 ρ_{kk} 除掉了这些中介变量的影响。

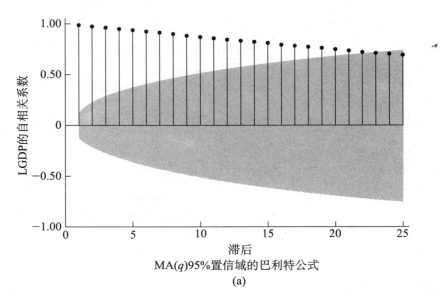

MA(q)95%置信域的巴利特公式

(a)

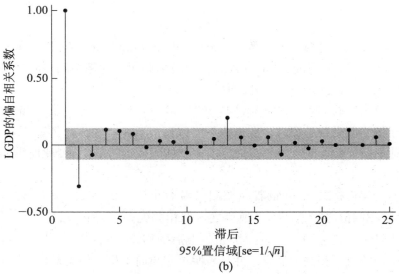

95%置信域[se=$1/\sqrt{n}$]

(b)

图 22—2　美国 LGDP 的相关图和偏相关图：1947 年第 I 季度至 2007 年第 I 季度

必须把它变为平稳的。在图 21—9 中，我们画出 LGDP 的一阶差分图。与图 21—1 不同，我们没有看到序列中的任何趋势，这也许表明，取一阶差分后的 LGDP 时间序列是平稳的。[①]正式的**迪基-富勒单位根检验**表明，情况的确如此。我们还可从图 22—3 的 a 图和 b 图所估计的 ACF 和 PACF 相关图中看到这一点。现在我们有一个非常不同的 ACF 和 PACF 模式。ACF 的 1 阶、2 阶和 5 阶滞后看来在统计上都异于

---

① 要说清楚这个序列的方差是否平稳，特别是在 1979—1980 年前后，是不容易的。1979 年石油禁运以及 1979 年联邦储备银行的货币政策的显著变化也许和这种困难有关。

零；回顾第 21 章，ρ_k 的 95％置信限约为－0.125 4 和＋0.125 4。（注：如在第 21 章中所讨论的，这些置信限是渐近性质的，所以可把它们看作是近似的。）但在其他所有的滞后处，ρ_k 都不是统计上异于零的。对偏自相关而言，只有 1 阶和 12 阶滞后看来在统计上是异于 0 的。

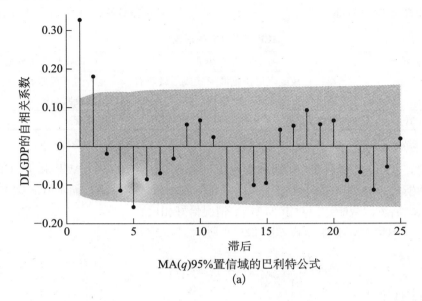

MA(q)95％置信域的巴利特公式

(a)

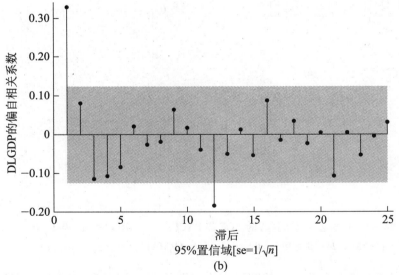

95％置信域[se=$1/\sqrt{n}$]

(b)

图 22—3　美国 LGDP 一阶差分后的相关图和偏相关图：1947 年第 I 季度至 2007 年第 IV 季度

现在，图 22—3 所给的相关图又怎样能帮助我们找出 LGDP 时间序列的 ARMA 模式呢？（注：因取一阶差分后的 LGDP 序列是平稳的，故我们仅考虑它。）为达到这一目的，方法之一就是考虑 ACF 和 PACF 以及与一些选定的 ARMA 过程［如 AR(1)、AR(2)、MA(1)、MA(2)、ARMA(1,1)、ARMA(2,2) 等］相对应的相关图。因为每一随机过程都有它典型的 ACF 和 PACF 式样，如果所研究的时间序列适合于其中的一个式样，我们就能辨识该时间序列符合这个过程。当然，我们仍有必要利用诊断检验以判明所选的 ARMA 模型是否足够精确。

为了研究各种标准的 ARIMA 过程的性质，将要花费大量的篇幅。我们只打算提供一般性的指引（参看表 22—1）；有关参考文献能给出各种随机过程的细节。

表 22—1   ACF 与 PACF 的理论模式

模型种类	ACF 的典型模式	PACF 的典型模式
AR(p)	指数衰减或阻尼正弦波形式或二者兼有	显著的直至滞后 p 的尖柱
MA(q)	显著的直至滞后 q 的尖柱	指数衰减
ARMA(p,q)	指数衰减	指数衰减

注：指数衰减和几何衰减两名词的意义相同（回顾我们对考伊克分布滞后的讨论）。

注意，AR(p) 过程的 ACF 和 PACF，和 MA(q) 过程的 ACF 和 PACF 相比，有相反的模式；对于 AR(p) 情形，AC 按几何或指数规律下降，而 PACF 则在一定的滞后次数之后忽然截断。但对于 MA(q) 情况恰好相反。

从几何图形看，这些模式如图 22—4 所示。

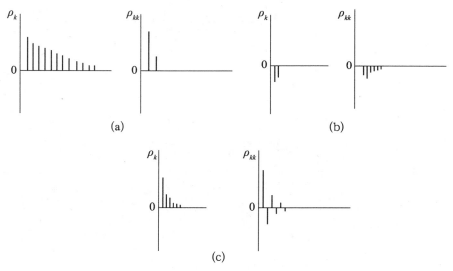

图 22—4   某些选定随机过程的 ACF 和 PACF：(a) AR(2)：$\alpha_1 = 0.5$，$\alpha_2 = 0.3$；
(b) MA(2)：$\beta_1 = 0.5$，$\beta_2 = 0.3$；(c) ARMA(1,1)：$\alpha_1 = 0.5$，$\beta_1 = 0.5$

一点告诫。实际上我们无从观测理论（即总体）ACF 和 PACF，而依赖于它们的样本函数，故所估计的 ACF 和 PACF 将不会和理论函数恰好一致。我们所寻求的是理论与样本 ACF 和 PACF 之间的类似性，以便指引我们朝着正确的方向去建立 ARIMA 模型。这就是为什么 ARIMA 的应用要求大量技巧，而这种技巧只能来自实践。

美国 GDP 的 ARIMA 辨识。回到图 22—3 中所给 1947 年第 Ⅰ 季度至 2007 年第

Ⅳ季度美国 LGDP（取一阶差分后的）平稳序列的相关图和偏相关图，我们有什么发现？

需知图中所示的 ACF 和 PACF 是一些样本数量，并不像是表 22—1 所示的那种干净利落的模式。自相关（a 图）一直到滞后 5 阶都是下降的，然后，除了在滞后 1 阶和 12 阶两处外，其余的自相关都不是统计上异于零的（图中所示的阴影区域就给出了近似 95% 的置信限）。偏自相关（b 图）在滞后 1 阶和 12 阶处似乎冒出了统计上显著的尖柱，而在其余地方则均不显著；假如偏相关系数只在滞后 1 阶处是显著的，我们就可认定这是一个 AR(1) 模型。因此，让我们假定生成这个（一阶差分后的）LGDP 的模型是一个 MA(2) 过程。记住，除非 ACF 和 PACF 非常完美，否则很难选择一个完全没有错误的模型。读者可以对一阶差分后的 LGDP 序列尝试其他 ARIMA模型。

22.5 ARIMA 模型的估计

用 Y_t^* 表示美国 LGDP 的一阶差分。那么，我们所辨识的一个尝试性的 MA 模型是：

$$Y_t^* = \mu + \beta_1 u_{t-1} + \beta_2 u_{t-2} \tag{22.5.1}$$

利用 MINITAB，我们得到如下估计结果：

$$\begin{aligned}
\hat{Y}_t^* &= 0.008\,22 + 0.291\,8\,u_{t-1} + 0.202\,4\,u_{t-2} \\
\text{se} &= (0.000\,88)\ (0.063\,3)\qquad (0.063\,4) \\
t &= (9.32)\qquad (4.61)\qquad\quad (3.20) \\
R^2 &= 0.121\,7 \quad d = 1.970\,5
\end{aligned} \tag{22.5.2}$$

作为习题，请读者估计 LGDP 一阶差分的其他 ARIMA 模型。

22.6 诊断检查

我们怎样知道模型（22.5.2）对数据的拟合是合理的呢？一种简单的诊断是求出方程（22.5.2）中的残差并计算这些残差的比方说直至 25 阶后的 ACF 和 PACF。图 22—5 给出了所估计的 ACF 和 PACF。如图所示，没有任何自相关（a 图）和偏自相关（b 图）是个别统计显著的。而且按照博克斯-皮尔斯 Q 和龙格-博克斯 LB 统计量（见第 21 章），25 个自回归平方和也不是统计显著的。换句话说，自相关和偏自相关的相关图给我们的印象都表明，从方程（22.5.2）估计出来的残差是纯随机的。因此，似无必要再去寻觅其他的 ARIMA 模型了。

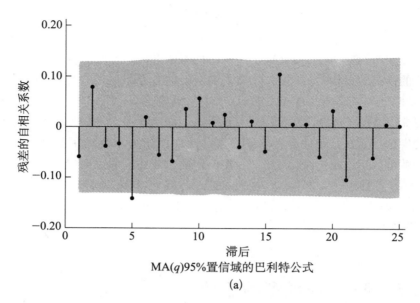

MA(q)95%置信域的巴利特公式

(a)

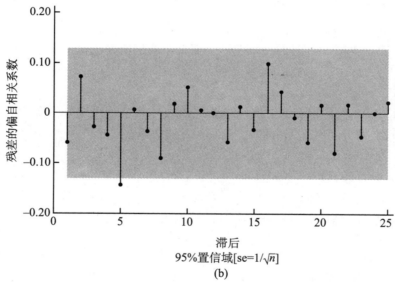

95%置信域[se=$1/\sqrt{n}$]

(b)

图 22—5 美国 LGDP 取一阶差分后 MA（2）模型残差的

相关图和偏相关图：1947 年第 I 季度至 2007 年第 IV 季度

22.7 预 测

记住 GDP 数据是从 1947 年第 I 季度到 2007 年第 IV 季度的数据。假使我们想根据模型（22.5.2）预测 2008 年四个季度的 LGDP。但在方程（22.5.2）中，因变量是 LGDP 相对于前一季度的变化。因此，我们若使用方程（22.5.2），则我们所能得到的预测是 2008 年第一季度和 2007 年第四季度之间的 LGDP 变化，2008 年第二季度相对于 2008 年第一季度的 LGDP 变化，等等。

为了得到 LGDP 的水平值而不是它的变化的预测值，我们可以做曾经用来获得变化值的一阶差分变换的反变换。说得更技术性些，我们对一阶差分序列单积（或求积）。这样，为了得到 2008 年第一季度的 LGDP（而不是 ΔLGDP），我们将模型（22.5.1）重写为：

$$Y_{2008\text{-}I} - Y_{2007\text{-}IV} = \mu + \beta_1 u_{2007\text{-}IV} + \beta_2 u_{2007\text{-}III} + u_{2008\text{-}I} \tag{22.7.1}$$

即：

$$Y_{2008\text{-}I} = \mu + \beta_1 u_{2007\text{-}IV} + \beta_2 u_{2007\text{-}III} + u_{2008\text{-}I} + Y_{2007\text{-}IV} \tag{22.7.2}$$

从所估计的回归（22.5.1）中已经获知 μ、β_1 和 β_2 的值。假定 $u_{2008\text{-}I}$ 为零。（为什么?）我们便容易获得 $Y_{2008\text{-}I}$ 的预测值。此预测值的数值估计是[1]：

$$
\begin{aligned}
Y_{2008\text{-}I} &= 0.008\ 22 + 0.291\ 8\ u_{2007\text{-}IV} + 0.202\ 4\ u_{2007\text{-}III} + Y_{2007\text{-}IV} \\
&= 0.008\ 22 + 0.291\ 8 \times 0.008\ 53 + 0.202\ 4 \times (-0.003\ 99) + 9.365\ 3 \\
&= 9.374\ 1(近似值)
\end{aligned}
$$

就是说，2008 年第一季度的 LGDP 的预测值约为 9.374 1，即约 117 790 亿美元（以 2000 年不变美元计）。顺便指出，2008 年第一季度真实 GDP 的实际值是 116 930.9 亿美元；预测误差是高估了 860 亿美元。

22.8　博克斯-詹金斯方法论的其他方面

前几节中我们仅对博克斯-詹金斯建模作一简略的介绍。这一方法论还有许多方面的问题，例如**季节性**（seasonality），由于篇幅所限而未能考虑。有许多时间序列展现出季节性。百货商店主要节日中的销售量就是个例子。还有季节性的雪糕消费和公共节假日的旅游等。如果，比方说，我们拥有百货商店的季度销售数据，则这些数据必定在第四季度冒出尖柱。这时，可取销售数字的四季度差分，把季节性影响消除掉，再决定用哪一种 ARIMA 模型进行拟合。

以上我们限于每次分析一个时间序列，但并不妨碍我们把博克斯-詹金斯方法论加以推广，同时研究两个或多个时间序列。对这个问题展开讨论会使我们走得太远，有兴趣的读者可参阅有关文献。[2] 然而，在下一节中，我们将在向量自回归的名义下讨论这个问题。

----

[1]　虽然标准的计算机软件包都把这些计算作为例行程序，但我们通过这些详细的计算得以说明所涉及的操作步骤。

[2]　关于这个问题的一个易读的论述，参看 Terence C. Mills, op. cit., Part III。

22.9　向量自回归

在第 18～20 章里，我们曾考虑联立或结构方程模型。在这些模型中，我们把一些变量看作内生的，而另一些变量看作外生的或前定的（外生的和滞后内生的）。在估计这些模型之前，还必须肯定方程组中的方程是可识别的（恰好识别或过度识别）。而为达到识别的目的，常常要假定某些前定变量仅出现在某些方程之中。这种决定往往是主观的，并且受到西姆斯的严厉批判。[①]

根据西姆斯的看法，如果在一组变量之中有真实的联立性，那么，这些变量就应平等地加以对待，而不应该事先区分内生和外生变量。正是本着这一精神，西姆斯提出了他的 VAR 模型。

第 17 章中讨论的格兰杰因果检验，就已播下了这种模型的种子。在用滞后货币供给和滞后 LGDP 解释当前 LGDP 的方程（17.14.1）以及当前货币供给的方程（17.14.2）中，我们实质上是把 LGDP 和货币供给看作一对内生变量。在这个方程组中没有外生变量。

类似地，在例 17.13 所讨论的加拿大货币供给与利率之间的因果关系时，在货币方程中只出现了货币的滞后值和利率，而在利率方程中也只出现了利率的滞后值和货币供给。

这两个例子都是**向量自回归模型**（vector autoregressive models，VAR）的例子；自回归一词的使用是因为方程的右端出现因变量的滞后值，而"向量"一词的使用是因为我们分析的是含有两个（或多个）变量的一个向量。

□ VAR 的估计

回到加拿大货币供给与利率关系的例子。我们在那里看到，当我们引进每一变量的 6 阶滞后作为回归元时，我们无法拒绝货币（M_1）与利率 R（90 天公司债券利率）之间有双向因果关系的假设。就是说，M_1 影响 R，而 R 反过来又影响 M_1。这种情况是应用 VAR 的理想情形。

为了说明怎样估计一个 VAR 模型，我们仍以这个模型为例。为简单起见，假定每个方程都含有 M（以 M_1 来度量）和 R 的 k 个滞后值作为回归元，这时，每个方程都可用 OLS 去估计。[②] 我们所估计的实际模型是：

$$M_{1t} = \alpha + \sum_{j=1}^{k} \beta_j M_{t-j} + \sum_{j=1}^{k} \gamma_j R_{t-j} + u_{1t} \tag{22.9.1}$$

---

① C. A. Sims, "Macroeconomics and Reality," *Econometrica*, vol, 48, 1980, pp. 1-48.

② 可以利用 **SURE**（似无关回归）技术同时估计两方程。然而，由于每个回归都含有同样多个滞后内生变量，每个方程的 OLS 估计将各自产生相同且有效的估计。

计量经济学基础（第五版）

$$R_t = \alpha' + \sum_{j=1}^{k} \theta_j M_{t-j} + \sum_{j=1}^{k} \gamma_j R_{t-j} + u_{2t} \qquad (22.9.2)$$

其中 u 是随机误差项，在 VAR 术语中称之为**脉冲值**（impulses）或**革新值**（innovations）或**冲击值**（shocks）。

我们在估计方程（22.9.1）和（22.9.2）之前，必须先决定最大滞后长度 k。这是一个经验问题。我们共有 40 个观测。包括过多的滞后项将消耗自由度，更不用说会引入多重共线性的可能性。而包括过少的滞后值则导致设定误差。解决这个问题的办法之一，就是使用赤池、施瓦茨或诸如此类的某个准则，并选择这些准则最低值的模型。无疑，某些试错法就不可避免。

为了说明这个机制，我们首先使用每个变量的 4 阶滞后（$k=4$），使用 EViews 6 我们得到上述两个方程中参数的估计值，见表 22—2。注意，尽管我们的样本期为 1979 年第 Ⅰ 季度至 1988 年第 Ⅳ 季度，但我们只以 1980 年第 Ⅰ 季度至 1987 年第 Ⅳ 季度为样本期间，而把最后 4 个观测留待检查所拟合 VAR 的预测准确性。

表 22—2　　　　　　　　　　基于 4 阶滞后的向量自回归估计值

Sample (adjusted): 1980–I to 1987–IV
Included observations: 32 after adjusting endpoints
Standard errors in ( ) and t statistics in [ ]

	M_1	R
$M_1(-1)$	1.076737 (0.20174) [5.33733]	0.001282 (0.00067) [1.90083]
$M_1(-2)$	0.173433 (0.31444) [0.55157]	−0.002140 (0.00105) [−2.03584]
$M_1(-3)$	−0.366465 (0.34687) [−1.05648]	0.002176 (0.00116) [1.87699]
$M_1(-4)$	0.077602 (0.20789) [0.37329]	−0.001479 (0.00069) [−2.12855]
$R(-1)$	−275.0293 (57.2174) [−4.80675]	1.139310 (0.19127) [5.95670]
$R(-2)$	227.1750 (95.3947) [2.38142]	−0.309053 (0.31888) [−0.96917]
$R(-3)$	8.511851 (96.9176) [0.08783]	0.052361 (0.32397) [0.16162]
$R(-4)$	−50.19926 (64.7554) [−0.77521]	0.001076 (0.21646) [0.00497]
C	2413.827 (1622.65) [1.48759]	4.919000 (5.42416) [0.90687]

R^2	0.988154	0.852890
Adj. R^2	0.984034	0.801721
Sum square residuals	4820241.	53.86233
SE equation	457.7944	1.530307
F statistic	239.8315	16.66815
Log likelihood	−236.1676	−53.73716
Akaike A/C	15.32298	3.921073
Schwarz SC	15.73521	4.333311
Mean dependent	28514.53	11.67292
SD dependent	3623.058	3.436688

Determinant residual covariance	490782.3
Log likelihood (df adjusted)	−300.4722
Akaike information criterion	19.90451
Schwarz criterion	20.72899

由于上述方程都是 OLS 方程，所以表 22—2 给出的回归结果可如平常一样解释。当然，同时引入同一变量的几个滞后项可能会因多重共线性而使每个估计系数在统计上都不显著。但基于标准的 F 检验，它们可能是联合显著的。

让我们检查一下表 22—2 中给出的结果。首先考虑 M_1 回归。个别地看，只有 M_1 的 1 阶滞后、R 在第 1 阶和第 2 阶滞后处是统计显著的。但由于 F 值很高，所以我们不能拒绝所有滞后项联合统计显著的假设。转而从利率回归来看，我们发现四个货币滞后项都是统计显著的（在 10% 或更好的显著性水平上），而利率变量只有一期滞后项才是显著的。

为便于比较，我们在表 22—3 中仅基于每个内生变量的 2 阶滞后给出了 VAR 结果。你在此将会看到，在货币回归中，货币变量的一期滞后和利率变量的 1 阶和 2 阶滞后都是个别统计显著的。而在利率回归中，两个货币变量的滞后项（约在 5% 的显著性水平上）都是个别显著的，利率滞后项则只有一个是显著的。

表 22—3 基于 2 阶滞后的向量自回归估计值

Sample (adjusted): 1979–III to 1987–IV
Included observations: 34 after adjusting endpoints
Standard errors in ( ) and t statistics in [ ]

	M_1	R
$M_1 (-1)$	1.037537 (0.16048) [6.46509]	0.001091 (0.00059) [1.85825]
$M_1 (-2)$	−0.044661 (0.15591) [−0.28646]	−0.001255 (0.00057) [−2.19871]
$R (-1)$	−234.8850 (45.5224) [−5.15977]	1.069081 (0.16660) [6.41708]
$R (-2)$	160.1560 (48.5283) [3.30026]	−0.223364 (0.17760) [−1.25768]
C	1451.977 (1185.59) [1.22468]	5.796434 (4.33894) [1.33591]
R^2	0.988198	0.806660
Adj. R^2	0.986571	0.779993
Sum square residuals	5373510.	71.97054
SE equation	430.4573	1.575355
F statistic	607.0720	30.24878
Log likelihood	−251.7446	−60.99215
Akaike A/C	15.10263	3.881891
Schwarz SC	15.32709	4.106356
Mean dependent	28216.26	11.75049
SD dependent	3714.506	3.358613
Determinant residual covariance	458485.4	
Log likelihood (df adjusted)	−318.0944	
Akaike information criterion	19.29967	
Schwarz criterion	19.74860	

如果我们必须在表 22—2 和表 22—3 所给出的模型之间做出选择，我们会选择哪一个呢？表 22—2 中模型的赤池和施瓦茨信息值分别是 15.32 和 15.73，而表 22—3 中模型的对应信息值分别为 15.10 和 15.33。由于赤池和施瓦茨统计量的值越低，模型就越好，由此看来，表 22—3 中给出的较节省的模型更好。我们还考虑了每个内生变量的 6 阶滞后，并发现其赤池和施瓦茨统计量分别为 15.37 和

15.98。同样，表22—3中的只含有每个内生变量2阶滞后的模型看来才是我们正确的选择。

□ 用 VAR 做预测

假设我们选择了表22—3中给出的模型。我们就可以用它预测 M_1 和 R 的值。记住，尽管我们的数据涵盖了从1979年第 I 季度至1988年第 IV 季度整个期间，但我们在估计 VAR 模型时并没有使用1988年的数据。现在假设我们想预测1988年第 I 季度 M_1 的值，可得到预测值如下：

$$\hat{M}_{1988-\text{I}} = 1\ 451.977 + 1.037\ 5M_{1987-\text{IV}} - 0.044\ 6M_{1987-\text{III}}$$
$$- 234.885\ 0R_{1987-\text{IV}} + 160.156\ 0R_{1987-\text{III}}$$

其中的系数值都是从表22—3中得到的。现在代入表17—5中 M_1 和 R 的相应值，可以看出1988年第 I 季度货币的预测值为36 996（百万加元）。1988年第 I 季度 M_1 的实际值为36 480，这就意味着我们的模型预测值比实际值高516（百万加元），约占1988年第 I 季度 M_1 实际值的1.4%。当然，这些估计值将随着我们在模型中考虑滞后项的多少而改变。作为一个练习，请读者预测1988年第 I 季度的 R 值并与其实际值相比较。

□ VAR 与因果性

你或许记得，我们在第17章讨论过因果性的话题。我们在那里讨论了格兰杰因果性检验和西姆斯因果性检验。VAR 与因果性之间有什么联系吗？我们在第17章（17.14节）看到，直至2、4和6阶滞后，M_1 和 R 之间还有双向因果关系，但到8阶滞后时，这两个变量之间就没有因果关系了。因此，结论是含糊的。你现在或许还记得第21章的格兰杰表述定理。这个定理的引申含义之一便是，若两个变量（X_t 和 Y_t）是协整的，而且每个都是一阶单积序列 $I(1)$（即都是不平稳的），那么，要么 X_t 一定是 Y_t 的格兰杰原因，要么 Y_t 一定是 X_t 的格兰杰原因。

在我们说明性的例子中，这就意味着，若 M_1 和 R 都是单积序列 $I(1)$，但是协整的，则 M_1 一定是 R 的格兰杰原因或 R 一定是 M_1 的格兰杰原因。这就要求我们必须首先弄清楚这两个变量是不是 $I(1)$，并看它们是否协整。如果不是这样，那么整个因果性问题也就变成纯学术上的讨论，没有任何实际意义了。习题22.22要求读者弄清楚其中的两个变量是否非平稳但协整。你若做此题，你会发现 M_1 和 R 之间存在着协整的弱证据，这正是17.14节中讨论因果性检验时模棱两可的原因。

□ VAR 建模的一些问题

VAR 的倡导者强调此法有如下的优点：（1）方法简单：无须决定哪些变量是内生的，哪些变量是外生的。VAR 中的全部变量都是内生的。[①]（2）估计简单：常用

---

① 有时考虑到趋势和季节因素而包含有一些纯外生的变量。

的 OLS 法可用于逐个地估计每一方程。（3）在许多案例中，用此法得到的预测优于用更复杂的联立方程模型得到的预测。[①]

但 VAR 建模的批评者指出如下一些问题：

1. 不同于联立方程模型，VAR 利用较少的先验信息，所以是乏理论的。需知在联立方程中排除或包含某些变量，对模型的识别起到关键性作用。

2. 由于重点在于预测，VAR 模型较不适合政策分析。

3. 实际上，对 VAR 建模最大的挑战在于选择适当滞向长度。假令你有一个三变量 VAR 模型，并且你决定每个方程含有每个变量的 8 个滞后值，你在每一方程中将有 24 个滞后参数，加上一个常数共有 25 个参数。除非样本很大，估计如此多的参数将消耗大量自由度并带来所有随之而来的种种问题。[②]

4. 严格地说，在一个 m 变量 VAR 模型中，所有的 m 个变量都应该是（联合地）平稳的。如果不是这样，则有必要适当变换数据（例如，通过一阶差分）。如哈维（Harvey）所指出的，由变换数据得到的结果未必令人满意。他进一步指出："因此，VAR 狂热者通常的策略是利用水平值进行工作，即使其中的一些序列是非平稳的。似此情形，认识到单位根对估计量分布的影响就是重要的。"[③] 更糟糕的情况则是，模型中掺杂有 $I(0)$ 和 $I(1)$ 变量，也就是它是一个平稳和非平稳变量的混合体，如何变换数据将不是容易的事。

不过，卡思伯森（Cuthbertson）指出："……协整分析表明，如果在 $I(1)$ 序列中出现一些协整向量，那么仅进行一阶差分的 VAR 是错误的设定。换言之，仅进行一阶差分的 VAR 遗漏了那些潜在重要的平稳变量（即误差纠正协整变量），因而参数估计值可能存在遗漏变量偏误的问题。"[④]

5. 由于所估计的模型中的系数往往难于逐一地加以解释，VAR 技术的操作人员常估计一种所谓的**脉冲响应函数**（impulse response function，IRF）。脉冲响应函数描绘 VAR 系数中的因变量如何响应于诸如方程（22.9.1）和（22.9.2）中的误差项 u_1 和 u_2 的冲击。假使在 M_1 方程中的 u_1 值增加一个标准差，这样的一个冲击或变化将会改变现期以及今后时期里的 M_1。但因 M_1 出现在 R 的回归中，u_1 的变化将影响到 R。类似地，R 方程中的 u_2 的一个标准差变化将影响到 M_1，脉冲响应函数跟踪这种冲击在将来若干个时期里所起的影响。尽管这种脉冲响应函数分析的效用已受到

① 例如，参看 T. Kinal and J. B. Ratner，"Regional Forecasting Models with Vector Autoregression：The Case of New York State," Discussion Paper ♯155，Department of Economics，State University of New York at Albany，1982。

② 对于一个有 m 个变量的 p 个滞后值的 m 方程 VAR 模型，总共有 $m+pm^2$ 个参数有待估计。

③ Andrew Harvey，*The Econometric Analysis of Time Series*，The MIT Press，2d ed.，Cambridge，Mass.，1990，p. 83。

④ Keith Cuthbertson，*Quantitative Financial Economics：Stocks，Bonds and Foreign Exchange*，John Wiley & Sons，New York，2002，p. 436。

研究人员的质疑，但它仍是 VAR 分析的代表作。[1]

为了比较 VAR 和其他预测技术的优缺点，可参考有关文献。[2]

□ VAR 的一个应用：得克萨斯州经济的一个 VAR 模型

为了检验谚语"油业兴旺，得克萨斯经济也就兴旺"，冯拜（Fomby）和赫希伯格（Hirschberg）对 1974 年第 I 季度至 1988 年第 I 季度的得克萨斯经济研制了一个三变量 VAR 模型。[3] 所考虑的三个变量是：（1）实际油价的百分率变化，（2）得克萨斯非农业（部门）就业的百分率变化，和（3）美国其他地区的非农业就业的百分率变化。作者们在每个方程中引进一个常数项和每一变量的两个滞后项。因此，每个方程有 7 个待估的参数。表 22—4 给出此 VAR 模型的 OLS 估计结果。表中所给的 F 统计量用以检验各种滞后系数集为零的（联立）假设。于是，对 x 变量（实际油价的百分率变化）的 F 检验表明，x 的两个滞后项都在统计上异于零；在它们同时为零的虚拟假设下，得到一个等于 12.553 6 的 F 值的概率是很低的，约为 0.000 04。另一方面，用以解释 x 的两个滞后 y 值（得克萨斯非农业就业的百分率变化），集体地看，则不是显著地异于零的；其 F 值仅为 1.36。对其余的 F 统计量可作类似的解释。

表 22—4　二阶* 得克萨斯 VAR 系统的估计结果：1974 年第 I 季度至 1988 年第 I 季度

Dependent variable: x (percentage change in real price of oil)

Variable	Lag	Coefficient	Standard error	Significance level
x	1	0.7054	0.1409	0.8305E−5
x	2	−0.3351	0.1500	0.3027E−1
y	1	−1.3525	2.7013	0.6189
y	2	3.4371	2.4344	0.1645
z	1	3.4566	2.8048	0.2239
z	2	−4.8703	2.7500	0.8304E−1
Constant	0	−0.9983E−2	0.1696E−1	0.5589

$\bar{R}^2 = 0.2982$; $Q(21) = 8.2618$ ($P = 0.9939$)

Tests for joint significance, dependent variable = x

Variable	F-statistic	Significance level
x	12.5536	0.4283E−4
y	1.3646	0.2654
z	1.5693	0.2188

[1]　D. E. Runkle，"Vector Autoregression and Reality," *Journal of Business and Economic Statistics*，vol. 5，1987，pp. 437-454.

[2]　S. McNees，"Forecasting Accuracy of Alternative Techniques：A Comparison of U. S. Macroeconomic Forecasts"，*Journal of Business and Economic Statistics*，vol. 4，1986，pp. 5-15；and E. Mahmoud，"Accuracy in Forecasting：A Survey," *Journal of Forecasting*，vol. 3，1984，pp. 139-159.

[3]　Thomas B. Fomby and Joseph G. Hirschberg，"Texas in Transition：Dependence on Oil and the National Economy," *Economic Review*，Federal Reserve Bank of Dallas，January 1989，pp. 11-28.

续前表

Dependent variable: y (percentage change in Texas nonagricultural employment)

Variable	Lag	Coefficient	Standard error	Significance level
x	1	0.2228E−1	0.8759E−2	0.1430E−1
x	2	−0.1883E−2	0.9322E−2	0.8407
y	1	0.6462	0.1678	0.3554E−3
y	2	0.4234E−1	0.1512	0.7807
z	1	0.2655	0.1742	0.1342
z	2	−0.1715	0.1708	0.3205
Constant	0	−0.1602E−2	0.1053E−1	0.1351

$\bar{R}^2 = 0.6316$; $Q(21) = 21.5900$ ($P = 0.4234$)

Tests for joint significance, dependent variable = y

Variable	F-statistic	Significance level
x	3.6283	0.3424E−4
y	19.1440	0.8287E−6
z	1.1684	0.3197

Dependent variable: z (percentage change in nonagricultural employment in rest of United States)

Variable	Lag	Coefficient	Standard error	Significance level
x	1	−0.8330E−2	0.6849E−2	0.2299
x	2	0.3635E−2	0.7289E−2	0.6202
y	1	0.3849	0.1312	0.5170E−2
y	2	−0.4805	0.1182	0.1828E−2
z	1	0.7226	0.1362	0.3004E−5
z	2	−0.1366E−1	0.1336	0.9190
Constant	0	−0.2387E−2	0.8241E−3	0.5701E−2

$\bar{R}^2 = 0.6503$; $Q(21) = 15.6182$ ($P = 0.7907$)

Tests for joint significance, dependent variable = z

Variable	F-statistic	Significance level
x	0.7396	0.4827
y	8.2714	0.8360E−3
z	27.9609	0.1000E−7

注：* 指每个变量各两个滞后项。
资料来源：*Economic Review*，Federal Reserve Bank of Dallas，January 1989，p. 21.

冯拜和赫希伯格根据他们论文中的这些和其他结果，得到的结论是：上述关于得克萨斯经济的谚语并没有很准确的意义。因为在经历 OPEC 的石油禁运冲击所造成的初始不稳定之后，得克萨斯经济现在已较少地依赖于油价的波动了。

22. 10　度量金融时间序列中的波动性：ARCH 和 GARCH 模型

本章引言曾指出，诸如股票价格、汇率、通货膨胀率等金融时间序列通常表现出**群**

集波动的现象，即在相当长一段时期，其价格表现出大幅波动，然后又会在下一段时期内保持相对稳定。菲利普·弗兰西斯（Philip Fransens）指出：

> 由于这种（金融时间序列）数据反映了（比方说）股票市场上买卖双方交易的结果，各种信息来源及其他外生经济事件都有可能对资产价格的时间序列模式产生影响。由于对信息有各种不同的解释，而且诸如石油冲击等特定经济事件可能持续一段时间，所以我们通常会观察到，金融时间序列中较大的正观测值和负观测值都倾向于群集出现。[①]

波动性方面的知识在许多领域都至关重要。比如，在研究通货膨胀随时间的变化方面，已经做了大量的宏观计量工作。对某些决策者而言，通货膨胀本身或许不是一件坏事情，但其波动性使得金融计划很难做好，从而对决策者不利。

外汇市场上的进口商、出口商和交易者也是一样，因为汇率的波动性意味着巨大的损失或利润。股票市场上的投资者显然对股票市场上的波动性很感兴趣，因为很大的波动性就意味着很大的损失或收益，也就意味着巨大的不确定性。在波动的市场上，公司很难通过资本市场来筹集资本。

我们如何模型化可能存在这种波动性的金融时间序列呢？比如，我们如何模型化股票价格、汇率和通货膨胀等序列呢？这些金融时间序列多数都具有这样一个特征：它们的水平值为随机游走即非平稳的。但另一方面，它们的一阶差分形式则通常都是平稳的，比如我们在上一章中所见到的 GDP 序列便是如此，尽管 GDP 并非严格的金融时间序列。

因此，为什么不去模型化金融时间序列的一阶差分而要去模型化其水平值呢？但这些一阶差分通常都表现出大幅摆动或**波动**，说明金融时间序列的方差也在随着时间而变化。我们也能模型化这种"变动着的方差"吗？这就使得最早由恩格尔提出的所谓**自回归条件异方差**（autoregressive conditional heteroscedasticity，ARCH）模型派上了用场。[②]

顾名思义，由于不同时期所观测到的异方差（或者不相等的方差）也可能自相关，所以这种异方差便可能具有自回归的结构。为看出其全部含义，让我们先考虑两个简明的例子。

例 22.1	美国和英国汇率：一个例子

图 22—6 给出了美英汇率（美元/英镑）从 1971 年至 2007 年共 444 个月度数据的对数。从此

---

① Philip Hans Franses, *Time Series Models for Business and Economic Forecasting*, Cambridge University Press, New York, 1998, p. 155.

② R. Engle, "Autoregressive Conditional Heteroscedasticity with Estimates of the Variance of United Kingdom Inflation," *Econometrica*, vol. 50. no. 1, 1982, pp. 987-1007. See also A. Bera and M. Higgins, "ARCH Models: Properties, Estimation and Testing," *Journal of Economic Surveys*, vol. 7, 1993, pp. 305-366.

图中可以看出，汇率在样本期间有大幅波动。为了更清楚地看到这一点，我们用图22—7描出了汇率对数的变化图；注意，一个变量对数的变化表示相对变化，乘以100便得到变化的百分数。你可以看到，美英汇率的相对变化在某些时期表现出大幅摆动，而在其他时期则只有适度的变化，从而为群集波动现象提供了例证。

图 22—6　1971—2007 年（月度）美英汇率的对数

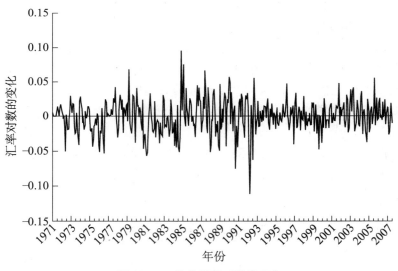

图 22—7　美英汇率对数的变化

现在的实际问题是：我们如何在统计上度量波动性？让我们用汇率的例子来说明它。

令 Y_t ＝美英汇率

$Y_t^*＝Y_t$ 的对数

$dY_t^*＝Y_t^*－Y_{t-1}^*$

$d\bar{Y}_t^*＝dY_t^*$ 的均值

$X_t＝dY_t^*－d\bar{Y}_t^*$

因此，X_t 为进行均值调整后的汇率相对变化。现在，我们可以用 X_t^2 作为一个度量波动性的工具。作为一个平方量，当金融资产价格变化大时，它的值就大；而当金融资产价格变化温和时，它的值就小。[①]

接受 X_t^2 作为对波动性的一个度量之后，我们如何知道它是否随时间而变化呢？假设我们考虑如下 AR(1)，或 ARIMA(1,0,0) 模型：

$$X_t^2 = \beta_0 + \beta_1 X_{t-1}^2 + u_t \tag{22.10.1}$$

此模型表明，当期波动性与其上一期波动性和白噪音误差项有关系。若 β_1 为正，则表明上一期较高的波动性将导致下一期的波动性继续高，即标志着群集波动。若 β_1 为 0，则表明不存在群集波动的情况。用通常的 t 检验即可判断所估计的 β_1 的统计显著性。

我们自然想到考虑波动性的 AR(p) 模型：

$$X_t^2 = \beta_0 + \beta_1 X_{t-1}^2 + \beta_2 X_{t-2}^2 + \cdots + \beta_p X_{t-p}^2 + u_t \tag{22.10.2}$$

此模型表明任一期的波动性与其前面 p 期的波动性相关，p 值只是一个经验问题。这个经验问题可用我们在第 13 章讨论的那些模型选择准则中的一个或多个来解决（比如赤池信息准则）。我们可以用 t 检验来检验任何一个 β 系数的显著性，或用通常的 F 检验来检验两个或多个系数的联合显著性。

模型（22.10.1）是 **ARCH(1)** 模型的一个例子，模型（22.10.2）称为一个 **ARCH(p)** 模型，其中 p 表示模型中自回归项的数目。

在做进一步解释之前，让我们先用美英汇率数据来说明 ARCH 模型。ARCH(1) 模型的估计结果如下：

$$X_t^2 = 0.000\,43 + 0.230\,36\,X_{t-1}^2 \tag{22.10.3}$$
$$t = (7.71) \qquad (4.97) \quad R^2 = 0.053\,1 \quad d = 1.993\,3$$

其中 X_t^2 的定义如前。

由于滞后项系数的高度显著性（p 值约为 0.000），看来在本例中出现了群集波动的特征。我们也试了更高阶的 ARCH 模型，但最终只有 AR(1) 模型是显著的。

我们如何检验基于时间序列数据的一般回归模型中的 ARCH 模型呢？更具体而言，让我们考虑 k 变量线性回归模型：

$$Y_t = \beta_1 + \beta_2 X_{2t} + \cdots + \beta_k X_{kt} + u_t \tag{22.10.4}$$

并假定以 $t-1$ 期可利用的信息为条件，误差项服从如下正态分布：

$$u_t \sim N\left[0, (\alpha_0 + \alpha_1 u_{t-1}^2)\right] \tag{22.10.5}$$

而 u_t 服从的分布，均值为 0，方差为

$$\text{var}(u_t) = \alpha_0 + \alpha_1 u_{t-1}^2 \tag{22.10.6}$$

即 u_t 的方差服从一个 ARCH(1) 过程。

u_t 的正态性质对我们而言并不新鲜。新鲜的是，u 在 t 时期的方差取决于 $t-1$ 期干扰项的平方，从而给出序列相关的现象。[②] 当然，误差方差可能不仅取决于误差方差项的一阶滞后，还取决于几个滞后平方项：

---

① 你可能想知道我们为什么不用 X_t 的方差 $\sum X_t^2/n$ 来度量波动性。这是因为我们想考虑资产价格波动性随着时间的变化。如果我们使用 X_t 的方差，那它对每个给定的数据集都只有一个值。

② 一个技术性注解：记得对经典线性回归模型而言，u_t 的方差假定为 σ^2，在目前的背景下，它是无条件方差。若 $\alpha_1 < 1$，则稳定性条件可以写成 $\sigma^2 = \alpha_0 + \alpha_1 \sigma^2$；即 $\sigma^2 = \alpha_0/(1-\alpha_1)$。这就表明，$u$ 的无条件方差并不取决于 t，但取决于 ARCH 参数 α_1。

$$\text{var}(u_t) = \sigma_t^2 = \alpha_0 + \alpha_1 u_{t-1}^2 + \alpha_2 u_{t-2}^2 + \cdots + \alpha_p u_{t-p}^2 \qquad (22.10.7)$$

若误差方差不存在自相关，我们有

$$H_0 : \alpha_1 = \alpha_2 = \cdots = \alpha_p = 0 \qquad (22.10.8)$$

在这种情况下，$\text{var}(u_t) = \alpha_0$，即不具有 ARCH 效应。

由于我们不能直接观测到 σ_t^2，所以恩格尔证明了做如下回归很容易检验上述虚拟假设：

$$\hat{u}_t^2 = \hat{\alpha}_0 + \hat{\alpha}_1 \hat{u}_{t-1}^2 + \hat{\alpha}_2 \hat{u}_{t-2}^2 + \cdots + \hat{\alpha}_p \hat{u}_{t-p}^2 \qquad (22.10.9)$$

其中 $\hat{u}_t$ 和平常一样表示从原回归模型（22.10.4）中得到的 OLS 残差。

你可以使用通常的 F 检验来检验虚拟假设 H_0，也可以通过计算 nR^2 来检验，其中 R^2 为辅助回归（22.10.9）的判定系数。可以证明

$$nR_{\text{asy}}^2 \sim \chi_p^2 \qquad (22.10.10)$$

即在大样本中，nR^2 服从自由度等于辅助回归中自相关回归元个数的 χ^2 分布。

在继续讲解下去之前，确信你没有把第 12 章中讨论的误差项的自相关和 ARCH 模型搞混淆。在 ARCH 模型中，是 u_t 的（条件）方差取决于先前误差项的平方，所以给你留下了自相关的印象。

例 22.2　纽约证券交易所的价格变化

作为对 ARCH 效应的进一步说明，图 22—8 给出了 NYSE（纽约证券交易所）价格指数在 1966—2002 年期间月度百分比变化。[①] 此图表明 NYSE 价格指数的百分比变化有相当可观的波动性。特别注意在 1987 年股市暴跌附近的大幅摆动。

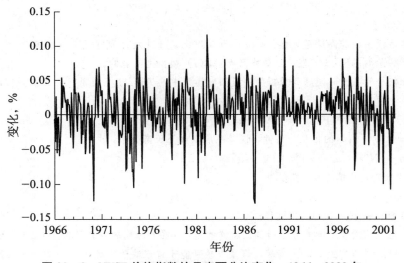

图 22—8　NYSE 价格指数的月度百分比变化：1966—2002 年

为了刻画图中所见股票收益的波动性，让我们考虑一个十分简单的模型：

$$Y_t = \beta_1 + u_t \qquad (22.10.11)$$

其中 $Y_t =$ NYSE 股票价格指数的百分比变化，$u_t =$ 随机误差项。

---

① 此图和下面给出的回归结果所采用的数据都来自 Gary Koop，*Analysis of Economic Data*，John Wiley & Sons，New York，2000。股票价格指数的月百分比变化可视为指数的回报率。

注意，除了截距项外，模型中没有其他的解释变量。我们从数据中得到如下 OLS 回归：

$$\hat{Y}_t = 0.005\ 74$$
$$t = (3.36) \tag{22.10.12}$$
$$d = 1.491\ 5$$

这个截距项表示什么？它无非就是 NYSE 指数的平均百分比回报率，或 Y_t 的均值。（你能验证吗？）因此，在整个样本期间，NYSE 指数的月平均回报率约为 0.005 74%。

我们现在从上述回归得到残差，并估计 ARCH(1) 模型，结果如下：

$$\widehat{\hat{u}_t^2} = 0.000\ 007 + 0.254\ 06\ \hat{u}_{t-1}^2 \tag{22.10.13}$$
$$t = (0.000) \quad (5.52) \quad R^2 = 0.064\ 5 \quad d = 1.946\ 4$$

其中 $\hat{u}_t$ 为从回归（22.10.12）中估计的残差。

由于滞后误差项的平方在统计上是显著的（p 值约为 0.000），所以误差方差看来是相关的；即存在 ARCH 效应。我们也试了更高阶的 ARCH 模型，但只有 ARCH(1) 才是统计显著的。

□ 出现 ARCH 时怎么办

记得我们曾讨论了几种纠正异方差性的方法，基本上都是应用 OLS 去变换数据。记住，对变换后的数据应用 OLS 就是广义最小二乘。若发现存在 ARCH 效应，我们就要使用 GLS。我们不再深究其技术上的细节，因为这些都超出了本书的范围。[1] 幸运的是，诸如 EViews，SHAZAM，MICROFIT 和 PC-GIVE 等软件包现在都为了方便读者而例行估计这种模型了。

□ 对德宾-沃森 d 和 ARCH 效应的一句忠告

我们已经几次提醒读者，显著的 d 统计量并不总是意味着所处理数据中存在着显著的自相关。一个显著的 d 值时常预示着我们在第 13 章中讨论的模型设定误差。我们现在又有了一种因 ARCH 效应而导致的设定误差。因此，在一个时间序列回归中，若得到一个显著的 d 值时，在以其面值接受这个 d 统计量之前，我们应该检验 ARCH 效应。习题 22.23 给出了一个例子。

□ 对 GARCH 模型的一个注解

自 1982 年"发现" ARCH 模型以来，ARCH 建模已经成为一个蒸蒸日上的产业，对原模型提出了各种各样的变形。其中广为流传的一个便是由波勒斯列夫（Bollerslev）最早提出的**广义自回归条件异方差**（generalized autoregressive conditional heteroscedasticity，GARCH）模型。[2] 最简单的 GARCH 模型便是 GARCH(1,1)，可

---

① 参阅 Russell Davidson and James G. MacKinnon, *Estimation and Inference in Econometrics*, Oxford University Press, New York, 1993, Section 16.4 and William H. Greene, *Econometric Analysis*, 4th ed., Prentice Hall, Englewood Cliffs, NJ, 2000, Section 18.5.

② T. Bollerslev, "Generalized Autoregressive Conditional Heteroscedasticity," *Journal of Econometrics*, vol. 31, 1986, pp. 307-326.

写作：

$$\sigma_t^2 = \alpha_0 + \alpha_1 u_{t-1}^2 + \alpha_2 \sigma_{t-1}^2 \qquad (22.10.14)$$

即 t 时期 u 的条件方差不仅取决于上一时期误差项的平方［如在 ARCH(1) 中一样］，还取决于上一时期的条件方差。这个模型可以推广至 GARCH(p,q)，即模型中有误差平方项的 p 阶滞后和条件方差的 q 阶滞后。

因为这些模型太复杂，所以我们仍不深究其技术细节，只是指出一个 GARCH(1, 1) 模型就等价于一个 ARCH(2) 模型，而一个 GARCH(p,q) 模型就等价于一个 ARCH($p+q$) 模型。[①]

就我们的美英汇率和 NYSE 股票回报的例子来看，我们已经说过，一个 ARCH(2) 模型并不显著，这表明一个 GARCH(1,1) 在这些例子中可能也不适合。

22.11　总结性例子

我们再给出几个例子来结束本章，以解说我们在本章中已经得到的一些要点。

例 22.3	1969 年 1 月—2000 年 1 月招聘指数（HWI）和失业率（UN）之间的关系

为了研究美国的两个劳动市场情况指标 HWI 和 UN 之间的因果关系，贾莫托（Marc A. Giammatteo）考虑了如下回归模型[②]：

$$\mathrm{HWI}_t = \alpha_0 + \sum_{i=1}^{25} \alpha_i \, \mathrm{UN}_{t-i} + \sum_{j=1}^{25} \beta_j \, \mathrm{HWI}_{t-j} \qquad (22.11.1)$$

$$\mathrm{UN}_t = \alpha_0 + \sum_{i=1}^{25} \lambda_i \, \mathrm{UN}_{t-i} + \sum_{j=1}^{25} \delta_j \, \mathrm{HWI}_{t-j} \qquad (22.11.2)$$

为了节省篇幅，我们不再给出实际回归结果，但此研究所突现的主要结论是，这两个劳动市场指标之间有双向因果关系，而且这个结论不随滞后长度的变化而改变。HWI 和 UN 的数据在本书网站的表 22—5 中给出。

例 22.4	日美汇率的 ARIMA 建模：1971 年 1 月—2008 年 4 月

日美汇率是一个关键汇率。从日元/美元月度数据的对数发现，这个汇率的水平值表现出典型的非平稳时间序列类型。但考察一阶差分则发现，它们是平稳的；这里的图与图 22—8 极其相似。

---

① 详细情况参见 Davidson and MacKinnon, op. cit. , pp. 558-560。

② Marc A. Giammatteo (West Point, Class of 2000), "The Relationship between the Help Wanted Index and the Unemployment Rate," unpublished term paper. （为了与我们的符号保持一致而对原来的符号作了改变。）

单位根检验证实了日元/美元月度数据的对数的一阶差分是平稳的。在考察了汇率对数的一阶差分相关图之后，我们估计了如下 MA(1) 模型：

$$\hat{Y}_t = -0.002\,8 - 0.330\,0\,u_{t-1}$$
$$t = (-1.71)\quad(-7.32) \tag{22.11.3}$$
$$R^2 = 0.101\,2 \qquad d = 1.980\,8$$

其中 Y_t 表示日元/美元月度数据的对数的一阶差分，u 表示一个白噪音误差项。

为节省篇幅，我们把上述分析背后的数据放到本书网站上的表 22—6 中。我们鼓励读者利用这些数据去尝试其他模型，并比较它们的预测表现。

例 22.5 **美国通货膨胀率的 ARCH 模型：1947 年 1 月—2008 年 3 月**

为了看出以 CPI 度量的美国通货膨胀率中是否存在 ARCH 效应，我们得到了从 1947 年 1 月至 2008 年 3 月的 CPI 数据。CPI 对数的描点图表明，这个时间序列是非平稳的。但图 22—9 所示的 CPI 对数的一阶差分描点图则表明，尽管一阶差分是平稳的，但也出现了可观的波动性。

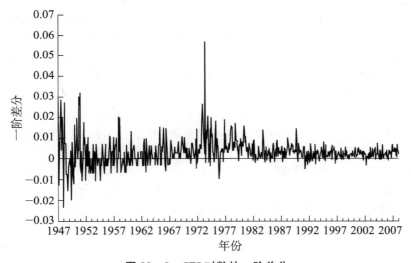

图 22—9　CPI 对数的一阶差分

根据回归（22.10.12）和（22.10.13）所勾勒的程序，我们首先估计 CPI 一阶差分的对数对一个常数项的回归，并得到此方程的残差。将这些残差平方，我们得到如下 ARCH(2) 模型：

$$\hat{a}_t^2 = 0.000\,028 + 0.121\,25\,\hat{a}_{t-1}^2 + 0.087\,18\,\hat{a}_{t-2}^2$$
$$t = (5.42)\qquad(3.34)\qquad\quad(2.41) \tag{22.11.4}$$
$$R^2 = 0.026 \qquad d = 2.021\,4$$

如你所见，由于当月的波动性取决于前 2 个月的波动性，所以通货膨胀的变动有相当大的持久性。建议读者从政府资源中获得 CPI 的数据，并看是否有其他更好的模型，特别是 GARCH 模型。

要点与结论

1. 博克斯-詹金斯和 VAR 经济预测方法是和传统的单一方程和联立方程模型相对立的。

2. 对于一个时间序列的预测，基本的博克斯-詹金斯策略如下：

a. 首先检验序列的平稳性。可通过自相关函数（ACF）和偏自相关函数（PACF）的计算或者通过正式的单位根分析来完成这一步骤。对应于 ACF 和 PACF 的相关图往往是一种良好的视觉诊断工具。

b. 如果时间序列不是平稳的，将它差分一次或多次，以获得平稳序列。

c. 然后计算此平稳时间序列的 ACF 和 PACF，以判明序列是纯自回归的或纯移动平均类型的，或两者的一种混合体。从表 22—1 所提供的概略性指引，我们将能决定有待拟合的 ARMA 过程中的 p 和 q 值。在此阶段中所选的 ARMA(p,q) 模型是尝试性质的。

d. 然后估计此尝试性模型。

e. 分析尝试性模型的残差，看这些残差是不是白噪音。如果是，则此尝试性模型也许是所依据的随机过程的一个良好迫近；如果不是，则整个程序要从头做起，因此，博克斯-詹金斯方法是一个反复过程。

f. 最后选定的模型便可用于预测。

3. VAR 预测方法同时考虑多个时间序列，其特点如下：

a. 所有的变量都被看作是内生的，在这个意义上 VAR 是一个真正的联立方程组。

b. 在 VAR 建模中，一个变量的值被表达为该变量和模型中所含有的全部其他变量的过去或滞后值的一个线性函数。

c. 如果每一方程都含有同样个数的系统中的滞后变量，它就可以用 OLS 来估计，而无需求助于诸如二阶段最小二乘（2SLS）或似无关回归（SURE）等系统方法。

d. VAR 建模的简单性也许就是它的欠缺性。鉴于在大多数经济分析中一般能获得的观测值的个数是有限的，引进每一变量的多个滞后会耗费掉大量的自由度。[①]

e. 如果每一方程都有多个滞后，要解释每一个系数，特别是当系数的符号正负交替时，就不是容易的事。正因为这个缘故，人们转而分析 VAR 建模中的脉冲响应函数（IRF），观察因变量在系统中的一个或多个方程受到冲击时是怎样作出响应的。

f. 关于各种预测方法的优越性有大量的争执和辩论。单方程、联立方程、博克斯-詹金斯和 VAR 预测方法各有其仰慕者和诋毁者。我们所能说的是，没有哪一个方法能适应所有情形。如果真有这样一种方法，我们就没有必要讨论各种不同的方法了。有一点是肯定的：现在，博克斯-詹金斯和 VAR 方法论已成为计量经济学的一个组成部分。

4. 我们在本章还考虑了一类特殊的模型，ARCH 和 GARCH 模型，它们在分析诸如股票价格、通货膨胀率和汇率等金融时间序列时特别有用。这些模型的一个明显特征是，由于群集波动现象，所以不同时间的误差方差可能相关。我们还指出，在许多情况下，一个显著的德宾-沃森 d

---

① 贝叶斯统计学的信徒相信这个问题可大大缓解。参见 R. Litterman, "A Statistical Approach to Economic Forecasting," *Journal of Business and Economic Statistics*, vol. 4, 1986, pp. 1-4.

可能事实上起因于 ARCH 或 GARCH 效应。

5. 虽然 ARCH 和 GARCH 模型还有各种各样的形式，但由于篇幅所限，本章没有考虑这些模型。其中包括 **GARCH-M**（均值 GARCH 模型）、**TGARCH**（门限 GARCH）和 **EGARCH**（指数 GARCH 模型）。对这些模型的讨论，可在参考文献中找到。[①]

习　题

问答题

22.1　什么是经济预测的主要方法？

22.2　联立方程和博克斯-詹金斯两经济预测方法的主要差别何在？

22.3　略述应用博克斯-詹金斯预测方法的主要步骤。

22.4　如果把博克斯-詹金斯技术应用于非平稳时间序列，会出现什么情况？

22.5　博克斯-詹金斯和 VAR 两经济预测方法的差别何在？

22.6　在什么意义下 VAR 是乏理论的？

22.7　"如果主要目的在于预测，则 VAR 是足够好的。"从严评议这一陈述。

22.8　既然在一个 VAR 中引进滞后的个数可以是一个主观问题，那么在一个具体的应用中，怎样决定引进多少个滞后呢？

22.9　"博克斯-詹金斯和 VAR 是凭测量而无理论的典范。"试加评论。

22.10　格兰杰因果检验和 VAR 建模如果有关系的话，是什么关系？

实证分析题

22.11　考虑 21.1 节介绍的 LDPI（个人可支配收入的对数）数据（实际数据可参见本书网站）。假如你要对这些数据拟合一个适当的 ARIMA 模型。略述完成这一工作的步骤。

22.12　对 21.1 节介绍的 LPCE（个人消费支出的对数）数据重做习题 12.11（实际数据同样可参见本书网站）。

22.13　对 LCP 重做习题 12.11。

22.14　对 LDIVIDENDS 重做习题 12.11。

22.15　在 13.9 节中，我们向你介绍了决定滞后长度的施瓦茨准则，你怎样利用这个准则去决定一个 VAR 模型中的适当滞后长度？

22.16　利用 21.1 节介绍的 LPCE 和 LDPI 数据（实际数据可参见本书网站），构造 1970 年第 I 季度至 2006 年第 IV 季度这个时期的一个二维 VAR 模型。利用此模型预测这两个变量在 2007 年四个季度里的值。并将预测值同数据库中的实际值进行比较。

22.17　利用 LCP 和 LDIVIDENDS 数据，重做习题 22.16。

*22.18　利用任何一个统计软件包，对你在习题 22.16 中构造的 VAR 模型估计一个直至 8 期滞后的脉冲响应函数。

---

①　参见 Walter Enders，*Applied Econometric Time Series*，2d ed.，John Wiley & Sons，New York，2004。以应用为取向的讨论，参见 Dimitrios Asterious and Stephen Hall，*Applied Econometrics：A Modern Approach*，revised edition，Palgrave/Macmillan，New York，2007，Chapter 14。

22.19 用你在习题 22.18 中构造的 VAR 模型重做习题 22.17。

22.20 参照表 22—4 所给的 VAR 回归结果。根据那里报道的三个回归的 F 检验，你能对三个变量的因果性质说些什么？

22.21 继续考虑习题 20.20，你能猜测为什么论文的作者们选择百分比变化的形式，而不是选择水平值的形式来表达模型中的三个变量吗？（提示：平稳性。）

22.22 利用表 17—5 给出的加拿大数据，看 M_1 和 R 是否是平稳的随机变量？若不是，它们是否协整？给出必要的计算。

22.23 继续使用表 17—5 中的数据。现在考虑加拿大货币需求的如下简单模型：

$$\ln M_{1t} = \beta_1 + \beta_2 \ln GDP_t + \beta_3 \ln R_t + u_t$$

a. 你如何解释此模型的参数？

b. 从模型中得到残差，并看是否存在 ARCH 效应。

22.24 参照方程（22.11.4）中给出的 ARCH(2) 模型。利用同样的数据，我们估计了如下 ARCH(1) 模型：

$$\hat{u}_t^2 = 0.000\,000\,78 + 0.373\,7\,\hat{u}_{t-1}^2$$
$$t = (7.584\,3) \qquad (10.235\,1)$$
$$R^2 = 0.139\,7 \quad d = 1.989\,6$$

你如何在这两个模型之间做出选择？给出必要的计算。

22.25 表 22—7 给出了 1982 年 1 月—2008 年 3 月三月期（TB3M）和六月期（TB6M）国债利率数据，共 315 个月度观测。本书网站上可找到这些数据。

a. 在同一个图上描出这两个序列的趋势图，你看出什么特征了吗？

b. 做一个规范的单位根分析，看这些时间序列是否平稳。

c. 这两个时间序列协整吗？你何以知道？给出必要的计算。

d. 在现在的背景下，**协整**有何经济含义？如果这两个序列不是协整的，其经济意义何在？

e. 如果你想估计一个使用每个变量 4 阶滞后的 VAR 模型，你必须使用这两个序列的一阶差分数据吗，或者说，你能够用这两个序列的水平值进行分析吗？给出你的理由。

22.26 **课堂练习**。挑选一个股票市场指数，搜集所选指数价值连续 5 年时间的日数据，看 ARCH 效应能否刻画这个股票指数。

22.27 **课堂练习**。搜集美国 1980—2007 年通货膨胀率和失业率的季度数据，构造并估计这两个变量的 VAR 模型。用 CPI（消费者价格指数）计算通货膨胀率，用城市失业率表示总失业率。注意这些变量的稳定性。再分析是否一个变量格兰杰导致另一个变量。给出全部计算过程。

统计学中的若干概念复习

本附录对本书中遇到的一些统计学概念作一个非常简略的介绍。讨论是非严格的，而且不加证明，原因是已有多种统计学书籍出色地完成了这一工作。本附录末列出了这些书籍中的一部分。

A.1 总和与乘积运算子

希腊大写字母 $\sum$（sigma）表示总和。例如，

$$\sum_{i=1}^{n} x_i = x_1 + x_2 + \cdots + x_n$$

总和运算子 $\sum$ 的一些重要性质是：

1. $\sum_{i=k}^{n} k = nk$，其中 k 是常数。例如，$\sum_{i=1}^{4} 3 = 4 \times 3 = 12$。

2. $\sum_{i=1}^{n} k x_i = k \sum_{i=1}^{n} x_i$，其中 k 是常数。

3. $\sum_{i=1}^{n} (a + b x_i) = na + b \sum_{i=1}^{n} x_i$，其中 a 和 b 是常数，并且这里利用了上面的性质 1 和性质 2。

4. $\sum_{i=1}^{n} (x_i + y_i) = \sum_{i=1}^{n} x_i + \sum_{i=1}^{n} y_i$。

总和运算子还可推广到多重总和。例如，双重总和运算子 $\sum\sum$ 的定义是：

$$\sum_{i=1}^{n} \sum_{j=1}^{m} x_{ij} = \sum_{i=1}^{n} (x_{i1} + x_{i2} + \cdots + x_{im})$$
$$= (x_{11} + x_{21} + \cdots + x_{n1}) + (x_{12} + x_{22} + \cdots + x_{n2}) + \cdots + (x_{1m} + x_{2m} + \cdots + x_{nm})$$

$\sum\sum$ 的一些性质是：

1. $\sum_{i=1}^{n} \sum_{j=1}^{m} x_{ij} = \sum_{j=1}^{m} \sum_{i=1}^{n} x_{ij}$；就是说，双重总和的运算次序是可交换的。

2. $\sum_{i=1}^{n} \sum_{j=1}^{m} (x_i y_j) = \sum_{i=1}^{n} x_i \sum_{j=1}^{m} y_j$。

3. $\sum_{i=1}^{n} \sum_{j=1}^{m} (x_{ij} + y_{ij}) = \sum_{i=1}^{n} \sum_{j=1}^{m} x_{ij} + \sum_{i=1}^{n} \sum_{j=1}^{m} y_{ij}$。

4. $\left[\sum_{i=1}^{n} x_i \right]^2 = \sum_{i=1}^{n} x_i^2 + 2 \sum_{i=1}^{n-1} \sum_{j=i+1}^{n} x_i x_j = \sum_{i=1}^{n} x_i^2 + 2 \sum_{i<j} x_i x_j$。

乘积运算子 $\prod$ 定义为：

$$\prod_{i=1}^{n} x_i = x_1 \cdot x_2 \cdots x_n$$

因此，

$$\prod_{i=1}^{3} x_i = x_1 \cdot x_2 \cdot x_3$$

■ A.2　样本空间、样本点与事件

　　一个随机或机遇试验的所有可能结果的集合叫做**总体**（population）或**样本空间**（sample space），而此样本空间的每一元素都被叫做一个**样本点**（sample point）。例如，在抛掷两枚硬币的试验中，样本空间由 HH、HT、TH 和 TT 四个可能结果构成。其中 HH 表示第一次抛掷出现正面，第二次抛掷也出现正面；HT 表示第一次抛掷出现正面，第二次抛掷出现反面，等等。上述每一种结果构成一个样本点。

　　一个**事件**（event）就是样本空间的一个子集。例如，令 A 表示出现一个正面和一个反面，那么，在上述可能结果中，只有 HT 和 TH 两个结果属于 A，而 A 就是一个事件，类似地，在抛掷两枚硬币的试验中，出现两个正面是一个事件。如果一个事件的出现排斥另一事件的出现，我们就说这两个事件是**互斥的**（mutually exclusive），在上述试验中，如果 HH 出现，事件 HT 就不可能同时出现。如果事件举尽了一个试验的全部可能结果，我们说事件是（集体地）**穷举的**（exhaustive）。例如，在这个例子中，事件（a）两个正面、（b）两个反面和（c）一正一反，就举尽了试验的全部结果，因而它们是（集体地）穷举事件。

■ A.3　概率与随机变量

□ 概　　率

　　令 A 为样本空间中的一个事件。事件 A 的概率，记为 $P(A)$，是指在重复试验中事件 A 将出现的次数比例。换一种说法，在总共 n 个等可能的试验结果中，如果有 m 个有利于事件 A 的出现，我们就定义比率 m/n 为 A 的**相对频率**（relative frequency）。当 n 很大时，这个相对频率就是 A 的概率的一个很好的近似值。*

---

　　*　在等可能的前提下，这个相对频率就可理解为概率。——译者注

概率的性质。 $P(A)$ 是一个实值函数[1]，并且有如下性质：

1. 对每个 A 都有 $0 \leqslant P(A) \leqslant 1$。

2. 如果 A、B、C，…构成事件的一个穷举集，则 $P(A+B+C+\cdots)=1$，其中 $A+B+C$ 表示 A 或 B 或 C，如此等等。

3. 如果 A、B、C，…是互斥事件，则

$$P(A+B+C+\cdots) = P(A)+P(B)+P(C)+\cdots$$

例 1

考虑投掷一颗有 1 到 6 点的骰子的试验，样本空间由结果 1，2，3，4，5 和 6 构成。这 6 个事件因此穷举了整个样本空间。因为共有 6 个等可能结果，而任一结果都有同等的机会出现，故出现任一结果的概率都是 1/6。既然 1，2，3，4，5 和 6 构成事件的穷举集，故 $P(1+2+3+4+5+6)=1$，其中 1，2，3，…指点 1 或点 2 或点 3 等等的概率。又因任何两点都不能同时出现，即 1，2，…，6 是互斥事件，故 $P(1+2+3+4+5+6)=P(1)+P(2)+\cdots+P(6)=1$。

☐ 随机变量

如果一个变量的值由随机试验的结果决定，我们就称之为**随机变量**（random variable，rv）。随机变量通常用大写字母 X、Y、Z 等表示，而它的值由小写字母 x、y、z 等表示。

随机变量可以是**离散的**（discrete）或**连续的**（continuous）。一个离散随机变量只取有限（或可数无穷）多个值。[2] 例如，投掷两颗骰子，各有数字 1 至 6，如果我们定义随机变量 X 为两骰子出现的数字之和，则 X 将取如下数字之一：2，3，4，5，6，7，8，9，10，11 或 12。从而它是一离散随机变量。另一方面，一个连续随机变量可以取某一区间的任何值。例如，个人的身高是一连续变量，它可以取某个范围内，比方说 60～65 英寸之间的任何值，这个值的读数还有赖于测量的精度。

A. 4 概率密度函数

☐ 离散随机变量的概率密度函数

令 X 为取相异值 x_1，x_2，…，x_n，…的一个离散随机变量，则函数：

$$\begin{aligned} f(x) &= P(X=x_i) & &\text{对于 } i=1,2,\cdots,n,\cdots \\ &= 0 & &\text{对于 } x \neq x_i \end{aligned}$$

叫做 X 的**离散概率密度函数**（discrete probability density function，PDF），其中 $P(X=x_i)$ 表示离

---

[1]　如果一个函数的定义域和值域都是实数集的子集，则通常称之为实值函数。关于细节，参看 Alpha C. Chiang, *Fundamental Methods of Mathematical Economics*, 3d. ed., McGraw-Hill, 1984, Chapter 2。

[2]　对可数无穷集概念的一个简单讨论，参见 R. G. D. Allen, *Basic Mathematics*, Macmillan, London, 1964, p. 104。

散随机变量 X 取值 x_i 的概率。

例 2

在两颗骰子的投掷中，两骰子所出现的数字之和，随机变量 X，可取所示的 11 个数值之一。此变量的 PDF 可表示如下（还可参看图 A—1）：

$$x = \quad 2 \quad 3 \quad 4 \quad 5 \quad 6 \quad 7 \quad 8 \quad 9 \quad 10 \quad 11 \quad 12$$

$$f(x) = \left(\frac{1}{36}\right)\left(\frac{2}{36}\right)\left(\frac{3}{36}\right)\left(\frac{4}{36}\right)\left(\frac{5}{36}\right)\left(\frac{6}{36}\right)\left(\frac{5}{36}\right)\left(\frac{4}{36}\right)\left(\frac{3}{36}\right)\left(\frac{2}{36}\right)\left(\frac{1}{36}\right)$$

很容易验证这些概率。在全部 36 个可能结果中，有一个有利于（总和）数 2，有两个有利于数 3（总和 3 的出现或者因为第一个骰子出现 1，第二个骰子出现 2，或者因为第一个骰子出现 2，第二个骰子出现 1），如此类推。

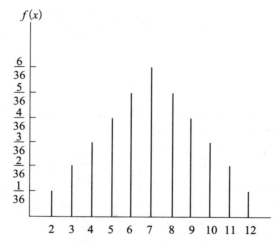

图 A—1　例 2 中离散随机变量的概率密度函数

□ 连续随机变量的概率密度函数

令 X 为一个连续随机变量。如果满足下述条件：

$$f(x) \geqslant 0$$

$$\int_{-\infty}^{\infty} f(x)\mathrm{d}x = 1$$

$$\int_{a}^{b} f(x)\mathrm{d}x = P(a \leqslant x \leqslant b)$$

我们就说 $f(x)$ 是 X 的 PDF。其中 $f(x)\mathrm{d}x$ 称概率元素（与一连续变量的一个微小区间相对应的概率），而 $P(a \leqslant x \leqslant b)$ 指 x 落在 a 至 b 区间上的概率，用几何图形表示，我们有图 A—2。

与离散随机变量相对照，一个连续随机变量 X 取某一特定值的概率为零[1]；对于这样的一个变量，概率仅对一个给定的范围或区间才是可测的，比如图 A—2 的 (a, b)。

---

① 注：$\int_{a}^{a} f(x)\mathrm{d}x = 0$。

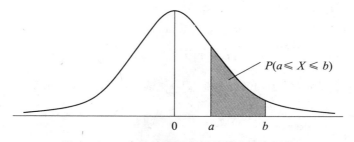

图 A—2　一个连续随机变量的概率密度函数

考虑如下概率密度函数：

$$f(x) = \frac{1}{9}x^2 \quad 0 \leqslant x \leqslant 3$$

容易验证，对所有从 0 到 3 的 x，$f(x) \geqslant 0$，并且 $\int_0^3 \frac{1}{9}x^2 \mathrm{d}x = 1$。〔注：积分是 $\left(\frac{1}{27}x^3 \Big|_0^3\right) = 1$。〕如果我们想估计上述 PDF 比方说在 0 与 1 之间的值，我们就得到 $\int_0^1 \frac{1}{9}x^2 \mathrm{d}x = \left(\frac{1}{27}x^3 \Big|_0^1\right) = \frac{1}{27}$；就是说，$x$ 落在 0 和 1 之间的概率是 1/27。

☐ 联合概率密度函数

离散变量的联合概率密度函数。令 X 和 Y 为两个离散随机变量，则函数

$$f(x,y) = P(X = x, \text{对于 } Y = y)$$
$$= 0 \quad \text{对于 } X \neq x \text{ 和 } Y \neq y$$

被称为**离散变量的联合概率密度函数**（discrete joint probability density function），并给出 X 取值 x 和 Y 取值 y 的概率。

下表给出离散随机变量 X 和 Y 的联合 PDF。

		\multicolumn{4}{c}{X}

		-2	0	2	3
Y	3	0.27	0.08	0.16	0
	6	0	0.04	0.10	0.35

此表告诉我们 X 取值 -2 的同时 Y 取值 3 的概率是 0.27；X 取值 3 的同时 Y 取值 6 的概率是 0.35；等等。

☐ 边缘概率密度函数

相对于 $f(x,y)$ 来说，$f(x)$ 和 $f(y)$ 被称为**个别**（individual）或**边缘**（marginal）概率密度函

数。这些边缘 PDF 的推导如下：

$$f(x) = \sum_y f(x,y) \qquad X \text{ 的边缘 PDF}$$

$$f(y) = \sum_x f(x,y) \qquad Y \text{ 的边缘 PDF}$$

其中，比如说，$\sum_y$ 表示对所有的 Y 值求和，而 $\sum_x$ 表示对所有的 X 值求和。

例 5

考虑例 4 中的数据，X 的边缘 PDF 可求得如下：

$$f(x=-2) = \sum_y f(x,y) = 0.27 + 0 = 0.27$$

$$f(x=0) = \sum_y f(x,y) = 0.08 + 0.04 = 0.12$$

$$f(x=2) = \sum_y f(x,y) = 0.16 + 0.10 = 0.26$$

$$f(x=3) = \sum_y f(x,y) = 0 + 0.35 = 0.35$$

同理，求得 Y 的边缘 PDF 如下：

$$f(y=3) = \sum_x f(x,y) = 0.27 + 0.08 + 0.16 + 0 = 0.51$$

$$f(y=6) = \sum_x f(x,y) = 0 + 0.04 + 0.10 + 0.35 = 0.49$$

如本例所示，我们把列的数值相加而得 X 的边缘 PDF，把行的数值相加而得 Y 的边缘 PDF。注意，对所有的 X 值取 $\sum_x f(x)$ 就等于 1，对所有的 Y 值取 $\sum_y f(y)$ 也等于 1。（为什么？）

条件 PDF。 如第 2 章所述，在回归分析中我们感兴趣的常常是，研究一个变量在另一（些）变量给定值的条件下的行为。这可通过条件 PDF 来做到。函数：

$$f(x \mid y) = P(X = x \mid Y = y)$$

被称为 X 的**条件**（conditional）PDF；它给出 Y 取给定值 y 的条件下 X 取值 x 的概率。类似地，

$$f(y \mid x) = P(Y = y \mid X = x)$$

给出 Y 的条件 PDF。

这些条件 PDF 可求得如下：

$$f(x \mid y) = \frac{f(x,y)}{f(y)} \qquad X \text{ 的条件 PDF}$$

$$f(y \mid x) = \frac{f(x,y)}{f(x)} \qquad Y \text{ 的条件 PDF}$$

以上表达式表明，一个变量的条件 PDF 可表达为联合 PDF 和另一变量的边缘 PDF 之比。

例 6

继续用例 4 和例 5，让我们计算以下条件概率：

$$f(X=-2 \mid Y=3) = \frac{f(X=-2, Y=3)}{f(Y=3)} = 0.27/0.51 = 0.53$$

注意，无条件概率 $f(X=-2)$ 是 0.27，但若 Y 已取定 3，则 X 取值 -2 的概率是 0.53。

$$f(X = 2 \mid Y = 6) = \frac{f(X = 2, Y = 6)}{f(Y = 6)} = 0.10/0.49 = 0.20$$

再次注意到 X 取值 2 的无条件概率是 0.26，而不同于在 Y 取定 6 的条件下的概率 0.20。

☐ 统计独立性

两个随机变量 X 和 Y **统计独立**（statistically independent）的充分必要条件是

$$f(x,y) = f(x)f(y)$$

也就是说，联合 PDF 可表达为两个边缘 PDF 的乘积。

例 7

袋中装有编号为 1，2 和 3 的三个球，从中有放回地随机抽取两个（即第一次抽出的球被放回去以后再抽取第二次）。令 X 表示第一次抽出的球的号码，而 Y 表示第二次抽出的球的号码，下表给出 X 和 Y 的联合 PDF：

		X		
		1	2	3
	1	$\frac{1}{9}$	$\frac{1}{9}$	$\frac{1}{9}$
Y	2	$\frac{1}{9}$	$\frac{1}{9}$	$\frac{1}{9}$
	3	$\frac{1}{9}$	$\frac{1}{9}$	$\frac{1}{9}$

现在 $f(X = 1, Y = 1) = \frac{1}{9}$，$f(X = 1) = \frac{1}{3}$（将第 1 列相加得到），并且 $f(Y = 1) = \frac{1}{3}$（将第 1 行相加得到）。因为 $f(X, Y) = f(X)f(Y)$，所以在本例中我们说两个变量在统计上独立。容易验证，对上表所给 X 和 Y 值的任意其他组合，联合 PDF 都可分解为边缘 PDF 的乘积。

可以证明，例 4 中所给的 X 和 Y 变量由于两边缘 PDF 的乘积不等于联合 PDF，所以不是统计独立的。〔注：如果两变量是统计上独立的，则必须对 X 和 Y 的一切组合都有 $f(X, Y) = f(X)f(Y)$。〕

连续变量的联合概率密度函数。两个连续变量 X 和 Y 的概率密度函数 $f(x,y)$ 是指

$$f(x,y) \geqslant 0$$

$$\int_{-\infty}^{\infty} \int_{-\infty}^{\infty} f(x,y)\mathrm{d}x\mathrm{d}y = 1$$

$$\int_{c}^{d} \int_{a}^{b} f(x,y)\mathrm{d}x\mathrm{d}y = P(a \leqslant x \leqslant b, c \leqslant y \leqslant d)$$

例 8

考虑如下 PDF：

$$f(x,y) = 2 - x - y \qquad 0 \leqslant x \leqslant 1; 0 \leqslant y \leqslant 1$$

显然，$f(x,y) \geqslant 0$，此外[①]

$$\int_0^1 \int_0^1 (2-x-y)\mathrm{d}x\mathrm{d}y = 1$$

X 和 Y 的边缘 PDF 可获得如下：

$$f(x) = \int_{-\infty}^{\infty} f(x,y)\mathrm{d}y \qquad X \text{ 的边缘 PDF}$$

$$f(y) = \int_{-\infty}^{\infty} f(x,y)\mathrm{d}x \qquad Y \text{ 的边缘 PDF}$$

例 9

例 8 所给的联合 PDF 的两个边缘 PDF 如下：

$$f(x) = \int_0^1 f(x,y)\mathrm{d}y = \int_0^1 (2-x-y)\mathrm{d}y$$

$$= \left(2y - xy - \frac{y^2}{2}\right)\Big|_0^1 = \frac{3}{2} - x \qquad 0 \leqslant x \leqslant 1$$

$$f(y) = \int_0^1 (2-x-y)\mathrm{d}x$$

$$= \left(2x - xy - \frac{x^2}{2}\right)\Big|_0^1 = \frac{3}{2} - y \qquad 0 \leqslant y \leqslant 1$$

为了看出例 8 的两个变量是否统计独立，我们需要弄清楚 $f(x,y) = f(x)f(y)$ 是否成立。由于 $(2-x-y) \neq \left(\frac{3}{2}-x\right)\left(\frac{3}{2}-y\right)$，所以我们可以说这两个变量不是统计独立的。

A.5 概率分布的特征

一个概率分布常常能用它的少数几个特征值［被称为分布的**矩**（moments）］来概括，用得最广的一些矩是**均值**（mean）即**期望值**（expected value）和**方差**（variance）。

□ 期 望 值

一个离散随机变量 X 的期望值，记为 $E(X)$，定义如下：

---

① $\int_0^1 \left[\int_0^1 (2-x-y)\mathrm{d}x\right]\mathrm{d}y = \int_0^1 \left[\left(2x - \frac{x^2}{2} - xy\right)\Big|_0^1\right]\mathrm{d}y$

$\qquad\qquad\qquad\qquad = \int_0^1 \left(\frac{3}{2} - y\right)\mathrm{d}y$

$\qquad\qquad\qquad\qquad = \left(\frac{3}{2}y - \frac{y^2}{2}\right)\Big|_0^1 = 1$

注：表达式 $\left(\frac{3}{2}y - \frac{y^2}{2}\right)\Big|_0^1$ 表示在上限值 1 和下限值 0 处估算括号中的表达式；然后用前一估算值减去后一估算值以获得积分值。例如，在上例中，在 $y=1$ 处的上限值是 1，而在 $y=0$ 处的下限值是 0，从而得出积分值为 1。

$$E(X) = \sum_x xf(x)$$

其中 $\sum_x$ 表示对所有的 X 值求和，而 $f(x)$ 为（离散）变量 X 的 PDF。

考虑例 2 中投掷两个骰子出现的两个数字之和的概率分布（参看图 A—1）。将那里给出的各个 X 值乘以它们的概率并对所有观测求和，便得到：

$$E(X) = 2 \times \frac{1}{36} + 3 \times \frac{2}{36} + 4 \times \frac{3}{36} + \cdots + 12 \times \frac{1}{36} = 7$$

这就是一次投掷两颗骰子所观测的数字和的平均值。

估计例 4 所给数据的 $E(X)$ 和 $E(Y)$。我们曾看到：

x	-2	0	2	3
$f(x)$	0.27	0.12	0.26	0.35

因此，

$$
\begin{aligned}
E(X) &= \sum_x xf(x) \\
&= (-2) \times 0.27 + 0 \times 0.12 + 2 \times 0.26 + 3 \times 0.35 \\
&= 1.03
\end{aligned}
$$

类似地，

y	3	6
$f(y)$	0.51	0.49

因此，

$$
\begin{aligned}
E(Y) &= \sum_y yf(y) \\
&= 3 \times 0.51 + 6 \times 0.49 = 4.47
\end{aligned}
$$

一个连续随机变量的期望值被定义为：

$$E(X) = \int_{-\infty}^{\infty} xf(x)\,\mathrm{d}x$$

它和离散随机变量的期望值的唯一差别在于，这里我们用积分符号代替了总和符号。

让我们来求例 3 中所给连续 PDF 的期望值：

$$
\begin{aligned}
E(X) &= \int_0^3 x\left(\frac{x^2}{9}\right)\mathrm{d}x \\
&= \frac{1}{9}\left(\frac{x^4}{4}\right)\Bigg|_0^3
\end{aligned}
$$

附录 A

统计学中的若干概念复习

819

$$= \frac{9}{4}$$
$$= 2.25$$

☐ 期望值的性质

1. 一个常数的期望值是该常数本身。例如，若 b 是一常数，则 $E(b)=b$。

2. 如果 a 和 b 是常数，则：
$$E(aX+b) = aE(X)+b$$

这可加以推广，如果 X_1，X_2，$\cdots$，X_N 是 N 个随机变量，并且 a_1，a_2，$\cdots$，a_N 和 b 是常数，则：
$$E(a_1 X_1 + a_2 X_2 + \cdots + a_N X_N + b) = a_1 E(X_1) + a_2 E(X_2) + \cdots + a_N E(X_N) + b$$

3. 如果 X 和 Y 是独立随机变量，则：
$$E(XY) = E(X)E(Y)$$

即乘积 XY 的期望值等于 X 和 Y 的各自期望值的乘积。

不过，应该注意，就算 X 和 Y 相互独立，也有
$$E\left(\frac{X}{Y}\right) \neq \frac{E(X)}{E(Y)}$$

4. 如果 X 是一个概率密度函数为 $f(x)$ 的随机变量，而 $g(X)$ 是 X 的任一函数，则：
$$E[g(X)] = \sum_x g(X)f(x) \qquad 如果 X 是离散的$$
$$= \int_{-\infty}^{\infty} g(X)f(x)\mathrm{d}x \qquad 如果 X 是连续的$$

例如，如果 $g(X) = X^2$，则：
$$E(X^2) = \sum_x x^2 f(X) \qquad 如果 X 是离散的$$
$$= \int_{-\infty}^{\infty} x^2 f(X)\mathrm{d}x \qquad 如果 X 是连续的$$

例 13

考虑如下 PDF：

x	-2	1	2
$f(x)$	$\frac{5}{8}$	$\frac{1}{8}$	$\frac{2}{8}$

于是：
$$E(X) = -2 \times \frac{5}{8} + 1 \times \frac{1}{8} + 2 \times \frac{2}{8} = -\frac{5}{8}$$

以及
$$E(X^2) = 4 \times \frac{5}{8} + 1 \times \frac{1}{8} + 4 \times \frac{2}{8} = \frac{29}{8}$$

☐ 方　差

令 X 为一随机变量并令 $E(X) = \mu$，X 值围绕期望值的分布或散布可由方差来度量，方差的定

义为：
$$\mathrm{var}(X) = \sigma_X^2 = E(X - \mu)^2$$

σ_X^2 的正平方根 σ_X 被定义为 X 的**标准差**（standard deviation），方差或标准差标志着各个 X 值围绕其均值的分布有多近或多远。

上面定义的方差可计算如下：
$$\mathrm{var}(X) = \sum_x (X - \mu)^2 f(x) \qquad \text{如果 } X \text{ 是一离散随机变量}$$
$$= \int_{-\infty}^{\infty} (X - \mu)^2 f(x)\,\mathrm{d}x \qquad \text{如果 } X \text{ 是一连续随机变量}$$

为了计算上的方便，上面给出的方差公式还可表达成：
$$\mathrm{var}(X) = \sigma_x^2 = E(X - \mu)^2 = E(X^2) - \mu^2 = E(X^2) - [E(X)]^2$$

利用这一公式，可以看到例 13 所给随机变量的方差是：
$$\frac{29}{8} - \left(-\frac{5}{8}\right)^2 = \frac{207}{64} = 3.23$$

例 14

让我们求例 3 所给随机变量的方差：
$$\mathrm{var}(X) = E(X^2) - [E(X)]^2$$
现在
$$E(X^2) = \int_0^3 x^2 \left(\frac{x^2}{9}\right)\mathrm{d}x$$
$$= \int_0^3 \frac{x^4}{9}\mathrm{d}x$$
$$= \frac{1}{9}\left[\frac{x^5}{5}\right]\Big|_0^3$$
$$= 243/45$$
$$= 27/5$$

由于 $E(X) = \frac{9}{4}$（见例 12），我们最后得到：
$$\mathrm{var}\,(X) = 243/45 - \left(\frac{9}{4}\right)^2$$
$$= 243/720$$
$$= 0.34$$

□ 方差的性质

1. 如上面所提到的，$E(X - \mu)^2 = E(X^2) - \mu^2$。

2. 一个常数的方差是零。

3. 若 a 和 b 是常数，则：
$$\mathrm{var}\,(aX + b) = a^2\mathrm{var}(X)$$

4. 若 X 和 Y 是独立随机变量，则：
$$\mathrm{var}(X + Y) = \mathrm{var}(X) + \mathrm{var}(Y)$$

$$\text{var}(X-Y) = \text{var}(X) + \text{var}(Y)$$

这可推广到多于两个变量的情形。

5. 若 X 和 Y 是独立随机变量，且 a 和 b 是常数，则：

$$\text{var}(aX+bY) = a^2\text{var}(X) + b^2\text{var}(Y)$$

□ 协 方 差

令 X 和 Y 为两个随机变量，其均值分别为 μ_x 和 μ_y。于是这两个变量的**协方差**（covariance）就被定义为：

$$\text{cov}(X,Y) = E\{(X-\mu_x)(Y-\mu_y)\} = E(XY) - \mu_x\mu_y$$

显然，一个变量的方差就是这个变量和它自身的协方差。

协方差可计算如下：若 X 和 Y 是离散随机变量，则：

$$\begin{aligned}
\text{cov}(X,Y) &= \sum_y\sum_x (X-\mu_x)(Y-\mu_y)f(x,y) \\
&= \sum_y\sum_x XYf(x,y) - \mu_x\mu_y
\end{aligned}$$

若 X 和 Y 是连续随机变量，则：

$$\begin{aligned}
\text{cov}(X,Y) &= \int_{-\infty}^{\infty}\int_{-\infty}^{\infty} (X-\mu_x)(Y-\mu_y)f(x,y)\mathrm{d}x\mathrm{d}y \\
&= \int_{-\infty}^{\infty}\int_{-\infty}^{\infty} XYf(x,y)\mathrm{d}x\mathrm{d}y - \mu_x\mu_y
\end{aligned}$$

□ 协方差的性质

1. 如果 X 和 Y 是独立的，则它们的协方差是零。因为，

$$\begin{aligned}
\text{cov}(X,Y) &= E(XY) - \mu_x\mu_y \\
&= \mu_x\mu_y - \mu_x\mu_y \quad \text{由于若 } X \text{ 和 } Y \text{ 独立，则 } E(XY)=E(X)E(Y)=\mu_x\mu_y \\
&= 0
\end{aligned}$$

2. $\text{cov}(a+bX, c+dY) = bd\,\text{cov}(X,Y)$

其中 a、b、c 和 d 是常数。

例 15

例 4 中给出了离散随机变量 X 和 Y 的一个联合 PDF，让我们来求 X 和 Y 的协方差，由例 11 我们已知道，$\mu_x = E(X) = 1.03$ 以及 $\mu_y = E(Y) = 4.47$。

$$\begin{aligned}
E(XY) &= \sum_y\sum_x XYf(x,y) \\
&= -2\times3\times0.27 + 0\times3\times0.08 + 2\times3\times0.16 + 3\times3\times0 \\
&\quad + (-2)\times6\times0 + 0\times6\times0.04 + 2\times6\times0.10 + 3\times6\times0.35 \\
&= 6.84
\end{aligned}$$

因此，

$$\begin{aligned}
\text{cov}(X,Y) &= E(XY) - \mu_x\mu_y \\
&= 6.84 - 1.03\times4.47 \\
&= 2.24
\end{aligned}$$

□ 相关系数

（总体）相关系数 ρ 的定义是：

$$\rho = \frac{\mathrm{cov}\,(X,Y)}{\sqrt{\{\mathrm{var}(X)\mathrm{var}(Y)\}}} = \frac{\mathrm{cov}(X,Y)}{\sigma_x \sigma_y}$$

如此定义的 ρ，是两个变量之间线性关联的一个度量，它落在 -1 与 $+1$ 之间，-1 表示完全负相关，而 $+1$ 表示完全正相关。

由上述公式可见：

$$\mathrm{cov}(X,Y) = \rho \sigma_x \sigma_y$$

例 16

估计例 4 中数据的相关系数。从例 11 给出的 PDF 容易算出 $\sigma_x = 2.05$ 和 $\sigma_y = 1.50$。我们曾经得出 $\mathrm{cov}(X,Y) = 2.24$。因此，应用上述公式，我们估计 ρ 为 $2.24/(2.05)(1.50) = 0.73$。

相关变量的方差。 令 X 和 Y 为两个随机变量，于是有：

$$\mathrm{var}(X+Y) = \mathrm{var}(X) + \mathrm{var}(Y) + 2\mathrm{cov}(X,Y)$$
$$= \mathrm{var}(X) + \mathrm{var}(Y) + 2\rho \sigma_x \sigma_y$$
$$\mathrm{var}(X-Y) = \mathrm{var}(X) + \mathrm{var}(Y) - 2\mathrm{cov}(X,Y)$$
$$= \mathrm{var}(X) + \mathrm{var}(Y) - 2\rho \sigma_x \sigma_y$$

然而，如果 X 和 Y 独立，则 $\mathrm{cov}(X,\ Y)$ 为零。这时，如前所述，$\mathrm{var}(X+Y)$ 和 $\mathrm{var}(X-Y)$ 两者都等于 $\mathrm{var}(X)+\mathrm{var}(Y)$。

上述结果可推广如下，令 $\sum_{i=1}^{n} X_i = X_1 + X_2 + \cdots + X_n$，则线性组合 $\sum X_i$ 的方差是：

$$\mathrm{var}\left(\sum_{i=1}^{n} x_i\right) = \sum_{i=1}^{n} \mathrm{var}\, X_i + 2\sum_{i<j}\sum \mathrm{cov}\,(X_i, Y_j)$$
$$= \sum_{i=1}^{n} \mathrm{var}\, X_i + 2\sum_{i<j}\sum \rho_{ij}\sigma_i \sigma_j$$

其中 ρ_{ij} 是 X_i 和 X_j 的相关系数，而 σ_i 和 σ_j 是 X_i 和 X_j 的标准差。

于是，

$$\mathrm{var}\,(X_1 + X_2 + X_3) = \mathrm{var}\, X_1 + \mathrm{var}\, X_2 + \mathrm{var}\, X_3 + 2\mathrm{cov}\,(X_1, X_2)$$
$$+ 2\mathrm{cov}\,(X_1, X_3) + 2\mathrm{cov}\,(X_2, X_3)$$
$$= \mathrm{var}\, X_1 + \mathrm{var}\, X_2 + \mathrm{var}\, X_3 + 2\rho_{12}\sigma_1 \sigma_2$$
$$+ 2\rho_{13}\sigma_1 \sigma_3 + 2\rho_{23}\sigma_2 \sigma_3$$

其中 σ_1、σ_2 和 σ_3 分别是 X_1、X_2 和 X_3 的标准差，而 ρ_{12} 是 X_1 和 X_2 之间的相关系数，ρ_{13} 是 X_1 和 X_3 之间的相关系数，ρ_{23} 是 X_2 和 X_3 之间的相关系数。

□ 条件期望与条件方差

令 $f(x,y)$ 为随机变量 X 和 Y 的联合 PDF。那么，给定 $Y = y$，X 的条件期望（值）被定义为

$$E(X \mid Y = y) = \sum_x x f(x \mid Y = y) \qquad \text{如果 } X \text{ 是离散的}$$
$$= \int_{-\infty}^{\infty} x f(x \mid Y = y)\mathrm{d}x \qquad \text{如果 } X \text{ 是连续的}$$

其中 $E(X \mid Y = y)$ 表示给定 $Y = y$ 下 X 的条件期望，而 $f(x \mid Y = y)$ 为 X 的条件 PDF。Y 的条件期望 $E(Y \mid X = x)$ 可类似定义。

条件期望。 注意，$E(X \mid Y)$ 是条件变量 Y 的一个函数，所以是一个随机变量。然而，在 $E(X \mid Y = y)$ 中的 y 是 Y 的一个特定值，所以 $E(X \mid Y = y)$ 是一常数。

条件方差。 给定 $Y = y$ 下 X 的条件方差被定义为：

$$\text{var}(X \mid Y = y) = E\{[X - E(X \mid Y = y)]^2 \mid Y = y\}$$

$$= \sum_x [X - E(X \mid Y = y)]^2 f(x \mid Y = y) \qquad \text{如果 } X \text{ 是离散的}$$

$$= \int_{-\infty}^{\infty} [X - E(X \mid Y = y)]^2 f(x \mid Y = y) \mathrm{d}x \qquad \text{如果 } X \text{ 是连续的}$$

例 17

对例 4 的数据计算 $E(Y \mid X = 2)$ 和 $\text{var}(Y \mid X = 2)$

$$E(Y \mid X = 2) = \sum_y y f(Y = y \mid X = 2)$$

$$= 3 f(Y = 3 \mid X = 2) + 6 f(Y = 6 \mid X = 2)$$

$$= 3(0.16/0.26) + 6(0.10/0.26)$$

$$= 4.15$$

注：$f(Y = 3 \mid X = 2) = f(Y = 3, X = 2)/f(X = 2) = 0.16/0.26$，而 $f(Y = 6 \mid X = 2) = f(Y = 6, X = 2)/f(X = 2) = 0.10/0.26$，所以：

$$\text{var}(Y \mid X = 2) = \sum_y [Y - E(Y \mid X = 2)]^2 f(Y \mid X = 2)$$

$$= (3 - 4.15)^2 (0.16/0.26) + (6 - 4.15)^2 (0.10/0.26)$$

$$= 2.13$$

□ 条件期望和条件方差的性质

1. 若 $f(X)$ 是 X 的函数，则 $E(f(X) \mid X) = f(X)$，即在以 X 为条件计算 $f(X)$ 的期望时，$f(X)$ 就像一个常数一样。因此 $[E(X^3 \mid X)] = E(X^3)$；因为若知道了 X，则 X^3 也就知道了。

2. 若 $f(X)$ 和 $g(X)$ 为 X 的函数，则

$$E[f(X)Y + g(X) \mid X] = f(X)E(Y \mid X) + g(X)$$

比如，$E(XY + cX^2 \mid X) = XE(Y \mid X) + cX^2$，其中 c 为常数。

3. 若 X 和 Y 独立，则 $E(Y \mid X) = E(Y)$。也就是说，若 X 和 Y 为独立随机变量，则给定 X 下 Y 的条件期望等同于 Y 的无条件期望。

4. **迭代期望法则**（the law of iterated expectations）。一个随机变量 Y 的无条件期望 $E(Y)$ 与其基于另一个随机变量 X 的条件期望 $E(Y \mid X)$ 之间的关系是：

$$E(Y) = E_X[E(Y \mid X)]$$

注意到这种关系很有意思，这就是迭代期望法则，它在这里说明，Y 的边缘或无条件分布等于其条件期望的期望，符号 E_X 表示对 X 的值求期望。简言之，这一法则说明，如果我们首先得到作为 X 函数的 $E(Y \mid X)$，然后对 X 值的分布求期望，那就最终得到 Y 的无条件期望 $E(Y)$。读者可以用例 4 中给出的数据来验证这一关系。

迭代期望法则有如下含义：若给定 X 下 Y 的条件均值（即 $E[Y \mid X]$）为零，则 Y 的（无条件）均值也为零。这是因为

$$E[E(Y \mid X)] = E(0) = 0$$

5. 若 X 和 Y 独立，则 $\text{var}(Y \mid X) = \text{var}(Y)$。

6. $\text{var}(Y) = E[\text{var}(Y \mid X)] + \text{var}[E(Y \mid X)]$；即 Y 的（无条件）方差等于 Y 的条件方差的期望与 Y 的条件期望的方差之和。

□ 概率分布的高阶矩

虽然均值、方差和协方差是一元和多元 PDF 最常用的摘要度量，但有时我们仍需要考虑 PDF 的高阶矩，比如 3 阶矩和 4 阶矩。一元概率分布函数 $f(x)$ 围绕其均值（μ）的 3 阶矩和 4 阶矩被定义为：

3 阶矩：$E(X - \mu)^3$

4 阶矩：$E(X - \mu)^4$

一般地，围绕均值的 r 阶矩定义为：

第 r 阶矩：$E(X - \mu)^r$

一个分布的 3 阶矩和 4 阶矩常用来研究一个概率分布的"形状"，特别是它的**偏态**（skewness）S（指不对称性）和**峰态**（kurtosis）K（指高尖或平扁），如图 A—3 所示。

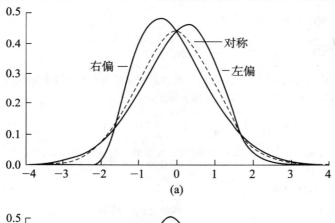

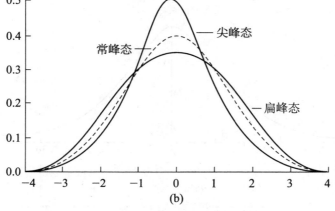

图 A—3 (a) 偏态 (b) 峰态

偏态的一个度量指标被定义为：

$$S = \frac{E(X-\mu)^3}{\sigma^3} = \frac{\text{围绕均值的 3 阶矩}}{\text{标准差的立方}}$$

常用的一个峰态度量指标是：

$$K = \frac{E(X-\mu)^4}{[E(X-\mu)^2]^2} = \frac{\text{围绕均值的 4 阶矩}}{\text{2 阶矩的平方}}$$

K 值小于 3 的 PDF 叫做**扁峰态**（platykurtic），有肥而短的尾部；K 值大于 3 的 PDF 则称**尖峰态**（leptokurtic），有细而长的尾部。峰态值为 3 的 PDF 称为**常峰态**（mesokurtic）。正态分布是常峰态的典型例子，见图 A—3。（参看 A.6 节中关于正态分布的讨论。）

我们即将证明，如何用偏态和峰态这两个指标一起来决定一个随机变量是否服从正态分布。回想一下我们的假设检验程序，比如 t 检验和 F 检验，都基于如下假定（至少对小样本或有限样本是如此）：我们分析的变量（或样本统计量）是正态分布的，因此，在具体应用中明确这一假定是否成立就非常重要。

A.6 若干重要的理论概率分布

本书中广泛地利用了如下概率分布。

☐ 正态分布

最著名的理论概率分布莫过于正态分布，其钟形图像已为稍具统计学知识的人所熟悉。

如果一个（连续）随机变量的 PDF 有如下形式：

$$f(x) = \frac{1}{\sigma\sqrt{2\pi}}\exp\left(-\frac{1}{2}\frac{(x-\mu)^2}{\sigma^2}\right) \quad -\infty < x < \infty$$

那么，它就是正态分布的，其中 μ 和 σ^2 被称为分布参数，分别是分布的均值和方差。此分布具有以下性质：

1. 它围绕其均值对称分布。

2. 正态曲线下的面积约有 68% 位于 $\mu \pm \sigma$ 两值之间；约有 95% 的面积位于 $\mu \pm 2\sigma$ 之间；而约有 99.7% 的面积位于 $\mu \pm 3\sigma$ 之间，如图 A—4 所示。

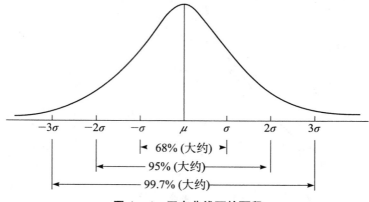

图 A—4 正态曲线下的面积

3. 正态分布依赖于 μ 和 σ^2 两个参数，一旦给定了这两个参数值，就可利用正态分布的 PDF 找出 X 将落入某一区间的概率。但这一任务因附录 D 中的表 D—1 而大为减轻。为了使用此表，我们通过下列变换把给定均值 μ 和方差 σ^2 的正态分布变量 X 转换成**标准（化）正态变量** Z:

$$Z = \frac{x - \mu}{\sigma}$$

任何标准化变量都有均值为零和方差为 1 的重要性质。例如 Z 有零均值和单位方差，将 Z 代入前面的正态 PDF，我们得到:

$$f(Z) = \frac{1}{\sqrt{2\pi}} \exp\left(-\frac{1}{2}Z^2\right)$$

这就是标准正态变量的 PDF。附录 D 中表 D—1 所给的概率就是根据这个标准正态变量计算的。

按照惯例，我们把一个正态分布的变量表示为:

$$X \sim N(\mu, \sigma^2)$$

其中 $\sim$ 表示"分布服从"，N 代表正态分布，而括号中的量为正态分布的两个参数，即均值与方差，按此惯例

$$X \sim N(0, 1)$$

即 X 是一个有零均值和单位方差的正态分布变量。换言之，它是一个标准正态变量 Z。

例 18

假定 $X \sim N(8, 4)$，问 X 取的值将落在 $X_1 = 4$ 和 $X_2 = 12$ 之间的概率是什么？为了计算所求的概率，我们把 Z 值计算为:

$$Z_1 = \frac{X_1 - \mu}{\sigma} = \frac{4 - 8}{2} = -2$$

$$Z_2 = \frac{X_2 - \mu}{\sigma} = \frac{12 - 8}{2} = +2$$

现在从表 D—1 我们查出 $\Pr(0 \leqslant Z \leqslant 2) = 0.4772$。于是，根据对称性我们有 $\Pr(-2 \leqslant Z \leqslant 0) = 0.4772$。因此，所求概率是 $0.4772 + 0.4772 = 0.9544$。（参看图 A—4。）

例 19

在上例中，X 超过 12 的概率是多少？

X 超过 12 就是 Z 超过 2，其概率根据表 D—1 显然是 $0.5 - 0.4772$ 或 0.0228。

4. 令 $X_1 \sim N(\mu_1, \sigma_1^2)$ 和 $X_2 \sim N(\mu_2, \sigma_2^2)$，并假定它们是独立的。现考虑线性组合:

$$Y = aX_1 + bX_2$$

其中 a 和 b 是常数。可以证明

$$Y \sim N[(a\mu_1 + b\mu_2), (a^2\sigma_1^2 + b^2\sigma_2^2)]$$

这个结果是说，正态分布变量的线性组合仍是正态分布的。这一结果容易推广到多于两个正态分布变量的线性组合上。

5. **中心极限定理** (central limit theorem)。令 $X_1, X_2, \cdots, X_n$ 为 n 个独立的、均值为 μ 和方差为 σ^2 的相同 PDF 的随机变量。令 $\overline{X} = \sum X_i / n$（即样本均值），那么随着 n 无限增大（即 $n \to \infty$）

$$\overline{X} \underset{n \to \infty}{\sim} N\left(\mu, \frac{\sigma^2}{n}\right)$$

就是说，$\overline{X}$ 趋于均值为 μ、方差为 σ^2/n 的正态分布。注意，这一结果的成立与 PDF 的形式无关。从而推知：

$$z = \frac{\overline{X} - \mu}{\sigma/\sqrt{n}} = \frac{\sqrt{n}(\overline{X} - u)}{\sigma} \sim N(0,1)$$

也就是说，Z 是一标准正态变量。

  6. 正态分布围绕其均值的 3 阶矩和 4 阶矩分别是：

   3 阶矩：$E(X - \mu)^3 = 0$

   4 阶矩：$E(X - \mu)^4 = 3\sigma^4$

注：正态分布变量围绕其均值的所有奇数阶矩都等于零。

  7. 于是，按照前面讨论的偏态和峰态度量指标，对于一个正态 PDF，偏态＝0，而峰态＝3，就是说，正态分布是对称的和常峰态的。因此，正态性的一个简单检验就是判断其偏态和峰态的计算值是否不同于标准的 0 和 3，事实上，这就是本书讨论的**雅克-贝拉（JB）正态检验**（Jarque-Bera test of normality）的逻辑基础：

$$JB = n\left[\frac{S^2}{6} + \frac{(K-3)^2}{24}\right] \tag{5.12.1}$$

其中 S 代表偏态值而 K 代表峰态值。在正态性的虚拟假设下，JB 服从自由度（df）为 2 的 χ^2 分布。

  8. 一个正态分布变量的均值和方差相互独立，因为它们都不是对方的函数。

  9. 若 X 和 Y 是联合正态分布的，则它们相互独立的充分必要条件是它们之间的协方差［即 $cov(X,Y)$］为零。（参见习题 4.1。）

□ χ^2 分布

  令 $Z_1, Z_2, \cdots, Z_k$ 为独立的标准正态变量（即零均值、单位方差的正态变量），则量：

$$Z = \sum_{i=1}^{k} Z_i^2$$

服从自由度（df）为 k 的 χ^2 分布，这里自由度一词指上述总和中独立量的个数。一个 χ^2 分布变量用 χ_k^2 来表示，其中下标 k 指自由度，其几何图形见图 A—5。

  χ^2 分布有如下性质：

  1. 如图 A—5 所示，χ^2 分布是一有偏斜的分布，其偏斜程度与自由度有关。当自由度较小时，该分布高度向右偏斜；但随着自由度增加，分布变得越来越对称。事实上，当自由度超过 100 时，变量：

$$\sqrt{2\chi^2} - \sqrt{(2k-1)}$$

可视同标准正态变量，其中 k 是自由度。

  2. χ^2 分布的均值为 k，而其方差为 $2k$，其中 k 是自由度。

  3. 如果 Z_1 和 Z_2 是自由度为 k_1 和 k_2 的两个独立 χ^2 变量，则 $Z_1 + Z_2$ 也是 χ^2 变量，其自由度 $df = k_1 + k_2$。

例 20

  给定自由度为 20，问获得 40 或更大的一个 χ^2 值的概率是多少？

  查表 D—4，获得一个（大于）39.9968 的 χ^2 值的概率（20 个自由度）是 0.005。因此，获得

计量经济学基础（第五版）

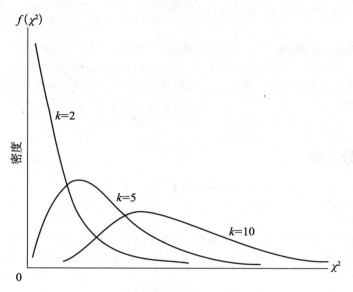

图 A—5 χ^2 变量的密度函数

一个（大于）40 的 χ^2 值的概率小于 0.005，这是一个相当小的概率。

□ *t* 分 布

如果 Z_1 是一个标准正态变量[即 $Z_1 \sim N(0,1)$]，而另一变量 Z_2 服从自由度为 k 的 χ^2 分布且独立于 Z_1，则如下定义的变量：

$$t = \frac{Z_1}{\sqrt{(Z_2/k)}} = \frac{Z_1\sqrt{k}}{\sqrt{Z_2}}$$

服从自由度为 k 的 t 分布，一个 t 分布变量常记为 t_k，其中下标用来表明自由度。t 分布的几何形状如图 A—6 所示。

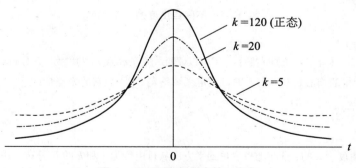

图 A—6 不同自由度的 t 分布

t 分布有如下性质：

1. 如图 A—6 所示，t 分布像正态分布那样是对称的，但比正态分布要扁平些，然而随着自由度的增加，t 分布迫近于正态分布。

2. t 分布的均值为零，方差为 $k/(k-2)$。表 D—2 中给出了 t 分布表。

给定 df＝13，求以下概率：（a）获得约为 3 或更大的一个 t 值，（b）获得约为－3 或更小的一个 t 值，以及（c）获得约为 3 或更大的 $|t|$，这里 $|t|$ 表示 t 的绝对值（即不含符号的 t 值）。

根据表 D—2，答案是（a）约为 0.005，（b）约为 0.005，因为 t 分布是对称的，（c）约为 0.01（＝2×0.005）。

□ *F* 分 布

如果 Z_1 和 Z_2 是自由度为 k_1 和 k_2 的独立的 χ^2 变量，则变量：

$$F = \frac{Z_1/k_1}{Z_2/k_2}$$

服从（费希尔的）自由度为 k_1 和 k_2 的 F 分布，一个 F 分布变量记为 F_{k_1, k_2}，其中下标表明与这两个 Z 变量相对应的自由度，k_1 被称为分子自由度，而 k_2 被称为分母自由度，F 分布的几何形状见图 A—7。

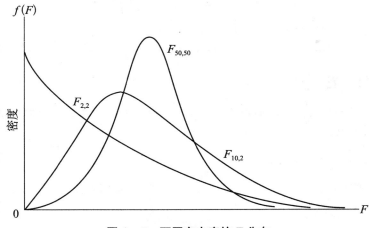

图 A—7　不同自由度的 F 分布

F 分布有如下性质：

1. 像 χ^2 分布一样，F 分布向右偏斜。但可以证明，随着 k_1 和 k_2 的增大，F 分布趋向于正态分布。

2. F 分布变量的均值是 $k_2/(k_2-2)$，其定义域是 $k_2>2$，而它的方差是：

$$\frac{2k_2^2(k_1+k_2-2)}{k_1(k_2-2)^2(k_2-4)}$$

其定义域是 $k_2>4$。

3. 一个自由度为 k 的 t 分布随机变量的平方服从自由度为 1 和 k 的 F 分布，用符号表示为：

$$t_k^2 = F_{1,k}$$

给定 $k_1＝10$ 和 $k_2＝8$，分别求 F 值（a）大于或等于 3.4，以及（b）大于或等于 5.8 的概率。

查表 D—3，这些概率近似为 (a) 0.05 以及 (b) 0.01。

---

4. 如果分母自由度 k_2 相当大，F 分布和 χ^2 分布之间将有如下关系：
$$k_1 F \sim \chi^2_{k_1}$$
就是说，对于较大的分母自由度，F 值乘以分子自由度 k_1 近似等于一个以分子自由度 k_1 为自由度的 χ^2 值。

例 23

令 $k_1 = 20$ 和 $k_2 = 120$。对这些自由度的 5% 临界 F 值是 1.48。因此，$k_1 F = 20 \times 1.48 = 29.6$。而根据自由度为 20 的 χ^2 分布，5% 临界 χ^2 值约为 31.41。

顺便指出，因为在自由度较大的情况下，t，χ^2 和 F 分布都趋于正态分布，所以把这三个分布都称作正态分布的相关分布。

□ 贝努利二项式分布

如果一个随机变量 X 的概率密度（或质量）函数（PDF）为：
$$P(X = 0) = 1 - p$$
$$P(X = 1) = p$$
其中 p（$0 \leqslant p \leqslant 1$）为某一事件"成功"的概率（如掷硬币时得到正面的概率），那么，就称它服从以（瑞士数学家）贝努利命名的分布。对于这样的变量，
$$E(X) = [1 \times p(X = 1) + 0 \times p(X = 0)] = p$$
$$var(X) = pq$$
其中 $q = 1 - p$；即"失败"的概率。

□ 二项式分布

二项式分布是贝努利分布的推广。令 n 表示独立试验的次数，每次试验结果"成功"的概率都是 p，而"失败"的概率都是 $q = (1-p)$。若 X 表示 n 次试验中成功的次数，则 X 服从二项式分布，其 PDF 为：
$$f(X) = \binom{n}{x} p^x (1-p)^{n-x}$$
其中 x 表示 n 次试验中成功的次数，而且，
$$\binom{n}{x} = \frac{n!}{x!(n-x)!}$$
其中 $n!$ 读作"n 的阶乘"，意味着 $n(n-1)(n-2)\cdots 1$。

二项式分布是有两个参数 n 和 p 的分布，对于这个分布，
$$E(X) = np$$
$$var(X) = np(1-p) = npq$$
比如你掷 100 次硬币，想求出得到 60 次正面的概率，那你就将 $p = 0.5$，$n = 100$ 和 $x = 60$ 代入上式，有计算机例行程序给出计算结果。

附录 A

统计学中的若干概念复习

你可以看出，二项式分布如何推广了贝努利分布。

□ 泊松分布

如果一个随机变量 X 的 PDF 为：

$$f(X) = \frac{e^{-\lambda}\lambda^x}{x!} \qquad 对于 \lambda > 0, x = 0, 1, 2, \cdots$$

那么它就服从泊松分布。泊松分布只取决于一个参数 λ。泊松分布的一个明显特征是，其方差等于其期望值 λ，即：

$$E(X) = var(X) = \lambda$$

如我们在非线性回归模型那一章所见，泊松模型只用于极少见或不经常发生的现象，例如一个时间段（比方说 5 分钟）内收到电话的次数，或者一小时内收到违章超速驾驶传票的次数，或者一个企业一年内申请的专利个数。

A.7 统计推断：估计

在 A.6 节中，我们考虑了若干理论概率分布。往往我们知道或愿意假定一个随机变量 X 服从某一概率分布，但不知道该分布的参数值。例如，假定 X 服从正态分布，而想知道它的两个参数值，即均值和方差，为了估计这些未知数，通常的程序是假定我们有一个来自已知概率分布且容量为 n 的**随机样本**（random sample），并用这些样本数据去估计未知的参数。[①] 这就是所谓**估计问题**（problem of estimation）。在本节中我们对这个问题进行更详尽的探讨。估计问题可划分为两类：点估计和区间估计。

□ 点 估 计

为便于考虑，令 X 是概率密度为 $f(x;\theta)$ 的一个随机变量，其中 θ 是分布的参数（为讨论上简单起见，暂且假定只有一个未知参数；我们的讨论是容易加以推广的）。假定我们知道了函数形式，即我们知道理论 PDF，比如说 t 分布，但不知道 θ 值，于是，我们从这个已知的 PDF 抽取一个容量为 n 的随机样本，并作出这样的一个样本值函数：

$$\hat{\theta} = f(x_1, x_2, \cdots, x_n)$$

以提供真实 θ 的一个估计值。$\hat{\theta}$ 被称为一个**统计量**（statistic）或**估计量**（estimator），而此估计量所取的一个特殊或具体的数值则被称为一个**估计值**（estimate）。注意，因为 $\hat{\theta}$ 是样本数据的一个函数，故可把它看作一个随机变量。$\hat{\theta}$ 为我们提供了一个规则或公式，告诉我们怎样去估计真实的 θ。比如说，如果令：

$$\hat{\theta} = \frac{1}{n}(x_1 + x_2 + \cdots + x_n) = \overline{X}$$

---

① 令 $X_1, X_2, \cdots, X_n$ 为 n 个随机变量，其联合 PDF 为 $f(x_1, x_2, \cdots, x_n)$。如果我们能够写成

$$f(x_1, x_2, \cdots, x_n) = f(x_1)f(x_2)\cdots f(x_n)$$

其中 $f(x)$ 是每个 X 的共同 PDF，则说 $x_1, x_2, \cdots, x_n$ 构成一个容量为 n 的随机样本，它来自概率密度函数为 $f(x_n)$ 的总体。

其中 $\overline{X}$ 是样本均值，那么 $\overline{X}$ 就是真实均值 μ（比方说）的一个估计量。如果在一具体例子里 $\overline{X}=$ 50，这就为 μ 提供一个估计值，以上方式获得的 $\hat{\theta}$ 估计量由于仅提供 θ 的单个（一点）估计值，故称**点估计量**（point estimator）。

□ 区间估计

假如我们不仅仅是获得 θ 的单个估计值，而是通过构造两个估计量 $\hat{\theta}_1(x_1,x_2,\cdots,x_n)$ 和 $\hat{\theta}_2(x_1,x_2,\cdots,x_n)$ 而获得 θ 的两个估计值，并且声称在 $\hat{\theta}_1$ 和 $\hat{\theta}_2$ 之间的这个区间里包含着真实 θ 有一定的可信度（即概率）。可见，与点估计相对照，在区间估计中，我们提供真实 θ 将落入其间的一个可能值域。

区间估计所依据的主要概念是**估计量的抽样**（sampling）**或概率分布**。例如，可以证明，如果变量 X 是正态分布的，则样本均值 $\overline{X}$ 也是正态分布的，并且有均值 $=\mu$（真实均值）和方差 $=\sigma^2/n$，其中 n 是样本容量。换句话说，估计量 $\overline{X}$ 的抽样或概率分布是 $\overline{X}\sim N(\mu,\sigma^2/n)$。因此，如果我们构造区间

$$\overline{X}\pm 2\frac{\sigma}{\sqrt{n}}$$

并声称类似这样的许多区间包含着真实 μ 的概率近似等于 0.95 或 95%，那么我们事实上正在构造着 μ 的一个区间估计。注意上面所给的区间基于随样本的变化而变化的 $\overline{X}$，所以它也是随机的。

更一般地，在区间估计中，我们构造两个估计量 $\hat{\theta}_1$ 和 $\hat{\theta}_2$，两者都是样本 X 值的函数，使得

$$\mathrm{Pr}(\hat{\theta}_1\leqslant\theta\leqslant\hat{\theta}_2)=1-\alpha \qquad 0<\alpha<1$$

就是说，我们可以断言，从 $\hat{\theta}_1$ 到 $\hat{\theta}_2$ 的区间里含有真实 θ 的概率是 $1-\alpha$。此区间被称为 θ 的**置信区间**（confidence interval），置信度为 $1-\alpha$，$1-\alpha$ 被称为**置信系数**（confidence coefficient）。例如 $\alpha=$ 0.05，则 $1-\alpha=0.95$，是指如果我们构造一个置信系数为 0.95 的置信区间，则在从重复抽样中重复构造这种区间的过程中，当我们坚持认为所构造的区间含有真实 θ 时，我们将在每 100 次中有 95 次是正确的。当置信系数是 0.95 时，我们常说我们有了一个 95% 的置信区间。一般地，如果置信系数是 $1-\alpha$，就说我们有了一个 $100(1-\alpha)\%$ 置信区间，注意，α 就是我们所知的**显著（性）水平**（level of significance）或犯第 I 类错误的概率。A.8 节将讨论此问题。

例 24

假定总体中男子身高是正态分布的，其均值 $=\mu$ 英寸且 $\sigma=2.5$ 英寸。从总体取一个 100 人的随机样本，其平均身高为 67 英寸，求总体平均身高（$=\mu$）的一个 95% 置信区间。

根据以上描述，$\overline{X}\sim N(\mu,\sigma^2/n)$。在本例中将是 $\overline{X}\sim N(\mu,2.5^2/100)$。查表 D—1 可见：

$$\overline{X}-1.96\left(\frac{\sigma}{\sqrt{n}}\right)\leqslant\mu\leqslant\overline{X}+1.96\left(\frac{\sigma}{\sqrt{n}}\right)$$

包含正态曲线下 95% 的面积。因此，这个区间给出 μ 的一个 95% 置信区间。将给定的 $\overline{X}$，σ 和 n 值代入，就得到这个 95% 置信区间为：

$$66.51\leqslant\mu\leqslant 67.49$$

在重复上述做法的过程中，如此构造起来的区间将有 95% 的可信度包含有真实 μ，这里不妨指出一个技术性问题，那就是，虽然我们可以说随机区间 $[\overline{X}\pm 1.96(\sigma/\sqrt{n})]$ 包含 μ 的概率是 95%，却不可以说某一具体区间（66.51，67.49）包括 μ 的概率是 95%，一旦这个区间被固定了，它包含 μ 的概率不是 0 就是 1。我们所能说的，只是如此构造的区间，每 100 个中将有 95 个含有

真实 μ；我们不能保证某一区间必定含有 μ。

□ 估计方法

宽泛地讲，有三种参数估计方法：(1) 最小二乘法（LS），(2) 极大似然法（ML）和 (3) 矩法（MOM）及其推广形式——广义矩法（GMM）。我们已经花了相当多的时间来说明最小二乘法。在第 4 章，我们又在回归的背景下介绍了极大似然法，而这种方法的应用要广泛得多。

极大似然法背后的关键思想是**似然函数**（likelihood function）。为说明这一点，假设随机变量 X 的概率分布函数 $f(X,\theta)$ 只取决于一个参数 θ。我们知道 PDF（比如贝努利或二项式分布），但我们不知道参数值。假设我们得到 n 个 X 值的一个随机样本。这 n 个值的联合 PDF 为：

$$g(x_1, x_2, \cdots, x_n; \theta)$$

由于它是一个随机样本，所以我们可以把前面的联合 PDF 写成各个 PDF 的乘积：

$$g(x_1, x_2, \cdots, x_n; \theta) = f(x_1; \theta) f(x_2; \theta) \cdots f(x_n; \theta)$$

这个联合 PDF 具有双重解释。若 θ 已知，则我们可以把它理解为观测到给定样本值的联合概率。另一方面，我们可以把它看成给定 $x_1, x_2, \cdots, x_n$ 时 θ 的一个函数。按后一种解释，我们称联合 PDF 为**似然函数**（LF）并记作：

$$L(\theta; x_1, x_2, \cdots, x_n) = f(x_1; \theta) f(x_2; \theta) \cdots f(x_n; \theta)$$

注意 θ 在联合概率密度函数和似然函数中的角色转换。

θ 的极大似然估计量是最大化（样本）似然函数 L 时的 θ 值。为了数学上的方便，我们通常将似然函数取对数，称为**对数似然函数**（log-likelihood function，$\log L$）。根据最大化的微积分法则，我们将对数似然函数对未知参数微分，并令导数等于零。由此得到估计量的值被称为**极大似然估计量**（maximum-likelihood estimator），还可以用最大化的二阶条件来保证所得到的值确实是最大值。

在不止一个未知参数的情况下，我们将对数似然函数分别对每个未知参数微分，并令由此得到的表达式等于零，然后联立求解并得到未知参数的值。我们已对多元回归模型说明过这一点（见第 4 章的附录）。

例 25

假定随机变量 X 服从均值为 λ 的泊松分布。假设 x_1，x_2，$\cdots$，x_n 都是均值为 λ 的独立泊松随机变量。若我们想求出 λ 的极大似然估计量，似然函数就是

$$L(x_1, x_2, \cdots, x_n; \lambda) = \frac{e^{-\lambda} \lambda^{x_1}}{x_1!} \frac{e^{-\lambda} \lambda^{x_2}}{x_2!} \cdots \frac{e^{-\lambda} \lambda^{x_n}}{x_n!}$$

$$= \frac{e^{-n\lambda} \lambda^{\sum x_i}}{x_1! x_2! \cdots x_n!}$$

这是一个相当庞大的表达式，但若取对数，则变成

$$\log(x_1, x_2, \cdots, x_n; \lambda) = -n\lambda + \sum x_i \log\lambda - \log c$$

其中 $\log c = \prod x_i!$，将上述表达式对 λ 微分，我们得到 $[-n + (\sum x_i)/\lambda]$。通过令最后一个表达式为零，我们得到 $\lambda_{ml} = (\sum x_i)/n = \bar{X}$，这就是未知参数 λ 的极大似然估计量。

矩法。 在习题 3.4 中，在试图以样本矩得到总体矩特征的所谓**类比原理**（analogy principle）中，我们已经粗略地了解了一下矩法。作为矩法的推广，广义矩法目前越来越受到欢迎，但在初级教材中无法详细介绍，这里就不再深究。

理想的统计性质分为两类：小样本或有限样本性质和大样本或渐近性质。在这两组性质的背后，都有估计量具有抽样或概率分布的概念。

☐ 小样本性质

无偏性。 如果一个估计量 $\hat{\theta}$ 的期望值等于真实 θ，即

$$E(\hat{\theta}) = \theta$$

或者

$$E(\hat{\theta}) - \theta = 0$$

我们就说 $\hat{\theta}$ 是 θ 的一个无偏估计量，如果这个等式不成立，则说估计量是有偏误的，且偏误的计算如下：

$$\text{bias}\,(\hat{\theta}) = E(\hat{\theta}) - \theta$$

当然，如果 $E(\hat{\theta}) = \theta$ 即 $\hat{\theta}$ 是无偏的，则偏误为零。

在几何上，这种情形可描述为图 A—8，顺便指出，无偏性是一个重复抽样的性质，而不是任一给定样本的性质：固定样本容量，抽取多个样本，每次得到未知参数的一个估计值，如果估计量是无偏的，这些估计值的平均值就可望等于真值。

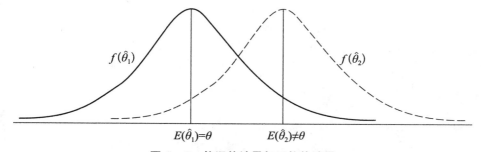

$f(\hat{\theta}_1)$ $f(\hat{\theta}_2)$

$E(\hat{\theta}_1) = \theta$ $E(\hat{\theta}_2) \neq \theta$

图 A—8　偏误估计量与无偏估计量

最小方差（性）。 如果 θ 的估计量 $\hat{\theta}_1$ 的方差比 θ 的其他任何一个估计量 $\hat{\theta}_2$ 的方差都小或最多相等，则说 $\hat{\theta}_1$ 是 θ 的最小方差估计量。图 A—9 从几何上展现 θ 的三个估计量 $\hat{\theta}_1$、$\hat{\theta}_2$ 和 $\hat{\theta}_3$ 以及它们的概率分布。如图所示，$\hat{\theta}_3$ 的方差既小于 $\hat{\theta}_1$ 也小于 $\hat{\theta}_2$ 的方差。因而，假定只有三个可能的估计量，$\hat{\theta}_3$ 就是最小方差的。但注意 $\hat{\theta}_3$ 却是有偏误的估计量。（为什么？）

最优无偏或有效估计量。 如果 $\hat{\theta}_1$ 和 $\hat{\theta}_2$ 是 θ 的两个无偏估计量，而且 $\hat{\theta}_1$ 的方差小于或最多等于 $\hat{\theta}_2$ 的方差，则 $\hat{\theta}_1$ 是**最小方差无偏**或**最优无偏**或**有效**估计量。这样，对于图 A—9 中的两个无偏估计量 $\hat{\theta}_1$ 和 $\hat{\theta}_2$，$\hat{\theta}_1$ 就是最优无偏的或有效的。

线性性质。 如果 θ 的一个估计量 $\hat{\theta}$ 是样本观测值的一个线性函数，就说它是 θ 的一个线性估计量。例如，如下定义的样本均值：

$$\bar{X} = \frac{1}{n}\sum X_i = \frac{1}{n}(X_1 + X_2 + \cdots + X_n)$$

由于它是 X 值的一个线性函数，因而它是一个线性估计量。

最优线性无偏估计量（BLUE）。 如果 θ 的估计量 $\hat{\theta}$ 是线性的和无偏的，并且在 θ 的所有线性无偏估计量中具有最小方差，就称它为**最优线性无偏估计量**（best linear unbiased estimator），或简

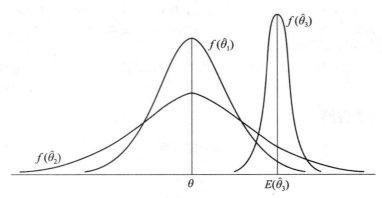

$$f(\hat{\theta}_1)$$
$$f(\hat{\theta}_3)$$
$$f(\hat{\theta}_2)$$
$$\theta \qquad E(\hat{\theta}_3)$$

图 A—9 θ 的三种估计量的分布

记为 BLUE。

最小均方误（MSE）估计量。 一个估计量 $\hat{\theta}$ 的均方误（MSE）被定义为：

$$\mathrm{MSE}\,(\hat{\theta}) = E(\hat{\theta} - \theta)^2$$

它不同于 $\hat{\theta}$ 的方差，后者的定义是：

$$\mathrm{var}\,(\hat{\theta}) = E[\hat{\theta} - E(\hat{\theta})]^2$$

两者的差别在于：$\mathrm{var}\,(\hat{\theta})$ 衡量着 $\hat{\theta}$ 围绕其均值或期望值而分布的分散程度，而 $\mathrm{MSE}\,(\hat{\theta})$ 则衡量着 $\hat{\theta}$ 围绕参数的真值而分布的分散程度，两者的关系如下：

$$
\begin{aligned}
\mathrm{MSE}\,(\hat{\theta}) &= E(\hat{\theta} - \theta)^2 \\
&= E[\hat{\theta} - E(\hat{\theta}) + E(\hat{\theta}) - \theta]^2 \\
&= E[\hat{\theta} - E(\hat{\theta})]^2 + E[E(\hat{\theta}) - \theta]^2 + 2E[\hat{\theta} - E(\hat{\theta})][E(\hat{\theta}) - \theta] \\
&= E[\hat{\theta} - E(\hat{\theta})]^2 + E[E(\hat{\theta}) - \theta]^2 \qquad \text{因最后一项为零①} \\
&= \mathrm{var}\,(\hat{\theta}) + \mathrm{bias}(\hat{\theta})^2 \\
&= \hat{\theta} \text{ 的方差加偏误的平方}
\end{aligned}
$$

当然，如果偏误为零，则 $\mathrm{MSE}\,(\hat{\theta}) = \mathrm{var}(\hat{\theta})$。

所谓最小 MSE 准则，就是在不相上下的一系列估计量中，挑选 MSE 最小的一个估计量。但应看到，即使找到了这样的一个估计量，也将涉及得失两方面的权衡。需知：为了得到最小方差，不免要承受一些偏误。这种情况可由图 A—10 从几何上加以说明。图中 $\hat{\theta}_2$ 稍有偏误，但它的方差小于无偏估计量 $\hat{\theta}_1$ 的方差，然而，在实践中，当最优无偏准则不能给出有较小方差的估计量时，就会用到最小 MSE 准则。

□ 大样本性质

往往一个估计量不具备小样本中的一种或多种优良统计性质，但随着样本无限增大，该估计量却具有一些被称为**大样本**（large-sample）或**渐近性质**（asymptotic properties）的优良统计性质。

渐近无偏性。 我们说估计量 $\hat{\theta}$ 是 θ 的渐近无偏估计量，如果

$$\lim_{n \to \infty} E(\hat{\theta}_n) = \theta$$

其中 $\hat{\theta}_n$ 表示估计量以样本容量 n 为基础，lim 表示极限，而 $n \to \infty$ 表示 n 无限增加。从字面上说，

---

① 最后一项可写为 $2\{[E(\hat{\theta})]^2 - [E(\hat{\theta})]^2 - \theta E(\hat{\theta}) + \theta E(\hat{\theta})\} = 0$。还注意到，由于一个常数的期望值就是该常数本身，故 $E[E(\hat{\theta}) - \theta]^2 = [E(\hat{\theta}) - \theta]^2$。

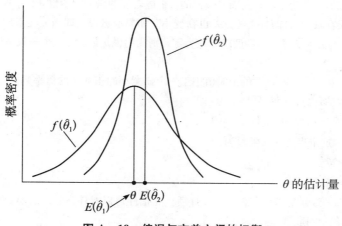

图 A—10　偏误与方差之间的权衡

如果随着样本容量变得越来越大，$\hat{\theta}$ 的期望值或均值趋于真值，则它是 θ 的一个渐近无偏估计量。作为例子，考虑随机变量 X 的样本方差的如下度量：

$$S^2 = \frac{\sum (X_i - \overline{X})^2}{n}$$

可以证明：

$$E(S^2) = \sigma^2 \left(1 - \frac{1}{n}\right)$$

其中 σ^2 是真实方差。显然，在小样本中 S^2 是有偏误的，但随着 n 无限增大，$E(S^2)$ 趋向于真实 σ^2；从而它是渐近无偏的。

　　一致性。 如果随着样本变得越来越大，$\hat{\theta}$ 趋于真实 θ，那么我们就说 $\hat{\theta}$ 是一个一致估计量。图 A—11 展示了这一性质。

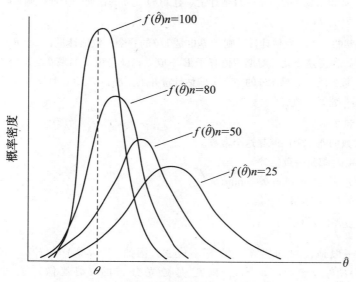

图 A—11　随样本增大而变化的 $\hat{\theta}$ 的分布

图中我们有基于样本容量为 25、50、80 和 100 的 $\hat{\theta}$ 的分布。如图所示，基于 $n=25$ 的 $\hat{\theta}$ 由于

它的抽样分布不以真实 θ 为中心，故而是偏误的。但随着 n 的增大，不仅 $\hat{\theta}$ 趋于更紧密地围绕 θ 而分布（即 $\hat{\theta}$ 的偏误在减少），而且它的方差也在变小。如果取极限（即当 n 无限增大时），$\hat{\theta}$ 的分布收缩到单个点 θ，即如果 $\hat{\theta}$ 分布的散度或方差为零，则我们说 $\hat{\theta}$ 是 θ 的一个**一致估计量**（consistent estimator）。

更正式地说，如果 $\hat{\theta}$ 与 θ 之差的绝对值小于一个任意小的正数 δ 的概率趋于 1，那么估计量 $\hat{\theta}$ 就是 θ 的一个一致估计量。用符号表示为：

$$\lim_{n\to\infty} P\{|\hat{\theta}-\theta|<\delta\}=1 \qquad \delta>0$$

其中 P 代表概率。这个表达式又常写为：

$$\operatorname*{plim}_{n\to\infty}\hat{\theta}=\theta$$

其中 plim 表示概率极限。

注意无偏性和一致性是两个概念迥异的性质。无偏性可以对任何样本容量都成立，而一致性则仅仅是一个大样本性质。

一致性的一个充分条件是随着样本无限增大，偏误和方差都趋于零。[①] 一致性的另一个充分条件是随着 n 无限增大 $\mathrm{MSE}(\hat{\theta})$ 趋于零。［关于 $\mathrm{MSE}(\hat{\theta})$，参看前面的讨论。］

例 26

令 X_1，X_2，…，X_n 为来自有均值 μ 和方差 σ^2 的一个分布的随机样本。证明样本均值 $\bar{X}$ 是 μ 的一个一致估计量。

由初等统计学可知 $E(\bar{X})=\mu$ 和 $\operatorname{var}(\bar{X})=\sigma^2/n$。因无论样本容量有多大，都有 $E(\bar{X})=\mu$，故 $\bar{X}$ 是无偏的。再则，随着 n 无限增大，$\operatorname{var}(\bar{X})$ 趋于零，从而 $\bar{X}$ 是 μ 的一个一致估计量。

概率极限有值得注意的如下规则：

1. 不变性。如果 $\hat{\theta}$ 是 θ 的一个一致估计量，且 $h(\hat{\theta})$ 是 $\hat{\theta}$ 的任何一个连续函数，则：

$$\operatorname*{plim}_{n\to\infty} h(\hat{\theta})=h(\theta)$$

据此，如果 $\hat{\theta}$ 是 θ 的一个一致估计量，则 $1/\hat{\theta}$ 也是 $1/\theta$ 的一个一致估计量；$\log(\hat{\theta})$ 也是 $\log(\theta)$ 的一个一致估计量。注意这个性质对期望值算子 E 不成立；就是说，如果 $\hat{\theta}$ 是 θ 的一个无偏估计量 ［即 $E(\hat{\theta})=\theta$］，那么说 $1/\hat{\theta}$ 是 $1/\theta$ 的一个无偏估计量并不正确；即 $E(1/\hat{\theta})\neq 1/E(\hat{\theta})\neq 1/\theta$。

2. 如果 b 是一常数，则：

$$\operatorname*{plim}_{n\to\infty} b=b$$

就是说，一个常数的概率极限就是这个常数。

3. 如果 $\hat{\theta}_1$ 和 $\hat{\theta}_2$ 都是一致估计量，则：

$$\operatorname{plim}(\hat{\theta}_1+\hat{\theta}_2)=\operatorname{plim}\hat{\theta}_1+\operatorname{plim}\hat{\theta}_2$$

$$\operatorname{plim}(\hat{\theta}_1\hat{\theta}_2)=\operatorname{plim}\hat{\theta}_1\operatorname{plim}\hat{\theta}_2$$

$$\operatorname{plim}\left(\frac{\hat{\theta}_1}{\hat{\theta}_2}\right)=\frac{\operatorname{plim}\hat{\theta}_1}{\operatorname{plim}\hat{\theta}_2}$$

最后两个性质一般地说对期望算子 E 都不成立。例如，$E(\hat{\theta}_1/\hat{\theta}_2)\neq E(\hat{\theta}_1)/E(\hat{\theta}_2)$。类似地，$E(\hat{\theta}_1\hat{\theta}_2)\neq E(\hat{\theta}_1)E(\hat{\theta}_2)$，然而，如果 $\hat{\theta}_1$ 和 $\hat{\theta}_2$ 是独立分布的，则就像前面曾指出的那样，

---

① 更技术性的表述是 $\lim_{n\to\infty} E(\hat{\theta}_n)=\theta$ 和 $\lim_{n\to\infty} \operatorname{var}(\hat{\theta}_n)=0$。

$E(\hat{\theta}_1\hat{\theta}_2) = E(\hat{\theta}_1)E(\hat{\theta}_2)$ 是成立的。

渐近有效性。 设 $\hat{\theta}$ 为 θ 的一个估计量。$\hat{\theta}$ 的渐近分布的方差叫做 $\hat{\theta}$ 的**渐近方差**（asymptotic variance）。如果 $\hat{\theta}$ 是一致的并且它的渐近方差小于 θ 的任何其他一致估计量的渐近方差，则称 $\hat{\theta}$ 为**渐近有效的**（asymptotically efficient）。

渐近正态性。 如果一个估计量 $\hat{\theta}$ 的抽样分布随着样本容量的无限增大而趋于正态分布，就说它是渐近正态分布的。例如，统计理论表明，如果 X_1，X_2，…，X_n 是有相同均值 μ 和相同方差 σ^2 的独立正态分布变量，则样本均值 $\bar{X}$ 无论在小样本或大样本中都是以 μ 为均值、σ^2/n 为方差的正态分布变量。但若 X_i 是以 μ 为均值，并以 σ^2 为方差的独立但不一定正态分布的变量，则样本均值 $\bar{X}$ 是以 μ 为均值、σ^2/n 为方差的渐近正态分布变量；就是说，随着样本容量 n 无限增大，样本均值趋于以 μ 为均值、σ^2/n 为方差的正态分布。事实上，这就是前面讨论过的中心极限定理。

◼ A.8 统计推断：假设检验

估计与假设检验是经典统计推断的一对孪生分支。既已分析过估计问题，现在我们就简要地探讨一下统计假设的检验问题。

假设检验的问题可叙述如下。假定已知随机变量 X 的概率密度函数 $f(x;\theta)$，其中 θ 是分布参数，在取得一个容量为 n 的随机样本之后，我们得到点估计量 $\hat{\theta}$，由于真实 θ 鲜为人知，所以我们提出这样一个问题：这个估计量 $\hat{\theta}$ 是否与某个假设的 θ 值"相符"？比方说，$\theta = \theta^*$？这里 θ^* 是一个特定的（假设的）θ 数值。换句话说，我们的样本会来自概率密度函数 $f(x;\theta = \theta^*)$ 吗？在假设检验的术语中，$\theta = \theta^*$ 被称为**虚拟**（或维持）**假设** [null (or maintained) hypothesis] 并通常记为 H_0。虚拟假设是相对于一个记为 H_1 的**对立假设**（alternative hypothesis）而检验的。例如，H_1 可叙述为 $\theta \neq \theta^*$。（注：在某些教科书中把 H_0 和 H_1 分别记为 H_1 和 H_2。）

虚拟假设和对立假设都可以是**简单的**（simple）或**复合的**（composite）。如果一个假设确定了分布参数的一个值，则这个假设被称为简单的；否则就称它为复合假设，例如，如果 $X \sim N(\mu, \sigma^2)$，并且我们声称

$$H_0 : \mu = 15 \quad 和 \quad \sigma = 2$$

这就是一个简单假设；而

$$H_0 : \mu = 15 \quad 和 \quad \sigma > 2$$

则因 σ 值未予确定而是一个复合假设。

为了检验虚拟假设（即检验其真实性），我们利用样本信息以获得所谓的**检验统计量**（test statistic）。这个检验统计量常常就是未知参数的点估计量。然后我们试图找出检验统计量的抽样或概率分布，并利用**置信区间**（confidence interval）或**显著性检验**（test of significance）方法去检验虚拟假设。现将其操作步骤说明如下。

为便于分析，让我们回到例 24 所考虑的一个总体中的男子身高（X），我们被告知：

$$X_i \sim N(\mu, \sigma^2) = N(\mu, 2.5^2)$$
$$\bar{X} = 67 \qquad n = 100$$

现假设

$$H_0 : \mu = \mu^* = 69$$

$$H_1 : \mu \neq 69$$

问题是这个检验统计量为 $\bar{X} = 67$ 的样本会来自均值为 69 的总体吗？直觉上，如果 $\bar{X}$ "足够接近" μ^*，我们也许不会拒绝虚拟假设；否则我们宁可拒绝它而接受对立假设。但怎样决定 $\bar{X}$ 是否 "足够接近" μ^* 呢？可以采取两种方法之一：（1）置信区间法，和（2）显著性检验法。在任一具体应用中两种方法都将导致同一结论。

□ 置信区间法

因为 $X_i \sim N(\mu, \sigma^2)$，所以我们知道检验统计量 $\bar{X}$ 的分布是：

$$\bar{X} \sim N(\mu, \sigma^2/n)$$

既然知道了 $\bar{X}$ 的概率分布，为什么不根据 $\bar{X}$ 构造 μ 的一个 $100(1-\alpha)$ 置信区间，然后看此置信区间是否包含 $\mu = \mu^*$ 呢？如果包含，我们就不拒绝虚拟假设；如果不包含，就可拒绝虚拟假设。例如，取 $\alpha = 0.05$，我们将有一个 95% 置信区间。如果此区间包含 μ^*，由于这样建立起来的区间每 100 个有 95 个会含有 μ^*，我们就不拒绝虚拟假设。

实际操作步骤如下：因为 $\bar{X} \sim N(\mu, \sigma^2/n)$，从而

$$Z_i = \frac{\bar{X} - \mu}{\sigma/\sqrt{n}} \sim N(0,1)$$

就是说，这是一个标准正态变量，于是由正态分布表知：

$$\Pr(-1.96 \leqslant Z_i \leqslant 1.96) = 0.95$$

即

$$\Pr\left(-1.96 \leqslant \frac{\bar{X} - \mu}{\sigma/\sqrt{n}} \leqslant 1.96\right) = 0.95$$

重新整理，得到

$$\Pr\left[\bar{X} - 1.96\frac{\sigma}{\sqrt{n}} \leqslant \mu \leqslant \bar{X} + 1.96\frac{\sigma}{\sqrt{n}}\right] = 0.95$$

这就是 μ 的一个 95% 置信区间。一旦构造了这个区间，虚拟假设的检验就很简单。我们所要做的无非就是看 $\mu = \mu^*$ 是否落入此区间而已。如果落入，就不拒绝虚拟假设；如果不落入则拒绝。

回到我们的例子，我们已经构造了 μ 的一个 95% 置信区间，即

$$66.51 \leqslant \mu \leqslant 67.49$$

此区间显然不包含 $\mu = 69$，因此我们能以 95% 的置信系数拒绝真实 μ 是 69 的虚拟假设。图 A—12 用几何图形描绘了这一情况。

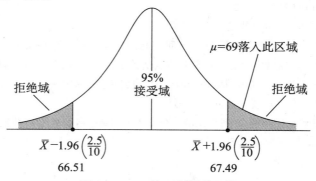

图 A—12 μ 的 95% 置信区间

用假设检验的语言说，我们所构造的置信区间叫做**接受域**（acceptance region）。接受域以外的区域叫做虚拟假设的**临界域**（critical region）或**拒绝域**（region of rejection）。接受域的上下限（与拒绝域的分界线）叫做**临界值**（critical values）。那么，用假设检验的语言说，如果假设值落入接受区间，就不可拒绝虚拟假设；否则可以拒绝。

重要的是要看到，在决定拒绝或不拒绝 H_0 时，我们可能犯两类错误：（1）我们也许会拒绝一个事实上是真的 H_0。这叫做**第 I 类错误**（type I error）。例如，在上例中 $\overline{X}=67$ 有可能来自均值是 69 的总体。或者（2）我们也许没有拒绝一个事实上不正确的 H_0。这叫做**第 II 类错误**（type II error）。因此，假设检验并不能证明真正的 μ 值，而只是提供一种手段，以便决定我们可不可以按照 $\mu = \mu^*$ 行事。

第 I 类错误和第 II 类错误。我们可系统地表示为：

决策	自然状态	
	H_0 是对的	H_0 是错的
拒绝	第 I 类错误	没有错误
不拒绝	没有错误	第 II 类错误

理想的情况下，我们希望第 I 类和第 II 类错误都能最小化。可是，对任一给定的样本容量，要同时最小化两类错误是不可能的。解决此问题的经典方法已体现于内曼（Neyman）和皮尔逊（Pearson）的著作中，即犯第 I 类错误实际上比犯第 II 类错误很可能更为严重。因此，人们应把犯第 I 类错误的概率定在一个相当低的水平上，比如说 0.01 或 0.05，然后试图使出现第 II 类错误的概率达到尽可能小。

文献中把犯第 I 类错误的概率记为 α，并称为**显著性水平**（level of significance），而把犯第 II 类错误的概率记为 β，并把不犯第 II 类错误的概率 $1-\beta$ 称为**检验功效**（power of the test）。换句话说，检验功效就是它拒绝一个错误假设的能力。假设检验的经典方法是把 α 固定在诸如 0.01（1%）或 0.05（5%）的水平上，然后试图把检验功效最大化；也就是使 β 最小化。

重要的是，读者要理解检验功效的概念，最好用一个例子加以解释。[1]

令 $X \sim N(\mu, 100)$；即 X 服从均值为 μ 和方差为 100 的正态分布。假定 $\alpha = 0.05$。假设我们有一个含 25 次观测的样本，样本均值为 $\overline{X}$。进而假设我们对假设 $H_0: \mu = 50$ 感兴趣。既然 X 服从正态分布，那我们就知道样本均值也是正态分布的：$\overline{X} \sim N(\mu, 100/25)$。因此，在所述 $\mu = 50$ 的虚拟假设下，$\overline{X}$ 的 95% 置信区间是 $(\mu \pm 1.96 \sqrt{100/25}) = \mu \pm 3.92$，即 (46.08, 53.92)。于是所有小于 46.08 或大于 53.92 的 $\overline{X}$ 就构成了临界区域。也就是说，如果发现样本均值低于 46.08 或高于 53.92，那我们就拒绝真实均值为 50 的虚拟假设。

但如果真实的 μ 不等于 50，$\overline{X}$ 落在上述临界区域的概率是多少？假设有三个对立假设：$\mu = 48$，$\mu = 52$ 和 $\mu = 56$。如果这些对立假设中有任何一个成立，那它将是 $\overline{X}$ 分布的实际均值。由于仍假定 $\sigma^2 = 100$，所以标准误对这三个对立假设而言都是不变的。

图 A—13 中的阴影区域表明了每个对立假设为真时 $\overline{X}$ 落入拒绝域的概率。如你可以验证的那样，这些概率分别是 0.17（对 $\mu = 48$），0.05（对 $\mu = 50$），0.17（对 $\mu = 52$）和 0.85（对 $\mu = 56$）。从数字可以看出，只要 μ 的真实值与考虑中的假设（这里是 $\mu = 50$）值显著不同，那么拒绝这个假

---

[1] 如下讨论和图表源自 Helen M. Walker and Joseph Lev, *Statistical Inference*, Holt, Rinehart and Winston, New York, 1953, pp. 161-162。

设的概率就很高，但当真实值与虚拟假设的值相差不大，那么拒绝的概率就很小。从直觉上讲，如果虚拟假设和对立假设紧密地捆在一起，就会出现很难拒绝的情况。

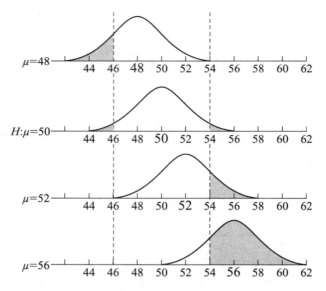

图 A—13 在 $N=25$，$\sigma=10$ 和 $\mu=48$，50，52 和 56 时 X 的分布

注：在 H_0：$\mu=50$ 下，$\alpha=0.05$ 的拒绝域是 $\overline{X}<46.1$ 或 $\overline{X}>53.9$。阴影区域表示了 $\overline{X}$ 将落入拒绝域的概率。这些概率分别是

0.17 ($\mu=48$)	0.17 ($\mu=52$)
0.05 ($\mu=50$)	0.85 ($\mu=56$)

考查被称为**功效函数图**（power function graph）的图 A—14 可以进一步看出这一点，那里所示的曲线被称为**功效曲线**（power curve）。

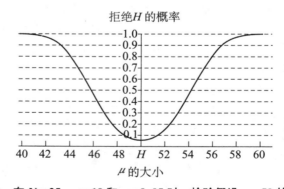

图 A—14 在 $N=25$，$\sigma=10$ 和 $\alpha=0.05$ 时，检验假设 $\mu=50$ 的功效函数

读者现在必定发觉，前面讨论的置信系数 $(1-\alpha)$ 无非就是 1 减去犯第 I 类错误的概率。例如一个 95% 置信系数是说，我们准备接受一个最多是 5% 的犯第 I 类错误的概率——我们不想在 100 次中有多于 5 次拒绝一个真实假设。

p 值或准确显著性水平。除预先选定某个任意的 α 水平外，还可求出一个检验统计量的 **p 值（概率值）**或准确显著性水平。p 值被定义为虚拟假设可被拒绝时所看到的最低显著性水平。

假使在一项应用中我们得到一个自由度为 20 的 t 值 3.552。从表 D—2 中我们能看到，获得一个等于或大于 3.552 的 t 值的 p 值或准确概率是 0.001（单侧）或 0.002（双侧）。我们说所观测的 t 值 3.552 是在 0.001 或 0.002 水平上统计显著的，究竟 0.001 还是 0.002 视我们使用单侧检验还是双侧检验而定。

现在一些统计软件例行输出所估计的检验统计量的 p 值。因此，只要可能，读者最好给出 p 值。

样本容量与假设检验。在涉及成百上千个观测的调查数据中，虚拟假设看似比在小样本中更容易遭到拒绝。这里援引安格斯·迪顿（Angus Deaton）的话来说，就是：

> 随着样本容量的扩大，并假定我们使用的是一个一致的估计程序，我们的估计值会越来越接近真值，而且在真值周围的分散程度越来越小，因而在小样本容量中无法发现的差异在大样本中会遭到拒绝。大样本容量就像显微镜一样具有更大的分辨能力；随着放大倍数的不断提高，从一定的距离之外无法看到的特征会越来越清晰地表现出其轮廓。[①]

继利莫尔和施瓦茨之后，迪顿建议对 F 检验和 χ^2 检验的标准临界值进行如下调整：当计算得到的 F 值超过样本容量的对数（即 ln）时，并在 q 个约束条件下计算出来的 χ^2 统计量超过 $q$ln 时，便拒绝虚拟假设，其中 n 为样本容量。这些临界值被称为利莫尔-施瓦茨临界值。

利用迪顿的例子，如果 $n=100$，只有在计算出来的 F 值大于 4.6 时，我们才拒绝虚拟假设，但若 $n=10\,000$，则只有计算出来的 F 值大于 9.2 时，虚拟假设才会被拒绝。

□ 检验的显著性方法

回顾

$$Z_i = \frac{\overline{X} - \mu}{\sigma/\sqrt{n}} \sim N(0,1)$$

在任一给定的应用中，$\overline{X}$ 和 n 是已知的（或可以估计的），而真实 μ 和 σ 是未知的。但如果我们规定 σ 并在 H_0 下假定 $\mu=\mu^*$，我们就能直接算出 Z_i，然后查正态分布表便找出能够得到计算出来的这个 Z 值的概率。如果这是一个小的概率，比方说小于 5% 或 1%，就可拒绝虚拟假设——如果假设真实，那么得到计算出来的这个 Z 值的机会就应该很大，这是假设检验的显著性检验法所持的一般思想。这里的关键思想是检验统计量（即 Z 统计量）以及它在假设值 $\mu=\mu^*$ 下的概率分布。在本例中由于我们使用了 Z 标准正态变量，故称此检验为 Z 检验。

回到我们的例子，如果 $\mu=\mu^*=69$，则 Z 统计量变为：

$$Z = \frac{\overline{X} - \mu^*}{\sigma/\sqrt{n}}$$

$$= \frac{67 - 69}{2.5/\sqrt{100}}$$

$$= -2/0.25 = -8$$

查一下正态分布表 D—1，便知得到如此一个 Z 值的概率是极其小的。（注：超出 3 或 -3 的 Z 值的概率约为 0.001。因此，其绝对值超过 8 的 Z 值的概率就更小了。）因此，可拒绝 $\mu=69$ 这个虚拟假设；给定此值而得到 $\overline{X}$ 为 67 的机会是微乎其微的。于是我们怀疑我们的样本是来自均值为 69 的一个总体。图 A—15 对这种情况作了一个图解。

[①] Angus Deaton, *The Analysis of Household Surveys: A Microeconometric Approach to Development Policy*, The Johns Hopkins University Press, Baltimore, 2000, p.130.

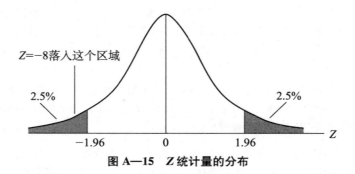

图 A—15　Z 统计量的分布

按照显著性检验的术语，当我们说一个检验（统计量）是显著的，我们通常的意思是我们可以拒绝虚拟假设。而一个检验统计量被认为是显著的，如果得到它的概率等于或小于犯第 I 类错误的概率 α。例如，取 $\alpha=0.05$，我们知道得到一个等于 -1.96 或 1.96 的 Z 值的概率是 5%（或标准正态分布每侧 2.5%）。在我们的说明性例子中 Z 是 -8。由此可知，得到这样一个 Z 值的概率要比 2.5% 小得多，大大低于我预定的犯第 I 类错误的概率。这就说明为什么算出来的 $Z=-8$ 这个值是统计上显著的；也就是为什么我们拒绝 μ^* 等于 69 这个虚拟假设。当然，我们得到了用假设检验的置信区间法的同样结论。

现在我们把检验统计假设的步骤归纳如下：

步骤 1　叙述虚拟假设 H_0 和对立假设 H_1（例如，H_0：$\mu=69$ 和 H_1：$\mu\neq69$）。

步骤 2　选择检验统计量（例如，$\overline{X}$）。

步骤 3　确定检验统计量的概率分布［例如，$\overline{X}\sim N(\mu,\sigma^2/n)$］。

步骤 4　选定显著性水平（即犯第 I 类错误的概率）α。

步骤 5　利用检验统计量的概率分布，构造一个 $100(1-\alpha)$% 置信区间。如果虚拟假设下的参数值（例如 $\mu=\mu^*=69$）落入此置信区间即接受域，则不拒绝虚拟假设。但如果它落在此区间之外（即落入拒绝域），就可拒绝虚拟假设。记住，当你拒绝一个虚拟假设时，你正在冒着犯错误概率为 100%α 的风险。

▌参考文献

关于本附录所含内容的细节，读者可参阅以下参考文献：

Hoel Paul G.，*Introduction to Mathematical Statistics*，4th ed.，John Wiley & Sons，New York，1974. 本书对数理统计的各个方面提供了一个较为简单的介绍。

Freund，John E.，and Ronald E. Walpole，*Mathematical Statistics*，3d ed.，Prentice Hall，Englewood Cliffs，N. J.，1980. 这是数理统计的另一本入门教材。

Mood，Alexander M.，Franklin A. Graybill，and Duane C. Bose，*Introduction to the Theory of Statistics*，3d ed.，McGraw-Hill，New York，1974. 这是统计学理论的一个全面介绍，但比前两本书深些。

Newbold，Paul，*Statistics for Business and Economics*，Prentice Hall，Englewood Cliffs，NJ，1984. 这是一本统计学的全面的非数学导引，含有大量问题解答的内容。

附录 B

矩阵代数初步

本附录提供为读懂附录 C 以及第 18 章部分内容所需要的矩阵代数基本知识。讨论是非严格的，而且不加任何证明。关于证明和更多的细节，读者可阅读参考文献。

▨ B.1 定　义

□ 矩　阵

矩阵是把一些数或元素排成行和列的一个长方形阵列。说得准确些，一个**阶**（order）或**维**（dimension）为 M 乘 N（写成 $M \times N$）的矩阵是指排成 M 行和 N 列的一个 $M \times N$ 元素集。例如，用黑体字母表示矩阵，一个（$M \times N$）矩阵 **A** 可表达为：

$$\mathbf{A} = [a_{ij}] = \begin{bmatrix} a_{11} & a_{12} & a_{13} & \cdots & a_{1N} \\ a_{21} & a_{22} & a_{23} & \cdots & a_{2N} \\ & & \cdots\cdots\cdots\cdots & & \\ a_{M1} & a_{M2} & a_{M3} & \cdots & a_{MN} \end{bmatrix}$$

其中 a_{ij} 是出现在 **A** 的第 i 行和第 j 列的元素，而 $[a_{ij}]$ 是以 a_{ij} 为其典型元素的矩阵 A 的缩写表达式。一个矩阵的阶或维，也就是它的行数和列数，常常写在该矩阵的下方以便于核对。

$$\underset{2\times3}{\mathbf{A}} = \begin{bmatrix} 2 & 3 & 5 \\ 6 & 1 & 3 \end{bmatrix} \qquad \underset{3\times3}{\mathbf{B}} = \begin{bmatrix} 1 & 5 & 7 \\ -1 & 0 & 4 \\ 8 & 9 & 11 \end{bmatrix}$$

标量。一个标量是指单个（实）数。换言之，一个标量就是一个 1×1 矩阵。

□ 列　向　量

由 M 行和仅仅 1 列组成的矩阵叫做**列向量**（column vector）。用粗体小写字母表示向量，列向量的一个例子是：

$$\mathbf{x}_{4\times 1}=\begin{bmatrix}3\\4\\5\\9\end{bmatrix}$$

□ 行　向　量

由仅仅 1 行和 N 列组成的矩阵叫做**行向量**（row vector）。例子如下：

$$\mathbf{x}_{1\times 4}=\begin{bmatrix}1&2&5&-4\end{bmatrix}\qquad\mathbf{y}_{1\times 5}=\begin{bmatrix}0&5&-9&6&10\end{bmatrix}$$

□ 转　　置

一个 $M\times N$ 矩阵 $\mathbf{A}$ 的**转置**（transpose），记为 $\mathbf{A}'$（读 $\mathbf{A}$ 一撇或 $\mathbf{A}$ 转置），是将 $\mathbf{A}$ 的行和列交换后得到的一个 $N\times M$ 矩阵；也就是 $\mathbf{A}$ 的第 i 行变成了 $\mathbf{A}'$ 的第 i 列。例如，

$$\mathbf{A}_{3\times 2}=\begin{bmatrix}4&5\\3&1\\5&0\end{bmatrix}\qquad\mathbf{A}'_{2\times 3}=\begin{bmatrix}4&3&5\\5&1&0\end{bmatrix}$$

由于向量是矩阵的一种特殊类型，故一个行向量的转置是一个列向量，而一个列向量的转置是一个行向量。例如：

$$\mathbf{x}=\begin{bmatrix}4\\5\\6\end{bmatrix}\qquad\mathbf{x}'=\begin{bmatrix}4&5&6\end{bmatrix}$$

我们将按照惯例，用一撇来表示行向量。

□ 子　矩　阵

给定任一 $M\times N$ 矩阵 $\mathbf{A}$，如果除了 $\mathbf{A}$ 的 r 行和 s 列外把其余的行和列全部删除掉，则余下的 $r\times s$ 阶矩阵叫做 $\mathbf{A}$ 的一个子矩阵。例如，如果

$$\mathbf{A}_{3\times 3}=\begin{bmatrix}3&5&7\\8&2&1\\3&2&1\end{bmatrix}$$

去掉 $\mathbf{A}$ 的第 3 行和第 3 列后则得到：

$$\mathbf{B}_{2\times 2}=\begin{bmatrix}3&5\\8&2\end{bmatrix}$$

这是 $\mathbf{A}$ 的一个 2×2 阶子矩阵。

B.2　矩阵的类型

□ 方　阵

行数和列数相同的矩阵叫做**方阵**（square matrix）。例如：

$$\mathbf{A} = \begin{bmatrix} 3 & 4 \\ 5 & 6 \end{bmatrix} \qquad \mathbf{B} = \begin{bmatrix} 3 & 5 & 8 \\ 7 & 3 & 1 \\ 4 & 5 & 0 \end{bmatrix}$$

□ 对角（矩）阵

主对角线（指从左上角到右下角的对角线）上至少有一个非零元素，而其余地方均是零的方阵叫做**对角（矩）阵**（diagonal matrix）。例如：

$$\mathbf{A}_{2\times2} = \begin{bmatrix} 2 & 0 \\ 0 & 3 \end{bmatrix} \qquad \mathbf{B}_{3\times3} = \begin{bmatrix} -2 & 0 & 0 \\ 0 & 5 & 0 \\ 0 & 0 & 1 \end{bmatrix}$$

□ 标量（矩）阵

对角元素完全相等的对角（矩）阵叫做**标量（矩）阵**（scalar matrix）。方程（C.2.3）所给经典线性回归模型的总体干扰的方差—协方差（矩）阵，即：

$$\text{var-cov}(\mathbf{u}) = \begin{bmatrix} \sigma^2 & 0 & 0 & 0 & 0 \\ 0 & \sigma^2 & 0 & 0 & 0 \\ 0 & 0 & \sigma^2 & 0 & 0 \\ 0 & 0 & 0 & \sigma^2 & 0 \\ 0 & 0 & 0 & 0 & \sigma^2 \end{bmatrix}$$

就是一例。

□ 恒等或单位矩阵

对角元素全是 1 的对角阵叫做**恒等**（identity）或**单位**（unit）**矩阵**，并记为 **I**。它是标量矩阵的一个特殊情形。

$$\mathbf{I}_{3\times3} = \begin{bmatrix} 1 & 0 & 0 \\ 0 & 1 & 0 \\ 0 & 0 & 1 \end{bmatrix} \qquad \mathbf{I}_{4\times4} = \begin{bmatrix} 1 & 0 & 0 & 0 \\ 0 & 1 & 0 & 0 \\ 0 & 0 & 1 & 0 \\ 0 & 0 & 0 & 1 \end{bmatrix}$$

□ 对称矩阵

如果一个方阵主对角线上方的元素是其下方元素的映象，则称之为**对称矩阵**（symmetric matrix）。换言之，一个对称矩阵就是其转置等于其自身的矩阵；就是说 $\mathbf{A} = \mathbf{A}'$，也就是 **A** 的元素 a_{ij} 等于 $\mathbf{A}'$ 的元素 a_{ji}。一个例子是方程（C.2.2）所给的方差—协方差矩阵，另一个例子是方程（C.5.1）所给的相关矩阵。

□ 零 矩 阵

元素全部为零的矩阵叫做**零矩阵**（null matrix），并记为 **0**。

□ 零 向 量

元素全部为零的行或列向量叫做**零向量**（null vector），并且也记为 **0**。

□ 相等矩阵

如果两个矩阵 **A** 和 **B** 具有相同的阶，并且它们的相应元素都相等；即对所有 i 和 j，都有 $a_{ij} = b_{ij}$，我们就说这两个矩阵是相等的。例如，两个矩阵：

$$\mathbf{A}_{3\times3} = \begin{bmatrix} 3 & 4 & 5 \\ 0 & -1 & 2 \\ 5 & 1 & 3 \end{bmatrix} \quad 和 \quad \mathbf{B}_{3\times3} = \begin{bmatrix} 3 & 4 & 5 \\ 0 & -1 & 2 \\ 5 & 1 & 3 \end{bmatrix}$$

就是相等的；就是说，**A＝B**。

B.3 矩阵运算

□ 矩阵加法

令 $\mathbf{A} = [a_{ij}]$ 和 $\mathbf{B} = [b_{ij}]$。如果 **A** 和 **B** 是同阶的，我们就定义矩阵加法为：

$$\mathbf{A} + \mathbf{B} = \mathbf{C}$$

其中 **C** 与 **A** 和 **B** 同阶，并且对所有 i 和 j 都有 $c_{ij} = a_{ij} + b_{ij}$，即 **C** 由 **A** 和 **B** 的对应元素相加而得。如果这种加法是可以做到的，则称 **A** 和 **B** 是可加的。例如，

$$\mathbf{A} = \begin{bmatrix} 2 & 3 & 4 & 5 \\ 6 & 7 & 8 & 9 \end{bmatrix} \quad 和 \quad \mathbf{B} = \begin{bmatrix} 1 & 0 & -1 & 3 \\ -2 & 0 & 1 & 5 \end{bmatrix}$$

并且 **C＝A＋B**，则

$$\mathbf{C} = \begin{bmatrix} 3 & 3 & 3 & 8 \\ 4 & 7 & 9 & 14 \end{bmatrix}$$

□ 矩阵减法

矩阵减法依照与矩阵加法同样的原理，只不过 **C＝A－B**；即从 **A** 的对应元素减去 **B** 的对应元素，这里假定 **A** 和 **B** 是同阶的。

□ 标量乘法

矩阵 **A** 乘以标量 λ（一个实数）。就是用 λ 去乘矩阵的每一个元素：

$$\lambda\mathbf{A} = [\lambda a_{ij}]$$

例如，取 $\lambda = 2$，并且

$$\mathbf{A} = \begin{bmatrix} -3 & 5 \\ 8 & 7 \end{bmatrix}$$

那么

$$\lambda\mathbf{A} = \begin{bmatrix} -6 & 10 \\ 16 & 14 \end{bmatrix}$$

□ 矩阵乘法

设 **A** 是 $M \times N$ 矩阵，**B** 是 $N \times P$ 矩阵。那么乘积 **AB**（按照 **A** 乘 **B** 的顺序）按定义为 一个新

的 $M \times P$ 阶矩阵 $\mathbf{C}$，其典型元素为：

$$c_{ij} = \sum_{k=1}^{N} a_{ik} b_{kj} \qquad \begin{array}{l} i = 1, 2, \cdots, M \\ j = 1, 2, \cdots, P \end{array}$$

即将 $\mathbf{A}$ 的第 i 行元素乘以 $\mathbf{B}$ 的第 j 列相应元素后，对所有项求和便得到 $\mathbf{C}$ 的第 i 行第 j 列元素；这就是所谓行乘以列的乘法法则。例如，为了得到 c_{11}，即 $\mathbf{C}$ 的第 1 行第 1 列元素，我们将 $\mathbf{A}$ 的第 1 行元素乘以 $\mathbf{B}$ 的第 1 列相应元素，然后求所有这些乘积的和，类似地，为了得到 c_{12}，我们将 $\mathbf{A}$ 的第 1 行元素乘以 $\mathbf{B}$ 的第 2 列相应元素，然后求其总和，依此类推。

注意，为了乘法可行，矩阵 $\mathbf{A}$ 和 $\mathbf{B}$ 必须是可乘的，也就是说，$\mathbf{A}$ 的列数必须等于 $\mathbf{B}$ 的行数。例如

$$\mathbf{A}_{2 \times 3} = \begin{bmatrix} 3 & 4 & 7 \\ 5 & 6 & 1 \end{bmatrix} \quad \text{和} \quad \mathbf{B}_{3 \times 2} = \begin{bmatrix} 2 & 1 \\ 3 & 5 \\ 6 & 2 \end{bmatrix}$$

$$\mathbf{AB} = \mathbf{C}_{2 \times 2} = \begin{bmatrix} 3 \times 2 + 4 \times 3 + 7 \times 6 & 3 \times 1 + 4 \times 5 + 7 \times 2 \\ 5 \times 2 + 6 \times 3 + 1 \times 6 & 5 \times 1 + 6 \times 5 + 1 \times 2 \end{bmatrix}$$

$$= \begin{bmatrix} 60 & 37 \\ 34 & 37 \end{bmatrix}$$

但若

$$\mathbf{A}_{2 \times 3} = \begin{bmatrix} 3 & 4 & 7 \\ 5 & 6 & 1 \end{bmatrix} \quad \text{和} \quad \mathbf{B}_{2 \times 2} = \begin{bmatrix} 2 & 3 \\ 5 & 6 \end{bmatrix}$$

则因 $\mathbf{A}$ 和 $\mathbf{B}$ 不是可乘的，所以乘积 $\mathbf{AB}$ 就是没有定义的。

□ 矩阵乘法的性质

1. 矩阵乘法不一定满足交换率；一般地说，$\mathbf{AB} \neq \mathbf{BA}$，因此相乘矩阵的顺序非常重要。$\mathbf{AB}$ 是指 $\mathbf{A}$ 后乘以 $\mathbf{B}$ 或者 $\mathbf{B}$ 前乘以 $\mathbf{A}$。

2. 即使 $\mathbf{AB}$ 和 $\mathbf{BA}$ 都存在，作为乘积的两个矩阵也可能是不同阶的。例如，$\mathbf{A}$ 为 $M \times N$ 矩阵而 $\mathbf{B}$ 为 $N \times M$ 矩阵，则 $\mathbf{AB}$ 为 $M \times M$ 矩阵，而 $\mathbf{BA}$ 为 $N \times N$ 矩阵，即各有不同的阶。

3. 即使 $\mathbf{A}$ 和 $\mathbf{B}$ 都是方阵，从而 $\mathbf{AB}$ 和 $\mathbf{BA}$ 都有定义，但二者也不一定相等。例如，若

$$\mathbf{A} = \begin{bmatrix} 4 & 7 \\ 3 & 2 \end{bmatrix} \quad \text{和} \quad \mathbf{B} = \begin{bmatrix} 1 & 5 \\ 6 & 8 \end{bmatrix}$$

那么

$$\mathbf{AB} = \begin{bmatrix} 46 & 76 \\ 15 & 31 \end{bmatrix} \quad \text{和} \quad \mathbf{BA} = \begin{bmatrix} 19 & 17 \\ 48 & 58 \end{bmatrix}$$

从而 $\mathbf{AB} \neq \mathbf{BA}$。当 $\mathbf{A}$ 和 $\mathbf{B}$ 二者之一为同阶单位矩阵时，我们将看到有 $\mathbf{AB} = \mathbf{BA}$。

4. 一个行向量后乘以一个列向量是一个标量。例如，考虑普通最小二乘回归残差 $\hat{u}_1, \hat{u}_2, \cdots, \hat{u}_n$，令 $\mathbf{u}$ 为一列向量和 $\mathbf{u}'$ 为一行向量，我们有：

$$\mathbf{u}' \mathbf{u} = \begin{bmatrix} \hat{u}_1 & \hat{u}_2 & \hat{u}_3 & \cdots & \hat{u}_n \end{bmatrix} \begin{bmatrix} \hat{u}_1 \\ \hat{u}_2 \\ \hat{u}_3 \\ \vdots \\ \hat{u}_n \end{bmatrix}$$

$$= \hat{u}_1^2 + \hat{u}_2^2 + \hat{u}_3^2 + \cdots + \hat{u}_n^2$$

$$= \sum \hat{u}_i^2 \quad \text{为一标量} \left[\text{参看方程（C.3.5）} \right]$$

5. 一个列向量后乘以一个行向量是一个矩阵。作为例子，考虑经典线性回归模型的总体干扰，即 $u_1, u_2, \cdots, u_n$，令 **u** 为一列向量和 **u′** 为一行向量，我们得到：

$$\mathbf{uu'} = \begin{bmatrix} u_1 \\ \hat{u}_2 \\ u_3 \\ \vdots \\ u_n \end{bmatrix} \begin{bmatrix} u_1 & u_2 & u_3 & \cdots & u_n \end{bmatrix}$$

$$= \begin{bmatrix} u_1^2 & u_1 u_2 & u_1 u_3 & \cdots & u_1 u_n \\ u_2 u_1 & u_2^2 & u_2 u_3 & \cdots & u_2 u_n \\ & & \cdots\cdots\cdots\cdots & & \\ u_n u_1 & u_n u_2 & u_n u_3 & \cdots & n_n^2 \end{bmatrix}$$

这是一个 $n \times n$ 阶矩阵。注意上述矩阵是对称的。

6. 一个矩阵后乘以一个列向量是一个列向量。

7. 一个行向量后乘以一个矩阵是一个行向量。

8. 矩阵乘法满足结合律，即 $(\mathbf{AB})\mathbf{C} = \mathbf{A}(\mathbf{BC})$，其中 **A** 为 $M \times N$ 矩阵，**B** 为 $N \times P$ 矩阵和 **C** 为 $P \times K$ 矩阵。

9. 矩阵乘法还满足加法分配率，即 $\mathbf{A}(\mathbf{B}+\mathbf{C}) = \mathbf{AB} + \mathbf{AC}$ 和 $(\mathbf{B}+\mathbf{C})\mathbf{A} = \mathbf{BA} + \mathbf{CA}$。

☐ 矩阵转置

我们曾经定义矩阵转置过程为一个矩阵（或一个向量）的行和列的互换。现在我们来叙述转置的一些性质。

1. 转置矩阵的转置是原矩阵本身，即 $(\mathbf{A'})' = \mathbf{A}$。

2. 若 **A** 和 **B** 是可加的，且 $\mathbf{C} = \mathbf{A} + \mathbf{B}$，则 $\mathbf{C'} = (\mathbf{A}+\mathbf{B})' = \mathbf{A'} + \mathbf{B'}$。就是说，两矩阵之和的转置是它们的转置之和。

3. 若 **AB** 有定义，则 $(\mathbf{AB})' = \mathbf{B'A'}$，就是说，两矩阵之积的转置是它们顺序相反的转置之积。这可推广为 $(\mathbf{ABCD})' = \mathbf{D'C'B'A'}$。

4. 单位矩阵 **I** 的转置是单位矩阵本身，即 $\mathbf{I'} = \mathbf{I}$。

5. 标量的转置是该标量本身。就是说，若 λ 是一个标量，则 $\lambda' = \lambda$。

6. $(\lambda\mathbf{A})'$ 的转置是 $\lambda\mathbf{A'}$，其中 λ 是一标量。[注：$(\lambda\mathbf{A})' = \mathbf{A'}\lambda' = \mathbf{A'}\lambda = \lambda\mathbf{A'}$。]

7. 若 **A** 是一个满足 $\mathbf{A} = \mathbf{A'}$ 的方阵，则 **A** 是一个对称矩阵。（参照 B.2 节中对称矩阵的定义。）

☐ 矩阵求逆

方阵 **A** 的逆（矩）阵，记为 $\mathbf{A}^{-1}$（读 **A** 的逆），如果存在的话，是满足下式的唯一方阵：

$$\mathbf{AA}^{-1} = \mathbf{A}^{-1}\mathbf{A} = \mathbf{I}$$

其中 **I** 是一个与 **A** 同阶的单位矩阵。例如

$$\mathbf{A} = \begin{bmatrix} 2 & 4 \\ 6 & 8 \end{bmatrix} \quad \mathbf{A}^{-1} = \begin{bmatrix} -1 & 1/2 \\ 6/8 & -1/4 \end{bmatrix} \quad \mathbf{AA}^{-1} = \begin{bmatrix} 1 & 0 \\ 0 & 1 \end{bmatrix} = \mathbf{I}$$

在我们学习了行列式之后，我们就会看到 $\mathbf{A}^{-1}$ 是怎样计算的，这里注意逆矩阵的如下性质：

1. $(\mathbf{AB})^{-1} = \mathbf{B}^{-1}\mathbf{A}^{-1}$；即两矩阵之积的逆矩阵是它们顺序相反的逆矩阵之积。

2. $(\mathbf{A}^{-1})' = (\mathbf{A}')^{-1}$；即 $\mathbf{A}$ 的逆矩阵的转置是 $\mathbf{A}$ 转置的逆矩阵。

B.4 行　列　式

对应于每一个方阵 $\mathbf{A}$，都有一个称为矩阵的行列式的数。这个数记为 $\det\mathbf{A}$ 或 $|\mathbf{A}|$，这里 $|\ |$ 表示"行列式"，注意一个矩阵本身是没有数值的，但一个矩阵的行列式则是一个数。

$$\mathbf{A} = \begin{bmatrix} 1 & 3 & -7 \\ 2 & 5 & 0 \\ 3 & 8 & 6 \end{bmatrix} \qquad |\mathbf{A}| = \begin{vmatrix} 1 & 3 & -7 \\ 2 & 5 & 0 \\ 3 & 8 & 6 \end{vmatrix}$$

在本例中，$|\mathbf{A}|$ 因为对应着一个 3×3 阶矩阵，所以它是一个 3 阶行列式。

□ 行列式的计算

求行列式的值的过程叫做行列式计算（evaluation）、展开（expansion）或化简（reduction）。如何对矩阵中的元素进行操作以完成这一过程，有明确的方法。

2×2 行列式的计算。

如果

$$\mathbf{A} = \begin{bmatrix} a_{11} & a_{12} \\ a_{21} & a_{22} \end{bmatrix}$$

则其行列式的计算如下：

$$|\mathbf{A}| = \begin{vmatrix} a_{11} & a_{12} \\ a_{21} & a_{22} \end{vmatrix} = a_{11}a_{22} - a_{12}a_{21}$$

将 $\mathbf{A}$ 的主对角线上的元素乘积，减去另一对角线上的元素乘积，便得到结果。

3×3 行列式的计算。

如果

$$\mathbf{A} = \begin{bmatrix} a_{11} & a_{12} & a_{13} \\ a_{21} & a_{22} & a_{23} \\ a_{31} & a_{32} & a_{33} \end{bmatrix}$$

那么

$$|\mathbf{A}| = a_{11}a_{22}a_{33} - a_{11}a_{23}a_{32} + a_{12}a_{23}a_{31} - a_{12}a_{21}a_{33} + a_{13}a_{21}a_{32} - a_{13}a_{22}a_{31}$$

对 3×3 行列式的展开，经仔细分析表明：

1. 行列式的展开式中每一项都包含每行和每列的一个而且仅一个元素。

2. 每项的元素个数都与矩阵的行数（或列数）相同。例如，2×2 行列式在其展开式的每一项中都有两个元素，3×3 行列式在其展开式的每一项中都有三个元素，依此类推。

3. 展开式中各项的正负号轮流出现。

4. 2×2 行列式的展开式有 2 项，而 3×3 行列式的展开式有 6 项。一般规律是：$N\times N$ 阶行列式的展开式有 $N! = N(N-1)(N-2)\cdots3\cdot2\cdot1$ 项，其中 $N!$ 读作"N 的阶乘"。按照这一规律，一个 5×5 阶行列式的展开式就有 $5\times4\times3\times2\times1 = 120$ 项。[①]

———————————

① 关于 $N\times N$ 矩阵行列式的计算，请参阅参考文献。

□ 行列式的性质

1. 行列式值为零的矩阵叫做退化（矩）阵（singular matrix），而有非零行列式的矩阵叫做非退化（矩）阵（nonsingular matrix）。前面定义的逆矩阵对退化阵来说是不存在的。

2. 如果 **A** 的任何一行元素全为零，则它的行列式为零。例如：

$$|\mathbf{A}| = \begin{vmatrix} 0 & 0 & 0 \\ 3 & 4 & 5 \\ 6 & 7 & 8 \end{vmatrix} = 0$$

3. $|\mathbf{A}'| = |\mathbf{A}|$；就是说，**A** 和 **A** 转置有相同的行列式。

4. 交换矩阵 **A** 的任何两行或任何两列将改变 $|\mathbf{A}|$ 的符号。

例 1

如果

$$\mathbf{A} = \begin{bmatrix} 6 & 9 \\ -1 & 4 \end{bmatrix} \quad 和 \quad \mathbf{B} = \begin{bmatrix} -1 & 4 \\ 6 & 9 \end{bmatrix}$$

其中 **B** 是由交换 **A** 的两行而得到的，则：

$$|\mathbf{A}| = 24 - (-9) = 33 \quad 和 \quad |\mathbf{B}| = -9 - (24) = -33$$

5. 如果用标量 λ 乘 **A** 的某一行或某一列的每一元素，则 $|\mathbf{A}|$ 就乘以 λ。

例 2

如果

$$\lambda = 5 \quad 和 \quad \mathbf{A} = \begin{bmatrix} 5 & -8 \\ 2 & 4 \end{bmatrix}$$

并且用 5 乘 **A** 的第一行得：

$$\mathbf{B} = \begin{bmatrix} 25 & -40 \\ 2 & 4 \end{bmatrix}$$

我们就能看到 $|\mathbf{A}| = 36$，而 $|\mathbf{B}| = 180 = 5|\mathbf{A}|$。

6. 如果一个矩阵的两行或两列相同，则其行列式为零。

7. 如果一个矩阵的一行或一列是另一行或另一列的若干倍，则它的行列式也为零，例如，

$$\mathbf{A} = \begin{bmatrix} 4 & 8 \\ 2 & 4 \end{bmatrix}$$

其中 **A** 的第 1 行是第 2 行的两倍，故 $|\mathbf{A}| = 0$。更一般地，若矩阵的任一行（列）是其他行（列）的一个线性组合，则其行列式为零。

8. $|\mathbf{AB}| = |\mathbf{A}||\mathbf{B}|$；就是说，两个矩阵之积的行列式等于它们（各自）的行列式之积。

□ 矩阵的秩

一个矩阵的秩是其行式不为零的最大子方阵的阶数。

$$\mathbf{A} = \begin{bmatrix} 3 & 6 & 6 \\ 0 & 4 & 5 \\ 3 & 2 & 1 \end{bmatrix}$$

可以看出 $|\mathbf{A}|=0$。换言之，$\mathbf{A}$ 是一个退化矩阵，因此，虽然它的阶是 3×3，但它的秩却小于 3。实际上它的秩是 2，因为可以找到一个行列式不为零的 2×2 子方阵，例如去掉 $\mathbf{A}$ 的第 1 行和第 1 列，我们得到：

$$\mathbf{B} = \begin{bmatrix} 4 & 5 \\ 2 & 1 \end{bmatrix}$$

它的行列式是 -6，这是个非零值。从而 $\mathbf{A}$ 的秩是 2，前面曾指出，一个退化矩阵不存在逆矩阵。因此，对于一个 $N\times N$ 矩阵 $\mathbf{A}$，要它的逆矩阵存在，它的秩必须是 N；如果它的秩小于 N，则 $\mathbf{A}$ 是退化的。

□ 子　式

如果把 $N\times N$ 矩阵 $\mathbf{A}$ 的第 i 行和第 j 列去掉，所余下来的子矩阵的行列式就叫做元素 a_{ij}（第 i 行和第 j 列交叉处的元素）的**子式**（minor），并记做 $|\mathbf{M}_{ij}|$。

$$\mathbf{A} = \begin{bmatrix} a_{11} & a_{12} & a_{13} \\ a_{21} & a_{22} & a_{23} \\ a_{31} & a_{32} & a_{33} \end{bmatrix}$$

a_{11} 的子式是：

$$|\mathbf{M}_{11}| = \begin{vmatrix} a_{22} & a_{23} \\ a_{32} & a_{33} \end{vmatrix} = a_{22}a_{33} - a_{23}a_{32}$$

类似地，a_{21} 的子式是：

$$|\mathbf{M}_{21}| = \begin{vmatrix} a_{12} & a_{13} \\ a_{32} & a_{33} \end{vmatrix} = a_{12}a_{33} - a_{13}a_{32}$$

用同样方法可求出 $\mathbf{A}$ 其他元素的子式。

□ 余　子　式

$N\times N$ 矩阵 $\mathbf{A}$ 的元素 a_{ij} 的**余子式**（cofactor），记为 c_{ij}，定义为：

$$c_{ij} = (-1)^{i+j} |\mathbf{M}_{ij}|$$

换句话说，余子式是带符号的子式，当 $i+j$ 为偶数时取正号，而当 $i+j$ 为奇数时取负号。例如，前面所给 3×3 矩阵 $\mathbf{A}$ 的元素 a_{11} 的余子式是 $a_{22}a_{33} - a_{23}a_{32}$；而 a_{21} 的余子式是 $-(a_{12}a_{33} - a_{13}a_{32})$，因为下标 2 与 1 之和 3 是一个奇数。

余子式矩阵。 矩阵 $\mathbf{A}$ 的元素 a_{ij} 代之以其余子式，即给出所谓的 $\mathbf{A}$ 的**余子式矩阵**（cofactor matrix），记为（cof **A**）。

伴随矩阵。 伴随矩阵（adjoint matrix），记为（adj **A**），是余子式矩阵的转置；即（adj **A**）＝（cof **A**）′。

B.5　求一个方阵的逆矩阵

若 **A** 是一个非退化方阵（即 $|\textbf{A}| \neq 0$），则其逆矩阵 $\textbf{A}^{-1}$ 可按下式求得：

$$\textbf{A}^{-1} = \frac{1}{|\textbf{A}|} \ (\text{adj } \textbf{A})$$

所涉及的计算步骤如下：

1. 求 **A** 的行列式，如果它不为零，就进行第 2 步。
2. 将 **A** 的每一元素 a_{ij} 代之以它的余子式，以得到余子式矩阵。
3. 将余子式转置，以得到伴随矩阵。
4. 用 $|\textbf{A}|$ 去除伴随矩阵中的每一元素。

例 5

求如下矩阵的逆矩阵

$$\textbf{A} = \begin{bmatrix} 1 & 2 & 3 \\ 5 & 7 & 4 \\ 2 & 1 & 3 \end{bmatrix}$$

第 1 步　先求矩阵的行列式，应用前面给的 3×3 行列式的展开规则，我们求得 $|\textbf{A}| = -24$。

第 2 步　现在求余子式矩阵，且记为 **C**

$$\textbf{C} = \begin{bmatrix} \begin{vmatrix} 7 & 4 \\ 1 & 3 \end{vmatrix} & -\begin{vmatrix} 5 & 4 \\ 2 & 3 \end{vmatrix} & \begin{vmatrix} 5 & 7 \\ 2 & 1 \end{vmatrix} \\ -\begin{vmatrix} 2 & 3 \\ 1 & 3 \end{vmatrix} & \begin{vmatrix} 1 & 3 \\ 2 & 3 \end{vmatrix} & -\begin{vmatrix} 1 & 2 \\ 2 & 1 \end{vmatrix} \\ \begin{vmatrix} 2 & 3 \\ 7 & 4 \end{vmatrix} & -\begin{vmatrix} 1 & 3 \\ 5 & 4 \end{vmatrix} & \begin{vmatrix} 1 & 2 \\ 5 & 7 \end{vmatrix} \end{bmatrix} = \begin{bmatrix} 17 & -7 & -9 \\ -3 & -3 & 3 \\ -13 & 11 & -3 \end{bmatrix}$$

第 3 步　将上述余子式矩阵转置，我们得到如下的伴随矩阵：

$$(\text{adj } \textbf{A}) = \begin{bmatrix} 17 & -3 & -13 \\ -7 & -3 & 11 \\ -9 & 3 & -3 \end{bmatrix}$$

第 4 步　用行列式值-24 除（adj **A**）的元素便得：

$$\textbf{A}^{-1} = -\frac{1}{24} \begin{bmatrix} 17 & -3 & -13 \\ -7 & -3 & 11 \\ -9 & 3 & -3 \end{bmatrix}$$

$$= \begin{bmatrix} -\dfrac{17}{24} & \dfrac{3}{24} & \dfrac{13}{24} \\[2mm] \dfrac{7}{24} & \dfrac{3}{24} & -\dfrac{11}{24} \\[2mm] \dfrac{9}{24} & -\dfrac{3}{24} & \dfrac{3}{24} \end{bmatrix}$$

容易验证：

$$\mathbf{AA}^{-1} = \begin{bmatrix} 1 & 0 & 0 \\ 0 & 1 & 0 \\ 0 & 0 & 1 \end{bmatrix}$$

这是一个单位矩阵。读者应该能够验证，对于附录 C.10 中的说明性例子，$\mathbf{X}'\mathbf{X}$ 矩阵的逆矩阵恰如方程（C.10.5）所示。

B.6　矩阵微分法

要跟上附录 CA 第 CA.2 节的内容，我们需要一些关于矩阵微分法的规则。

> **规则 1**　如果 $\mathbf{a}' = [a_1\ a_2 \cdots a_n]$ 是一数值行向量，而
> $$\mathbf{x} = \begin{bmatrix} x_1 \\ x_2 \\ \vdots \\ x_n \end{bmatrix}$$
> 是变量 $x_1, x_2, \cdots, x_n$ 的一个列向量，则
> $$\frac{\partial(\mathbf{a}'\mathbf{x})}{\partial\mathbf{x}} = \mathbf{a} = \begin{bmatrix} a_1 \\ a_2 \\ \vdots \\ a_n \end{bmatrix}$$

> **规则 2**　考虑这样的矩阵 $\mathbf{x}'\mathbf{Ax}$：
> $$\mathbf{x}'\mathbf{Ax} = [x_1\ \ x_2\ \ \cdots\ \ x_n] \begin{bmatrix} a_{11} & a_{12} & \cdots & a_{1n} \\ a_{21} & a_{22} & \cdots & a_{2n} \\ \multicolumn{4}{c}{\cdots\cdots\cdots\cdots\cdots} \\ a_{n1} & a_{n2} & \cdots & a_{nn} \end{bmatrix} \begin{bmatrix} x_1 \\ x_2 \\ \vdots \\ x_n \end{bmatrix}$$
> 那么
> $$\frac{\partial(\mathbf{x}'\mathbf{Ax})}{\partial\mathbf{x}} = 2\mathbf{Ax}$$

这是一个 n 元素的列向量，或者

$$\frac{\partial\,(\mathbf{x}'\mathbf{A}\mathbf{x})}{\partial\,\mathbf{x}} = 2\mathbf{x}'\mathbf{A}$$

这是一个 n 元素的行向量。

参考文献

Chiang，Alpha C.，*Fundamental Methods of Mathematical Economics*，3d ed.，McGraw-Hill，New York，1984，Chapters 4 and 5. 这是一本初级读物。

Hadley G.，*Linear Algebra*，Addison-Wesley，Reading，Mass.，1961. 这是一本高深教材。

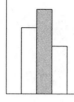

附录 C 　线性回归模型的矩阵表述

本附录介绍用矩阵代数符号表示的 k 变量（Y 和 X_2，X_3，$\cdots$，X_k）经典线性回归模型。概念上，k 变量模型是本书迄今讨论的二变量和三变量模型的逻辑推广。因此本附录除矩阵符号外不涉及什么新概念。[①]

和标量代数（处理标量或实数的初等代数）相比，矩阵代数最大的优越性在于，它为处理涉及任意多个变量的回归模型提供了一个简洁的方法；一旦用矩阵符号建立并求解了 k 变量模型，其求解结果适用于一、二、三或任意多个变量的情形。

▉ C.1　k 变量线性回归模型

如果我们把二变量和三变量线性回归模型加以推广，则含因变量 Y 和 $k-1$ 个解释变量 X_2，X_3，$\cdots$，X_k 的 k 变量总体回归模型（PRF）就可写为：

$$\text{PRF：} Y_i = \beta_1 + \beta_2 X_{2i} + \beta_3 X_{3i} + \cdots + \beta_k X_{ki} + u_i \quad i = 1,2,3,\cdots,n \tag{C.1.1}$$

其中 β_1＝截距，β_2 至 β_k＝偏斜率系数，u＝随机干扰项，i＝第 i 次观测，而 n 为总体的大小。PRF 的方程（C.1.1）可按平常那样加以解释：它给出以 X_{2i}，X_{3i}，$\cdots$，X_k 的固定（在重复抽样中）值为条件 Y 的均值或期望值，即 $E(Y \mid X_{2i}, X_{3i}, \cdots, X_{ki})$。

方程（C.1.1）是以下 n 个联立方程组的一个缩写表达式：

---

① 不熟悉矩阵代数的读者，在往下读之前应先复习附录 B。附录 B 提供了阅读本附录所需要的矩阵代数基本知识。

$$Y_1 = \beta_1 + \beta_2 X_{21} + \beta_3 X_{31} + \cdots + \beta_k X_{k1} + u_1$$
$$Y_2 = \beta_1 + \beta_2 X_{22} + \beta_3 X_{32} + \cdots + \beta_k X_{k2} + u_2$$
$$\cdots\cdots\cdots\cdots\cdots\cdots\cdots\cdots\cdots\cdots\cdots\cdots\cdots\cdots$$
$$Y_n = \beta_1 + \beta_2 X_{2n} + \beta_3 X_{3n} + \cdots + \beta_k X_{kn} + u_n \tag{C.1.2}$$

让我们把方程（C.1.2）写成另一更有启发性的方式[①]：

$$
\begin{bmatrix} Y_1 \\ Y_2 \\ \vdots \\ Y_n \end{bmatrix}
=
\begin{bmatrix}
1 & X_{21} & X_{31} & \cdots & X_{k1} \\
1 & X_{22} & X_{32} & \cdots & X_{k2} \\
\vdots & \vdots & \vdots & \ddots & \vdots \\
1 & X_{2n} & X_{3n} & \cdots & X_{kn}
\end{bmatrix}
\begin{bmatrix} \beta_1 \\ \beta_2 \\ \vdots \\ \beta_n \end{bmatrix}
+
\begin{bmatrix} u_1 \\ u_2 \\ \vdots \\ u_n \end{bmatrix}
\tag{C.1.3}
$$

$$
\begin{array}{cccc}
\mathbf{y} & = & \mathbf{X} & \mathbf{\beta} & + & \mathbf{u} \\
n\times 1 & & n\times k & n\times 1 & & n\times 1
\end{array}
$$

其中 $\mathbf{y}=$ 对因变量 Y 的观测值的 $n\times 1$ 列向量；

$\mathbf{X}=$ 给出对 $k-1$ 个变量 X_2 至 X_k 的 n 次观测值的 $n\times k$ 矩阵，其全为 1 的列代表截距项（此矩阵又名**数据矩阵**）；

$\mathbf{\beta}=$ 未知参数 β_1，β_2，$\cdots$，β_k 的 $k\times 1$ 列向量；

$\mathbf{u}=n$ 个干扰项 u_i 的 $n\times 1$ 列向量。

利用矩阵乘法和加法法则，读者应能证实方程组（C.1.2）和（C.1.3）是等价的。

方程组（C.1.3）被称为一般（k 变量）线性回归模型的矩阵表述。可以更紧凑地把它写为：

$$
\begin{array}{cccc}
\mathbf{y} & = & \mathbf{X} & \mathbf{\beta} & + & \mathbf{u} \\
n\times 1 & & n\times k & k\times 1 & & n\times 1
\end{array}
\tag{C.1.4}
$$

如果在矩阵 $\mathbf{X}$ 和向量 $\mathbf{y}$，$\mathbf{\beta}$ 和 $\mathbf{u}$ 的维数或阶数上没有误解，方程（C.1.4）就可简单地写为：

$$\mathbf{y}=\mathbf{X\beta}+\mathbf{u} \tag{C.1.5}$$

作为矩阵表述的一个具体说明，考虑第 3 章中讨论过的双变量消费—收入模型，即 $Y_i = \beta_1 + \beta_2 X_i + u_i$，其中 Y 是消费支出而 X 是收入。利用表 3—2 的数据，可将此矩阵公式写为：

$$
\begin{bmatrix} 70 \\ 65 \\ 90 \\ 95 \\ 110 \\ 115 \\ 120 \\ 140 \\ 155 \\ 150 \end{bmatrix}
=
\begin{bmatrix} 1 & 80 \\ 1 & 100 \\ 1 & 120 \\ 1 & 140 \\ 1 & 160 \\ 1 & 180 \\ 1 & 200 \\ 1 & 220 \\ 1 & 240 \\ 1 & 260 \end{bmatrix}
\begin{bmatrix} \beta_1 \\ \beta_2 \end{bmatrix}
+
\begin{bmatrix} u_1 \\ u_2 \\ u_3 \\ u_4 \\ u_5 \\ u_6 \\ u_7 \\ u_8 \\ u_9 \\ u_{10} \end{bmatrix}
\tag{C.1.6}
$$

$$
\begin{array}{cccc}
\mathbf{y} & = & \mathbf{X} & \mathbf{\beta} & + & \mathbf{u} \\
10\times 1 & & 10\times 2 & 2\times 1 & & 10\times 1
\end{array}
$$

如同只有两个或三个变量的情形那样，我们的目的是估计多元回归方程（C.1.1）的参数，并从所掌握的数据对它们作出推断。用矩阵符号表示，就是要估计 $\mathbf{\beta}$ 并对此 $\mathbf{\beta}$ 进行推断。为了估计，

[①] 仿效附录 B 中所用的符号。我们将用小写粗体字母表示向量，用大写粗体字母表示矩阵。

可用普通最小二乘法或极大似然法。但如前所述，这两种方法给出回归系数的同样估计值。[①] 因此，我们将仅限于对 OLS 法的讨论。

C.2 经典线性回归模型假定的矩阵表述

表 C—1 给出了经典线性回归模型的基本假定；这些假定同时用标量符号和矩阵符号加以表述。由方程（C.2.1）给出的假定 1 是指干扰向量 $\mathbf{u}$ 的期望值为零，即其中每一元素的期望值为零。更明确地说，$E(\mathbf{u})=\mathbf{0}$ 是指：

$$
E\begin{bmatrix} u_1 \\ u_2 \\ \vdots \\ u_n \end{bmatrix} = \begin{bmatrix} E(u_1) \\ E(u_2) \\ \vdots \\ E(u_n) \end{bmatrix} = \begin{bmatrix} 0 \\ 0 \\ \vdots \\ 0 \end{bmatrix} \tag{C.2.1}
$$

表 C—1   关于经典回归模型的假定

标量符号	矩阵符号
1. $E(u_i)=0$，对每个 i (3.2.1)	1. $E(\mathbf{u})=\mathbf{0}$，其中 $\mathbf{u}$ 和零向量 $\mathbf{0}$ 都是 $n \times 1$ 列向量
2. $E(u_i u_j)=0$，$i \neq j$ (3.2.5) $=\sigma^2$，$i=j$ (3.2.2)	2. $E(\mathbf{u}\mathbf{u}')=\sigma^2 \mathbf{I}$，其中 $\mathbf{I}$ 是 $n \times n$ 单位矩阵
3. X_2，X_3，$\cdots$，X_k 是非随机的或固定的	3. $n \times k$ 矩阵 $\mathbf{X}$ 是非随机的，即它由一系列固定的数字构成
4. X 变量之间无准确的线性关系，即无多重共线性 (7.1.9)	4. $\mathbf{X}$ 的秩是 $p(\mathbf{X})=k$，其中 k 是 $\mathbf{X}$ 的列数，且 k 小于观测次数 n
5. 为了假设检验，$u_i \sim N(0, \sigma^2)$ (4.2.4)	5. 向量 $\mathbf{u}$ 服从多元正态分布，即 $\mathbf{u} \sim N(\mathbf{0}, \sigma^2 \mathbf{I})$

假定 2 ［方程（C.2.2）］是方程（3.2.5）和（3.2.2）中用标量符号表述的两个假定的一种简洁表达式。为了看清楚这一点，可把它写成：

$$
E(\mathbf{u}\mathbf{u}')=E\begin{bmatrix} u_1 \\ u_2 \\ \vdots \\ u_n \end{bmatrix} \begin{bmatrix} u_1 & u_2 & \cdots & u_n \end{bmatrix}
$$

其中 $\mathbf{u}'$ 是列向量 $\mathbf{u}$ 的转置或者是一个行向量。做向量乘法，我们得到：

$$
E(\mathbf{u}\mathbf{u}')=E\begin{bmatrix} u_1^2 & u_1 u_2 & \cdots & u_1 u_n \\ u_2 u_1 & u_2^2 & \cdots & u_2 u_n \\ \cdots\cdots\cdots\cdots\cdots\cdots\cdots \\ u_n u_1 & u_n u_2 & \cdots & u_n^2 \end{bmatrix}
$$

把期望值运算子 E 应用于上述矩阵的每一元素便得到：

---

① 对 k 变量情形的证明，参考第 4 章注释中所给的参考文献。

$$E(\mathbf{uu}') = \begin{bmatrix} E(u_1^2) & E(u_1 u_2) & \cdots & E(u_1 u_n) \\ E(u_2 u_1) & E(u_2^2) & \cdots & E(u_2 u_n) \\ \cdots\cdots\cdots\cdots\cdots\cdots\cdots \\ E(u_n u_1) & E(u_n u_2) & \cdots & E(u_n^2) \end{bmatrix} \qquad (C.2.2)$$

根据同方差性及无序列相关性的假定，矩阵（C.2.2）可简化为：

$$E(\mathbf{uu}') = \begin{bmatrix} \sigma^2 & 0 & 0 & \cdots & 0 \\ 0 & \sigma^2 & 0 & \cdots & 0 \\ \cdots\cdots\cdots\cdots\cdots\cdots \\ 0 & 0 & 0 & \cdots & \sigma^2 \end{bmatrix}$$

$$= \sigma^2 \begin{bmatrix} 1 & 0 & 0 & \cdots & 0 \\ 0 & 1 & 0 & \cdots & 0 \\ \cdots\cdots\cdots\cdots\cdots\cdots \\ 0 & 0 & 0 & \cdots & 1 \end{bmatrix} \qquad (C.2.3)$$

$$= \sigma^2 \mathbf{I}$$

其中 $\mathbf{I}$ 是 $n \times n$ 单位矩阵。

矩阵（C.2.2）［及其在方程（C.2.3）中的表述］被称为干扰项 u_i 的**方差—协方差矩阵**（variance covariance matrix）；此矩阵的主对角线（由左上角到右下角）上的元素给出方差，而主对角线之外的元素则给出协方差。[①] 注意方差—协方差矩阵的**对称性**（symmetric）：主对角线上方和下方的元素以主对角线为轴对称分布。

假定 3 是说 $n \times k$ 矩阵 $\mathbf{X}$ 是非随机的；就是说它由固定的数构成。如前所述，我们的回归分析是条件回归分析，以 $\mathbf{X}$ 变量的固定值作为条件。

假定 4 是说 $\mathbf{X}$ 矩阵是**列满秩**（full column rank）的，即其秩等于矩阵的列数。意思是，$\mathbf{X}$ 矩阵的列是线性独立的；就是说，在 $\mathbf{X}$ 变量之间无准确的线性关系即无**多重共线性**。用标量符号表示，这就等于说，不存在非全为零的一组数 $\lambda_1, \lambda_2, \cdots, \lambda_k$，使得［比较方程（7.1.8）］：

$$\lambda_1 X_{1i} + \lambda_2 X_{2i} + \cdots + \lambda_k X_{ki} = 0 \qquad (C.2.4)$$

其中对所有 i 都有 $X_{1i}=1$（即式中包括了 $\mathbf{X}$ 矩阵中全为 1 的一列）。方程（C.2.4）可用矩阵符号表述为：

$$\boldsymbol{\lambda}' \mathbf{x} = 0 \qquad (C.2.5)$$

其中 $\boldsymbol{\lambda}'$ 为 $1 \times k$ 行向量，而 $\mathbf{x}$ 为 $k \times 1$ 列向量。

如果存在有像方程（C.2.4）那样的一个准确线性关系式，则说变量是共线性的。反之，如果仅当 $\lambda_1 = \lambda_2 = \lambda_3 = \cdots = 0$ 时方程（C.2.4）才成立，则说 X 变量是线性独立的。**无多重共线性**假定的直觉理由，已在第 7 章中陈述。在第 10 章中，我们又对此假定给出了进一步的探讨。

▉ C.3 OLS 估计

为了求 $\boldsymbol{\beta}$ 的 OLS 估计值，首先让我们写出 k 变量的样本回归函数：

---

① 按定义，u_i 的方差 $= E[u_i - E(u_i)]^2$ 并且 u_i 和 u_j 之间的协方差 $= E[u_i - E(u_i)][u_j - E(u_j)]$，但因对每个 i 都假定 $E(u_i) = 0$，故有方差—协方差矩阵（C.2.3）。

$$Y_i = \hat{\beta}_1 + \hat{\beta}_2 X_{2i} + \hat{\beta}_3 X_{3i} + \cdots + \hat{\beta}_k X_{ki} + \hat{u}_i \tag{C.3.1}$$

该式可用矩阵符号更简洁地表达为：

$$\mathbf{y} = \mathbf{X}\hat{\boldsymbol{\beta}} + \hat{\mathbf{u}} \tag{C.3.2}$$

其矩阵形式为：

$$
\begin{bmatrix} Y_1 \\ Y_2 \\ \vdots \\ Y_n \end{bmatrix}
=
\begin{bmatrix} 1 & X_{21} & X_{31} & \cdots & X_{k1} \\ 1 & X_{22} & X_{32} & \cdots & X_{k2} \\ \multicolumn{5}{c}{\cdots\cdots\cdots\cdots\cdots\cdots\cdots} \\ 1 & X_{2n} & X_{3n} & \cdots & X_{kn} \end{bmatrix}
\begin{bmatrix} \hat{\beta}_1 \\ \hat{\beta}_2 \\ \vdots \\ \hat{\beta}_k \end{bmatrix}
+
\begin{bmatrix} \hat{u}_1 \\ \hat{u}_2 \\ \vdots \\ \hat{u}_n \end{bmatrix}
\tag{C.3.3}
$$

$$
\begin{matrix} \mathbf{y} & = & \mathbf{X} & \hat{\boldsymbol{\beta}} & + & \hat{\mathbf{u}} \\ n \times 1 & & n \times k & k \times 1 & & n \times 1 \end{matrix}
$$

其中 $\hat{\boldsymbol{\beta}}$ 是一个回归系数 OLS 估计量的 k 元素列向量，而 $\hat{\mathbf{u}}$ 是 n 个残差的 $n \times 1$ 列向量。

如同双变量和三变量模型那样，k 变量情形的 OLS 估计量也是通过最小化

$$\sum \hat{u}_i^2 = \sum (Y_i - \hat{\beta}_1 - \hat{\beta}_2 X_{2i} - \cdots - \hat{\beta}_k X_{ki})^2 \tag{C.3.4}$$

而得到，其中 $\sum \hat{u}_i^2$ 是残差平方和（RSS）。用矩阵符号表示，这就等于最小化 $\hat{\mathbf{u}}'\hat{\mathbf{u}}$，因为：

$$\hat{\mathbf{u}}'\hat{\mathbf{u}} = \begin{bmatrix} \hat{u}_1 & \hat{u}_2 & \cdots & \hat{u}_n \end{bmatrix} \begin{bmatrix} \hat{u}_1 \\ \hat{u}_2 \\ \vdots \\ \hat{u}_n \end{bmatrix} = \hat{u}_1^2 + \hat{u}_2^2 + \cdots + \hat{u}_n^2 = \sum \hat{u}_i^2 \tag{C.3.5}$$

现在由方程（C.3.2）可得：

$$\hat{\mathbf{u}} = \mathbf{y} - \mathbf{X}\hat{\boldsymbol{\beta}} \tag{C.3.6}$$

因此，

$$\hat{\mathbf{u}}'\hat{\mathbf{u}} = (\mathbf{y} - \mathbf{X}\hat{\boldsymbol{\beta}})'(\mathbf{y} - \mathbf{X}\hat{\boldsymbol{\beta}}) = \mathbf{y}'\mathbf{y} - 2\hat{\boldsymbol{\beta}}'\mathbf{X}'\mathbf{y} + \hat{\boldsymbol{\beta}}'\mathbf{X}'\mathbf{X}\hat{\boldsymbol{\beta}} \tag{C.3.7}$$

这里我们利用了矩阵转置的一些性质：即 $(\mathbf{X}\hat{\boldsymbol{\beta}})' = \hat{\boldsymbol{\beta}}'\mathbf{X}'$；以及由于 $\hat{\boldsymbol{\beta}}'\mathbf{X}'\mathbf{y}$ 为一标量（实数），它的转置 $\mathbf{y}'\mathbf{X}\hat{\boldsymbol{\beta}}$ 就是它本身。

方程（C.3.7）是方程（C.3.4）的矩阵表述。用标量表述时，OLS 法是要对 β_1，β_2，$\cdots$，β_k 的估计能使 $\sum \hat{u}_i^2$ 尽可能小。要做到这一点，方法是将方程（C.3.4）对 $\hat{\beta}_1$，$\hat{\beta}_2$，$\cdots$，$\hat{\beta}_k$ 微分并令微分的结果表达式为零，以产生最小二乘理论的正规方程——k 个未知数的 k 个联立方程。如附录 CA 中第 CA.1 节证明的那样，这些方程是：

$$n\hat{\beta}_1 + \hat{\beta}_2 \sum X_{2i} + \hat{\beta}_3 \sum X_{3i} + \cdots + \hat{\beta}_k \sum X_{ki} = \sum Y_i$$

$$\hat{\beta}_1 \sum X_{2i} + \hat{\beta}_2 \sum X_{2i}^2 + \hat{\beta}_3 \sum X_{2i}X_{3i} + \cdots + \hat{\beta}_k \sum X_{2i}X_{ki} = \sum X_{2i}Y_i$$

$$\hat{\beta}_1 \sum X_{3i} + \hat{\beta}_2 \sum X_{3i}X_{2i} + \hat{\beta}_3 \sum X_{3i}^2 + \cdots + \hat{\beta}_k \sum X_{3i}X_{ki} = \sum X_{3i}Y_i \tag{C.3.8}①$$

$$\cdots\cdots\cdots\cdots\cdots\cdots\cdots\cdots\cdots\cdots\cdots\cdots\cdots\cdots\cdots$$

$$\hat{\beta}_1 \sum X_{ki} + \hat{\beta}_2 \sum X_{ki}X_{2i} + \hat{\beta}_3 \sum X_{ki}X_{3i} + \cdots + \hat{\beta}_k \sum X_{ki}^2 = \sum X_{ki}Y_i$$

写成矩阵形式，方程（C.3.8）可表述为：

---

① 这些方程很容易记住。从方程 $Y_i = \hat{\beta}_1 + \hat{\beta}_2 X_{2i} + \hat{\beta}_3 X_{3i} + \cdots + \hat{\beta}_k X_{ki}$ 开始，将此方程对 n 个 i 值求和，即得（C.3.8）的第一个方程；将它的两边同时乘以 X_2 后再对 n 个 i 值求和，即得第二个方程，将它的两边同时乘以 X_3 后再求和，即得第三个方程，如此类推。顺便指出，（C.3.8）的第一个方程立即给出 $\hat{\beta}_1 = \bar{Y} - \hat{\beta}_2 \bar{X}_2 - \cdots - \hat{\beta}_2 \bar{X}_k$［比较方程（7.4.6）］。

$$\begin{bmatrix} n & \sum X_{2i} & \sum X_{3i} & \cdots & \sum X_{ki} \\ \sum X_{2i} & \sum X_{2i}^2 & \sum X_{2i}X_{3i} & \cdots & \sum X_{2i}X_{ki} \\ \sum X_{3i} & \sum X_{3i}X_{2i} & \sum X_{3i}^2 & \cdots & \sum X_{3i}X_{ki} \\ \cdots\cdots\cdots\cdots\cdots\cdots\cdots\cdots\cdots\cdots\cdots\cdots\cdots \\ \sum X_{ki} & \sum X_{ki}X_{2i} & \sum X_{ki}X_{3i} & \cdots & \sum X_{ki}^2 \end{bmatrix} \begin{bmatrix} \hat\beta_1 \\ \hat\beta_2 \\ \hat\beta_3 \\ \vdots \\ \hat\beta_k \end{bmatrix} = \begin{bmatrix} 1 & 1 & \cdots & 1 \\ X_{21} & X_{22} & \cdots & X_{2n} \\ X_{31} & X_{32} & \cdots & X_{3n} \\ \cdots\cdots\cdots\cdots\cdots\cdots \\ X_{k1} & X_{k2} & \cdots & X_{kn} \end{bmatrix} \begin{bmatrix} Y_1 \\ Y_2 \\ Y_3 \\ \cdots \\ Y_n \end{bmatrix}$$

$$\qquad\qquad (\mathbf{X}'\mathbf{X}) \qquad\qquad\qquad\qquad \hat{\boldsymbol\beta} \qquad\qquad \mathbf{X}' \qquad\quad \mathbf{y}$$

$$(C.3.9)$$

或更简洁地写成:

$$(\mathbf{X}'\mathbf{X})\hat{\boldsymbol\beta}=\mathbf{X}'\mathbf{y} \tag{C.3.10}$$

注意矩阵 $(\mathbf{X}'\mathbf{X})$ 的如下特点:(1)它给出 X 变量的原始平方和与交叉乘积和,变量之一是每次观测都取值 1 的截距项。主对角线上的元素是原始平方和,而主对角线以外的元素则是原始交叉乘积和。("原始"是指以原有度量单位计算的。)(2)因 X_{2i} 与 X_{3i} 之间的交叉乘积就是 X_{3i} 与 X_{2i} 之间的交叉乘积,故它是对称的。(3)它的阶数是 $(k\times k)$,就是 k 行与 k 列。

在方程(C.3.10)中,已知量是 $(\mathbf{X}'\mathbf{X})$ 和 $(\mathbf{X}'\mathbf{y})$(X 变量与 y 的交叉乘积),未知量是 $\hat{\boldsymbol\beta}$。由矩阵代数,如果 $(\mathbf{X}'\mathbf{X})$ 的逆(矩阵)存在,并记为 $(\mathbf{X}'\mathbf{X})^{-1}$,则用此逆去前乘方程(C.3.10)的两边便得到:

$$(\mathbf{X}'\mathbf{X})^{-1}\,(\mathbf{X}'\mathbf{X})\,\hat{\boldsymbol\beta}=(\mathbf{X}'\mathbf{X})^{-1}\mathbf{X}'\mathbf{y}$$

但由于 $(\mathbf{X}'\mathbf{X})^{-1}(\mathbf{X}'\mathbf{X})=\mathbf{I}$ 为 $k\times k$ 阶单位矩阵,故得:

$$\mathbf{I}\hat{\boldsymbol\beta}=(\mathbf{X}'\mathbf{X})^{-1}\mathbf{X}'\mathbf{y}$$

或者:

$$\hat{\boldsymbol\beta} = (\mathbf{X}'\mathbf{X})^{-1}\ \mathbf{X}'\quad \mathbf{y}$$
$$k\times 1 \quad k\times k \quad (k\times n)(n\times 1) \tag{C.3.11}$$

方程(C.3.11)是矩阵符号表述的 OLS 理论的一个基本结果。它表明 $\hat{\boldsymbol\beta}$ 向量怎样能从给定的数据估计出来。虽然方程(C.3.11)是从方程(C.3.9)得来的,但它也能直接从方程(C.3.7)通过把 $\hat{\mathbf{u}}'\hat{\mathbf{u}}$ 对 $\hat{\boldsymbol\beta}$ 进行微分而直接得到。证明见附录 CA 第 CA.2 节。

□ 一个说明

作为对目前介绍的矩阵方法的一个说明,让我们重新计算第 3 章的消费—收入例子。它的数据已在方程(C.1.6)中重新给出。对这个双变量情形我们有:

$$\hat{\boldsymbol\beta}=\begin{bmatrix} \hat\beta_1 \\ \hat\beta_2 \end{bmatrix}$$

$$\mathbf{X}'\mathbf{X}=\begin{bmatrix} 1 & 1 & 1 & \cdots & 1 \\ X_1 & X_2 & X_3 & \cdots & X_n \end{bmatrix}\begin{bmatrix} 1 & X_1 \\ 1 & X_2 \\ 1 & X_3 \\ & \cdots \\ 1 & X_N \end{bmatrix}=\begin{bmatrix} n & \sum X_i \\ \sum X_i & \sum X_i^2 \end{bmatrix}$$

以及

$$\mathbf{X'y} = \begin{bmatrix} 1 & 1 & 1 & \cdots & 1 \\ X_1 & X_2 & X_3 & \cdots & X_n \end{bmatrix} \begin{bmatrix} Y_1 \\ Y_2 \\ Y_3 \\ \vdots \\ Y_n \end{bmatrix} = \begin{bmatrix} \sum Y_i \\ \sum X_i Y_i \end{bmatrix}$$

使用方程（C.1.6）中的数据，我们得到：

$$\mathbf{X'X} = \begin{bmatrix} 10 & 1\,700 \\ 1\,700 & 322\,000 \end{bmatrix}$$

以及

$$\mathbf{X'y} = \begin{bmatrix} 1\,110 \\ 205\,500 \end{bmatrix}$$

利用附录 B 第 B.3 节给出的矩阵求逆法则，可以得到上面（$\mathbf{X'X}$）矩阵的逆矩阵为：

$$(\mathbf{X'X})^{-1} = \begin{bmatrix} 0.975\,76 & -0.005\,152 \\ -0.005\,152 & 0.000\,030\,3 \end{bmatrix}$$

因此，

$$\hat{\boldsymbol{\beta}} = \begin{bmatrix} \hat{\beta}_1 \\ \hat{\beta}_2 \end{bmatrix} = \begin{bmatrix} 0.975\,76 & -0.005\,152 \\ -0.005\,152 & 0.000\,030\,3 \end{bmatrix} \begin{bmatrix} 1\,110 \\ 205\,500 \end{bmatrix} = \begin{bmatrix} 24.454\,5 \\ 0.507\,9 \end{bmatrix}$$

先前我们曾用计算机程序得到 $\hat{\beta}_1 = 24.454\,5$ 和 $\hat{\beta}_2 = 0.509\,1$。两种估计的差异来自进位误差。顺便指出，如果用台式计算机计算，则必须保留许多位有效数字才能降低进位误差。

□ $\hat{\boldsymbol{\beta}}$ 的方差—协方差矩阵

矩阵方法不仅使我们能够推导出 $\hat{\boldsymbol{\beta}}$ 的任一元素 $\hat{\beta}_i$ 的方差公式，还能求出 $\hat{\boldsymbol{\beta}}$ 的任意两个元素 $\hat{\beta}_i$ 和 $\hat{\beta}_j$ 的协方差公式。我们需要用这些方差和协方差来做统计推断。

按定义，$\hat{\boldsymbol{\beta}}$ 的方差—协方差矩阵是〔比较（C.2.2）〕：

$$\text{var-cov}(\hat{\boldsymbol{\beta}}) = E\{[\hat{\boldsymbol{\beta}} - E(\hat{\boldsymbol{\beta}})][\hat{\boldsymbol{\beta}} - E(\hat{\boldsymbol{\beta}})]'\}$$

可更明确地把它写成：

$$\text{var-cov}(\hat{\boldsymbol{\beta}}) = \begin{bmatrix} \text{var}(\hat{\beta}_1) & \text{cov}(\hat{\beta}_1, \hat{\beta}_2) & \cdots & \text{cov}(\hat{\beta}_1, \hat{\beta}_k) \\ \text{cov}(\hat{\beta}_2, \hat{\beta}_1) & \text{var}(\hat{\beta}_2) & \cdots & \text{cov}(\hat{\beta}_2, \hat{\beta}_k) \\ \cdots\cdots\cdots\cdots\cdots\cdots\cdots\cdots\cdots\cdots \\ \text{cov}(\hat{\beta}_k, \hat{\beta}_1) & \text{cov}(\hat{\beta}_k, \hat{\beta}_2) & \cdots & \text{var}(\hat{\beta}_k) \end{bmatrix} \quad\quad (\text{C.3.12})$$

在附录 CA 第 CA.3 节中，我们看到上述方差—协方差矩阵可从下述公式算得：

$$\text{var-cov}(\hat{\boldsymbol{\beta}}) = \sigma^2 (\mathbf{X'X})^{-1} \quad\quad (\text{C.3.13})$$

其中 σ^2 是 u_i 的共同方差，而 $(\mathbf{X'X})^{-1}$ 就是出现在给出 OLS 估计量 $\hat{\boldsymbol{\beta}}$ 的方程（C.3.11）中的逆矩阵。

在双变量和三变量线性回归模型中，σ^2 的一个无偏估计量分别由 $\hat{\sigma}^2 = \sum \hat{u}_i^2/(n-2)$ 和 $\hat{\sigma}^2 = \sum \hat{u}_i^2/(n-3)$ 给出。在 k 变量情形中，相应的公式是：

$$\hat{\sigma}^2 = \frac{\sum \hat{u}_i^2}{n-k} = \frac{\hat{\mathbf{u}}'\hat{\mathbf{u}}}{n-k} \quad\quad (\text{C.3.14})$$

其中 $n-k$ 代表自由度。（为什么？）

虽然原则上 $\hat{u}'\hat{u}$ 可从估计的残差中算出，但实践中可按下述方法直接得到：回想 $\sum \hat{u}_i^2 \,(=$ RSS$)=$ TSS$-$ESS，在双变量情形中可得到：

$$\sum \hat{u}_i^2 = \sum y_i^2 - \hat{\beta}_2^2 \sum x_i^2 \qquad (3.3.6)$$

在三变量情形中可得：

$$\sum \hat{u}_i^2 = \sum y_i^2 - \hat{\beta}_2 \sum y_i x_{2i} - \hat{\beta}_3 \sum y_i x_{3i} \qquad (7.4.19)$$

可以看出，把这一原则加以推广，对于 k 变量模型则有：

$$\sum \hat{u}_i^2 = \sum y_i^2 - \hat{\beta}_2 \sum y_i x_{2i} - \cdots - \hat{\beta}_k \sum y_i x_{ki} \qquad (C.3.15)$$

用矩阵符号表示，就是

$$\text{TSS:} \sum y_i^2 = \mathbf{y}'\mathbf{y} - n\bar{Y}^2 \qquad (C.3.16)$$

$$\text{ESS:} \hat{\beta}_2 \sum y_i x_{2i} + \cdots + \hat{\beta}_k \sum y_i x_{ki} = \hat{\boldsymbol{\beta}}'\mathbf{X}'\mathbf{y} - n\bar{Y}^2 \qquad (C.3.17)$$

其中 $n\bar{Y}^2$ 一项被称为均值修正项。[①] 因此，

$$\hat{u}'\hat{u} = \mathbf{y}'\mathbf{y} - \hat{\boldsymbol{\beta}}'\mathbf{X}'\mathbf{y} \qquad (C.3.18)$$

一旦得到 $\hat{u}'\hat{u}$，$\hat{\sigma}^2$ 便容易由方程（C.3.14）算出。这样就能估计方差—协方差矩阵（C.3.13）。

对于我们的说明性例子，

$$\hat{u}'\hat{u} = 132\,100 - \begin{bmatrix} 24.454\,5 & 0.509\,1 \end{bmatrix} \begin{bmatrix} 1\,110 \\ 205\,500 \end{bmatrix} = 337.373$$

因此，$\hat{\sigma}^2 = (337.273/8) = 42.159\,1$，这和先前在第 3 章中得到的值差不多一样。

□ OLS 向量 $\hat{\boldsymbol{\beta}}$ 的性质

我们知道，在双变量和三变量情形中，OLS 估计量是线性无偏的，并在所有线性无偏估计量中有最小方差（高斯-马尔可夫性质）。简言之，OLS 估计量是最优线性无偏估计量（BLUE）。此性质可推广到整个 $\hat{\boldsymbol{\beta}}$ 向量，就是说，$\hat{\boldsymbol{\beta}}$ 是线性的（其每一元素都是因变量 Y 的线性函数）。$E(\hat{\boldsymbol{\beta}}) = \boldsymbol{\beta}$，即 $\hat{\boldsymbol{\beta}}$ 的每一元素的期望值都等于真实 $\boldsymbol{\beta}$ 的相应元素，并且在 $\boldsymbol{\beta}$ 的所有线性无偏估计量中，OLS 估计量 $\hat{\boldsymbol{\beta}}$ 有最小方差。

证明见附录 CA 第 CA.4 节。如在本附录引言中所说，k 变量情形大多是双变量和三变量情形的直接推广。

C.4 用矩阵表示的判定系数 R^2

判定系数 R^2 曾被定义为：

---

① 注：$\sum y_i^2 = \sum (Y_i - \bar{Y})^2 = \sum Y_i^2 - n\bar{Y}^2 = \mathbf{y}'\mathbf{y} - n\bar{Y}^2$。因此，若无修正项，$\mathbf{y}'\mathbf{y}$ 将只给出初始的平方和，而不是离差平方和。

$$R^2 = \frac{\text{ESS}}{\text{TSS}}$$

在双变量情形中：

$$R^2 = \frac{\hat{\beta}_2^2 \sum x_i^2}{\sum y_i^2} \qquad (3.5.6)$$

在三变量情形中：

$$R^2 = \frac{\hat{\beta}_2 \sum y_i x_{2i} + \hat{\beta}_3 \sum y_i x_{3i}}{\sum y_i^2} \qquad (7.5.5)$$

推广到 k 变量情形，我们得到：

$$R^2 = \frac{\hat{\beta}_2 \sum y_i x_{2i} + \hat{\beta}_3 \sum y_i x_{3i} + \cdots + \hat{\beta}_k \sum y_i x_{ki}}{\sum y_i^2} \qquad (C.4.1)$$

利用方程（C.3.16）和（C.3.17），可把方程（C.4.1）写为：

$$R^2 = \frac{\hat{\boldsymbol{\beta}}' \mathbf{X}' \mathbf{y} - n\bar{Y}^2}{\mathbf{y}' \mathbf{y} - n\bar{Y}^2} \qquad (C.4.2)$$

这就是 R^2 的矩阵表述。

对于我们的说明性例子：

$$\hat{\boldsymbol{\beta}}' \mathbf{X}' \mathbf{y} = \begin{bmatrix} 24.357\ 1 & 0.507\ 9 \end{bmatrix} \begin{bmatrix} 1\ 110 \\ 205\ 500 \end{bmatrix} = 131\ 409.831$$

$$\mathbf{y}' \mathbf{y} = 132\ 100$$

以及

$$n\bar{Y}^2 = 123\ 210$$

将这些值代入方程（C.4.2）中，即得 $R^2 = 0.922\ 4$，除进位误差外，这和前面得到的结果差不多一样。

C.5　相关矩阵

在前面几章里，我们遇到零阶相关或简单相关系数 r_{12}, r_{13}, r_{23} 和偏相关或 1 阶相关系数 $r_{12.3}$，$r_{13.2}, r_{23.1}$ 及其相互关系。在 k 变量情形中，一共有 $k(k-1)/2$ 个零阶相关系数。（为什么？）这 $k(k-1)/2$ 个相关系数可排成一个矩阵（方阵），叫做**相关矩阵 R**（correlation matrix R），如下所示：

$$\boldsymbol{R} = \begin{bmatrix} r_{11} & r_{12} & r_{13} & \cdots & r_{1k} \\ r_{21} & r_{22} & r_{23} & \cdots & r_{2k} \\ \cdots\cdots\cdots\cdots\cdots\cdots\cdots \\ r_{k1} & r_{k2} & r_{k3} & \cdots & r_{kk} \end{bmatrix} = \begin{bmatrix} 1 & r_{12} & r_{13} & \cdots & r_{1k} \\ r_{21} & 1 & r_{23} & \cdots & r_{2k} \\ \cdots\cdots\cdots\cdots\cdots\cdots\cdots \\ r_{k1} & r_{k2} & r_{k3} & \cdots & 1 \end{bmatrix} \qquad (C.5.1)$$

其中下标 1 和前面一样表示因变量 Y（如 r_{12} 指 Y 与 X_2 的相关，等等），并且利用了一个变量同它自己的相关系数恒为 1 这一事实（$r_{11}=r_{22}=\cdots=r_{kk}=1$）。

从相关矩阵 $\boldsymbol{R}$ 可求得 1 阶（见第 7 章）和高阶（诸如 $r_{12.34\cdots k}$）（见习题 C.4）相关系数。许多计算机程序都例行计算 $\boldsymbol{R}$ 矩阵。我们在第 10 章已经使用过相关矩阵。

■ C.6　对单个回归系数进行假设检验的矩阵表述

由于在前面章节中已经一一讲过的理由，如果我们的目的既是推断又是估计，我们有必要假定干扰项 u_i 遵循某种概率分布。还由于前面已经明确了的理由，在回归分析中，我们经常假定每个 u_i 都遵循零均值和不变方差 σ^2 的正态分布。用矩阵符号表示，我们有：

$$\mathbf{u} \sim N(\mathbf{0}, \sigma^2 \mathbf{I}) \tag{C.6.1}$$

其中 $\mathbf{u}$ 和 $\mathbf{0}$ 都是 $n \times 1$ 列向量，$\mathbf{I}$ 是 $n \times n$ 单位矩阵，而 $\mathbf{0}$ 是虚拟假设中的**零向量**。

给定正态性假定，我们知道，在双变量和三变量线性回归模型中，（1）OLS 估计量 $\hat{\beta}_i$ 和 ML 估计量 $\tilde{\beta}_i$ 相同，但 ML 估计量 $\tilde{\sigma}^2$ 有偏误，尽管这一偏误可通过用无偏 OLS 估计量 $\hat{\sigma}^2$ 而加以消除；以及（2）OLS 估计量 $\hat{\beta}_i$ 也是正态分布的。推广而言，在 k 变量情形中，我们可以证明

$$\hat{\boldsymbol{\beta}} \sim N[\boldsymbol{\beta}, \sigma^2 (\mathbf{X}'\mathbf{X})^{-1}] \tag{C.6.2}$$

即 $\hat{\boldsymbol{\beta}}$ 的每个元素都是正态分布的，且其均值等于真实 $\boldsymbol{\beta}$ 的对应元素，而方差为逆矩阵 $(\mathbf{X}'\mathbf{X})^{-1}$ 的主对角线上对应元素的 σ^2 倍。

由于实践中 σ^2 未知，所以要用 $\hat{\sigma}^2$ 估计它，这就要用到从正态分布到 t 分布的通常转换，于是 $\hat{\boldsymbol{\beta}}$ 的每个元素就服从自由度为 $n-k$ 的 t 分布，记为

$$t = \frac{\hat{\beta}_i - \beta_i}{\mathrm{se}(\hat{\beta}_i)} \tag{C.6.3}$$

自由度为 $n-k$，其中 $\hat{\beta}_i$ 是 $\hat{\boldsymbol{\beta}}$ 中的任一元素。

因此，t 分布可用来检验关于真实 β_i 的假设并建立它的置信区间，其具体操作步骤已在第 5 章和第 8 章中说明。C.10 节将给出一个完整的例子。

■ C.7　检验回归的总显著性：方差分析的矩阵表述

在第 8 章中，我们曾说明了方差分析（ANOVA）的方法，用以（1）检验回归估计的总显著性，即检验全部真实（偏）斜率系数同时为零的虚拟假设，以及（2）评价一个解释变量的增量贡献。ANOVA 方法可以很容易地推广到 k 变量情形。回想一下，ANOVA 方法是要把 TSS 分解为 ESS 和 RSS。这三个平方和的矩阵表达式已分别由方程（C.3.16），（C.3.17）和（C.3.18）给出。对应于这些平方和的自由度依次是 $n-1$，$k-1$ 和 $n-k$。（为什么？）于是，仿效第 8 章表 8—1，我们给出表 C—2。

计量经济学基础（第五版）

表 C—2 k 变量线性回归模型的 ANOVA 矩阵表述

变异来源	平方和	自由度	均方和
来自回归(即来自 $X_2, X_3, \cdots, X_k$)	$\hat{\boldsymbol{\beta}}' \mathbf{X}' \mathbf{y} - n\bar{Y}^2$	$k-1$	$\dfrac{\hat{\boldsymbol{\beta}}' \mathbf{X}' \mathbf{y} - n\bar{Y}^2}{k-1}$
来自残差	$\mathbf{y}' \mathbf{y} - \hat{\boldsymbol{\beta}}' \mathbf{X}' \mathbf{y}$	$n-k$	$\dfrac{\mathbf{y}' \mathbf{y} - \hat{\boldsymbol{\beta}}' \mathbf{X}' \mathbf{y}}{n-k}$
总计	$\mathbf{y}' \mathbf{y} - n\bar{Y}^2$	$n-1$	

假定干扰项 u_i 是正态分布的,并且虚拟假设是 $\beta_2 = \beta_3 = \cdots = \beta_k = 0$,那么,仿照第 8 章,可以证明:

$$F = \frac{(\hat{\boldsymbol{\beta}}' \mathbf{X}' \mathbf{y} - n\bar{Y}^2)/(k-1)}{(\mathbf{y}' \mathbf{y} - \hat{\boldsymbol{\beta}}' \mathbf{X}' \mathbf{y})/(n-k)} \tag{C.7.1}$$

服从自由度为 $k-1$ 和 $n-k$ 的 F 分布。

在第 8 章中我们看到,在前述假定下,F 与 R^2 之间有一紧密关系,即:

$$F = \frac{R^2/(k-1)}{(1-R^2)/(n-k)} \tag{8.4.11}$$

因此,ANOVA 表 C—2 又可表达为表 C—3。和表 C—2 相比,表 C—3 的一个优点是全部分析都能通过 R^2 来做,而无需考虑 F 比率中已被消掉的 $(\mathbf{y}' \mathbf{y} - n\bar{Y}^2)$。

表 C—3 由 R^2 表示的 k 变量 ANOVA 表的矩阵形式

变异来源	平方和	自由度	均方和
来自回归(即来自 $X_2, X_3, \cdots, X_k$)	$R^2(\mathbf{y}' \mathbf{y} - n\bar{Y}^2)$	$k-1$	$\dfrac{R^2(\mathbf{y}' \mathbf{y} - n\bar{Y}^2)}{k-1}$
来自残差	$(1-R^2)(\mathbf{y}' \mathbf{y} - n\bar{Y}^2)$	$n-k$	$\dfrac{(1-R^2)(\mathbf{y}' \mathbf{y} - n\bar{Y}^2)}{n-k}$
总计	$\mathbf{y}' \mathbf{y} - n\bar{Y}^2$	$n-1$	

C.8　检验线性约束:用矩阵表示的一般 F 检验法

我们在 8.6 节中介绍了怎样用 F 检验去检验施加在 k 变量线性回归模型的一个或多个参数上约束的真实性。适当的检验已由方程(8.6.9)[或与之等价的方程(8.6.10)]给出。方程(8.6.9)的矩阵表述也不难推导。

如果令:

$\hat{\mathbf{u}}_R =$ 受约束最小二乘回归的残差向量

$\hat{\mathbf{u}}_{UR} =$ 无约束最小二乘回归的残差向量

那么:

$\hat{\mathbf{u}}'_R \hat{\mathbf{u}}_R = \sum \hat{u}_R^2 =$ 受约束回归的 RSS

$\hat{\mathbf{u}}'_{UR} \hat{\mathbf{u}}_{UR} = \sum \hat{u}_{UR}^2 =$ 无约束回归的 RSS

m＝线性约束的个数

k＝无约束回归中的参数个数(包括截距)

n＝观测次数

于是方程(8.6.9)的矩阵表述就是：

$$F = \frac{(\hat{\mathbf{u}}_R'\hat{\mathbf{u}}_R - \hat{\mathbf{u}}_{UR}'\hat{\mathbf{u}}_{UR})/m}{(\hat{\mathbf{u}}_{UR}'\hat{\mathbf{u}}_{UR})/(n-k)} \tag{C.8.1}$$

它服从自由度为 $(m, n-k)$ 的 F 分布。按照平常的做法，如果由方程 (C.8.1) 算出的 F 值超过临界 F 值，就可拒绝受约束回归；否则不拒绝。

C.9　用多元回归做预测：矩阵表述

在 8.8 节中，我们用标量符号讨论怎样能通过多元回归的估计在给定回归元 X 值下，预测 Y 的 (1) 均值和 (2) 个值。本节中，我们说明怎样用矩阵形式表达这些预测。我们还要介绍估计这些预测值的方差和标准差的公式；在第 8 章中我们指出过最好是用矩阵符号去处理这些公式，因为这些公式用标量表达式会变得相当臃肿。

□ 均值预测

我们令

$$\mathbf{X}_0 = \begin{bmatrix} 1 \\ X_{02} \\ X_{03} \\ \vdots \\ X_{0k} \end{bmatrix} \tag{C.9.1}$$

为在预测 Y 的平均预测 $\hat{Y}_0$ 时所要取定的 X 变量的值向量。

现在，用标量形式的多元回归估计形式如下：

$$\hat{Y}_i = \hat{\beta}_1 + \hat{\beta}_2 X_{2i} + \hat{\beta}_3 X_{3i} + \cdots + \hat{\beta}_k X_{ki} + u_i \tag{C.9.2}$$

它可简洁地写成矩阵形式：

$$\hat{Y}_i = \mathbf{x}_i'\hat{\boldsymbol{\beta}} \tag{C.9.3}$$

其中 $\mathbf{x}_i' = \begin{bmatrix} 1 & X_{2i} & X_{3i} & \cdots & X_{ki} \end{bmatrix}$，以及

$$\hat{\boldsymbol{\beta}} = \begin{bmatrix} \hat{\beta}_1 \\ \hat{\beta}_2 \\ \vdots \\ \hat{\beta}_k \end{bmatrix}$$

方程 (C.9.2) 或 (C.9.3) 无疑是 Y_i 在给定 $\mathbf{x}_i'$ 下的平均预测值。

如果 $\mathbf{x}_i'$ 由方程 (C.9.1) 给出，则方程 (C.9.3) 就变成：

$$(\hat{Y}_i \mid \mathbf{x}_0') = \mathbf{x}_0'\hat{\boldsymbol{\beta}} \tag{C.9.4}$$

其中 $\mathbf{x}_0$ 的值自然是预先设定的。注意，因 $E(\mathbf{x}_0'\hat{\boldsymbol{\beta}}) = \mathbf{x}_0'\boldsymbol{\beta}$，故方程 (C.9.4) 给出 $E(Y_i \mid \mathbf{x}_0')$ 的一个无偏预测。(为什么?)

□ 均值预测的方差

估计 $(\hat{Y}_0 \mid \mathbf{x}_0')$ 的方差的公式如下[1]：

$$\mathrm{var}(\hat{Y}_0 \mid \mathbf{x}_0') = \sigma^2 \mathbf{x}_0'(\mathbf{X}'\mathbf{X})^{-1}\mathbf{x}_0 \qquad (C.9.5)$$

其中 σ^2 是 u_i 的方差，$\mathbf{x}_0'$ 是我们用来对 Y 作预测而给定的 X 变量的值向量。而 $(\mathbf{X}'\mathbf{X})$ 就是方程 (C.3.9) 中的矩阵。实际上，我们用 σ^2 的无偏估计量 $\hat{\sigma}^2$ 代替了 σ^2。

我们在下一节将说明均值预测及其方差。

□ 个值预测

如第 5 章和第 8 章所指出的那样，$Y(=Y_0)$ 的个值预测也由方程 (C.9.3) 给出，或更具体地由方程 (C.9.4) 给出。均值预测与个值预测的区别在于它们的方差。

□ 个值预测的方差

计算个值预测的方差公式如下[2]：

$$\mathrm{var}(Y_0 \mid \mathbf{x}_0) = \sigma^2 [1 + \mathbf{x}_0'(\mathbf{X}'\mathbf{X})^{-1}\mathbf{x}_0] \qquad (C.9.6)$$

其中 $\mathrm{var}(Y_0 \mid \mathbf{x}_0)$ 代表 $E[Y_0 - \hat{Y}_0 \mid X]^2$。实际上，我们用 σ^2 的无偏估计量 $\hat{\sigma}^2$ 取代了它。我们在下一节将对这个公式加以说明。

C.10　矩阵方法总结：一个说明性例子

考虑表 C—4 中给出的数据。这些数据涉及人均私人消费支出（PPCE）与人均可支配收入（PPDI）和时间或趋势变量之间的关系。通过在模型中包含趋势变量，我们试图发现 PPCE 与 PP-DI 在消除趋势变量（可由技术和偏好变化等一系列其他因素来表示）影响之后的关系。

表 C—4　1956—1970 年间美国人均私人消费支出（PPCE）与人均可支配收入（PPDI）

（单位：1958 年美元）

PPCE, Y	PPDI, X_2	时间, X_3	PPCE, Y	PPDI, X_2	时间, X_3
1 673	1 839	1（=1956）	1 948	2 126	9
1 688	1 844	2	2 048	2 239	10
1 666	1 831	3	2 128	2 336	11
1 735	1 881	4	2 165	2 404	12
1 749	1 883	5	2 257	2 487	13
1 756	1 910	6	2 316	2 535	14
1 815	1 969	7	2 324	2 595	15（=1970）
1 867	2 016	8			

资料来源：*Economic Report of the President*，January 1972，Table B-16.

---

[1]　公式推导见 J. Johnston, *Econometric Methods*，McGraw-Hill, 3d ed.，New York, 1984, pp. 195-196.

[2]　见 J. Johnston, op. cit.。

因此，出于经验研究的目的，取回归模型为：
$$Y_i = \hat{\beta}_1 + \hat{\beta}_2 X_{2i} + \hat{\beta}_3 X_{3i} + \hat{u}_i \tag{C.10.1}$$

其中 $Y=$ 人均私人消费支出，$X_2=$ 人均可支配收入，$X_3=$ 时间。表 C—4 给出做回归（C.10.1）所需要的数据。

可用矩阵符号将我们的问题表述为：

$$
\begin{bmatrix} 1\,673 \\ 1\,688 \\ 1\,666 \\ 1\,735 \\ 1\,749 \\ 1\,756 \\ 1\,815 \\ 1\,867 \\ 1\,948 \\ 2\,048 \\ 2\,128 \\ 2\,165 \\ 2\,257 \\ 2\,316 \\ 2\,324 \end{bmatrix}
=
\begin{bmatrix} 1 & 1\,839 & 1 \\ 1 & 1\,844 & 2 \\ 1 & 1\,831 & 3 \\ 1 & 1\,881 & 4 \\ 1 & 1\,883 & 5 \\ 1 & 1\,910 & 6 \\ 1 & 1\,969 & 7 \\ 1 & 2\,016 & 8 \\ 1 & 2\,126 & 9 \\ 1 & 2\,239 & 10 \\ 1 & 2\,336 & 11 \\ 1 & 2\,404 & 12 \\ 1 & 2\,487 & 13 \\ 1 & 2\,535 & 14 \\ 1 & 2\,595 & 15 \end{bmatrix}
\begin{bmatrix} \hat{\beta}_1 \\ \hat{\beta}_2 \\ \hat{\beta}_3 \end{bmatrix}
+
\begin{bmatrix} \hat{u}_1 \\ \hat{u}_2 \\ \hat{u}_3 \\ \hat{u}_4 \\ \hat{u}_5 \\ \hat{u}_6 \\ \hat{u}_7 \\ \hat{u}_8 \\ \hat{u}_9 \\ \hat{u}_{10} \\ \hat{u}_{11} \\ \hat{u}_{12} \\ \hat{u}_{13} \\ \hat{u}_{14} \\ \hat{u}_{15} \end{bmatrix}
\tag{C.10.2}
$$

$$
\begin{array}{cccc}
\mathbf{y} & = & \mathbf{X} & \hat{\boldsymbol{\beta}} & + & \hat{\mathbf{u}} \\
15\times1 & & 15\times3 & 3\times1 & & 15\times1
\end{array}
$$

由以上数据算得以下结果：

$$\overline{Y} = 1\,942.333 \quad \overline{X}_2 = 2\,126.333 \quad \overline{X}_3 = 8.0$$

$$\sum (Y_i - \overline{Y})^2 = 830\,121.333$$

$$\sum (X_{2i} - \overline{X}_2)^2 = 1\,103\,111.333 \quad \sum (X_{3i} - \overline{X}_3)^2 = 280.0$$

$$
\mathbf{X'X} =
\begin{bmatrix} 1 & 1 & 1 \cdots 1 \\ X_{21} & X_{22} & X_{23} \cdots X_{2n} \\ X_{31} & X_{32} & X_{33} \cdots X_{3n} \end{bmatrix}
\begin{bmatrix} 1 & X_{21} & X_{31} \\ 1 & X_{22} & X_{32} \\ 1 & X_{23} & X_{33} \\ \vdots & \vdots & \vdots \\ 1 & X_{2n} & X_{3n} \end{bmatrix}
$$

$$
=
\begin{bmatrix} n & \sum X_{2i} & \sum X_{3i} \\ \sum X_{2i} & \sum X_{2i}^2 & \sum X_{2i} X_{3i} \\ \sum X_{3i} & \sum X_{2i} X_{3i} & \sum X_{3i}^2 \end{bmatrix}
$$

$$
=
\begin{bmatrix} 15 & 31\,895 & 120 \\ 31\,895 & 68\,922.513 & 272\,144 \\ 120 & 272\,144 & 1\,240 \end{bmatrix}
\tag{C.10.3}
$$

$$
\mathbf{X'y} =
\begin{bmatrix} 29\,135 \\ 62\,905\,821 \\ 247\,934 \end{bmatrix}
\tag{C.10.4}
$$

利用附录 B 的矩阵求逆规则，可得：

$$(\mathbf{X}'\mathbf{X})^{-1} = \begin{bmatrix} 37.232\ 491 & -0.022\ 508\ 2 & 1.336\ 707 \\ -0.022\ 508\ 2 & 0.000\ 013\ 7 & -0.000\ 831\ 9 \\ 1.336\ 707 & -0.000\ 831\ 9 & 0.054\ 034 \end{bmatrix} \qquad (C.10.5)$$

因此，

$$\hat{\boldsymbol{\beta}} = (\mathbf{X}'\mathbf{X})^{-1}\mathbf{X}'\mathbf{y} = \begin{bmatrix} 300.286\ 25 \\ 0.741\ 98 \\ 8.043\ 56 \end{bmatrix} \qquad (C.10.6)$$

现在可算出残差平方和为：

$$\sum \hat{u}_i^2 = \hat{\mathbf{u}}'\mathbf{u} = \mathbf{y}'\mathbf{y} - \hat{\boldsymbol{\beta}}'\mathbf{X}'\mathbf{y}$$

$$= 57\ 420\ 003 - \begin{bmatrix} 300.286\ 25 & 0.741\ 98 & 8.043\ 56 \end{bmatrix} \begin{bmatrix} 29\ 135 \\ 62\ 905\ 821 \\ 247\ 934 \end{bmatrix}$$

$$= 1\ 976.855\ 74 \qquad (C.10.7)$$

由此可得：

$$\hat{\sigma}^2 = \frac{\hat{\mathbf{u}}'\hat{\mathbf{u}}}{12} = 164.737\ 97 \qquad (C.10.8)$$

因此，可得到 $\hat{\boldsymbol{\beta}}$ 的方差—协方差矩阵为：

$$\text{var-cov}(\hat{\boldsymbol{\beta}}) = \hat{\sigma}^2(\mathbf{X}'\mathbf{X})^{-1} = \begin{bmatrix} 6\ 133.650 & -3.707\ 94 & 220.206\ 34 \\ -3.707\ 94 & 0.002\ 26 & -0.137\ 05 \\ 220.206\ 34 & -0.137\ 05 & 8.901\ 55 \end{bmatrix} \qquad (C.10.9)$$

此矩阵的主对角线元素分别给出 $\hat{\beta}_1$，$\hat{\beta}_2$ 和 $\hat{\beta}_3$ 的方差，而其正的平方根就是相应的标准误。

由上述数据容易验算：

ESS：$\hat{\boldsymbol{\beta}}'\mathbf{X}'\mathbf{y} - n\bar{Y}^2 = 828\ 144.477\ 86 \qquad (C.10.10)$

TSS：$\mathbf{y}'\mathbf{y} - n\bar{Y}^2 = 830\ 121.333 \qquad (C.10.11)$

于是得到：

$$R^2 = \frac{\hat{\boldsymbol{\beta}}'\mathbf{X}'\mathbf{y} - n\bar{Y}^2}{\mathbf{y}'\mathbf{y} - n\bar{Y}^2}$$

$$= \frac{828\ 144.477\ 86}{830\ 121.333}$$

$$= 0.997\ 61 \qquad (C.10.12)$$

利用方程（7.8.4）能看到**调整后的判定系数**（adjusted coefficient determination）$\bar{R}^2$ 是：

$$\bar{R}^2 = 0.997\ 22 \qquad (C.10.13)$$

将我们所得到的结果合并在一起，即有：

$$\hat{Y}_i = 300.286\ 25 + 0.741\ 98\,X_{2i} + 8.043\ 56\,X_{3i}$$
$$\quad\ (78.317\ 63) \quad\ (0.047\ 53) \quad\ \ (2.983\ 54) \qquad (C.10.14)$$
$$t = (3.834\ 21) \quad (15.609\ 56) \quad\ (2.695\ 98)$$
$$R^2 = 0.997\ 61 \quad \bar{R}^2 = 0.997\ 22 \quad \text{df} = 12$$

对方程（C.10.14）的解释是：如果 X_2 和 X_3 都固定为零，则估计人均个人消费支出的均值约为 300 美元。按照常理，要接受对截距这种机械式的解释实有难言之苦。偏回归系数 0.741 98 是说，保持所有其他变量不变，人均收入每增加 1 美元，平均地说，人均消费支出将随之增加约 74 美分。简言之，边际消费倾向估计约为 0.74 或 74%。同理，保持所有其他变量不变，在 1956—1970 年这个研究期间，人均消费支出的均值每年约增加 8 美元。R^2 值 0.997 6 表示这两个解释变量解释了在 1956—1970 年间美国人均消费支出变异的 99% 以上。$\overline{R}^2$ 虽然低了一点，但仍然是很高的。

至于估计系数的统计显著性，从方程（C.10.14）我们看到，每个估计系数都在（比方说）5% 的显著水平上是个别显著的：估计的系数对它们标准误的比率（即 t 比率）分别是 3.834 21、15.610 77 和 2.695 98。使用 5% 显著水平的双侧 t 检验，我们查出自由度为 12 的临界 t 值是 2.179。现在计算得到的每个 t 值都超出这个临界值，故可逐个拒绝真实的总体系数值为零的虚拟假设。

前面曾指出，我们不能把平常的 t 检验用在同时检验假设 $\beta_2 = \beta_3 = 0$ 上。因为 t 检验方法假定了每次应用 t 检验时都用了一个独立抽取的样本，如果用同一样本同时检验关于 β_2 和 β_3 的假设，就很可能估计量 $\hat{\beta}_2$ 和 $\hat{\beta}_3$ 是相关的，从而违反了 t 检验方法所依据的假定。[①] 事实上，看一看方程（C.10.9）中 $\hat{\boldsymbol{\beta}}$ 的方差—协方差矩阵，就知道估计量 $\hat{\beta}_2$ 和 $\hat{\beta}_3$ 是负相关的。（两者的协方差是 $-0.137\ 05$。）因此我们不能用 t 检验来检验 $\beta_2 = \beta_3 = 0$ 的虚拟假设。

然而，像 $\beta_2 = \beta_3 = 0$ 这样的联合虚拟假设，可通过第 8 章介绍的方差分析技术及其伴随的 F 检验加以检验。对于我们的问题，方差分析表见表 C—5。在通常的假设下，我们得到：

$$F = \frac{414\ 072.389\ 3}{164.737\ 97} = 2\ 513.52 \qquad (C.10.15)$$

表 C—5   **表 C—4 中数据的 ANOVA 表**

变异来源	平方和	自由度	均方和
来自 X_2, X_3	828 144.477 86	2	414 072.389 3
来自残差	1 976.855 74	12	164.737 97
总计	830 121.333 60	14	

它服从自由度为 2 和 12 的 F 分布。显然 F 的计算值是高度显著的；我们可以拒绝虚拟假设：$\beta_2 = \beta_3 = 0$，即人均消费支出与人均可支配收入以及时间均无线性关系。

在 C.9 节中，我们讨论了均值和个值预测方法的具体步骤。假定 1971 年 PPDI 数字是 2 610 美元，我们想知道对应于这一数字的 PPCE。那么，1971 年 PPCE 的均值和个值预测是相同的，并由下式给出：

$$(\text{PPCE}_{1971} \mid \text{PPDI}_{1971}, X_3 = 16) = \mathbf{x}'_{1971} \hat{\boldsymbol{\beta}}$$

$$= \begin{bmatrix} 1 & 2\ 610 & 16 \end{bmatrix} \begin{bmatrix} 300.286\ 25 \\ 0.741\ 98 \\ 8.043\ 56 \end{bmatrix} = 2\ 365.55 \qquad (C.10.16)$$

其中利用了方程（C.9.3）。

根据 C.9 节可知，$\hat{Y}_{1971}$ 和 Y_{1971} 的方差是不同的。现分述如下：

$$\text{var}(\hat{Y}_{1971} \mid \mathbf{x}'_{1971}) = \hat{\sigma}^2 [\mathbf{x}'_{1971} (\mathbf{X'X})^{-1} \mathbf{x}_{1971}]$$

$$= 164.737\ 97 \begin{bmatrix} 1 & 2\ 610 & 16 \end{bmatrix} (\mathbf{X'X})^{-1} \begin{bmatrix} 1 \\ 2\ 610 \\ 16 \end{bmatrix} \qquad (C.10.17)$$

其中 $(\mathbf{X'X})^{-1}$ 已见于方程（C.10.5）中。将它代入方程（C.10.17），即可证实：

---

① 详见 8.4 节。

计量经济学基础（第五版）

$$\text{var}(\hat{Y}_{1971} \mid \mathbf{x}'_{1971}) = 48.642\ 6 \tag{C.10.18}$$

并因而有：

$$\text{se}(\hat{Y}_{1971} \mid \mathbf{x}'_{1971}) = 6.974\ 4$$

我们让读者自己利用方程（C.9.6）证实：

$$\text{var}(Y_{1971} \mid \mathbf{x}'_{1971}) = 213.380\ 6 \tag{C.10.19}$$

以及

$$\text{se}(Y_{1971} \mid \mathbf{x}'_{1971}) = 14.607\ 6$$

注：$\text{var}(Y_{1971} \mid \mathbf{x}'_{1971}) = E[Y_{1971} - \hat{Y}_{1971} \mid \mathbf{x}'_{1971}]^2$。

在 C.5 节中，我们曾介绍相关矩阵 $\boldsymbol{R}$。对于我们的数据，相关矩阵是：

$$\boldsymbol{R} = \begin{matrix} & Y & X_2 & X_3 \\ Y \\ X_2 \\ X_3 \end{matrix} \begin{bmatrix} 1 & 0.998\ 0 & 0.974\ 3 \\ 0.998\ 0 & 1 & 0.966\ 4 \\ 0.974\ 3 & 0.966\ 4 & 1 \end{bmatrix} \tag{C.10.20}$$

注意在方程（C.10.20）中，我们用了模型的变量来为相关矩阵加边，目的是为了容易辨认在相关系数的计算中所涉及的变量。例如，矩阵（C.10.12）第一行中的系数 0.998 0 告诉我们它是 Y 与 X_2 之间的相关系数（即 r_{12}）。由相关矩阵（C.10.20）给出的零阶相关容易推出一阶相关系数。（见习题 C.7。）

C.11　广义最小二乘法

我们曾几次偶尔提到 OLS 是 GLS 的特殊情形。为了看出这一点，回到方程（C.2.2）。为了考虑异方差性［方程（C.2.2）主对角线上的元素］和误差项的自相关关系［方程（C.2.2）主对角线外的元素］，假定：

$$E(\mathbf{u}\mathbf{u}') = \sigma^2 \mathbf{V} \tag{C.11.1}$$

其中 $\mathbf{V}$ 是一个已知的 $n \times n$ 矩阵。

因此，如果我们的模型是：

$$\mathbf{y} = \mathbf{X}\boldsymbol{\beta} + \mathbf{u}$$

其中 $E(\mathbf{u}) = \mathbf{0}$ 和 $\text{var-cov}(\mathbf{u}) = \sigma^2 \mathbf{V}$，在 σ^2 未知的典型情形下，$\mathbf{V}$ 就表示随机误差项 u_t 之间的方差—协方差假定结构。

在明确了误差项的方差—协方差结构之后，可以证明：

$$\boldsymbol{\beta}^{\text{gls}} = (\mathbf{X}'\mathbf{V}^{-1}\mathbf{X})^{-1}\mathbf{X}'\mathbf{V}^{-1}\mathbf{y} \tag{C.11.2}$$

$\boldsymbol{\beta}^{\text{gls}}$ 就被称为 $\boldsymbol{\beta}$ 的**广义最小二乘（GLS）估计量**（generalized least-squares estimator）。

还可以证明：

$$\text{var-cov}(\boldsymbol{\beta}^{\text{gls}}) = \sigma^2 (\mathbf{X}'\mathbf{V}^{-1}\mathbf{X})^{-1} \tag{C.11.3}$$

也可以证明 $\boldsymbol{\beta}^{\text{gls}}$ 是 $\boldsymbol{\beta}$ 的最优线性无偏估计量。

如果假定每个误差项的方差都是常量 σ^2，而且误差项彼此不相关，那么 $\mathbf{V}$ 矩阵就简化成方程（C.2.3）所示的单位矩阵。如果误差项彼此不相关但具有不同的方差（即异方差），那么 $\mathbf{V}$ 矩阵就是主对角线上具有不等方差的对角阵。当然，如果既存在异方差又存在自相关，那么 $\mathbf{V}$ 矩阵的主对角线上和主对角线外都有元素。

实践中真正的问题在于，我们并不知道 σ^2 和真实的方差—协方差（即 **V** 矩阵的结构）。作为一种解决办法，我们可以使用**估计（或可行）的广义最小二乘法**（EGLS）（estimated or feasible generalized least squares）。我们在此先不考虑异方差和/或自相关的问题，而直接用 OLS 估计我们的模型。我们从这个模型得到残差，并通过用估计的 u（即 $\hat{u}'$）取代刚才方程（C.2.2）表达式中的项以得到误差项的（估计）方差—协方差矩阵。可以证明，EGLS 估计量是 GLS 估计量的一致估计量。用符号表示为：

$$\boldsymbol{\beta}^{\text{egls}} = (\mathbf{X}'\hat{\mathbf{V}}^{-1}\mathbf{X})^{-1}\ (\mathbf{X}'\hat{\mathbf{V}}^{-1}\mathbf{y}) \tag{C.11.4}$$

$$\text{var-cov}(\boldsymbol{\beta}^{\text{egls}}) = \sigma^2(\mathbf{X}'\hat{\mathbf{V}}^{-1}\mathbf{X})^{-1} \tag{C.11.5}$$

其中 $\hat{\mathbf{V}}$ 是 **V** 的一个估计值。

要点与结论

本附录的主要目的是介绍经典线性回归模型的矩阵方法。虽然并未涉及多少回归分析的新概念，但矩阵符号却为处理任意多个变量的线性回归模型提供了一种简洁的方法。

作为本附录的收尾，我们提请注意，如果 Y 和 X 变量都以离差（指对样本均值的离差）形式度量，则在上述公式中有少数的变更。现将这些变更列成表 C—6。[①] 如该表所示，在离差形式中，均值校正项 $n\overline{Y}^2$ 将从 TSS 和 ESS 中消失。（为什么？）这一消失造成 R^2 计算公式中的一个变化。除此以外，大多数按原度量单位推导出来的公式，对离差形式来说，仍然是对的。

表 C—6　　　　　　　　　　原始单位和离差形式的 k 变量回归模型

原始单位		离差形式	
$\mathbf{y} = \mathbf{X}\hat{\boldsymbol{\beta}} + \hat{\mathbf{u}}$	(C.3.2)	$\mathbf{y} = \mathbf{X}\hat{\boldsymbol{\beta}} + \hat{\mathbf{u}}$	
		全为 1 的那一列已从 **X** 矩阵中消失（为什么？）	
$\hat{\boldsymbol{\beta}} = (\mathbf{X}'\mathbf{X})^{-1}\mathbf{X}'\mathbf{y}$	(C.3.11)	相同	
$\text{Var-cov}(\hat{\boldsymbol{\beta}}) = \sigma^2(\mathbf{X}'\mathbf{X})^{-1}$	(C.3.13)	相同	
$\hat{\mathbf{u}}'\hat{\mathbf{u}} = \mathbf{y}'\mathbf{y} - \hat{\boldsymbol{\beta}}'\mathbf{X}'\mathbf{y}$	(C.3.18)	相同	
$\sum y_i^2 = \mathbf{y}'\mathbf{y} - n\overline{Y}^2$	(C.3.16)	$\sum y_i^2 = \mathbf{y}'\mathbf{y}$	(C.12.1)
$\text{ESS} = \hat{\boldsymbol{\beta}}'\mathbf{X}'\mathbf{y} - n\overline{Y}^2$	(C.3.17)	$\text{ESS} = \hat{\boldsymbol{\beta}}'\mathbf{X}'\mathbf{y}$	(C.12.2)
$R^2 = \dfrac{\hat{\boldsymbol{\beta}}'\mathbf{X}'\mathbf{y} - n\overline{Y}^2}{\mathbf{y}'\mathbf{y} - n\overline{Y}^2}$	(C.4.2)	$R^2 = \dfrac{\hat{\boldsymbol{\beta}}'\mathbf{X}'\mathbf{y}}{\mathbf{y}'\mathbf{y}}$	(C.12.3)

注：虽然在两种情形中矩阵和向量的符号都是一样的，但在离差形式中矩阵和向量中的元素都假定是离差而非原始数据。还要注意，离差形式中 $\hat{\boldsymbol{\beta}}$ 的阶是 $k-1$，而 $\text{var-cov}(\hat{\boldsymbol{\beta}})$ 的阶是 $(k-1) \times (k-1)$。

---

① 在拥有快速计算机的今天，也许用不着离差形式，但是当我们使用计算机并且处理大量数据时，离差形式将使公式及其计算得以简化。

C.1　在 C.10 节的说明性例子中，按离差形式的数据算得 $\mathbf{X'X}$ 和 $\mathbf{X'y}$ 如下：

$$\mathbf{X'X} = \begin{bmatrix} 1\ 103\ 111.333 & 16\ 984 \\ & 16\ 984 & 280 \end{bmatrix}$$

$$\mathbf{X'y} = \begin{bmatrix} 955\ 099.333 \\ 14\ 854.000 \end{bmatrix}$$

a. 估计 β_2 和 β_3。

b. 你将怎样估计 β_1？

c. 估计 β_2 和 β_3 的方差及其协方差。

d. 求出 R^2 和 $\overline{R}^2$。

e. 将你的结果同 C.10 节所给出的结果相比较，你发现离差形式有什么好处？

C.2　参考习题 22.23。利用那里给出的数据，建立适当的 $(\mathbf{X'X})$ 矩阵和 $(\mathbf{X'y})$ 向量，并估计参数向量 $\boldsymbol{\beta}$ 及其方差—协方差矩阵。再求 R^2。你将如何检验如下虚拟假设：M1 对 GDP 和利率 R 的弹性在数值上相等？

C.3　**检验两个回归系数是否相等**。假如给定如下回归模型：

$$Y_i = \beta_1 + \beta_2 X_{2i} + \beta_3 X_{3i} + u_i$$

并且要检验假设 $\beta_2 = \beta_3$。如果 u_i 是正态分布的，则可证明：

$$t = \frac{\hat{\beta}_2 - \hat{\beta}_3}{\sqrt{\operatorname{var}(\hat{\beta}_2) + \operatorname{var}(\hat{\beta}_3) - 2\operatorname{cov}(\hat{\beta}_2, \hat{\beta}_3)}}$$

服从自由度为 $n-3$ 的 t 分布（参看 8.5 节）。（一般地说，对 k 变量情形，自由度为 $n-k$。）从而上述 t 检验可用于检验虚拟假设：$\beta_2 = \beta_3$。

应用上述 t 检验去检验假设：回归（C.10.4）中的 β_2 和 β_3 有相同的真值。

提示：用方程（C.10.9）所给 $\boldsymbol{\beta}$ 的方差—协方差矩阵。

C.4　**用低阶相关表达高阶相关**。p 阶相关系数可通过下述**降阶公式**（reduction formula）用 $p-1$ 阶相关系数来表达：

$$r_{12.345\cdots p} = \frac{r_{12.345\cdots(p-1)} - \left[r_{1p.345\cdots(p-1)}\, r_{2p.345\cdots(p-1)} \right]}{\sqrt{\left[1 - r_{1p.345\cdots(p-1)}^2\right]}\ \sqrt{\left[1 - r_{2p.345\cdots(p-1)}^2\right]}}$$

因此，如第 7 章所见，

$$r_{12.3} = \frac{r_{12} - r_{13} r_{23}}{\sqrt{1 - r_{13}^2}\ \sqrt{1 - r_{23}^2}}$$

现给定如下相关矩阵：

$$\boldsymbol{R} = \begin{array}{c} \\ Y \\ X_2 \\ X_3 \\ X_4 \\ X_5 \end{array} \begin{array}{c} \begin{array}{ccccc} Y & X_2 & X_3 & X_4 & X_5 \end{array} \\ \begin{bmatrix} 1 & 0.44 & -0.34 & -0.31 & -0.14 \\ & 1 & 0.25 & -0.19 & -0.35 \\ & & 1 & 0.44 & 0.33 \\ & & & 1 & 0.85 \\ & & & & 1 \end{bmatrix} \end{array}$$

求如下高阶相关系数：

a. $r_{12.345}$ b. $r_{12.34}$ c. $r_{12.3}$

d. $r_{13.245}$ e. $r_{13.24}$ f. $r_{13.2}$

C.5 用低阶回归系数表达高阶回归系数。p 阶回归系数可通过下述降阶公式用 $p-1$ 阶回归系数来表达：

$$\hat{\beta}_{12.345\cdots p} = \frac{\hat{\beta}_{12.345\cdots(p-1)} - \left[\hat{\beta}_{1p.345\cdots(p-1)}\hat{\beta}_{p2.345\cdots(p-1)}\right]}{1 - \hat{\beta}_{2p.345\cdots(p-1)}\hat{\beta}_{p2.345\cdots(p-1)}}$$

因而，

$$\hat{\beta}_{12.3} = \frac{\hat{\beta}_{12} - \hat{\beta}_{13}\hat{\beta}_{32}}{1 - \hat{\beta}_{23}\hat{\beta}_{32}}$$

其中 $\beta_{12.3}$ 是 Y 在保持 X_3 不变的情况下对 X_2 的回归中的斜率系数。类似地，$\beta_{12.34}$ 是在保持 X_3 和 X_4 不变的情况下，Y 对 X_2 回归中的斜率系数，其余类推。

利用上述公式，求出用较低阶回归系数表达的如下回归系数的表达式：$\hat{\beta}_{12.3456}$，$\hat{\beta}_{12.345}$ 和 $\hat{\beta}_{12.34}$。

C.6 证明如下恒等式：

$$\hat{\beta}_{12.3}\hat{\beta}_{23.1}\hat{\beta}_{31.2} = r_{12.3}r_{23.1}r_{31.2}$$

C.7 对方程（C.10.20）所给的相关矩阵 $\boldsymbol{R}$，求出所有的一阶偏相关系数。

C.8 在研究美国某些大城市犯罪率的变异时，奥格本（Ogburn）获得以下数据[1]：

$$\bar{Y} = 19.9 \quad S_1 = 7.9$$
$$\bar{X}_2 = 49.2 \quad S_2 = 1.3$$
$$\bar{X}_3 = 10.2 \quad S_3 = 4.6$$
$$\bar{X}_4 = 481.4 \quad S_4 = 74.4$$
$$\bar{X}_5 = 41.6 \quad S_5 = 10.8$$

$$\boldsymbol{R} = \begin{array}{c} Y \\ X_2 \\ X_3 \\ X_4 \\ X_5 \end{array} \begin{bmatrix} 1 & 0.44 & -0.34 & -0.31 & -0.14 \\ & 1 & 0.25 & -0.19 & -0.35 \\ & & 1 & 0.44 & 0.33 \\ & & & 1 & 0.85 \\ & & & & 1 \end{bmatrix}$$

其中 Y＝犯罪率，每千人的已知犯法次数；

X_2＝男性居民所占百分比；

X_3＝国外出生男性居民所占百分比；

X_4＝每一千个年龄在 15～44 岁之间已婚妇女拥有的 5 岁以下儿童数；

X_5＝13 岁及以上的每百人教会会员数；

S_1 至 S_5 为变量 Y，X_2，…，X_5 的样本标准差，而 $\boldsymbol{R}$ 为相关矩阵。

a. 视 Y 为因变量，求 Y 对 4 个 X 变量的回归并解释所估计的回归。

b. 求 $r_{12.3}$，$r_{14.35}$ 和 $r_{15.34}$。

c. 求 R^2 并检验全部偏斜率系数都等于零的假设。

C.9 下表给出短期内某商品的产出与总生产成本数据。（参看例 7.4。）

产出	总成本，美元
1	193
2	226

---

① W. F. Ogburn, "Factors in the Variation of Crime among Cities," *Journal of American Statistical Association*, vol. 30, 1935, p. 12.

产出	总成本，美元
3	240
4	244
5	257
6	260
7	274
8	297
9	350
10	420

为了检验以上数据是否适合于短期内经常看到的 U 形平均成本曲线和边际成本曲线，不妨利用如下模型：

$$Y_i = \beta_1 + \beta_2 X_i + \beta_3 X_i^2 + \beta_4 X_i^3 + u_i$$

其中 $Y=$ 总成本，而 $X=$ 产出。另加的解释变量 X^2 和 X^3 是从 X 派生出来的。

a. 把数据表达为离差形式，然后求 $(\mathbf{X'X})$，$(\mathbf{X'y})$ 和 $(\mathbf{X'X})^{-1}$。

b. 估计 β_2，β_3 和 β_4。

c. 估计 $\hat{\boldsymbol{\beta}}$ 的方差—协方差矩阵。

d. 估计 β_1。根据题意解释 $\hat{\beta}_1$。

e. 求 R^2 和 $\overline{R}^2$。

f. 先验地，β_2，β_3 和 β_4 的符号是什么？为什么？

g. 从前面给的总成本函数，求边际成本函数和平均成本函数的表达式。

h. 对数据拟合平均成本函数和边际成本函数，并评论拟合的结果。

i. 如果 $\beta_3 = \beta_4 = 0$，边际成本函数将有什么性质？又怎样去检验假设：$\beta_3 = \beta_4 = 0$？

j. 你怎样从所给数据推导出总可变成本和平均可变成本函数？

C.10 为了研究城市贫困家庭（1969 年劳动收入少于 3 943 美元的家庭）的劳动参与人数，我们从 1970 年人口普查取得表 C—7 中的数据。

表 C—7　　　城市贫困家庭的劳动参与经验：1970 年纽约市普查区

普查区编号	劳动人数百分比，Y^*	平均家庭收入，X_2[†]	平均家庭规模，X_3	失业率，X_4[‡]
137	64.3	1 998	2.95	4.4
139	45.4	1 114	3.40	3.4
141	26.6	1 942	3.72	1.1
142	87.5	1 998	4.43	3.1
143	71.3	2 026	3.82	7.7
145	82.4	1 853	3.90	5.0
147	26.3	1 666	3.32	6.2
149	61.6	1 434	3.80	5.4
151	52.9	1 513	3.49	12.2

附录 C

线性回归模型的矩阵表述

普查区编号	劳动人数百分比，Y^*	平均家庭收入，$X_2{}^\dagger$	平均家庭规模，X_3	失业率，$X_4{}^\ddagger$
153	64.7	2 008	3.85	4.8
155	64.9	1 704	4.69	2.9
157	70.5	1 525	3.89	4.8
159	87.2	1 842	3.53	3.9
161	81.2	1 735	4.96	7.2
163	67.9	1 639	3.68	3.6

注：* 劳动人数百分比 Y ＝限于户主年龄在 65 岁以下的家庭；

$\dagger X_2$＝美元；

$\ddagger X_4$＝城镇劳动失业率。

资料来源：Census Tracts：New York，Bureau of the Census，U. S. Department of Commerce，1970.

a. 用回归模型 $Y_i = \beta_1 + \beta_2 X_{2i} + \beta_3 X_{3i} + \beta_4 X_{4i} + u_i$ 求回归系数的估计值，并解释你的结果。

b. 先验地，以上模型中的回归系数有什么预期的符号，为什么？

c. 你怎样检验在附表给出的普查区中总失业率对城市贫困家庭的劳动参与人数无影响的假设？

d. 有什么变量应从上述模型中剔除掉吗？为什么？

e. 有什么其他的变量你认为可以放进模型中去？

C.11 在一项柯布-道格拉斯生产函数的应用中，得到了如下的结果：

$$\widehat{\ln Y_i} = 2.354\ 2 + 0.957\ 6\ \ln X_{2i} + 0.824\ 2\ \ln X_{3i}$$
$$(0.302\ 2) \qquad (0.357\ 1)$$
$$R^2 = 0.843\ 2 \quad df = 12$$

其中 Y＝产出，X_2＝劳动投入，X_3＝资本投入。括号中的数字是估计的标准误。

a. 如第 7 章指出的那样，在上述方程中，劳动和资本投入的系数表示产出对劳动和资本的弹性。检验这些弹性分别等于 1 的假设。

b. 在劳动和资本系数估计值之间的协方差（i）是零和（ii）是$-0.097\ 2$的假定下，检验劳动弹性和资本弹性相同的假设。

c. 你怎样检验上述回归方程的总显著性？

*C.12 用矩阵符号表示 k 变量回归模型的似然函数，并证明极大似然估计量的向量 $\tilde{\boldsymbol{\beta}}$ 和 k 变量回归模型的 OLS 估计量向量 $\hat{\boldsymbol{\beta}}$ 是一样的。

C.13 **用标准化变量做回归**。考虑以下样本回归函数：

$$Y_i = \hat{\beta}_1 + \hat{\beta}_2 X_{2i} + \hat{\beta}_3 X_{3i} + \hat{u}_i \tag{1}$$
$$Y_i^* = b_1 + b_2 X_{2i}^* + b_3 X_{3i}^* + \hat{u}_i^* \tag{2}$$

其中

$$Y_i^* = \frac{Y_i - \bar{Y}}{s_Y}$$

$$X_{2i}^* = \frac{X_{2i} - \bar{X}_2}{s_2}$$

$$X_{3i}^* = \frac{X_{3i} - \bar{X}_3}{s_3}$$

其中 s 均指样本标准差。如第 6 章 6.3 节曾指出的那样，上面带有星号的变量均指标准化变量。这些变量都有零均值和单位标准差。把所有变量都表达成离差形式，然后证明对于模型（2）如下关系成立：

a. $\mathbf{X}'\mathbf{X} = \begin{bmatrix} 1 & r_{23} \\ r_{23} & 1 \end{bmatrix} n$

b. $\mathbf{X}'\mathbf{y} = \begin{bmatrix} r_{12} \\ r_{13} \end{bmatrix} n$

c. $(\mathbf{X}'\mathbf{X})^{-1} = \dfrac{1}{n(1-r_{23}^2)} \begin{bmatrix} 1 & -r_{23} \\ -r_{23} & 1 \end{bmatrix}$

d. $\hat{\boldsymbol{\beta}} = \begin{bmatrix} b_2 \\ b_3 \end{bmatrix} = \dfrac{1}{(1-r_{23}^2)} \begin{bmatrix} r_{12} - r_{23} r_{13} \\ r_{13} - r_{23} r_{12} \end{bmatrix}$

e. $b_1 = 0$

并建立 b 与 $\hat{\beta}$ 之间的关系。（注意，以上关系式中的 n 指样本容量；r_{12}，r_{13} 和 r_{23} 分别指 Y 与 X_2，Y 与 X_3 以及 X_2 与 X_3 之间的相关系数。）

C.14 验证方程（C.10.18）和（C.10.19）。

*C.15 **受约束最小二乘。** 假定：

$$\mathbf{y} = \mathbf{X}\boldsymbol{\beta} + \mathbf{u} \tag{1}$$

我们要在下面的一组等式约束条件下估计上述模型：

$$\mathbf{R}\boldsymbol{\beta} = \mathbf{r} \tag{2}$$

其中 $\mathbf{R}$ 为 $q \times k$ 阶已知矩阵（$q \leqslant k$），而 $\mathbf{r}$ 为含 q 个元素的已知向量。为便于说明，假使我们的模型是：

$$Y_i = \beta_1 + \beta_2 X_{2i} + \beta_3 X_{3i} + \beta_4 X_{4i} + \beta_5 X_{5i} + u_i \tag{3}$$

并且假设我们想在如下约束条件下估计这个模型：

$$\begin{aligned} \beta_2 - \beta_3 &= 0 \\ \beta_4 + \beta_5 &= 1 \end{aligned} \tag{4}$$

我们可以利用第 8 章讲过的一些技术把这些约束融入模型之中（例如，取 $\beta_2 = \beta_3$ 和 $\beta_4 = 1 - \beta_5$，就可把 β_2 和 β_4 从模型中消掉），然后用当时讲的 F 检验来检验这些约束的有效性。但是，有一个更为直接的方法，也能把约束条件（4）融入方程（3）的估计过程之中，那就是先把约束表达成方程（2）的形式，在本例中也就是将约束条件写成：

$$\mathbf{R} = \begin{bmatrix} 0 & 1 & -1 & 0 & 0 \\ 0 & 0 & 0 & 1 & 1 \end{bmatrix} \qquad \mathbf{r} = \begin{bmatrix} 0 \\ 1 \end{bmatrix} \tag{5}$$

令 $\boldsymbol{\beta}^*$ 表示受约束或受限制最小二乘估计量，可以证明 $\boldsymbol{\beta}^*$ 可由如下公式估计[①]：

$$\hat{\boldsymbol{\beta}}^* = \hat{\boldsymbol{\beta}} + (\mathbf{X}'\mathbf{X})^{-1}\mathbf{R}'[\mathbf{R}(\mathbf{X}'\mathbf{X})^{-1}\mathbf{R}']^{-1}(\mathbf{r} - \mathbf{R}) \tag{6}$$

其中 $\hat{\boldsymbol{\beta}}$ 是通常的（无约束）估计量，即由通常的公式 $(\mathbf{X}'\mathbf{X})^{-1}\mathbf{X}'\mathbf{y}$ 来估计。

a. 方程（3）中的 $\boldsymbol{\beta}$ 向量是什么？

b. 验证对给定的 $\boldsymbol{\beta}$ 向量，方程（5）中的 $\mathbf{R}$ 矩阵和 $\mathbf{r}$ 向量确实包含（4）中的两个约束。

c. 对以下几种情形写出相应的 $\mathbf{R}$ 和 $\mathbf{r}$：

（ⅰ）$\beta_2 = \beta_3 = \beta_4 = 2$

（ⅱ）$\beta_2 = \beta_3$ 且 $\beta_4 = \beta_5$

（ⅲ）$\beta_2 - 3\beta_3 = 5\beta_4$

---

① 见 J. Johnston, op. cit., p.205。

（iv）$\beta_2 + 3\beta_3 = 0$

d. 什么时候 $\hat{\boldsymbol{\beta}}^* = \hat{\boldsymbol{\beta}}$？

附录 CA

□ CA.1　k 个正规或联立方程的推导

我们将

$$\sum \hat{u}_i^2 = \sum (Y_i - \hat{\beta}_1 - \hat{\beta}_2 X_{2i} - \cdots - \hat{\beta}_k X_{ki})^2$$

对 $\hat{\beta}_1, \hat{\beta}_2, \cdots, \hat{\beta}_k$ 求偏微分，得到：

$$\frac{\partial \sum \hat{u}_i^2}{\partial \hat{\beta}_1} = 2 \sum (Y_i - \hat{\beta}_1 - \hat{\beta}_2 X_{2i} - \cdots - \hat{\beta}_k X_{ki})(-1)$$

$$\frac{\partial \sum \hat{u}_i^2}{\partial \hat{\beta}_2} = 2 \sum (Y_i - \hat{\beta}_1 - \hat{\beta}_2 X_{2i} - \cdots - \hat{\beta}_k X_{ki})(-X_{2i})$$

$$\cdots\cdots\cdots\cdots\cdots\cdots\cdots\cdots\cdots\cdots\cdots\cdots\cdots\cdots\cdots\cdots\cdots\cdots$$

$$\frac{\partial \sum \hat{u}_i^2}{\partial \hat{\beta}_k} = 2 \sum (Y_i - \hat{\beta}_1 - \hat{\beta}_2 X_{ki} - \cdots - \hat{\beta}_k X_{ki})(-X_{ki})$$

令这些偏导数为零，整理后即得方程（C.3.8）中的 k 个正规方程。

□ CA.2　正规方程的矩阵推导

由方程（C.3.7）得：

$$\hat{\mathbf{u}}'\hat{\mathbf{u}} = \mathbf{y}'\mathbf{y} - 2\hat{\boldsymbol{\beta}}'\mathbf{X}'\mathbf{y} + \hat{\boldsymbol{\beta}}'\mathbf{X}'\mathbf{X}\hat{\boldsymbol{\beta}}$$

利用附录 B 第 B.6 节中给出的矩阵微分法则，可得：

$$\frac{\partial (\hat{\mathbf{u}}'\hat{\mathbf{u}})}{\partial \hat{\boldsymbol{\beta}}} = -2\mathbf{X}'\mathbf{y} + 2\mathbf{X}'\mathbf{X}\hat{\boldsymbol{\beta}}$$

令上式等于零便有：

$$(\mathbf{X}'\mathbf{X})\hat{\boldsymbol{\beta}} = \mathbf{X}'\mathbf{y}$$

从而如果 $(\mathbf{X}'\mathbf{X})$ 存在逆矩阵的话，可得 $\hat{\boldsymbol{\beta}} = (\mathbf{X}'\mathbf{X})^{-1}\mathbf{X}'\mathbf{y}$。

□ CA.3　$\hat{\boldsymbol{\beta}}$ 的方差—协方差矩阵

由方程（C.3.11）得：

$$\hat{\boldsymbol{\beta}} = (\mathbf{X}'\mathbf{X})^{-1}\mathbf{X}'\mathbf{y}$$

将 $\mathbf{y} = \mathbf{X}\boldsymbol{\beta} + \mathbf{u}$ 代入上式，给出：

$$\begin{aligned} \hat{\boldsymbol{\beta}} &= (\mathbf{X}'\mathbf{X})^{-1}\mathbf{X}'(\mathbf{X}\boldsymbol{\beta} + \mathbf{u}) \\ &= (\mathbf{X}'\mathbf{X})^{-1}\mathbf{X}'\mathbf{X}\boldsymbol{\beta} + (\mathbf{X}'\mathbf{X})^{-1}\mathbf{X}'\mathbf{u} \\ &= \boldsymbol{\beta} + (\mathbf{X}'\mathbf{X})^{-1}\mathbf{X}'\mathbf{u} \end{aligned} \tag{1}$$

因此，

$$\hat{\boldsymbol{\beta}} - \boldsymbol{\beta} = (\mathbf{X}'\mathbf{X})^{-1}\mathbf{X}'\mathbf{u} \tag{2}$$

按定义，

$$\text{var-cov}(\hat{\boldsymbol{\beta}}) = E\left[(\hat{\boldsymbol{\beta}}-\boldsymbol{\beta})(\hat{\boldsymbol{\beta}}-\boldsymbol{\beta})'\right]$$
$$= E\{[(\mathbf{X}'\mathbf{X})^{-1}\mathbf{X}'\mathbf{u}][(\mathbf{X}'\mathbf{X})^{-1}\mathbf{X}'\mathbf{u}]'\}$$
$$= E[(\mathbf{X}'\mathbf{X})^{-1}\mathbf{X}'\mathbf{u}\mathbf{u}'\mathbf{X}(\mathbf{X}'\mathbf{X})^{-1}] \tag{3}$$

这里的最后一步用到了转置规则 $(\mathbf{AB})' = \mathbf{B}'\mathbf{A}'$。

注意到 $\mathbf{X}$ 是非随机的，对方程（3）取期望值就有：

$$\text{var-cov}(\hat{\boldsymbol{\beta}}) = (\mathbf{X}'\mathbf{X})^{-1}\mathbf{X}'E(\mathbf{u}\mathbf{u}')\mathbf{X}(\mathbf{X}'\mathbf{X})^{-1}$$
$$= (\mathbf{X}'\mathbf{X})^{-1}\mathbf{X}'\sigma^2\mathbf{I}\mathbf{X}(\mathbf{X}'\mathbf{X})^{-1}$$
$$= \sigma^2(\mathbf{X}'\mathbf{X})^{-1}$$

这就是方程（C.3.13）所给出的结果。注意在上述结果的推导过程中，我们利用了 $E(\mathbf{u}\mathbf{u}') = \sigma^2\mathbf{I}$ 的假定。

□ CA.4 OLS 估计量的 BLUE 性质

由方程（C.3.11）可得：

$$\hat{\boldsymbol{\beta}} = (\mathbf{X}'\mathbf{X})^{-1}\mathbf{X}'\mathbf{y} \tag{1}$$

因 $(\mathbf{X}'\mathbf{X})^{-1}\mathbf{X}'$ 是一固定数矩阵，故 $\hat{\boldsymbol{\beta}}$ 是 Y 的线性函数，从而按定义它是一个线性估计量。

记得 PRF 是：

$$\mathbf{y} = \mathbf{X}\boldsymbol{\beta} + \mathbf{u} \tag{2}$$

将它代入方程（1）便得到

$$\hat{\boldsymbol{\beta}} = (\mathbf{X}'\mathbf{X})^{-1}\mathbf{X}'(\mathbf{X}\boldsymbol{\beta}+\mathbf{u}) \tag{3}$$
$$= \boldsymbol{\beta} + (\mathbf{X}'\mathbf{X})^{-1}\mathbf{X}'\mathbf{u} \tag{4}$$

这是因为 $(\mathbf{X}'\mathbf{X})^{-1}\mathbf{X}'\mathbf{X} = \mathbf{I}$。

取方程（4）的期望得到：

$$E(\hat{\boldsymbol{\beta}}) = E(\boldsymbol{\beta}) + (\mathbf{X}'\mathbf{X})^{-1}\mathbf{X}'E(\mathbf{u})$$
$$= \boldsymbol{\beta} \tag{5}$$

这是因为 $E(\boldsymbol{\beta}) = \boldsymbol{\beta}$（为什么？），并且根据假定有 $E(\mathbf{u}) = 0$，从而说明 $\hat{\boldsymbol{\beta}}$ 是 $\boldsymbol{\beta}$ 的一个无偏估计量。

令 $\hat{\boldsymbol{\beta}}^*$ 为 $\boldsymbol{\beta}$ 的任意其他线性估计量，可以把它写为：

$$\hat{\boldsymbol{\beta}}^* = [(\mathbf{X}'\mathbf{X})^{-1}\mathbf{X}'+\mathbf{C}]\mathbf{y} \tag{6}$$

其中 $\mathbf{C}$ 为一常数矩阵。

将方程（2）中的 $\mathbf{y}$ 代入方程（6），可得：

$$\hat{\boldsymbol{\beta}}^* = [(\mathbf{X}'\mathbf{X})^{-1}\mathbf{X}'+\mathbf{C}](\mathbf{X}\boldsymbol{\beta}+\mathbf{u})$$
$$= \boldsymbol{\beta} + \mathbf{C}\mathbf{X}\boldsymbol{\beta} + (\mathbf{X}'\mathbf{X})^{-1}\mathbf{X}'\mathbf{u} + \mathbf{C}\mathbf{u} \tag{7}$$

现在，如果要求 $\hat{\boldsymbol{\beta}}^*$ 是 $\boldsymbol{\beta}$ 的一个无偏估计量，则必须有

$$\mathbf{C}\mathbf{X} = 0 \quad \text{（为什么？）} \tag{8}$$

利用方程（8），就可把方程（7）写为：

$$\hat{\boldsymbol{\beta}}^* - \boldsymbol{\beta} = (\mathbf{X}'\mathbf{X})^{-1}\mathbf{X}'\mathbf{u} + \mathbf{C}\mathbf{u} \tag{9}$$

根据定义，$\text{var-cov}(\hat{\boldsymbol{\beta}}^*)$ 是：

$$E(\hat{\boldsymbol{\beta}}^*-\boldsymbol{\beta})(\hat{\boldsymbol{\beta}}^*-\boldsymbol{\beta})' = E[(\mathbf{X}'\mathbf{X})^{-1}\mathbf{X}'\mathbf{u}+\mathbf{C}\mathbf{u}][(\mathbf{X}'\mathbf{X})^{-1}\mathbf{X}'\mathbf{u}+\mathbf{C}\mathbf{u}]' \tag{10}$$

利用矩阵求逆和转置的性质并经代数简化，我们得到：

$$\text{var-cov}(\hat{\boldsymbol{\beta}}^*) = \sigma^2(\mathbf{X}'\mathbf{X})^{-1} + \sigma^2\mathbf{C}\mathbf{C}'$$
$$= \text{var-cov}(\hat{\boldsymbol{\beta}}) + \sigma^2\mathbf{C}\mathbf{C}' \tag{11}$$

这表明另一无偏线性估计量 $\hat{\boldsymbol{\beta}}^*$ 的方差—协方差矩阵等于 OLS 估计量 $\hat{\boldsymbol{\beta}}$ 的方差—协方差矩阵加 $\mathbf{CC}'$ 的 σ^2 倍，后者是一个半正定矩阵。[①] 由此知 $\hat{\boldsymbol{\beta}}^*$ 的一个给定元素的方差必然大于或等于 $\hat{\boldsymbol{\beta}}$ 的相应元素的方差，从而说明 $\hat{\boldsymbol{\beta}}$ 是 BLUE。当然，如果 $\mathbf{C}$ 是一个零矩阵，即 $\mathbf{C}=\mathbf{0}$，则 $\hat{\boldsymbol{\beta}}^* = \hat{\boldsymbol{\beta}}$。但这不外是用另一种方式说，如果我们找到了一个 BLUE 估计量，那么它必然是最小二乘估计量。

---

① 见附录 B 中的参考文献。

附录 D

统计用表

附录 D

统计用表

　　　　　　　　　　　　　　　　标准正态分布下的面积

例

$\Pr(0 \leqslant Z \leqslant 1.96) = 0.475\,0$

$\Pr(Z \geqslant 1.96) = 0.5 - 0.475\,0 = 0.025$

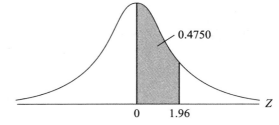

0.4750

0　　1.96

Z	0.00	0.01	0.02	0.03	0.04	0.05	0.06	0.07	0.08	0.09
0.0	0.000 0	0.004 0	0.008 0	0.012 0	0.016 0	0.019 9	0.023 9	0.027 9	0.031 9	0.035 9
0.1	0.039 8	0.043 8	0.047 8	0.051 7	0.055 7	0.059 6	0.063 6	0.067 5	0.071 4	0.075 3
0.2	0.079 3	0.083 2	0.087 1	0.091 0	0.094 8	0.098 7	0.102 6	0.106 4	0.110 3	0.114 1
0.3	0.117 9	0.121 7	0.125 5	0.129 3	0.133 1	0.136 8	0.140 6	0.144 3	0.148 0	0.151 7
0.4	0.155 4	0.159 1	0.162 8	0.166 4	0.170 0	0.173 6	0.177 2	0.180 8	0.184 4	0.187 9
0.5	0.191 5	0.195 0	0.198 5	0.201 9	0.205 4	0.208 8	0.212 3	0.215 7	0.219 0	0.222 4
0.6	0.225 7	0.229 1	0.232 4	0.235 7	0.238 9	0.242 2	0.245 4	0.248 6	0.251 7	0.254 9
0.7	0.258 0	0.261 1	0.264 2	0.267 3	0.270 4	0.273 4	0.276 4	0.279 4	0.282 3	0.285 2
0.8	0.288 1	0.291 0	0.293 9	0.296 7	0.299 5	0.302 3	0.305 1	0.307 8	0.310 6	0.313 3
0.9	0.315 9	0.318 6	0.321 2	0.323 8	0.326 4	0.328 9	0.331 5	0.334 0	0.336 5	0.338 9
1.0	0.341 3	0.343 8	0.346 1	0.348 5	0.350 8	0.353 1	0.355 4	0.357 7	0.359 9	0.362 1
1.1	0.364 3	0.366 5	0.368 6	0.370 8	0.372 9	0.374 9	0.377 0	0.379 0	0.381 0	0.383 0
1.2	0.384 9	0.386 9	0.388 8	0.390 7	0.392 5	0.394 4	0.396 2	0.398 0	0.399 7	0.401 5
1.3	0.403 2	0.404 9	0.406 6	0.408 2	0.409 9	0.411 5	0.413 1	0.414 7	0.416 2	0.417 7
1.4	0.419 2	0.420 7	0.422 2	0.423 6	0.425 1	0.426 5	0.427 9	0.429 2	0.430 6	0.431 9
1.5	0.433 2	0.434 5	0.435 7	0.437 0	0.438 2	0.439 4	0.440 6	0.441 8	0.442 9	0.444 1
1.6	0.445 2	0.446 3	0.447 4	0.448 4	0.449 5	0.450 5	0.451 5	0.452 5	0.453 5	0.454 5
1.7	0.445 4	0.456 4	0.457 3	0.458 2	0.459 1	0.459 9	0.460 8	0.461 6	0.462 5	0.463 3
1.8	0.464 1	0.464 9	0.465 6	0.466 4	0.467 1	0.467 8	0.468 6	0.469 3	0.469 9	0.470 6
1.9	0.471 3	0.471 9	0.472 6	0.473 2	0.473 8	0.474 4	0.475 0	0.475 6	0.476 1	0.476 7
2.0	0.477 2	0.477 8	0.478 3	0.478 8	0.479 3	0.479 8	0.480 3	0.480 8	0.481 2	0.481 7
2.1	0.482 1	0.482 6	0.483 0	0.483 4	0.483 8	0.484 2	0.484 6	0.485 0	0.485 4	0.485 7
2.2	0.486 1	0.486 4	0.486 8	0.487 1	0.487 5	0.487 8	0.488 1	0.488 4	0.488 7	0.489 0
2.3	0.489 3	0.489 6	0.489 8	0.490 1	0.490 4	0.490 6	0.490 9	0.491 1	0.491 3	0.491 6
2.4	0.491 8	0.492 0	0.492 2	0.492 5	0.492 7	0.492 9	0.493 1	0.493 2	0.493 4	0.493 6
2.5	0.493 8	0.494 0	0.494 1	0.494 3	0.494 5	0.494 6	0.494 8	0.494 9	0.495 1	0.495 2
2.6	0.495 3	0.495 5	0.495 6	0.495 7	0.495 9	0.496 0	0.496 1	0.496 2	0.496 3	0.496 4
2.7	0.496 5	0.496 6	0.496 7	0.496 8	0.496 9	0.497 0	0.497 1	0.497 2	0.497 3	0.497 4
2.8	0.497 4	0.497 5	0.497 6	0.497 7	0.497 7	0.497 8	0.497 9	0.497 9	0.498 0	0.498 1
2.9	0.498 1	0.498 2	0.498 2	0.498 3	0.498 4	0.498 4	0.498 5	0.498 5	0.498 6	0.498 6
3.0	0.498 7	0.498 7	0.498 7	0.498 8	0.498 8	0.498 9	0.498 9	0.498 9	0.499 0	0.499 0

　　注：本表给出该分布的右侧（即 $Z \geqslant 0$）面积。由于正态分布是围绕着 $Z=0$ 而对称分布的，所以左侧面积与相应的右侧面积相等。例如，$P(-1.96 \leqslant Z \leqslant 0) = 0.475\,0$。因此，$P(-1.96 \leqslant Z \leqslant 1.96) = 2 \times 0.475\,0 = 0.95$。

表 D—2　　　　　　　**t 分布的百分点**

例

Pr($t>2.086$)＝0.025

Pr($t>1.725$)＝0.05　对于 df＝20

Pr($|t|>1.725$)＝0.10

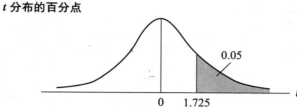

Pr df	0.25 0.50	0.10 0.20	0.05 0.10	0.025 0.05	0.01 0.02	0.005 0.010	0.001 0.002
1	1.000	3.078	6.314	12.706	31.821	63.657	318.31
2	0.816	1.886	2.920	4.303	6.965	9.925	22.327
3	0.765	1.638	2.353	3.182	4.541	5.841	10.214
4	0.741	1.533	2.132	2.776	3.747	4.604	7.173
5	0.727	1.476	2.015	2.571	3.365	4.032	5.893
6	0.718	1.440	1.943	2.447	3.143	3.707	5.208
7	0.711	1.415	1.895	2.365	2.998	3.499	4.785
8	0.706	1.397	1.860	2.306	2.896	3.355	4.501
9	0.703	1.383	1.833	2.262	2.821	3.250	4.297
10	0.700	1.372	1.812	2.228	2.764	3.169	4.144
11	0.697	1.363	1.796	2.201	2.718	3.106	4.025
12	0.695	1.356	1.782	2.179	2.681	3.055	3.930
13	0.694	1.350	1.771	2.160	2.650	3.012	3.852
14	0.692	1.345	1.761	2.145	2.624	2.977	3.787
15	0.691	1.341	1.753	2.131	2.602	2.947	3.733
16	0.690	1.337	1.746	2.120	2.583	2.921	3.686
17	0.689	1.333	1.740	2.110	2.567	2.898	3.646
18	0.688	1.330	1.734	2.101	2.552	2.878	3.610
19	0.688	1.328	1.729	2.093	2.539	2.861	3.579
20	0.687	1.325	1.725	2.086	2.528	2.845	3.552
21	0.686	1.323	1.721	2.080	2.518	2.831	3.527
22	0.686	1.321	1.717	2.074	2.508	2.819	3.505
23	0.685	1.319	1.714	2.069	2.500	2.807	3.485
24	0.685	1.318	1.711	2.064	2.492	2.797	3.467
25	0.684	1.316	1.708	2.060	2.485	2.787	3.450
26	0.684	1.315	1.706	2.056	2.479	2.779	3.435
27	0.684	1.314	1.703	2.052	2.473	2.771	3.421
28	0.683	1.313	1.701	2.048	2.467	2.763	3.408
29	0.683	1.311	1.699	2.045	2.462	2.756	3.396
30	0.683	1.310	1.697	2.042	2.457	2.750	3.385
40	0.681	1.303	1.684	2.021	2.423	2.704	3.307
60	0.679	1.296	1.671	2.000	2.390	2.660	3.232
120	0.677	1.289	1.658	1.980	2.358	2.617	3.160
∞	0.674	1.282	1.645	1.960	2.326	2.576	3.090

注：每列顶头的较小概率指单侧面积；而较大概率则指双侧面积。

资料来源：摘自 E. S. Pearson and H. O. Hartley, eds., *Biometrika Tables for Statisticians*, vol. 1, 3d ed., table 12, Cambridge University Press, New York, 1966. 经过该书主编授权。

表 D—3

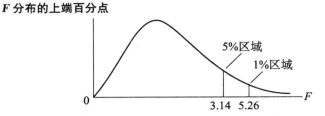

F 分布的上端百分点

例
$\Pr(F>1.59)=0.25$
$\Pr(F>2.42)=0.10$ 对于 df $N_1=10$
$\Pr(F>3.14)=0.05$ 和 $N_2=9$
$\Pr(F>5.26)=0.01$

分母自由度 N_2	Pr	分子自由度 N_1											
		1	2	3	4	5	6	7	8	9	10	11	12
1	0.25	5.83	7.50	8.20	8.58	8.82	8.98	9.10	9.19	9.26	9.32	9.36	9.41
	0.10	39.9	49.5	53.6	55.8	57.2	58.2	58.9	59.4	59.9	60.2	60.5	60.7
	0.05	161	200	216	225	230	234	237	239	241	242	243	244
2	0.25	2.57	3.00	3.15	3.23	3.28	3.31	3.34	3.35	3.37	3.38	3.39	3.39
	0.10	8.53	9.00	9.16	9.24	9.29	9.33	9.35	9.37	9.38	9.39	9.40	9.41
	0.05	18.5	19.0	19.2	19.2	19.3	19.3	19.4	19.4	19.4	19.4	19.4	19.4
	0.01	98.5	99.0	99.2	99.2	99.3	99.3	99.4	99.4	99.4	99.4	99.4	99.4
3	0.25	2.02	2.28	2.36	2.39	2.41	2.42	2.43	2.44	2.44	2.44	2.45	2.45
	0.10	5.54	5.46	5.39	5.34	5.31	5.28	5.27	5.25	5.24	5.23	5.22	5.22
	0.05	10.1	9.55	9.28	9.12	9.01	8.94	8.89	8.85	8.81	8.79	8.76	8.74
	0.01	34.1	30.8	29.5	28.7	28.2	27.9	27.7	27.5	27.3	27.2	27.1	27.1
4	0.25	1.81	2.00	2.05	2.06	2.07	2.08	2.08	2.08	2.08	2.08	2.08	2.08
	0.10	4.54	4.32	4.19	4.11	4.05	4.01	3.98	3.95	3.94	3.92	3.91	3.90
	0.05	7.71	6.94	6.59	6.39	6.26	6.16	6.09	6.04	6.00	5.96	5.94	5.91
	0.01	21.2	18.0	16.7	16.0	15.5	15.2	15.0	14.8	14.7	14.5	14.4	14.4
5	0.25	1.69	1.85	1.88	1.89	1.89	1.89	1.89	1.89	1.89	1.89	1.89	1.89
	0.10	4.06	3.78	3.62	3.52	3.45	3.40	3.37	3.34	3.32	3.30	3.28	3.27
	0.05	6.61	5.79	5.41	5.19	5.05	4.95	4.88	4.82	4.77	4.74	4.71	4.68
	0.01	16.3	13.3	12.1	11.4	11.0	10.7	10.5	10.3	10.2	10.1	9.96	9.89
6	0.25	1.62	1.76	1.78	1.79	1.79	1.78	1.78	1.78	1.77	1.77	1.77	1.77
	0.10	3.78	3.46	3.29	3.18	3.11	3.05	3.01	2.98	2.96	2.94	2.92	2.90
	0.05	5.99	5.14	4.76	4.53	4.39	4.28	4.21	4.15	4.10	4.06	4.03	4.00
	0.01	13.7	10.9	9.78	9.15	8.75	8.47	8.26	8.10	7.98	7.87	7.79	7.72
7	0.25	1.57	1.70	1.72	1.72	1.71	1.71	1.70	1.70	1.69	1.69	1.69	1.68
	0.10	3.59	3.26	3.07	2.96	2.88	2.83	2.78	2.75	2.72	2.70	2.68	2.67
	0.05	5.59	4.74	4.35	4.12	3.97	3.87	3.79	3.73	3.68	3.64	3.60	3.57
	0.01	12.2	9.55	8.45	7.85	7.46	7.19	6.99	6.84	6.72	6.62	6.54	6.47
8	0.25	1.54	1.66	1.67	1.66	1.66	1.65	1.64	1.64	1.63	1.63	1.63	1.62
	0.10	3.46	3.11	2.92	2.81	2.73	2.67	2.62	2.59	2.56	2.54	2.52	2.50
	0.05	5.32	4.46	4.07	3.84	3.69	3.58	3.50	3.44	3.39	3.35	3.31	3.28
	0.01	11.3	8.65	7.59	7.01	6.63	6.37	6.18	6.03	5.91	5.81	5.73	5.67
9	0.25	1.51	1.62	1.63	1.63	1.62	1.61	1.60	1.60	1.59	1.59	1.58	1.58
	0.10	3.36	3.01	2.81	2.69	2.61	2.55	2.51	2.47	2.44	2.42	2.40	2.38
	0.05	5.12	4.26	3.86	3.63	3.48	3.37	3.29	3.23	3.18	3.14	3.10	3.07
	0.01	10.6	8.02	6.99	6.42	6.06	5.80	5.61	5.47	5.35	5.26	5.18	5.11

资料来源：摘自 E. S. Pearson and H. O. Hartley，eds.，*Biometrika Tables for Statisticians*，vol. 1，3d ed.，table 18，Cambridge University Press, New York, 1966. 经过该书主编授权。

计量经济学基础（第五版）

续前表

| 分子自由度 N_1 | | | | | | | | | | | | | |
15	20	24	30	40	50	60	100	120	200	500	∞	Pr	分母自由度 N_2
9.49	9.58	9.63	9.67	9.71	9.74	9.76	9.78	9.80	9.82	9.84	9.85	0.25	
61.2	61.7	62.0	62.3	62.5	62.7	62.8	63.0	63.1	63.2	63.3	63.3	0.10	1
246	248	249	250	251	252	252	253	253	254	254	254	0.05	
3.41	3.43	3.43	3.44	3.45	3.45	3.46	3.47	3.47	3.48	3.48	3.48	0.25	
9.42	9.44	9.45	9.46	9.47	9.47	9.47	9.48	9.48	9.49	9.49	9.49	0.10	2
19.4	19.4	19.5	19.5	19.5	19.5	19.5	19.5	19.5	19.5	19.5	19.5	0.05	
99.4	99.4	99.5	99.5	99.5	99.5	99.5	99.5	99.5	99.5	99.5	99.5	0.01	
2.46	2.46	2.46	2.47	2.47	2.47	2.47	2.47	2.47	2.47	2.47	2.47	0.25	
5.20	5.18	5.18	5.17	5.16	5.15	5.15	5.14	5.14	5.14	5.14	5.13	0.10	3
8.70	8.66	8.64	8.62	8.59	8.58	8.57	8.55	8.55	8.54	8.53	8.53	0.05	
26.9	26.7	26.6	26.5	26.4	26.4	26.3	26.2	26.2	26.2	26.1	26.1	0.01	
2.08	2.08	2.08	2.08	2.08	2.08	2.08	2.08	2.08	2.08	2.08	2.08	0.25	
3.87	3.84	3.83	3.82	3.80	3.80	3.79	3.78	3.78	3.77	3.76	3.76	0.10	4
5.86	5.80	5.77	5.75	5.72	5.70	5.69	5.66	5.66	5.65	5.64	5.63	0.05	
14.2	14.0	13.9	13.8	13.7	13.7	13.7	13.6	13.6	13.5	13.5	13.5	0.01	
1.89	1.88	1.88	1.88	1.88	1.88	1.87	1.87	1.87	1.87	1.87	1.87	0.25	
3.24	3.21	3.19	3.17	3.16	3.15	3.14	3.13	3.12	3.12	3.11	3.10	0.10	5
4.62	4.56	4.53	4.50	4.46	4.44	4.43	4.41	4.40	4.39	4.37	4.36	0.05	
9.72	9.55	9.47	9.38	9.29	9.24	9.20	9.13	9.11	9.08	9.04	9.02	0.01	
1.76	1.76	1.75	1.75	1.75	1.75	1.74	1.74	1.74	1.74	1.74	1.74	0.25	
2.87	2.84	2.82	2.80	2.78	2.77	2.76	2.75	2.74	2.73	2.73	2.72	0.10	6
3.94	3.87	3.84	3.81	3.77	3.75	3.74	3.71	3.70	3.69	3.68	3.67	0.05	
7.56	7.40	7.31	7.23	7.14	7.09	7.06	6.99	6.97	6.93	6.90	6.88	0.01	
1.68	1.67	1.67	1.66	1.66	1.66	1.65	1.65	1.65	1.65	1.65	1.65	0.25	
2.63	2.59	2.58	2.56	2.54	2.52	2.51	2.50	2.49	2.48	2.48	2.47	0.10	7
3.51	3.44	3.41	3.38	3.34	3.32	3.30	3.27	3.27	3.25	3.24	3.23	0.05	
6.31	6.16	6.07	5.99	5.91	5.86	5.82	5.75	5.74	5.70	5.67	5.65	0.01	
1.62	1.61	1.60	1.60	1.59	1.59	1.59	1.58	1.58	1.58	1.58	1.58	0.25	
2.46	2.42	2.40	2.38	2.36	2.35	2.34	2.32	2.32	2.31	2.30	2.29	0.10	8
3.22	3.15	3.12	3.08	3.04	2.02	3.01	2.97	2.97	2.95	2.94	2.93	0.05	
5.52	5.36	5.28	5.20	5.12	5.07	5.03	4.96	4.95	4.91	4.88	4.86	0.01	
1.57	1.56	1.56	1.55	1.55	1.54	1.54	1.53	1.53	1.53	1.53	1.53	0.25	
2.34	2.30	2.28	2.25	2.23	2.22	2.21	2.19	2.18	2.17	2.17	2.16	0.10	9
3.01	2.94	2.90	2.86	2.83	2.80	2.79	2.76	2.75	2.73	2.72	2.71	0.05	
4.96	4.81	4.73	4.65	4.57	4.52	4.48	4.42	4.40	4.36	4.33	4.31	0.01	

附录D

统计用表

分母自由度 N_2	Pr	分子自由度 N_1											
		1	2	3	4	5	6	7	8	9	10	11	12
10	0.25	1.49	1.60	1.60	1.59	1.59	1.58	1.57	1.56	1.56	1.55	1.55	1.54
	0.10	3.29	2.92	2.73	2.61	2.52	2.46	2.41	2.38	2.35	2.32	2.30	2.28
	0.05	4.96	4.10	3.71	3.48	3.33	3.22	3.14	3.07	3.02	2.98	2.94	2.91
	0.01	10.0	7.56	6.55	5.99	5.64	5.39	5.20	5.06	4.94	4.85	4.77	4.71
11	0.25	1.47	1.58	1.58	1.57	1.56	1.55	1.54	1.53	1.53	1.52	1.52	1.51
	0.10	3.23	2.86	2.66	2.54	2.45	2.39	2.34	2.30	2.27	2.25	2.23	2.21
	0.05	4.84	3.98	3.59	3.36	3.20	3.09	3.01	2.95	2.90	2.85	2.82	2.79
	0.01	9.65	7.21	6.22	5.67	5.32	5.07	4.89	4.74	4.63	4.54	4.46	4.40
12	0.25	1.46	1.56	1.56	1.55	1.54	1.53	1.52	1.51	1.51	1.50	1.50	1.49
	0.10	3.18	2.81	2.61	2.48	2.39	2.33	2.28	2.24	2.21	2.19	2.17	2.15
	0.05	4.75	3.89	3.49	3.26	3.11	3.00	2.91	2.85	2.80	2.75	2.72	2.69
	0.01	9.33	6.93	5.95	5.41	5.06	4.82	4.64	4.50	4.39	4.30	4.22	4.16
13	0.25	1.45	1.55	1.55	1.53	1.52	1.51	1.50	1.49	1.49	1.48	1.47	1.47
	0.10	3.14	2.76	2.56	2.43	2.35	2.28	2.23	2.20	2.16	2.14	2.12	2.10
	0.05	4.67	3.81	3.41	3.18	3.03	2.92	2.83	2.77	2.71	2.67	2.63	2.60
	0.01	9.07	6.70	5.74	5.21	4.86	4.62	4.44	4.30	4.19	4.10	4.02	3.96
14	0.25	1.44	1.53	1.53	1.52	1.51	1.50	1.49	1.48	1.47	1.46	1.46	1.45
	0.10	3.10	2.73	2.52	2.39	2.31	2.24	2.19	2.15	2.12	2.10	2.08	2.05
	0.05	4.60	3.74	3.34	3.11	2.96	2.85	2.76	2.70	2.65	2.60	2.57	2.53
	0.01	8.86	6.51	5.56	5.04	4.69	4.46	4.28	4.14	4.03	3.94	3.86	3.80
15	0.25	1.43	1.52	1.52	1.51	1.49	1.48	1.47	1.46	1.46	1.45	1.44	1.44
	0.10	3.07	2.70	2.49	2.36	2.27	2.21	2.16	2.12	2.09	2.06	2.04	2.02
	0.05	4.54	3.68	3.29	3.06	2.90	2.79	2.71	2.64	2.59	2.54	2.51	2.48
	0.01	8.68	6.36	5.42	4.89	4.56	4.32	4.14	4.00	3.89	3.80	3.73	3.67
16	0.25	1.42	1.51	1.51	1.50	1.48	1.47	1.46	1.45	1.44	1.44	1.44	1.43
	0.10	3.05	2.67	2.46	2.33	2.24	2.18	2.13	2.09	2.06	2.03	2.01	1.99
	0.05	4.49	3.63	3.24	3.01	2.85	2.74	2.66	2.59	2.54	2.49	2.46	2.42
	0.01	8.53	6.23	5.29	4.77	4.44	4.20	4.03	3.89	3.78	3.69	3.62	3.55
17	0.25	1.42	1.51	1.50	1.49	1.47	1.46	1.45	1.44	1.43	1.43	1.42	1.41
	0.10	3.03	2.64	2.44	2.31	2.22	2.15	2.10	2.06	2.03	2.00	1.98	1.96
	0.05	4.45	3.59	3.20	2.96	2.81	2.70	2.61	2.55	2.49	2.45	2.41	2.38
	0.01	8.40	6.11	5.18	4.67	4.34	4.10	3.93	3.79	3.68	3.59	3.52	3.46
18	0.25	1.41	1.50	1.49	1.48	1.46	1.45	1.44	1.43	1.42	1.42	1.41	1.40
	0.10	3.01	2.62	2.42	2.29	2.20	2.13	2.08	2.04	2.00	1.98	1.96	1.93
	0.05	4.41	3.55	3.16	2.93	2.77	2.66	2.58	2.51	2.46	2.41	2.37	2.34
	0.01	8.29	6.01	5.09	4.58	4.25	4.01	3.84	3.71	3.60	3.51	3.43	3.37
19	0.25	1.41	1.49	1.49	1.47	1.46	1.44	1.43	1.42	1.41	1.41	1.40	1.40
	0.10	2.99	2.61	2.40	2.27	2.18	2.11	2.06	2.02	1.98	1.96	1.94	1.91
	0.05	4.38	3.52	3.13	2.90	2.74	2.63	2.54	2.48	2.42	2.38	2.34	2.31
	0.01	8.18	5.93	5.01	4.50	4.17	3.94	3.77	3.63	3.52	3.43	3.36	3.30
20	0.25	1.40	1.49	1.48	1.46	1.45	1.44	1.43	1.42	1.41	1.40	1.39	1.39
	0.10	2.97	2.59	2.38	2.25	2.16	2.09	2.04	2.00	1.96	1.94	1.92	1.89
	0.05	4.35	3.49	3.10	2.87	2.71	2.60	2.51	2.45	2.39	2.35	2.31	2.28
	0.01	8.10	5.85	4.94	4.43	4.10	3.87	3.70	3.56	3.46	3.37	3.29	3.23

| 分子自由度 N_1 | | | | | | | | | | | | | 分母自由度 N_2 |
15	20	24	30	40	50	60	100	120	200	500	∞	Pr	
1.53	1.52	1.52	1.51	1.51	1.50	1.50	1.49	1.49	1.49	1.48	1.48	0.25	
2.24	2.20	2.18	2.16	2.13	2.12	2.11	2.09	2.08	2.07	2.06	2.06	0.10	10
2.85	2.77	2.74	2.70	2.66	2.64	2.62	2.59	2.58	2.56	2.55	2.54	0.05	
4.56	4.41	4.33	4.25	4.17	4.12	4.08	4.01	4.00	3.96	3.93	3.91	0.01	
1.50	1.49	1.49	1.48	1.47	1.47	1.47	1.46	1.46	1.46	1.45	1.45	0.25	
2.17	2.12	2.10	2.08	2.05	2.04	2.03	2.00	2.00	1.99	1.98	1.97	0.10	11
2.72	2.65	2.61	2.57	2.53	2.51	2.49	2.46	2.45	2.43	2.42	2.40	0.05	
4.25	4.10	4.02	3.94	3.86	3.81	3.78	3.71	3.69	3.66	3.62	3.60	0.01	
1.48	1.47	1.46	1.45	1.45	1.44	1.44	1.43	1.43	1.43	1.42	1.42	0.25	
2.10	2.06	2.04	2.01	1.99	1.97	1.96	1.94	1.93	1.92	1.91	1.90	0.10	12
2.62	2.54	2.51	2.47	2.43	2.40	2.38	2.35	2.34	2.32	2.31	2.30	0.05	
4.01	3.86	3.78	3.70	3.62	3.57	3.54	3.47	3.45	3.41	3.38	3.36	0.01	
1.46	1.45	1.44	1.43	1.42	1.42	1.42	1.41	1.41	1.40	1.40	1.40	0.25	
2.05	2.01	1.98	1.96	1.93	1.92	1.90	1.88	1.88	1.86	1.85	1.85	0.10	13
2.53	2.46	2.42	2.38	2.34	2.31	2.30	2.26	2.25	2.23	2.22	2.21	0.05	
3.82	3.66	3.59	3.51	3.43	3.38	3.34	3.27	3.25	3.22	3.19	3.17	0.01	
1.44	1.43	1.42	1.41	1.41	1.40	1.40	1.39	1.39	1.39	1.38	1.38	0.25	
2.01	1.96	1.94	1.91	1.89	1.87	1.86	1.83	1.83	1.82	1.80	1.80	0.10	14
2.46	2.39	2.35	2.31	2.27	2.24	2.22	2.19	2.18	2.16	2.14	2.13	0.05	
3.66	3.51	3.43	3.35	3.27	3.22	3.18	3.11	3.09	3.06	3.03	3.00	0.01	
1.43	1.41	1.41	1.40	1.39	1.39	1.38	1.38	1.37	1.37	1.36	1.36	0.25	
1.97	1.92	1.90	1.87	1.85	1.83	1.82	1.79	1.79	1.77	1.76	1.76	0.10	15
2.40	2.33	2.29	2.25	2.20	2.18	2.16	2.12	2.11	2.10	2.08	2.07	0.05	
3.52	3.37	3.29	3.21	3.13	3.08	3.05	2.98	2.96	2.92	2.89	2.87	0.01	
1.41	1.40	1.39	1.38	1.37	1.37	1.36	1.36	1.35	1.35	1.34	1.34	0.25	
1.94	1.89	1.87	1.84	1.81	1.79	1.78	1.76	1.75	1.74	1.73	1.72	0.10	16
2.35	2.28	2.24	2.19	2.15	2.12	2.11	2.07	2.06	2.04	2.02	2.01	0.05	
3.41	3.26	3.18	3.10	3.02	2.97	2.93	2.86	2.84	2.81	2.78	2.75	0.01	
1.40	1.39	1.38	1.37	1.36	1.35	1.35	1.34	1.34	1.34	1.33	1.33	0.25	
1.91	1.86	1.84	1.81	1.78	1.76	1.75	1.73	1.72	1.71	1.69	1.69	0.10	17
2.31	2.23	2.19	2.15	2.10	2.08	2.06	2.02	2.01	1.99	1.97	1.96	0.05	
3.31	3.16	3.08	3.00	2.92	2.87	2.83	2.76	2.75	2.71	2.68	2.65	0.01	
1.39	1.38	1.37	1.36	1.35	1.34	1.34	1.33	1.33	1.32	1.32	1.32	0.25	
1.89	1.84	1.81	1.78	1.75	1.74	1.72	1.70	1.69	1.68	1.67	1.66	0.10	18
2.27	2.19	2.15	2.11	2.06	2.04	2.02	1.98	1.97	1.95	1.93	1.92	0.05	
3.23	3.08	3.00	2.92	2.84	2.78	2.75	2.68	2.66	2.62	2.59	2.57	0.01	
1.38	1.37	1.36	1.35	1.34	1.33	1.33	1.32	1.32	1.31	1.31	1.30	0.25	
1.86	1.81	1.79	1.76	1.73	1.71	1.70	1.67	1.67	1.65	1.64	1.63	0.10	19
2.23	2.16	2.11	2.07	2.03	2.00	1.98	1.94	1.93	1.91	1.89	1.88	0.05	
3.15	3.00	2.92	2.84	2.76	2.71	2.67	2.60	2.58	2.55	2.51	2.49	0.01	
1.37	1.36	1.35	1.34	1.33	1.33	1.32	1.31	1.31	1.30	1.30	1.29	0.25	
1.84	1.79	1.77	1.74	1.71	1.69	1.68	1.65	1.64	1.63	1.62	1.61	0.10	20
2.20	2.12	2.08	2.04	1.99	1.97	1.95	1.91	1.90	1.88	1.86	1.84	0.05	
3.09	2.94	2.86	2.78	2.69	2.64	2.61	2.54	2.52	2.48	2.44	2.42	0.01	

附录 D

统计用表

分母自由度 N_2	Pr	分子自由度 N_1											
		1	2	3	4	5	6	7	8	9	10	11	12
22	0.25	1.40	1.48	1.47	1.45	1.44	1.42	1.41	1.40	1.39	1.39	1.38	1.37
	0.10	2.95	2.56	2.35	2.22	2.13	2.06	2.01	1.97	1.93	1.90	1.88	1.86
	0.05	4.30	3.44	3.05	2.82	2.66	2.55	2.46	2.40	2.34	2.30	2.26	2.23
	0.01	7.95	5.72	4.82	4.31	3.99	3.76	3.59	3.45	3.35	3.26	3.18	3.12
24	0.25	1.39	1.47	1.46	1.44	1.43	1.41	1.40	1.39	1.38	1.38	1.37	1.36
	0.10	2.93	2.54	2.33	2.19	2.10	2.04	1.98	1.94	1.91	1.88	1.85	1.83
	0.05	4.26	3.40	3.01	2.78	2.62	2.51	2.42	2.36	2.30	2.25	2.21	2.18
	0.01	7.82	5.61	4.72	4.22	3.90	3.67	3.50	3.36	3.26	3.17	3.09	3.03
26	0.25	1.38	1.46	1.45	1.44	1.42	1.41	1.39	1.38	1.37	1.37	1.36	1.35
	0.10	2.91	2.52	2.31	2.17	2.08	2.01	1.96	1.92	1.88	1.86	1.84	1.81
	0.05	4.23	3.37	2.98	2.74	2.59	2.47	2.39	2.32	2.27	2.22	2.18	2.15
	0.01	7.72	5.53	4.64	4.14	3.82	3.59	3.42	3.29	3.18	3.09	3.02	2.96
28	0.25	1.38	1.46	1.45	1.43	1.41	1.40	1.39	1.38	1.37	1.36	1.35	1.34
	0.10	2.89	2.50	2.29	2.16	2.06	2.00	1.94	1.90	1.87	1.84	1.81	1.79
	0.05	4.20	3.34	2.95	2.71	2.56	2.45	2.36	2.29	2.24	2.19	2.15	2.12
	0.01	7.64	5.45	4.57	4.07	3.75	3.53	3.36	3.23	3.12	3.03	2.96	2.90
30	0.25	1.38	1.45	1.44	1.42	1.41	1.39	1.38	1.37	1.36	1.35	1.35	1.34
	0.10	2.88	2.49	2.28	2.14	2.05	1.98	1.93	1.88	1.85	1.82	1.79	1.77
	0.05	4.17	3.32	2.92	2.69	2.53	2.42	2.33	2.27	2.21	2.16	2.13	2.09
	0.01	7.56	5.39	4.51	4.02	3.70	3.47	3.30	3.17	3.07	2.98	2.91	2.84
40	0.25	1.36	1.44	1.42	1.40	1.39	1.37	1.36	1.35	1.34	1.33	1.32	1.31
	0.10	2.84	2.44	2.23	2.09	2.00	1.93	1.87	1.83	1.79	1.76	1.73	1.71
	0.05	4.08	3.23	2.84	2.61	2.45	2.34	2.25	2.18	2.12	2.08	2.04	2.00
	0.01	7.31	5.18	4.31	3.83	3.51	3.29	3.12	2.99	2.89	2.80	2.73	2.66
60	0.25	1.35	1.42	1.41	1.38	1.37	1.35	1.33	1.32	1.31	1.30	1.29	1.29
	0.10	2.79	2.39	2.18	2.04	1.95	1.87	1.82	1.77	1.74	1.71	1.68	1.66
	0.05	4.00	3.15	2.76	2.53	2.37	2.25	2.17	2.10	2.04	1.99	1.95	1.92
	0.01	7.08	4.98	4.13	3.65	3.34	3.12	2.95	2.82	2.72	2.63	2.56	2.50
120	0.25	1.34	1.40	1.39	1.37	1.35	1.33	1.31	1.30	1.29	1.28	1.27	1.26
	0.10	2.75	2.35	2.13	1.99	1.90	1.82	1.77	1.72	1.68	1.65	1.62	1.60
	0.05	3.92	3.07	2.68	2.45	2.29	2.17	2.09	2.02	1.96	1.91	1.87	1.83
	0.01	6.85	4.79	3.95	3.48	3.17	2.96	2.79	2.66	2.56	2.47	2.40	2.34
200	0.25	1.33	1.39	1.38	1.36	1.34	1.32	1.31	1.29	1.28	1.27	1.26	1.25
	0.10	2.73	2.33	2.11	1.97	1.88	1.80	1.75	1.70	1.66	1.63	1.60	1.57
	0.05	3.89	3.04	2.65	2.42	2.26	2.14	2.06	1.98	1.93	1.88	1.84	1.80
	0.01	6.76	4.71	3.88	3.41	3.11	2.89	2.73	2.60	2.50	2.41	2.34	2.27
∞	0.25	1.32	1.39	1.37	1.35	1.33	1.31	1.29	1.28	1.27	1.25	1.24	1.24
	0.10	2.71	2.30	2.08	1.94	1.85	1.77	1.72	1.67	1.63	1.60	1.57	1.55
	0.05	3.84	3.00	2.60	2.37	2.21	2.10	2.01	1.94	1.88	1.83	1.79	1.75
	0.01	6.63	4.61	3.78	3.32	3.02	2.80	2.64	2.51	2.41	2.32	2.25	2.18

分子自由度 N_1														分母自由度 N_2
15	20	24	30	40	50	60	100	120	200	500	∞	Pr	N_2
1.36	1.34	1.33	1.32	1.31	1.31	1.30	1.30	1.30	1.29	1.29	1.28	0.25	
1.81	1.76	1.73	1.70	1.67	1.65	1.64	1.61	1.60	1.59	1.58	1.57	0.10	22
2.15	2.07	2.03	1.98	1.94	1.91	1.89	1.85	1.84	1.82	1.80	1.78	0.05	
2.98	2.83	2.75	2.67	2.58	2.53	2.50	2.42	2.40	2.36	2.33	2.31	0.01	
1.35	1.33	1.32	1.31	1.30	1.29	1.29	1.28	1.28	1.27	1.27	1.26	0.25	
1.78	1.73	1.70	1.67	1.64	1.62	1.61	1.58	1.57	1.56	1.54	1.53	0.10	24
2.11	2.03	1.98	1.94	1.89	1.86	1.84	1.80	1.79	1.77	1.75	1.73	0.05	
2.89	2.74	2.66	2.58	2.49	2.44	2.40	2.33	2.31	2.27	2.24	2.21	0.01	
1.34	1.32	1.31	1.30	1.29	1.28	1.28	1.26	1.26	1.26	1.25	1.25	0.25	
1.76	1.71	1.68	1.65	1.61	1.59	1.58	1.55	1.54	1.53	1.51	1.50	0.10	26
2.07	1.99	1.95	1.90	1.85	1.82	1.80	1.76	1.75	1.73	1.71	1.69	0.05	
2.81	2.66	2.58	2.50	2.42	2.36	2.33	2.25	2.23	2.19	2.16	2.13	0.01	
1.33	1.31	1.30	1.29	1.28	1.27	1.27	1.26	1.25	1.25	1.24	1.24	0.25	
1.74	1.69	1.66	1.63	1.59	1.57	1.56	1.53	1.52	1.50	1.49	1.48	0.10	28
2.04	1.96	1.91	1.87	1.82	1.79	1.77	1.73	1.71	1.69	1.67	1.65	0.05	
2.75	2.60	2.52	2.44	2.35	2.30	2.26	2.19	2.17	2.13	2.09	2.06	0.01	
1.32	1.30	1.29	1.28	1.27	1.26	1.26	1.25	1.24	1.24	1.23	1.23	0.25	
1.72	1.67	1.64	1.61	1.57	1.55	1.54	1.51	1.50	1.48	1.47	1.46	0.10	30
2.01	1.93	1.89	1.84	1.79	1.76	1.74	1.70	1.68	1.66	1.64	1.62	0.05	
2.70	2.55	2.47	2.39	2.30	2.25	2.21	2.13	2.11	2.07	2.03	2.01	0.01	
1.30	1.28	1.26	1.25	1.24	1.23	1.22	1.21	1.21	1.20	1.19	1.19	0.25	
1.66	1.61	1.57	1.54	1.51	1.48	1.47	1.43	1.42	1.41	1.39	1.38	0.10	40
1.92	1.84	1.79	1.74	1.69	1.66	1.64	1.59	1.58	1.55	1.53	1.51	0.05	
2.52	2.37	2.29	2.20	2.11	2.06	2.02	1.94	1.92	1.87	1.83	1.80	0.01	
1.27	1.25	1.24	1.22	1.21	1.20	1.19	1.17	1.17	1.16	1.15	1.15	0.25	
1.60	1.54	1.51	1.48	1.44	1.41	1.40	1.36	1.35	1.33	1.31	1.29	0.10	60
1.84	1.75	1.70	1.65	1.59	1.56	1.53	1.48	1.47	1.44	1.41	1.39	0.05	
2.35	2.20	2.12	2.03	1.94	1.88	1.84	1.75	1.73	1.68	1.63	1.60	0.01	
1.24	1.22	1.21	1.19	1.18	1.17	1.16	1.14	1.13	1.12	1.11	1.10	0.25	
1.55	1.48	1.45	1.41	1.37	1.34	1.32	1.27	1.26	1.24	1.21	1.19	0.10	120
1.75	1.66	1.61	1.55	1.50	1.46	1.43	1.37	1.35	1.32	1.28	1.25	0.05	
2.19	2.03	1.95	1.86	1.76	1.70	1.66	1.56	1.53	1.48	1.42	1.38	0.01	
1.23	1.21	1.20	1.18	1.16	1.14	1.12	1.11	1.10	1.09	1.08	1.06	0.25	
1.52	1.46	1.42	1.38	1.34	1.31	1.28	1.24	1.22	1.20	1.17	1.14	0.10	200
1.72	1.62	1.57	1.52	1.46	1.41	1.39	1.32	1.29	1.26	1.22	1.19	0.05	
2.13	1.97	1.89	1.79	1.69	1.63	1.58	1.48	1.44	1.39	1.33	1.28	0.01	
1.22	1.19	1.18	1.16	1.14	1.13	1.12	1.09	1.08	1.07	1.04	1.00	0.25	
1.49	1.42	1.38	1.34	1.30	1.26	1.24	1.18	1.17	1.13	1.08	1.00	0.10	∞
1.67	1.57	1.52	1.46	1.39	1.35	1.32	1.24	1.22	1.17	1.11	1.00	0.05	
2.04	1.88	1.79	1.70	1.59	1.52	1.47	1.36	1.32	1.25	1.15	1.00	0.01	

附录 D

统计用表

891

表 D—4

例

$\Pr(\chi^2 > 10.85) = 0.95$

$\Pr(\chi^2 > 23.83) = 0.25$　对于 df＝20

$\Pr(\chi^2 > 31.41) = 0.05$

χ^2 分布的上端百分点

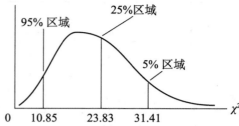

df ＼ Pr	0.995	0.990	0.975	0.950	0.900
1	392 704×10⁻¹⁰	157 088×10⁻⁹	982 069×10⁻⁹	393 214×10⁻⁸	0.015 790 8
2	0.010 025 1	0.020 100 7	0.050 635 6	0.102 587	0.210 720
3	0.071 721 2	0.114 832	0.215 795	0.351 846	0.584 375
4	0.206 990	0.297 110	0.484 419	0.710 721	1.063 623
5	0.411 740	0.554 300	0.831 211	1.145 476	1.610 31
6	0.675 727	0.872 085	1.237 347	1.635 39	2.204 13
7	0.989 265	1.239 043	1.689 87	2.167 35	2.833 11
8	1.344 419	1.646 482	2.179 73	2.732 64	3.489 54
9	1.734 926	2.087 912	2.700 39	3.325 11	4.168 16
10	2.155 85	2.558 21	3.246 97	3.940 30	4.865 18
11	2.603 21	3.053 47	3.815 75	4.574 81	5.577 79
12	3.073 82	3.570 56	4.403 79	5.226 03	6.303 80
13	3.565 03	4.106 91	5.008 74	5.891 86	7.041 50
14	4.074 68	4.660 43	5.628 72	6.570 63	7.789 53
15	4.600 94	5.229 35	6.262 14	7.260 94	8.546 75
16	5.142 24	5.812 21	6.907 66	7.961 64	9.312 23
17	5.697 24	6.407 76	7.564 18	8.671 76	10.085 2
18	6.264 81	7.014 91	8.230 75	9.390 46	10.864 9
19	6.843 98	7.632 73	8.906 55	10.117 0	11.650 9
20	7.433 86	8.260 40	9.590 83	10.850 8	12.442 6
21	8.033 66	8.897 20	10.282 93	11.591 3	13.239 6
22	8.642 72	9.542 49	10.982 3	12.338 0	14.041 5
23	9.260 42	10.195 67	11.688 5	13.090 5	14.847 9
24	9.886 23	10.856 4	12.401 1	13.848 4	15.658 7
25	10.519 7	11.524 0	13.119 7	14.611 4	16.473 4
26	11.160 3	12.198 1	13.843 9	15.379 1	17.291 9
27	11.807 6	12.878 6	14.573 3	16.151 3	18.113 8
28	12.461 3	13.564 8	15.307 9	16.927 9	18.939 2
29	13.121 1	14.256 5	16.047 1	17.708 3	19.767 7
30	13.786 7	14.953 5	16.790 8	18.492 6	20.599 2
40	20.706 5	22.164 3	24.433 1	26.509 3	29.050 5
50	27.990 7	29.706 7	32.357 4	34.764 2	37.688 6
60	35.534 6	37.484 8	40.481 7	43.187 9	46.458 9
70	43.275 2	45.441 8	48.757 6	51.739 3	55.329 0
80	51.172 0	53.540 0	57.153 2	60.391 5	64.277 8
90	59.196 3	61.754 1	65.646 6	69.126 0	73.291 2
100*	67.327 6	70.064 8	74.221 9	77.929 5	82.358 1

注：自由度大于 100 时，表达式 $\sqrt{2\chi^2} - \sqrt{(2k-1)} = Z$ 服从标准正态分布，其中 k 表示自由度。

续前表

0.750	0.500	0.250	0.100	0.050	0.025	0.010	0.005
0. 101 530 8	0. 454 937	1. 32 330	2. 705 54	3. 841 46	5. 023 89	6. 634 90	7. 879 44
0. 575 364	1. 386 29	2. 772 59	4. 605 17	5. 991 47	7. 377 76	9. 210 34	10. 596 6
1. 212 534	2. 365 97	4. 108 35	6. 251 39	7. 814 73	9. 348 40	11. 344 9	12. 838 1
1. 922 55	3. 356 70	5. 385 27	7. 779 44	9. 487 73	11. 143 3	13. 276 7	14. 860 2
2. 674 60	4. 351 46	6. 625 68	9. 236 35	11. 070 5	12. 832 5	15. 086 3	16. 749 6
3. 454 60	5. 348 12	7. 840 80	10. 644 6	12. 591 6	14. 449 4	16. 811 9	18. 547 6
4. 254 85	6. 345 81	9. 037 15	12. 017 0	14. 067 1	16. 012 8	18. 475 3	20. 277 7
5. 070 64	7. 344 12	10. 218 8	13. 361 6	15. 507 3	17. 534 6	20. 090 2	21. 955 0
5. 898 83	8. 342 83	11. 388 7	14. 683 7	16. 919 0	19. 022 8	21. 666 0	23. 589 3
6. 737 20	9. 341 82	12. 548 9	15. 987 1	18. 307 0	20. 483 1	23. 209 3	25. 188 2
7. 584 12	10. 341 0	13. 700 7	17. 275 0	19. 675 1	21. 920 0	24. 725 0	26. 756 9
8. 438 42	11. 340 3	14. 845 4	18. 549 4	21. 026 1	23. 336 7	26. 217 0	28. 299 5
9. 299 06	12. 339 8	15. 983 9	19. 811 9	22. 362 1	24. 735 6	27. 688 3	29. 819 4
10. 165 3	13. 339 3	17. 117 0	21. 064 2	23. 684 8	26. 119 0	29. 141 3	31. 319 3
11. 036 5	14. 338 9	18. 245 1	22. 307 2	24. 995 8	27. 488 4	30. 577 9	32. 801 3
11. 912 2	15. 338 5	19. 368 8	23. 541 8	26. 296 2	28. 845 4	31. 999 9	34. 267 2
12. 791 9	16. 338 1	20. 488 7	24. 769 0	27. 587 1	30. 191 0	33. 408 7	35. 718 5
13. 675 3	17. 337 9	21. 604 9	25. 989 4	28. 869 3	31. 526 4	34. 805 3	37. 156 4
14. 562 0	18. 337 6	22. 717 8	27. 203 6	30. 143 5	32. 852 3	36. 190 8	38. 582 2
15. 451 8	19. 337 4	23. 827 7	28. 412 0	31. 410 4	34. 169 6	37. 566 2	39. 996 8
16. 344 4	20. 337 2	24. 934 8	29. 615 1	32. 670 5	35. 478 9	38. 932 1	41. 401 0
17. 239 6	21. 337 0	26. 039 3	30. 813 3	33. 924 4	36. 780 7	40. 289 4	42. 795 6
18. 137 3	22. 336 9	27. 141 3	32. 006 9	35. 172 5	38. 075 7	41. 638 4	44. 181 3
19. 037 2	23. 336 7	28. 241 2	33. 196 3	36. 415 1	39. 364 1	42. 979 8	45. 558 5
19. 939 3	24. 336 6	29. 338 9	34. 381 6	37. 652 5	40. 646 5	44. 314 1	46. 927 8
20. 843 4	25. 336 4	30. 434 5	35. 563 1	38. 885 2	41. 923 2	45. 641 7	48. 289 9
21. 749 4	26. 336 3	31. 528 4	36. 741 2	40. 113 3	43. 194 4	46. 963 0	49. 644 9
22. 657 2	27. 336 3	32. 620 5	37. 915 9	41. 337 2	44. 460 7	48. 278 2	50. 993 3
23. 566 6	28. 336 2	33. 710 9	39. 087 5	42. 556 9	45. 722 2	49. 587 9	52. 335 6
24. 477 6	29. 336 0	34. 799 8	40. 256 0	43. 772 9	46. 979 2	50. 892 2	53. 672 0
33. 660 3	39. 335 4	45. 616 0	51. 805 0	55. 758 5	59. 341 7	63. 690 7	66. 765 9
42. 942 1	49. 334 9	56. 333 6	63. 167 1	67. 504 8	71. 420 2	76. 153 9	79. 490 0
52. 293 8	59. 334 7	66. 981 4	74. 397 0	79. 081 9	83. 297 6	88. 379 4	91. 951 7
61. 698 3	69. 334 4	77. 576 6	85. 527 1	90. 531 2	95. 023 1	100. 425	104. 215
71. 144 5	79. 334 3	88. 130 3	96. 578 2	101. 879	106. 629	112. 329	116. 321
80. 624 7	89. 334 2	98. 649 9	107. 565	113. 145	118. 136	124. 116	128. 299
90. 133 2	99. 334 1	109. 141	118. 498	124. 342	129. 561	135. 807	140. 169

资料来源：节选自 E. S. Pearson and H. O. Hartley，eds.，*Biometrika Tables for Statisticians*，vol. 1，3d ed.，table 8，Cambridge University Press，New York，1966. 经过该书主编授权。

附录 D

统计用表

表 D—5A　　德宾-沃森 d 统计量：在 0.05 的显著性水平上 d_L 和 d_U 的显著点

n	$k'=1$ d_L	d_U	$k'=2$ d_L	d_U	$k'=3$ d_L	d_U	$k'=4$ d_L	d_U	$k'=5$ d_L	d_U	$k'=6$ d_L	d_U	$k'=7$ d_L	d_U	$k'=8$ d_L	d_U	$k'=9$ d_L	d_U	$k'=10$ d_L	d_U
6	0.610	1.400	—		—		—		—		—		—		—		—		—	
7	0.700	1.356	0.467	1.896	—		—		—		—		—		—		—		—	
8	0.763	1.332	0.559	1.777	0.368	2.287	—		—		—		—		—		—		—	
9	0.824	1.320	0.629	1.699	0.455	2.128	0.296	2.588	—		—		—		—		—		—	
10	0.879	1.320	0.697	1.641	0.525	2.016	0.376	2.414	0.243	2.822	—		—		—		—		—	
11	0.927	1.324	0.658	1.604	0.595	1.928	0.444	2.283	0.316	2.645	0.203	3.005	—		—		—		—	
12	0.971	1.331	0.812	1.579	0.658	1.864	0.512	2.177	0.379	2.506	0.268	2.832	0.171	3.149	—		—		—	
13	1.010	1.340	0.861	1.562	0.715	1.816	0.574	2.094	0.445	2.390	0.328	2.692	0.230	2.985	0.147	3.266	—		—	
14	1.045	1.350	0.905	1.551	0.767	1.779	0.632	2.030	0.505	2.296	0.389	2.572	0.286	2.848	0.200	3.111	0.127	3.360	—	
15	1.077	1.361	0.946	1.543	0.814	1.750	0.685	1.977	0.562	2.220	0.447	2.472	0.343	2.727	0.251	2.979	0.175	3.216	0.111	3.438
16	1.106	1.371	0.982	1.539	0.857	1.728	0.734	1.935	0.615	2.157	0.502	2.388	0.398	2.624	0.304	2.860	0.222	3.090	0.155	3.304
17	1.133	1.381	1.015	1.536	0.897	1.710	0.779	1.900	0.664	2.104	0.554	2.318	0.451	2.537	0.356	2.757	0.272	2.975	0.198	3.184
18	1.158	1.391	1.046	1.535	0.933	1.696	0.820	1.872	0.710	2.060	0.603	2.257	0.502	2.461	0.407	2.667	0.321	2.873	0.244	3.073
19	1.180	1.401	1.074	1.536	0.967	1.685	0.859	1.848	0.752	2.023	0.649	2.206	0.549	2.396	0.456	2.589	0.369	2.783	0.290	2.974
20	1.201	1.411	1.100	1.537	0.998	1.676	0.894	1.828	0.792	1.991	0.692	2.162	0.595	2.339	0.502	2.521	0.416	2.704	0.336	2.885
21	1.221	1.420	1.125	1.538	1.026	1.669	0.927	1.812	0.829	1.964	0.732	2.124	0.637	2.290	0.547	2.460	0.461	2.633	0.380	2.806
22	1.239	1.429	1.147	1.541	1.053	1.664	0.958	1.797	0.863	1.940	0.769	2.090	0.677	2.246	0.588	2.407	0.504	2.571	0.424	2.734
23	1.257	1.437	1.168	1.543	1.078	1.660	0.986	1.785	0.895	1.920	0.804	2.061	0.715	2.208	0.628	2.360	0.545	2.514	0.465	2.670
24	1.273	1.446	1.188	1.546	1.101	1.656	1.013	1.775	0.925	1.902	0.837	2.035	0.751	2.174	0.666	2.318	0.584	2.464	0.506	2.613
25	1.288	1.454	1.206	1.550	1.123	1.654	1.038	1.767	0.953	1.886	0.868	2.012	0.784	2.144	0.702	2.280	0.621	2.419	0.544	2.560
26	1.302	1.461	1.224	1.553	1.143	1.652	1.062	1.759	0.979	1.873	0.897	1.992	0.816	2.117	0.735	2.246	0.657	2.379	0.581	2.513
27	1.316	1.469	1.240	1.556	1.162	1.651	1.084	1.753	1.004	1.861	0.925	1.974	0.845	2.093	0.767	2.216	0.691	2.342	0.616	2.470
28	1.328	1.476	1.255	1.560	1.181	1.650	1.104	1.747	1.028	1.850	0.951	1.958	0.874	2.071	0.798	2.188	0.723	2.309	0.650	2.431
29	1.341	1.483	1.270	1.563	1.198	1.650	1.124	1.743	1.050	1.841	0.975	1.944	0.900	2.052	0.826	2.164	0.753	2.278	0.682	2.396
30	1.352	1.489	1.284	1.567	1.214	1.650	1.143	1.739	1.071	1.833	0.998	1.931	0.926	2.034	0.854	2.141	0.782	2.251	0.712	2.363
31	1.363	1.496	1.297	1.570	1.229	1.650	1.160	1.735	1.090	1.825	1.020	1.920	0.950	2.018	0.879	2.120	0.810	2.226	0.741	2.333
32	1.373	1.502	1.309	1.574	1.244	1.650	1.177	1.732	1.109	1.819	1.041	1.909	0.972	2.004	0.904	2.102	0.836	2.203	0.769	2.306
33	1.383	1.508	1.321	1.577	1.258	1.651	1.193	1.730	1.127	1.813	1.061	1.900	0.994	1.991	0.927	2.085	0.861	2.181	0.795	2.281
34	1.393	1.514	1.333	1.580	1.271	1.652	1.208	1.728	1.144	1.808	1.080	1.891	1.015	1.979	0.950	2.069	0.885	2.162	0.821	2.257
35	1.402	1.519	1.343	1.584	1.283	1.653	1.222	1.726	1.160	1.803	1.097	1.884	1.034	1.967	0.971	2.054	0.908	2.144	0.845	2.236
36	1.411	1.525	1.354	1.587	1.295	1.654	1.236	1.724	1.175	1.799	1.114	1.877	1.053	1.957	0.991	2.041	0.930	2.127	0.868	2.216
37	1.419	1.530	1.364	1.590	1.307	1.655	1.249	1.723	1.190	1.795	1.131	1.870	1.071	1.948	1.011	2.029	0.951	2.112	0.891	2.198
38	1.427	1.535	1.373	1.594	1.318	1.656	1.261	1.722	1.204	1.792	1.146	1.864	1.088	1.939	1.029	2.017	0.970	2.098	0.912	2.180
39	1.435	1.540	1.382	1.597	1.328	1.658	1.273	1.722	1.218	1.789	1.161	1.859	1.104	1.932	1.047	2.007	0.990	2.085	0.932	2.164
40	1.442	1.544	1.391	1.600	1.338	1.659	1.285	1.721	1.230	1.786	1.175	1.854	1.120	1.924	1.064	1.997	1.008	2.072	0.952	2.149
45	1.475	1.566	1.430	1.615	1.383	1.666	1.336	1.720	1.287	1.776	1.238	1.835	1.189	1.895	1.139	1.958	1.089	2.022	1.038	2.088
50	1.503	1.585	1.462	1.628	1.421	1.674	1.378	1.721	1.335	1.771	1.291	1.822	1.246	1.875	1.201	1.930	1.156	1.986	1.110	2.044
55	1.528	1.601	1.490	1.641	1.452	1.681	1.414	1.724	1.374	1.768	1.334	1.814	1.294	1.861	1.253	1.909	1.212	1.959	1.170	2.010
60	1.549	1.616	1.514	1.652	1.480	1.689	1.444	1.727	1.408	1.767	1.372	1.808	1.335	1.850	1.298	1.894	1.260	1.939	1.222	1.984
65	1.567	1.629	1.536	1.662	1.503	1.696	1.471	1.731	1.438	1.767	1.404	1.805	1.370	1.843	1.336	1.882	1.301	1.923	1.266	1.964
70	1.583	1.641	1.554	1.672	1.525	1.703	1.494	1.735	1.464	1.768	1.433	1.802	1.401	1.837	1.369	1.873	1.337	1.910	1.305	1.948
75	1.598	1.652	1.571	1.680	1.543	1.709	1.515	1.739	1.487	1.770	1.458	1.801	1.428	1.834	1.399	1.867	1.369	1.901	1.339	1.935
80	1.611	1.662	1.586	1.688	1.560	1.715	1.534	1.743	1.507	1.772	1.480	1.801	1.453	1.831	1.425	1.861	1.397	1.893	1.369	1.925
85	1.624	1.671	1.600	1.696	1.575	1.721	1.550	1.747	1.525	1.774	1.500	1.801	1.474	1.829	1.448	1.857	1.422	1.886	1.396	1.916
90	1.635	1.679	1.612	1.703	1.589	1.726	1.566	1.751	1.542	1.776	1.518	1.801	1.494	1.827	1.469	1.854	1.445	1.881	1.420	1.909
95	1.645	1.687	1.623	1.709	1.602	1.732	1.579	1.755	1.557	1.778	1.535	1.802	1.512	1.827	1.489	1.852	1.465	1.877	1.442	1.903
100	1.654	1.694	1.634	1.715	1.613	1.736	1.592	1.758	1.571	1.780	1.550	1.803	1.528	1.826	1.506	1.850	1.484	1.874	1.462	1.898
150	1.720	1.746	1.706	1.760	1.693	1.774	1.679	1.788	1.665	1.802	1.651	1.817	1.637	1.832	1.622	1.847	1.608	1.862	1.594	1.877
200	1.758	1.778	1.748	1.789	1.738	1.799	1.728	1.810	1.718	1.820	1.707	1.831	1.697	1.841	1.686	1.852	1.675	1.863	1.665	1.874

n	$k'=11$ dL	dU	$k'=12$ dL	dU	$k'=13$ dL	dU	$k'=14$ dL	dU	$k'=15$ dL	dU	$k'=16$ dL	dU	$k'=17$ dL	dU	$k'=18$ dL	dU	$k'=19$ dL	dU	$k'=20$ dL	dU
16	0.098	3.503	—		—		—		—		—		—		—		—		—	
17	0.138	3.378	0.087	3.557	—		—		—		—		—		—		—		—	
18	0.177	3.265	0.123	3.441	0.078	3.603	—		—		—		—		—		—		—	
19	0.220	3.159	0.160	3.335	0.111	3.496	0.070	3.642	—		—		—		—		—		—	
20	0.263	3.063	0.200	3.234	0.145	3.395	0.100	3.542	0.063	3.676	—		—		—		—		—	
21	0.307	2.976	0.240	3.141	0.182	3.300	0.132	3.448	0.091	3.583	0.058	3.705	—		—		—		—	
22	0.349	2.897	0.281	3.057	0.220	3.211	0.166	3.358	0.120	3.495	0.083	3.619	0.052	3.731	—		—		—	
23	0.391	2.826	0.322	2.979	0.259	3.128	0.202	3.272	0.153	3.409	0.110	3.535	0.076	3.650	0.048	3.753	—		—	
24	0.431	2.761	0.362	2.908	0.297	3.053	0.239	3.193	0.186	3.327	0.141	3.454	0.101	3.572	0.070	3.678	0.044	3.773	—	
25	0.470	2.702	0.400	2.844	0.335	2.983	0.275	3.119	0.221	3.251	0.172	3.376	0.130	3.494	0.094	3.604	0.065	3.702	0.041	3.790
26	0.508	2.649	0.438	2.784	0.373	2.919	0.312	3.051	0.256	3.179	0.205	3.303	0.160	3.420	0.120	3.531	0.087	3.632	0.060	3.724
27	0.544	2.600	0.475	2.730	0.409	2.859	0.348	2.987	0.291	3.112	0.238	3.233	0.191	3.349	0.149	3.460	0.112	3.563	0.081	3.658
28	0.578	2.555	0.510	2.680	0.445	2.805	0.383	2.928	0.325	3.050	0.271	3.168	0.222	3.283	0.178	3.392	0.138	3.495	0.104	3.592
29	0.612	2.515	0.544	2.634	0.479	2.755	0.418	2.874	0.359	2.992	0.305	3.107	0.254	3.219	0.208	3.327	0.166	3.431	0.129	3.528
30	0.643	2.477	0.577	2.592	0.512	2.708	0.451	2.823	0.392	2.937	0.337	3.050	0.286	3.160	0.238	3.266	0.195	3.368	0.156	3.465
31	0.674	2.443	0.608	2.553	0.545	2.665	0.484	2.776	0.425	2.887	0.370	2.996	0.317	3.103	0.269	3.208	0.224	3.309	0.183	3.406
32	0.703	2.411	0.638	2.517	0.576	2.625	0.515	2.733	0.457	2.840	0.401	2.946	0.349	3.050	0.299	3.153	0.253	3.252	0.211	3.348
33	0.731	2.382	0.668	2.484	0.606	2.588	0.546	2.692	0.488	2.796	0.432	2.899	0.379	3.000	0.329	3.100	0.283	3.198	0.239	3.293
34	0.758	2.355	0.695	2.454	0.634	2.554	0.575	2.654	0.518	2.754	0.462	2.854	0.409	2.954	0.359	3.051	0.312	3.147	0.267	3.240
35	0.783	2.330	0.722	2.425	0.662	2.521	0.604	2.619	0.547	2.716	0.492	2.813	0.439	2.910	0.388	3.005	0.340	3.099	0.295	3.190
36	0.808	2.306	0.748	2.398	0.689	2.492	0.631	2.586	0.575	2.680	0.520	2.774	0.467	2.868	0.417	2.961	0.369	3.053	0.323	3.142
37	0.831	2.285	0.772	2.374	0.714	2.464	0.657	2.555	0.602	2.646	0.548	2.738	0.495	2.829	0.445	2.920	0.397	3.009	0.351	3.097
38	0.854	2.265	0.796	2.351	0.739	2.438	0.683	2.526	0.628	2.614	0.575	2.703	0.522	2.792	0.472	2.880	0.424	2.968	0.378	3.054
39	0.875	2.246	0.819	2.329	0.763	2.413	0.707	2.499	0.653	2.585	0.600	2.671	0.549	2.757	0.499	2.843	0.451	2.929	0.404	3.013
40	0.896	2.228	0.840	2.309	0.785	2.391	0.731	2.473	0.678	2.557	0.626	2.641	0.575	2.724	0.525	2.808	0.477	2.892	0.430	2.974
45	0.988	2.156	0.938	2.225	0.887	2.296	0.838	2.367	0.788	2.439	0.740	2.512	0.692	2.586	0.644	2.659	0.598	2.733	0.553	2.807
50	1.064	2.103	1.019	2.163	0.973	2.225	0.927	2.287	0.882	2.350	0.836	2.414	0.792	2.479	0.747	2.544	0.703	2.610	0.660	2.675
55	1.129	2.062	1.087	2.116	1.045	2.170	1.003	2.225	0.961	2.281	0.919	2.338	0.877	2.396	0.836	2.454	0.795	2.512	0.754	2.571
60	1.184	2.031	1.145	2.079	1.106	2.127	1.068	2.177	1.029	2.227	0.990	2.278	0.951	2.330	0.913	2.382	0.874	2.434	0.836	2.487
65	1.231	2.006	1.195	2.049	1.160	2.093	1.124	2.138	1.088	2.183	1.052	2.229	1.016	2.276	0.980	2.323	0.944	2.371	0.908	2.419
70	1.272	1.986	1.239	2.026	1.206	2.066	1.172	2.106	1.139	2.148	1.105	2.189	1.072	2.232	1.038	2.275	1.005	2.318	0.971	2.362
75	1.308	1.970	1.277	2.006	1.247	2.043	1.215	2.080	1.184	2.118	1.153	2.156	1.121	2.195	1.090	2.235	1.058	2.275	1.027	2.315
80	1.340	1.957	1.311	1.991	1.283	2.024	1.253	2.059	1.224	2.093	1.195	2.129	1.165	2.165	1.136	2.201	1.106	2.238	1.076	2.275
85	1.369	1.946	1.342	1.977	1.315	2.009	1.287	2.040	1.260	2.073	1.232	2.105	1.205	2.139	1.177	2.172	1.149	2.206	1.121	2.241
90	1.395	1.937	1.369	1.966	1.344	1.995	1.318	2.025	1.292	2.055	1.266	2.085	1.240	2.116	1.213	2.148	1.187	2.179	1.160	2.211
95	1.418	1.929	1.394	1.956	1.370	1.984	1.345	2.012	1.321	2.040	1.296	2.068	1.271	2.097	1.247	2.126	1.222	2.156	1.197	2.186
100	1.439	1.923	1.416	1.948	1.393	1.974	1.371	2.000	1.347	2.026	1.324	2.053	1.301	2.080	1.277	2.108	1.253	2.135	1.229	2.164
150	1.579	1.892	1.564	1.908	1.550	1.924	1.535	1.940	1.519	1.956	1.504	1.972	1.489	1.989	1.474	2.006	1.458	2.023	1.443	2.040
200	1.654	1.885	1.643	1.896	1.632	1.908	1.621	1.919	1.610	1.931	1.599	1.943	1.588	1.955	1.576	1.967	1.565	1.979	1.554	1.991

注：$n=$ 观测次数，$k'=$ 不含常数项的解释变量个数。

资料来源：该表是原始德宾-沃森表的扩展，摘自 N. E. Savin and K. J. White, "The Dubin-Watson Test for Serial Correlation with Extreme Small Samples or Many Regressors," *Econometrica*, vol. 45, November 1977, pp. 1989-96, and as corrected by R. W. Farebrother, *Econometrica*, vol. 48, September 1980, p. 1554.

附录 D

统计用表

例 1

若 $n=40$ 和 $k'=4$，则 $d_L=1.285$ 和 $d_U=1.721$。如果计算出来的 d 值小于 1.285，即表明存在正的一阶序列相关；如果大于 1.721，则表明不存在一阶序列相关的迹象，但如果介于二者之间，则表明尚无迹象足以判定是否存在正的一阶序列相关。

表 D—5B　　　德宾-沃森 d 统计量：在 0.01 的显著性水平上 d_L 和 d_U 的显著点

	$k'=1$		$k'=2$		$k'=3$		$k'=4$		$k'=5$		$k'=6$		$k'=7$		$k'=8$		$k'=9$		$k'=10$	
n	d_L	d_U	d_L	d_U	d_L	d_U	d_L	d_U	d_L	d_U	d_L	d_U	d_L	d_U	d_L	d_U	d_L	d_U	d_L	d_U
6	0.390	1.142	—	—																
7	0.435	1.036	0.294	1.676	—	—														
8	0.497	1.003	0.345	1.489	0.229	2.102	—	—												
9	0.554	0.998	0.408	1.389	0.279	1.875	0.183	2.433	—	—										
10	0.604	1.001	0.466	1.333	0.340	1.733	0.230	2.193	0.150	2.690	—	—								
11	0.653	1.010	0.519	1.297	0.396	1.640	0.286	2.030	0.193	2.453	0.124	2.892	—	—						
12	0.697	1.023	0.569	1.274	0.449	1.575	0.339	1.913	0.244	2.280	0.164	2.665	0.105	3.053	—	—				
13	0.738	1.038	0.616	1.261	0.499	1.526	0.391	1.826	0.294	2.150	0.211	2.490	0.140	2.838	0.090	3.182	—	—		
14	0.776	1.054	0.660	1.254	0.547	1.490	0.441	1.757	0.343	2.049	0.257	2.354	0.183	2.667	0.122	2.981	0.078	3.287	—	—
15	0.811	1.070	0.700	1.252	0.591	1.464	0.488	1.704	0.391	1.967	0.303	2.244	0.226	2.530	0.161	2.817	0.107	3.101	0.068	3.374
16	0.844	1.086	0.737	1.252	0.633	1.446	0.532	1.663	0.437	1.900	0.349	2.153	0.269	2.416	0.200	2.681	0.142	2.944	0.094	3.201
17	0.874	1.102	0.772	1.255	0.672	1.432	0.574	1.630	0.480	1.847	0.393	2.078	0.313	2.319	0.241	2.566	0.179	2.811	0.127	3.053
18	0.902	1.118	0.805	1.259	0.708	1.422	0.613	1.604	0.522	1.803	0.435	2.015	0.355	2.238	0.282	2.467	0.216	2.697	0.160	2.925
19	0.928	1.132	0.835	1.265	0.742	1.415	0.650	1.584	0.561	1.767	0.476	1.963	0.396	2.169	0.322	2.381	0.255	2.597	0.196	2.813
20	0.952	1.147	0.863	1.271	0.773	1.411	0.685	1.567	0.598	1.737	0.515	1.918	0.436	2.110	0.362	2.308	0.294	2.510	0.232	2.714
21	0.975	1.161	0.890	1.277	0.803	1.408	0.718	1.554	0.633	1.712	0.552	1.881	0.474	2.059	0.400	2.244	0.331	2.434	0.268	2.625
22	0.997	1.174	0.914	1.284	0.831	1.407	0.748	1.543	0.667	1.691	0.587	1.849	0.510	2.015	0.437	2.188	0.368	2.367	0.304	2.548
23	1.018	1.187	0.938	1.291	0.858	1.407	0.777	1.534	0.698	1.673	0.620	1.821	0.545	1.977	0.473	2.140	0.404	2.308	0.340	2.479
24	1.037	1.199	0.960	1.298	0.882	1.407	0.805	1.528	0.728	1.658	0.652	1.797	0.578	1.944	0.507	2.097	0.439	2.255	0.375	2.417
25	1.055	1.211	0.981	1.305	0.906	1.409	0.831	1.523	0.756	1.645	0.682	1.776	0.610	1.915	0.540	2.059	0.473	2.209	0.409	2.362
26	1.072	1.222	1.001	1.312	0.928	1.411	0.855	1.518	0.783	1.635	0.711	1.759	0.640	1.889	0.572	2.026	0.505	2.168	0.441	2.313
27	1.089	1.233	1.019	1.319	0.949	1.413	0.878	1.515	0.808	1.618	0.738	1.743	0.667	1.867	0.602	1.997	0.536	2.131	0.473	2.269
28	1.104	1.244	1.037	1.325	0.969	1.415	0.900	1.513	0.832	1.618	0.764	1.729	0.696	1.847	0.630	1.970	0.566	2.098	0.504	2.229
29	1.119	1.254	1.054	1.332	0.988	1.418	0.921	1.512	0.855	1.611	0.788	1.718	0.723	1.830	0.658	1.947	0.595	2.068	0.533	2.193
30	1.133	1.263	1.070	1.339	1.006	1.421	0.941	1.511	0.877	1.606	0.812	1.707	0.748	1.814	0.684	1.925	0.622	2.041	0.562	2.160
31	1.147	1.273	1.085	1.345	1.023	1.425	0.960	1.510	0.897	1.601	0.834	1.698	0.772	1.800	0.710	1.906	0.649	2.017	0.589	2.131
32	1.160	1.282	1.100	1.352	1.040	1.428	0.979	1.510	0.917	1.597	0.856	1.690	0.794	1.788	0.734	1.889	0.674	1.995	0.615	2.104
33	1.172	1.291	1.114	1.358	1.055	1.432	0.996	1.510	0.936	1.594	0.876	1.683	0.816	1.776	0.757	1.874	0.698	1.975	0.641	2.080
34	1.184	1.299	1.128	1.364	1.070	1.435	1.012	1.511	0.954	1.591	0.896	1.677	0.837	1.766	0.779	1.861	0.722	1.957	0.665	2.057
35	1.195	1.307	1.140	1.370	1.085	1.439	1.028	1.512	0.971	1.589	0.914	1.671	0.857	1.757	0.800	1.847	0.744	1.940	0.689	2.037
36	1.206	1.315	1.153	1.376	1.098	1.442	1.043	1.513	0.988	1.588	0.932	1.666	0.877	1.749	0.821	1.836	0.766	1.925	0.711	2.018
37	1.217	1.323	1.165	1.382	1.112	1.446	1.058	1.514	1.004	1.586	0.950	1.662	0.895	1.742	0.841	1.825	0.787	1.911	0.733	2.001
38	1.227	1.330	1.176	1.388	1.124	1.449	1.072	1.515	1.019	1.585	0.966	1.658	0.913	1.735	0.860	1.816	0.807	1.899	0.754	1.985
39	1.237	1.337	1.187	1.393	1.137	1.453	1.085	1.517	1.034	1.584	0.982	1.655	0.930	1.729	0.878	1.807	0.826	1.887	0.774	1.970
40	1.246	1.344	1.198	1.398	1.148	1.457	1.098	1.518	1.048	1.584	0.997	1.652	0.946	1.724	0.895	1.799	0.844	1.876	0.749	1.956
45	1.288	1.376	1.245	1.423	1.201	1.474	1.156	1.528	1.111	1.584	1.065	1.643	1.019	1.704	0.974	1.768	0.927	1.834	0.881	1.902
50	1.324	1.403	1.285	1.446	1.245	1.491	1.205	1.538	1.164	1.587	1.123	1.639	1.081	1.692	1.039	1.748	0.997	1.805	0.955	1.864
55	1.356	1.427	1.320	1.466	1.284	1.506	1.247	1.548	1.209	1.592	1.172	1.638	1.134	1.685	1.095	1.734	1.057	1.785	1.018	1.837
60	1.383	1.449	1.350	1.484	1.317	1.520	1.283	1.558	1.249	1.598	1.214	1.639	1.179	1.682	1.144	1.726	1.108	1.771	1.072	1.817
65	1.407	1.468	1.377	1.500	1.346	1.534	1.315	1.568	1.283	1.604	1.251	1.642	1.218	1.680	1.186	1.720	1.153	1.761	1.120	1.802
70	1.429	1.485	1.400	1.515	1.372	1.546	1.343	1.578	1.313	1.611	1.283	1.645	1.253	1.680	1.223	1.716	1.192	1.754	1.162	1.792
75	1.448	1.501	1.422	1.529	1.395	1.557	1.368	1.587	1.340	1.617	1.313	1.649	1.284	1.682	1.256	1.714	1.227	1.748	1.199	1.783
80	1.466	1.515	1.441	1.541	1.416	1.568	1.390	1.595	1.364	1.624	1.338	1.653	1.312	1.683	1.285	1.714	1.259	1.745	1.232	1.777
85	1.482	1.528	1.458	1.553	1.435	1.578	1.411	1.603	1.386	1.630	1.362	1.657	1.337	1.685	1.312	1.714	1.287	1.743	1.262	1.773
90	1.496	1.540	1.474	1.563	1.452	1.587	1.429	1.611	1.406	1.636	1.383	1.661	1.360	1.687	1.336	1.714	1.312	1.741	1.288	1.769
95	1.510	1.552	1.489	1.573	1.468	1.596	1.446	1.618	1.425	1.642	1.403	1.666	1.381	1.690	1.358	1.715	1.336	1.741	1.313	1.767
100	1.522	1.562	1.503	1.583	1.482	1.604	1.462	1.625	1.441	1.647	1.421	1.670	1.400	1.693	1.378	1.717	1.357	1.741	1.335	1.765
150	1.611	1.637	1.598	1.651	1.584	1.665	1.571	1.679	1.557	1.693	1.543	1.708	1.530	1.722	1.515	1.737	1.501	1.752	1.486	1.767
200	1.664	1.684	1.653	1.693	1.643	1.704	1.633	1.715	1.623	1.725	1.613	1.735	1.603	1.746	1.592	1.757	1.582	1.768	1.571	1.779

续前表

n	k'=11 dL	dU	k'=12 dL	dU	k'=13 dL	dU	k'=14 dL	dU	k'=15 dL	dU	k'=16 dL	dU	k'=17 dL	dU	k'=18 dL	dU	k'=19 dL	dU	k'=20 dL	dU
16	0.060	3.446	—	—	—	—	—	—	—	—	—	—	—	—	—	—	—	—	—	—
17	0.084	3.286	0.053	3.506	—	—	—	—	—	—	—	—	—	—	—	—	—	—	—	—
18	0.113	3.146	0.075	3.358	0.047	3.357	—	—	—	—	—	—	—	—	—	—	—	—	—	—
19	0.145	3.023	0.102	3.227	0.067	3.420	0.043	3.601	—	—	—	—	—	—	—	—	—	—	—	—
20	0.178	2.914	0.131	3.109	0.092	3.297	0.061	3.474	0.038	3.639	—	—	—	—	—	—	—	—	—	—
21	0.212	2.817	0.162	3.004	0.119	3.185	0.084	3.358	0.055	3.521	0.035	3.671	—	—	—	—	—	—	—	—
22	0.246	2.729	0.194	2.909	0.148	3.084	0.109	3.252	0.077	3.412	0.050	3.562	0.032	3.700	—	—	—	—	—	—
23	0.281	2.651	0.227	2.822	0.178	2.991	0.136	3.155	0.100	3.311	0.070	3.459	0.046	3.597	0.029	3.725	—	—	—	—
24	0.315	2.580	0.260	2.744	0.209	2.906	0.165	3.065	0.125	3.218	0.092	3.363	0.065	3.501	0.043	3.629	0.027	3.747	—	—
25	0.348	2.517	0.292	2.674	0.240	2.829	0.194	2.982	0.152	3.131	0.116	3.274	0.085	3.410	0.060	3.538	0.039	3.657	0.025	3.766
26	0.381	2.460	0.324	2.610	0.272	2.758	0.224	2.906	0.180	3.050	0.141	3.191	0.107	3.325	0.079	3.452	0.055	3.572	0.036	3.682
27	0.413	2.409	0.356	2.552	0.303	2.694	0.253	2.836	0.208	2.976	0.167	3.113	0.131	3.245	0.100	3.371	0.073	3.490	0.051	3.602
28	0.444	2.363	0.387	2.499	0.333	2.635	0.283	2.772	0.237	2.907	0.194	3.040	0.156	3.169	0.122	3.294	0.093	3.412	0.068	3.524
29	0.474	2.321	0.417	2.451	0.363	2.582	0.313	2.713	0.266	2.843	0.222	2.972	0.182	3.098	0.146	3.220	0.114	3.338	0.087	3.450
30	0.503	2.283	0.447	2.407	0.393	2.533	0.342	2.659	0.294	2.785	0.249	2.909	0.208	3.032	0.171	3.152	0.137	3.267	0.107	3.379
31	0.531	2.248	0.475	2.367	0.422	2.487	0.371	2.609	0.322	2.730	0.277	2.851	0.234	2.970	0.196	3.087	0.160	3.201	0.128	3.311
32	0.558	2.216	0.503	2.330	0.450	2.446	0.399	2.563	0.350	2.680	0.304	2.797	0.261	2.912	0.221	3.026	0.184	3.137	0.151	3.246
33	0.585	2.187	0.530	2.296	0.477	2.408	0.426	2.520	0.377	2.633	0.331	2.746	0.287	2.858	0.246	2.969	0.209	3.078	0.174	3.184
34	0.610	2.160	0.556	2.266	0.503	2.373	0.452	2.481	0.404	2.590	0.357	2.699	0.313	2.808	0.272	2.915	0.233	3.022	0.197	3.126
35	0.634	2.136	0.581	2.237	0.529	2.340	0.478	2.444	0.430	2.550	0.383	2.655	0.339	2.761	0.297	2.865	0.257	2.969	0.221	3.071
36	0.658	2.113	0.605	2.210	0.554	2.310	0.504	2.410	0.455	2.512	0.409	2.614	0.364	2.717	0.322	2.818	0.282	2.919	0.244	3.019
37	0.680	2.092	0.628	2.186	0.578	2.282	0.528	2.379	0.480	2.477	0.434	2.576	0.389	2.675	0.347	2.774	0.306	2.872	0.268	2.969
38	0.702	2.073	0.651	2.164	0.601	2.256	0.552	2.350	0.504	2.445	0.458	2.540	0.414	2.637	0.371	2.733	0.330	2.828	0.291	2.923
39	0.723	2.055	0.673	2.143	0.623	2.232	0.575	2.323	0.528	2.414	0.482	2.507	0.438	2.600	0.395	2.694	0.354	2.787	0.315	2.879
40	0.744	2.039	0.694	2.123	0.645	2.210	0.597	2.297	0.551	2.386	0.505	2.476	0.461	2.566	0.418	2.657	0.377	2.748	0.338	2.838
45	0.835	1.972	0.790	2.044	0.744	2.118	0.700	2.193	0.655	2.269	0.612	2.346	0.570	2.424	0.528	2.503	0.488	2.582	0.448	2.661
50	0.913	1.925	0.871	1.987	0.829	2.051	0.787	2.116	0.746	2.182	0.705	2.250	0.665	2.318	0.625	2.387	0.586	2.456	0.548	2.526
55	0.979	1.891	0.940	1.945	0.902	2.002	0.863	2.059	0.825	2.117	0.786	2.176	0.748	2.237	0.711	2.298	0.674	2.359	0.637	2.421
60	1.037	1.865	1.001	1.914	0.965	1.964	0.929	2.015	0.893	2.067	0.857	2.120	0.822	2.173	0.786	2.227	0.751	2.283	0.716	2.338
65	1.087	1.845	1.053	1.889	1.020	1.934	0.986	1.980	0.953	2.027	0.919	2.075	0.886	2.123	0.852	2.172	0.819	2.221	0.786	2.272
70	1.131	1.831	1.099	1.870	1.068	1.911	1.037	1.953	1.005	1.995	0.974	2.038	0.943	2.082	0.911	2.127	0.880	2.172	0.849	2.217
75	1.170	1.819	1.141	1.856	1.111	1.893	1.082	1.931	1.052	1.970	1.023	2.009	0.993	2.049	0.964	2.090	0.934	2.131	0.905	2.172
80	1.205	1.810	1.177	1.844	1.150	1.878	1.122	1.913	1.094	1.949	1.066	1.984	1.039	2.022	1.011	2.059	0.983	2.097	0.955	2.135
85	1.236	1.803	1.210	1.834	1.184	1.866	1.158	1.898	1.132	1.931	1.106	1.965	1.080	1.999	1.053	2.033	1.027	2.068	1.000	2.104
90	1.264	1.798	1.240	1.827	1.215	1.856	1.191	1.886	1.166	1.917	1.141	1.948	1.116	1.979	1.091	2.012	1.066	2.044	1.041	2.077
95	1.290	1.793	1.267	1.821	1.244	1.848	1.221	1.876	1.197	1.905	1.174	1.934	1.150	1.963	1.126	1.993	1.102	2.023	1.079	2.054
100	1.314	1.790	1.292	1.816	1.270	1.841	1.248	1.868	1.225	1.895	1.203	1.922	1.181	1.949	1.158	1.977	1.136	2.006	1.113	2.034
150	1.473	1.783	1.458	1.799	1.444	1.814	1.429	1.830	1.414	1.847	1.400	1.863	1.385	1.880	1.370	1.897	1.355	1.913	1.340	1.931
200	1.561	1.791	1.550	1.801	1.539	1.813	1.528	1.824	1.518	1.836	1.507	1.847	1.495	1.860	1.484	1.871	1.474	1.883	1.462	1.896

注：n＝观测次数，k'＝不含常数项的解释变量个数。
资料来源：Savin and White，op. cit.，经过授权。

表 D—6A 游程检验中的游程临界值

N_1 \ N_2	2	3	4	5	6	7	8	9	10	11	12	13	14	15	16	17	18	19	20
2											2	2	2	2	2	2	2	2	2
3					2	2	2	2	2	2	2	2	2	3	3	3	3	3	3
4				2	2	2	3	3	3	3	3	3	3	3	4	4	4	4	4
5			2	2	3	3	3	3	4	4	4	4	4	4	5	5	5	5	5
6		2	2	3	3	3	4	4	4	5	5	5	5	5	6	6	6	6	6
7		2	2	3	3	4	4	5	5	5	5	6	6	6	6	6	6	6	6
8		2	3	3	3	4	4	5	5	6	6	6	6	7	7	7	7	7	7
9		2	3	3	4	4	5	5	6	6	7	7	7	8	8	8	8	8	8
10		2	3	3	4	5	5	5	6	6	7	7	7	8	8	9	9	9	9
11		2	3	4	4	5	5	6	6	7	7	8	8	9	9	9	10	10	10
12	2	2	3	4	4	5	6	6	7	7	8	8	9	9	10	10	10	11	11
13	2	2	3	4	5	5	6	6	7	8	8	9	9	10	10	11	11	11	12
14	2	2	3	4	5	5	6	7	7	8	9	9	9	10	10	11	11	12	12
15	2	3	3	4	5	6	6	7	7	8	8	9	10	10	11	11	12	12	12
16	2	3	4	4	5	6	6	7	8	8	9	10	10	11	11	12	12	13	13
17	2	3	4	4	5	6	7	7	8	9	9	10	10	11	11	12	12	13	13
18	2	3	4	5	5	6	7	8	8	9	10	10	11	11	12	12	13	13	14
19	2	3	4	5	6	6	7	8	8	9	10	10	11	12	12	13	13	13	13
20	2	3	4	5	6	6	7	8	9	9	10	10	11	12	12	13	13	13	14

表 D—6B 游程检验中的游程临界值

N_1 \ N_2	2	3	4	5	6	7	8	9	10	11	12	13	14	15	16	17	18	19	20
2																			
3																			
4				9	9														
5			9	10	10	11	11												
6			9	10	11	12	12	13	13	13	13								
7				11	12	13	13	14	14	14	14	15	15	15					
8				11	12	13	14	14	15	15	16	16	16	16	17	17	17	17	17
9					13	14	14	15	16	16	16	17	17	18	18	18	18	18	18
10					13	14	15	16	16	17	17	18	18	18	19	19	19	20	20
11					13	14	15	16	17	17	18	19	19	19	20	20	20	21	21
12					13	14	16	16	17	18	19	19	20	20	21	21	21	22	22
13						15	16	17	18	19	19	20	20	21	21	22	22	23	23
14						15	16	17	18	19	20	20	21	22	22	23	23	23	24
15						15	16	18	18	19	20	21	22	22	23	23	24	24	25
16							17	18	19	20	21	21	22	23	23	24	25	25	25
17							17	18	19	20	21	22	23	23	24	25	25	26	26
18							17	18	19	20	21	22	23	24	25	25	26	26	27
19							17	18	20	21	22	23	23	24	25	26	26	27	27
20							17	18	20	21	22	23	24	25	25	26	27	27	28

注：表 D—6A 和表 D—6B 针对各种 N_1（正号）和 N_2（负号）值给出了游程 n 的临界值。对于一个样本的游程检验，任何小于等于表 D—6A 所示的 n 值或大于等于表 D—6B 所示的 n 值在 0.05 水平上都是统计显著的。

资料来源：Sidney Siegel, *Nonparametric Statistics for the Behavioral Sciences*, McGraw-Hill Book Company, New York, 1956, table F, pp. 252-253. 引自：Frieda S. Swed and C. Eisenhart, "Tables for Testing Randomness of Grouping in a Sequence of Alternatives," *Annals of Mathematical Statistics*, vol. 14, 1943. 经麦格劳-希尔公司和《数学统计年鉴》（*Annals of Mathematical Statistics*）授权。

在一个由 20 个"十"号（＝ N_1）和 10 个"一"号（＝ N_2）组成的 30 次观测序列中，在 0.05 的显著性水平上，游程临界值是 9 和 20，分别如表 D—6A 和表 D—6B 所示。因此，如果在一个应用研究中发现游程数小于等于 9 或大于等于 20，我们就可以（在 0.05 的显著性水平上）拒绝观测序列是随机序列的假设。

表 D—7　　　　　　单位根检验的 1% 和 5% 临界迪基-富勒 t（＝τ）值和 F 值

样本容量	t_{nc}^*		t_c^*		t_{ct}^*		$F^\dagger$		$F^\ddagger$	
	1%	5%	1%	5%	1%	5%	1%	5%	1%	5%
25	−2.66	−1.95	−3.75	−3.00	−4.38	−3.60	10.61	7.24	8.21	5.68
50	−2.62	−1.95	−3.58	−2.93	−4.15	−3.50	9.31	6.73	7.02	5.13
100	−2.60	−1.95	−3.51	−2.89	−4.04	−3.45	8.73	6.49	6.50	4.88
250	−2.58	−1.95	−3.46	−2.88	−3.99	−3.43	8.43	6.34	6.22	4.75
500	−2.58	−1.95	−3.44	−2.87	−3.98	−3.42	8.34	6.30	6.15	4.71
∞	−2.58	−1.95	−3.43	−2.86	−3.96	−3.41	8.27	6.25	6.09	4.68

注：* 下脚标 nc、c 和 ct 分别表示在回归方程（21.9.5）中无常数项、有常数项和同时含有常数项和趋势项。

‡ 方程（21.9.5）中常数项和 δ 项同时为零的联合假设的临界 F 值。

† 方程（21.9.5）中常数项、趋势项和 δ 项同时为零的联合假设的临界 F 值。

资料来源：摘自 W. A. Fuller, *Introduction to Statistical Time Series*, John Wiley & Sons, New York, 1976，p. 373（for the τ test）and D. A. Dickey and W. A. Fuller, "Likelihood Ratio Statistics for Autoregressive Time Series with a Unit Root," *Econometrica*, vol. 49, 1981, p. 1063。

附录 D

统计用表

附录 E

EViews、MINITAB、Excel 和 STATA 的计算机输出结果

我们在本附录给出 EViews、MINITAB、Excel 和 STATA 等回归和相关统计分析常用统计软件的一些计算机输出结果。我们利用本书网站上表 E—1 中给出的数据来解释这些软件的输出结果。表 E—1 给出了美国 1980—2002 年间的城镇劳动参与率（CLFPR）、城镇失业率（CUNR）和以 1982 年美元度量的真实平均小时工资（AHE82）数据。

尽管在所有这些软件中，基本回归结果在许多方面都是相似的，但它们给出结果的方式还是各有差异。有些软件给出的结果直至小数点后好几位，而有些软件则只给出小数点后四位或五位的近似结果。有些软件直接给出方差分析（ANOVA）表，而另外有些软件则需要推导方差分析表。各种软件给出的部分统计量也存在差别。详细说明这些统计软件的所有差别超出了本书的范围。进一步的信息，可查阅这些软件的网站。

E.1 EViews

利用 EViews 第 6 版，我们将 CLFPR 对 CUNR 和 AHE82 进行回归并得到图 E—1 所示的结果。

这是 EViews 给出结果的标准格式。此图的第一部分给出了回归系数、系数的估计标准误、这些系数对应总体值为 0 的虚拟假设下的 t 值，以及得到这些 t 值的 p 值。接下来给出 R^2 和调整后的 R^2。第一部分中的其他输出结果有回归标准误、残差平方和（RSS）以及检验所有斜率系数（值）同时等于 0 的虚拟假设的 F 值。赤池信息准则和施瓦茨准则常用于在备选模型之间做出选择。这些准则的值越低，模型就越好。极大似然法是最小二乘法的替代方法。正如我们在 OLS 中求最小化误差平方和的估计量一样，在使用极大似然法时，我们找那些能使得观察到我们手头样本的可能性尽可能最大的估计量。在误差项的正态假定下，OLS 和 ML 得到回归系数的同样估计值。德宾-沃森统计量被用于查明误差项是否存在一阶序列相关。

Dependent Variable: CLFPR
Method: Least Squares
Sample: 1980−2002
Included observations: 23

Variable	Coefficient	Std. Error	t-Statistic	Prob.
C	80.90133	4.756195	17.00967	0.0000
CUNR	−0.671348	0.082720	−8.115928	0.0000
AHE82	−1.404244	0.608615	−2.307278	0.0319

R-squared	0.772765	Mean dependent var	65.89565
Adjusted R-squared	0.750042	S.D. dependent var	1.168713
S.E. of regression	0.584308	Akaike info criterion	1.884330
Sum squared resid	6.828312	Schwarz criterion	2.032438
Log likelihood	−18.66979	F-statistic	34.00731
Durbin−Watson stat	0.787625	Prob(F-statistic)	0.000000

Obs	Actual	Fitted	Residual	Residual Plot
1980	63.8000	65.2097	−1.40974	
1981	63.9000	65.0004	−1.10044	
1982	64.0000	63.6047	0.39535	
1983	64.0000	63.5173	0.48268	
1984	64.4000	64.9131	−0.51311	
1985	64.8000	65.1566	−0.35664	
1986	65.3000	65.2347	0.06526	
1987	65.6000	65.8842	−0.28416	
1988	65.9000	66.4103	−0.51027	
1989	66.5000	66.6148	−0.11476	
1990	66.5000	66.5819	−0.08186	
1991	66.2000	65.8745	0.32546	
1992	66.4000	65.4608	0.93923	
1993	66.3000	65.8917	0.40834	
1994	66.6000	66.4147	0.18530	
1995	66.6000	66.7644	−0.16441	
1996	66.8000	66.8425	−0.04251	
1997	67.1000	67.0097	0.09032	
1998	67.1000	66.9974	0.10263	
1999	67.1000	67.0443	0.05569	
2000	67.2000	67.1364	0.06355	
2001	56.9000	66.4589	0.44105	
2002	66.6000	65.5770	1.02304	

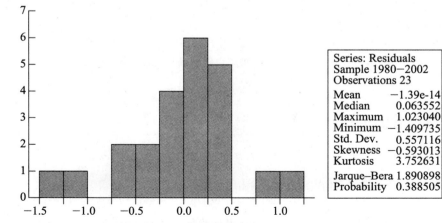

Series: Residuals
Sample 1980−2002
Observations 23

Mean	−1.39e-14
Median	0.063552
Maximum	1.023040
Minimum	−1.409735
Std. Dev.	0.557116
Skewness	−0.593013
Kurtosis	3.752631
Jarque−Bera	1.890898
Probability	0.388505

图 E—1　城镇劳动参与率回归的 EViews 输出结果

EViews 的输出结果中的第二部分给出因变量的实际值、拟合值和二者之差即残差。这些残差沿着表示 0 的一条垂直线绘制于图上。线右边的点表示正残差，左边的点表示负残差。

输出结果的第三部分给出残差直方图及其他统计量。它给出检验误差正态性的雅克-贝拉（JB）统计量，并给出获得对应统计量的概率。得到所观测雅克-贝拉统计量的概率越高，支持误差正态分布这一虚拟假设的证据就越强。

注意，虽然 EViews 不直接给出方差分析（ANOVA）表，却很容易从残差平方和、总平方和（必须从因变量的标准差推导出来）及其相应的自由度数据构造出这个表格。这里给出的 F 值应该与此表第一部分中报告的 F 值相等。

E.2 MINITAB

利用 MINITAB 第 15 版和同样数据，我们得到图 E—2 所示的回归结果。

MINITAB 首先报告估计的多元回归。接下来是预测元（即解释变量）、回归系数估计值及其标准误、$T(=t)$ 值和 p 值。在这个输出结果中，S 代表估计值的标准误，R^2 和调整后的 R^2 以百分比的形式给出。

再接下来是通常的 ANOVA 表。ANOVA 表的特征之一是：它把回归平方和（或解释平方和）在预测元之间进行了分解。因此，在总回归平方和 23.226 中，CUNR 为 21.404，而 AHE82 为 1.822，这就表明 CUNR 比 AHE82 对 CLFPR 的影响大。

MINITAB 回归输出结果的独到之处在于，它报告"异常"观测；即那些与样本中的其余观测多少有些不同的观测。我们在 EViews 输出结果给出的残差图中对此已经有所感觉，它表明第 1 个观测和第 23 个观测明显远离那里的 0 垂直线。MINITAB 还给出一个残差图，类似于 EViews 所给出的残差图。这个输出结果中的 St Resid 表示标准化残差；即将残差除以估计值的标准误 S。

与 EViews 一样，MINITAB 还报告了德宾-沃森统计量，并给出残差直方图。直方图只是一个视觉判断。如果它的形状类似正态分布，残差可能就是正态分布的。出于同样的目的，同时还给出了正态概率图。如果残差估计值近似位于一条直线上，我们就可以说它们是正态分布的。正态概率图附属的安德森-达琳（Anderson-Darling，AD）统计量就检验了所考虑变量（这里指残差）服从正态分布的虚拟假设。如果计算出来的 AD 统计量的 p 值足够高，比如超过 0.10，我们就可以得到这个变量服从正态分布的结论。在我们的例子中，AD 统计量的值为 0.481，其 p 值约为 0.21 或 21%。所以，我们可以得出从回归模型得到的残差服从正态分布的结论。

E.3 Excel

利用微软的 Excel 软件我们得到回归的输出结果如表 E—1 所示。

Excel 首先给出统计量，如 R^2、R（即 R^2 的正平方根）、调整后的 R^2，以及估计值的标准误。然后给出方差分析表。接下来给出系数估计值及其标准误、t 值和 p 值。它还给出因变量的实际值和估计值，以及残差图和正态概率图。

Regression Analysis: CLFPR versus CUNR, AHE82

The regression equation is
CLFPR = 81.0 − 0.672 CUNR − 1.41 AHE82

Predictor	Coef	SE Coef	T	P
Constant	80.951	4.770	16.97	0.000
CUNR	−0.67163	0.08270	−8.12	0.000
AHE82	−1.4104	0.6103	−2.31	0.032

$S = 0.584117$ R-Sq = 77.3%   R-Sq(adj) = 75.0%

Analysis of Variance

Source	DF	SS	MS	F	P
Regression	2	23.226	11.613	34.04	0.000
Residual Error	20	6.824	0.341		
Total	22	30.050			

Source	DF	Seq SS
CUNR	1	21.404
AHE82	1	1.822

Unusual Observations

Obs	CUNR	CLFPR	Fit	SE Fit	Residual	St Resid
1	7.10	63.800	65.209	0.155	−1.409	−2.50R
23	5.80	66.600	65.575	0.307	1.025	2.06R

R denotes an observation with a large standardized residual.

Durbin–Watson statistic = 0.787065

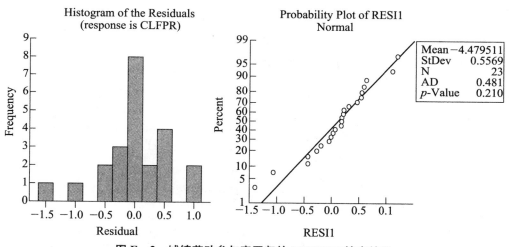

图 E—2   城镇劳动参与率回归的 MINITAB 输出结果

表 E—1   城镇劳动参与率的 Excel 输出结果

Summary Output

Regression Statistics

Multiple R	0.879155
R Square	0.772914
Adjusted R	0.750205
Standard E	0.584117
Observation	23

续前表

ANOVA					
	df	SS	MS	F	Significance F
Regression	2	23.22572	11.61286	34.03611	3.65E-07
Residual	20	6.823846	0.341192		
Total	22	30.04957			

	Coefficient	Standard Err	t Stat	p-value	Lower 95%	Upper 95%
Intercept	80.95122	4.770337	16.96971	2.42E-13	71.00047	90.90196
CUNR	−0.671631	0.082705	−8.120845	9.24E-08	−0.84415	−0.499112
AHE82	−1.410432	0.610348	−2.310867	0.031626	−2.683594	−0.13727

Excel 的独特之处在于，它给出估计系数真值的 95%（或任意指定百分数）置信区间。因此，CUNR 的系数估计值是 −0.671 631，而 CUNR 系数真值的置信区间就是（−0.844 15，−0.499 112）。这一信息对假设检验非常有价值。

E. 4 STATA

利用 STATA 我们得到回归的输出结果如表 E—2 所示。

表 E—2 城镇劳动参与率的 STATA 输出结果

Statistics/Data Analysis
Project: Data of Table E.1

Statistics/Data Analysis

8.0 Copyright 1984–2003
Stata Corporation
4905 Lakeway Drive
College Station, Texas 77845 USA
800-STATA-PC http://www.stata.com
979-696-4600 stata@stata.com
979-696-4601 (fax)

gress clfpr cunr ahe82

Source	SS	df	MS
Model	23.2256929	2	11.6128465
Residual	6.82384072	20	.341192036
Total	30.0495337	22	1.36588789

Number of obs = 23
F(2, 20) = 34.04
Prob > F = 0.0000
R-squared = 0.7729
Adj R-squared = 0.7502
Root MSE = .58412

续前表

clfpr	Coef.	Std. Err.	t	p > |t|	[95% Conf. Interval]	
cunr	−.6716305	.0827045	−8.12	0.000	−.8441491	−.4991119
ahe82	−1.410433	.6103473	−2.31	0.032	−2.683595	−.1372707
_cons	80.95122	4.770334	16.97	0.000	71.00048	90.90197

STATA 首先给出方差分析表及 R^2、调整后的 R^2 和根均方误（MSE 的正平方根，它就是回归标准误）等统计量。

然后它又给出系数估计值及其标准误、t 值、p 值和每个回归系数的 95% 置信区间，这类似于 Excel 的输出结果。

E.5 结束性评论

我们刚刚针对我们的例子给出了这些软件的输出结果。但或许应该指出，像 EViews 和 STATA 这样的软件是非常综合性的软件，并包含了本书中讨论过的许多计量经济学方法。一旦你知道如何使用这些软件，运行各种子例行程序只是实践的问题。如果你想进一步学习计量经济学，你或许想购买这些软件中的一个或几个。

参考文献

www. eviews. com

www. stata. com

www. minitab. com

Microsoft Excel

R. Carter Hill，William E. Griffiths，George G. Judge，*Using Excel for Undergraduate Econometrics*，John Wiley & Sons，New York，2001.

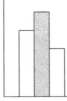

附录 F

互联网上的经济数据[①]

经济统计简报：这是一个优秀的数据来源，包括产出、收入、就业、失业、工资、生产和商业活动、价格与货币、信贷与证券市场、国际统计等方面的数据。

http：//www. whitehouse. gov/fsbr/esbr. html

美联储米色书：简要介绍 12 个联邦储备区域当前的经济状况。

http：//www. federalreserve. gov/FOMC/BEIGEBOOK

国民经济研究局（NBER）主页：这个受同行高度评价的私人研究机构搜集了资产价格、劳动就业、生产、货币供给、商业周期指标等方面大量数据，而且建立了许多与其他网站的链接。

http：//www. nber. org

面板研究：提供了对美国个人和家庭代表样本纵向调查的数据，这些数据自 1968 年开始搜集。

http：//psidonline. isr. umich. edu/

经济学家的网上资源：包含经济活动信息和数据方面十分宽泛的数据，并建立了与许多网站的链接。对学术性和非学术性的经济学家而言都是十分有价值的资源。

http：//rfe. org/

美国股票交易数据网：约 700 家在第二大证券市场上挂牌的公司信息。

http：//www. amex. com

经济分析局（BEA）主页：经济分析局是美国商务部的一个机构，出版《当代商业调查》（*Survey of Current Business*），这个网站是各种经济活动数据的优秀来源。

http：//www. bea. gov/

CIA 出版物：你将找到每年定期出版的《世界各国浏览》（*World Fact Book*）和《国际统计

---

① 节选自 *Annual Editions*：*Microeconomics* 98/99，ed. Don Cole，Dushkin/McGraw-Hill，Connecticut，1998。应该指出，这里所列出的网址绝非全部，这些来源仍在不断地更新。

手册》(*Handbook of International Statistics*)。

http：//www. cia. gov/library/publications

能源信息管理 （DOE）：每个能源细类的经济信息和数据。

http：//www. eia. doe. gov/

联邦储备银行经济数据库：圣路易斯联邦储备银行发布历史上的一些经济与社会数据，包括利率、货币和商业指标、汇率等。

http：//research. stlouisfed. org/fred2/

国际贸易管理：提供与许多贸易统计、跨国项目等网站的链接。

http：//trade. gov/index. asp

美国统计数据库：国家贸易数据搜集处是国际贸易数据和鼓励出口信息等方面最全面的来源。还包括部分国家人口、政治和社会经济状况方面的大量数据。

http：//www. stat-usa. gov/

网上统计资料来源/经济学：从各联邦机构、经济指标、联邦储备委员会、消费价格数据等整理出来的优秀统计资源，并建立与其他统计资源的链接。

http：//www. lib. umich. edu/govdocs/stats. html

劳工统计局：其主页提供涉及就业、失业和工资等各方面的数据，并建立与其他统计网站的链接。

http：//www. stats. bls. gov/

美国人口普查局主页：提供了关于收入、就业、收入分配和贫穷等社会、人口和经济数据的基本来源。

http：//www. census. gov/

一般社会调查数据：从 1972 年开始每年对美国家庭进行个人采访所得到的调查数据。35 000人以上对约 2 500 个不同的问题做出了回答，从而形成大量数据。

http：//www. norc. org/GSS＋website/

贫穷状况研究所：由无党派、非营利的大学为基础的研究中心通过一系列有关贫穷状况和社会不平等状况的问题搜集到的数据。

http：//www. irp. wisc. edu/

社会保障管理：提供社会保障事务方面大量数据的官方网站。

http：//www. ssa. gov/

主要参考书目

初级

Frank, C. R. Jr., *Statistics and Econometrics*, Holt, Rinehart and Winston, New York, 1971.

Goldberger, Arthur S., *Introductory Econometrics*, Harvard University Press, 1998.

Gujarati, Damodar N., *Essentials of Econometrics*, 3d ed., McGraw-Hill, New York, 2006.

Halcoussis, Dennis, *Understanding Econometrics*, Thomson, 2005.

Hill, Carter, William Griffiths, and George Judge, *Undergraduate Econometrics*, John Wiley & Sons, New York, 2001.

Hu, Teh-Wei, *Econometrics: An Introductory Analysis*, University Park Press, Baltimore, 1973.

Katz, David A., *Econometric Theory and Applications*, Prentice Hall, Englewood Cliffs, NJ, 1982.

Klein, Lawrence R., *An Introduction to Econometrics*, Prentice Hall, Englewood Cliffs, NJ, 1962.

Koop, Gary, *Analysis of Economic Data*, John Wiley & Sons, New York, 2000.

Schmidt, Stephen J., *Econometrics*, McGraw-Hill, New York, 2005.

Walters, A. A., *An Introduction to Econometrics*, Macmillan, London, 1968.

中级

Aigner, D. J., *Basic Econometrics*, Prentice Hall, Englewood Cliffs, NJ, 1971.

Dhrymes, Phoebus J., *Introductory Econometrics*, Springer-Verlag, New York, 1978.

Dielman, Terry E., *Applied Regression Analysis for Business and Economics*. PWS-Kent, Boston, 1991.

Dougherty, Christopher, *Introduction to Econometrics*, 3d ed., Oxford University Press, Oxford, 2007.

计量经济学基础（第五版）

Draper, N. R., and H. Smith, *Applied Regression Analysis*, 3d ed., John Wiley & Sons, New York, 1998.

Dutta, M., *Econometric Methods*, South-Western Publishing Company, Cincinnati, 1975.

Goldberger A. S., *Topics in Regression Analysis*, Macmillan, New York, 1968.

Griffiths, William E., R. Carter Hill, and George G. Judge, *Learning and Practicing Econometrics*, John Wiley & Sons, New York, 1993.

Harris, Richard, and Robert Sollis, *Applied Time Series Modelling and Forecasting*, John Wiley & Sons, England, 2003.

Heji, Christiaan, Paul deBoer, Philip Hans Franses, Teun Kloek, and Herman K. van Djik, *Econometric Methods with Applications in Business and Economics*, Oxford University Press, New York, 2004.

Huang, D. S., *Regression and Econometric Methods*, John Wiley & Sons, New York, 1970.

Judge, George G., R. Carter Hill, William E. Griffiths, Helmut Lütkepohl, and Tsoung-Chao Lee, *Introduction to the Theory and Practice of Econometrics*, John Wiley & Sons, New York, 1982.

Kelejian, H. A., and W. E. Oates, *Introduction to Econometrics: Principles and Applications*, 2d ed., Harper & Row, New York, 1981.

Koutsoyiannis, A., *Theory of Econometrics*, Harper & Row, New York, 1973.

Maddala G. S., *Introduction to Econometrics*, 3d ed., John Wiley & Sons, New York, 2001.

Mark, Stewart B., and Kenneth F. Wallis, *Introductory Econometrics*, 2d ed., John Wiley & Sons, New York, 1981. A Halsted Press Book.

Murphy, James L., *Introductory Econometrics*, Richard D. Irwin, Homewood, IL., 1973.

Nachane, Dilip M., *Econometrics: Theoretical Foundations and Empirical Perspectives*, Oxford University Press, New Delhi, 2006.

Netter, J., and W. Wasserman, *Applied Linear Statistical Models*, Richard D. Irwin, Homewood, IL., 1974.

Pindyck, R. S., and D. L. Rubinfeld, *Econometric Models and Econometric Forecasts*, 4th ed., McGraw-Hill, New York, 1990.

Sprent Peter, *Models in Regression and Related Topics*, Methuen, London, 1969.

Stock, James H., and Mark W. Watson, *Introduction to Econometrics*, 2d ed., Pearson/Addison-Wesley, Boston, 2007.

Tintner, Gerhard, *Econometrics*, John Wiley & Sons (science ed.), New York, 1965.

Valavanis, Stefan, *Econometrics: An Introduction to Maximum-Likelihood Methods*, McGraw-Hill, New York, 1959.

Verbeek, Marno, *A Guide to Modern Econometrics*, John Wiley & Sons, New York, 2000.

Wonnacott, R. J., and T. H. Wonnacott, *Econometrics*, 2d ed., John Wiley & Sons, New York, 1979.

Wooldride, Jeffrey M., *Introductory Econometrics*, 3d ed., South-Western College Publishing, 2006.

高级

Cameron, A. Colin, and Pravin K. Trivedi, *Microeconometrics: Methods and Applications*,

主要参考书目

Cambridge University Press, New York, 2005.

Chow, Gregory C. , *Econometric Methods*, McGraw-Hill, New York, 1983.

Christ, C. F. , *Econometric Models and Methods*, John Wiley & Sons, New York, 1966.

Davidson, James, *Econometric Theory*, Blackwell Publishers, Oxford, U. K. , 2000.

Dhrymes, P. J. , *Econometrics: Statistical Foundations and Applications*, Harper & Row, New York, 1970.

Fomby, Thomas B. , Carter R. Hill, and Stanley R. Johnson, *Advanced Econometric Methods*, Springer-Verlag, New York, 1984.

Goldberger, A. S. , *Econometric Theory*, John Wiley & Sons, New York, 1964.

Goldberger, A. S. , *A Course in Econometrics*, Harvard University Press, Cambridge, MA, 1991.

Greene, William H. , *Econometric Analysis*, 4th ed. , Prentice Hall, Englewood Cliffs, NJ, 2000.

Harvey A C. , *The Econometric Analysis of Time Series*, 2d ed. , MIT Press, Cambridge, MA. , 1990.

Hayashi, Fumio, *Econometrics*, Princeton University Press, Princeton, NJ, 2000.

Johnston, J. , *Econometric Methods*, 3d ed. , McGraw-Hill, New York, 1984.

Judge, George G. , Carter R. Hill, William E. Griffiths, Helmut Lütkepohl, and Tsoung-Chao Lee, *Theory and Practice of Econometrics*, John Wiley & Sons, New York, 1980.

Klein, Lawrence R. , *A Textbook of Econometrics*, 2d ed. , Prentice Hall, Englewood Cliffs, NJ, 1974.

Kmenta, Jan, *Elements of Econometrics*, 2d ed. , Macmillan, New York, 1986.

Madansky, A. , *Foundations of Econometrics*, North-Holland, Amsterdam, 1976.

Maddala G. S. , *Econometrics*, McGraw-Hill, New York, 1977.

Malinvaud, E. , *Statistical Methods of Econometrics*, 2d ed. , North-Holland, Amsterdam, 1976.

Mills, Terence C. , and Kerry Patterson, *Palgrave Handbook of Econometrics*, Vol. 1: *Econometric Theory*, Palgrave/Macmillan, New York, 2006.

Mittelhammer, Ron C. , George G. Judge, and Douglas J. Miller, *Econometric Foundations*, Cambridge University Press, New York, 2000.

Peracchi, Franco, *Econometrics*, John Wiley & Sons, New York, 2001.

Theil, Henry, *Principles of Econometrics*, John Wiley & Sons, New York, 1971.

专论

Belsley, David A. , Edwin Kuh, and Roy E. Welsh, *Regression Diagnostics: Identifying Influential Data and Sources of Collinearity*, John Wiley & Sons, New York, 1980.

Dhrymes, P. J. , *Distributed Lags: Problems of Estimation and Formulation*, Holden-Day, San Francisco, 1971.

Diebold, Francis X. , *Elements of Forecasting*, 2d ed. , South-Western Publishing, 2001.

Goldfeld, S. M. , and R. E. Quandt, *Nonlinear Methods of Econometrics*, North-Holland, Amsterdam, 1972.

Gourieroux, Christian, *Econometrics of Qualitative Dependent Variables*, Cambridge University Press，New York，2000.

Graybill，F. A.，*An Introduction to Linear Statistical Models*，vol. 1，McGraw-Hill，New York，1961.

Hamilton，James D.，*Time Series Analysis*，Princeton University Press，Princeton，NJ，1994.

Maddala，G. S.，and Kim In-Moo，*Unit Roots，Cointegration，and Structural Change*，Cambridge University Press，New York，1998.

Mills，T. C.，*Time Series Techniques for Economists*，Cambridge University Press，1990.

Rao，C. R.，*Linear Statistical Inference and Its Applications*，2d ed.，John Wiley & Sons，New York，1975.

Zellner，A.，*An Introduction to Bayesian Inference in Econometrics*，John Wiley & Sons，New York，1971.

应用

Berndt，Ernst R.，*The Practice of Econometrics：Classic and Contemporary*，Addison-Wesley，1991.

Bridge，J. I.，*Applied Econometrics*，North-Holland，Amsterdam，1971.

Charemza，Wojciech W.，and Derek F. Deadman，*New Directions in Econometric Practice：General to Specific Modelling，Cointegration and Vector Autoregression*，2d ed.，Edward Elgar Publisher，New York，1997.

Cramer，J. S.，*Empirical Econometrics*，North-Holland，Amsterdam，1969.

Desai，Meghnad，*Applied Econometrics*，McGraw-Hill，New York，1976.

Kennedy，Peter，*A Guide to Econometrics*，4th ed.，MIT Press，Cambridge，MA.，1998.

Leser，C. E. V.，*Econometric Techniques and Problems*，2d ed.，Hafner，London，1974.

Mills，T. C.，*The Econometric Modelling of Financial Time Series*，Cambridge University Press，1993.

Mukherjee，Chandan，Howard White，and Marc Wuyts，*Econometrics and Data Analysis for Developing Countries*，Routledge，New York，1998.

Patterson，Kerry，*An Introduction to Applied Econometrics：A Time Series Approach*，St. Martin's Press，New York，2000.

Rao，Potluri，and Roger LeRoy Miller，*Applied Econometrics*，Wadsworth，Belmont，CA.，1971.

（注：与本书所讨论各专题有关的经典论文，除上引文献外，还可以参考各章后面的扩充文献。）

北京市版权局著作权合同登记号：01-2009-2556

图书在版编目（CIP）数据

计量经济学基础：第 5 版/古扎拉蒂，波特著；费剑平译. —北京：中国人民大学出版社，2011

（经济科学译丛）

ISBN 978-7-300-13693-6

Ⅰ.①计…　Ⅱ.①古…②波…③费…　Ⅲ.①计量经济学　Ⅳ.①F224.0

中国版本图书馆 CIP 数据核字（2011）第 080232 号

"十一五"国家重点图书出版规划项目

经济科学译丛

计量经济学基础（第五版）

达摩达尔·N·古扎拉蒂　　　著

唐·C·波特

费剑平　译

Jiliang Jingjixue Jichu

出版发行	中国人民大学出版社		
社　　址	北京中关村大街 31 号	邮政编码	100080
电　　话	010 - 62511242（总编室）	010 - 62511398（质管部）	
	010 - 82501766（邮购部）	010 - 62514148（门市部）	
	010 - 62515195（发行公司）	010 - 62515275（盗版举报）	
网　　址	http://www.crup.com.cn		
	http://www.ttrnet.com（人大教研网）		
经　　销	新华书店		
印　　刷	涿州市星河印刷有限公司		
规　　格	185 mm×260 mm　16 开本	版　次	2011 年 6 月第 1 版
印　　张	58.75 插页 6	印　次	2011 年 10 月第 2 次印刷
字　　数	1 234 000	定　价	99.00 元（上下册）

教学支持说明

中国人民大学出版社经济分社与人大经济论坛（www. pinggu. org）于 2007 年结成战略合作伙伴后，一直以来都以种种方式服务、回馈广大读者。

为了更好地服务于教学一线的任课教师与广大学子，现中国人民大学出版社经济分社与人大经济论坛做出决定，凡使用中国人民大学出版社经济分社教材的读者，填写以下信息调查表后，发送电子邮件、邮寄或者传真给我们，经过认证后，我们将会向教师读者赠送人大经济论坛论坛币 200 个，向学生读者赠送人大经济论坛论坛币 50 个。

教师信息表	学生信息表
姓名：	姓名：
大学：	所读大学：
院系：	所读院系：
教授课程：	所读专业：
联系电话：	入学年：
Email：	QQ 等联系方式：
论坛 id：	Email：
使用教材：	论坛 id：
论坛识别码（请抄下面的识别码）：	使用教材：
	论坛识别码（请抄下面的识别码）：

我们的联系方式：

Email：gaoxiaofei11111@sina. com　hanzd@crup. com. cn

邮寄地址：北京市中关村大街甲 59 号文化大厦 1506 室中国人民大学出版社经济分社，100872

传真号：010-62514775

附：人大经济论坛（www. pinggu. org）简介

人大经济论坛依托中国人民大学经济学院，于 2003 年成立，致力于推动经济学科的进步，传播优秀教育资源。目前已经发展成为国内最大的经济、管理、金融、统计类在线教育和咨询网站，也是国内最活跃和最具影响力的经济类网站：

• 拥有国内经济类教育网站最多的关注人数，注册用户以百万计，日均数十万经济相关人士访问本站

• 是国内最丰富的经管类教育资源共享数据库和发布平台

• 提供学术交流与讨论的平台、经管类在线辞典、数据定制和数据处理分析服务、免费的经济金融数据库、完善的经管统计类培训和教学相关软件

论坛识别码：pinggu ＿ com ＿ 1545967 ＿ 4210768

教师反馈表

McGraw-Hill Education，麦格劳－希尔教育公司，美国著名教育图书出版与教育服务机构，以出版经典、高质量的理工科、经济管理、计算机、生命科学以及人文社科类高校教材享誉全球，更以网络化、数字化的丰富的教学辅助资源深受高校教师的欢迎。

为了更好地服务中国教育界，提升教学质量，2003年**麦格劳－希尔教师服务中心**在京成立。在您确认将本书作为指定教材后，请您填好以下表格并经系主任签字盖章后寄回，**麦格劳－希尔教师服务中心**将免费向您提供相应教学课件，或网络化课程管理资源。如果您需要订购或参阅本书的英文原版，我们也会竭诚为您服务。

书名：	
所需要的教学资料：	
您的姓名：	
系：	
院／校：	
您所讲授的课程名称：	
每学期学生人数：	_____人 _____年级　　　学时：
您目前采用的教材：	作者：　　　　　　　　出版社： _____　　_____ 书名：
您准备何时用此书授课：	
您的联系地址：	
邮政编码：　　　　　　　联系电话：	
E–mail：（**必填**）	
您对本书的建议：	系主任签字 盖章

Mc Graw Hill **Education**

麦格劳–希尔教育出版公司教师服务中心
北京–清华科技园科技大厦 A 座 906 室
北京100084
电话：010-62790299-108
传真：010-62790292
教师服务热线：800-810-1936
教师服务信箱：instructorchina@mcgraw-hill.com
网址：http://www.mcgraw-hill.com.cn